Eberhard Kolb

Der Weg aus dem Krieg

Bismarcks Politik im Krieg
und die Friedensanbahnung 1870/71

Studienausgabe

R. Oldenbourg Verlag München 1990

FÜR

ELKA RÜDIGER HARTMUT

CIP-Titelaufnahme der Deutschen Bibliothek

Kolb, Eberhard:
Der Weg aus dem Krieg: Bismarcks Politik im Krieg und die
Friedensanbahnung 1870/71/Eberhard Kolb. - Studienausg. -
München : Oldenbourg, 1990

© 1989 R. Oldenbourg Verlag GmbH, München

Das Werk einschließlich aller Abbildungen ist urheberrechtlich geschützt. Jede Verwertung außerhalb der Grenzen des Urheberrechtsgesetzes ist ohne Zustimmung des Verlages unzulässig und strafbar. Das gilt insbesondere für Vervielfältigungen, Übersetzungen, Mikroverfilmungen und die Einspeicherung und Bearbeitung in elektronischen Systemen.

Umschlaggestaltung: Dieter Vollendorf
Umschlagbild: Unterredung Bismarcks mit Napoleon III. am Morgen des 2. September 1870 vor dem Weberhaus in Donchery. Von Wilhelm Camphausen.

Gesamtherstellung: R. Oldenbourg Graphische Betriebe GmbH, München

ISBN 3-486-54642-2

Inhalt

Einleitung	VII
Erster Teil: Die Lokalisierung des Krieges	1
1. Die Mächtekonstellation bei Kriegsbeginn und Bismarcks Ziel einer Begrenzung des Konflikts	1
2. Das Scheitern der französischen Bemühungen um die Bildung einer Kriegskoalition	51
3. Zustandekommen und Tendenzen der „Neutralenliga"	83
Zweiter Teil: Der Erwerb von Elsaß-Lothringen als deutsches Kriegsziel	113
4. Die Stimmungsentwicklung in Deutschland nach Kriegsbeginn und das Aufkommen der Annexionsforderung	113
5. Bismarcks Haltung in der Annexionsfrage – Motivation, Entschlußbildung, Argumentation	145
6. Politische Fehlentscheidung oder fatale Zwangsläufigkeit? Zur Problematik der Annexion Elsaß-Lothringens	168
Dritter Teil: Bismarcks Suche nach einem Weg zum Frieden	195
7. Nach Sedan: Das Problem des Friedenschließens	195
8. Die Entrevue von Ferrières – eine nicht genutzte Friedenschance?	221
9. Die „Rheinarmee" als Faktor in Bismarcks Strategie der Friedensanbahnung	254
10. Vorgeschichte, Verlauf und Ausgang der Waffenstillstandsverhandlungen mit Thiers	273
11. Von der Novemberkrise zur Vorbereitung einer „bonapartistischen Option" in der Friedensfrage	293
12. Der Abschluß des Waffenstillstands als entscheidender Schritt zur Liquidierung des Krieges	327
Ausblick: Vom Waffenstillstand zum Frieden	358
Anhang	
Danksagung	366
Zeittafel	367
Die Waffenstillstandskonvention vom 28.1.1871: Entwürfe und endgültige Fassung	370
Abkürzungen und Siglen	378
Quellen und Literatur	379
Personenregister	404

Einleitung

„Wie das republikanische Frankreich aus dem Krieg von 1870/71 herauskam", lautet der Titel einer Schrift, die Matthias Erzberger unter dem Pseudonym Henri Martinet 1917 veröffentlichte[1]. Auf dem Höhepunkt des Ersten Weltkriegs, im Vorfeld der Friedensresolution des Deutschen Reichstags, berief sich der führende Zentrumspolitiker auf Bismarck, um darzutun, daß man im Krieg den Frieden suchen und zu diesem Zweck mit dem Gegner verhandeln müsse. Mit Nachdruck betonte Erzberger, nichts sei falscher als die landläufige Meinung, 1870/71 hätten die deutschen militärischen Erfolge quasi zwangsläufig den Frieden herbeigeführt; in Wirklichkeit sei es nur deshalb schließlich gelungen, den Krieg zu beenden, weil Bismarck während der Kriegsmonate beharrlich jede sich bietende Friedensmöglichkeit ausgelotet und sich in immer neuen Anläufen bemüht habe, einen Waffenstillstand – als erste Stufe zum Frieden – zuwege zu bringen. Gerade über diesen Aspekt des Krieges von 1870 wisse man allerdings in Deutschland so gut wie nichts, bemerkte Erzberger.

Bis heute hat sich in diesem Punkt kaum etwas geändert. Über Ursachen und Ausbruch des deutsch-französischen Krieges wurde unendlich viel geschrieben und wird seit Jahrzehnten intensiv und kontrovers diskutiert. Wie Frankreich und Deutschland jedoch aus dem Krieg von 1870 „herauskamen" – dafür hat sich die Forschung bisher nicht sonderlich interessiert.

Daß der ganze Komplex der „Politik im Krieg" von 1870 einem so weitgehenden historiographischen Desinteresse begegnet, ist ein erstaunliches Faktum der Forschungsgeschichte, handelt es sich beim komplizierten Prozeß der Kriegsbeendigung 1870/71 doch um ein außerordentlich spannendes, ja geradezu dramatisches Kapitel der neueren europäischen Geschichte und zugleich um einen Gegenstand von erstrangiger historischer Relevanz. Diese erwächst sowohl aus den neuartigen psychologischen und technischen Problemen der Kriegsbeendigung in einem modernen Nationalkrieg als auch aus den politischen Ergebnissen des Krieges, die auf Jahrzehnte hinaus die Konfiguration des deutsch-französischen Verhältnisses und des europäischen Mächtesystems bestimmt haben.

[1] H. MARTINET, Wie das republikanische Frankreich aus dem Krieg von 1870/71 herauskam. Waffenstillstand, Konstituante, Frieden, Berlin 1917. Daß sich hinter dem Pseudonym „Martinet" Matthias Erzberger verbirgt und die Schrift nach vorgängiger Kenntnisnahme und mit Billigung des Auswärtigen Amtes in Berlin veröffentlicht wurde, ergibt sich aus: PA Wk Nr. 7, Bd. 11. In gleichem Sinne wie in dieser Schrift äußerte sich Erzberger bei der Begründung der Friedensresolution in der Sitzung des Hauptausschusses des Deutschen Reichstags am 6. Juli 1917: Der Hauptausschuß des Deutschen Reichstages 1915–1918, eingeleitet von R. SCHIFFERS, bearbeitet von R. SCHIFFERS und M. KOCH in Verbindung mit H. BOLDT, 4 Bde., Düsseldorf 1981 ff., hier: 3, 1529. Vgl. auch M. ERZBERGER, Erlebnisse im Weltkrieg, Stuttgart/Berlin 1920, 256.

Was mögen die Gründe dafür sein, daß dem Thema der Friedensanbahnung 1870/71 bisher so wenig Aufmerksamkeit geschenkt wurde?

Eine mögliche Erklärungshypothese liegt nahe. Bereits im zeitgenössischen Wahrnehmungshorizont blieben die vielfältigen Schwierigkeiten, den einmal begonnenen Krieg zwischen Frankreich und Deutschland zu einem Ende zu bringen, stark unterbelichtet. Bei oberflächlicher Betrachtung stellten sich die Abläufe so dar, daß nach den militärischen Siegen der deutschen Armeen schließlich relativ rasch jene drei Stufen durchlaufen wurden, die im 19. Jahrhundert das „Normalmodell" der Kriegsbeendigung konstituierten: Waffenstillstand, Präliminarfrieden, Definitivfrieden. Insoweit schien sich der deutsch-französische Krieg bruchlos in die Reihe der ihm vorausgehenden und der ihm folgenden Kriege in der zweiten Hälfte des 19. Jahrhunderts einzufügen. Welche verschlungenen Pfade Bismarck 1870/71 tatsächlich beschreiten mußte oder zumindest beschritten hat, um schließlich einen gangbaren Weg zum Frieden zu finden, wieviel Umsicht, zielgerichtete Beharrlichkeit und gelegentlich auch Risikobereitschaft diese Operationen erforderten – das vermochten die Zeitgenossen, selbst die politisch informierten und engagierten unter ihnen, kaum zu erkennen. Für eine angemessene Problemsicht waren sie daher nicht sensibilisiert.

Der Verweis auf die bei den Zeitgenossen dominierende Optik reicht indessen nicht aus, um die weitgehende Vernachlässigung der politischen Geschichte des Krieges von 1870 durch die Geschichtsschreibung plausibel zu erklären. Hinzutreten muß eine Feststellung mehr genereller Art. Historiker, aber auch Politikwissenschaftler und Konfliktforscher beschäftigen sich seit jeher viel intensiver damit, wie Kriege entstehen, als mit der Frage, auf welche Weise ein einmal begonnener Krieg möglichst rasch beendet werden kann und welches die spezifischen Formen und Verfahrensweisen waren, mit denen in der Vergangenheit Kriege liquidiert wurden[2]. Daß das Spektrum der historischen und politikwissenschaftlichen Fragestellungen energisch nach dieser Richtung hin erweitert werden muß, ist inzwischen ein allgemein akzeptiertes Postulat. Was bisher allerdings noch fast völlig fehlt, sind quellengesättigte Fall-Studien.

Zentrale Aspekte des Problems der Kriegsbeendigung sucht die vorliegende Studie an einem wichtigen konkreten „Fall" ins Blickfeld zu rücken. Darüber hinaus will sie verstanden werden als ein Forschungsbeitrag, dem grundsätzlichere Perspektiven und Konzeptionen einer politischen Geschichtsschreibung zugrunde liegen. Es soll – kurz gesagt – in modellhafter Weise verdeutlicht werden, in wie hohem Maße der historische Prozeß durch das Ereignishafte bestimmt wird, durch ereignishafte Abläufe, die in ihrer konkreten Gestalt nicht programmiert sein müssen, die kaum prognostizierbar und schon gar nicht präzis kalkulierbar sind. Die im nachhinein so deutlich in Erscheinung tretende und durchaus „logisch" anmutende große Linie der Verlaufsgeschichte – in unserem Fall: die Lokalisierung des Krieges, die Fernhaltung der neutralen Mächte von der Kriegsbeendigungsproze-

---

[2] Vgl. E. KOLB, Der schwierige Weg zum Frieden. Das Problem der Kriegsbeendigung 1870/71, in: HZ 241 (1985), 51–79, hier: 52 ff.

dur, der Abschluß eines Waffenstillstands mit der provisorischen französischen Regierung beim Fall von Paris als entscheidender Schritt zur Liquidierung des Krieges – diese „große Linie" erweist sich, betrachtet man die Sachverhalte aus der Nähe, als die Resultante aus einer kaum überschaubaren Zahl mehr oder minder bedeutsamer Aktionen und Entscheidungen einzelner Akteure in bestimmten Handlungskonstellationen. Dieser Befund zieht die Feststellung nach sich, daß diese oder jene Entscheidung auch anders ausfallen konnte, als sie tatsächlich getroffen wurde, daß die eine oder andere Verknüpfung einzelner Handlungsstränge nicht zwingend so und nur so erfolgen mußte – ein anderer Gang der Dinge ist insofern nicht nur vorstellbar, er war auch möglich. Was Mitlebenden und Historikern häufig als ein naturwüchsig sich vollziehender Geschehensablauf in der Konsequenz langfristiger politischer Tendenzen und übermächtiger Bedingungsfaktoren erscheint, ist in Wirklichkeit das Produkt einer höchst fragilen, mit einer Fülle von Unwägbarkeiten behafteten Entwicklung, bei der auch das Moment des Zufälligen eine bedeutende Rolle spielt.

Um das Geschehen in seiner ganzen Komplexität aufzuhellen und die Offenheit der jeweiligen Situation sichtbar werden zu lassen, bedarf es einer spezifischen Methode der Darstellung. Sie muß abzielen auf eine möglichst subtile Rekonstruktion von Konstellationen und Entscheidungssituationen, muß diese in ihrer Feinstruktur offenlegen.

Eine Voraussetzung dafür ist die systematische Erschließung und Ausschöpfung aller Quellen, die für das Entscheidungshandeln der Akteure relevante Angaben und Hinweise enthalten[3]. Sodann ist dieses Entscheidungshandeln in minutiösen, quellennahen Analysen genau zu untersuchen; es wird gewissermaßen im Filigran präsentiert. Dazu ist es notwendig, immer wieder auch den Informationshorizont zu verdeutlichen, innerhalb dessen die handelnden Politiker zu agieren hatten. Nur zu häufig gehen Historiker von der unreflektierten Annahme aus, die ihnen aufgrund ihrer Aktenauswertung bekannten Informationen hätten auch den Akteuren zum Zeitpunkt ihres Handelns zur Verfügung gestanden und deshalb von ihnen berücksichtigt werden müssen. Davon kann jedoch keine Rede sein. Lageeinschätzungen und Entscheidungen – zumal im außenpolitischen Bereich, um den es hier geht – waren und sind oft auf der Basis einer unzureichenden Informationslage zu treffen. Dies darf nicht übersehen werden. Sonst besteht die Gefahr, im Rückblick aus den Entscheidungsabläufen längerfristige Strategien herauszulesen, welche die Akteure in Wirklichkeit gar nicht besaßen – oder zumindest nicht vor Augen hatten, als sie, lückenhaft informiert, schnell reagieren mußten. Um politisches Handeln in konkreten Konstellationen gerecht bewerten zu können, bedarf es daher einer sorgfältigen Rekonstruktion des jeweiligen Informationshorizonts[4].

---

[3] Die Archive, deren einschlägige Bestände ausgewertet wurden, sind S. 379 verzeichnet.
[4] Um diesem methodischen Erfordernis zu entsprechen, ist in den Anmerkungen bei der Anführung von Aktenstücken in der Regel der Präsentatvermerk sowie bei Telegrammen die genaue Uhrzeit des Eingangs hinzugefügt. Dabei wird allerdings pragmatisch verfahren, um den wissenschaftlichen Apparat nicht ungebührlich zu belasten: die Uhrzeit der Ankunft von Telegrammen wird nur dann angegeben, wenn dies zum besseren Verständnis des Pro-

Die detaillierten Analysen, die die maßgebenden Staatsmänner und Politiker in actu zeigen, sind nicht Selbstzweck. Sie liefern jene Mosaiksteine, die es zusammenzufügen gilt, damit ein differenziertes und tiefenscharfes Gesamtbild der „Politik im Krieg" entsteht, ihrer Ausgangsbedingungen, Etappen und Peripetien. Der Historiker tut dabei gut daran, seine eigene Kenntnis der späteren Auswirkungen und Folgen der behandelten Ereignisse, die den damals Handelnden noch unbekannt und für sie kaum vorhersehbar waren, nicht ständig in seine Darstellung mit einfließen zu lassen: von den Wirkungen darf nicht ohne weiteres auf Intentionen und handlungsleitende Motive der Akteure zurückgeschlossen werden; die Genesis von Entscheidungen und Abläufen ist zu unterscheiden von der Funktion, die ihnen später zuwachsen konnte.

Diese skizzenhaften Darlegungen über die Vorgehensweise lassen erkennen, daß sich Absicht und Methode der vorliegenden Studie deutlich absetzen von einer strukturanalytischen Geschichtsbetrachtung, die den ereignisgeschichtlichen Momenten und dem Entscheidungshandeln einzelner Persönlichkeiten eine bestenfalls zweitrangige Rolle im historischen Prozeß zubilligt. Ein methodischer Absolutheitsanspruch wird damit jedoch nicht postuliert. Es steht völlig außer Frage, daß in vielen Bereichen nur mit Hilfe strukturgeschichtlicher Untersuchungs- und Darstellungsverfahren eine vertiefte geschichtliche Erkenntnis gewonnen werden kann. Deshalb ist von Fall zu Fall zu entscheiden, welcher methodische Zugriff zur Behandlung des betreffenden Problemkomplexes am geeignetsten erscheint.

Wenn im Zentrum der Darstellung der Kanzler des Norddeutschen Bundes, Otto von Bismarck, steht, so ist dies nicht auf eine Vorliebe des Autors für eine monumentale Geschichtsschreibung zurückzuführen. Es ist vielmehr die politische Wirklichkeit der Kriegsmonate selbst, die eine solche Ausrichtung auf Persönlichkeit und Politik Bismarcks faktisch erzwingt. Denn in einem kaum vorstellbaren Ausmaß hat Bismarck gerade in diesen Monaten die internationale Szene beherrscht – das mußten sich, neidvoll oder neidlos, alle jene eingestehen, die mit ihm zu tun hatten, sei es als Verhandlungspartner, sei es als Kontrahenten. Wer die Berge von Akten durchgearbeitet hat, die in jenen Monaten entstanden, nicht nur im deutschen Hauptquartier, sondern auch in London, Petersburg, Wien und anderswo, der weiß, wie sehr die Fäden in Bismarcks Hand zusammenliefen und von ihm in der Hand gehalten wurden, der steht auch unter dem Eindruck der ganz außerordentlichen Konzentration und Energie, mit der Bismarck von Tag zu Tag die Entwicklung der politischen Lage verfolgte und in seinem Sinne auf sie einzuwirken versuchte – meist mit Erfolg.

Das reale Faktum der dominierenden Position Bismarcks darf natürlich nicht dazu führen, daß eine politische Geschichte des Krieges von 1870 zu einer Geschichtsschreibung aus der Sicht und mit den Urteilskategorien Bismarcks gerät. Dies wird durch einen mehrfachen Wechsel der Blickrichtung vermieden; auch

---

zesses der Entscheidungsfindung notwendig ist. Das gleiche gilt, soweit Akten des Politischen Archivs (Bonn) zitiert werden, für die Vermerke „vSM" (Vortrag bzw. Vorlage beim König).

reicht das Spektrum der behandelten Sachverhalte erheblich über die deutsche oder Bismarcksche Perspektive hinaus. Soweit es sich um die „Politik im Krieg" handelt, sind Intentionen und Aktivitäten sowohl der französischen Regierung als auch der Kabinette der neutralen Staaten bisher wohl nirgends so ausführlich und auf der Grundlage so intensiver Quellenauswertung präsentiert woren, wie das in der vorliegenden Untersuchung geschieht.

Die Darstellung umspannt den Zeitraum vom Beginn des Krieges bis zum faktischen Kriegsende Mitte Februar 1871, als klar war, daß die Wahl zur französischen Nationalversammlung eine friedenswillige Mehrheit erbracht hatte und damit der Beendigung des Krieges durch einen Friedensschluß zwischen den beiden kriegführenden Mächten kein Hindernis mehr im Wege stand. Für eine solche Eingrenzung des Untersuchungsfeldes gibt es gute Gründe.

Der Blick richtet sich ganz auf die „Politik im Krieg" und das Problem der Friedensanbahnung; alle darauf abzielenden Bemühungen werden Schritt für Schritt verfolgt bis zu jenem Zeitpunkt, als die Waffen schwiegen und der „Weg aus dem Krieg" an sein Ende kam. Der perspektivischen Eindeutigkeit dieser Fragestellung wäre es abträglich, wenn die Untersuchung auf die Vorgeschichte des Krieges und den Komplex der Friedensverhandlungen ausgedehnt würde. Im übrigen ist darauf zu verweisen, daß der Verfasser dem „Kriegsausbruch 1870" vor Jahren eine besondere Studie gewidmet hat[5] und auch auf die diffizile Situation in den Wochen zwischen der Ratifizierung des Präliminarfriedens und dem Abschluß des Definitivfriedens in anderem Zusammenhang eingegangen ist[6]. Diese Phasen ebenso detail-

---

[5] E. KOLB, Der Kriegsausbruch 1870. Politische Entscheidungsprozesse und Verantwortlichkeiten in der Julikrise 1870, Göttingen 1970. In der jüngeren Forschung zum Thema spanische Thronkandidatur und Julikrise 1870 verficht eine Gegenposition zu meiner Bewertung am entschiedensten J. BECKER: Zum Problem der Bismarckschen Politik in der spanischen Thronfrage 1870, in: HZ 212 (1971), 529–607, sowie DERS., Bismarck, Prim, die Sigmaringer Hohenzollern und die spanische Thronfrage, in: Francia 9 (1981), 435–472; vgl. auch S. W. HALPERIN, The Origins of the Franco-Prussian War Revisited: Bismarck and the Hohenzollern Candidacy for the Spanish Throne, in: Journal of Modern History 45 (1973), 83–91. Gegenüber Beckers Argumentation, die auf eine weitgehende Exkulpation der französischen Politik in der Julikrise hinausläuft, halte ich nach wiederholter sorgfältiger Prüfung der quellenmäßigen Befunde an der Interpretation fest, die ich in meiner Studie von 1970 entwickelt und ausführlich begründet habe. Siehe jetzt auch: H.-O. KLEINMANN, Die spanische Thronfrage in der internationalen Politik vor Ausbruch des deutsch-französischen Krieges, in: E. KOLB (Hrsg.), Europa vor dem Krieg von 1870. Mächtekonstellation – Konfliktfelder – Kriegsausbruch, München 1987, 125–149, sowie B. GÖDDE-BAUMANNS, Ansichten eines Krieges. Die „Kriegsschuldfrage" von 1870 in zeitgenössischem Bewußtsein, Publizistik und wissenschaftlicher Diskussion 1870–1914, in: EBD., 175–201. Immer noch mit heranzuziehen: J. DITTRICH, Bismarck, Frankreich und die spanische Thronkandidatur der Hohenzollern, München 1962, sowie DERS., Ursachen und Ausbruch des deutsch-französischen Krieges 1870/71, in: Th. SCHIEDER/E. DEUERLEIN (Hrsg.), Reichsgründung 1870/71, Stuttgart 1970, 64–94. Für die Beurteilung von Bismarcks Einstellung zum Präventivkrieg und zur Präventivkriegstheorie nach wie vor maßgebend: E. JEISMANN, Das Problem des Präventivkriegs im europäischen Staatssystem mit besonderem Blick auf die Bismarckzeit, Freiburg/München 1957, hier bes. 61 ff., 76 ff., 100 ff.

[6] E. KOLB, Der Pariser Commune-Aufstand und die Beendigung des deutsch-französischen Krieges, in: HZ 215 (1972), 265–298.

liert wie hier die Zeit der Friedensanbahnung zu untersuchen, wäre gewiß lohnenswert, erforderte aber eigene umfangreichere Werke.

Ein Aspekt des politisch-diplomatischen Ringens in den Tagen der Julikrise muß aber auch in einer ganz auf die „Politik im Krieg" zentrierten Untersuchung kurz erwähnt werden. Wie immer das Urteil der Historiker über die Ursachen des Krieges und die Verantwortlichkeiten in der Julikrise lauten mag – für die politische Ausgangslage bei Kriegsbeginn war entscheidend, wie *damals* die Politiker und die öffentliche Meinung, zumal auch in den neutralen Ländern, das Krisenverhalten der französischen und preußischen Regierung bewerteten und wem sie die Hauptverantwortung oder die ausschließliche Verantwortung am Ausbruch des Krieges zumaßen. Es besteht nicht der geringste Zweifel, daß man allerorten in Europa schockiert war über das Vorgehen der französischen Regierung nach der Zurückziehung der spanischen Thronkandidatur Leopolds von Hohenzollern, über die Abruptheit, mit der das Pariser Kabinett – alle Schiffe hinter sich verbrennend – den Bruch herbeiführte und durch den Mobilmachungsbeschluß vom 14. Juli den Krieg unvermeidlich machte. Außerhalb Frankreichs sah deshalb eine ganz überwiegende Mehrheit das Zweite Kaiserreich in der Rolle des Aggressors. Mit großer Entschiedenheit erklärte die Londoner „Times" in ihrem Leitartikel vom 16. Juli: „Das größte nationale Verbrechen, das wir seit den Tagen des ersten französischen Kaiserreichs berichten mußten, ist begangen worden. Der Krieg ist erklärt – ein ungerechter, aber vorbedachter Krieg. Dieses entsetzliche Unglück, das Europa in Schrecken hüllt, ist, das ist jetzt nur zu klar, die Tat Frankreichs, *eines* Mannes in Frankreich; es ist das schließliche Resultat des persönlichen Regimes ..." Und die „Neue Zürcher Zeitung" schrieb am 17. Juli: „So sehr wir aber den Ausbruch des Kampfes zwischen Deutschland und Frankreich beklagen, so wollen wir doch die Hoffnung aussprechen, daß Frankreich nach dem Willen der allwaltenden Vorsehung endlich über das wahre Maß seiner Kräfte und damit über das Irrige seines Verlangens, fort und fort den Gewalthaber in Europa zu spielen, belehrt werden wird."

Zwar wurde das Verdikt über Napoleon III. und das bonapartistische Frankreich nicht durchweg mit solcher Emphase formuliert wie in den Stellungnahmen der „Times" und der „Neuen Zürcher Zeitung", aber in ihrem Grundtenor dürften diese Pressestimmen doch als durchaus repräsentativ für den weitaus überwiegenden Teil der öffentlichen Meinung unmittelbar nach Kriegsbeginn gelten, und auch die Urteile der meisten Politiker bewegten sich auf einer ähnlichen Linie.

Die Optik, in der sich einer Mehrheit der Zeitgenossen der Weg in den Krieg darstellte, hat in der zweiten Julihälfte 1870 auch in den nicht am Krieg beteiligten Ländern die Stimmungsentwicklung maßgeblich beeinflußt. Dieser Faktor fiel nach der Eröffnung der Feindseligkeiten in der politischen Waagschale stark ins Gewicht – ein Sachverhalt, der schon deshalb mit Nachdruck zu betonen ist, weil in der Forschungsliteratur unterschiedliche Auffassungen über die „Kriegsschuldfrage von 1870" begegnen.

Erster Teil:
Die Lokalisierung des Krieges

1. Die Mächtekonstellation bei Kriegsbeginn und Bismarcks Ziel einer Begrenzung des Konflikts

Vom ersten Wetterleuchten einer sich anbahnenden Krisensituation bis zur Eröffnung des Krieges sind nicht einmal volle zwei Wochen vergangen: in einer atemberaubend kurzen Zeitspanne war die Krise zum Krieg eskaliert. Eine signifikante Umgruppierung der Mächte konnte sich in knapp zwei Wochen nicht vollziehen, und ebensowenig war es möglich, binnen weniger Tage spezielle Bündnisse für den Kriegsfall auszuhandeln und abzuschließen. Die Ausgangslage im politisch-diplomatischen Ringen, das die militärischen Mobilmachungsmaßnahmen begleitete, wurde deshalb bestimmt durch die *vor* Ausbruch der Julikrise bestehende Mächtekonstellation und durch die *bis dahin* von Frankreich bzw. vom Norddeutschen Bund mit anderen Mächten getroffenen Vereinbarungen. Darüber hinaus hat freilich ein weiterer Faktor bei Kriegsbeginn eine erhebliche Rolle gespielt und die Voraussetzungen beeinflußt, unter denen die Regierungen der kriegführenden wie der neutralen Mächte ihre Position zu fixieren hatten und ihre Absichten zu realisieren versuchten: in allen Ländern artikulierte sich lautstark die öffentliche Meinung, nicht zuletzt mit deutlichen Urteilen über Schuld und Verantwortung am plötzlichen Ausbruch eines bewaffneten Konflikts in der Mitte Europas; wie bereits angemerkt wurde, fielen diese Urteile – sieht man von Frankreich selbst ab – ganz überwiegend zuungunsten der französischen Politik aus.

Werfen wir zunächst einen kurzen Blick auf die vor Ausbruch der Julikrise und bei Kriegsbeginn bestehende Mächtekonstellation. Sie war durch zwei Momente gekennzeichnet. Einerseits standen sowohl Frankreich, als auch der Norddeutsche Bund mit anderen großen europäischen Mächten bzw. mit einer Macht in besonders engen und freundschaftlichen Beziehungen, die den Charakter einer Entente besaßen – Österreich-Ungarn und Italien hier, Rußland dort. Andererseits aber gab es zwischen den großen europäischen Mächten keine festen vertraglichen Abmachungen, die bei Ausbruch des bewaffneten Konflikts zwischen Frankreich und den deutschen Staaten eine weitere Macht zum sofortigen Eintritt in den Krieg verpflichtet hätten. Die Mobilmachungserklärungen setzten also nicht eine Automatik der Bündnisverpflichtungen in Gang, durch welche der große europäische Krieg unausweichlich wurde, wie das dann 1914 in so verhängnisvoller Weise der Fall war.

Die in den Jahren 1868/69 geheim geführten Allianzverhandlungen Frankreichs mit Österreich-Ungarn und Italien hatten nicht zum Abschluß eines Bündnisses geführt[1]. Während es Napoleon III. in diesen Verhandlungen vor allem darum ging, eine Offensiv- und Defensivallianz gegen Preußen zustande zu bringen, wünschte der österreichisch-ungarische Außenminister Beust in erster Linie eine gegen Rußland gerichtete Aktivität und Kooperation der Bündnispartner in der orientalischen Frage. So wurden zwar mehrere Vertragsprojekte – mit teilweise sehr ins Detail gehenden Bestimmungen – konzipiert[2], aber aufgrund der sich widerstreitenden Absichten und Interessen der Verhandlungspartner kam es nicht zur Unterzeichnung eines förmlichen Bündnisvertrags. Die Verhandlungen endeten im Herbst 1869 ohne bindende vertragliche Festlegung mit dem Austausch der sog. „Monarchenbriefe". In diesen Briefen versicherten sich die drei Souveräne gegenseitig, mit keiner anderen Macht in Bündnisverhandlungen einzutreten, ohne sich vorher mit den beiden Partnern der Tripelallianzverhandlungen darüber verständigt zu haben. Ferner sicherte Napoleon III. Kaiser Franz Joseph zu, er werde alle Kräfte Frankreichs einsetzen, wenn Österreich durch eine Aggression bedroht sei[3] – aber Franz Joseph seinerseits gab Napoleon keine gleichartige Zusage[4], und König Viktor Emanuel beschränkte sich auf eine allgemeine Absichtserklärung: sein Wunsch sei es, die Allianzverhandlungen möglichst bald zum Abschluß zu bringen, allerdings müsse vorher eine befriedigende Lösung der römischen Frage gefunden werden[5]. Mochte Napoleon auch mehrfach erklären, er betrachte die Abmachungen als „moralement signées"[6], so änderte dies nichts an der Tatsache, daß

---

[1] Siehe dazu die eingehenden Darlegungen bei: H. POTTHOFF, Die deutsche Politik Beusts von seiner Berufung zum österreichischen Außenminister Oktober 1866 bis zum Ausbruch des deutsch-französischen Krieges 1870/71, Bonn 1968, 262 ff.; V.-L. TAPIÉ, Autour d'une tentative d'alliance entre la France et l'Autriche 1867-1870, Wien 1971; H. LUTZ, Österreich-Ungarn und die Gründung des Deutschen Reiches, Frankfurt/Berlin/Wien 1979, 135 ff.; auch DERS., Außenpolitische Tendenzen der Habsburgermonarchie von 1866 bis 1870: „Wiedereintritt in Deutschland" und Konsolidierung als europäische Macht, in: KOLB (Hrsg.), Europa vor dem Krieg von 1870, 1 ff. Lutz betont sehr stark Beusts Absicht, durch Abschluß eines Tripelallianzvertrags Napoleon III. an einer antipreußischen Provokation zu hindern. Zu Bismarcks Kenntnis und Einschätzung der geheimen Tripelallianzverhandlungen vgl. die Bemerkungen bei KOLB, Kriegsausbruch 36 ff.
[2] Die verschiedenen Entwürfe und ihre Modifikationen sind abgedruckt bei H. ONCKEN, Die Rheinpolitik Kaiser Napoleons III., Bd. 3, Stuttgart 1926, 120 ff., 144 ff., 149 ff., 161 f., 166 ff., 171 ff., 179 ff., 185 ff.
[3] Schreiben Kaiser Napoleon an Kaiser Franz Joseph, St. Cloud 24. 9. 1869 – ONCKEN 3, 235 f.
[4] Das Schreiben Kaiser Franz Josephs an Kaiser Napoleon ist nicht erhalten, für seinen Inhalt vgl. die Denkwürdigkeiten Vitzthums, zit. bei ONCKEN 3, 465, sowie die präzise Analyse von LUTZ, Österreich-Ungarn 146 (mit Anm. 49).
[5] Schreiben König Viktor Emanuel an Kaiser Napoleon (ca. September 1869) – ONCKEN 3, 240 f.; vgl. LUTZ, Österreich-Ungarn 146.
[6] Bericht Vitzthum an Beust, Paris 7. 10. 1869 – ONCKEN 3, 251; vgl. Erlaß Beust an Vitzthum, Wien 26. 10. 1869 – ebd. 224; Bericht Vitzthum an Beust, Paris 10. 12. 1869 – ebd. 272.

1. Die Mächtekonstellation bei Kriegsbeginn

in Wirklichkeit ein festes Bündnis eben nicht abgeschlossen worden war. Trotz des vor allem für Frankreich unbefriedigenden Ergebnisses der Tripelallianzverhandlungen blieben in der Folgezeit die Beziehungen zwischen Frankreich, Österreich und Italien eng und freundschaftlich, in wichtigeren internationalen Fragen kam es zu gegenseitigen Konsultationen und zu politischer Kooperation zwischen diesen Mächten. In der Julikrise unterstützte die österreichische Regierung den französischen Standpunkt und wirkte zugunsten einer Zurückziehung der Kandidatur des Hohenzollernprinzen, obwohl Beust über das Vorgehen der französischen Regierung überrascht und befremdet war; besonders die Garantieforderung beurteilte er als schweren Fehler der französischen Diplomatie und ließ dies die französischen Staatsmänner durch den österreichischen Botschafter auch wissen[7]. Die Position, in der sich Österreich-Ungarn bei Kriegsausbruch Frankreich gegenüber befand, läßt sich somit folgendermaßen umreißen: Aus der bisherigen politischen Kooperation und den Allianzverhandlungen der Jahre 1868/69 erwuchs der Habsburgermonarchie eine starke moralische Verpflichtung, Frankreich aktiv zu unterstützen; die Entscheidung der österreichisch-ungarischen Regierung in der Frage eines Kriegseintritts war jedoch nicht durch bindende Vereinbarungen präjudiziert.

Die Position der italienischen Regierung läßt sich in ähnlicher Weise beschreiben, wobei im Fall Italiens durch die „römische Frage" allerdings ein zusätzlicher Unsicherheitsfaktor ins Spiel kam[8]. Im Kirchenstaat befanden sich seit dem Jahr 1849, als durch die militärische Intervention Frankreichs die „römische Republik" niedergeworfen und die weltliche Herrschaft des Papstes wiederhergestellt worden war, französische Garnisonen, und die Rücksicht auf die Katholiken seines Landes nötigte Kaiser Napoleon III., die weltliche Herrschaft des Papstes zu garantieren. Aufgrund der Rom-Politik des Zweiten Kaiserreiches konnte deshalb die italienische Nationalstaatsbildung nicht zum Abschluß gebracht werden, und die Anwesenheit französischer Truppen auf italienischem Boden bildete darüber hinaus einen empfindlichen Stachel für das italienische Selbstbewußtsein. Um wenigstens diesen ständigen Reibungspunkt in den italienisch-französischen Beziehungen zu beseitigen, hatten Kaiser Napoleon und König Viktor Emanuel am 15. September 1864 die sog. „Septemberkonvention" abgeschlossen[9]. Frankreich sagte darin den

---

[7] LUTZ, Österreich-Ungarn 196 ff., POTTHOFF 340 ff., KOLB, Kriegsausbruch 104; siehe auch unten S. 58.
[8] Aus der reichen Literatur zur „römischen Frage" in den 1860er Jahren siehe vor allem: H. BASTGEN, Die römische Frage, 3 Bde, Freiburg 1917–1919; N. MIKO, Das Ende des Kirchenstaates, 4 Bde, Wien/München 1962–1970 (enthält das auf die römische Frage bezügliche Aktenmaterial aller wichtigen europäischen Archive ab 1864); N. BLAKISTON, The Roman Question, London 1962; R. MORI, Il tramonto del potere temporale (1866–1870), Rom 1967. Zur Rom-Politik des Zweiten Kaiserreichs immer noch beachtenswert die kritische Analyse von E. BOURGEOIS/E. CLERMONT, Rome et Napoléon III, 1849–1870, Paris 1907; siehe ferner: G. DETHAN, Napoléon III et l'opinion Française devant la question Romaine (1860–1870), in: Revue d'histoire diplomatique 72 (1958), 118–134.
[9] Text der Septemberkonvention: OD 4, 466.

Abzug seiner Garnisonen aus dem Kirchenstaat binnen zwei Jahren zu, während das Königreich Italien sich verpflichtete, das Territorium des Papstes nicht anzugreifen, es notfalls mit bewaffneter Macht gegen von außen kommende Angriffe (von Freischaren nämlich) zu schützen, gegen die Organisierung einer päpstlichen Armee keine Reklamationen zu erheben und den Sitz der Regierung von Turin nach Florenz zu verlegen – was allgemein als ein Verzicht auf Rom empfunden wurde und in ganz Italien große Erbitterung hervorrief. Ende 1866 zogen die Franzosen tatsächlich aus Rom ab, aber nachdem Garibaldi mit seinen Freischaren im Herbst 1867 in den Kirchenstaat eingedrungen und von päpstlichen Truppen bei Mentana besiegt worden war, entsandte Napoleon III. erneut ein französisches Expeditionskorps zum Schutz des Papstes nach Rom. Seitdem befanden sich in Viterbo und Civitavecchia wieder französische Garnisonen – im Widerspruch zur Septemberkonvention, die jedoch nicht formell aufgehoben wurde. Die römische Frage blieb somit virulent.

Nicht nur Frankreich, auch der Norddeutsche Bund besaß – außer den Schutz- und Trutzbündnissen mit den süddeutschen Staaten – keinen Allianzvertrag, der ihm nach der französischen Kriegserklärung automatisch einen militärischen Alliierten zugeführt hätte. Zwar bestanden enge Beziehungen zu Rußland, aber diese waren – entsprechend Bismarcks Wunsch – nicht zu einem festen Bündnis ausgestaltet worden. Als man zu Beginn des Jahres 1868 in Petersburg lebhafte Besorgnis hegte, Beust arbeite zielstrebig darauf hin, Rußland auf dem Balkan in einen Krieg mit Österreich-Ungarn (und Frankreich) zu verwickeln, war es Bismarck gelungen, die russischen Bündnisfühler geschickt umzubiegen: statt zu der von Rußland gewünschten russisch-preußischen Allianz gegen Österreich-Ungarn kam es im Frühjahr 1868 nur zu einer mündlichen Vereinbarung der beiden Monarchen, sich wechselseitig zu unterstützen, wenn entweder Rußland oder der Norddeutsche Bund sich einer bewaffneten Koalition von *zwei* anderen Mächten gegenübersehen sollte. Zar Alexander sicherte dem preußischen König zu, im Falle eines preußisch-französischen Krieges 100 000 Mann an der Grenze gegen Österreich zu konzentrieren, um Österreich-Ungarn zu „paralysieren", d. h. vom Eintritt in den Krieg an der Seite Frankreichs abzuhalten; und König Wilhelm gab das analoge Versprechen, bei einem österreichisch-russischen Konflikt Rußland gegen Frankreich zu decken[10]. Durch die Modifizierung des ursprünglichen russischen Vorschlags war Bismarck ein diplomatisches Meisterstück gelungen, nämlich eine weitgehende Trennung des orientalischen vom westlichen Schauplatz: ein österreichisch-russischer Zusammenstoß auf dem Balkan mußte nun nicht notwendigerweise zu einem Konflikt im Westen führen, und umgekehrt brauchte bei einem Krieg zwischen Frankreich und dem Norddeutschen Bund nicht automatisch die orientalische Frage in die Auseinandersetzung hineingezogen und damit ein allge-

---

[10] Die Absprache vom Frühjahr 1868 wurde in der älteren Literatur (MICHAEL, EBEL, HEINZE) unterschiedlich bewertet; siehe jetzt vor allem: C. BORMANN, Bismarck und Südosteuropa vom Krimkrieg bis zur Pontuskonferenz, Diss. phil. Hamburg 1967, 130 ff. D. BEYRAU, Russische Orientpolitik und die Entstehung des deutschen Kaiserreiches 1866–1870/71, Wiesbaden 1974, 106 ff.

meiner Konflikt unvermeidlich zu werden¹¹. Die geheime mündliche Absprache vom Frühjahr 1868 war – entgegen allen weitergehenden Spekulationen in diplomatischen Kreisen – die einzige Abmachung, die in diesen Jahren zwischen Rußland und Preußen existierte.

Außerhalb der beiden Mächtegruppierungen stand England, während des Krimkriegs und in den Jahren danach Frankreichs Alliierter, der auch 1870 noch durch viele Fäden – vor allem auf wirtschaftlichem Gebiet – eng mit Frankreich verbunden war. Aber in den 1860er Jahren suchte England sich zunehmend aus allen kontinentalen Verwicklungen herauszuhalten und verfolgte eine Politik weitgehender Nichtintervention, von der es allerdings in der Luxemburgkrise 1867 und im belgisch-französischen Eisenbahnkonflikt abzugehen gezwungen war¹². Keinerlei Abmachungen, Erklärungen oder Vereinbarungen präjudizierten Englands Haltung bei einem französisch-deutschen Krieg. Aber in der öffentlichen Meinung – wohl in keinem anderen europäischen Staat ein so machtvoller Faktor wie in England – gewann im Verlauf der Julikrise zunehmend eine äußerst kritische Beurteilung des als aggressiv und friedensgefährdend bewerteten französischen Vorgehens die Oberhand¹³. Insofern waren der Entscheidungsfreiheit der englischen Politiker doch gewisse Grenzen gesetzt.

Wenn Napoleon III. den Krieg erklärte, ohne daß ihm ein militärischer Beistand Österreichs oder gar Österreichs und Italiens garantiert war, so beschritt er damit einen Weg, dessen Gefährlichkeit von vornherein evident sein mußte: ob auf die militärische Unterstützung durch eine andere Macht fest gerechnet werden konnte oder nicht – diese Frage besaß für Frankreich wesentlich größere Bedeutung als

---

¹¹ W. E. MOSSE, The European Powers and the German Question, 1848–1871, Cambridge 1958, 290.
¹² Eine konzise Darstellung der britischen Außenpolitik 1866–1870 bietet R. MILLMAN, British Foreign Policy and the Coming of the Franco-Prussian War, Oxford 1965. Siehe ferner die problemorientierten Überblicke von K. HILDEBRAND, Großbritannien und die deutsche Reichsgründung, in: E. KOLB (Hrsg.), Europa und die Reichsgründung. Preußen-Deutschland in der Sicht der großen europäischen Mächte 1860–1880, München 1980, 9–62; P. ALTER, Weltmacht auf Distanz. Britische Außenpolitik 1860–1870, in: KOLB (Hrsg.), Europa vor dem Krieg von 1870, 77–91, sowie die Hinweise im 1. Kapitel des Werkes von P. M. KENNEDY, The Rise of the Anglo-German Antagonism 1860–1914, London 1980. Ausführlichste neuere Darstellung der Luxemburgkrise: Ch. CALMES, 1867. L'affaire du Luxembourg, Luxemburg 1967; zum belgisch-französischen Eisenbahnkonflikt siehe die in Anm. 127 angeführte Literatur.
¹³ Neben den älteren Arbeiten von D. N. RAYMOND (1921), H. KAITSCHIK (1935) und E. WENTZ (1940) siehe die Skizze von P. BURY, L'opinion britannique et les affaires françaises de 1870, in: Revue d'histoire diplomatique 84 (1970) 337–351. Der österreichische Botschafter in London, Graf Apponyi, berichtete am 16. 7. 1870 nach Wien: „Die öffentliche Meinung betrachtet Kaiser Napoleon heute einheitlich als den Initiator einer Aggression, die er allein zur Befriedigung seiner Ambitionen und persönlichen Interessen auf sich genommen hat. Die öffentliche Meinung schiebt die Verantwortung für die Greuel des Krieges ausschließlich auf die französische Regierung ... Was die englische Regierung anbetrifft, so zweifle ich nicht daran, daß sie die öffentliche Meinung bis zu einem gewissen Grade beachtet" (HHStA PA VIII 75, auch zitiert bei I. DIÓSZEGI, Österreich-Ungarn und der französisch-preußische Krieg 1870/71, Budapest 1974, 38 f.)

für Preußen-Deutschland. Denn nach vollständig durchgeführter Mobilmachung konnten der Norddeutsche Bund und die süddeutschen Staaten eine den französischen Armeen zahlenmäßig überlegene Streitmacht ins Feld führen, was beiden Seiten durchaus bekannt war. Die faktische Stärke der französischen Feldarmee läßt sich mit rund 336 000 Mann beziffern[14]. Diese Zahl stimmt ziemlich genau überein mit den Berechnungen, die der preußische Generalstab vor dem Krieg angestellt hatte und in denen die Stärke der französischen Feldarmee mit 343 000 Mann veranschlagt wurde[15]. Demgegenüber betrug die Friedensstärke der Armeen des Norddeutschen Bundes und der süddeutschen Staaten zusammen rund 382 000 Mann, nach abgeschlossener Mobilmachung belief sich die Stärke der deutschen Feldarmee auf 462 300 Mann Infanterie und 56 800 Mann Kavallerie[16].

Weshalb die französische Staatsführung bei den Beratungen und Entscheidungen der Julitage 1870 einem derart zentralen und möglicherweise kriegsentscheidenden Faktor wie der zahlenmäßigen Unterlegenheit der französischen Streitkräfte[17] so wenig Gewicht beigemessen hat, bleibt ein Rätsel – um so mehr, als sich Napoleon und seine engsten militärischen Mitarbeiter noch im Mai und Juni 1870 dieses Problems durchaus bewußt gewesen waren. Anläßlich der Erörterungen

---

[14] Bei Kriegsbeginn betrug die Stärke des französischen Heeres (aktive Truppen und Reservearmee) unter Einrechnung des Kontingents von 1869, das erst am 1. 8. 1870 zur Einstellung kommen sollte, rund 567 000 Mann (hinzu kamen rund 420 000 Mann der mobilen Nationalgarde, die aber größtenteils nicht ausgebildet und nur bedingt einsatzbereit waren). In die Stärkeziffer von 567 000 Mann waren jedoch verschiedene Kategorien mit eingerechnet (Non-valeurs, Gendarmerie, Depots, Garnisonen im Landesinnern und in Algerien), die für den Krieg gegen Deutschland nicht herangezogen werden konnten. Nach Abzug dieser Kategorien – mit zusammen rund 230 000 Mann – ergibt sich eine Stärkeziffer der französischen Feldarmee von rund 336 000 Mann. Schreiben des französischen Kriegsministers an General Martin des Pallières vom 18. 12. 1871 – EP Dép. 5/II, 28 f.; B. L. J. LEBRUN, Souvenirs militaires 1866–1870, Paris 1895, 76; Der deutsch-französische Krieg 1870/71, red. von der kriegsgeschichtlichen Abteilung des Großen Generalstabes. 5 Bde und 4 Kartenbde, Berlin 1874 ff. (zit.: GENERALSTABSWERK), hier: 1, 14 f. Zur französischen Aufmarschplanung und zur Durchführung der französischen Mobilmachung siehe M. HOWARD, The Franco-Prussian War, London 1961, 44 ff., 63 ff., (66: „Chaos der französischen Mobilmachung"); Colonel ROCOLLE, Anatomie d'une mobilisation, in: Revue historique des armées 1979 No. 2, 35–68.
[15] GENERALSTABSWERK 1, 15, 74; H. v. MOLTKE, Militärische Werke. Militärische Korrespondenz. Aus den Dienstschriften des Krieges 1870/71, Berlin 1896/97 (zit.: Dienstschriften) hier: 130 f. Der norddeutsche Militärattaché in Paris, Graf Waldersee, veranschlagte am 16. 7. 1870 die Effektivstärke des französischen Heeres (einschl. Offiziere) auf 440 000 Mann, mit Reserven auf 584 000 Mann (Bericht Waldersee, Paris 16. 7. 1870, pr. 19. 7. – PA I ABc 70 Bd. 4, Bl. 35–37).
[16] GENERALSTABSWERK 1, 57 f., 67.
[17] Die zahlenmäßige Unterlegenheit wurde nicht durch eine signifikante waffentechnische Überlegenheit Frankreichs kompensiert. Die französische Armee verfügte zwar über ein ausgezeichnetes Gewehr, das Chassepot, das aufgrund seiner größeren Reichweite dem preußischen Zündnadelgewehr überlegen war. Aber den Franzosen fehlte eine moderne Artillerie, und die in beschränkter Zahl vorhandenen Mitrailleusen ließen sich mangels trainierter Bedienungsmannschaften nicht wirkungsvoll einsetzen (vgl. HOWARD 35 f.). Dieser Sachverhalt war damals – zumindest in militärischen Fachkreisen – kein Geheimnis.

über einen vom österreichischen Erzherzog Albrecht vorgelegten französisch-österreichischen Operationsplan betonten die französischen Militärs, selbst bei Teilnahme Österreichs an einem Krieg gegen Preußen werde die militärische Lage Frankreichs in der ersten Kriegsphase, nämlich bis zum Abschluß der österreichischen Mobilmachung (6 Wochen), nicht unbedenklich sein. Deshalb drängten sie energisch darauf, Österreich müsse seine Mobilmachung so frühzeitig beginnen, daß die österreichischen und französischen Armeen am selben Tag in die militärischen Operationen eintreten könnten[18]. Dergleichen skeptische Einsichten waren in den Julitagen wie weggewischt. Die französische Regierung sprach die Kriegsdrohung aus und erklärte den Krieg, ohne der österreichischen Haltung im Kriegsfall in verbindlicher Weise versichert zu sein, geschweige denn wegen der österreichischen Mobilmachung Kontakt aufgenommen zu haben[19]. Dieses Vorgehen enthüllt einmal mehr, in welchem Ausmaß die Aktionen und Entschließungen der französischen Regierung während der Julikrise bestimmt wurden durch Unbesonnenheit, Planlosigkeit und Mangel an rationaler Kontrolle.

Dieses Vorgehen der Franzosen bei Mobilmachung und Kriegserklärung enthob den preußischen Generalstabschef Moltke seiner Hauptsorge hinsichtlich der deutschen Mobilmachung und Kriegseröffnung. Moltke befürchtete nämlich seit 1867, bei einem geplanten französisch-österreichischen Angriff auf Preußen werde Österreich mit seinen Rüstungen erheblich früher beginnen als Frankreich, um gleichzeitig mit Frankreich losschlagen zu können. Daher galt für Moltke die Maxime: „Wenn Österreich rüstet, dann müssen wir Frankreich den Krieg erklären" – angesichts der Gefahr eines Zweifrontenkrieges wollte sich Moltke unbedingt die Initiative erhalten und scheute in diesem Falle auch vor dem „Schein der Aggression" nicht zurück[20]. Schon damals also zeichnete sich jene fatale Kalamität ab, die dann die letzten Tage vor dem Ausbruch des Ersten Weltkriegs beherrsch-

---

[18] Unsere Kenntnis dieser Verhandlungen beruht auf den Erinnerungen und Aufzeichnungen der beteiligten französischen Generäle, siehe LEBRUN 71 ff., 89 ff., 151 ff.; General JARRAS, Souvenirs, Paris 1892, 41 ff. (auch ONCKEN 3, 360 ff.); vgl. auch POTTHOFF 333 ff.; LUTZ, Österreich-Ungarn 149 ff., auch DERS., Außenpolitische Tendenzen 13 ff.

[19] Ganz unbegreiflich ist vor allem, weshalb Kriegsminister Le Boeuf, der am Kriegsrat vom 19. 5. 1870 teilgenommen hatte, bei den Ministerratssitzungen während der Julikrise (besonders in derjenigen vom 6. Juli) einen Krieg mit Preußen-Deutschland als einen militärischen Spaziergang darstellte und Napoleon einer solchen Auffassung nicht widersprach. Vgl. zum Zusammenhang auch A. VAGTS, Defense and Diplomacy, New York 1956, 353 f., 393 und HOWARD 39.

[20] E. KESSEL, Moltke, Stuttgart 1957, 540. Die strategischen und operativen Überlegungen für den Fall eines Krieges gegen Frankreich bzw. gegen Frankreich und Österreich, die im Juli 1870 bei den Planungen des preußischen Generalstabs und bei der Mobilmachung maßgebend waren, entwickelte Moltke erstmals in seiner Denkschrift vom Winter 1868/69, s. MOLTKE, Dienstschriften 1870/71, 114 ff. Vgl. auch HOWARD 41 ff.; H. HELMERT, Der preußische Generalstab in der Vorbereitung des Krieges gegen Frankreich zwischen 1866 und 1870, in: H. BARTEL/E. ENGELBERG (Hrsg.), Die großpreußisch-militaristische Reichsgründung, Bd. 1, Berlin 1971, 157–201.

te²¹: daß die Entschließungen der Politiker und die Modalitäten der Kriegseröffnung (mit gravierenden Auswirkungen auf die Stellungnahme der internationalen öffentlichen Meinung) weitestgehend abhängig wurden von den – aus den Mobilmachungsplänen resultierenden – Forderungen der Militärs. Wenn sich dieses Problem 1870 nicht in einer für Preußen höchst nachteiligen Weise stellte, so lag das an dem Tempo und Ungestüm, mit dem die französische Führung in der Julikrise den Bruch herbeiführte und den Krieg erklärte.

Dadurch trug die französische Regierung auch noch in einer anderen Hinsicht dazu bei, die für die deutsche Mobilmachung optimalen Voraussetzungen zu schaffen: sie zwang den Norddeutschen Bund zur sofortigen vollständigen Mobilmachung²². Für einen derartigen Fall hatte aber Graf Waldersee, der Militärattaché in Paris, bereits im April 1870 konstatiert: bei einer plötzlichen Mobilmachung – der Beginn derselben in beiden Armeen zur selben Zeit gedacht – sei die preußische Armee um ein Erhebliches schneller befähigt, mit großen Massen zur Offensive zu schreiten. „Während bei uns der ganze Mechanismus um so sicherer arbeitet, je mehr die Mobilmachung eine vollständige, durch einen Befehl für die ganze Armee angeordnete ist, und vorbereitende Maßnahmen nicht erforderlich sind, wird bei der französischen eine plötzliche Mobilmachung der ganzen Armee die größten Verwirrungen mit sich bringen. Außerdem sind Gründlichkeit und komplizierte Vorbereitungen nicht die starke Seite der Franzosen, während bei uns erfahrungsgemäß die Voranschläge bis in die kleinsten Details sich als zutreffend erwiesen haben. Es bieten sich bei einem Kriege mit Frankreich gerade in den Anfängen günstige Chancen, die auszubeuten sind, im schleunigen Mobilmachen der ganzen Armee, im sofortigen Aufmarsch und unmittelbar darauf folgender Offensive"²³. Diese Prognose Graf Waldersees vom April 1870 sollte sich Ende Juli/Anfang August als zutreffend erweisen.

²¹ Eindringliche Bemerkungen dazu bei K. HILDEBRAND, Julikrise 1914: Das europäische Sicherheitsdilemma, in: Geschichte in Wissenschaft und Unterricht 36 (1985) 469–502, hier bes. 476 f., 494 f.
²² Nach den ersten, allerdings etwas unklaren Meldungen über den Beginn der französischen Mobilmachung (diese wurde am Abend des 14. Juli angeordnet) scheint Bismarck am 15. Juli zunächst noch eine nur partielle Mobilmachung des Norddeutschen Bundes beabsichtigt zu haben (GW 6b Nr. 1629 Vorbemerkung). Erst als man in Berlin am Nachmittag des 15. Juli von der Votierung der Kriegskredite durch die französische Kammer erfuhr und durch ein Telegramm Graf Waldersees Gewißheit gewonnen war, daß in Frankreich tatsächlich sämtliche Reserven und 4 Jahrgänge Mobilgarden einberufen wurden (GW 6b Nr. 1632 Anm. 1), fiel die Entscheidung zugunsten der vollständigen Mobilisierung. Am Abend des 15. Juli unterzeichnete König Wilhelm die Mobilmachungsordre; um 22.55 Uhr telegraphierte Bismarck an die norddeutschen Geschäftsträger in München, Stuttgart, Karlsruhe und Darmstadt, „soeben" sei die Mobilmachung des Norddeutschen Heeres befohlen worden; an die Regierungen der süddeutschen Staaten wurde das Ansuchen gerichtet, ihre Streitkräfte „mit tunlichster Beschleunigung zur Verteidigung Deutschlands ausrüsten zu wollen" (PA I ABc 70 Bd. 1, Bl. 8, auch GW 6b Nr. 1640).
²³ Bericht Waldersee, Paris 12. 4. 1870 (Abschrift pr. 21. 4.) – PA I ABc 69 Bd. 2; ebd. Bericht Waldersee, Paris 24. 4. 1870 (Abschrift pr. 28. 4.), worin die Darlegungen über die schnellere Durchführung der deutschen Mobilmachung gegenüber der französischen bestätigt werden. Vgl. auch Waldersees Tagebucheintragung vom 30. 4. 1870, s. A. v. WALDERSEE, Denk-

1. Die Mächtekonstellation bei Kriegsbeginn

Angesichts der skizzierten Voraussetzungen ist es verständlich, daß Moltke und seine Mitarbeiter nach der Verkündigung der Mobilmachung dem Beginn der militärischen Operationen mit Ruhe und unbedingter Siegeszuversicht entgegensahen. Allerdings rechnete Moltke durchaus mit der Möglichkeit kleinerer französischer Anfangserfolge: daß Frankreich den definitiven Bruch so abrupt herbeigeführt hatte, schien ihm wie den meisten Zeitgenossen nur dadurch erklärbar, daß die französische Regierung einen Rüstungsvorsprung zu besitzen glaubte, den sie zu sofortigen, überfallartigen Angriffsoperationen ausnutzen wollte. So äußerte Moltke im Hause des amerikanischen Gesandten Bancroft bei einem Abendessen im kleinen Kreis am 20. Juli die Auffassung, zunächst sei ein Eindringen der Franzosen auf deutschen Boden zu befürchten, dann aber werde mit voller Wucht der deutsche Gegenschlag erfolgen[24]. Und der württembergische Gesandte in Berlin, v. Spitzemberg, berichtete am 23. Juli nach Stuttgart: „Die Mobilmachung geht mit der größten Ruhe und Ordnung vor sich. Die Stimmung ist ernst, aber entschlossen und zuversichtlich. Man ist vollkommen darauf vorbereitet, daß die Franzosen, die in ihren Rüstungen weiter vorangeschritten sind, in den ersten Tagen Fortschritte auf deutschem Gebiete machen und ganz Frankreich mit Siegesbulletins erfüllen werden. General Moltke war nie heiterer und sicherer als gegenwärtig, mahnt aber zur Ruhe in den nächsten Zeiten, in denen, um den Erfolg zu sichern, wahrscheinlich ein Zurückweichen nötig sein werde; denn ehe die ganze Armee schlagfertig gesammelt ist, wird durch vereinzelten Widerstand die Kraft nicht zersplittert werden. Nach der Ansicht des Generals Moltke wird [die Festung] Ulm im bevorstehenden Kriege nicht in Aktion kommen"[25].

Weil man in Deutschland allgemein annahm, die Franzosen verfügten bei der Mobilisierung ihrer Streitkräfte über einen zeitlichen Vorsprung, herrschte in den ersten Kriegstagen vor allem bei der Bevölkerung der grenznahen Gebiete lebhafte Sorge vor einem plötzlichen Vordringen französischer Truppen und der Besetzung deutschen Territoriums. In der Pfalz, im Großherzogtum Hessen und besonders in Baden war man stündlich auf das Erscheinen französischer Soldaten gefaßt[26]. Die Behörden in den preußischen Grenzdistrikten wurden am 16. Juli angewiesen,

---

würdigkeiten des Generalfeldmarschalls Alfred Grafen v. Waldersee, hrsg. v. H. O. Meisner, 3 Bde, Stuttgart 1922/23, hier: 1, 67 f. Zu Planung und Durchführung der deutschen Mobilmachung s. MOLTKE, Dienstschriften 1870/71, 114 ff., 131 ff.; GENERALSTABSWERK 1, 49 ff.; HOWARD 57 ff.; G. LEHMANN, Die Mobilmachung von 1870/71, Berlin 1904. Knappe Gegenüberstellung der französischen und deutschen Mobilmachungsmaßnahmen bei VAGTS 392 ff.

[24] R. Frhr. v. FRIESEN, Erinnerungen aus meinem Leben, Bd. 3, Dresden 1910, 122 f.
[25] Bericht Spitzemberg an Varnbüler, Berlin 23. 7. 1870 – HStASt E 286, Büschel 34. Der österreichische Geschäftsträger in Berlin, Baron Münch, äußerte in einem Privatbrief an Beust vom 21. Juli, man befürchte in Berliner Regierungskreisen einen französischen Angriff in der Nordsee und Attacken auf deutsches Gebiet, man sei in Deutschland zunächst auf kleine Schlappen gefaßt, die Furcht vor solchen schwinde jedoch von Tag zu Tag (HHStA PA III 102, Bl. 140 f.).
[26] Für die Rückwirkung dieser Invasionsfurcht auf die Artikulierung der Forderung nach „sicheren Grenzen" siehe unten S. 118 ff.

alle Staatskassen in Sicherheit zu bringen: „Der Einmarsch der Franzosen kann zu jeder Stunde erfolgen"[27]. In Berlin kursierte am Abend des 19. Juli das Gerücht, ein französisches Korps sei in Baden einmarschiert und werde am nächsten Tag bereits württembergisches Territorium bedrohen[28].

Noch stärker war in den Berliner Regierungskreisen während dieser Tage aber die Sorge vor einem Überraschungsangriff der französischen Flotte auf die Nord- oder Ostseeküste. Die französische Kriegsflotte war der norddeutschen nicht nur weit überlegen[29], sondern das kleine norddeutsche Panzergeschwader war zudem Anfang Juli zu einer Manöverfahrt in den Atlantik ausgelaufen und für das Marineministerium zunächst nicht erreichbar[30]. Erst am Vormittag des 17. Juli wußte man in Berlin, daß das Panzergeschwader am Vorabend wieder in Wilhelmshaven vor Anker gegangen war[31]. Sofort nachdem man in Berlin Kenntnis vom Beginn der französischen Mobilmachung erhalten hatte, ordnete die Regierung Abwehrmaßnahmen in den Küstengebieten an, um der französischen Flotte eine Landung zu erschweren. Am 15. Juli ließ Bismarck die Behörden an der preußischen Nordseeküste, einen Tag später auch diejenigen an der Ostseeküste anweisen, bei Annäherung der französischen Flotte die Feuerschiffe einzuziehen und alle Seezeichen aufzunehmen sowie die festen Feuer zu löschen[32]. Von Hamburg rückten Hunderte von Schanzarbeitern nach Cuxhaven aus, um an der Elbmündung Befestigungen aufzuwerfen; 28 Schiffe wurden requiriert, um im Notfall durch deren Versenkung den Franzosen die Elbe zu sperren; alle Fischernetze wurden nach

---

[27] Tel. Bismarck an Regierungspräsident Trier und Landratsamt Saarbrücken, Berlin 16. 7. 1870 - PA I ABc 70, Bd. 1, Bl. 87 f., auch GW 6b Nr. 1651. Darauf Tel. Regierungspräsident Trier (v. Ernsthausen) an Bismarck, Trier 17. 7. 1870: „Die Kassen an der Grenze sind in Sicherheit gebracht" (PA I ABc 70 Bd. 2, Bl. 21; ebd. Bl. 25 ähnliche Antwort des Landrats Saarbrücken vom 17. 7. 1870).

[28] Berichte des bayerischen Gesandten in Berlin, von Perglas, an König Ludwig, Berlin 19. 7. und 20. 7. 1870 - GStAM MA I 646.

[29] Frankreich besaß die - nach Großbritannien - zweitstärkste Flotte, u. a. 59 Panzerfahrzeuge, 24 Schraubenlinienschiffe, 130 Fregatten, Korvetten und Avisos, 68 Kanonenboote, 60 Truppentransporter, insgesamt 550 Fahrzeuge mit 76 000 Mann. Demgegenüber verfügte die Norddeutsche Bundesmarine nur über 5 Panzerfahrzeuge, 12 Fregatten, Korvetten und Avisos und 22 Kanonenboote mit insgesamt 3800 Mann. Siehe A. SCHULZE-HINRICHS, Der Seekrieg 1870/71, in: MOV-Nachrichten 1970, 127 ff.; vgl. GENERALSTABSWERK 1, 68 f.

[30] Vgl. Tel. Bismarck an Bernstorff, Berlin 14. 7. 1870, z. St. 14.45 Uhr - GW 6b Nr. 1622; Bericht Oubril an Westmann, Berlin 14. 7. 1870 - Ch. W. CLARK, Bismarck, Russia and the Origins of the War of 1870, in: Journal of Modern History 14 (1942) 195-208, hier: 204; Bericht de Launay an Visconti-Venosta, Berlin 14. 7. 1870 - DDI I/13, 82 f.

[31] Tel. Prinz Adalbert an König Wilhelm, Wilhelmshaven 16. 7. 1870, z. St. 23.25 Uhr (Berlin an: 17. 7., 8.00 Uhr) - PA I ABc 70 Bd. 2, Bl. 53.

[32] Schreiben Bismarck an Handelsminister Graf v. Itzenplitz, Berlin 15. 7. 1870 und Telegramme Itzenplitz an Regierungspräsidenten Aurich, Stade, Schleswig vom 15. 7., an Oberpräsidenten Königsberg und Stettin vom 16. 7. - DZAM Rep. 120 CXIII 11 Nr. 26 Bd. 1, auch GW 6b Nr. 1637. Am 16. und 17. Juli wurde auch aus Bremen, Oldenburg und Hamburg nach Berlin gemeldet, die Leuchtfeuer seien gelöscht, die Leuchtschiffe eingezogen, die Seezeichen aufgenommen (PA I ABc 70 Bd. 2, Bl. 61, 62, 93).

Kiel gesandt, um damit den Eingang des dortigen Hafens zu sperren[33]. Am 17. Juli wies Bismarck die Oberpräsidenten in Kiel und Hannover telegraphisch an, „die Küstenbevölkerung auf geeignete, für den vorhandenen patriotischen Sinn nicht verletzende Weise darauf aufmerksam zu machen, ein wie schweres und mit wie harter Strafe bedrohtes Verbrechen es ist, feindlichen Kriegsschiffen Lotsendienste zu leisten"[34].

Entgegen den ersten Erwartungen und Befürchtungen auf deutscher Seite lief die französische Kriegsflotte jedoch nicht sofort nach der Kriegseröffnung aus Cherbourg und Brest aus. Erst am 25. Juli meldete der zur Beobachtung der Flottenbewegungen nach Dover entsandte Londoner Botschaftssekretär nach Berlin: „Soeben passierte die französische Flotte den Kanal. Ich zählte 10 Schiffe"[35]. Dieses Geschwader, das keine Landungstruppen mit sich führte, nahm zunächst Kurs auf Dänemark, um dort eine moralische Wirkung zugunsten einer Allianz zwischen Dänemark und Frankreich auszuüben[36], und operierte dann in der Ostsee. Ein zweites französisches Panzergeschwader, das wenige Tage später auslief, manövrierte in der Nordsee und warf schließlich Anker bei Helgoland. Die französische Flotte beschränkte sich aber auf eine Blockade der deutschen Küsten und auf das Aufbringen deutscher Handelsschiffe[37]; zu dem befürchteten Angriff auf die Nord- oder Ostseeküste oder zu einem Landungsversuch (der von französischer Seite tatsächlich geplant war und vorbereitet wurde) kam es nicht. Ende August wurde dann die französische Flotte zurückgerufen, weil der größte Teil der Marinestreitkräfte bei der Verteidigung Frankreichs benötigt wurde[38].

In die Reihe der Abwehrmaßnahmen gegen einen befürchteten französischen Überraschungsangriff an der Nordseeküste ist auch die verstärkte Überwachung „welfischer Umtriebe" einzuordnen, denn es mußte damit gerechnet werden, daß die Franzosen bei einer Landung an der Nordseeküste versuchen würden, in Hannover mit Hilfe der Welfenpartei Insurrektionen hervorzurufen und sich als Befrei-

---

[33] Korrespondenz aus Hamburg vom 16. 8. 1870, in: Grenzboten 29. Jg. 1870 Bd. 3, 303.
[34] Tel. Bismarck an Oberpräsidenten Kiel und Hannover, Berlin 17. 7. 1870, z. St. 13.55 Uhr – PA I ABc 70 Bd. 2, Bl. 29. Die Senate der Hansestädte und die oldenburgische Regierung wurden um analoge Aufrufe gebeten (ebd. Bd. 1, Bl. 47). Der norddeutsche Botschafter in London erhielt die Weisung, bei der englischen Regierung darum nachzusuchen, daß den Helgoländern verboten werde, „nicht-englischen Kriegsschiffen Lotsendienste zu leisten" (ebd. Bd. 1, Bl. 45). Wie Graf Bernstorff am 19. Juli berichtete, beschränkte sich die britische Regierung jedoch darauf, die Helgoländer Lotsen zu warnen: wenn sie Kriegsschiffen der kriegführenden Mächte Lotsendienste leisteten, täten sie das auf eigene Verantwortung und setzten sich der Gefahr aus, Kriegsgefangene zu werden (ebd. Bd. 4, Bl. 30; Bd. 5, Bl. 18).
[35] Tel. Schmidthals an Bismarck, Dover 25. 7. 1870, 13.00 Uhr (Berlin an: 20.50 Uhr) – PA I ABc 70 Bd. 10, Bl. 114.
[36] Vgl. unten S. 75 ff.
[37] Während des Krieges brachten die Franzosen insgesamt rund 90 deutsche Handelsschiffe auf, s. SCHULZE-HINRICHS 128.
[38] Zu den Operationen der französischen Flotte siehe die Aussage des Admirals Rigault de Genouilly vor der Untersuchungskommission: EP Dép. I, 125 ff.; vgl. HOWARD 74 ff.

er des Landes vom „preußischen Joch" aufzuspielen³⁹. Bismarck machte deshalb bei Kriegsbeginn den Behörden höchste Wachsamkeit zur Pflicht. Gleich am 15. Juli richtete er an den Oberpräsidenten in Hannover die Anfrage, welches die „verdächtigen" Distrikte und Orte seien, die bei der Mobilmachung vorsichtshalber mit „altländischen" Truppen belegt werden sollten⁴⁰. Als verdächtige Distrikte der Provinz bezeichnete der Oberpräsident die Städte Hannover und Göttingen mit Umgebung, die Stadt Celle, das Amt Gifhorn und einen Teil der Umgebung von Osnabrück. Des weiteren teilte er mit, die Franzosen hielten angeblich eine Proklamation an die Bevölkerung Hannovers für den Fall der Invasion bereit; könne man in deren Besitz gelangen, so empfehle sich rechtzeitige Mitteilung und Kritik in der Presse⁴¹. Zwischen dem 17. und 21. Juli wurden einige als welfische „Agenten" bekannte oder verdächtigte Personen verhaftet. Um die welfische Geheimorganisation in der Provinz Hannover wirkungsvoller bekämpfen zu können, ging Bismarck jetzt auch auf das Anerbieten des Welfenagenten Meding ein, gegen Zusicherung einer beträchtlichen Pensionszahlung genaue Angaben über Aufbau, Waffenlager und führende Persönlichkeiten der welfischen Geheimorganisation zu liefern⁴². Der Regierungsrat Meding, der anläßlich der Auflösung der „Welfenlegion" im Frühjahr 1870 bei dem im österreichischen Exil lebenden König Georg V. in Ungnade gefallen war, hatte dieses Anerbieten bereits im Juni 1870 dem norddeutschen Konsul in Paris, Dr. Bamberg, gemacht; damals hielt Bismarck jedoch die Sache für „noch nicht reif zu einer Verhandlung über den Geldpunkt".

---

[39] Zur „Welfenfrage" und den welfischen Aktivitäten in den Jahren nach 1866 vgl. allgemein H. MAATZ, Bismarck und Hannover 1866–1898, Hildesheim 1970 und S. A. STEHLIN, Bismarck and the Guelph Problem 1866–1890, The Hague 1973; zur Situation im Sommer 1870 s. auch GW 6b Nr. 1660 Vorbemerkung. Für französische Andeutungen, im Falle eines französischen Sieges das Königreich Hannover in vergrößertem Umfang wiederherzustellen, vgl. ONCKEN 3, 448, 450.
[40] Tel. Bismarck an Oberpräsident Hannover (Stolberg), Berlin 15. 7. 1870, z. St. 23.11 Uhr – DZAM Rep. 90a Y IX 2, Nr. 14, Bd. 1, Bl. 1.
[41] Tel. Oberpräsident Hannover an Bismarck, Hannover 16. 7. 1870 – ebd.; Tel. Oberpräsident Hannover an Bismarck, Hannover 18. 7. 1870 – PA I ABc 70 Bd. 3, Bl. 113. Daß die Franzosen eine Proklamation „bereithielten", ist nicht nachweisbar. Als die welfische „Exilregierung" unmittelbar nach Kriegsbeginn dem französischen Außenminister den Abschluß eines „Allianz-Tractates Seiner Majestät des Königs von Hannover mit Seiner Majestät dem Kaiser der Franzosen zur Wiederherstellung und Sicherung der Selbständigkeit und Unabhängigkeit des Königreichs Hannover" anbot, reagierte Gramont ausweichend; er wollte über einen derartigen Vertrag erst verhandeln, wenn französische Truppen in Hannover einmarschiert seien; siehe S. A. STEHLIN, Guelph Plans for the Franco-Prussian War, in: Historical Journal 13 (1970) 789–798.
[42] Die Akten über die Verhandlungen mit Meding und Holle: PA I AAg 29 adh.; sie sind ausgewertet GW 6b Nr. 1660 Vorbem., Nr. 1685 Vorbem., Nr. 1716 Vorbem.; vgl. auch MAATZ 79 f., STEHLIN, Bismarck 92 f.; zur Person von Meding siehe ebd. 69.

Als Meding dann aber nach Ausbruch der Julikrise sein Angebot wiederholte und darauf hinwies, er habe Mitteilungen von höchster Wichtigkeit zu machen, ließ Bismarck ihn und den Hauptmann a. D. Holle unter Zusicherung freien Geleits nach Berlin kommen. Bismarcks enger Mitarbeiter Legationsrat Bucher verhandelte am 29. und 31. Juli mit Meding und Holle und gelangte zu einem Übereinkommen. Aufgrund der Angaben Medings wurden einige weitere präventive Verhaftungen vorgenommen und die Observierung einiger Personen angeordnet. Andererseits wurde die von König Wilhelm vor seiner Abreise ins Feld angekündigte Amnestie für politische Verbrechen und Vergehen so gefaßt, daß sie auch jenen Offizieren der aufgelösten Welfenlegion zustatten kam, die sich bei Kriegsausbruch von Paris auf den neutralen Boden der Schweiz begeben hatten. Gegen das ehrenwörtliche Versprechen, nie etwas gegen Preußen unternehmen zu wollen, wurde ihnen außer der vollen Begnadigung eine lebenslängliche Pension von 1200 Talern zugesichert. Trotzdem gingen die Offiziere zunächst nicht auf dieses Angebot ein, sondern begaben sich nach Wien. Aber zu diesem Zeitpunkt drohte Preußen-Deutschland von einer im Zusammenwirken mit französischen Truppen ausgeübten welfischen Aktivität keine Gefahr mehr; diese war durch die deutschen Siege beseitigt.

Will man Lagebeurteilung und Stimmung in den militärischen und politischen Führungskreisen Berlins nach Kriegsausbruch zusammenfassend charakterisieren, dann läßt sich konstatieren: Einzelne französische Anfangserfolge hielt man infolge eines vermuteten zeitlichen Vorsprungs der Franzosen bei den militärischen Rüstungsvorbereitungen nicht für ausgeschlossen (und leitete deshalb geeignete Abwehrmaßnahmen gegen eine mögliche französische Invasion ein), es dominierte aber die feste Zuversicht auf einen für Preußen-Deutschland erfolgreichen Ausgang der militärischen Auseinandersetzung. Dazu trug vor allem auch die Tatsache bei, daß – etwa seit dem 12. Juli – ein Sturm patriotischer Begeisterung ganz Deutschland erfüllte, auch Süddeutschland. Dort hatte es, zumal in Bayern und Württemberg, während der ersten Phase der Julikrise noch deutliche Stimmungstendenzen zugunsten einer neutralen Haltung gegeben. Aber die Agitation der französischen Presse und das Verhalten der französischen Regierung nach dem Kandidaturverzicht führten zu einem raschen und durchgreifenden Stimmungsumschlag. Die bayerische und württembergische Regierung folgten – mehr oder weniger freudig – der allgemeinen Stimmungsentwicklung; umsonst waren alle französischen (und österreichischen) Bemühungen, die Regierungen der süddeutschen Staaten unter Hinweis auf die angeblich rein dynastisch-preußischen Ursachen des Konflikts zur Neutralität zu bestimmen oder wenigstens zu einer gründlichen Prüfung des casus foederis anzuhalten. Die Frage, ob für die süddeutschen Staaten aufgrund der Schutz- und Trutzbündnisse tatsächlich der casus foederis vorlag, hätte bei einer anderen französischen Taktik vielleicht zu einem ernsthaften Problem für Bismarcks diplomatische Aktion werden können; aber infolge des französischen Vorgehens während der Tage vom 12. bis 19. Juli stellte sich diese Frage nicht in wirklich kritischer Weise. Auf die Haltung der süddeutschen Regierungen während der einzelnen Phasen der Krise und beim Kriegsbeginn muß deshalb in unserem Zusammenhang nicht näher eingegangen werden[43]: Als König Wilhelm die Mobilmachung des Norddeutschen Bundes anordnete, konnte Bismarck mit Sicherheit darauf rechnen, daß alle süddeutschen Staaten gemeinsam mit dem Norddeutschen Bund in den Krieg gegen Frankreich eintreten würden, und als am 19. Juli in Berlin die französische Kriegserklärung überreicht wurde, war der Anschluß der süddeutschen Staaten bereits definitiv erfolgt.

Nach planmäßig durchgeführter und abgeschlossener Mobilmachung des Norddeutschen Bundes und der süddeutschen Staaten mußte die relative zahlenmäßige Überlegenheit der deutschen über die französischen Armeen voll zur Geltung kommen. Eine eindeutige militärische Niederlage Deutschlands war dann allein schon aufgrund der Kräfteverhältnisse denkbar unwahrscheinlich – *vorausgesetzt*, daß es Bismarck gelang, den Krieg auf einen Waffengang zwischen Frankreich und den deutschen Staaten zu begrenzen. Eine Lokalisierung des Krieges lag insofern ganz im preußisch-deutschen Interesse, und auf dieses Ziel arbeitete Bismarck mit allen politischen und diplomatischen Mitteln hin, als der Krieg unvermeidlich geworden und die Mobilmachung angelaufen war. Eine Lokalisierung des Krieges anzustreben, bedeutete in der konkreten Situation der zweiten Julihälfte: es galt zu verhindern, daß eine weitere Macht in den Krieg zwischen Frankreich und den deutschen Staaten eintrat. Denn der Kriegseintritt *einer* Macht hätte mit großer Wahrscheinlichkeit zur Ausweitung des Krieges und zu einer Vervielfachung der Konfliktfelder geführt, weil dann auch *andere* Mächte kaum mehr in der Lage gewesen wären, neutral zu bleiben.

Für Bismarcks politisches Agieren in der ersten Kriegsphase, in der die Waffen noch nicht gesprochen hatten, ergaben sich aus der Zielsetzung einer Lokalisierung des Krieges angesichts der bei Kriegsbeginn bestehenden Mächtekonstellation zwei Operationsrichtungen: einerseits bestand keine Veranlassung, die eigenen potentiellen Verbündeten (vor allem Rußland) zu einem Heraustreten aus der Neutralität zu bewegen, solange keine weitere Macht auf seiten Frankreichs in den Krieg eingetreten war; andererseits galt es, Frankreichs potentielle Verbündete (vor allem Österreich, Italien und Dänemark) vom Eintritt in den Krieg abzuhalten.

---

[43] Für Einzelheiten siehe vor allem M. WENZEL, Die Politik Napoleons III. an den süddeutschen Höfen 1866–1870, Diss. phil. Freiburg 1950, 116 ff.; M. DOEBERL, Bayern und die Bismarckische Reichsgründung, München/Berlin 1925, 25 ff.; A. RAPP, Die Württemberger und die nationale Frage 1863–1871, Stuttgart 1910, 363 ff.; A. STERN, Geschichte Europas seit den Verträgen von 1815 bis zum Frankfurter Frieden von 1871, Bd. 10, München/Berlin 1924 (zit.: Stern 10), 353 ff.; O. BECKER, Bismarcks Ringen um Deutschlands Gestaltung, hrsg. u. ergänzt v. A. Scharff, Heidelberg 1958, 683 ff.; E. R. HUBER, Deutsche Verfassungsgeschichte seit 1789, Bd. 3, Stuttgart 1963, 722 ff.; POTTHOFF 344 ff.; LUTZ, Österreich-Ungarn 222 ff.; E. WEIS, Vom Kriegsausbruch zur Reichsgründung. Zur Politik des bayerischen Außenministers Graf Bray-Steinburg im Jahr 1870, in: ZBLG 33 (1970) 787–810; W. D. GRUNER, Bayern, Preußen und die süddeutschen Staaten 1866–1870, in: ZBLG 37 (1974) 799–827. Die Berichterstattung der norddeutschen Gesandten in München, Stuttgart und Karlsruhe ist ausgewertet in den Vorbemerkungen zu den entsprechenden Telegrammen und Erlassen Bismarcks in GW 6b.

Im Sinne dieser Konzeption suchte Bismarck nicht, militärische Verbündete zu gewinnen, sondern es war ihm daran gelegen, daß Rußland und England ihrer Neutralität einen für Preußen-Deutschland möglichst wohlwollenden Charakter gaben. Rußland und England bildeten gewissermaßen die Eckpfeiler in der Mächtekonstellation bei Kriegsbeginn und danach; ihre Stellung zu Deutschland war von größtem Einfluß auf die Haltung Österreichs, Italiens und Dänemarks in dem zwischen Frankreich und Deutschland ausgebrochenen Konflikt. Ein Eintritt Rußlands in den Krieg auf seiten Deutschlands – wenn Rußland dazu überhaupt bereit und in der Lage gewesen wäre – hätte, solange Deutschland nicht in höchster Bedrängnis war, keinen Gewinn für die deutsche Position bedeutet und konnte Bismarck deshalb nicht erwünscht sein. Denn eine derartige Allianz hätte mit an Sicherheit grenzender Wahrscheinlichkeit den sofortigen Kriegseintritt Österreich-Ungarns zur Folge gehabt und gravierende Implikationen im Orient hervorgerufen; in gewisser Weise wäre die „Krimkriegskonstellation" zu neuem Leben erweckt worden. Wertvoll hingegen war für Deutschland die wohlwollende Neutralität Rußlands und ein von Rußland ausgeübter Druck auf Österreich und Dänemark, neutral zu bleiben.

Auch eine wohlwollende Neutralität Großbritanniens mußte von hohem Wert sein: Großbritannien konnte ebenfalls auf Frankreichs potentielle Verbündete einwirken, um sie vom Heraustreten aus der Neutralität abzuhalten; außerdem kam bei der starken maritimen Unterlegenheit Deutschlands gegenüber Frankreich der Haltung der erstrangigen Seemacht England große Bedeutung zu. Aber Bismarck war auch um ein gutes Verhältnis zu den USA bemüht, die aufgrund der „Alabama-Claims"[44] zu dieser Zeit mit England in gespannten Beziehungen standen[45].

Was die Entscheidung der Habsburgermonarchie anging, so vertraute Bismarck in erster Linie darauf, daß für die österreichischen und ungarischen Staatsmänner das Wissen um das Kräftepotential Deutschlands und die Interventionsdrohung Rußlands eine genügend starke Barriere gegen einen übereilten Kriegsentschluß darstellen würde. Aber auch weitere Faktoren wirkten nach Bismarcks Auffassung zugunsten einer zunächst abwartenden Haltung der österreichisch-ungarischen Staatsführung: der Stand der militärischen Rüstung, die finanzielle Situation, die Sympathien der Deutsch-Österreicher für die deutsche Sache, die Abneigung der Ungarn gegen einen Krieg, der bei einem für die Habsburgermonarchie günstigen Ausgang die Stellung Ungarns innerhalb der Doppelmonarchie eher schwächen als stärken würde – insofern nämlich, als das durch den „Ausgleich" von 1867 ge-

---

[44] Wörterbuch des Völkerrechts, begr. v. K. STRUPP, neu bearb. v. H.-J. SCHLOCHAUER, 3 Bde, Berlin 1960–1962, hier: 1, 20 f.; O. Graf zu STOLBERG-WERNIGERODE, Deutschland und die Vereinigten Staaten von Amerika im Zeitalter Bismarcks, Berlin/Leipzig 1933, 50.
[45] Ebd. 78 ff. Gerade deshalb besaß die Pflege guter Beziehungen zu den USA für Bismarck auch einen instrumentalen Aspekt: er sah in den USA ein mögliches Gegengewicht gegen England, falls die britische Regierung einen allzu frankreichfreundlichen Kurs steuern sollte, vgl. auch Anm. 104 und unten S. 105 (mit Anm. 101).

schaffene fragile Gleichgewicht zwischen dem österreichischen und dem ungarischen Reichsteil gestört werden mußte, wenn Österreich wieder eine vorherrschende Stellung in Deutschland gewann.

Skeptischer war Bismarck hinsichtlich der Haltung Italiens, das von Deutschland aus nicht direkt angreifbar war und das – theoretisch – sein Potential Frankreich zuführen konnte, ohne daß Deutschland dies zu verhindern vermochte. Angesichts der frankophilen Einstellung des italienischen Königs und einiger seiner Minister knüpfte Bismarck deshalb Kontakte zu Vertretern der innenpolitischen Opposition, um gegebenenfalls – nämlich bei einer sich deutlich abzeichnenden Bereitschaft Italiens, an der Seite Frankreichs in den Krieg einzutreten – der italienischen Regierung innenpolitische Schwierigkeiten bereiten zu können.

Ein weiteres Mittel, Frankreichs potentielle Verbündete vom Eintritt in den Krieg abzuhalten, sah Bismarck in der Beeinflussung der internationalen öffentlichen Meinung, die sich nach der französischen Garantieforderung und Kriegserklärung ohnehin überwiegend *gegen* Frankreich akzentuierte; je deutlicher Frankreich in der Rolle des Aggressors erschien, desto schwerer mußte es einer Regierung werden, sich spontan und gegen einen Großteil der öffentlichen Meinung des eigenen Landes an die Seite Frankreichs zu stellen.

Mit diesen Bemerkungen ist gewissermaßen das Grundmuster von Bismarcks Intentionen und Aktionen während der ersten Phase des Krieges, zwischen dem Beginn der Mobilmachung und den ersten deutschen Siegen, gezeichnet; im folgenden soll das Bild detaillierter ausgeführt werden. Dabei gilt es vor allem zu berücksichtigen, daß Bismarck über das, was sich im gegnerischen Lager abspielte, keine so umfassende Kenntnis besaß wie heute der Historiker aufgrund von Aktenpublikationen und Archivforschungen. Welche Absichten das österreichische und das italienische Kabinett verfolgten, wie weit die Verhandlungen mit Frankreich gediehen waren, ob mit dem baldigen Abschluß einer Kriegskoalition zwischen Frankreich, Österreich-Ungarn und Italien ernsthaft gerechnet werden mußte – über all das standen Bismarck nur vage und zum Teil widersprüchliche Informationen zur Verfügung. Es ist deshalb ein methodisches Erfordernis, bei der Darstellung von Bismarcks Politik während der ersten Kriegsphase immer auch den Informationshorizont im Auge zu haben, innerhalb dessen er die politische Situation zu beurteilen und seine Entscheidungen zu treffen hatte.

Während nach Kriegsbeginn die Neutralität der meisten europäischen Staaten zumindest rebus sic stantibus als gesichert betrachtet werden konnte, ließ sich zunächst nicht mit völliger Sicherheit prognostizieren, welche Haltung Österreich-Ungarn, Italien und Dänemark einnehmen würden. Daß man in Wien willens war, eine sich bietende günstige Gelegenheit zur Revanche für 1866 zu nutzen, durfte Bismarck aufgrund der von Österreich-Ungarn in den Jahren 1866 bis 1870 betriebenen Politik unterstellen. Aber die Entscheidung der Wiener Führung, ob man eine Beteiligung am Krieg an der Seite Frankreichs tatsächlich riskieren sollte und konnte, hing wesentlich von der Beurteilung der militärischen Chancen und von der allgemeinen Mächtekonstellation ab, und in dieser fiel Rußland eine Schlüsselrolle zu.

1. Die Mächtekonstellation bei Kriegsbeginn

In ihrer Vereinbarung vom Frühjahr 1868 hatten sich Zar Alexander und König Wilhelm gegenseitige Unterstützung zugesichert, wenn entweder Preußen oder Rußland in einen Konflikt mit *zwei* der großen Mächte verwickelt werden sollte[46]. Eine im strengen Sinne bindende Verpflichtung stellte diese Vereinbarung aber nicht dar, und Bismarck pochte in den kritischen Julitagen nicht auf die seinerzeitige Absprache, sondern er hob die Übereinstimmung des russischen und preußischen Interesses an einer Aufrechterhaltung der österreichischen Neutralität hervor: eine Teilnahme Österreich-Ungarns am Krieg hätte vermutlich zur Aufrollung der orientalischen Frage geführt, mit Sicherheit aber hätte sie die polnische Frage wieder akut werden lassen – beides zu verhindern hatte Rußland zu diesem Zeitpunkt ein vitales Interesse, weil der Stand seiner Rüstungen – wie übrigens auch außerhalb Rußlands durchaus bekannt war – es nicht zuließ, daß Rußland innerhalb kurzer Frist in einen großen Krieg eintrat[47]. Derartigen Gefahren konnte am ehesten dadurch begegnet werden, daß Österreich-Ungarn durch die Ausübung politischen Drucks und die Androhung einer militärischen Intervention davon abgehalten wurde, aus der Neutralität herauszutreten[48].

Am 14. Juli, als die Aussichten auf Erhaltung des Friedens immer mehr schwanden, richtete Bismarck an den russischen Gesandten in Berlin, Oubril, in aller Form zwei Fragen, die dieser sofort nach Petersburg telegrafierte: „1) ob die großen Mächte nicht in Paris energische Demarchen zugunsten des Friedens unternehmen könnten und 2) ob im Falle des Kriegsausbruchs und bei einer Beteiligung Österreichs am Krieg Rußland die Niederwerfung Preußens zulassen werde und damit riskiere, die Franzosen in Berlin und Posen zu sehen"[49]. In seinem ausführ-

---

[46] Siehe oben S. 4f.

[47] Zu dieser Frage siehe vor allem: W. C. ASKEW, Russian military strength on the eve of the Franco-Prussian war, in: Slav. and East European Review 30 (1951/52) 185–205. Der bayerische Geschäftsträger in Petersburg, von Truchseß, wies am 5. 4. 1870 darauf hin, daß die Durchführung einer einheitlichen Bewaffnung der russischen Armee und die Fertigung der Reservegewehre noch mindestens 2 Jahre erfordere (GStAM MA III 2754), und am 22. 7. 1870 schrieb er, jede militärische Tätigkeit Österreichs werde um so ängstlicher überwacht, „als man hier Monate brauchen würde, um eine nur einigermaßen hinreichende Armee an der westlichen Grenze aufzustellen" (GStAM MA I 646). Vgl. auch H. L. v. SCHWEINITZ, Briefwechsel, Berlin 1928, 68 f.; Bericht Chotek an Beust, Petersburg 30. 7. 1870 – HHStA PA X 62, Bl. 79 ff.

[48] Zur russischen Politik während der Julikrise und bei Kriegsbeginn vgl. MOSSE, European Powers 304 ff., BEYRAU 184 ff., L. M. ŠNEERSON, Franko-prusskaja vojna i Rossija. Iz istorii russko-prusskich i russko-francuzskich otnošenij v 1867–1871 gg. [Der französisch-preußische Krieg und Rußland. Aus der Geschichte der russisch-preußischen und der russisch-französischen Beziehungen 1867–1871], Minsk 1976, 107 ff.; auch DERS., Die russische Reaktion auf den Ausbruch des französisch-preußischen Krieges von 1870, in: Wiss. Zeitschrift der Universität Jena (Gesellsch.- u. sprachwiss. Reihe) 19 (1970) 365–374; zur Stellungnahme der russischen Presseorgane siehe neben MOSSE, European Powers 389 ff. vor allem S. V. OBOLENSKAJA, Franko-prusskaja vojna i obščestvennoe mnenie Germanii i Rossii [Der französisch-preußische Krieg und die öffentliche Meinung in Deutschland und Rußland], Moskau 1977.

[49] Tel. Oubril an Außenministerium, Berlin 14. 7. 1870, z. St. 17.54 Uhr (Petersburg an: 15. 7., 6.00 Uhr) – AVPR Fk 1870 delo 21, Bl. 396.

lichen Bericht über die Unterredung wiederholte Oubril beide Fragen Bismarcks und fügte hinzu: nach Bismarcks Auffassung könne eine solche Eventualität Rußland nicht gleichgültig sein; Bismarck wäre glücklich „d'être rassuré sur nos intentions à l'égard de l'Autriche, dans le cas où cette Puissance voudrait entrer effectivement en lice"[50]. Diesen Satz in Oubrils Bericht versah Zar Alexander mit dem Marginal: „Sie kennen schon meine Entschließungen"[51]. Tatsächlich war der norddeutsche Geschäftsträger in Petersburg in der Lage, am 16. Juli eine Äußerung nach Berlin zu telegrafieren, die der Zar gegenüber dem preußischen Militärbevollmächtigten, Oberst von Werder, gemacht hatte: „Kaiser läßt Seiner Majestät dem Könige sagen, daß im Falle einer Kriegserklärung Österreichs an Preußen der Kaiser die Paralysierung der österreichischen Streitkräfte durch eine Armee von 3 Mal Hunderttausend Mann übernehmen würde. Sollten die kriegerischen Verhältnisse es nötig machen, würde der Kaiser evtl. zur Besetzung von Galizien schreiten"[52]. Das Telegramm traf in Berlin in der Nacht vom 16. zum 17. Juli ein, und um Besorgnisse der bayerischen Regierung hinsichtlich der Haltung Österreichs zu zerstreuen, wies Bismarck sofort den norddeutschen Gesandten in München an, dem bayerischen Ministerpräsidenten im engsten Vertrauen mitzuteilen: Österreich habe dem Kaiser von Rußland strikte Neutralität zugesagt[53], und Rußland habe sich gegen Preußen verbindlich gemacht, Österreich mit 300 000 Mann anzugreifen, falls letzteres wider Erwarten seine Zusage nicht hielte[54]. Gleichzeitig teilte Bismarck den Inhalt des Petersburger Telegramms – „ganz sekret und nur für Ew. persönlich bestimmt" – auch dem Gesandten in Wien mit[55].

In einem Handschreiben an Zar Alexander, das offensichtlich noch vor Eingang des Petersburger Telegramms konzipiert worden war[56], hatte König Wilhelm noch

[50] Bericht Oubril an Westmann, Berlin 14. 7. 1870 (pr. 16. 7.) – AVPR Fk 1870 delo 18, Bl. 144–148a; wesentlicher Inhalt auch bei CLARK 204 f.
[51] Ebd.
[52] Tel. Pfuel an Bismarck, Petersburg 16. 7. 1870, 18.45 Uhr (Berlin an: 17. 7., 1.35 Uhr) – PA I ABc 70 secr. Bd. 1, Bl. 1; auch GW 6b Nr. 1652 Vorbem. Vgl. auch den Bericht Werder an König Wilhelm, Peterhof 17. 7. 1870 (Abschr. pr. 21. 7.) – ebd. Bl. 27 f. Die Äußerung des Zaren gegenüber Oberst Werder wurde auch dem russischen Gesandten in Berlin mitgeteilt (die Formulierung der Zusicherung ist völlig identisch mit derjenigen im Telegramm Pfuels!) – Tel. und Erlaß Westmann an Oubril, Petersburg 17. und 19. 7. 1870 – AVPR Fk 1870 delo 22, Bl. 263, 385.
[53] Dies war eine zu weitgehende Folgerung aus den bis dahin vorliegenden Informationen; eine „strikte Zusage" der Neutralität hatte Österreich gegenüber dem Zaren nicht gemacht.
[54] Tel. Bismarck an Werthern, Berlin 17. 7. 1870, z. St. 11.20 Uhr – PA I ABc 70 secr. Bd. 1, Bl. 2; auch GW 6b Nr. 1652.
[55] Tel. Bismarck an Schweinitz, Berlin 17. 7. 1870, z. St. 12.00 Uhr – PA I ABc 70 Bd. 2, Bl. 12; vgl. auch GW 6b Nr. 1652 Anm. 1 sowie die Hinweise GW 6b Nr. 1633 Anm. 1.
[56] In dem Schreiben wird nicht auf das Versprechen, Österreich gegebenenfalls durch die Mobilisierung von 300 000 Mann zu paralysieren, Bezug genommen. Es ist anzunehmen, daß König Wilhelm den Dank für diese Zusicherung in einem weiteren Brief ausgesprochen hat (dessen Konzept oder Abschrift nicht in die Akten des AA gelangte), denn Prinz Reuß, der sich am 17. Juli von Berlin nach Petersburg begab, überbrachte dem Zaren *zwei* Handschreiben König Wilhelms (vgl. Tel. Kaiser Alexander an König Wilhelm, Alexandrowskaja 20. 7. 1870 – PA I ABc 70 secr. Bd. 1, Bl. 9).

einmal eindringlich auf das gemeinsame preußisch-russische Interesse an der Neutralität Österreichs hingewiesen: Die Lage könne für Preußen sehr gefährlich werden, wenn Österreich die Situation zu einer Revanche für die Niederlagen von 1866 benutzen wolle. „Wenn dies der Fall sein sollte, wird Ihre Freundschaft, daran zweifle ich nicht, Mittel finden, um diese österreichischen Velleitäten in Schach zu halten und so die Gefahr zu paralysieren. Durch eine Niederlage Preußens gegen Frankreich und Österreich würde die Gefahr bis vor die Mauern Warschaus getragen. Wolle Gott, daß eine derartige Eventualität niemals eintritt; Sie selbst werden in höchstem Grade interessiert sein, daß sie durch das eine oder andere Mittel abgewandt wird"[57].

Die Übereinstimmung des russischen und preußisch-deutschen Interesses in der Frage der österreichischen Neutralität wurde von Kaiser Alexander in seinem Antwortschreiben vom 23. Juli durchaus anerkannt: von den Konsequenzen des Krieges könne auch er betroffen werden, „besonders wenn die polnische Frage wieder aufgerollt würde, und dies ist ein Punkt, an dem ich nicht vorbeigehen kann. Was eine Teilnahme Österreichs am Krieg anbetrifft, so kennen Sie bereits meine Entschlüsse." Dem französischen Botschafter habe er gesagt, wenn Frankreich Österreich zum Heraustreten aus der Neutralität veranlasse, würde er um der Interessen seines Reiches willen ebenfalls zur Aufgabe seiner Neutralität gezwungen sein; deshalb müsse Österreich unbedingt neutral bleiben[58]. Wegen möglicher Auswirkungen auf Polen sah man in Petersburg auch die Operationen der französischen Flotte in der Ostsee höchst ungern und registrierte mit Unbehagen die Ernennung des als Polenfreundes geltenden Prinzen Napoleon zum Oberkommandierenden der Landungstruppen in der Ostsee: „Man findet, daß eventuell das Ostsee-Ufer etwas zu nahe an Polen sein dürfte, um nicht die dortigen Gemüter durch diese rote Fahne aufzuregen"[59]. Mit Bedacht ließ Bismarck in diesen Wochen alle ihm zugehenden wichtigen Informationen über polnische Umtriebe und die österreichische Polenpolitik sofort nach Petersburg mitteilen, besonders auch Hinweise auf die Aktivität des galizischen Polenführers und erbitterten Russenfeindes Julian

---

[57] Schreiben König Wilhelm an Zar Alexander, Berlin 17. 7. 1870 – PA I ABc 70 secr. Bd. 1, Bl. 5 ff. Als Prinz Reuß dem Zaren am 20. Juli die beiden Handschreiben König Wilhelms (vgl. vorige Anm.) überreichte, erklärte er im Auftrag des Königs und Bismarcks, das Anerbieten, 300 000 Mann an der österreichischen Grenze aufzustellen, solle so lange geheimgehalten werden, bis der Zar es selbst für gut befinde, aus diesem Geheimnis herauszutreten; es sei nicht wünschenswert, Österreich durch vorzeitige Maßregeln zu provozieren. Auf die Frage von Prinz Reuß, ob Rußland in der Lage sein würde, mit evtl. Rüstungen Österreichs gleichen Schritt zu halten, antwortete der Zar, offene Rüstungen könne er nicht betreiben, alles was sich in der Stille vorbereiten lasse, solle aber geschehen; außerdem glaube er nicht, daß Österreich sich in den Streit einmischen werde.
[58] Schreiben Zar Alexander an König Wilhelm, Peterhof 23. 7. 1870, pr. 25. 7. – PA I ABc 70 secr. Bd. 1, Bl. 37 f.
[59] Bericht Reuß an Bismarck, Petersburg 31. 7. 1870, pr. Mainz 5. 8. – PA I ABc 70 Bd. 18, Bl. 67 f. Wie sehr die Sorge vor einer Wiederaufrollung der polnischen Frage die russische Stellungnahme bei Kriegsbeginn bestimmte, wird besonders deutlich faßbar im Erlaß von Gorčakovs Stellvertreter Westmann an den russischen Geschäftsträger in Paris vom 2. August 1870, AKTSTYKKER 2, 200.

Klaczko, der zeitweilig im Dienst des österreichischen Außenministeriums stand und Ende Juli 1870 nach Paris reiste, um dort zugunsten eines Bündnisabschlusses zwischen Österreich und Frankreich zu wirken[60].

Zar Alexander entfaltete in diesen Tagen eine große Aktivität, agierte er in den ersten Kriegswochen doch gewissermaßen als sein eigener Außenminister, weil der Reichskanzler und Außenminister Gorčakov seit Mitte Juli nicht am Zarenhof weilte, sondern seine übliche Sommerreise ins württembergische Wildbad angetreten hatte, von der er erst Anfang August zurückkehrte[61]. In mehreren Unterredungen mit den diplomatischen Vertretern Frankreichs, Österreichs und Englands artikulierte der Zar sehr deutlich die russische Position: zwar teilte er nicht die Tatsache des konkreten „300 000-Mann-Versprechens" mit, aber er äußerte unverblümt, daß die russische Neutralität durch diejenige Österreichs bedingt sei[62] – in Wien sollte keine Unklarheit über die russischen Absichten bestehen, damit die Haltung Rußlands dort die gewünschte Wirkung zeitigte[63]. Durch die Bericht-

---

[60] Privatbrief Balan an Thile, Brüssel 2. 8. 1870, pr. Homburg 8. 8. und Tel. Bismarck an Reuß, Homburg 9. 8. 1870 – PA I ABg 11 Bd. 22/II, Bl. 65, 90; auch GW 6b Nr. 1731. Vgl. auch ONCKEN 3, 511; OD 29, 32 f., 63.

[61] Gorčakov reiste über Berlin (12.–14. Juli) nach Wildbad und kehrte von dort über München (1./2. August) und Berlin (3./4. August) nach Petersburg zurück. Daß der Leiter der russischen Außenpolitik in einer kritischen internationalen Situation nicht sofort nach Petersburg zurückkehrte, aber offensichtlich auch nicht zurückgerufen wurde, ist erstaunlich. In einem Gespräch mit dem britischen Diplomaten Morier, das im Sommer 1873 stattfand, motivierte Gorčakov dieses Verhalten folgendermaßen: „Notre position était déjà d'avance si parfaitement marquée qu'il n'y avait au fond rien pour moi à faire" (Sir R. MORIER, Memoirs and Letters of the Right Hon. Sir Robert Morier, by his Daughter Mrs. R. Weymss, 2 Bde, London 1911, hier: 2, 279 f.).

[62] Unterredungen mit dem französischen Botschafter Fleury am 19. und 21. Juli, s. Tel. Fleury an Napoleon III. und Gramont, Petersburg 19. 7. 1870 – OD 29, 120 f., Bericht Fleury an Gramont, Petersburg 24. 7. 1870 – ebd. 198 f.; vgl. Immediatbericht Reuß, Krasnoje Selo 22. 7. 1870 – PA I ABc 70 Bd. 10, Bl. 55 f. Über diese Unterredungen war auch der englische Botschafter Buchanan informiert, s. Tel. und Bericht Buchanan an Granville, Petersburg 20./21. 7. 1870 – PRO FO 65/805 und AKTSTYKKER 2, 123. Unterredung mit dem österreichischen Militärbevollmächtigten am 22. Juli s. Bericht Bechtolsheim an Beust, Krasnoje Selo 22. 7. 1870 – HHStA PA IX 177; Unterredung mit dem österreichischen Gesandten am 23. Juli, s. Bericht Chotek an Beust, Petersburg 23. 7. 1870 – HHStA PA X 62, Bl. 53–63. Gegenüber Graf Chotek wies der Zar besonders auch auf die polnische Frage hin: er werde neutral bleiben, solange kein direktes russisches Interesse bedroht sei. „J'appelle un intérêt direct la question de la Pologne sur laquelle je ne puis pas transiger. Du moment que Vous prendriez une position armée et menaçante elle se souleverait et moi, quoique bien à contrecœur je devrais transformer mon attitude en une neutralité armée et diriger mes dispositions militaires contre Votre frontière ...".

[63] Die Erklärung des Zaren, er werde Österreich-Ungarn – sollte es in den Krieg eintreten – durch die Mobilisierung einer Armee paralysieren, wurde rasch in Wien bekannt; vermutlich besaß Beust eine entsprechende Information bereits vor dem wichtigen Ministerrat am 18. Juli (dazu unten S. 59 f.), s. LUTZ, Österreich-Ungarn 227 mit Anm. 17. Vgl. auch Tel. Beust an Metternich, Wien 19. 7. 1870 – ONCKEN 3, 460.

1. Die Mächtekonstellation bei Kriegsbeginn

erstattung des norddeutschen Gesandten war Bismarck sehr genau über die Äußerungen des Zaren zu den in Petersburg akkreditierten Diplomaten informiert[64] und fühlte sich deshalb Ende Juli zu der Feststellung berechtigt, „daß wir ausreichende Bürgschaften für die Neutralität Österreichs zu besitzen glauben"[65]. In der offiziellen russischen Neutralitätserklärung wurde der zunächst beabsichtigte ausdrückliche Hinweis auf Österreich zwar weggelassen[66], diese Erklärung war aber auch in der am 23. Juli veröffentlichten Form noch deutlich genug, wenn es hieß, der Zar sei zur Einhaltung einer strikten Neutralität entschlossen, „bis etwa durch die Vorkommnisse des Krieges die Interessen Rußlands verletzt würden"[67].

In seinem Bemühen, die Regierung der Habsburgermonarchie unter allen Umständen von einem übereilten Kriegsentschluß abzuhalten, ging Zar Alexander noch einen Schritt weiter. Dem französischen Botschafter, dem österreichischen Militärattaché und dem österreichischen Gesandten erklärte er, wenn Österreich neutral bleibe, garantiere er im Namen des Königs von Preußen, daß Preußen nichts gegen Österreich und sein Territorium unternehmen werde[68]. In einem Handschreiben an König Wilhelm unterrichtete er diesen über die von ihm ausgesprochene „Garantieerklärung"[69] und erhielt von König Wilhelm sofort die telegrafische Antwort, Zar Alexander sei – aufgrund seiner Kenntnis der Dispositionen des preußischen Königs und des engen Einvernehmens zwischen den beiden Monarchen – vollständig autorisiert gewesen, die fragliche Garantie zu übernehmen[70]. Mochte die Abgabe einer derartigen Garantieerklärung durch den Zaren ohne *vorhergehende* Autorisierung seitens des Königs in der *Form* einen recht ungewöhnlichen und selbstbewußten Schritt des Zaren darstellen, in der *Sache* entsprach eine solche Erklärung durchaus den Intentionen des Berliner Kabinetts. Noch ehe Bismarck von der „Garantieerklärung" des Zaren Kenntnis erhalten hatte, analysierte er die möglichen Auswirkungen und Rückwirkungen des Krieges auf die preußisch-österreichischen Beziehungen in einem großen, grundsätzlichen

---

[64] Vgl. die Telegramme Reuß an Bismarck vom 20., 21., 22. und 25. 7. 1870 – PA I ABc 70 Bd. 5a, Bl. 176; Bd. 6a, Bl. 71; Bd. 8a, Bl. 30; Bd. 10, Bl. 95, sowie die Berichte vom 20., 22. und 24. 7. 1870 – ebd. Bd. 8, Bl. 33 ff.; Bd. 10, Bl. 55 ff.; Bd. 13, Bl. 26 f. In seinem Telegramm vom 22. Juli teilte Reuß mit: auf wiederholtes Sondieren Fleury's, was Rußland tun werde, wenn Frankreich seine Allianzen erweitern sollte, habe der Zar geantwortet, sowie Österreich in den Kampf eintrete, werde Rußland ebenfalls Partei nehmen.
[65] Erlaß Bismarck an Oberpräsident Hannover, Berlin 28. 7. 1870 – PA I ABc 70 Bd. 13, Bl. 1.
[66] Der französische Botschafter in Petersburg schrieb sich das Verdienst daran zu, s. Tel. Fleury an Gramont, Petersburg 24. 7. 1870 – OD 29, 198.
[67] G. HIRTH und J. v. GOSEN, Tagebuch des deutsch-französischen Krieges 1870–71, 3 Bde, Leipzig 1871–1874, hier: 1, Sp. 384 f.; ARCH.DIPL. 1871/72 1, 255, 261.
[68] Belege wie Anm. 62.
[69] Schreiben Zar Alexander an König Wilhelm, Peterhof 23. 7. 1870 (pr. 25. 7.) – PA I ABc 70 secr. Bd. 1, Bl. 37 f.
[70] Tel. König Wilhelm an Zar Alexander, Berlin [25.] 7. 1870 – PA I ABc 70 secr. Bd. 1, Bl. 41; Schreiben König Wilhelm an Zar Alexander, Berlin 25. 7. 1870 – ebd. Bl. 50 f.

Erlaß an den norddeutschen Gesandten in Wien, General von Schweinitz[71]. Zunächst entwickelte Bismarck seine Auffassung über die voraussichtlichen Folgen einer militärischen Intervention Österreich-Ungarns zugunsten Frankreichs: Eine Niederlage Frankreichs und Österreichs gegen eine – durch Österreichs Parteinahme zustande kommende – Koalition von Preußen-Deutschland und Rußland würde zwangsläufig negative Konsequenzen für Österreich-Ungarn zeitigen. Ein Sieg Frankreichs und Österreich-Ungarns dagegen würde die Position Ungarns innerhalb der Doppelmonarchie schwächen und Österreich-Ungarn insgesamt in starke Abhängigkeit von Frankreich bringen, zumal dann, wenn die Niederlage Deutschlands erfolgte, ohne daß vorher das deutsch-russische Bündnis zustande gekommen wäre, Rußland sich also mit Frankreich verständigen könnte. Bleibe Österreich-Ungarn dagegen neutral, dann werde weder Ungarns Stellung geschwächt, noch der Bestand der Doppelmonarchie in Frage gestellt: „Die Verdächtigung, als ob Norddeutschland die Neigung oder ein Interesse haben könnte, die österreichische Monarchie zu zertrümmern, ist in ihrer Absurdität schon oft von mir beleuchtet worden. Die Aufnahme des sogenannten Deutschösterreichs mit seinen Tschechen und Slovenen in den Norddeutschen Bund wäre mit der Zersetzung des letzteren gleichbedeutend. Zwischen uns und Österreich kann und wird mit der Zeit ein vertrauensvolles Verhältnis gegenseitiger Annäherung sich ausbilden, wenn Österreich in dem gegenwärtigen Bestande erhalten bleibt; mit den einzelnen Bruchstücken einer der Auflösung verfallenen österreichischen Monarchie kann ich mir aber eine organische Beziehung gar nicht vorstellen, und selbst die waghalsigsten Kombinationspolitiker würden an praktischen Versuchen der Art Schiffbruch leiden." Bismarck betonte dann ausdrücklich, im Falle des deutschen Sieges hätten auch die süddeutschen Staaten keine stärkere Pression als bisher zur Eingehung engerer Beziehungen mit dem Norddeutschen Bund zu befürchten; das Maß der Annäherung werde von der freien Entschließung der süddeutschen Bundesgenossen abhängen, weitere gewaltsame Annexionen wären ein politischer Fehler, denn: „Wir können mit den Süddeutschen nur in solchen Beziehungen leben, zu deren Erhaltung sie auch dann freiwillig entschlossen bleiben, wenn sie in gefahrvollen Zeiten der vollen Freiheit eigener Bestimmung überlassen sind." Ansatzweise ist in den Formulierungen dieses Erlasses bereits Bismarcks Programm für die deutsche Neuordnung und für die Gestaltung der internationalen Beziehungen nach einem für Deutschland siegreichen Ausgang des Krieges ausge-

---

[71] Erlaß Bismarcks an Schweinitz, Berlin 23. 7. 1870 – PA I ABc 70 Bd. 8, Bl. 11 ff.; auch GW 6b Nr. 1701. Dieser Erlaß war zugleich eine Stellungnahme zu den von Schweinitz berichteten österreichischen Befürchtungen wegen einer Bedrohung der Doppelmonarchie durch Preußen und Rußland (Berichte Schweinitz an Bismarck, Wien 20. 7. 1870, pr. 22. 7. – PA I AAl 59 Bd. 3, I ABc 70 Bd. 7a, Bl. 56) sowie zu dem am 22. Juli vom österreichischen Gesandten in Berlin überreichten Zirkular Beusts, das zwar eine Ankündigung der österreichischen Neutralität enthielt, in dem aber gleichzeitig angedeutet wurde, daß gewisse österreichische Rüstungen unvermeidlich seien (Erlaß Beust an Wimpffen, Wien 20. 7. 1870, Abschrift pr. 22. 7. – PA I ABc 70 Bd. 7a, Bl. 43 f.). Zum Beschluß der bewaffneten Neutralität siehe unten S. 59 f.

1. Die Mächtekonstellation bei Kriegsbeginn 23

sprochen. Selbst in diesen von dringenden aktuellen Geschäften erfüllten Tagen verlor Bismarck – das zeigt dieser Erlaß – die großen Linien politischer Entwicklungsmöglichkeiten nicht aus dem Auge und hielt den Blick, über die unmittelbar anstehenden Probleme hinaus, auf die Zukunft gerichtet.

Bismarck konnte zu diesem Zeitpunkt damit rechnen, daß Österreich-Ungarn wenigstens nicht plötzlich, gewissermaßen von einem Tag zum anderen, aus der Neutralität heraustreten werde. Als der norddeutsche Generalkonsul in Bukarest am 26. Juli telegrafierte, nach vertraulichen französischen Mitteilungen würde im Falle einer russisch-preußischen Allianz eine „Allianz zwischen Frankreich, Italien, Österreich, Türkei in Betreff der orientalischen Politik abgeschlossen werden"[72], antwortete Bismarck umgehend: „Auf Telegramm von gestern erwidere ich, daß wir der Neutralität Österreichs gewiß sind, die der Türkei uns zugesichert ist und wir an die Italiens glauben"[73]. Aber mit höchster Wachsamkeit und seit Ende Juli auch mit Sorge verfolgte Bismarck alle Symptome, die auf eine Änderung der österreichischen Haltung hindeuteten: in den letzten Julitagen wurde immer deutlicher, daß die ostensiblen Versicherungen einer passiven Haltung in starkem Kontrast standen zu dem lebhaften Verkehr zwischen den Kabinetten in Wien, Florenz und Paris durch Sonderemissäre sowie zu der im Wiener Kriegsministerium herrschenden Geschäftigkeit bei den Rüstungsvorbereitungen[74]. Als aufgrund der eingehenden Nachrichten Bismarck Anfang August den Eindruck gewann, daß über ein Bündnis zwischen Paris, Wien und Florenz verhandelt werde und sich in Wien eine fortschreitende Tendenz zur Teilnahme an der Aktion zeige[75], teilte er die entsprechenden Indizien auch dem norddeutschen Botschafter in London mit und wies ihn an, das Material vertraulich dem englischen Kabinett zur Kenntnis zu bringen: „Wenn England, wie wir glauben, wirklich die Lokalisierung und Begren-

---

[72] Tel. Radowitz an Bismarck, Bukarest 26. 7. 1870 (Berlin an: 27. 7., 18.52 Uhr) – PA I ABc 70 Bd. 12, Bl. 80; vgl. Bericht Radowitz, Bukarest 27. 7. 1870, pr. 2. 8. – ebd. Bd. 17, Bl. 126. Zur Situation in Rumänien im Juli und August 1870 vgl. J. M. RADOWITZ, Aufzeichnungen und Erinnerungen, hrsg. v. H. Holborn, 2 Bde, Berlin/Leipzig 1925, hier: 1, 202 ff.; BEYRAU 179 ff.; LUTZ, Österreich-Ungarn 198; C. JANCU, Napoléon III et la politique française à l'égard de la Roumanie, in: Revue d'histoire diplomatique 88 (1974) 59–85.
[73] Tel. Bismarck an Radowitz, Berlin 27. 7. 1870, z. St. 21.05 Uhr – PA I ABc 70 Bd. 12, Bl. 81. Den norddeutschen Botschafter in London informierte Bismarck am 31. Juli über den französischen Druck auf Rumänien (GW 6b Nr. 1718).
[74] Am 11. August traf in Wien ein Major von der topographischen Abteilung des preußischen Kriegsministeriums ein, um Schweinitz bei der Beobachtung der militärischen Rüstungsmaßnahmen Österreichs zu unterstützen, s. H. L. v. SCHWEINITZ, Denkwürdigkeiten, 2 Bde, Berlin 1927, hier: 1, 269. Über die österreichischen Rüstungen s. die Berichte Schweinitz vom 30. 7., 5. 8., 8. 8., 23. 8., 31. 8. 1870 – PA I ABc 70 Bd. 17, Bl. 55 f.; Bd. 22, Bl. 91; Bd. 25, Bl. 96 f.; Bd. 35, Bl. 40 ff.; Bd. 40, Bl. 22; Bd. 43, Bl. 49. Zu der von Schweinitz in seiner Berichterstattung dieser Tage verfolgten Linie einer gewissen Verharmlosung der Bemühungen der österreichischen Kriegspartei vgl. SCHWEINITZ 1, 263 ff., 270 ff.; Berichte Schweinitz an Bismarck, Wien 14. 8. 1870 (PA I ABc 70 Bd. 30, Bl. 14 f.) und 6. 10. 1870 (ebd. I AAl 41 Bd. 14). Dazu auch LUTZ, Österreich-Ungarn 200 f.
[75] Zu den Allianzverhandlungen zwischen Frankreich, Österreich-Ungarn und Italien siehe unten S. 61 ff.

zung des Krieges und namentlich die Erhaltung des Friedens im Orient wünscht, so müßten sie [diese Mitteilungen – E. K.], sollte ich denken, die Wirkung haben, den englischen Staatsmännern die Ausübung eines starken Drucks an geeigneter Stelle als notwendig erscheinen zu lassen"[76].

Auch das Petersburger Kabinett bemühte sich sofort bei Kriegsbeginn intensiv um eine Aktivierung der englischen Politik zugunsten einer Begrenzung des Krieges und schlug der englischen Regierung zu diesem Zweck sogar ein „système de neutralité combiné" vor. Am 24. Juli erhielt der russische Botschafter in London, Baron Brunnow, eine umfangreiche Depeschensendung aus Petersburg und unterbreitete dem britischen Außenminister, Lord Granville, noch am gleichen Tag die russischen Vorschläge[77]. Wenn dem englischen Kabinett wie dem russischen an einer Lokalisierung und Abkürzung des Krieges gelegen sei, so führte Brunnow weisungsgemäß aus, dann könne eine „Entente" zwischen Petersburg und London sowie eine „identische Sprache" wirkungsvoll den Interessen des Friedens dienen. England könne seinen Einfluß in Wien benutzen, „pour arrêter le gouvernement autrichien sur la pente d'entraînements possibles et retenir dans les limites de la neutralité" – damit würde der Sache des allgemeinen Friedens ein wesentlicher Dienst geleistet. Einen ebenso nachhaltigen Einfluß könne die englische Regierung zugunsten einer Aufrechterhaltung der Neutralität Dänemarks ausüben: die russischen Gesandten in Berlin und Paris seien bereits angewiesen, Demarchen zugunsten der Respektierung der dänischen Neutralität seitens der Kriegführenden zu unternehmen, das britische Kabinett werde gebeten, in Paris und Berlin ebenfalls in diesem Sinne zu wirken. Die maritimen Rüstungen Frankreichs hätten offensichtlich eine Diversion an der deutschen Nord- und Ostseeküste zum Ziel, eine Eventualität, die England bei seinen großen Handelsinteressen in diesen Gegenden ebensowenig gleichgültig sein könne wie Rußland. Da Napoleon III. im gegenwärtigen Krieg auf die englische Neutralität größten Wert legen müsse, würde eine Aktion des englischen Kabinetts in Paris notwendigerweise beträchtliche Wirkung zeitigen.

In London war man in der zweiten Julihälfte jedoch nicht bereit, gemeinsam mit Rußland tätig zu werden, um mittels kombinierter Aktion in Wien zugunsten einer Aufrechterhaltung der österreichischen Neutralität und in Paris zugunsten einer Respektierung der dänischen Neutralität zu wirken. Als der italienische Außenminister Visconti-Venosta am 15. Juli dem englischen Gesandten in Florenz die Frage stellte, ob die britische Regierung willens sei, in Wien und Petersburg eine Verbindung der neutralen Mächte zur Lokalisierung des Krieges anzuregen

---

[76] Erlaß Bismarck an Bernstorff, Mainz 4. 8. 1870 – PA I ABc 70 Bd. 19, Bl. 10 f.; auch GW 6b Nr. 1723. Siehe ferner Tel. Bismarck an Bernstorff, Mainz 4. 8. 1870, z. St. 14.35 Uhr – PA I ABc 70 Bd. 19, Bl. 68; auch GW 6b Nr. 1722.

[77] Die vom 19. 7. 1870 datierten Weisungen an Brunnow sind in AKTSTYKKER 2 nicht abgedruckt; ihr Inhalt geht aber aus dem von Brunnow niedergeschriebenen „Résumé des instructions du cabinet Impérial du 7/19 juillet" hervor (AKTSTYKKER 2, 158–163). Über die Unterredung Brunnow – Granville s. Erlaß Granville an Lyons, London 25. 7. 1870 – ebd. 143 f. und Bericht Brunnow an Westmann, London 27. 7. 1870 – ebd. 154 ff.

1. Die Mächtekonstellation bei Kriegsbeginn 25

(um vor allem Österreich-Ungarn am Heraustreten aus der Neutralität zu hindern)[78], war Granville zunächst einer klaren Stellungnahme ausgewichen[79]. Aber auf die russische Demarche mußte die britische Regierung umgehend reagieren. Nach Beratung der russischen Vorschläge in einer Kabinettsitzung erteilte Granville Baron Brunnow dann eine Antwort, die auf eine glatte Ablehnung der russischen Anregung hinauslief: die englische Regierung wolle sich nicht in die Verwicklungen auf dem Kontinent einmischen und sehe sich deshalb nicht in der Lage, in ein „système de neutralité combiné" einzutreten[80]. Allerdings – so glaubte Brunnow mutmaßen zu dürfen – sei die Isolierung, in die sich England zurückziehe, keine absolute, sie schließe keineswegs aus, daß es bei geeigneter Gelegenheit doch zu einer Verständigung über ein gemeinsames Vorgehen kommen werde mit dem Ziel, wirkungsvoll den Interessen des Friedens zu dienen; Granville habe ausdrücklich bemerkt, „es könne die Zeit kommen, wo Rußland und England berufen seien, alle beide ihre Stimme zugunsten einer Wiederherstellung des Friedens zu erheben. Diese Stunde werde kommen, wenn die kriegführenden Mächte nach dem Versuch einer Entscheidung durch die Waffen eine gewisse Müdigkeit zeigten, die sie vernünftigen Ratschlägen zugänglicher machen würde"[81].

---

[78] Tel. Paget an Granville, Florenz 15. 7. 1870 sowie Berichte vom 15. und 16. 7. 1870 – PRO FO 45/164; Erlaß Visconti-Venosta an Cadorna, Florenz 15. 7. 1870 – DDI I/13, 87 f.; vgl. auch Tel. Wesdehlen an Bismarck, Florenz 1. 8. 1870 – PA I ABc 70 Bd. 17, Bl. 86.
[79] Am 20. 7. 1870 telegraphierte Granville an Paget: „You will be careful not to commit H. Ms Gmt, as to combined neutrality without instructions" (PRO FO 45/160, Bl. 34).
[80] Im selben Sinn instruierte Granville am 25. 7. 1870 auch den englischen Gesandten in Florenz: „I have now to authorize you ... to state to His Excellency [Visconti-Venosta] that H. Ms Gmt are not prepared at present to enter into combined action with other powers in regard to neutrality in the present contest ..." (Ebd. Bl. 42 f., mit Vermerk: „Seen by M. Gladstone and the Queen").
[81] Bericht Brunnow an Westmann, London 27. 7. 1870 – AKTSTYKKER 2, 154 ff. Marginal Zar Alexanders zum ersten der beiden oben zitierten Sätze: „Genau das habe ich mir selbst Buchanan [englischer Botschafter in Petersburg] gesagt." Sehr klar artikuliert werden Ziel und Kalkül des russischen außenpolitischen Agierens während der zweiten Julihälfte in einem Privatbrief von Gorčakovs Stellvertreter Westmann an den russischen Gesandten in Berlin vom 30. 7. 1870. In diesem ausführlichen Schreiben, dessen Konzept dem Zaren vorgelegen hat und von diesem gebilligt wurde, heißt es u. a.: „Tout ce que nous pouvons constater quant à présent c'est que notre déclaration de neutralité, *commandée par nos propres intérêts* [Hervorhebung von mir – E. K.], a été un bénéfice pour la Prusse. C'est un résultat de la solidarité naturelle de nos positions géographiques. Non seulement cette neutralité couvre ses frontières de notre coté, mais en obligeant l'Autriche à la même attitude, elle a déconcerté des plans menaçants pour la Prusse du côté de la Bohême. Il ne tiendra pas à nous que cette neutralité reste nonarmée, le plus longtemps possible, afin de nous éviter d'inutiles dépenses. Plus l'Autriche sera immobilisée, plus aussi le Gouv^t-Prussien se sentira libre en Saxe et en Silésie. Le temps gagné sous ce rapport est déjà un bénéfice. Dans la conviction où nous sommes à cet égard nous avons cherché à affirmer et consolider les neutralités douteuses en les appuyant sur une entente générale. D'ordre de l'Empereur nous avons fait pressentir là-dessus les dispositions du Cab^t-Anglais, persuadés qu'un accord entre nous pourrait devenir un centre autour duquel viendraient se grouper tous les Etats neutres à commencer par l'Autriche. Cette combinaison aurait l'avantage de les attacher plus solidement

Diese Andeutungen über ein mögliches englisch-russisches Zusammenwirken *nach* den Schlachten konnte indessen nicht darüber hinwegtäuschen, daß die englische Regierung rebus sic stantibus nicht bereit war, die russischen (und deutschen) Bemühungen um eine Lokalisierung des Konfliktes *aktiv* zu unterstützen und die Bemühungen der französischen Diplomatie, militärische Verbündete zu gewinnen, wirkungsvoll zu konterkarieren: die englische Regierung erhob in Wien keine besonders energischen Vorstellungen zugunsten einer Aufrechterhaltung der österreichischen Neutralität, und sie lehnte den russischen Vorschlag einer gemeinsamen englisch-russischen Demarche in Paris zugunsten einer Respektierung der dänischen Neutralität durch die französischen Landungstruppen ab. Granville beschied Brunnow vielmehr mit der fatalistischen Feststellung, eine französische Pression werde Dänemark dahin bringen, freiwillig oder unter Zwang aktiv an den Kriegsoperationen gegen Preußen teilzunehmen[82]. Während der russische Gesandte in Kopenhagen in diesen Tagen weisungsgemäß eine angestrengte Tätigkeit zugunsten einer Aufrechterhaltung der dänischen Neutralität entfaltete, hatte der englische Gesandte keine Weisung zu nachdrücklichen Ratschlägen[83]. Die englische Regierung beabsichtigte auch nicht, einer eventuellen Blockade der Nord- und Ostseeküste durch die französische Flotte Hindernisse in den Weg zu legen[84]. In der Haltung des Londoner Kabinetts trat erst Anfang August ein Wandel ein; nach den deutschen Siegen zeigte sich die englische Regierung aufgeschlossener für die russischen Anregungen als in der zweiten Julihälfte, und dieser Meinungsaustausch führte – wie näher darzulegen sein wird[85] – zur Begründung der „Neutralenliga".

Wie die britische Reaktion auf die italienische Anfrage und die russischen Vorschläge deutlich zeigt, war man in London während der zweiten Julihälfte fest entschlossen, im ausgebrochenen Konflikt eine passiv-abwartende Haltung einzunehmen; um jeden Anschein einer Parteinahme für eine der beiden kriegführenden Mächte zu vermeiden, wirkte England deshalb nicht so entschieden wie das Petersburger Kabinett den auf eine Ausweitung des Krieges abzielenden französischen Aktivitäten entgegen. Bismarck hätte sich ein wesentlich anderes Verhalten der englischen Regierung gewünscht und hatte es sich wohl auch erhofft, nämlich die klare Bekundung einer für Preußen-Deutschland wohlwollenden Neutralität Großbritanniens. Daher war Bismarck außerordentlich enttäuscht darüber, daß das Lon-

---

à la neutralité, d'appuyer moralement celle des petits Etats contre la pression du dehors et leurs propres entraînements, de donner plus de poids aux démarches nécessitées auprès des belligérants pour la protection générale des droits des neutres, et enfin d'assurer plus d'ensemble, de promptitude et d'efficacité aux tentatives de pacification aussitôt que les faits de guerre en offriraient la possibilité . . ." (AVPR Fk 1870, delo 22, Bl. 393-400).

[82] Bericht Brunnow an Westmann, London 27.7.1870 – AKTSTYKKER 2, 154 ff., hier: 156, 161.

[83] Das gesamte Aktenmaterial zu dieser Frage ist abgedruckt: AKTSTYKKER 2, bes. 116 ff.; zu den russischen Bemühungen um Aufrechterhaltung der dänischen Neutralität s. BEYRAU 188 ff., vgl. auch unten S. 83 ff.

[84] Bericht Brunnow an Westmann, London 27.7.1870 – AKTSTYKKER 2, 156 f.

[85] Vgl. unten S. 89 ff.

doner Kabinett – statt die französische Aggression unmißverständlich zu verurteilen – keinen Unterschied zwischen Angreifer und Angegriffenem machte, sondern den Kurs einer „strikten" Neutralität verfolgte, durch den unter den gegebenen Umständen eher die Position Frankreichs als diejenige Preußen-Deutschlands eine Stärkung erfuhr. Bismarcks Enttäuschung hatte nicht zuletzt auch psychologische Gründe: die englische Politik während der Julikrise und nach Kriegsausbruch stand in flagrantem Widerspruch zu seinem Idealbild einer politischen Kooperation zwischen Deutschland und England, wie er es z. B. einmal im Jahre 1869 formuliert hatte: „Eine feste und innige Verbindung Englands mit Deutschland zur Erhaltung des Friedens und zur Abwehr gegen jeden Friedensstörer, jede Aggression des Auslandes – eine solche Assekuranz gleichsam des Friedens durch England und Deutschland, das sollte unseres Erachtens den eigentlichen Kern der kontinentalen Politik Englands bilden"[86].

Bismarck hatte nach dem Kandidaturverzicht des Hohenzollernprinzen vom englischen Kabinett eine akzentuierte Stellungnahme gegen die französische Garantieforderung erwartet und angemahnt; nach seiner Überzeugung hätte England durch eine massive diplomatische Intervention den Krieg verhindern können[87]. Die statt dessen von der britischen Regierung unternommenen Vermittlungsversuche erregten Bismarcks heftiges Mißfallen[88], das noch dadurch gesteigert wurde, daß das Kabinett Gladstone am 16. Juli – ohne vorausgehende Sondierung in Berlin – umgehend einem französischen Ersuchen entsprach, den Schutz der französischen Staatsangehörigen im Gebiet des Norddeutschen Bundes zu übernehmen[89]. Obwohl das Londoner Kabinett bereit war, in reziproker Weise auch gegenüber den preußischen Staatsangehörigen in Frankreich als Schutzmacht zu fungieren, reagierte Bismarck mit deutlicher Verärgerung, als der britische Botschafter,

---

[86] Erlaß Bismarck an Bernstorff, Berlin 16. 3. 1869 (nicht abgegangen) – GW 6b Nr. 1344.
[87] Bericht Loftus an Granville, Berlin 18. 7. 1870 – PRO FO 64/689. Von Interesse in diesem Zusammenhang ist ein Marginal Bismarcks in einem Bericht Bernstorffs vom 11. 11. 1870 (PA I ABc 70 Bd. 69, Bl. 60 ff.). Bernstorff referierte eine Äußerung Granvilles: die englische Königin habe kurz vor dem Kriegsausbruch in einem Sinne, der auch vom König von Preußen gewürdigt worden sei, an dessen Großmut und Menschlichkeit appelliert. Dazu bemerkte Bismarck: „*nicht rechtzeitig an die Fr[anzosen]*".
[88] Zu einem Zeitpunkt, als im französischen Kabinett bereits die Mobilmachung beschlossen wurde, ergriff die britische Regierung zwei Verhandlungsinitiativen, die – zu Bismarcks großer Enttäuschung – keinerlei antifranzösische Spitze besaßen. Am 14. Juli empfahl Außenminister Granville, der preußische König möge der französischen Regierung schriftlich mitteilen, er habe in die Zurückziehung der spanischen Thronkandidatur eingewilligt – ein solches Ansinnen wies Bismarck a limine zurück. Am 15. Juli beschloß das britische Kabinett, den Regierungen Frankreichs und Preußens seine guten Dienste gemäß dem 23. Protokoll der Pariser Konferenz von 1856 anzubieten. Das 23. Protokoll sah vor, daß Staaten, zwischen denen sich ernsthafte Zwistigkeiten erhoben, die Dienste einer befreundeten Macht in Anspruch nehmen sollten, ehe sie zu den Waffen griffen. Das britische Angebot wurde von der französischen Regierung am 17. Juli kategorisch, am 18. Juli von Bismarck in verklausulierter Form abgelehnt. Dazu u. a.: GW 6b Nr. 1626, 1662; BLUEBOOK 1, 35, 75 f.; OD 29, 41 f.
[89] Vgl. Bericht LaValette an Gramont, London 16. 7. 1870 – OD 29, 25 f.; Erlaß Granville an Lyons, London 16. 7. 1870 – PRO FO 27/1792, auch BLUEBOOK 1, 42.

Lord Loftus, ihm am 18. Juli den Beschluß des englischen Kabinetts zur Kenntnis brachte. Er äußerte, dieser englische Schritt werde in Deutschland einen schlechten Eindruck machen; man habe hier ohnehin bereits das Gefühl, daß die englische Regierung einseitig für Frankreich Partei ergreife, und dieses Gefühl werde durch einen solchen Schritt bestätigt[90]. Auch in einem sofort nach der Unterredung mit Loftus aufgesetzten Immediatbericht betonte Bismarck, die Übernahme des Schutzes der französischen Staatsangehörigen durch England werde auf die öffentliche Meinung in Deutschland keinen günstigen Eindruck machen; „man wird darin immer die stillschweigende Andeutung erblicken, daß die englische Regierung im Grunde das Verhalten Frankreichs nicht in dem Maße mißbilligt[91], wie das in den englischen Blättern der Fall ist." Aus diesem Grunde empfahl Bismarck, das englische Anerbieten zur Übernahme des Schutzes der norddeutschen Untertanen in Frankreich abzulehnen. „Die Haltung Lord Granvilles ist, wie mir scheint, in seinen Amtshandlungen nicht in dem Maße wohlwollend oder auch nur unparteiisch für uns gewesen, wie wir dies nach seinen Privatäußerungen, nach der Sprache der Presse und nach der Rücksichtslosigkeit des französischen Vorgehens erwarten sollten. Ich würde deshalb fürchten, daß wir auf Lord Granvilles Unparteilichkeit auch dann nicht würden rechnen können, wenn die englische Diplomatie dadurch, daß sie Frankreich hier und Deutschland in Paris gleichzeitig verträt, eine Art schiedsrichterliche Stellung zwischen beiden in die Hand bekäme"[92]. Bismarck schlug vor, bei der Regierung der USA wegen der Übernahme der Schutzmachtvertretung anzufragen, und diese Anfrage erfolgte noch am Nachmittag des 18. Juli[93]; um die Mittagsstunde des 19. Juli, kurz vor der Überreichung der französi-

[90] Tel. und Bericht Loftus an Granville, Berlin 18. 7. 1870 – PRO FO 64/688, 689; Lord A. LOFTUS, Diplomatic Reminiscences, 1862–1879, 2nd series, 2 Bde, London 1894, hier: II/1, 287 f. Dem italienischen Gesandten erzählte Loftus über die Unterredung mit Bismarck: dieser hätte es vorgezogen, wenn England jene Aufgabe nicht übernommen hätte, denn Englands Rolle hätte darin bestehen müssen, Frankreich den Frieden aufzuerlegen (Bericht de Launay an Visconti-Venosta, Berlin 19. 7. 1870 – DDI I/13, 125). Anscheinend war Bismarck aber schon vor Bekanntwerden des englischen Schrittes nicht gesonnen, bei der britischen Regierung um Übernahme der Schutzmachtfunktion nachzusuchen, denn am Vormittag des 15. Juli beschied er den norddeutschen Geschäftsträger in Paris auf die Anfrage, „welcher Macht die norddeutschen Untertanen bei ausbrechendem Kriege unter Schutz zu stellen und die Archive zu übergeben seien": „Fragen Sie den Nordamerikanischen Gesandten, ob er zur Übernahme bereit ist" (GW 6b Nr. 1627).
[91] In der Tat suchte Gramont dem britischen Entgegenkommen just diese Deutung zu geben (Erlaß Gramont an La Valette, Paris 19. 7. 1870 – OD 29, 98), und Granville wies diesen Versuch nur sehr diskret zurück: die englische Regierung sei zu jedem freundlichen Dienst für die französische Regierung bereit, der mit den Pflichten der Neutralität vereinbar sei, halte aber den Augenblick nicht für günstig, die von Gramont angeschnittenen Fragen der Notwendigkeit und Gerechtigkeit des Krieges zu diskutieren, s. Erlaß Granville an Lyons, London 21. 7. 1870 – PRO FO 27/1792, auch BLUEBOOK 1, 68 f.
[92] Immediatbericht, Berlin 18. 7. 1870 – PA I ABc 70 Bd. 3, Bl. 50 f., auch GW 6b Nr. 1665. Im gleichen Sinn informierte Bismarck den Botschafter in London: Tel. Bismarck an Bernstorff, Berlin 18. 7. 1870, z. St. 17.55 Uhr – PA I ABc 70 Bd. 3, Bl. 53, auch GW 6b Nr. 1669.
[93] Tel. Bismarck an Gerolt, Berlin 18. 7. 1870, z. St. 16.40 Uhr – PA I ABc 70 Bd. 3, Bl. 52, auch GW 6b Nr. 1666.

schen Kriegserklärung, traf aus Washington die Antwort ein: „Staatssekretär Fish beauftragt amerikanischen Gesandten in Paris, Deutsche in Frankreich zu schützen"[94].

In der Ablehnung des englischen Anerbietens und in der Übertragung der norddeutschen Vertretung in Paris an die USA lag – vor allem auch angesichts der gespannten englisch-amerikanischen Beziehungen – eine deutliche Spitze gegen England. Noch im Rückblick übte Bismarck Kritik an der Übernahme des Schutzes der französischen Staatsangehörigen durch England: in einem Erlaß an Bernstorff vom 13. März 1871 sprach er von der „Teilnahme, welche die Aristokratie und namentlich Lord Granville von Anfang des Krieges für die Franzosen gehegt, durch die Übertragung der Vertretung der französischen Staatsangehörigen an Lord Augustus Loftus bestätigt und damit meines Erachtens den ersten falschen und für die ganze Kriegsdauer präjudizierlichen Schritt getan hat"[95].

Gleich nach Kriegsausbruch nahmen die Verstimmung Bismarcks über die englischen Staatsmänner und die Gereiztheit der deutschen öffentlichen Meinung gegenüber England weiter zu, denn es zeigte sich schnell, daß die strikte englische Neutralität – aufgrund der deutschen Unterlegenheit zur See – überwiegend Frankreich zugute kam[96]. Die englischen Neutralitätsbestimmungen[97] verboten den britischen Untertanen nur, Schiffe auszurüsten, um sie als Kriegs-, Transport- oder Versorgungsschiffe in den Dienst einer der kriegführenden Mächte zu stellen, oder Schiffe einer der kriegführenden Mächte zu armieren; nicht verboten war hingegen die Ausfuhr von Kriegskonterbande – es handelte sich konkret vor allem um Waffen und Munition, Pferde und Kohlen –, sondern es wurde nur gewarnt, daß im Falle feindlicher Beschlagnahme des Gutes kein Anspruch auf Schutz von seiten der englischen Regierung bestehe. Diese Bestimmungen kamen gleichermaßen gegenüber Frankreich wie gegenüber Deutschland zur Anwendung. Aber da der englische Handel mit Frankreich durch die französische Kriegsflotte vollständig geschützt war, während der Handel mit Deutschland infolge der Blockade der Nord- und Ostseehäfen zum Erliegen kam, bedeuteten die englischen Neutralitätsbestimmungen in der Praxis (ohne daß dies aus ihrer juristischen Form deduziert

---

[94] Tel. Gerolt an Bismarck, Washington 19. 7. 1870 (Berlin an: 11.55 Uhr) – PA I ABc 70 Bd. 4, Bl. 76, auch GW 6b Nr. 1666 Anm. 1. Für die bayerischen und badischen Staatsangehörigen in Frankreich fungierte als Schutzmacht die Schweiz, für die württembergischen Staatsangehörigen Rußland.
[95] Erlaß Bismarck an Bernstorff, Berlin 13. 3. 1871 – PA I ABc 70 Bd. 101, Bl. 26 f.
[96] Zur Handhabung der englischen Neutralität siehe die knappen sachlichen Bemerkungen von V. VALENTIN, Bismarcks Reichsgründung im Urteil englischer Diplomaten, Amsterdam 1937, 428 ff.; ressentimentgeladen hingegen die Ausführungen von K. RHEINDORF, England und der deutsch-französische Krieg 1870/71, Bonn/Leipzig 1923, 60 ff. Ein ausgewogenes Urteil in der zeitgenössischen deutschen Literatur bei J. BLUNTSCHLI, Völkerrechtliche Betrachtungen über den französisch-deutschen Krieg 1870/71 (Kriegsursache, Kriegsführung, Verfahren gegen Feinde). In: Jb. f. Gesetzgebung, Verwaltung und Rechtspflege 1 (1871) 270 ff., hier: 327 ff.
[97] Noten Loftus an Bismarck, Berlin 22. 7. und 24. 7. 1870 – PA I ABc 70 Bd. 7a, Bl. 18; Bd. 9, Bl. 102 ff.; vgl. auch HIRTH/GOSEN 1, Sp. 545 f.

werden konnte), daß Frankreich jede Art von Kriegsmaterial ohne Schwierigkeiten aus England einführen konnte, Deutschland hingegen nicht. In welchem Ausmaß Frankreich von diesen Möglichkeiten Gebrauch machen würde, zeigte sich schon in den ersten Kriegstagen: aus England und Irland wurden Pferde nach Frankreich verfrachtet, die französische Nordseeflotte charterte in Newcastle englische Kohlenschiffe, um sich mit Kohlen zu versorgen, die französische Regierung verhandelte in Birmingham wegen der Lieferung von wöchentlich 300 000 Patronen für Chassepot-Gewehre[98]. Die deutsche Regierung beanstandete mit Nachdruck diese Handhabung der englischen Neutralität: mehrfach beschwerte sich Bismarck beim englischen Botschafter Loftus, Bernstorff bei Granville, und sogar König Wilhelm beklagte in seinem Brief an Königin Victoria vom 30. Juli lebhaft die Form, in der Großbritannien seine Neutralitätspolitik praktizierte[99]. Gleichzeitig attackierte die deutsche Presse scharf die englische Neutralitätspraxis. Bismarck selbst hatte das Startzeichen dazu gegeben: am 21. Juli beauftragte er seinen Pressemann Busch, in nichtoffiziösen Blättern gegen die Handhabung der Neutralität durch die britische Regierung zu Felde zu ziehen[100].

Deutscherseits wünschte man, daß die englische Regierung die Ausfuhr von Kriegskonterbande verhindere, daß sie vor allem ein Waffenausfuhrverbot erlasse und die Belieferung der französischen Kriegsflotte durch englische Kohleschiffe verbiete. Die Versorgung der französischen Flotte mit Kohlen wurde Anfang August untersagt (indem die Kohlenschiffe als feindliche Vorratsschiffe eingestuft wurden), aber ein Verbot der Waffenausfuhr erfolgte nicht, obwohl im englischen Parlament und bei einem Teil der englischen Presse zeitweilig eine gewisse Stimmung für ein solches Verbot vorhanden war. Die dem entgegenstehenden massiven wirtschaftlichen Interessen und die Bedenken der Regierung waren stärker. Als Bernstorff dem englischen Außenminister in einer Unterredung am 30. Juli erklärte, „die Art der Ausführung der englischen Neutralität reize allerdings Deutschland im höchsten Grade, und ebenso, daß das englische Kabinett das von ihm anerkannte Unrecht Frankreichs noch mit keinem Worte öffentlich ausgesprochen habe", erwiderte Granville: „Solange man neutral bleibe, müsse man es

---

[98] Tel. Bernstorff an Bismarck, London 20. 7. und 21. 7. 1870 – PA I ABc 70 Bd. 5a, Bl. 161; Bd. 6a, Bl. 48; Bericht Bernstorff an Bismarck, London 23. 7. 1870, pr. 26. 7. – ebd. Bd. 11, Bl. 39 f.; RHEINDORF, England 60 f., VALENTIN 428 f.
[99] Berichte Loftus an Granville, Berlin 24. und 30. 7. 1870 – PRO FO 64/689; Tel. und Berichte Bernstorff an Bismarck, London 21., 22., 27. und 30. 7. 1870 – PA I ABc 70 Bd. 6a, Bl. 48; Bd. 8, Bl. 24; Bd. 13, Bl. 20 f.; Bd. 16, Bl. 15 ff.; Schreiben König Wilhelm an Königin Victoria, Berlin 26. 7. 1870 – The Letters of QUEEN VICTORIA, 2nd series 1861–1885, ed. by G. Buckle, London 1926, hier: 1, 50 ff.
[100] M. BUSCH, Tagebuchblätter, 3 Bde, Leipzig 1899, hier: 1, 47 f. Da der gereizte Ton der deutschen Blätter nicht ohne Widerhall in der englischen Presse blieb, waren von der sich entwickelnden Pressefehde ungünstige Rückwirkungen auf die britische Haltung gegenüber Deutschland zu befürchten; Bernstorff riet deshalb seit dem 30. Juli zur Mäßigung (Tel. Bernstorff an Bismarck, London 30. 7. 1870 – PA I ABc 70 Bd. 16, Bl. 15 ff.; ferner Berichte vom 2. und 6. 8. – ebd. Bd. 21, Bl. 35 ff., Bd. 24, Bl. 68 ff.). Bismarck empfahl am 12. August eine Zügelung der Presseangriffe gegen England (GW 6b Nr. 1740).

1. Die Mächtekonstellation bei Kriegsbeginn

ganz sein, und bei der Neutralität von den Präzedenzien abzugehen und Ausfuhr von Kriegskonterbande zu verbieten, würde von Frankreich einseitig feindlich gegen dasselbe angesehen werden, und zugleich die englische Industrie ruinieren und nach Amerika verlegen. Neutrale Haltung aber wolle für jetzt *jedermann* hier, und es sei daher hierin nichts zu ändern"[101]. In einem Zirkular vom 11. August begründete Granville dann nochmals ausführlich den Standpunkt der englischen Regierung: die Aufgabe, zu bestimmen was Kriegskonterbande sei und deren Ausfuhr absolut zu verhindern, könne einer neutralen Macht nicht aufgebürdet werden, sie sei technisch und politisch undurchführbar; die Frage der Bestimmung einer Ladung sei vom Prisengericht eines Kriegführenden zu entscheiden[102].

Man wird zugeben müssen, daß – vom rein völkerrechtlichen Standpunkt aus gesehen – die englische Auffassung unanfechtbar war, mochte auch nach deutscher Ansicht diese Handhabung der Neutralität eine Begünstigung Frankreichs, eine Ungerechtigkeit gegenüber Deutschland darstellen. Die große Erbitterung auf deutscher Seite – sowohl bei der Regierung wie in der öffentlichen Meinung[103] – über die Ausübung der englischen Neutralität läßt sich wohl nur so begreifen, daß man von England *mehr* erwartet hatte als die Innehaltung einer unter formalistischen Gesichtspunkten einwandfreien strikten Neutralität, daß man von der englischen Regierung bei aller Wahrung der Neutralität eine stärkere indirekte Parteinahme für Deutschland als für Frankreich gewünscht hätte, eine wenigstens moralische Verurteilung des französischen Vorgehens und geeignete Maßnahmen, um die Vorteile der englischen Neutralität nicht einseitig Frankreich zugute kommen zu lassen[104].

Die englische Regierung zu einer gewissen Frontstellung gegen Frankreich zu nötigen und England stärker auf die Seite Preußen-Deutschlands herüberzuziehen – nicht zuletzt diesem Zwecke diente auch eine von Bismarck am 23. Juli gestartete spektakuläre Aktion. Am 25. Juli veröffentlichte die Londoner „Times" in vollem Wortlaut ein ihr von Bismarck zugespieltes Dokument, das zu beweisen schien, daß Napoleon III. eine gewaltsame Annexion Belgiens und Luxemburgs

---

[101] Tel. Bernstorff an Bismarck, London 30. 7. 1870 – PA I ABc 70 Bd. 16, Bl. 15 ff.
[102] HIRTH/GOSEN 1, Sp. 935 f. Die Auseinandersetzung über die Handhabung der englischen Neutralität dauerte noch wochenlang fort; sie erreichte einen weiteren Höhepunkt, als der französische Ministerpräsident in der Kammer Ende August erklärte, die französische Regierung habe in England 40 000 Flinten gekauft. Vgl. den Notenwechsel zwischen Bernstorff und Granville im September: HIRTH/GOSEN 2, Sp. 1804 ff., 2205 ff.
[103] In einem eindrucksvollen Bericht vom 31. 7. 1870 analysierte der englische Gesandte in Darmstadt die in Deutschland rasch um sich greifende englandfeindliche Stimmung; er machte dafür primär übertriebene Meldungen über die materielle Unterstützung Frankreichs durch England verantwortlich (PRO FO 30/238).
[104] Während die englischen Lieferungen an Frankreich deutscherseits vehement als inkorrekte Praktizierung der Neutralität angeprangert wurden, ignorierten Regierung und Öffentlichkeit in Deutschland bemerkenswerterweise die Waffenlieferungen der USA an Frankreich, obwohl diese in eindeutiger Verletzung der Neutralitätsbestimmungen erfolgten, weil die Waffen *staatlichen* Beständen entstammten (STOLBERG-WERNIGERODE 144). Zu den möglichen Motiven Bismarcks für dieses unterschiedliche Verhalten vgl. VALENTIN 432.

beabsichtigt hatte und vielleicht noch immer beabsichtigte. Es handelte sich um einen vom französischen Botschafter in Berlin eigenhändig niedergeschriebenen Vertragsentwurf, der vorsah, daß Preußen eine Erwerbung Belgiens und Luxemburgs durch Frankreich widerstandslos geschehen lassen sollte, während Frankreich versprach, sich einer bundesstaatlichen Einigung zwischen dem Norddeutschen Bund und den süddeutschen Staaten nicht zu widersetzen. Dieses Vertragsprojekt sei, wie die „Times" gleichzeitig mitteilte, Preußen von der französischen Regierung zur Zeit des Luxemburger Streites als Ausgleichsmittel angeboten, aber von der preußischen Regierung damals abgelehnt worden; vor kurzem sei der preußischen Regierung mittelbar angedeutet worden, daß ihr die Annahme jenes früheren Anerbietens immer noch offenstehe und daß sie sich durch eine schleunige Annahme desselben vor einem Angriff Frankreichs sicherstellen könne; wie früher, so habe Preußen auch jetzt den Vorschlag abgelehnt[105].

Für die Zeitgenossen eine ungeheure Sensation, war die Veröffentlichung dieses geheimen Vertragsprojekts wohl die problematischste der Aktionen Bismarcks im Zeitraum zwischen der Kriegserklärung und den ersten Schlachten. Bei der „Verwertung" dieses Aktenstücks durch Bismarck sind zwei verschiedene Phasen zu unterscheiden: zunächst benutzte er Benedettis Vertragsentwurf nur zur vertraulichen Einwirkung auf Diplomaten und Politiker; erst am 23. Juli entschloß er sich zur Veröffentlichung, um vor aller Welt den aggressiven Charakter der napoleonischen Politik zu „enthüllen".

Am Vormittag des 19. Juli traf Legationsrat von Krause, von Berlin kommend, in London ein, ausgerüstet mit einer Kopie des Benedettischen Vertragsprojektes (dessen Urschrift von Benedettis Hand ihm Bismarck gezeigt hatte) und versehen mit einer mündlichen Instruktion Bismarcks für Bernstorff. Über den Inhalt dieser mündlichen Instruktion besitzen wir keine Angaben und sind deshalb gezwungen, Vermutungen über die Motive von Bismarcks Vorgehen und über seine Absichten bei diesem Schritte anzustellen. Krause reiste in Berlin ab, *nachdem* die englische Regierung ihr Vermittlungsangebot auf der Basis des 23. Protokolls von 1856 gemacht hatte[106] und *bevor* Bismarck von Botschafter Loftus mitgeteilt worden war, daß Großbritannien den Schutz der französischen Staatsangehörigen in Norddeutschland übernommen habe, eine Mitteilung, die Bismarck mit starker Verärgerung zur Kenntnis nahm[107]. Zum Zeitpunkt der Abreise von Krauses lag Bismarck, wie wir gesehen haben, vor allem daran, die englische Regierung aus ihrer „unparteiischen" Haltung gegenüber den beiden, bereits in der Mobilmachung befindlichen Mächten herauszureißen und zu einer eindeutigen Verurteilung der französischen Aggression zu veranlassen. Aus Bernstorffs Berichterstattung vom

---

[105] Times vom 25.7.1870; vielfach nachgedruckt, u. a. HIRTH/GOSEN 1, Sp. 405 f. Tatsächlich stammte das Vertragsprojekt aus den Augusttagen 1866 (ca. 23.8.1866), s. ONCKEN 2, 94 f. mit Anm. 1.
[106] Vgl. oben S. 27.
[107] Vgl. oben S. 27 f.

19. Juli[108] könnte man heraushören, er habe sich auf Weisung Bismarcks darum bemüht, England zum Eintritt in den Krieg auf seiten Deutschlands zu bewegen[109]. Nach allem, was wir über Bismarcks Absichten während dieser Tage wissen, erscheint eine derartige Instruktion Bismarcks ausgeschlossen: eine solche Zielsetzung wäre weder realistisch gewesen, noch hätte sie Bismarcks Absicht einer Lokalisierung des Krieges entsprochen. Hilfreich für den von Bismarck verfolgten Kurs wäre jedoch eine akzentuierte Stellungnahme des britischen Kabinetts gegen Frankreich und die Bekundung einer wohlwollenden Neutralität gegenüber Preußen-Deutschland gewesen, und dies strebte Bismarck an. Wenn sich die britische Regierung zu einer solchen Haltung entschloß, konnte sie auf mancherlei Weise eine Blockade der deutschen Küsten durch die französische Flotte erschweren oder gar verhindern, ohne deshalb aus der formellen Neutralität heraustreten zu müssen.

Der Punkt, an dem bei einer kriegerischen Auseinandersetzung auf dem Kontinent die englischen Interessen in empfindlicher Weise tangiert wurden, war Belgien: wenn der belgische Staat in seiner Existenz bedroht war, waren auch vitale englische Interessen bedroht, war England gezwungen, seine abwartend-passive Haltung aufzugeben[110]. Befürchtungen über aggressive Absichten Napoleons gegenüber Belgien hatten in der englischen Politik der Jahre 1866–70 einen nicht unwesentlichen Faktor dargestellt. Der Benedettische Vertragsentwurf, durch welchen Napoleons Pläne dokumentarisch belegt wurden, konnte daher als ein ideales Instrument betrachtet werden, um die englischen Staatsmänner aufzurütteln und gegen das napoleonische Frankreich einzunehmen. So ungefähr wird man die Absichten und Überlegungen charakterisieren dürfen, die Bismarck veranlaßten, dem Londoner Botschafter eine Kopie des Vertragsentwurfs zu schicken, damit dieser mit dem Aktenstück auf die Entschließungen der britischen Minister einwirken konnte, und gleichzeitig einigen in Berlin akkreditierten Diplomaten von Benedettis Vertragsprojekt Kenntnis zu geben[111].

---

[108] Tel. Bernstorff an Bismarck, London 19. 7. 1870 (Berlin an: 20. 7., 1.55 Uhr) – PA I ABc 70 Bd. 5, Bl. 17; Privatbrief Bernstorff an Bismarck, London 19. 7. 1870 (pr. 25. 7.) – ebd. Bd. 10, Bl. 89 ff., beide Aktenstücke auch abgedruckt bei RHEINDORF, England 170 f.
[109] Diese Annahme begegnet bei VALENTIN 425.
[110] Zur Rolle, die die belgische Frage in der englischen Politik während der 1860er Jahre spielte, s. MILLMAN 114 ff., zum Problem der belgischen Neutralität insgesamt die breit fundierte Darstellung von H. LADEMACHER, Die belgische Neutralität als Problem der europäischen Politik 1830–1914, Bonn 1971, hier bes. S. 233 ff. zur Situation seit Ausbruch der Julikrise; vgl. auch die Dokumentation bei R. DEMOULIN, Documents inédits sur la crise internationale de 1870, in: Bull. de la Comm. Royale d'Histoire 122 (1957) 127–238. Die Studie von P. van VRACEM (La neutralité belge pendant la guerre franco-allemande de 1870, Louvain 1952) war mir nicht zugänglich.
[111] Der russische Gesandte Oubril wurde von Bismarck am 19. Juli informiert (Bericht Oubril an Westmann, Berlin 19. 7. 1870 – AVPR Fk 1870 delo 18, Bl. 192–197), der englische Botschafter Loftus am 20. Juli (MOSSE, European Powers 312, MILLMAN 200); der belgische Gesandte Nothomb am 22. Juli (LADEMACHER 239).

Aber weder Bismarcks Andeutungen noch Bernstorffs Bemühungen zeitigten die gewünschte Wirkung. Als Bernstorff am 19. Juli eine äußerste Anstrengung unternahm, Gladstone und Granville aufzurütteln und ihnen zum Beweis der aggressiven Pläne Frankreichs den Benedettischen Vertragsentwurf vorlegte, zeigten sich die beiden Minister zwar stark beeindruckt[112], doch am Kurs des englischen Kabinetts änderte sich nichts, wie sich in den folgenden Tagen schnell herausstellte. Offensichtlich betrachtete die englische Regierung die belgische Neutralität vorläufig als gesichert, nachdem Napoleon in einem Brief an König Leopold II. vom 16. Juli versichert hatte, die belgische Neutralität respektieren zu wollen, und die preußische Regierung eine analoge Versicherung abgegeben hatte[113]. Granville schrieb am 20. Juli (also nachdem er Benedettis Traktatsentwurf bereits kannte) an den britischen Gesandten in Brüssel: Alles, was für Belgien getan werden könne, scheine erreicht zu sein; jetzt sei es wahrscheinlich die beste Politik, sich so ruhig wie möglich zu verhalten, keine unnötigen Fragen zu stellen oder Klagen zu erheben, wenn es nicht unbedingt notwendig sei[114].

Da die englische Regierung auf die vertraulichen Hinweise über Napoleons belgische Pläne nicht reagierte, entschloß sich Bismarck, durch Publizierung des Benedettischen Vertragsentwurfs die öffentliche Meinung zu mobilisieren. Am Abend des 23. Juli erging telegrafisch eine entsprechende Weisung an die norddeutsche Botschaft in London[115]. Legationsrat von Krause setzte sich daraufhin mit dem Herausgeber der „Times" in Verbindung, überließ ihm eine Kopie des Dokuments und gab ihm mündlich einige Erläuterungen dazu[116]. Am 25. Juli stand das Vertragsprojekt in der „Times" und war die Sensation des Tages. Die Publizierung eines Dokumentes, das den Niederschlag höchst vertraulicher Verhandlungen darstellte, war ein nicht unbedenklicher Schritt, durch den das Vertrauen in die Geheimhaltung von diplomatischen Verhandlungen und Dokumenten Schaden leiden mußte. Gerade Bismarck hatte bei Verhandlungen über delikate Fragen immer auf höchste Diskretion gehalten und war ein Gegner der Publizierung von diplomatischen Aktenstücken, wie sie damals in Gestalt der britischen „Blaubücher" und der österreichischen „Rotbücher" bereits erfolgte. Man wird daher annehmen dürfen, daß es schwerwiegende Beweggründe waren, die ihn zu jenem Schritt bestimmten.

---

[112] Vgl. Bernstorffs Berichterstattung vom 19. 7. 1870, s. Anm. 108.
[113] LADEMACHER 238 f.
[114] Erlaß Granville an Lumley (Brüssel), London 20. 7. 1870 – DEMOULIN 143.
[115] Tel. Bismarck an Bernstorff, Berlin 23. 7. 1870, z. St. 20.40 Uhr – PA I ABc 70 Bd. 8a, Bl. 82, auch GW 6b Nr. 1703, RHEINDORF, England 171. In einem weiteren, kurze Zeit später abgesandten Telegramm ordnete Bismarck an, über den Zeitpunkt, zu dem das Vertragsangebot erfolgt sei, solle nichts in die Öffentlichkeit gelangen (GW 6b Nr. 1704).
[116] Tel. Bernstorff an Bismarck, London 25. 7. 1870 (Berlin an: 22.45 Uhr) – PA I ABc 70 Bd. 10, Bl. 125 f.; Promemoria v. Krause über seine Unterredung mit dem Chefredakteur der „Times", London 25. 7. 1870 – ebd. Bd. 14, Bl. 38 f., auch RHEINDORF, England 172 f.

Hauptzweck der Publizierung von Benedettis Vertragsentwurf war es zweifellos, auf die öffentliche Meinung Europas, vor allem aber Englands, in einer Frankreich abträglichen Weise einzuwirken. Da für alle politisch interessierten Engländer die Aufrechterhaltung und Sicherung der Existenz Belgiens ein Grundaxiom der englischen Europapolitik darstellte, schien es möglich, auf dem Umweg über die Stimmung im Lande die Haltung des englischen Kabinetts dergestalt zu beeinflussen, daß dieses eine stärkere Frontstellung gegen Frankreich einnahm und die englische Neutralität in einer für Deutschland weniger unvorteilhaften Weise praktizierte. Aber über diesen direkten und eindeutigen Zweck hinaus scheint Bismarck mit der Veröffentlichung des Vertragsentwurfs noch andere, mehr indirekte Zwecke verfolgt zu haben – es war wohl doch ein komplexes Bündel von Motiven und Absichten, das ihn zu dem ungewöhnlichen Schritt veranlaßte.

Nach einer Äußerung Bismarcks zu seinem Pressemann Moritz Busch[117] muß die „Times"-Veröffentlichung auch verstanden werden als massive Antwort auf das in der Presse publizierte Zirkular Gramonts vom 21. Juli[118]. Darin rechtfertigte der Außenminister die französische Kriegserklärung, indem er eine – gelinde gesagt – höchst tendenziöse Darstellung der Verhandlungen über die spanische Thronkandidatur präsentierte und Preußens Verhalten in der Kandidaturfrage zum einzigen Kriegsgrund abstempelte. Deshalb kam es Bismarck jetzt darauf an, die (nach seiner Auffassung) „wirkliche" Kriegsursache herauszustellen und die „wahren" Motive des französischen Vorgehens zu enthüllen: nicht in der spanischen Thronkandidatur, sondern in den französischen Eroberungsgelüsten sei die Ursache des Konflikts zu suchen[119]. Die Veröffentlichung des Vertragsprojekts zielte daher mit der Enthüllung der „eigentlichen" Kriegsursache und dem Nachweis des aggressiven Charakters der französischen Politik auf eine moralische Isolierung Frankreichs ab.

Der „Times"-Veröffentlichung folgte ein französisch-deutscher Schlagabtausch in Gestalt von Depeschen und Zirkularen. Die französische Regierung versuchte in ihren Gegenveröffentlichungen einerseits die Bedeutung der ganzen Angelegenheit herunterzuspielen, andererseits das Vertragsprojekt auf einen Vorschlag Bismarcks zurückzuführen. Bismarck hingegen mußte mit plausiblen Argumenten begründen, weshalb er sich gegenüber den französischen Insinuationen nicht von vornherein kategorisch ablehnend verhalten habe. Darüber hinaus bemühte sich Bismarck jetzt, eine durchgängige Linie aggressiver französischer Tendenzen nach-

---

[117] BUSCH 1, 52.
[118] Gramonts Zirkular vom 21. 7. 1870: OD 29, 144 ff. STAATSARCHIV 19, 118 ff.; Dementi Bismarcks und v. Thiles: STAATSARCHIV 19, 122; HIRTH/GOSEN 1, Sp. 324.
[119] Als der norddeutsche Gesandte in Brüssel (Balan) eine ausführliche Stellungnahme zum Zirkular Gramonts vom 21. Juli anregte, versah Bismarck den Bericht mit dem Marginal „resp.: daß wir falsch operieren würden, wenn wir den französischen Versuchen, die spanische Frage im Vordergrund zu halten, irgendwie Vorschub leisten ließen. Jeder Versuch der Art ist als eine Lächerlichkeit zu behandeln" (PA I ABc 70 Bd. 13, Bl. 32 f.).

zuweisen, die sich nicht nur gegen deutsches Gebiet und gegen Belgien, sondern auch gegen Piemont und die französische Schweiz richteten[120].

In diesem Zusammenhang äußerte Bismarck in seinem Zirkular vom 29. Juli – und diese Formulierung deutet auf ein weiteres Motiv Bismarcks hin –: „Ich habe sogar Grund zu glauben, daß, wenn die fragliche Veröffentlichung unterblieben wäre, nach Vollendung der französischen und unserer Rüstungen uns von Frankreich das Anerbieten gemacht sein würde, gemeinsam an der Spitze einer Million gerüsteter Streiter dem bisher unbewaffneten Europa gegenüber die uns früher gemachten Vorschläge durchzuführen, d. h. vor oder nach der ersten Schlacht Frieden zu schließen, auf Grund der Benedettischen Vorschläge, auf Kosten Belgiens"[121]. Solche Mutmaßungen hat Bismarck auch in vertraulichen Unterredungen ausgesprochen – vor wie nach der Veröffentlichung des Benedettischen Vertragsprojekts[122] –, und anscheinend hat er um den 19. Juli herum sogar behauptet, es liege ihm ein konkretes Angebot der französischen Regierung vor, den soeben eröffneten Krieg auf der Basis des Benedetti-Projekts rasch wieder beizulegen[123]. Es dürfte sich dabei um reine Tendenzgerüchte gehandelt haben, denn die Quellen liefern keinen Anhaltspunkt dafür, daß Napoleon III. in jenen Tagen eine derartige Absicht verfolgte oder gar eine entsprechende Initiative ergriff[124] – angesichts der in Frankreich herrschenden Stimmung hätten solche Pläne jeglichen Realismus' entbehrt. Bismarcks Äußerungen sind jedoch höchst charakteristisch für seine Auffassung der Lage und seine Einschätzung Napoleons: er schloß nicht absolut aus, daß Napoleon im Anfangsstadium des Krieges durch Aufwerfen

---

[120] Telegramm an Bernstorff vom 28. 7. 1870 und Zirkular vom 29. 7., beide sofort veröffentlicht: STAATSARCHIV 19, 148 ff., 151 ff.; HIRTH/GOSEN 1, Sp. 460 f., 474 ff. Im Zirkular vom 10. 8. 1870 wurde ein weiterer Vertragsvorschlag Benedettis mitgeteilt (STAATSARCHIV 19, 161 ff.; HIRTH/GOSEN 1, Sp. 909 ff.). Erst am 12. August wurde der „Enthüllungs"-Feldzug eingestellt.

[121] Zirkular vom 29. 7. 1870 – STAATSARCHIV 19, 151 ff.; HIRTH/GOSEN 1, Sp. 474 ff. Eine in diese Richtung gehende Formulierung findet sich – aufgrund der Andeutungen v. Krauses – bereits im „Times"-Artikel vom 25. 7. 1870, vgl. o. S. 31 f.

[122] So z. B. am 19. Juli gegenüber dem russischen Gesandten Oubril (s. den Anm. 111 angeführten Bericht Oubrils), am 1. August gegenüber dem engen Mitarbeiter Abeken (H. ABEKEN, Ein schlichtes Leben in bewegter Zeit, Berlin ³1904, 391.).

[123] Der britische Botschafter in Berlin telegraphierte am 20. Juli nach London: „I am privately informed that Bismarck received yesterday from French Government a proposal that Prussia should guarantee Belgium to France and that Prussia should receive in return South German states, and that thus war should be avoided. Bismarck rejected proposal with indignation" (PRO FO 64/688). In seinem Bericht vom 20. Juli (ebd. 689) bezeichnete Loftus seinen Informanten als einen angesehenen Abgeordneten des Herrenhauses und des Norddeutschen Reichstags; dieser habe die Mitteilung von einem Freund, der sie am Vorabend im Hause Bismarck selbst gehört habe. Vgl. auch eine entsprechende Meldung in der Berliner Börsenzeitung (LADEMACHER 241 f.).

[124] Nach Auffassung M. WINCKLERs bildet die „Stoßrichtung Belgien" das eigentliche Movens der napoleonischen Politik bereits in der Julikrise (Die Rolle der Presse bei der Vorbereitung des deutsch-französischen Krieges 1870/71, in: Presse und Geschichte, Bremen 1977, 171–194). Wincklers in apodiktischer Form vorgebrachte These beruht jedoch auf einer viel zu schmalen Materialbasis und Quellenkenntnis, als daß sie in dieser Form akzeptiert werden könnte.

der belgischen Frage einen Ausweg aus der direkten französisch-deutschen Konfrontation suchen könnte, und eine solche Rückzugslinie wollte Bismarck durch die Veröffentlichung des Vertragsentwurfs und die dadurch ausgelösten Reaktionen von vornherein abschneiden. Nachdem Frankreich den Krieg nun einmal begonnen hatte, galt für Bismarck die Devise: „Zurück ist nicht mehr möglich"[125].

Offenkundig hielt Bismarck es für wichtig, möglichst frühzeitig und in spektakulärer Form auf die Gefährdung Belgiens hinzuweisen: nach seiner – aber nicht nur seiner[126] – Überzeugung stand in einem Kriege zwischen Deutschland und Frankreich eo ipso die Existenz Belgiens auf dem Spiel, besonders dann, wenn die deutschen Armeen geschlagen werden sollten. Gelegentlich des belgisch-französischen Eisenbahnkonflikts im Jahr 1869[127] hatte Bismarck diese Auffassung mehrfach und in prägnanten Formulierungen zum Ausdruck gebracht[128], und sie bestimmte sein Agieren auch im Juli 1870. Diese Überzeugung von der zwangsläufigen Gefährdung Belgiens in einem französisch-deutschen Kriege trug sicherlich nicht unwesentlich zu Bismarcks Entschluß bei, durch die Veröffentlichung des Benedettischen Vertragsentwurfs die allgemeine Aufmerksamkeit (und im besonderen die der Engländer) schon im ersten Stadium des Krieges mit großem Aplomb auf Belgien hinzulenken und Abwehrmaßnahmen gegen einen eventuellen französischen Zugriff im Falle anfänglicher deutscher Niederlagen zu inaugurieren. Denn – dies darf nicht übersehen werden –: als die Publikation erfolgte, konnte Bismarck keineswegs damit rechnen, daß bereits wenige Tage später durch entscheidende deutsche Anfangserfolge auf dem Schlachtfeld die gesamte militärische und politische Szenerie gründlich verändert sein würde. Die Annahme, daß *auch* eine defensive und präventive Absicht bei Bismarcks Entschluß zur Veröffentlichung von Benedettis Vertragsentwurf eine Rolle spielte, fügt sich durchaus stimmig ein in das Gesamtbild von Bismarcks politischem Operieren während der zweiten Julihälfte: dieses stand überwiegend im Zeichen der Defensive – diplomatische Aktionen zur Verhinderung einer Ausweitung des Konflikts (durch den Eintritt weiterer Staaten in den Krieg) verbanden sich mit Abwehrmaßnahmen und Vorbeugungsmaßregeln für den Fall französischer Anfangserfolge (und die daraus möglicherweise erwachsenden Implikationen).

Entsprach nun die internationale Reaktion auf die Veröffentlichung des Benedetti-Projekts den von Bismarck gehegten Erwartungen? Die Meldung der „Times" vom 25. Juli schlug ein wie eine Bombe. Nicht nur in England, sondern auch im übrigen Europa beherrschte diese „Enthüllung" tagelang die Schlagzeilen

---

[125] Tel. Bismarck an Bernstorff, Berlin 20. 7. 1870 – GW 6b Nr. 1690.
[126] Siehe dazu insgesamt LADEMACHER, hier bes. 234 ff.
[127] Zu Verlauf und politischer Dimension des belgisch-französischen Eisenbahnkonflikts 1869 siehe: G. A. CRAIG, Great Britain and the Belgian Railways Dispute of 1869, in: AHR 50 (1945) 738–761; D. H. THOMAS, English Investors and the Franco-Belgium Railway Crisis of 1869, in: The Historian 26 (1964) 228–243; MOSSE, European Powers 297 ff.; LADEMACHER 222 ff.
[128] Erlasse an Bernstorff, Berlin 16. 3. 1869, 15. 4. 1869, 7. 6. 1869 – GW 6b Nr. 1344, 1368, 1399.

und Kommentare der Zeitungen; im englischen Parlament wurde die Regierung interpelliert, ob ihr der französische Plan bekannt gewesen sei und welche Maßnahmen zum Schutze Belgiens sie zu unternehmen gedenke[129]. Zweifellos fügte die Veröffentlichung des Vertragsentwurfs Frankreich – noch *vor* den deutschen Siegen auf dem Schlachtfeld – einen empfindlichen Prestigeverlust zu, zumal die Stellungnahmen Gramonts und Benedettis zu dem publizierten Dokument sich nicht durch Klarheit und Bestimmtheit auszeichneten und alles andere als überzeugend waren. In der britischen Presse schlug das bis dahin gegenüber Frankreich gehegte Mißtrauen in helle Empörung um[130].

Aber so allgemein die Entrüstung über den geplanten Anschlag auf Belgien vor allem in England war – in ihrer *Richtung* und in ihren *praktischen* Auswirkungen entsprach die Wirkung kaum Bismarcks Erwartungen und Wünschen. Sehr viel stärker, als er wohl in Rechnung gestellt hatte, wurde er selbst als ein Komplize Napoleons bei den gegen Belgien gerichteten französischen Aspirationen eingestuft. Granville schrieb dem Privatsekretär der Königin Victoria am 26. Juli, was er über Napoleon *und* Bismarck denke, wolle er lieber nicht dem Papier anvertrauen[131]. Das Hauptziel zumindest, das Bismarck mit der Publikation des Benedetti-Projekts anvisiert hatte, ist nicht erreicht worden: weder ließ sich das britische Kabinett in eine politische Frontstellung gegen das napoleonische Frankreich manövrieren, noch entschloß sich die englische Regierung zu einer für Deutschland günstigeren Handhabung der Neutralitätsbestimmungen. Vielmehr konzentrierten sich die englischen Staatsmänner nun verstärkt darauf, eine Verletzung der belgischen Neutralität durch eine der kriegführenden Parteien zu verhindern. Vor allem auch innenpolitische Rücksichten veranlaßten sie, sich mit aller Entschiedenheit für die Unantastbarkeit Belgiens auszusprechen und einen sichtbaren Beweis für ihre Entschlossenheit zur Verteidigung Belgiens zu liefern. Aus diesem Grunde beschloß das englische Kabinett am 30. Juli, jeder der beiden kriegführenden Mächte eine separate Konvention mit England zum gemeinschaftlichen Schutz Belgiens vorzuschlagen[132]. Der „Doppelvertrag" sah vor, daß England gegen diejenige Macht (Frankreich bzw. Preußen) intervenieren würde, die Belgiens Neutralität verletzte, und daß in diesem Fall Preußen bzw. Frankreich mit England zusammenzuwirken hatte; eine englische Intervention würde aber auf das belgische

---

[129] Sitzungen des Ober- und Unterhauses am 25., 26. und 29. 7. 1870, s. HIRTH/GOSEN 1, Sp. 407 ff., 422 f., 486 ff.
[130] LADEMACHER 240; zur Reaktion der britischen Presse vgl. E. WENTZ, Die Behandlung des deutsch-französischen Krieges in der englischen Presse, Diss. phil. München 1939, 2 Bde, Würzburg 1940, hier: 1, 44 ff.; D. N. RAYMOND, British Policy and Opinion during the Franco-Prussian War, New York 1921, 88 f.
[131] Schreiben Granville an Ponsonby, 26. 7. 1870 – Letters of QUEEN VICTORIA 2, 52 f.; vgl. MILLMAN 201. Selbst Kaiser Alexander war unwillig über die Veröffentlichung geheimer Aktenstücke durch Bismarck; Prinz Reuß berichtete am 26. 8.: „Ich kann E. E. nicht verbergen, daß er [Zar Alexander] sich erst kürzlich mir gegenüber nicht gerade zustimmend über die Veröffentlichungen der französischen geheimen Vertragsentwürfe ausgesprochen hat" (PA I ABc 70 Bd. 39, Bl. 15).
[132] LADEMACHER 243 f., MILLMAN 203 ff.

Territorium beschränkt bleiben. Die Abmachung sollte alle drei Mächte bis zwölf Monate nach der Ratifikation des Friedensvertrags zwischen Frankreich und Preußen binden – man war sich nur zu sehr der Tatsache bewußt, daß der belgische Staat nicht nur während des Krieges, sondern auch bei und nach dem Friedensschluß gefährdet sein könnte. Der englischen Regierung kam es, wie Premierminister Gladstone betonte, vor allem darauf an, daß England auf keinen Fall Belgien *allein* verteidigen mußte, sondern dabei mindestens einen Bundesgenossen hatte[133].

Bismarck ging auf den englischen Vorschlag sofort ein, die französische Regierung nach kurzem Zögern und einigen Einwänden, die vor allem die vorgeschlagene Vertragsdauer (bis nach der Ratifikation des Friedensvertrags) betrafen. Am 9. August fand in London die Unterzeichnung der Konvention mit dem Norddeutschen Bund, am 11. August die derjenigen mit Frankreich statt[134] – aber zu diesem Zeitpunkt war die Möglichkeit, daß Belgien kurzfristig und überraschend in den Krieg hineingezogen werden könnte, durch die deutschen Siege bei Weißenburg, Wörth und am Spicherer Berg bereits weitgehend ausgeschaltet. Die Konvention über Belgien besaß deshalb mehr den Charakter einer Demonstration als den eines ernsthaften Engagements der englischen Regierung.

Indem die englischen Staatsmänner ein Eingreifen in den Konflikt nur für den Fall einer Verletzung der belgischen Neutralität androhten, im übrigen aber eine Politik weitgehender Passivität verfolgten und jeden Anschein einer feindseligen Haltung gegenüber *einer* der beiden kriegführenden Mächte zu vermeiden suchten, nahmen sie eine Stellung ein, die ihnen unter den gegebenen Umständen am besten den politischen und wirtschaftlichen[135] Interessen Englands zu entsprechen schien. Wenn sich die englische Regierung bei der Festlegung ihres politischen Kurses während der Julikrise und nach dem Kriegsausbruch ganz von den – wirklichen oder vermeintlichen – nationalen Interessen Englands bestimmen ließ, so operierte sie in einer – strukturell – ähnlichen Weise wie die russische Regierung im gleichen Zeitraum, nur daß die Unterschiedlichkeit der englischen und russischen Interessenlage auch zu einer unterschiedlichen Akzentuierung der jeweiligen Neutralitätshaltung führte. Unabhängig von ihrer Beurteilung der Verantwortlichkeit für den Kriegsausbruch und der moralischen Schuld am Kriege war für die englischen Staatsmänner der vorrangige Gesichtspunkt nicht die Lokalisierung des Krieges um jeden Preis, sondern die Fortdauer guter Beziehungen zu Frankreich. Sie übten deshalb keinen ostentativen Druck auf die Regierungen in Paris, Wien, Florenz und Kopenhagen zugunsten einer Lokalisierung des Konflikts aus (was die französische Regierung als unfreundlichen Akt hätte empfinden müssen)

---

[133] Ebd. 206.
[134] Ebd. 205 f., LADEMACHER 245.
[135] Vgl. hierzu den Bericht Cadorna an Visconti-Venosta, London 28. 7. 1870 – DDI I/13, 217; dort wird das Interesse der englischen Wirtschaft an guten Beziehungen zu Frankreich sehr deutlich herausgestellt. Nur in Großbritannien hat, soweit ich sehe, der Gesichtspunkt der *wirtschaftlichen* Interessen des Landes während der Julikrise und in der ersten Kriegsphase einen maßgebenden Einfluß auf den *politischen* Kurs des Kabinetts ausgeübt.

und wiesen alle Versuche Bismarcks, England in eine – wenigstens moralische – Frontstellung gegen Frankreich zu manövrieren, zurück. Bismarcks Bemühungen, die englische Regierung zu einer für Preußen-Deutschland prononciert wohlwollenden Neutralitätshaltung zu bewegen, blieben zu Bismarcks großer Enttäuschung erfolglos.

Dabei hätte eine entschiedene Mahnung des britischen Kabinetts in Florenz zur Aufrechterhaltung der italienischen Neutralität in gewisser Weise ein Pendant bilden können zu den Aktivitäten des Petersburger Kabinetts gegen ein eventuelles Heraustreten Österreich-Ungarns und Dänemarks aus der Neutralität. Ein derartiges englisches Auftreten in Florenz nach Kriegsbeginn hätte in der Tat eine wertvolle indirekte Unterstützung der von Bismarck verfolgten Politik einer Lokalisierung des Konflikts dargestellt. Denn gegenüber dem Königreich Italien, das seit seiner Konstituierung mit Frankreich verbündet und auch politisch von ihm abhängig war, besaß Bismarck nur sehr begrenzte Möglichkeiten unmittelbarer Einwirkung. Zwar war es kein Geheimnis, daß die italienische Armee nicht gerüstet war[136] und die Staatsfinanzen sich in einem desolaten Zustand befanden; auch brachte die ungelöste „römische Frage" ein Element der Unberechenbarkeit in die italienische Politik hinein[137]. Aber trotz dieser für einen Eintritt in den Krieg nicht eben günstigen Voraussetzungen war ein Anschluß Italiens an Frankreich (auch ohne gleichzeitigen Kriegseintritt Österreich-Ungarns) eine Eventualität, mit der durchaus gerechnet werden mußte und die in Bismarcks Kalkül eine Rolle spielte, obwohl er über Umfang und Ziel der in diesen Wochen stattfindenden Unterhandlungen zwischen Frankreich, Österreich-Ungarn und Italien[138] nur sehr unzureichend unterrichtet war. Der norddeutsche Geschäftsträger in Florenz erfuhr in der zweiten Julihälfte nichts Konkretes über die streng geheim geführten Allianzverhandlungen und über die in der Allianzfrage bestehenden Meinungsverschiedenheiten innerhalb des Florentiner Kabinetts sowie zwischen dem Kabinett und König Viktor Emanuel; seit Anfang August suchte man den norddeutschen Geschäftsträger zudem durch gezielte Indiskretionen über Ziel und Tragweite der Allianzverhandlungen zu täuschen[139]. Bismarck wußte deshalb nicht, daß auch der

---

[136] Vgl. dazu die Darlegungen des damaligen italienischen Kriegsministers: G. GOVONE, Mémoires (1848–1870), Paris 1905, 368 ff. In Berlin war man über die militärische Schwäche Italiens genau orientiert.

[137] Zur allgemeinen Situation Italiens und den Problemen der italienischen Außenpolitik während dieser Zeit siehe als Überblicksdarstellung R. LILL, Geschichte Italiens vom 16. Jahrhundert bis zu den Anfängen des Faschismus, Darmstadt 1980, hier bes. 184 ff.; mit den außenpolitischen Konzeptionen beschäftigt sich eingehend F. CHABOD, Storia della politica estera italiana dal 1870 al 1896, Bd. 1, Bari 1951, ²1962, mit der italienischen Politik während der Julikrise und in den ersten Kriegswochen S. W. HALPERIN, Diplomat under Stress: Visconti-Venosta and the Crisis of July 1870, Chicago 1963.

[138] Zu diesen Verhandlungen siehe unten S. 52 ff., 61 ff.

[139] Dies ergibt sich beim Vergleich der Berichterstattung des norddeutschen Geschäftsträgers in Florenz mit den italienischen, österreichischen und französischen Akten, vgl. vor allem die Telegramme Wesdehlens vom 3., 4., 5. und 7. 8. 1870 (PA I ABc 70 Bd. 19, Bl. 8; Bd. 20, Bl. 45; Bd. 21, Bl. 28; Bd. 23, Bl. 37). Etwas konkretere Hinweise auf die Allianzverhand-

italienische Außenminister Visconti-Venosta eine Lokalisierung des Krieges wünschte und zu diesem Zweck sogar gleich bei Kriegsbeginn eine entsprechende britische Initiative angeregt hatte[140].

Angesichts dieser Informationslage beurteilte Bismarck im Juli die mutmaßlichen Möglichkeiten und Absichten der italienischen Regierung aufgrund der allgemeinen politischen Situation (u. a. römische Frage), der ihm bekannten frankophilen Neigungen des Königs[141] und verschiedener Kabinettsmitglieder, der finanziellen, wirtschaftlichen und militärischen Zustände sowie der Orientierung der öffentlichen Meinung. Alle Indizien für eine zweideutige oder gar feindselige Haltung König Viktor Emanuels und seines Kabinetts nahm Bismarck sehr ernst. Seinen heftigen Unmut erregte bereits eine am 19. oder 20. Juli nach Berlin gelangte Nachricht, die italienischen Gesandten in Stuttgart und München agitierten für eine Neutralität der süddeutschen Staaten; diese Information erwies sich jedoch als falsch[142]. Am 22. Juli telegrafierte Bismarck dann an den Gesandten in Florenz, nachdem Österreich-Ungarn und Dänemark ihre Neutralität erklärt hätten[143], sei die italienische Regierung die einzige, über deren Haltung Unklarheit bestehe. Dem Gesandten wurde deshalb befohlen, nach Berlin zu kommen, um dort mündlich Bericht zu erstatten und Instruktionen entgegenzunehmen[144].

Diese Rückberufung Graf Brassiers zeitigte rasch Wirkung: am 23. Juli wurde eine Neutralitätserklärung der italienischen Regierung publiziert. Am 3. August ordnete Bismarck die Rückkehr Graf Brassiers auf seinen Posten an; Brassier erhielt den Auftrag, „mit dem König von Italien so ernst zu sprechen, wie es geschehen kann, ohne eine dem Zweck entgegengesetzte Wirkung hervorzubringen"[145].

---

lungen als aus Florenz und Wien erhielt Bismarck aus Petersburg und Konstantinopel, s. Berichte Reuß vom 30. 7., 31. 7. und 3. 8. 1870, Tel. Keyserling vom 5. 8. 1870 (PA I ABc 70 Bd. 18, Bl. 61 ff.; Bd. 20, Bl. 50 f., Bl. 77 f.; Bd. 21, Bl. 81 f.).

[140] Vgl. oben S. 24 f.

[141] Nicht völlig außer acht gelassen werden dürfen die verwandtschaftlichen Beziehungen zwischen dem Haus Savoyen und der Familie Bonaparte: König Victor Emanuels Tochter Clotilde war seit 1859 mit Prinz Jérôme Napoleon, dem Vetter Kaiser Napoleons III., verheiratet.

[142] Vgl. dazu: Tel. Bismarck an Brassier, Berlin 20. 7. 1870 – GW 6b Nr. 1681; Tel. Wesdehlen an Bismarck, Florenz 21. 7. 1870 – PA I ABc 70 Bd. 7, Bl. 24; Berichte Perglas an König Ludwig II., Berlin 21., 22., 23. und 27. 7. 1870 – GStAM MA I 646; Erlaß Bray an Perglas, München 23. 7. 1870 – ebd.; ferner: DDI I/13, 139, 140, 142 ff., 156, 159, 160, 162 f.

[143] In offizieller Form hatte Dänemark seine Neutralität zu diesem Zeitpunkt noch nicht erklärt, siehe unten S. 76 f.

[144] Tel. Bismarck an Brassier, Berlin 22. 7. 1870, z. St. 22.45 Uhr – PA I ABc 70 Bd. 7a, Bl. 66, vgl. Bl. 68; auch GW 6b Nr. 1698 mit Anm. 2. Nach einer Behauptung von Bismarcks Mitarbeiter Friedrich von Holstein erfolgte die Rückberufung Graf Brassiers allerdings deshalb, weil Bismarck wegen dessen französischer Abstammung ein gewisses Mißtrauen gegen ihn hegte und ihn zeitweilig von Florenz fernhalten wollte (F. v. HOLSTEIN, Die geheimen Papiere, hrsg. v. N. Rich und M. H. Fisher, dtsche Ausgabe von W. Frauendienst, 4 Bde, Göttingen 1956 ff., hier: 1, 42).

[145] Tel. Bismarck an AA, Mainz 3. 8. 1870 – PA I ABc 70 Bd. 18, Bl. 102 f., auch GW 6b Nr. 1720.

Da Bismarck nach der französischen Kriegserklärung ernsthaft besorgt war, König Viktor Emanuel und sein Kabinett könnten versuchen, Italien an der Seite Napoleons III. in den Krieg zu führen, knüpfte er in der zweiten Julihälfte erste Kontakte zu den italienischen Oppositionsgruppen, die gegen eine Teilnahme Italiens an Napoleons Krieg eingestellt waren und den Kurs der Regierung bekämpften. Auf diese Weise bereitete Bismarck gewissermaßen eine Auffangstellung für den Fall eines Kriegsentschlusses der italienischen Regierung vor und übte gleichzeitig einen Druck auf das italienische Kabinett aus, nicht aus der Neutralität herauszutreten, weil eine Kriegsbeteiligung zu schweren inneren Konflikten führen würde. Obwohl Bismarcks Kontakte zu Repräsentanten der italienischen Linken im Juli/August 1870 schon mehrfach beleuchtet worden sind[146], ist hier nochmals kurz auf sie einzugehen, um das Bild von Bismarcks politischer Aktivität in der ersten Kriegsphase zu vervollständigen und um die ganze Bandbreite der Mittel und Methoden aufzuzeigen, die Bismarck in jenen Wochen im Rahmen seiner „Lokalisierungs-Strategie" einsetzte.

Wenn Bismarck 1870 Fäden zur innenpolitischen nationalrevolutionär-demokratischen Opposition in einem anderen Staate spann, wie er es bereits 1866 getan hatte[147], so verlor er dabei doch keinen Augenblick Ziel und Zweck einer derartigen Kontaktaufnahme aus den Augen. Den für ihn maßgebenden Gesichtspunkt bezeichnete er Mitte August sehr klar, wenn er schrieb: „Unsere Aufgabe kann nicht sein, Italien gegen seine Regierung in Aufstand zu bringen, solange wir nicht gewiß sind, daß letztere gegen uns Partei nimmt; sind wir aber hierin gewiß, so würde auch jedes Kriegsmittel gegen Victor Emanuel in Anwendung zu bringen sein. Bevor wir handeln, müssen wir also jene Gewißheit haben und können bis dahin nur zur Beobachtung instruieren; zu letzterer kann Geld gegeben werden"[148]. Oder – so lautet eine weitere Formulierung –: insurrektionelle Mittel dürften erst angewandt werden, wenn die italienische Regierung entschieden gegen Deutschland Partei ergreife; „alle solche Verbindungen seien daher nicht abzubrechen, aber auch nicht eher in Wirksamkeit zu setzen, als bis jener Augenblick eingetreten"[149]. Am 19. August bemerkte Bismarck dann lapidar: „Mit der Revolutions-Partei haben wir bisher nichts zu tun und künftig nur so viel wie Victor Emanuel mit Frankreich"[150]. Diese Äußerungen lassen sehr klar erkennen, welchen

---

[146] A. STERN, Bismarck und Garibaldi während des deutsch-französischen Krieges 1870/71, in: Deutsche Rundschau 238 (1934) 89–95; HOLSTEIN 1, 42 ff.; GW 6b Nr. 1717 Anm. 1, Nr. 1719 Anm. 1; N. RICH, Friedrich v. Holstein, 2 Bde, Cambridge 1965, hier: 1, 60 ff.; J. PETERSEN, Garibaldi und Deutschland 1870/71, in: Risorgimento 3 (1982) 233–249.
[147] Vgl. dazu: E. R. HUBER, Bismarck und die nationalrevolutionäre Insurrektion in Österreich 1866, in: DERS., Nationalstaat und Verfassungsstaat, Stuttgart 1965, 168–187.
[148] Tel. Bismarck an AA, Herny 14. 8. 1870, z. St. 14.00 Uhr – PA I ABc 70 secr. Bd. 2, Bl. 11; auch GW 6b Nr. 1743.
[149] Tel. Bismarck an AA, Herny 14. 8. 1870, z. St. 14.30 Uhr – PA I ABc 70 secr. Bd. 2, Bl. 20; auch GW 6b Nr. 1744.
[150] Tel. Bismarck an AA, Pont-à-Mousson 19. 8. 70 – PA I ABc 70 Bd. 31, Bl. 37 f.; auch GW 6b Nr. 1749.

1. Die Mächtekonstellation bei Kriegsbeginn

funktionellen Stellenwert die Kontakte zur italienischen Linken innerhalb der auf eine Lokalisierung des Konflikts ausgerichteten Gesamtpolitik Bismarcks besaßen: die Anknüpfung und vorläufige Aufrechterhaltung dieser Kontakte diente einer defensiv-präventiven Zielsetzung.

Wie bereits angemerkt wurde[151], bildete die Präsenz französischer Besatzungstruppen im Kirchenstaat einen besonders neuralgischen Punkt in den französisch-italienischen Beziehungen. Vor allem die italienische Linke attackierte heftig die Zurückhaltung des Florentiner Kabinetts in der römischen Frage; leicht konnten diese Auseinandersetzungen zu ernsthaften Komplikationen zwischen Italien und Frankreich führen. Tatsächlich tauchte eine derartige Möglichkeit gleich nach Kriegsausbruch am Horizont auf. Am 20. Juli meldete der norddeutsche Gesandte in Rom nach Berlin, vom Sohne Garibaldis sei eine bedeutende Anzahl junger Leute zu einem Handstreich auf Rom geworben worden: „Angriff der Garibaldianer auf die Franzosen würde natürlich dieselben zum Bleiben und die italienische Regierung zum Krieg mit Frankreich zwingen. Es wäre aber große Eile nötig, um die Waffenehre der Franzosen zu kompromittieren, denn es ist doch zu befürchten, daß sie abziehen, bevor sie engagiert sind"[152]. Bismarck bemerkte dazu: „Die Sache könnte recht nützlich sein"[153] und beauftragte seine Mitarbeiter, nach geeigneten Verbindungsleuten Ausschau zu halten[154].

Ebenfalls am 20. Juli ging im Auswärtigen Amt ein Schreiben ein, das einen weiteren Anknüpfungspunkt zu bieten schien: ein Italiener namens Angelo di Angeli teilte Bismarck mit, er gehöre einem patriotischen Comité zu Bologna an, das Deutschland eine aus 3000 Freiwilligen bestehende italienische Legion zur Verfügung stellen wolle; für die Kosten des Dampfers, der die Freiwilligen nach Deutschland bringen würde, solle die preußische Regierung aufkommen[155]. Bismarck war keineswegs am Eintritt italienischer Offiziere und Mannschaften ins deutsche Heer interessiert, aber „Freikorps, welche die Franzosen von Italien aus beunruhigen, wären für uns von hohem Wert. Ich mache für solche Zwecke Geld-

---

[151] Vgl. oben S. 3 f.
[152] Tel. Arnim an Bismarck, Rom 20. 7. 1870, 10.30 Uhr (Berlin an: 20.45 Uhr, vSM) – PA I ABc 70 secr. Bd. 1, Bl. 19.
[153] Tel. Bismarck an Arnim, Berlin 21. 7. 1870, z. St. 22. 7., 0.05 Uhr – ebd.; auch GW 6b Nr. 1691. Tatsächlich war die italienische Regierung besorgt, ein Freischarenangriff auf Rom könnte die französische Allianz unmöglich machen, und akzeptierte deshalb – um den raschen Abzug der französischen Besatzungstruppen zu ermöglichen – zunächst die einfache Rückkehr zur Septemberkonvention, vgl. die Äußerung Visconti-Venostas zu Vitzthum (ONCKEN 3, 514).
[154] Verbindung wurde aufgenommen zu dem Mazzini-Freund Ernst Haug (PA I ABc 70 secr. Bd. 1, Bl. 20, 66 f.) und zu dem Garibaldianer Gustav Rasch (M. BUSCH 1, 46 f.). Angaben zur Biographie Haugs: A. ROSSI, Il Generale Ernesto Haug, in: Nuova Antologia Nov./Dez. 1915, 380–391; STERN, Bismarck und Garibaldi 91 ff.
[155] Schreiben Angelo di Angeli an Bismarck, Bologna 15. 7. 1870, pr. 20. 7. – PA I ABc 70 secr. Bd. 1, Bl. 14–18.

mittel verfügbar, deren Betrag sich mit den Leistungen steigern kann."[156] Deshalb entschloß sich Bismarck, nähere Erkundigungen über di Angeli und seine Hintermänner einzuziehen. Da die norddeutsche Gesandtschaft in Florenz mit einer so delikaten Angelegenheit nicht befaßt werden konnte, entsandte Bismarck am 22. Juli Friedrich von Holstein, der gute italienische Sprachkenntnisse besaß, als Sonderbeauftragten nach Italien[157]. Holsteins Instruktion lautete dahin, die Möglichkeit eines Freikorpsangriffs auf die französischen Truppen in Nizza und Rom zu untersuchen und entsprechend seinem Befund geeignete Maßnahmen zu treffen, sowie zu prüfen, „was etwa geschehen könnte, um der italienischen Regierung den beabsichtigten Anschluß an Frankreich zu erschweren." Nachdem Holstein sich vergeblich bemüht hatte, in Bologna di Angeli zu treffen, reiste er nach Florenz weiter, wo er am 29. Juli eintraf. Der norddeutsche Geschäftsträger brachte ihn in Kontakt mit dem Garibaldianer Dr. Guastalla, der ihn mit führenden Persönlichkeiten der „Sinistra" bekannt machte, mit General Fabrizi und Francesco Crispi. In der Unterredung mit den beiden Politikern wurde Holstein klar, daß die Oppositionspartei nichts mit di Angelis Vorschlag zu tun hatte, ja er gewann sogar den Eindruck, dieser sei ein Agent der italienischen oder französischen Regierung, und wies ihn daher kühl ab. Crispi und Fabrizi ließen Holstein nicht im Zweifel über ihre antifranzösische Haltung und erklärten ihm, die Opposition würde alles tun, um eine Allianz Italiens mit Frankreich zu verhindern. Ein sofortiger Freischarenangriff auf Rom oder Nizza wäre der Opposition dagegen höchst unerwünscht, weil sie durch einen solchen gesetzlosen Akt gegenüber der Regierung und dem Land kompromittiert und in ihrer Stellung geschwächt würde – vielleicht würde der Regierung deshalb ein derartiger Zwischenfall gar nicht unangenehm sein. Falls der italienische König aber eine Allianz mit Frankreich schließe, werde man – in Übereinstimmung mit Garibaldi – in ganz Italien losschlagen und eine Revolution ins Werk setzen. Dann werde man von Preußen einiges Geld, vor allem aber Waffen verlangen, ferner die Respektierung der äußeren Grenzen während der Dauer etwaiger innerer Kämpfe und die baldige Anerkennung der neuen Regierungsform[158]. Um nähere Verabredungen zu treffen, wollten die Führer der Lin-

---

[156] Tel. Bismarck an Wesdehlen, Berlin 26. 7. 1870, z. St. 23.40 Uhr – PA I ABc 70 secr. Bd. 1, Bl. 44; auch GW 6b Nr. 1707. Bismarck antwortete mit diesem Telegramm auf Wesdehlens Mitteilung, bei der Gesandtschaft in Florenz und den Konsulaten in Mailand und Livorno hätten sich zahlreiche Italiener zum Eintritt in die deutsche Armee gemeldet; es gebe auch Anerbietungen zur Bildung von Freikorps, die eine Diversion gegen Nizza beabsichtigten. Vgl. auch Bismarcks Unterredung mit de Launay am 27. 7. 1870 (s. DDI I/13, 206 ff.).
[157] Holstein trat mit der Übernahme dieser Mission wieder in den diplomatischen Dienst ein, nachdem er im Frühjahr 1868 den Dienst quittiert hatte, um sich einer privaten Unternehmertätigkeit zu widmen. Das Folgende nach Holsteins Berichterstattung und seinen Erinnerungen (HOLSTEIN 1, 42 ff.).
[158] HOLSTEIN 1, 42 f.; Tel. Holstein/Wesdehlen an Bismarck, Florenz 31. 7. 1870, 1.00 Uhr (Berlin an: 6.10 Uhr, pr. 31. 7.) – PA I ABc 70 secr. Bd. 1, Bl. 74; vgl. GW 6b Nr. 1717 Anm.

ken einen Beauftragten zu Bismarck entsenden, womit dieser sich sofort einverstanden erklärte[159].

Am 3. August trat Holstein die Rückreise an, begleitet von Francesco Cucchi, einem Kammerdeputierten und Freund Crispis. Da Holstein festgestellt hatte, daß er von der Polizei überwacht wurde, fuhren die beiden bis zur Grenze getrennt[160]. In Mainz stießen sie zum Großen Hauptquartier, Holstein erstattete Bismarck Bericht über seine Eindrücke, und Bismarck führte in den folgenden Tagen mehrere Unterredungen mit Cucchi über die Situation in Italien und mögliche Maßnahmen für den Fall eines italienisch-französischen Kriegsbündnisses. Inhalt und Tragweite dieser Unterredungen waren im Jahre 1889 Gegenstand einer öffentlichen Auseinandersetzung, als Cucchi (damals Unterstaatssekretär) in einem offenen Brief behauptete[161], zwischen Bismarck und ihm sei es Anfang August 1870 zu einer festen Verabredung gekommen, wonach Deutschland die vollzogene Tatsache der Besetzung Roms durch italienische Truppen sofort anerkennen, das eventuelle Dazwischentreten Österreichs oder anderer Mächte zugunsten des Papstes verhindern und die Anerkennung Roms als Hauptstadt Italiens auch von seiten der anderen Mächte zu erleichtern bestrebt sein werde. Bismarck legte gegen Cucchis Behauptungen Verwahrung ein und betonte, es sei weder zu einem Vertrag noch zu einer Verabredung gekommen; er habe es abgelehnt, „gegen Victor Emanuel feindlich vorzugehen, solange er nicht Initiative dazu nehme; wenn letzteres aber geschehe, würden wir italienische Bewegung gegen ihn mit Geld unterstützen, auch wenn sie republikanisch wäre." Auf die Vorhaltungen hin, die ihm im Auftrage Bismarcks gemacht wurden, veröffentlichte Cucchi eine Erklärung, es sei kein „trattato formale" abgeschlossen worden, und obwohl Bismarck mit dieser Erklärung wenig zufrieden war, ließ er die Sache damit auf sich beruhen. Bismarcks und Cucchis Äußerungen zusammengenommen dürften den Inhalt der Gespräche von Anfang August 1870 recht genau wiedergeben: Bismarck stellte der italienischen Opposition eine weitgehende Unterstützung – auch in der römischen Frage – in Aus-

---

1, Nr. 1719 Vorbem. Der bayerische Gesandte erfuhr von Führern der Linken und Freunden Garibaldis am 30. Juli: wenn Italien sich für Frankreich erkläre, solle Preußen rasch Geldmittel zur Verfügung stellen, für den Anfang 200 000 frcs, damit Sizilien, Kalabrien und Norditalien revoltierten und den Marsch des italienischen Heeres nach Frankreich verhinderten; später solle Rom und Nizza angegriffen werden (GStAM MA I 647).
[159] Tel. Bismarck an Wesdehlen, Berlin 31. 7. 1870, z. St. 11.00 Uhr – PA I ABc 70 secr. Bd. 1, Bl. 74; auch GW 6b Nr. 1719.
[160] Trotzdem blieb der österreichischen Geheimpolizei die Reise Cucchis nicht verborgen; am 3. August telegraphierte Beust an Kübeck, den österreichischen Gesandten in Florenz: „Cechi [sic!] parti en mission pour Berlin" (HHStA PA XI 79, Bl. 181). Vgl. auch DDI I/13, 247.
[161] GW 6b Nr. 1719 Anm. 1. Im Juli 1889 hatte Cucchi im Auftrag Crispis einen Besuch bei Bismarck gemacht, vgl. dazu: F. CRISPI, Memoiren, (dt. Ausgabe) Berlin 1912, 417, 429 ff.; GW 8, 662 ff.

sicht, aber unter der von ihm festgehaltenen und nachdrücklich hervorgehobenen Voraussetzung[162], daß die italienische Regierung durch Abschluß eines Bündnisses mit Frankreich in den Krieg gegen Deutschland eintreten und die italienische Linke gegen diesen Kurs revoltieren würde. Die deutschen Siege beseitigten jedoch die Gefahr einer italienischen Intervention. Deshalb bestand auf deutscher Seite kein Interesse an weiteren Verhandlungen mit der italienischen Opposition oder an bindenden Abmachungen[163].

Die erste Kriegsphase, die militärisch im Zeichen der Mobilmachung, politisch im Zeichen der Bismarckschen Lokalisierungs-Strategie und der französischen Allianzbemühungen stand, endete Anfang August. Entgegen allen Erwartungen – der Regierungen und der Öffentlichkeit in den europäischen Staaten und selbst des preußischen Generalstabs – waren die französischen Armeen nicht in der Lage, frühzeitig die Offensive zu ergreifen, den Aufmarsch der deutschen Truppen zu stören und ihnen einige Schlappen beizubringen. Im Gegenteil: die französischen Armeen erlitten in mehreren Schlachten empfindliche Niederlagen, am 4. August bei Weißenburg im Elsaß, am 6. August bei Wörth und am Spicherer Berg bei Saarbrücken[164]. Diese ersten deutschen Siege waren nicht nur von großer Bedeutung für den weiteren militärischen Verlauf des Krieges, auch ihre politischen Auswirkungen können kaum überschätzt werden. Einen Eindruck von der Wirkung dieser Meldungen vom Kriegsschauplatz vermitteln die Sätze, mit denen der englische Premierminister Gladstone die Ereignisse in einem hastig hingeworfenen Billet an seinen Außenminister Granville kommentierte: „Die Nachrichten betäuben mich. Es ist nicht bloß eine große Schlacht verloren und gewonnen. Es ist dies offensichtlich der schwerste Schlag, den Frankreich als Militärmacht – im vitalen Aspekt von Ansehen und gutem Ruf – im Lauf von mehr als hundert Jahren erlitten hat; wenn dies nicht schleunigst wiedergutgemacht wird, scheint es möglich, daß Frankreich in dieser Hinsicht vom ersten Platz gestoßen wird. Aber darüber hinaus erhebt sich die Frage, ob sich nun eine Revolution anschließen wird.

---

[162] Vgl. oben S. 42.
[163] In der zweiten Augusthälfte reisten im Rahmen der „Kontaktpflege" mit italienischen Linkskreisen, aber ohne konkrete offizielle Aufträge mehrere Personen nach Italien: Ernst Haug (vgl. Anm. 154), der Greifswalder Altphilologe und Palimpsestforscher Prof. Wilhelm Studemund, der Augenarzt Dr. Mannhardt. Im September kappte das Auswärtige Amt die Verbindung zu diesen Mittelsmännern. Einige Informationen über diese Reisen finden sich in den Akten PA I ABc 70 secr. Bd. 1–3.
[164] Im Rahmen unserer Fragestellung kann auf die militärischen Ereignisse nicht im einzelnen eingegangen werden. Die nahezu unübersehbare Literatur gerade auch zum militärischen Kriegsverlauf ist verzeichnet bei W. WEDLICH, Der deutsch-französische Krieg 1870/71, in: Jahresbibliographie 1970. Bibliothek für Zeitgeschichte, Frankfurt 1971, 396–458. Unter den neueren Gesamtdarstellungen als maßgeblich anzusehen: HOWARD; vgl. ferner einige Beiträge in Revue de Défense Nationale 26 (1970) und Revue historique de l'armée 27 (1971) No. 1 sowie in dem Sammelband W. v. GROOTE/U. v. GERSDORFF (Hrsg.), Entscheidung 1870, Stuttgart 1970. Noch immer lesenswert die unter Benutzung zahlreicher Primärquellen geschriebene Darstellung von Th. FONTANE, Der Krieg gegen Frankreich 1870–1871, 2 Bde, Berlin 1873/1876, Neuaufl. 4 Bde, Zürich 1985.

1. Die Mächtekonstellation bei Kriegsbeginn

Wenn es je einen von der Regierung inszenierten Krieg gab, so ist es dieser, und Frankreich wird vom Urheber Rechenschaft verlangen..."[165].

Nach den französischen Niederlagen von Weißenburg, Wörth und am Spicherer Berg befand sich das Prestige Napoleons III. auf dem Tiefpunkt, außerhalb und innerhalb Frankreichs. Das Zweite Kaiserreich begann in seinen Grundfesten zu wanken. Als die Regierung die Hiobsbotschaften vom Kriegsschauplatz nicht länger dementieren konnte, kam es zu einem Aufschrei in der französischen Presse und zu spontanen regimegegnerischen Demonstrationen in den Straßen von Paris. In einer kurzfristig einberufenen Sitzung der Abgeordnetenkammer erlag das Kabinett Ollivier am 9. August dem konzentrischen Angriff der antibonapartistischen Opposition von links und der bonapartistischen Ultras von rechts: mit überwältigender Mehrheit sprach das Corps Législatif den Ministern sein Mißtrauen aus, die Regentin Kaiserin Eugenie nahm den Rücktritt der Regierung sofort an und ernannte noch in der Nacht vom 9./10. August ein neues Kabinett[166]. An seiner Spitze stand General Cousin de Montauban, Graf von Palikao, der als Held der französischen China-Expedition 1860 großes militärisches Ansehen genoß. Keiner der bisherigen Minister gehörte diesem vorwiegend aus strammen Bonapartisten gebildeten Kabinett Palikao an, das in einer gewaltigen Kraftanstrengung alle Ressourcen des Landes zum Kampf gegen die „Invasoren" zu mobilisieren versuchte. Aber die Einsetzung einer neuen Regierung vermochte in diesem Stadium nicht mehr einen durchgreifenden Stimmungsumschwung zugunsten des Regimes zu bewirken. Der britische Botschafter Lord Lyons berichtete am 16. August aus Paris: „Selbst die treuesten Anhänger der Dynastie äußern im Moment kaum die Hoffnung, die Dynastie werde sich halten können. Das Gebäude ruhte überwiegend auf der Reputation des Kaisers, klug und umsichtig zu sein, und auf dem Glauben, es werde ihm gelingen, Frankreich eine herausragende Stellung in Europa zu sichern. Zweifellos hat der Kaiser jeglichen Kredit in Paris verloren, und es ist kaum vorstellbar, daß er sich bei der Armee hat behaupten können... Im gegenwärtigen Zustand der Niedergeschlagenheit scheinen die entschiedensten Parteigänger Napoleons sogar zu fürchten, nicht einmal ein Sieg der Armee werde das Zweite Kaiserreich retten können."[167]

---

[165] Gladstone an Granville, London 7. 8. 1870, 16.00 Uhr – A. RAMM (Hrsg.), The Political Correspondance of Mr. Gladstone and Lord Granville 1868–1876, 2 Bde, London 1952, hier: 1, 121.

[166] P. de la GORCE, Histoire du Second Empire, 7 Bde, Paris 1894–1905, hier: 7, 19 ff.; Th. ZELDIN, Emile Ollivier and the Liberal Empire of Napoleon III, Oxford 1963, 180 ff.; A. DANSETTE, Du 2 décembre au 4 septembre, Paris 1972, 395 ff. Zu den Unruhen in Paris vom 7. bis 9. August siehe auch: E. A. JELOUBOVSKAIA, Les événements révolutionnaires du 7 au 9 août 1870, in: Questions d'histoire 2, Paris 1954, 170–195 (mit weit überzogener Kritik am Verhalten der bürgerlichen Republikaner, denen zum Vorwurf gemacht wird, daß sie sich nicht an die Spitze der Demonstranten stellten und den Sturz des Regimes herbeiführten).

[167] Lyons an Granville, Paris 16. 8. 1870 – PRO FO 27/1811; vgl. die ganz ähnliche Lagebeurteilung des Schweizer Gesandten in Paris, J. K. Kern, vom 12. 8. 1870, s. A. STERN, Aus den Gesandtschaftsberichten von Johann Konrad Kern, Paris 1870, 1871, in: Schweizerische Monatshefte für Politik und Kultur 5 (1925) 274–285, 360–369, hier: 277.

Nachdem es Bismarck, unterstützt vor allem von der Politik des Petersburger Kabinetts, bis zu diesem Zeitpunkt gelungen war, eine Ausweitung des Krieges zu verhindern, schalteten nun die deutschen Siege weitgehend die Gefahr aus, daß andere Mächte – wenigstens binnen kurzer Zeit – in den Krieg verwickelt würden. Damit verbesserten sich schlagartig Bismarcks Chancen, sein politisches Hauptziel erreichen zu können: Begrenzung des Konflikts auf einen militärischen Zweikampf zwischen Frankreich und Preußen-Deutschland und Abschluß des Friedens auf bilateraler Basis ohne Einmischung der übrigen großen Mächte. Es kann allerdings keine Rede davon sein, daß bereits Anfang August die Entscheidung darüber gefallen war. Einerseits waren militärische Rückschläge im weiteren Verlauf des Krieges – mit den sich daraus ergebenden politischen Implikationen – keineswegs völlig ausgeschlossen. Andererseits garantierten die militärischen Erfolge als solche noch nicht, daß die anderen Mächte definitiv auf eine Intervention oder auf die Forderung nach Mitsprache beim Friedensschluß verzichteten – wie die großen Kriege der europäischen Geschichte lehren, können sich Koalitionen auch und gerade gegen eine militärisch siegreiche Macht bilden.

Überblickt man das Gesamtbild von Bismarcks politisch-diplomatischer Aktivität nach dem Kriegsausbruch vor dem Hintergrund der Mächtekonstellation bei Kriegsbeginn, dann kann man die Frage aufwerfen, ob eine Ausweitung des Krieges durch den sofortigen Kriegseintritt anderer Mächte nicht an sich unwahrscheinlich war, ob also die Lokalisierung des Krieges nicht viel eher die natürliche Konsequenz der bei Kriegsausbruch bestehenden Mächtegruppierung darstellte als ein Ergebnis der diplomatischen Aktivitäten der preußischen und russischen Regierung. Wenn wir diese Frage zu klären versuchen, stoßen wir auf einen Sachverhalt, der für die politische Geschichte des Krieges von 1870 höchst charakteristisch ist, den man geradezu als die politische Grundfiguration in diesem säkularen Konflikte bezeichnen könnte. In der Tat bildete die bei Kriegsausbruch in Europa bestehende Gruppierung der Mächte eine denkbar günstige Voraussetzung dafür, daß in der ersten Kriegsphase eine Lokalisierung des Konflikts gelang. Erstens: Es gab für die potentiellen Verbündeten der beiden im Streit befindlichen Mächte keine bindenden Verpflichtungen aufgrund fester Allianzen, die – einer Kettenreaktion gleich – kurzfristig und zwangsläufig die Ausweitung des Konflikts zu einem „Weltkrieg" hätten herbeiführen können. Zweitens: Die dem Krieg vorausgehende Krise war außerordentlich kurz, so daß in dieser Zeitspanne keine weiterreichenden Abmachungen getroffen werden konnten und auch genauere Absprachen über das Verhalten nach Kriegsbeginn nicht leicht herbeizuführen waren. Unter diesen Umständen war es für die Staatsmänner der nicht unmittelbar an der Auseinandersetzung beteiligten Kabinette der sicherste und sozusagen der bequemste Weg, sich nicht Hals über Kopf in den Krieg zu stürzen – der für sie zunächst kein unmittelbares Objekt hatte und für den sie militärisch keineswegs vorbereitet und gerüstet waren –, sondern vor einer endgültigen Entscheidung den Ausgang der ersten Schlachten abzuwarten. Aus der Mächtegruppierung und Kräftekonstellation bei Kriegsbeginn resultierte ein natürlicher Trend zur – zumindest vorläufigen – Lokalisierung des Krieges.

1. Die Mächtekonstellation bei Kriegsbeginn

So richtig diese Feststellung ist, so sehr muß andererseits betont werden, daß die französische Diplomatie energisch gegen diesen Trend ankämpfte und ein engeres Allianzverhältnis mit Frankreichs potentiellen Verbündeten zustande zu bringen suchte – eine Allianz, durch welche Österreich und Italiens Neutralität kompromittiert und ihr Eintritt in den Krieg auf seiten Frankreichs vorbereitet würde. In dieser Situation war es deshalb nicht gleichgültig, welche Politik Bismarck in den Wochen nach dem Kriegsausbruch verfolgte und wie er sie verfolgte. Allein schon seine – den österreichischen und italienischen Staatsmännern bekannte – Entschlossenheit, ein Heraustreten dieser Staaten aus der Neutralität mit allen Mitteln zu verhindern, war ein Faktor, der in der labilen politischen Konstellation *nach* dem Beginn des Krieges und *vor* einer militärischen Entscheidung bei den Entschließungen des Wiener und Florentiner Kabinetts schwer ins Gewicht fiel.

Ein günstiger Umstand für das von Bismarck angestrebte Ziel war es, daß Rußland an einer neutralen Haltung Österreich-Ungarns und Dänemarks ebenso sehr interessiert war wie Preußen-Deutschland und deshalb mit Nachdruck gegen ein Heraustreten dieser Staaten aus der Neutralität wirkte – aber Bismarck operierte sehr geschickt, um diesen diplomatischen Bemühungen des Petersburger Kabinetts ein Höchstmaß an Effektivität zu sichern.

Wenn die öffentliche Meinung, wie in den meisten europäischen Staaten, so auch in Österreich und Italien nach Kriegsausbruch überwiegend gegen Frankreich eingestellt war[168] und den österreichischen und italienischen Staatsmännern dadurch ein sofortiger offener Anschluß an Frankreich erschwert wurde, dann war diese Orientierung der öffentlichen Meinung zwar in der Hauptsache durch die französische Politik selbst bewirkt worden; aber auch Bismarcks Bemühungen, durch Einwirkung auf die europäische öffentliche Meinung Frankreich moralisch zu isolieren und auf diese Weise „bündnisunfähig" zu machen, trugen ihr Teil zu dieser Akzentuierung der öffentlichen Meinung bei. Einige von Bismarcks Initiativen und Maßnahmen wird man – nachträglich – als nicht sehr erfolgreich oder als nicht unbedingt notwendig zur Erreichung des angestrebten Zieles bezeichnen können: die Publikation des Benedettischen Vertragsentwurfs erbrachte nicht die erhofften Resultate, wie überhaupt die verschiedenen Versuche, England zu einer für Deutschland wohlwollenden Neutralität zu bewegen, nicht zum Erfolg führten;

---

[168] Die Haltung der österreichisch-ungarischen Presse in der zweiten Julihälfte analysierte der Legationsrat an der norddeutschen Botschaft in Wien, Graf Dönhoff, in einem ausführlichen Memoire vom 30. 7. 1870 (PA I ABc 70 Bd. 17, Bl. 60–67). Zur Haltung der „Parteien" und zur öffentlichen Meinung in Österreich siehe vor allem LUTZ, Österreich-Ungarn 202 ff., 218 ff.; zur Stellungnahme der Deák-Partei und zur ungarischen Presse vgl. DIÓSZEGI 28 f. (mit Kritik an M. M. KEGL, Die Beurteilung der deutschen Frage in der ungarischen Presse 1866/1871, Diss. phil. Heidelberg 1934). Zur Haltung der italienischen Presse im Juli/August 1870 siehe W. SUCHANEK, Das Deutschlandbild in der italienischen Presse 1870/71, Bonn 1975, 49 ff. Außenminister Visconti-Venosta charakterisierte am 11. August 1870 die Stimmung in Italien nach Kriegsbeginn mit dem Satz: „Die Regierung war französisch und das Land preußisch" (DDI I/13, 309; vgl. ebd. 330).

Italien wäre mit größter Wahrscheinlichkeit auch dann nicht aus seiner Neutralität herausgetreten, wenn Bismarck keine Kontakte zur innenpolitischen Opposition geknüpft hätte. Aber wenn man hier von „wenig erfolgreich" und „nicht unbedingt notwendig" spricht, so handelt es sich um Urteile ex eventu. Seinen Bemühungen um eine Lokalisierung des Konflikts während der zweiten Julihälfte und Anfang August konnte Bismarck gewiß nicht die Annahme zugrunde legen, daß bereits in der ersten Augusthälfte durch rasche deutsche Siege eine grundlegende Modifikation der politischen Szenerie bewerkstelligt werden würde. Er mußte vielmehr alle möglichen oder wahrscheinlichen Entwicklungen im Auge behalten, auch diejenigen, die dann *nicht* eingetreten sind. Seine Politik war darauf angelegt, auch bei einer *längeren* Dauer des vor einer militärischen Entscheidung bestehenden labilen Zustandes eine Ausweitung des Krieges zu verhindern.

Die Lokalisierung des Konflikts fiel Bismarck nicht in den Schoß als gleichsam reife Frucht der bei Kriegsbeginn bestehenden Mächtekonstellation, sondern sie war auch das Ergebnis der vielfältigen und konzentrierten Anstrengungen der Bismarckschen Diplomatie in den Wochen nach dem Kriegsausbruch. Gewiß ist es nicht ausschließlich Verdienst und Leistung von Bismarcks Politik, wenn der Konflikt begrenzt blieb, aber diese Politik hat doch wesentlich dazu beigetragen, daß in der ersten Kriegsphase dieses Ergebnis erreicht wurde. Durch die Gesamtheit seiner Aktivitäten unterstützte Bismarck den „natürlichen Trend" zur Lokalisierung des Krieges – wenn man von einem solchen Trend sprechen will –, er stärkte dadurch diesen Trend und konterkarierte die französischen Bemühungen um die Bildung einer Kriegskoalition, die damals nur andeutungsweise zu Bismarcks Kenntnis gelangt sind.

2. Das Scheitern der französischen Bemühungen um die Bildung einer Kriegskoalition

Der französische Diplomat Gustave Rothan beschreibt den Eindruck, den er gelegentlich einer Unterredung mit Außenminister Gramont am 23. Juli 1870 von dessen Einstellung und Lagebeurteilung gewann, mit den Sätzen: „Ich fand ihn hochfahrend in seinem Benehmen, hochmütig in seinen Urteilen. Er glaubte an die Wunderkraft der Mitrailleusen; sie schien ihm in diesem Moment das letzte Wort der diplomatischen Kunst. Er sah Preußen zermalmt, um Frieden flehend, und das erstaunte Europa um unsere Gunst werbend, so daß es ihm nicht der Mühe wert schien, sich intensiv um Allianzen zu bemühen. ‹Wir werden nach unseren Siegen›, sagte er mir, ‹mehr Verbündete haben als wir wollen›. Er wünschte, bei den Friedensverhandlungen freie Hand zu haben."[1] Selbst wenn in diesen Sätzen die Farben etwas stark aufgetragen sein sollten, wird darin doch prägnant Gramonts Grundstimmung charakterisiert, die ihren Niederschlag auch in seiner gesamten diplomatischen Korrespondenz während der ersten Kriegswochen gefunden hat: der französische Außenminister war fest davon überzeugt, Frankreich sei – politisch wie militärisch – vollständig Herr der Situation. Und diese Auffassung Gramonts wurde geteilt von den anderen maßgebenden französischen Politikern[2], von den Militärs, vom weitaus überwiegenden Teil der öffentlichen Meinung in Frankreich[3]. Nur vor dem Hintergrund eines schrankenlosen französischen Überlegenheitsgefühls – das im nachhinein geradezu hybrid anmutet, das aber auch schon damals von den Tieferblickenden als reichlich unrealistisch empfunden wurde – lassen sich Verlauf und Peripetien der Allianzverhandlungen in der zweiten Juli- und ersten Augusthälfte 1870 angemessen darstellen und bewerten. Der französische Außenminister war der Meinung, ein bloßer Wink werde genügen, um die potentiellen Verbündeten zum offenen Anschluß an Frankreich zu veranlassen, ja er wiegte sich darüber hinaus im Glauben, Frankreich brauche für die von ihm gesuchten Allianzen keinen Preis zu entrichten. In diesem Punkte waren allerdings – wie sich rasch zeigen sollte – die österreichischen und italienischen Staatsmänner anderer Ansicht, und auch die dänische Regierung zeigte sich keineswegs so willfährig, wie man in Paris angenommen hatte.

---

[1] G. ROTHAN, Souvenirs diplomatiques, Bd. 1, Paris 1884, 40. (Rothan, französischer Gesandter in Hamburg, war bei Kriegsbeginn nach Paris zurückgekehrt).
[2] ROTHAN (ebd. 49) berichtet über eine Unterredung mit Ollivier Ende Juli: dieser hatte unbedingtes Vertrauen auf den Erfolg unserer Armeen, „er glaubte blind den Versicherungen, die ihm Kriegsminister Le Bœuf gab, der seinerseits an die von Gramont versprochenen Allianzen glaubte". Allenfalls Kaiser Napoleon selbst neigte zu einer skeptischeren Einschätzung der Lage.
[3] Die Tatsache als solche darf als gesichert gelten; fundierte Untersuchungen über die öffentliche Meinung in Frankreich zwischen Kriegsbeginn und den ersten militärischen Niederlagen, auch über die in diesem Zeitraum artikulierten Kriegszielvorstellungen, stehen leider noch aus.

Die Tripelallianzverhandlungen der Jahre 1868/69 zwischen Frankreich, Österreich-Ungarn und Italien hatten im Herbst 1869 mit dem Austausch der Monarchenbriefe einen für Frankreich wenig befriedigenden Abschluß gefunden; ein bindender Vertrag zwischen den drei Mächten war nicht zustande gekommen, die Monarchenbriefe verpflichteten Österreich und Italien nur dazu, sich mit keiner dritten Macht ohne vorheriges Einverständnis Frankreichs in Unterhandlungen einzulassen[4]. Trotzdem betrachtete Napoleon die Tripelallianz als „moralisch unterzeichnet" und glaubte, bei einer Auseinandersetzung mit Preußen auf die Unterstützung Österreich-Ungarns und Italiens fest rechnen zu können. Nach Bekanntwerden der Hohenzollernkandidatur hielt es die französische Regierung deshalb nicht für nötig, das österreichische und italienische Kabinett über das von ihr geplante Vorgehen zu verständigen oder in einen Gedankenaustausch über die politische Situation und über die Haltung dieser Regierungen im Falle eines bewaffneten Konflikts einzutreten – erst *nachdem* das Tuilerienkabinett durch die Kammererklärung vom 6. Juli eine drohende Kriegsgefahr in Europa heraufbeschworen hatte[5], suchten sich Napoleon und Gramont der österreichischen und italienischen Unterstützung zu vergewissern.

Fast beiläufig stellte Napoleon dem österreichischen Botschafter am 6. Juli die Frage, ob er auf die Habsburgermonarchie zählen könne, wenn Preußen nicht nachgebe. Fürst Metternich antwortete auf diese Frage ausweichend[6], und Beust fand sie „etwas unverblümt". Er beeilte sich zwar zu versichern, Österreich-Ungarn werde dem in den Monarchenbriefen niedergelegten Versprechen treu bleiben, das jede Entente mit Preußen ausschließe, es werde auch seiner Politik der Freundschaft mit Frankreich treu bleiben; er fügte aber hinzu: „Wir bemühen uns, alles zu beseitigen, was den Frieden bedroht. Unsere Haltung wird sich danach richten, wie die Dinge sich entwickeln"[7]. Beust vermied es also vorläufig, sich eindeutig festzulegen[8], und er nahm mit Erstaunen und Irritation zur Kenntnis, was Metternich am 8. Juli aus Paris berichtete: Gramont habe im französischen Ministerrat erklärt, Österreich-Ungarn werde im Kriegsfall ein Observationskorps an die Grenze entsenden und so einen Teil der preußischen Kräfte paralysieren. „Nicht wahr", so Gramont zu Metternich, „das kann man doch mit einer an Sicherheit grenzenden Wahrscheinlichkeit sagen – aber ich hoffe, daß Sie sich nicht darauf beschrän-

---

[4] Siehe oben S. 2.
[5] KOLB, Kriegsausbruch 72 f., 100 ff.
[6] Tel. Metternich an Beust, Paris 6. 7. 1870, 19.10 Uhr – ONCKEN 3, 396; vgl. auch Bericht Metternich an Beust, Paris 8. 7. 1870 – ebd. 400.
[7] Tel. Beust an Metternich, Wien 7. 7. 1870, 18.00 Uhr – ebd. 398. Ausführlicher nahm Beust in seinem Privatbrief an Metternich vom 9. Juli zu der Anfrage Stellung und kritisierte das französische Vorgehen (ebd. 413 f.).
[8] Zu Beusts Taktieren in der Julikrise s. POTTHOFF 339 ff., 362; LUTZ, Österreich-Ungarn 196 ff.

ken"⁹. Zwei Tage später wollte Gramont von Metternich wissen, wieviel Mann Österreich-Ungarn im Kriegsfall aufzustellen vermöge und in welcher Zeit; der italienische König habe, wie Gramont dem österreichischen Botschafter versicherte, bereits seinen aktiven Beistand versprochen¹⁰.

Am 7. Juli hatte Gramont den französischen Gesandten in Florenz, Baron de Malaret, angewiesen, er solle sich vergewissern, „daß wir uns auf die Unterstützung der italienischen Regierung verlassen können, wenn uns das Festhalten Preußens an der Hohenzollernkandidatur zwingen sollte, den Krieg zu erklären"¹¹. Malaret entledigte sich dieses Auftrags und setzte mit seiner Demarche den italienischen Außenminister, der auf eine solche Anfrage keineswegs vorbereitet war, in nicht geringe Verlegenheit. Ähnlich wie Beust antwortete Visconti-Venosta ausweichend: er müsse sich darüber zuerst mit seinen Kollegen beraten und die Befehle des Königs einholen, er könne aber die Versicherung abgeben, daß Italien auf keinen Fall unter Frankreichs Feinden zu finden sein werde¹². Umgehend informierte Visconti-Venosta den österreichischen Gesandten in Florenz über die französische Demarche und regte einen Gedankenaustausch zwischen Florenz und Wien an; er wies dabei auch auf die Schwierigkeiten hin, die sich für die italienische Regierung aus der Fortdauer der Besetzung des Kirchenstaats durch französische Truppen ergäben, weil dadurch die öffentliche Meinung Italiens Frankreich entfremdet werde¹³.

Dieser Schritt Visconti-Venostas deutet bereits die Richtung an, die der italienische Außenminister dann in den folgenden kritischen Tagen und bei den weiteren Verhandlungen eingeschlagen hat. Im Bewußtsein der schwachen Position der italienischen Regierung gegenüber französischen Pressionen suchte er (neben einem Rückhalt an Großbritannien) Anlehnung bei Österreich-Ungarn; deshalb bemühte er sich, in der Allianzfrage nur gemeinsam mit dem Wiener Kabinett vorzugehen und Österreich-Ungarn für eine den italienischen Wünschen entsprechende Lösung der römischen Frage zu gewinnen. Gleichzeitig beobachtete er die

---

⁹ Bericht Metternich an Beust, Paris 8. 7. 1870 – ONCKEN 3, 405. Die Aufstellung eines österreichischen Observationskorps war in den Entwürfen zum Tripelallianzvertrag (s. oben S. 2) vorgesehen, davon war auch in den Besprechungen zwischen Erzherzog Albrecht und General Lebrun im Juni 1870 (s. oben S. 6f. mit Anm. 18) die Rede; beide Verabredungen besaßen jedoch keine Verbindlichkeit. Vgl. auch den Privatbrief Beusts an Metternich, Wien 11. 7. 1870 – ONCKEN 3, 421 ff.
¹⁰ Tel. Metternich an Beust, Paris 10. 7. 1870, 18.00 Uhr – ebd. 415.
¹¹ Tel. Gramont an Malaret, Paris 7. 7. 1870, 19.35 Uhr – OD 28, 85.
¹² Über die Unterredung Visconti-Venostas mit Malaret s. Tel. Visconti-Venosta an Nigra (Paris), Florenz 8. 7. 1870, 16.15 Uhr – DDI I/13, 17; Tel. Malaret an Gramont, Florenz 8. 7. 1870, 17.00 Uhr – OD 28, 117; Bericht Malaret an Gramont, Florenz 9. 7. 1870 – ebd. 172 ff. (nach Malarets Auffassung würde im Fall eines bewaffneten Konflikts zwischen Frankreich und Preußen Italien zunächst neutral bleiben und möglichst lange in der Neutralität zu verharren suchen; wolle Frankreich eine effektive Unterstützung von seiten Italiens, werde es sich zu Konzessionen in der römischen Frage entschließen müssen). Vgl. insgesamt HALPERIN, Diplomat 21 ff.
¹³ Tel. Kübeck an Beust, Florenz 8. 7. 1870, 19.45 Uhr – ONCKEN 3, 409.

österreichische Politik aber aufmerksam und mißtrauisch, weil er sich nicht sicher war, ob das Wiener Kabinett tatsächlich zu vorläufiger Neutralität entschlossen war oder ob es ein Kriegsbündnis mit Frankreich eingehen wollte.

Eine weitere Demarche in Florenz unternahm Gramont bis zum französischen Kriegsentschluß nicht. In dem Erlaß, mit dem er Malarets Bericht über die Unterredung mit Visconti-Venosta beantwortete, sprach er deutlich aus, daß Frankreich sich die italienische Allianz nicht „erkaufen" werde und schloß mit dem selbstbewußten Satz: wenn der preußische Hof die Thronkandidatur nicht zurückziehe, „werden wir an alle appellieren, die an der Aufrechterhaltung des allgemeinen Gleichgewichts interessiert sind, und wir haben das Vertrauen, daß die italienische Regierung nicht als letzte darauf antworten wird"[14].

Dagegen fanden in diesen Tagen in Paris bereits erste Gespräche über eine französisch-italienische Allianz statt: am 10. Juli hatte Napoleon III. eine Unterredung mit dem italienischen Militärattaché in Paris, Graf Vimercati, der in einem engen persönlichen Vertrauensverhältnis zu König Viktor Emanuel stand. Der italienische König neigte in den kritischen Julitagen wesentlich stärker als die meisten seiner Minister zu einer vorbehaltlosen Unterstützung der französischen Politik. Einerseits fühlte er sich Napoleon gegenüber zu Dank verpflichtet, andererseits erblickte er in der sich anbahnenden Krise eine günstige Gelegenheit, mit Frankreich eine Allianz zu schließen, zu deren Bedingungen der Abzug der französischen Truppen aus dem Kirchenstaat gehören sollte. Am 9. Juli telegrafierte er deshalb von seinem Jagdschloß, in dem er sich zu dieser Zeit aufhielt, an seinen Außenminister, er möge sich daran erinnern, daß Italien im Kriegsfall „promesses précédentes" habe, und auf die übrigen Minister schon jetzt entsprechend einwirken[15]. Wenige Stunden später wies er Visconti-Venosta an, dem österreichischen Gesandten den Wunsch auszusprechen, das Wiener Kabinett möge bei dieser Gelegenheit von Frankreich den Abzug der französischen Truppen aus Rom erwirken. „Ohne das ist weder eine Allianz noch eine Entente möglich"[16]. Und ebenfalls am 9. Juli beauftragte er Vimercati, der bereits bei den Geheimverhandlungen der Jahre 1868/69 beteiligt gewesen war und ein enges Zusammengehen Italiens mit Frankreich entschieden befürwortete, sich mit Napoleon in Verbindung zu setzen – übrigens ohne den Außenminister über die Weisungen zu informieren, die er Vimercati erteilte, so daß dessen Pourparlers in Paris als ein Akt königlicher Privatdiplomatie anzusehen sind[17]. Bei der Unterredung am 10. Juli legte Napoleon dem Unterhändler König Viktor Emanuels dar, wenn die Hohenzollernkandidatur nicht zurückgezogen werde, werde er Preußen den Krieg erklären, und er rechne in diesem Fall auf den Beistand Italiens und Österreich-Ungarns. Die fran-

---

[14] Erlaß Gramont an Malaret, Paris 12. 7. 1870 – OD 28, 268 f.
[15] Tel. König Viktor Emanuel an Visconti-Venosta, Valsavaranche 9. 7. 1870, 7.35 Uhr – DDI I/13, 26.
[16] Tel. König Viktor Emanuel an Visconti-Venosta, Valsavaranche 9. 7. 1870, 24.00 Uhr – ebd. 26.
[17] HALPERIN, Diplomat 76 f.

zösischen Truppen würden dann sofort aus dem Kirchenstaat zurückgerufen, die italienische Regierung müsse aber ein Observationskorps an der Grenze zum Kirchenstaat aufstellen, um einen Freischarenangriff auf Rom zu verhindern. Nach Napoleons Vorstellungen sollte das Bündnis mit Italien und das mit Österreich gleichzeitig abgeschlossen werden; es sei vorgesehen, daß eine italienische Armee von 100 000 Mann (durch österreichisches Territorium) nach München vorstoße. Und Napoleon fügte hinzu: bisher habe Italien nur auf ihn persönlich zählen können, wenn es nun aber Seite an Seite mit Frankreich kämpfe, werde es fortan der Freundschaft des französischen *Volkes* sicher sein. Es wurde schließlich verabredet, daß Vimercati – falls Frankreich sich zum Krieg entschließe – nach Wien und Florenz reisen würde, um die notwendigen Verabredungen zu treffen[18]. Viktor Emanuels Antwort ließ zwar wenig zu wünschen übrig – er versprach Napoleon, bei Kriegsausbruch sofort 60 000 Mann in Marsch zu setzen, um Bayern in Schach zu halten[19] –, aber es konnte kaum zweifelhaft sein, daß die Realisierung einer so weitreichenden Zusage von einer Reihe schwer kalkulierbarer Faktoren abhängig war: dem Votum der italienischen Minister, der Haltung von Parteien und öffentlicher Meinung in Italien, der Bereitschaft des Wiener Kabinetts, eine italienische Armee durch österreichisches Territorium marschieren zu lassen.

Bis zu diesem Punkte waren Napoleons Bündnissondierungen gediehen, als das französische Kabinett am 14./15. Juli seinen Kriegsentschluß faßte. Abgesehen von dem persönlichen Versprechen König Viktor Emanuels hatten diese Sondierungen keine Ergebnisse erbracht, welche die französische Regierung zu großen Hoffnungen auf einen schnellen Bündnisabschluß berechtigen konnten. Die Grundeinstellung der wichtigsten Beteiligten gegenüber einer ad hoc abzuschließenden Tripelallianz und die Hauptschwierigkeiten für den raschen Abschluß dieses Bündnisses aber waren bereits deutlich in Erscheinung getreten.

Schon die ersten Gespräche hatten deutlich werden lassen, daß die römische Frage in den Bündnisverhandlungen – wie bereits bei den gescheiterten Tripelallianzbemühungen von 1868/69[20] – wieder eine zentrale Rolle spielen würde; der schnelle Abschluß eines italienisch-französischen Bündnisses hatte zur Voraussetzung, daß eine für Italien befriedigende Regelung der römischen Frage zustande kam[21]. Das, was Napoleon III. im Juli 1870 anbot[22] – und was er mit Rücksicht auf die Gefühle der französischen Katholiken äußerstenfalls konzedieren zu können glaubte –, war die Rückkehr zur Septemberkonvention, d. h.: Abzug der fran-

---

[18] Tel. Vimercati an König Viktor Emanuel, Paris 10. 7. 1870, 16.00 Uhr – DDI I/13, 35 f.; Tel. Nigra an Visconti-Venosta, Paris 10. 7. 1870, 13.20 Uhr – ebd. 41.
[19] Tel. Metternich an Beust, Paris 11. 7. 1870, 18.55 Uhr – ONCKEN 3, 418; HALPERIN, Diplomat 92 f. Am 14. Juli sprach sich König Viktor Emanuel gegenüber Vimercati für den raschen Abschluß einer Tripelallianz aus (DDI I/13, 76).
[20] Vgl. oben S. 2.
[21] Zur römischen Frage siehe oben S. 3 f.
[22] Tel. Kaiser Napoleon an König Viktor Emanuel, St. Cloud 16. 7. 1870 – DDI I/13, 96; OD 29, 11; Tel. und Schreiben Viktor Emanuel an Napoleon, Florenz 21. 7. 1870 – DDI I/13, 137; Schreiben Napoleon an Viktor Emanuel, St. Cloud 21. 7. 1870 – ebd. 137 f.

zösischen Truppen aus dem Kirchenstaat, aber Aufrechterhaltung der weltlichen Herrschaft des Papstes. Die entscheidende Frage bei den Allianzverhandlungen im Juli und August 1870 lautete nun, ob man in Italien dieses recht bescheidene französische Zugeständnis noch als eine ausreichende Lösung der römischen Frage betrachtete, die den Preis eines militärischen Engagements auf seiten Frankreichs in einem französisch-deutschen Krieg wert war.

Napoleon scheint es geglaubt zu haben, wenn er in den Tagen der Krise einen Anschluß Italiens an Frankreich für mehr oder weniger selbstverständlich hielt, und König Viktor Emanuel hat zunächst tatsächlich seine Zusage einer italienischen Hilfsarmee an keine andere Bedingung geknüpft als die einer Rückkehr Frankreichs zur Septemberkonvention. Aber diese Beurteilung der Situation erwies sich sehr schnell als unrealistisch. Die öffentliche Meinung in Italien akzentuierte sich im Verlauf der Julikrise weitgehend zugunsten einer neutralen Haltung Italiens im bevorstehenden Konflikt zwischen Frankreich und Deutschland. Weite Kreise der Bevölkerung waren entschieden gegen ein Zusammengehen mit Frankreich überhaupt, zumindest aber gegen ein Bündnis ohne sehr viel weitergehende französische Konzessionen als die einer Durchführung der Septemberkonvention[23]. Auch die Mitglieder des italienischen Ministeriums standen unter dem Eindruck dieser Stimmung im Lande[24].

Zu der Kardinalfrage der Bündnisverhandlungen in der zweiten Julihälfte, ob und wie zwischen den italienischen Wünschen und den französischen Vorstellungen hinsichtlich der Zukunft des Kirchenstaates eine Brücke geschlagen werden konnte, trat das weitere Problem, ob Österreich-Ungarn angesichts der Haltung Rußlands sofort aus seiner Neutralität herauszutreten gewillt war. Denn selbst gesetzt den Fall, die italienische Regierung hätte sich zum sofortigen Kriegseintritt entschlossen: der Durchmarsch einer italienischen Armee durch österreichisches Territorium wäre nur möglich gewesen, wenn das Wiener Kabinett sich bereit fand, einer solchen Aktion zuzustimmen und damit die eigene Neutralität aufs schwerste zu kompromittieren. Andererseits hätte ein Heraustreten Österreich-Ungarns aus der Neutralität noch *vor* einem italienischen Entschluß zur Kriegsbeteiligung der italienischen Regierung kaum eine andere Wahl gelassen, als ebenfalls in den Krieg einzutreten, selbst wenn zu diesem Zeitpunkt in der römischen Frage noch keine den italienischen Wünschen entsprechende Regelung erfolgt war – es sei denn, innere Unruhen in Italien hätten eine derartige Beschlußfassung oder ihre Durchführung verhindert. Wie wir bereits gesehen haben[25], war Bismarck entschlossen, gegebenenfalls eine solche Aufstandsbewegung zu unterstützen.

[23] Zur öffentlichen Meinung und zur Haltung der Parteien s. HALPERIN, Diplomat 148 ff.; SUCHANEK 43 ff.
[24] Wie Visconti-Venosta am 15. Juli König Viktor Emanuel telegraphierte, waren die einflußreichen Kabinettsmitglieder Lanza (Ministerpräsident) und Sella (Finanzminister) entschlossen, ihre Stellungnahme in der Allianzfrage ganz davon abhängig zu machen, welche Bedingungen von Napoleon „hinsichtlich des italienischen Interesses" geboten würden (DDI I/13, 86). Vgl. auch unten S. 62 f.
[25] Siehe oben S. 42 f.

2. Französische Bemühungen um eine Kriegskoalition

Angesichts der komplizierten und risikoreichen Situation, in der sich das Königreich Italien bei Kriegsbeginn befand, war der italienische Außenminister der Auffassung, es hänge in erster Linie von Österreich-Ungarn ab, ob der Krieg lokalisiert werden könne oder nicht: bleibe die Habsburgermonarchie neutral, dann würden auch andere Mächte ihre Neutralität aufrechterhalten können; trete Österreich-Ungarn jedoch in den Krieg ein, dann werde mit größter Wahrscheinlichkeit auch Rußland seine Neutralität aufgeben, und danach könnten auch die anderen Mächte kaum in ihrer Neutralität verharren. Deshalb regte Visconti-Venosta bereits am 15. Juli an, England solle Österreich-Ungarn und den anderen nicht direkt am Konflikt beteiligten Mächten einen Neutralitätspakt vorschlagen[26]. Ferner legte Visconti-Venosta größten Wert darauf, ein möglichst genaues Bild von den Intentionen des Wiener Kabinetts zu erhalten. Da der italienische Gesandtenposten in Wien nicht besetzt war, beauftragte er (ebenfalls am 15. Juli) den italienischen Gesandten in Karlsruhe, den erfahrenen Diplomaten Isacco Artom, sich unverzüglich nach Wien zu begeben, um über die Haltung der österreichischen Regierung zu berichten[27]. In den Instruktionen, die er Artom erteilte, legte Visconti-Venosta seine Auffassung der Situation eingehend dar[28]: Wenn der Krieg auf ein Duell zwischen Frankreich und Deutschland beschränkt bleibe, könne Italien, das ein großes Ruhebedürfnis habe, seine Neutralität bewahren. Österreich besitze in dieser Hinsicht eine Schlüsselstellung. Napoleon versuche Österreich zu benutzen, um Italien in den Krieg hineinzuziehen, wie er sich andererseits der österreichischen Hilfe durch seine Manöver in Florenz versichern wolle. Daher sei es wichtig, die wirklichen Dispositionen des österreichischen Kabinetts kennenzulernen. Die österreichische Regierung sei darüber informiert, daß Napoleon bei Italien um eine Hilfsarmee von 100 000 Mann nachgesucht habe, während man in Florenz nicht wisse, ob Österreich bereits irgendwelche Verpflichtungen gegenüber Frankreich eingegangen sei[29]. Die italienische Regierung könne ihren Kurs nicht festlegen, wenn Wien und Florenz sich nicht gegenseitig über ihre Pläne auf dem laufenden hielten. Wenn Österreich glaube, binnen kurzem in den Konflikt hineingezogen zu werden, sei es wichtig, daß Italien über diese Intentionen rechtzeitig informiert sei. Sollte die römische Frage zur Sprache kommen, möge Artom darauf hinweisen, die bloße Rückkehr zur Septemberkonvention sei für Italien „una condizione affatto insufficiente".

---

[26] Siehe oben S. 24f. (mit Anm. 78).
[27] Tel. Visconti-Venosta an Artom, Florenz 15. 7. 1870, 15.00 Uhr – DDI I/13, 87. Über Artom s. HALPERIN, Diplomat 144. Artom kam erst am 18. Juli nachts in Wien an, weil Militärtransporte Verzögerungen im Eisenbahnverkehr verursachten.
[28] Erlaß Visconti-Venosta an Artom, Florenz 15. 7. 1870 – DDI I/13, 88 ff.; vgl. HALPERIN, Diplomat 173 ff.
[29] Kennzeichnend auch für die Atmosphäre des gegenseitigen Mißtrauens in den Julitagen ist es, daß Visconti-Venosta Artom auch auftrug festzustellen, ob irgendwelche Anzeichen dafür sprächen, daß Preußen Österreich irgendwelche Angebote gemacht habe, um Österreichs Neutralität oder gar ein Bündnis mit ihm zu erreichen, und welches diese Angebote seien (vielleicht spricht aus diesem Satz der Instruktion die Besorgnis, Preußen könne möglicherweise Ambitionen Österreichs gegen Italien unterstützen).

Beusts Politik während der Julikrise und bei Kriegsbeginn war gewiß nicht von Wohlwollen gegenüber Preußen getragen, aber sie entbehrte doch nicht der Vorsicht und einer realistischen Einschätzung der internationalen Situation sowie der österreichisch-ungarischen Staatsinteressen[30]. Beust war, wie bereits angemerkt wurde[31], irritiert und verärgert darüber, daß die französische Regierung Kurs auf den Krieg nahm, ohne diese Politik vorher mit dem Wiener Kabinett abgestimmt zu haben. In seinen Weisungen an den österreichischen Botschafter in Paris sparte Beust nicht mit Kritik am Vorgehen des Tuilerienkabinetts. Er war nicht bereit, der französischen Regierung ein bewaffnetes Eingreifen Österreich-Ungarns im Kriegsfall zuzusichern, sondern betonte, daß in diesem Fall die Habsburgermonarchie vollständige Aktionsfreiheit besitze. In einem langen Privatbrief an Metternich vom 11. Juli hob er hervor, gerade die Art, in der das Pariser Kabinett die Auseinandersetzung eröffnet habe, sei für ihn ein ernsthafter Grund, nicht aus einer gewissen Reserve herauszutreten. Es könne sein, daß die französische Regierung auf diese Haltung Wiens mit einer gewissen Verstimmung reagiere und man müsse deshalb auf der Hut sein, daß nicht eine „dieser plötzlichen Schwenkungen" erfolge, „an die uns Frankreich leider etwas zu sehr gewöhnt hat". Metternich solle deshalb den Wert der diplomatischen Unterstützung durch Österreich stark hervorheben, damit Napoleon sich nicht plötzlich auf Kosten Österreich-Ungarns mit „einer anderen Macht" verständige[32].

In reserviert-abwartender Haltung konnte das Wiener Kabinett nicht mehr verharren, als Frankreich am 15. Juli den Krieg eröffnet hatte und Gramont dem österreichischen Reichskanzler und Außenminister die französischen Wünsche bzw. Forderungen unterbreitete: 1) Bewilligung des Durchmarsches einer italienischen Armee von 70–80 000 Mann durch österreichisches Territorium nach Bayern; 2) Entsendung einer Armee von 150 000 Mann nach Böhmen; 3) Aufstellung von weiteren 200–300 000 Mann. Wenn Österreich-Ungarn diese Hilfe leiste,

---

[30] Dies gilt es angesichts der jahrzehntelang dominierenden Beust-Kritik mit Nachdruck herauszustellen. Die jüngere Forschung hat die früher gängige, dezidiert negative Beurteilung der Beustschen Außenpolitik in umfassender Weise revidiert, siehe vor allem LUTZ, Österreich-Ungarn, aber auch POTTHOFF, DIÓSZEGI und H. RUMPLER, Die deutsche Politik des Freiherrn von Beust 1848–1850, Wien/Köln/Graz 1972, hier vor allem die Einleitung 15–36.
[31] Vgl. oben S. 52.
[32] Privatbrief Beust an Metternich, Wien 11. 7. 1870 – ONCKEN 3, 421 ff., 426. Beusts Anspielung auf „eine andere Macht" kann sich sowohl auf Rußland, als auch auf Preußen beziehen. Diese Bemerkung ist in doppelter Hinsicht interessant: Zum einen zeigt sie, daß in Beusts Überlegungen während der Julitage auch die Sorge vor einer Gefährdung der österreichischen Position durch einen plötzlichen Frontwechsel Frankreichs eine Rolle spielte; zum anderen macht sie deutlich, daß Bismarck nicht allein stand, wenn er Napoleon einer „plötzlichen Schwenkung" für fähig hielt, vgl. oben S. 36f.

2. Französische Bemühungen um eine Kriegskoalition

„c'est à Berlin que la paix se signe et que vous effacez d'un trait glorieux tous les souvenirs et toutes conséquences de 1866"[33].

Am 18. Juli trat in Wien unter Vorsitz Kaiser Franz Josephs der „gemeinsame Ministerrat" zusammen[34], um über die Haltung der Doppelmonarchie im ausgebrochenen Konflikt zu beraten und zu beschließen[35]. Aus ganz unterschiedlichen Motiven und Erwägungen heraus vertraten die Sitzungsteilnehmer in der Grundfrage einhellig die Auffassung, daß ein sofortiger Kriegseintritt Österreich-Ungarns nicht in Frage kommen könne; schon allein das schwerfällige Mobilmachungssystem der Monarchie machte eine schnelle militärische Aktion von vornherein unmöglich. In den Teilfragen jedoch bestanden zwischen den Ministern erhebliche Gegensätze. Der ungarische Ministerpräsident Andrássy plädierte für eine „zuwartende Neutralität" mit „partiellen Truppenaufstellungen", die Preußen gegenüber durch eine vertrauliche Erklärung abgedeckt werden sollten. Kriegsminister Kuhn hingegen wünschte „allsogleiche Rüstung in großartigem Maßstabe"[36]. Der zisleithanische Ministerpräsident und der Finanzminister votierten – unter Verweis auf die Sympathien der Deutschösterreicher für Deutschland und die angespannte finanzielle Lage – für Passivität mit fortgesetzter diplomatischer Tätigkeit, die erst später mit Rüstungen verbunden werden sollte. Beust betonte zwar, er wünsche den Sieg Frankreichs, fügte aber hinzu, es sei unmöglich, „ab initio mit Frankreich zu gehen", praktisch sei es nur möglich, alles zu vermeiden, was wie eine Unterstützung des Feindes Frankreichs aussehe. In der Annahme, der Krieg werde sich

---

[33] Schreiben Gramont an Beust, Paris 17. 7. 1870 – ONCKEN 3, 452 f.; OD 29, 43 ff. Bereits am 15. Juli hatte Kaiser Napoleon dem von Beust in Sondermission nach Paris entsandten Graf Vitzthum den Wunsch ausgesprochen, Österreich-Ungarn solle unverzüglich ein Observationskorps an der böhmischen Grenze aufstellen (ONCKEN 3, 441), vgl. unten S. 61.

[34] An der Sitzung nahmen außer dem Kaiser teil: Reichskanzler und Außenminister Beust, der zisleithanische (österreichische) Ministerpräsident Potocki, der transleithanische (ungarische) Ministerpräsident Andrássy, Kriegsminister Kuhn, Finanzminister Lónyay, Erzherzog Albrecht als Generalinspekteur der Armee.

[35] Protokoll des gemeinsamen Ministerrates vom 18. Juli 1870 – HHStA PA XL 285, Bl. 384 ff.; vollständig abgedruckt bei DIÓSZEGI 286 ff. Ältere Darstellungen über Verlauf und Ergebnis des Ministerrats vom 18. 7. 1870 sind überholt durch die – in den Kernpunkten übereinstimmenden – Analysen von POTTHOFF 352 ff.; DIÓSZEGI 40 ff.; LUTZ, Österreich-Ungarn 210 ff. (mit partieller Kritik an Diószegi); unergiebig hingegen J. DECSY, Prime Minister Gyula Andrássy's Influence on Habsburg Foreign Policy during the Franco-German War of 1870–1871, New York 1979, 89 ff. Gegenüber den stark dramatisierenden Interpretationen in der älteren Forschung ist mit LUTZ, Österreich-Ungarn 210 zu konstatieren, daß die Beratungen „nichts Überraschendes" hatten, wenn man die gegebene Kräftekonstellation in Österreich-Ungarn und die von Beust seit dem 5. Juli eingeschlagene Politik der Warnung Frankreichs und der Kriegsverhinderung in Betracht zieht. Vgl. auch DIÓSZEGI 46. Angesichts der ausführlichen und subtilen Analysen von POTTHOFF, DIÓSZEGI und LUTZ genügt hier eine knappe Darlegung über den Ministerrat vom 18. 7. 1870.

[36] Kuhn sprach sich in seiner Denkschrift vom 14. 7. 1870 leidenschaftlich für die Teilnahme Österreich-Ungarns am Krieg aus und entwarf mit glühenden Farben ein „Weltkriegsprogramm" zur Niederwerfung Preußens (Text der Denkschrift: E. v. GLAISE-HORSTENAU, Franz Josephs Weggefährte. Das Leben des Generalstabschefs Grafen Beck, Zürich/Wien/Leipzig 1930, 457–460).

in die Länge ziehen, empfahl Beust vorläufige Neutralität unter Abgabe einer offiziellen Neutralitätserklärung sowie sofortige Einleitung von Rüstungsmaßnahmen, motiviert durch das Gebot der eigenen Sicherheit, damit Österreich-Ungarn im entscheidenden Augenblick ein beträchtliches Gewicht in die Waagschale werfen könne, sei es in Form einer Teilnahme am Krieg, sei es in Form einer bewaffneten Vermittlung. Außerdem schlug Beust vor, ein Einvernehmen mit Italien in frankreichfreundlichem Sinne herzustellen.

Das Ergebnis der Beratungen, vom Kaiser als „Beschluß" verkündet, stellte formal einen Kompromiß zwischen den divergierenden Ansichten dar, bedeutete in der Sache aber einen Erfolg Beusts: es solle „vorläufig Neutralität beobachtet, zugleich aber mit der bei der Sachlage nötigen Armierung, und zwar zunächst mit den zeitraubenden Vorbereitungen, nämlich Befestigungsarbeiten und Pferdeeinkäufen, begonnen werden"; des weiteren solle den Mächten mit der Neutralitätserklärung eine die Rüstungen motivierende Aufklärung zugehen. Die Rücksicht auf die entschiedene Haltung der russischen Regierung, die für den Fall einer Teilnahme Österreich-Ungarns am Krieg mit einer russischen Intervention drohte[37], spielte wohl eine erhebliche Rolle bei dem Entschluß, eine offizielle Neutralitätserklärung abzugeben[38] und auf ostensible Rüstungen in großem Umfang zunächst zu verzichten[39].

In der Konsequenz des Ministerratsbeschlusses vom 18. Juli ging es für die österreichisch-ungarische Politik in den ersten Kriegswochen vor allem darum, „mit verschiedenartigen Vermittlungs- und Allianzprojekten unter Beiziehung Italiens" sich den Eintritt in eine politisch-militärische Koalition mit Frankreich – an dessen Sieg nicht gezweifelt wurde – offenzuhalten, „ohne in Preußen und Rußland einstweilen ein allzu großes Mißtrauen hervorzurufen"[40]. Wenn die Regierungen Österreich-Ungarns und Italiens in engem Einvernehmen operierten, war ein hinhaltendes Taktieren bei den Verhandlungen mit Frankreich leichter möglich als in je bilateralen Kontakten. Außerdem befand sich dann jedes der beiden Kabinette in einer stärkeren Position gegenüber der französischen Regierung und deren massivem Drängen nach einem raschen Bündnisabschluß. Sowohl die Taktik Visconti-Venostas wie diejenige Beusts war ganz auf Zeitgewinn angelegt.

Dieser Aufriß der auf österreichischer und italienischer Seite vorhandenen Dispositionen dürfte zur Genüge verdeutlichen, daß dem schnellen Abschluß einer Allianz zwischen Frankreich, Österreich-Ungarn und Italien – *bevor* eine militärische Entscheidung gefallen war – beträchtliche Hindernisse entgegenstanden. Um sie zu überwinden und bereits in der labilen Anfangsphase des Krieges eine Koalition zustande zu bringen, hätte es auf französischer Seite eines Höchstmaßes an Entschlossenheit und Zielklarheit, aber auch an Überlegtheit und Konzessions-

---

[37] Vgl. oben S. 18 ff.
[38] Mit einem Zirkular vom 20. 7. 1870 wurde die Neutralität im Sinne des vom Ministerrat gefaßten Beschlusses offiziell verkündet; gedruckt u. a. OD 29, 140 ff.
[39] So u. a. auch DIÓSZEGI 51 f., POTTHOFF 365 f.; vgl. ferner LUTZ, Österreich-Ungarn 227 mit Anm. 17.
[40] LUTZ, Österreich-Ungarn 198.

2. Französische Bemühungen um eine Kriegskoalition 61

bereitschaft bedurft. Doch die Männer, die im Juli 1870 die Geschicke Frankreichs lenkten, entbehrten dieser Eigenschaften und vermochten zudem die tatsächlichen Kräfteverhältnisse nicht realistisch einzuschätzen. Beherrrscht vom irrationalen Glauben an eine absolute Überlegenheit der französischen Kräfte über diejenigen Preußen-Deutschlands, sahen sie Frankreichs Position auch dann nicht bedroht, wenn die potentiellen Verbündeten nicht zu den französischerseits gewünschten Bedingungen eine Allianz abzuschließen bereit waren. Napoleon und Gramont drängten Italien und Österreich-Ungarn, Frankreich militärischen Beistand zu leisten, sie warben – auch mit gelegentlichen Untertönen der Drohung – um ein Bündnis, aber doch ohne letzten Nachdruck, ohne letzte Entschlossenheit, ein solches Bündnis auch um den Preis von Konzessionen (insbesondere in der römischen Frage) zustande zu bringen.

Diese Grundeinstellung Napoleons, vor allem aber Gramonts und Olliviers, trat in den Verhandlungen während der zweiten Julihälfte und der ersten Augusttage deutlich zutage. Der Verlauf dieser Verhandlungen läßt sich heute aufgrund der französischen, österreichischen und italienischen Akten genau rekonstruieren. Im Rahmen unserer Untersuchung mag es genügen, wenn die wesentlichen Verhandlungsetappen skizziert und die entscheidenden Umschlagpunkte markiert werden.

Schon wenige Stunden, nachdem im französischen Kabinett der Krieg beschlossen worden war und Senat und Abgeordnetenkammer die Kriegskredite bewilligt hatten, setzte eine „intensive Reisediplomatie"[41] ein. Der österreichische Diplomat Graf Vitzthum, von Beust am 11. Juli in Sondermission nach Paris entsandt[42], begab sich am Abend des 15. Juli von Paris nach Wien: Napoleon hatte ihm zuvor den Wunsch nach Aufstellung eines österreichischen Observationskorps in Böhmen ausgesprochen und ihn mit den Verhandlungen über einen Vertrag zwischen Österreich-Ungarn und Frankreich betraut[43]. Der italienische Unterhändler, Graf Vimercati, reiste einen Tag später von Paris nach Florenz ab, um ebenfalls ein französisches Allianzersuchen und den Wunsch nach sofortiger Entsendung einer Armee von 80 000 oder 100 000 Mann zu überbringen[44].

---

[41] Ebd. 232.
[42] Graf Vitzthum, österreichischer Gesandter in Brüssel, war ein enger Vertrauter Beusts und hatte bereits an den geheimen Tripelallianzverhandlungen der Jahre 1868/69 teilgenommen, was ihn für die Sondermission prädestinierte.
[43] Vgl. Anm. 33. Gramont teilte am 17. 7. 1870 dem französischen Geschäftsträger in Wien mit: Vitzthum „est chargé de la négociation d'un traité entre l'Autriche et la France" (OD 29, 46).
[44] Erlaß Gramont an Malaret, Paris 18. 7. 1870 – OD 29, 75 f.; hier ist von 80 000 Mann die Rede. Im Erlaß Visconti-Venostas an Nigra vom 4. 8. 1870 (DDI I/13, 254) wird die von Frankreich gewünschte italienische Hilfsarmee mit 100 000 beziffert. Der Vollständigkeit halber sei vermerkt, daß Vimercati und Vitzthum außer dem direkten französischen Allianz- und Beistandsersuchen ihrer Regierung auch noch einen Vorschlag übermittelten, der euphemistisch als „Basis einer Mediation" bezeichnet wurde, der aber in Wirklichkeit Österreich-Ungarn und Italien lediglich einen „günstigen Vorwand" liefern sollte, „die Waffen zu ergreifen" (DDI I/13, 85). In Wien und Florenz wurde dieses „Vermittlungs"-Projekt nach dem 19. Juli nicht weiter verfolgt.

Im italienischen Kabinett wurde in diesen Tagen hart um den einzuschlagenden Kurs gerungen[45]. König Viktor Emanuel plädierte für den sofortigen Abschluß eines Bündnisses mit Frankreich bzw. einer Tripelallianz sowie für eine militärische Aktion Italiens an der Seite Frankreichs, er stieß mit diesen Forderungen aber im Ministerrat auf starken Widerstand. Ministerpräsident Lanza und vor allem Finanzminister Sella waren gegen jedes Heraustreten Italiens aus der Neutralität. Zwar erklärten sie sich schließlich mit der Einberufung von zwei Jahresklassen von Reservisten einverstanden[46], machten aber deutlich, daß dieser Kabinettsbeschluß vom 17. Juli nicht als erster Schritt auf dem Weg zum Eintritt in den Krieg angesehen werden dürfe, als den ihn der König verstanden wissen wollte. Die Mehrheit der Minister war außerdem der Ansicht, die Rückkehr Frankreichs zur Septemberkonvention, d. h. der Abzug der französischen Truppen aus dem Kirchenstaat, und der von Frankreich gewünschte Allianzvertrag müßten als zwei ganz verschiedene Dinge behandelt werden; der Abzug der französischen Truppen aus Rom könne keineswegs den Preis für ein italienisch-französisches Bündnis darstellen. Die Auseinandersetzungen im Ministerrat endeten damit, daß das Kabinett sich im Prinzip mit dem Abschluß einer Tripelallianz auf der Basis der im Vorjahr diskutierten Bedingungen einverstanden erklärte, die opponierenden Minister, angeführt von Finanzminister Sella, setzten aber durch, daß bei den Unterhandlungen in Wien zwei Spezialforderungen gestellt werden sollten: der Allianzvertrag müsse zuerst von Frankreich und Österreich unterzeichnet werden, dann erst werde Italien seinen Beitritt erklären (das bedeutete nichts anderes, als daß sich Österreich zuerst eindeutig festlegen mußte, ehe Italien dies tat); ferner müsse Österreich in Paris zugunsten einer den italienischen Wünschen entsprechenden Regelung der römischen Frage tätig werden, da eine bloße Rückkehr zur Septemberkonvention nicht mehr als eine ausreichende Lösung anzusehen sei. Welcher Art die gewünschte Regelung sein sollte, wurde nicht expressis verbis ausgesprochen, man ließ aber durchblicken, daß daran gedacht sei, im Kirchenstaat einige strategische Punkte durch italienische Truppen zu besetzen, da nur auf diese Weise der Papst wirkungsvoll gegen Freischarunternehmungen geschützt werden könne[47].

Mit diesem Verhandlungsauftrag reiste Graf Vimercati am 21. Juli von Florenz nach Wien, wo er am 24. Juli eintraf und sofort mit Beust eine lange Unterredung

---

[45] Zu den Auseinandersetzungen innerhalb der italienischen Regierung s. HALPERIN, Diplomat 166 ff., 182 f.; vgl. die Telegramme Malarets vom 21. und 22. 7. 1870 und seinen Bericht vom 23. 7. 1870 – OD 29, 111 f., 162 f., 180 ff. Nach Visconti-Venostas Äußerung zu Malaret mußte eine Lösung der römischen Frage „wenn nicht die Bedingung, so zumindest eine Konsequenz des abzuschließenden Vertrags sein" (ebd. 181). Dem italienischen Gesandten in Paris teilte Visconti-Venosta am 24. Juli mit, ohne Fortschritt in der römischen Frage werde sich in Italien kein Kabinett finden, welches das Allianzprogramm akzeptieren werde (DDI I/13, 176).

[46] HALPERIN, Diplomat 168. Durch die Einberufung von zwei Jahresklassen wurde die italienische Armee um ca. 70 000 Mann verstärkt.

[47] Tel. Vimercati an König Viktor Emanuel, Wien 25. 7. 1870 – DDI I/13, 179; Erlaß Beust an Metternich, Wien 27. 7. 1870 – ONCKEN 3, 485 f.; Bericht Malaret an Gramont, Florenz 23. 7. 1870 – OD 29, 182 f.; Tel. Malaret an Gramont, Florenz 25. 7. 1870 – ebd. 220 f.

2. Französische Bemühungen um eine Kriegskoalition 63

hatte. Dabei stellte sich schnell heraus, daß Italien hinsichtlich der zweiten Spezialforderung – nämlich der römischen Frage – auf österreichische Unterstützung rechnen konnte[48], daß Österreich jedoch auf die erste Forderung nicht eingehen würde.

Beust hatte einen Tag zuvor, am 23. Juli, in seiner ersten Unterredung mit dem neuernannten französischen Botschafter Fürst La Tour d'Auvergne nicht nur das französische Ersuchen um Aufstellung eines österreichischen Observationskorps in Böhmen abschlägig beschieden, sondern auch den sofortigen Abschluß eines geheimen Vertrags zwischen Frankreich und der Habsburgermonarchie rundweg abgelehnt, obwohl Fürst La Tour entsprechend der ihm erteilten Weisung entschieden auf einem solchen Vertragsabschluß insistierte. Ein derartiger Vertrag wäre verfrüht, meinte Beust, zunächst müsse ein engeres Einvernehmen zwischen Österreich-Ungarn und Italien hergestellt werden, und dieses könne man dann zu einem Abkommen zwischen den drei Höfen ausbauen[49]. Jetzt, am 24. Juli, verfolgte Beust in seiner Unterredung mit Vimercati diesen Gedanken weiter[50]: von einem Geheimvertrag zwischen Österreich-Ungarn und Frankreich, dem Italien sich dann anschließen würde, könne keine Rede sein; es sei auch unmöglich, zu einem Tripelallianzvertrag zu gelangen ohne vorherigen „traité à deux" zwischen Österreich-Ungarn und Italien. Beust schlug Vimercati den Abschluß einer Offensiv- und Defensivallianz zwischen der Habsburgermonarchie und Italien für die Dauer des Krieges vor und unterbreitete dem italienischen Unterhändler auch gleich einen entsprechenden Vertragsentwurf[51]. Darin war vorgesehen, daß beide Staaten zunächst ihre (für Frankreich wohlwollende) Neutralität erklären und ihre Armeen so rasch wie möglich kriegsbereit machen sollten; sobald das geschehen sei, würden sie sich über eine gemeinsame Aktion verständigen, eine „médiation combinée" oder den Eintritt in den Krieg. Kaiser Franz Joseph werde sich bei Napoleon nicht nur dafür verwenden, daß der Kirchenstaat von französischen Truppen geräumt werde, sondern auch dafür, daß sich die Evakuierung unter Bedingungen vollziehe, die den „Wünschen und Interessen Italiens" entsprächen, und in einer Weise, daß der „innere Friede des Königreichs Italien gesichert" werde.

Ein Vertrag wie der von Beust vorgeschlagene bot der Habsburgermonarchie erhebliche Vorteile. Ein solcher Vertrag hätte Beust zu dem verholfen, worum es ihm im Augenblick am meisten zu tun war: Zeitgewinn, ohne daß Österreich sich

---

[48] Bereits am 20. Juli schrieb Beust an Metternich, beim Abzug der französischen Truppen aus Rom müßten die Italiener mit Zustimmung Frankreichs und Österreichs in den Kirchenstaat einrücken, da nur so ein wirkungsvoller Schutz des Papstes möglich sei (ONCKEN 3, 466); vgl. dazu unten S. 65f.
[49] Tel. La Tour an Gramont, Wien 23. 7. 1870 – OD 29, 191 f.; Bericht La Tour an Gramont, Wien 24. 7. 1870 – ebd. 201 ff.; Tel. La Tour an Gramont, Wien 25. 7. 1870 – ebd. 225; Erlaß Beust an Metternich, Wien 27. 7. 1870 – ONCKEN 3, 483.
[50] Zu den Verhandlungen Beusts mit Vimercati s. Erlaß Beust an Metternich, Wien 27. 7. 1870 – ONCKEN 3, 483 ff. und die Berichterstattung Vimercatis (DDI I/13, 176, 179 f., 190 f., 199 ff.).
[51] Vertragsprojekt – ONCKEN 3, 488 f.; DDI I/13, 210 f.

gegenüber Preußen-Deutschland und Rußland unwiderruflich kompromittierte und ohne daß es das enge Einvernehmen mit Frankreich gefährdete. Durch die Allianz mit Italien würde Österreich außerdem – schon sofort und dann vor allem im entscheidenden Moment – eine stärkere Stellung gegenüber Frankreich besitzen, als wenn es allein stünde. Da der Zeitpunkt für ein Heraustreten aus der Neutralität in gegenseitigem Einvernehmen festgelegt werden mußte, konnte Österreich-Ungarn nicht wider Willen in die Auseinandersetzung verwickelt werden, und sobald die österreichische Regierung dann den richtigen Zeitpunkt für gekommen erachtete, war sie in der Lage, das entscheidende Wort darüber zu sprechen, welcher Art die „action commune" sein sollte – Kriegseintritt oder Vermittlung[52]. Alle Quellenzeugnisse sprechen dafür, daß Beust mit dieser Zielperspektive eine österreichisch-italienische Allianz nach Kriegsbeginn tatsächlich ernsthaft angestrebt hat, daß er also die Bündnisverhandlungen nicht führte, um Frankreich und Italien lediglich für einige Zeit zu „amüsieren". *Deshalb* bemühte er sich um eine Regelung der römischen Frage, weil nach seiner Auffassung Italiens Interventionswilligkeit von einer den italienischen Wünschen entsprechenden Lösung der römischen Frage abhing. *Deshalb* konzentrierte er in diesen Tagen seine diplomatische Aktivität ausschließlich auf das Dreieck Wien – Paris – Florenz und ließ den österreichischen Gesandten in Petersburg und London nicht einmal notdürftige Informationen, geschweige denn präzise Instruktionen über Haltung und Kurs der österreichischen Regierung zukommen[53].

Vimercati telegrafierte den ihm von Beust unterbreiteten Vorschlag gleich am 24. Juli nach Florenz und hob besonders hervor, Kaiser Franz Joseph verpflichte sich zu guten Diensten bei Kaiser Napoleon zugunsten einer Regelung der römischen Frage[54]. In einem weiteren Telegramm legte Vimercati dar: da der Vertrag zwischen Österreich und Italien nur ein Mittel sei, um zur Tripelallianz zu gelangen, müsse ihn Frankreich im voraus kennen und billigen; deshalb sei das Vertragsprojekt Fürst La Tour vorgelegt worden und dieser habe dem Entwurf zugestimmt – das Zustandekommen des Vertrags hänge jetzt nur noch von der Zustimmung der italienischen Regierung ab, der er dringend die Annahme des Ver-

---

[52] Zu einem ganz ähnlichen Urteil gelangt auch LUTZ, Österreich-Ungarn 231: „Gegenüber der unberechenbaren und plumpen Politik Gramonts versuchte der Reichskanzler, auf dem Wege eines geheimen Bündnisses mit Italien den Übergang von der unbewaffneten zur bewaffneten Neutralität und schließlich zur bewaffneten Vermittlung beider Staaten zugunsten Frankreichs. Dieser Weg sollte mit Billigung Napoleons beschritten werden; er sollte Österreichs Rechtfertigung gegenüber den fortgesetzten direkten Hilfsersuchen Frankreichs bedeuten und zugleich Wien eine selbständige politische Kontrolle der künftigen europäischen Vermittlungs- und Friedensverhandlungen sichern."
[53] Mehrfache Klagen Choteks über Mangel an Instruktionen und Informationen (25. 7., 30. 7., 1. 8. 1870): HHStA PA X 62, Bl. 66 f., 77 f., 124; ebensolche Klage Apponyis: ebd. PA VIII 75, Bl. 131 f. (Apponyi hatte am 3. 8. noch keinerlei Instruktion erhalten, nicht einmal das Zirkular vom 20. Juli; die letzte Mitteilung, die er bis dahin empfangen hatte, war eine Kopie von Beusts Erlaß an Metternich vom 11. 7. 1870).
[54] Tel. Vimercati an König Viktor Emanuel, Wien 24. 7. 1870, 23.35 Uhr – DDI I/13, 176; Vimercati teilte am 24. Juli nur die Grundzüge des geplanten Vertrags mit, den genauen Vertragsinhalt telegraphierte er erst am 26. Juli nach Florenz (ebd. 190 f.).

tragsprojektes empfehle⁵⁵. Aber diese Prognose sollte sich sehr schnell als zu optimistisch erweisen. Beusts Plan, auf der Basis einer Regelung der römischen Frage zunächst zu einer österreichisch-italienischen Kooperation zu gelangen und dann den Übergang ins französische Lager zu vollziehen, scheiterte an der kategorischen Erklärung des französischen Kabinetts, in der römischen Frage nicht mehr konzedieren zu wollen als die – von Italien als ungenügend erachtete – Rückkehr zur Septemberkonvention. Beust hatte, noch bevor Vimercati in Wien eintraf, in Paris die römische Frage bereits zur Sprache gebracht. In einem Privatbrief an Metternich vom 20. Juli (in dem er näher begründete, weshalb Österreich zunächst nicht aus seiner Neutralität heraustreten könne) erklärte er, die Septemberkonvention stimme nicht mehr mit der Situation überein. „Wir können den Hl. Vater nicht dem wenig effektiven Schutz überlassen, den seine eigenen Truppen ausüben können. An dem Tag, an dem die Franzosen den Kirchenstaat verlassen, müssen die Italiener dort einrücken können – rechtmäßig und mit Zustimmung Österreichs und Frankreichs. Niemals werden die Italiener mit ganzem Herzen auf unserer Seite stehen, wenn wir sie nicht von ihrem römischen Stachel befreien. Und – offen gesagt – ist es nicht besser, den Hl. Vater unter dem Schutz der italienischen Armee zu wissen, als ihn den Unternehmungen der Garibaldianer ausgesetzt zu sehen?" Wenn Frankreich es dem Wiener Kabinett überlasse, die römische Frage zu lösen, erleichtere es dessen Bemühungen in Florenz und beeinflusse zugleich die liberalen Kräfte Europas zugunsten Frankreichs⁵⁶. Am 24. Juli überließ Metternich dem französischen Außenminister eine Kopie dieses Schreibens⁵⁷, und dieses Schriftstück löste sofort erregte Äußerungen der französischen Minister aus. Ollivier warnte Napoleon vor Beusts diabolischen Vorschlägen, für die er im französischen Ministerrat und im Lande selbst keine Mehrheit finden werde; wenn er diese Vorschläge annähme, würde zur äußeren Krise sofort eine innere hinzutreten, ein Teil der Nation werde „zu Eis erstarren, während er jetzt Feuer und Flamme" sei⁵⁸. Noch empörter und zügelloser reagierte Gramont. Im Gespräch mit Metternich „tobte" er gegen Beust⁵⁹, und dem französischen Botschafter in Wien telegrafierte er, Beusts Vorschlag stelle ein „mauvais procédé" dar. „Wenn Graf Beust glaubt, wir würden unter dem Druck der Umstände nachgeben, dann kennt er weder unseren Charakter, noch unsere Position, die keineswegs derart ist, uns eine solche Notwendigkeit aufzuerlegen." Der Botschafter solle Kaiser Franz Joseph zur Kenntnis bringen „le sentiment de révolte et de répulsion que nous inspire la conduite du Comte de Beust en cette circonstance"⁶⁰. Nachdem

---

⁵⁵ Tel. Vimercati an König Viktor Emanuel, Wien 25. 7. 1870, 14.10 Uhr – ebd. 179 f. Am 26. Juli gab König Viktor Emanuel eine vorläufige Zustimmung zu einem „traité à deux" (ebd. 190).
⁵⁶ Privatbrief Beust an Metternich, Wien 20. 7. 1870 – ONCKEN 3, 464 ff., hier: 466 f.
⁵⁷ Vgl. OD 29, 204 Anm. 2, 207 Anm. 2.
⁵⁸ Schreiben Ollivier an Kaiser Napoleon, Paris 25. (24.?) 7. 1870 – OD 29, 204; nach Olliviers Angabe (ebd. 205 Anm. 1) teilte Napoleon vollständig die Auffassung Olliviers.
⁵⁹ Privatbrief Metternich an Beust, Paris 27. 7. 1870 – ONCKEN 3, 480 f.
⁶⁰ Tel. Gramont an La Tour, Paris 26. 7. 1870, 17.45 Uhr – OD 29, 228 f.

der französische Ministerrat am 27. Juli – einmütig – beschlossen hatte, lieber auf ein Bündnis mit Italien und Österreich-Ungarn zu verzichten als einen „Verrat" am Papst zu begehen[61], erteilte Gramont den französischen Geschäftsträgern in Florenz und Wien sogleich entsprechende Weisungen[62].

In einem Erlaß an Fürst La Tour d'Auvergne, in dem er seiner galligen Laune über Beusts „machiavellistische Perfidie" freien Lauf ließ, ging Gramont sogar so weit, einen völligen Kurswechsel der französischen Politik anzudrohen für den Fall, daß Österreich-Ungarn und Italien sich in der Allianzfrage gegenüber den französischen Wünschen nicht willfährig erzeigen sollten: wir müssen bald wissen, schrieb er, woran wir mit unseren Allianzen sind, wir müssen wissen, auf wen wir zählen können. „Denn wenn die österreichisch-italienische Allianz sich zu sehr bitten läßt oder einen zu hohen Preis fordert, würden wir uns kurzentschlossen (brusquement) in eine andere Richtung wenden, in die man uns auch ruft. Ich würde es mit Bedauern tun, mit Bedauern im Hinblick auf uns selbst und auf Europa; aber ich würde es tun, wenn ich feststellen müßte, daß man uns täuscht und hinhält"[63]. Mehr als ein Bluff war diese Drohung wohl kaum, denn für eine Bereitschaft Rußlands, mit Frankreich gegen Deutschland bzw. gegen Österreich-Ungarn zusammenzugehen (auf die Gramont offensichtlich anspielt), liegt aus diesem Zeitraum nicht das geringste Indiz vor. Großzügigkeit im Umgang mit der Wahrheit ist für Gramonts politischen Stil ebenso bezeichnend wie emotionsbedingte Sprunghaftigkeit in der Beurteilung der internationalen Beziehungen und ein leichtfertiger Optimismus, mit dem er die von Frankreich erstrebten Allianzen sich – quasi mühelos – bilden sah. Noch wenige Tage zuvor hatte Gramont an La Tour geschrieben, Rußland werde schließlich auf seiten Preußens in den Krieg eintreten, und „wir sehen das ohne Furcht, fast möchte ich sagen: ohne Bedauern", denn dann würde Österreich-Ungarn einen sehr viel aktiveren und direkteren Anteil am Kriege nehmen, Italien würde sich dadurch nicht vom Kriegseintritt abhalten lassen, die Türkei und England würden auf Frankreichs Seite treten[64].

Aufgrund der brüsken französischen Reaktion endete Beusts Versuch, durch eine den italienischen Wünschen entgegenkommende Regelung der römischen Frage Italien für ein Bündnis zu gewinnen und so eine österreichisch-italienische Intervention zugunsten Frankreichs vorzubereiten, mit einem völligen Fehlschlag und führte zu einer tiefgehenden Verstimmung zwischen den drei Partnern der Tripelallianzverhandlungen. In Paris war man aufgebracht über Beusts Absichten und über sein Vorgehen. Beust wiederum war verärgert über die – seiner Meinung nach

---

[61] So Gramont am 27. Juli zu Metternich, s. Anm. 59.
[62] Erlaß Gramont an Malaret, Paris 27. 7. 1870 – OD 29, 248 f.; Tel. Gramont an La Tour, Paris 27. 7. 1870 – ebd. 252 f. Metternich telegraphierte an Beust am späten Nachmittag des 27. Juli (ONCKEN 3, 480), jede über die Septemberkonvention hinausgehende Regelung der römischen Frage sei für Frankreich völlig indiskutabel.
[63] Erlaß Gramont an La Tour, Paris 27. 7. 1870 – OD 29, 254 ff.
[64] Privatbrief Gramont an La Tour, Paris 23. 7. 1870 – ebd. 173 ff., hier: 174. Für eine ähnliche Äußerung Gramonts gegenüber Metternich siehe Bericht Metternich an Beust, Paris 22. 7. 1870 – ONCKEN 3, 473.

ganz unrealistische – Haltung des Pariser Kabinetts und über die hochfahrende französische Reaktion[65]. Er war ferner verstimmt über das Vorgehen der italienischen Regierung, die in Wien um „gute Dienste" in der römischen Frage nachgesucht, gleichzeitig aber in Paris erklärt hatte, die Bestimmungen der Septemberkonvention getreulich erfüllen zu wollen[66]. In Florenz schließlich war man der Auffassung, wenn Frankreich die „guten Dienste" Österreichs in der römischen Frage von vornherein zurückweise, dann habe die geplante österreichisch-italienische Offensiv- und Defensivallianz ihre Hauptbasis verloren; der Abschluß eines derartigen Vertrages würde daher Italien keine Vorteile, sondern höchstens Nachteile bringen[67].

Waren der 25. und 26. Juli tatsächlich „die kritischen Tage, an denen in Wien und Paris Frankreichs Schicksal diplomatisch entschieden wurde"[68]? Soviel wird man konstatieren dürfen: Der österreichisch-italienische Vertrag, wie ihn Beust projektierte, wäre mit großer Wahrscheinlichkeit noch vor den deutschen Siegen zustande gekommen, wenn Paris mit aller Macht auf einen raschen Vertragsabschluß gedrängt hätte, statt mit großer Schroffheit die österreichische Absichtserklärung „guter Dienste" in der römischen Frage abzulehnen – eine Hinnahme der österreichischen Absichtserklärung hätte Frankreich keineswegs verpflichtet, den italienischen und österreichischen Wünschen nachzugeben[69], und diese Wünsche selbst waren noch gar nicht in verbindlicher Weise fixiert. Der *sofortige* Übergang Österreich-Ungarns und Italiens zur Aktion wäre allerdings auch bei einem Vertragsabschluß nicht zu erwarten gewesen, d. h.: die deutschen Siege hätten – auch wenn der Vertrag zustande gekommen wäre – die österreichische und italienische Bereitschaft zu einer Intervention sicherlich gemindert. Aber die bloße Existenz eines Vertrags, in dem die Habsburgermonarchie und Italien sich zu einer „action commune" zugunsten Frankreichs verpflichteten, wäre für Frankreich von erheblichem Wert gewesen, weil dann die französische Regierung – gerade nach den militärischen Niederlagen – auf eine intensive diplomatische Aktivität Österreich-Ungarns und Italiens zur Unterstützung Frankreichs hätte pochen können. Nur darf man bei diesen spekulativen Erörterungen eines nicht übersehen: daß die französische Regierung jene Haltung einnahm, durch die sie das Vertragsprojekt zum Scheitern brachte, war eben kein bloßer Zufall. Eine andere Haltung der französ-

---

[65] Beust entschloß sich sogar, den österreichischen Botschafter in Paris zur Berichterstattung und Instruierung nach Wien zu befehlen, und verzichtete auf dieses Vorhaben erst, als Gramont darum bat, Metternich in diesem Augenblick nicht aus Paris wegzurufen (ONCKEN 3, 501).
[66] Tel. König Viktor Emanuel an Kaiser Napoleon, Florenz 21. 7. 1870 – DDI I/13, 137.
[67] Tel. Visconti-Venosta an Nigra, Florenz 27. 7. 1870, 14.10 Uhr – ebd. 203; vgl. Tel. Artom an Visconti-Venosta, Wien 27. 7. 1870 – ebd. 204. Auch Vimercati riet König Viktor Emanuel jetzt von der Unterzeichnung eines „traité à deux" in der von Beust vorgeschlagenen Fassung ab (ebd. 212 f.; vgl. OD 29, 283).
[68] So BOURGEOIS/CLERMONT 287.
[69] Darauf wies Beust besonders nachdrücklich in seinem Erlaß an Metternich vom 27. Juli hin, in dem er seine Überlegungen entwickelte und sein Vorgehen rechtfertigte (ONCKEN 3, 483 ff., hier: 485 f.).

sischen Staatsmänner hätte zur Voraussetzung gehabt, daß diese die Möglichkeit französischer Niederlagen und einer vitalen Gefährdung der französischen Position in ihr politisches Kalkül einbezogen – und eben dies war nicht der Fall.

Zwar wurde nach dem Eklat vom 25./27. Juli über ein österreichisch-italienisches Bündnisprojekt weiterverhandelt, aber die Chancen für einen raschen Vertragsabschluß und insbesondere für energische Aktivitäten auf der Grundlage eines derartigen Bündnisses waren jetzt ziemlich auf den Nullpunkt gesunken. Da die französische Regierung jede über die Septemberkonvention hinausgehende Konzession in der römischen Frage kategorisch ablehnte und König Viktor Emanuel sich zur Einhaltung der Septemberkonvention bereit erklärt hatte, entschloß sich das Wiener Kabinett, jenen Artikel des Vertragsentwurfs fallenzulassen, in dem Kaiser Franz Joseph dem italienischen König seine „guten Dienste" in der römischen Frage zusicherte; bei den weiteren Allianzverhandlungen sollte die römische Frage nicht mehr zur Diskussion stehen[70]. Mit dem in diesem Sinne modifizierten Vertragstext reisten die beiden Unterhändler, Graf Vitzthum und Graf Vimercati, am 29. Juli aus Wien ab. In Padua trennten sich ihre Wege. Während sich Vitzthum nach Florenz begab, fuhr Vimercati zunächst nach Paris, wo er Gramont den modifizierten Vertragsentwurf vorlegte, und von dort weiter nach Metz ins Hauptquartier Kaiser Napoleons[71].

Unterdessen zogen sich in Florenz die Beratungen über das Vertragsprojekt in die Länge. König Viktor Emanuel gab sich in der Audienz, die er Graf Vitzthum am 31. Juli gewährte, höchst kriegslustig und entschlossen zur Intervention; er rüste in großem Maßstab, erklärte er, in etwa zwei Wochen werde er bereit sein, und deshalb hätte er es vorgezogen, sofort eine Tripelallianz einzugehen, denn er wolle „nicht umsonst" rüsten[72]. In der anschließenden Unterredung mit dem italienischen Außenminister ergab sich für Vitzthum jedoch ein wesentlich anderes Bild. Visconti-Venosta sagte offen, Graf Vimercati scheine in Florenz die Kriegswilligkeit Österreichs übertrieben dargestellt zu haben und umgekehrt in Wien diejenige Italiens. „Die einzige Bedingung, die einen sofortigen Kriegseintritt Italiens hätte motivieren können, wären Konzessionen in der römischen Frage gewesen; da man in Paris solche Konzessionen als unzulässig betrachtet habe, ziehe man es in Florenz wie in Wien vor, die Ereignisse abzuwarten und – bei einer wohlwollenden Grundhaltung gegenüber Frankreich – Zeit zu gewinnen, um erst dann zu sprechen, wenn man in der Lage sei, auch zu handeln"[73].

---

[70] PS vom 28. 7. zum Erlaß Beust an Metternich, Wien 27. 7. 1870 – ONCKEN 3, 487. Vgl. auch Tel. La Tour an Gramont, Wien 28. 7. 1870, 15.20 Uhr – OD 29, 282; Tel. Beust an Metternich, Wien 31. 7. 1870 – ONCKEN 3, 493 (s. auch OD 29, 330, 332).
[71] Zwischen dem 2. und 4. August wurden mehrere französische Änderungswünsche zum Beustschen Vertragsentwurf nach Wien telegraphiert, von denen Beust einen akzeptierte, die beiden anderen dagegen ablehnte. Siehe dazu: ONCKEN 3, 501, 506, 517 f.; OD 29, 381, 403; HHStA PA 79, Bl. 182 f.
[72] Tel. Vitzthum an Beust, Florenz 31. 7. 1870, 15.20 Uhr – ONCKEN 3, 493 f.; Privatbrief und Bericht Vitzthum an Beust, Florenz 31. 7. 1870 – ebd. 494 ff.
[73] Bericht Vitzthum an Beust, Florenz 31. 7. 1870 – ebd. 495 ff., hier: 500.

2. Französische Bemühungen um eine Kriegskoalition

Die Diskrepanz zwischen den Äußerungen des Königs und denen seines Außenministers machte offenkundig, wie groß die Uneinigkeit innerhalb der italienischen Regierung in diesen Tagen war und welch tiefgehende Meinungsverschiedenheiten über den einzuschlagenden politischen Kurs zwischen dem König und einigen seiner Minister bestanden[74]. Vor allem Visconti-Venosta verspürte wenig Neigung, einen Vertrag mit Österreich abzuschließen, der keine Stipulation hinsichtlich der römischen Frage enthielt. Seinen Wiener Unterhändler Artom ließ er wissen: „Wir haben immer die Frage der Rückkehr zur Septemberkonvention sorgfältig von der Allianzfrage getrennt, und die Rückkehr zur Konvention verpflichtet uns zu nicht mehr als zu dem, was die Konvention selbst uns auferlegt. Wir bleiben bei der Auffassung, daß der mit Österreich abzuschließende Vertrag eine Stipulation hinsichtlich der römischen Frage enthalten muß, deren Form mit Vitzthum zu verabreden ist"[75]. Ein weiteres Motiv für Visconti-Venostas Zögern war seine Besorgnis, Italien könnte in eine schwierige Lage geraten, wenn nach dem Abschluß der Allianz mit Österreich Großbritannien ein Neutralitätsabkommen vorschlage, das Italien erlauben würde, „in einer guten Position dem Krieg fernzubleiben"[76].

Unter diesen Umständen konnte es nicht wundernehmen, daß eine konkrete Stellungnahme der italienischen Regierung zu Beusts Vertragsprojekt auf sich warten ließ. Ausdruck des Zwiespalts und der Divergenzen innerhalb des italienischen Kabinetts war das „Contreprojet", das Visconti-Venosta schließlich am Abend des 6. August dem österreichischen Unterhändler überreichte. Vitzthum hatte bis dahin – aufgrund der Äußerungen des Königs, des Außenministers und seines Generalsekretärs – angenommen, Italien werde den von Österreich vorgeschlagenen Vertragstext akzeptieren und nur einige separate Zusatzartikel wünschen[77] – nun legte Visconti-Venosta plötzlich einen völlig neuen Vertragsentwurf vor[78], den Vitzthum ein „aus der Luft gegriffenes und sanktioniertes ‚fin de non recevoir'" nannte[79]. Der Entwurf enthielt einen neuen Artikel über die römische Frage, und Visconti-Venosta betonte bei der Übergabe des Entwurfs nochmals ausdrücklich, ein aktiver Beistand Italiens sei nur möglich, wenn die italienischen Wünsche in der römischen Frage so weitgehend berücksichtigt würden, daß sich Opfer an

---

[74] Vgl. auch oben S. 55 f. Nach einer Aufzeichnung des Ministers Sella (DDI I/13, 389) votierte der italienische Ministerrat am 30. Juli gegen die Stimmen Sellas und des Kriegsministers Govone für eine Intervention auf seiten Frankreichs. Sella drohte daraufhin mit seinem Rücktritt, woraufhin eine endgültige Beschlußfassung suspendiert und eine nochmalige Erörterung der Frage beschlossen wurde.
[75] Tel. Visconti-Venosta an Artom, Florenz 4. 8. 1870, 15.00 Uhr – DDI I/13, 251.
[76] Tel. Visconti-Venosta an Nigra, Florenz 4. 8. 1870, 23.15 Uhr – ebd. 251 f.
[77] So telegraphierte Vitzthum z. B. noch am 5. 8. nach Wien: „Gouvernement Italien accepte en principe notre projet à deux avec l'amendement français à l'article VI et sans l'article VII. Visconti-Venosta voudrait ajouter un article stipulant protection de notre commerce par nos escadres, et précisant le casus foederis dans des articles séparés qui me seront communiqués demain..." (HHStA PA IX 177).
[78] Text des Contre-projet: ONCKEN 3, 515 f.; DDI I/13, 249 f.
[79] Tel. Vitzthum an Beust, Florenz 7. 8. 1870, 11.50 Uhr – ONCKEN 3, 519 Anm. 1.

Menschen und Geld rechtfertigen ließen[80]. In den Zusatzartikeln wurde außerdem stipuliert, daß Italien bei einem Eintritt Rußlands in den Krieg Österreich-Ungarn zu Hilfe kommen werde, daß die Habsburgermonarchie sich dafür aber zu territorialen Kompensationen an Italien (im Trentino und am Isonzo) bereit erkläre. Wenn Visconti-Venosta der österreichischen Regierung einen derartigen Gegenentwurf präsentierte, konnte er damit schwerlich etwas anderes bezwecken als dies: die Verhandlungen ganz scheitern zu lassen oder sie wenigstens endlos in die Länge zu ziehen[81]. Bezeichnend für die in Florenz herrschende Verwirrung und Direktionslosigkeit war es, daß Vitzthum schon einen Tag später nach Wien melden mußte, der König habe das Contre-projet – bevor es dem österreichischen Unterhändler übergeben worden sei – nicht gesehen, er habe daran viel auszusetzen und wünsche, daß man es in Wien als non avenu betrachte[82]. Beust mahnte daraufhin Vitzthum sofort zu äußerster Zurückhaltung und wies ihn an, vor weiteren Unterredungen neue Instruktionen abzuwarten[83]. Bei Beust erweckten nämlich Vitzthums Mitteilungen und die Nachrichten, die ihm aus verschiedenen Hauptstädten zugingen, den Argwohn, Italien treibe ein „doppeltes Spiel": einerseits suche es in London und Petersburg den Eindruck zu erwecken, Österreich dränge Italien zu einem Bündnis, während die italienische Regierung ihre Aktionsfreiheit bewahren wolle, um gegebenenfalls mit England und Rußland eine Neutralitätsvereinbarung abschließen zu können; andererseits glaubte die französische Regierung aufgrund der Äußerungen von italienischer Seite anscheinend immer noch, mit Italien auch dann zu einer direkten Verständigung über eine militärische Hilfeleistung kommen zu können, wenn die Habsburgermonarchie sich einem Bündnis versagen sollte[84]. Als die Unterhandlungen zwischen Österreich-Ungarn und Italien in dieser Weise an einem toten Punkt angelangt waren, trafen in Florenz und Wien die Nachrichten von den französischen Niederlagen bei Weißenburg, Wörth und am Spicherer Berg ein – und damit war das Schicksal dieser Allianzverhandlungen endgültig besiegelt. Visconti-Venosta erklärte Vitzthum gleich am 8. August: nach seiner Auffassung entspräche weder der österreichische noch sein eigener Vertragsentwurf der nunmehr entstandenen Situation – „es wäre, sagte er, entweder zu viel oder zu wenig"[85]. Beust fing diesen Ball sofort auf und teilte Vitzthum mit, Visconti-Venostas Bemerkungen machten eine Untersuchung des italienischen Entwurfs nahezu überflüssig; er würdige Visconti-Venostas Urteil, daß angesichts der Ereignisse auf dem Kriegsschauplatz die Vertragsentwürfe nicht mehr der Situation entsprächen und suspendiere die Verhandlungen, wünsche aber eine

---

[80] Bericht Vitzthum an Beust, Florenz 6. 8. 1870 – ONCKEN 3, 513 f.
[81] Diese Schlußfolgerung zog auch Vitzthum in seinem Bericht vom 6. August – ebd.
[82] Bericht Vitzthum an Beust, Florenz 7. 8. 1870 – ebd. 518 f.; Tel. Vitzthum an Beust, Florenz 8. 8. 1870, 1.10 Uhr – ebd. 519. Der König erklärte Vitzthum bei dessen Abschiedsaudienz, die Artikel über Rom und Tirol seien durch ein „Versehen" (bévue) Visconti-Venostas in das Contre-projet hineingekommen (Tel. Vitzthum an Beust, Florenz 12. 8. 1870 – HHStA PA IX 177).
[83] Tel. Beust an Kübeck für Vitzthum, Wien 8. 8. 1870, 16.00 Uhr – HHStA PA IX 177.
[84] Privatbrief Beust an Vitzthum, Wien 9. 8. 1870 – ONCKEN 3, 521 f.
[85] Tel. Vitzthum an Beust, Florenz 8. 8. 1870, 17.30 Uhr – ebd. 520.

Fortdauer der engen Beziehungen zwischen Österreich und Italien; Vitzthum solle Urlaub vom König nehmen und abreisen[86].

Beust bemühte sich jetzt um eine Verbesserung der außerordentlich gespannten Beziehungen zwischen der Habsburgermonarchie und Rußland[87], denn in Petersburg hatte man die österreichischen Vorbereitungen für eine Intervention – Rüstungsmaßnahmen und Allianzverhandlungen – mit höchstem Mißfallen verfolgt. An einer Verbesserung der Beziehungen zu Rußland mußte Beust schon allein deshalb gelegen sein, weil er aus der Pariser Berichterstattung den Eindruck gewann, die Regierung Kaiser Napoleons – empört und enttäuscht über Österreichs mangelnde „Treue"[88] – werde möglicherweise nicht davor zurückschrecken, Österreich zu opfern, wenn sie dadurch die Unterstützung Rußlands gegen Preußen gewinnen könne[89].

Visconti-Venosta hingegen intensivierte nunmehr seine Bemühungen, mit England zu einem Übereinkommen zu gelangen, das die Aufrechterhaltung der Neutralität Italiens verbürgen sollte und der italienischen Regierung einen Rückhalt gegen französische Pressionen gewähren konnte[90]. Denn nach den ersten militärischen Niederlagen unternahm die französische Regierung erneut eine Demarche in Florenz, um Italien zu einer sofortigen militärischen Hilfeleistung zu veranlassen. Das französische Kabinett hatte die Verhandlungen über eine österreichisch-italienische Offensiv- und Defensivallianz nicht mit besonderem Wohlwollen verfolgt, weil Österreich und Italien auf diese Weise dem französischen Wunsch nach sofortigem Abschluß einer Tripelallianz und sofortigem Übergang zur militärischen Aktion auswichen und bei gemeinsamem Vorgehen eine stärkere Position gegenüber Frankreich gewannen als sie sie getrennt besaßen. Die französische Regierung unternahm deshalb nichts, um den raschen Abschluß dieser österreichisch-italienischen Allianz zu fördern und registrierte das Scheitern dieser Verhandlungen ohne großes Bedauern. Dagegen erstrebte Napoleon eine direkte militärische Unterstützung von seiten Italiens und hoffte, daß ein solches Engagement Italiens auch die Habsburgermonarchie mitreißen würde.

Als Vimercati mit dem österreichischen Vertragsentwurf am 2. August in Metz erschien[91], setzte ihm Napoleon auseinander, er betrachte den Entwurf des Tripelallianzvertrags von 1869, der durch die Briefe der drei Souveräne „sanktioniert" worden sei, als ein „engagement"; er rufe Viktor Emanuel und dessen Minister in Erinnerung, daß er – um Italien zum Besitz Venetiens zu verhelfen – das ganze

---

[86] Privatbrief Beust an Vitzthum, 9. 8. 1870, ebd. 520 f.; Tel. Beust an Vitzthum, Wien 9. 8. 1870 – HHStA PA IX 177.
[87] Siehe unten S. 92 ff.
[88] Der österreichische Militärattaché in Paris, Graf Üxküll, berichtete über eine Unterredung mit Kaiserin Eugenie am 4. August: Eugenie habe ihm versichert, daß im Ministerrat stets sehr erbost und hart über Österreich gesprochen werde, mehrmals sei auch das Wort „trahison" gefallen; sie könne nichts mehr tun und fürchte, „einst allenfallsigen Eventualitäten gegenüber machtlos zu sein" (ONCKEN 3, 512).
[89] Privatbrief Metternich an Beust, Paris 6. 8. 1870 – ONCKEN 3, 508 ff., hier: 511.
[90] Vgl. unten S. 86 f.
[91] Siehe oben S. 68.

bewaffnete Deutschland auf dem Hals gehabt habe. Er akzeptiere den österreichisch-italienischen Vertrag mit einigen Modifikationen[92], wünsche aber sofortige Rüstungen. Über Österreich urteilte er mit ätzender Schärfe („Österreich betrügt"); er zähle darauf, daß Viktor Emanuel den österreichischen Kaiser mitreißen werde[93]. Am 7. August beauftragte dann Gramont den französischen Gesandten in Florenz, der italienischen Regierung die Frage vorzulegen, ob sie bereit sei, ohne Österreich – auf das nicht mehr gerechnet werden könne – am Krieg teilzunehmen und ein Armeekorps von 60 000 Mann auf den Kriegsschauplatz zu entsenden. Dieses Armeekorps könne den Weg über den Mont Cenis nehmen, den die französische Armee 1859 eingeschlagen habe, um nach Italien zu gelangen[94]. Die Frage eines Äquivalents für die gewünschte italienische Hilfeleistung wurde von Gramont mit keinem Wort berührt – die Anspielung auf das Jahr 1859 machte vielmehr deutlich, daß man in Paris erwartete, Italien werde jetzt eine alte Dankesschuld gegenüber Frankreich abtragen, ohne für seinen Beistand einen Preis zu fordern. Obwohl sich Frankreichs militärische Situation entgegen allen Erwartungen Gramonts ungünstig gestaltet hatte, hielt dieser also selbst jetzt noch – wie die Demarche zeigt – an jener Grundeinstellung fest, mit der er im Juli, erfüllt von überschwenglichen Siegeshoffnungen, die Allianzverhandlungen begonnen hatte: Frankreichs potentielle Verbündete sollten das Interesse Frankreichs und ihr eigenes Interesse als identisch betrachten und deshalb ihre Teilnahme am Krieg auf seiten Frankreichs als eine Art „Ehrenpflicht" auffassen, für deren schnelle Erfüllung sie nichts zu fordern hatten.

Der französische Gesandte in Florenz führte den Auftrag umgehend durch und interpellierte den italienischen Außenminister[95], der ihm am folgenden Tag eine ausweichende Antwort erteilte: seine Kollegen und der König seien „plus ou moins bien disposés pour nous"; ehe eine definitive Antwort gegeben werden könne, müsse die Frage aber im Ministerrat noch eingehend beraten werden. Visconti-Venosta ließ durchblicken, man könne vielleicht so verfahren, daß Italien seine Rüstungen fortsetze, und wenn es mit diesen fertig sei, könnten sich die beiden Regierungen darüber verständigen, ob der Einsatz eines italienischen Armeekorps noch sinnvoll und nützlich sei[96]. Deutlicher sprachen sich König Viktor Emanuel und Visconti-Venosta in Telegrammen an Vimercati und Nigra aus: eine sofortige

---

[92] Vgl. Anm. 71.
[93] Tel. Vimercati an König Viktor Emanuel, Metz 2., 3. und 4. 8. 1870 – DDI I/13, 244, 247, 250 f. Vgl. auch Tel. Vimercati an König Viktor Emanuel, Paris 6. 8. 1870: König Viktor Emanuel allein sei in der Lage, Österreich mitzuziehen; Napoleon könne beim österreichischen Kaiser nicht insistieren wie bei Viktor Emanuel. „Man muß denken, daß Italien in der augenblicklichen Situation die politische und militärische Schlüsselposition besitzt" (ebd. 264).
[94] Tel. Gramont an Malaret, Paris 7. 8. 1870 – OD 29, 422; vgl. Tel. Nigra an Visconti-Venosta, Paris 7. 8. 1870 – DDI I/13, 280.
[95] Tel. Malaret an Gramont, Florenz 8. 8. 1870 – OD 29, 426 f.
[96] Tel. Malaret an Gramont, Florenz 8. 8. 1870 – ebd. 427 f.

Entsendung von Truppen sei völlig ausgeschlossen, da diese Truppen angesichts der Aktivität der Revolutionspartei zur Aufrechterhaltung der inneren Ordnung und zum Schutz der Grenze zwischen dem Königreich und dem Kirchenstaat benötigt wurden; frühestens in einem Monat könne man über 60 000 Mann disponieren[97]. Wirkungslos blieb unter diesen Umständen auch ein erneuter Appell Napoleons, den er am 9. August durch Vimercati übermitteln ließ – er hoffe, daß der König das Land und das Ministerium mitreißen werde[98] –: am 10. August mußte Malaret seinem Minister mitteilen, die italienische Regierung sehe sich nicht in der Lage, jetzt schon eine positive Zusage zu geben, daß Italien an Frankreichs Seite in den Krieg eintreten werde; man wolle weiterrüsten, und in etwa 25 Tagen, wenn die Truppen gesammelt seien, werde die italienische Regierung in Konsultationen mit der französischen Regierung prüfen, ob ein Kriegseintritt Italiens opportun und nützlich sei[99]. Die italienische Regierung handelte nach dem Motto „Zeit gewonnen, alles gewonnen": einerseits mußte in einigen Wochen aller Voraussicht nach Klarheit über den Ausgang des militärischen Ringens bestehen, andererseits arbeitete die italienische Diplomatie gerade in den Tagen nach dem 7. August mit Hochdruck daran, durch ein Übereinkommen mit England ein Heraustreten Italiens aus der Neutralität auch zu einem späteren Zeitpunkt praktisch unmöglich zu machen[100].

Angesichts dieser Dispositionen der italienischen Regierung war ein weiterer – und letzter – Versuch Kaiser Napoleons, die aktive Unterstützung Italiens zu gewinnen, von vornherein zum Scheitern verurteilt. Am 19. August entsandte er seinen Vetter, Prinz Jérôme Napoleon, Schwiegersohn König Viktor Emanuels, nach Florenz[101]. Das kaiserliche Handschreiben, das Prinz Napoleon seinem Schwiegervater überreichte, enthielt zwar nur die vage Formulierung, Kaiser Napoleon rechne auf Viktor Emanuels Unterstützung, „si la diplomatie vient à se mêler de nos destinées"[102]. Aber in seinen Unterredungen mit dem italienischen König und mehreren Ministern forderte Prinz Napoleon erneut eine bewaffnete Ak-

---

[97] Tel. König Viktor Emanuel an Vimercati, Florenz 7. 8. 1870 – DDI I/13, 286; Tel. Visconti-Venosta an Nigra, Florenz 8. 8. 1870 – ebd. 287.
[98] Tel. Vimercati an König Viktor Emanuel, Paris 9. 8. 1870 – ebd. 294.
[99] Tel. Malaret an Gramont, Florenz 10. 8. 1870 – OD 29, 437 f.
[100] Vgl. unten S. 86 ff.
[101] Zur Florenzer Mission des Prinzen Napoleon siehe vor allem dessen Korrespondenz mit Kaiser Napoleon: E. d'HAUTERIVE (Hrsg.), Napoléon III et le prince Napoléon, Paris 1925, 306 ff.; vgl. ferner: PRINCE J. NAPOLEON, La vérité à mes calomniateurs, Dentu 1871. Prinz Napoleon gehörte zu den Kritikern der romfreundlichen Politik des Zweiten Kaiserreiches, s. dazu: PRINCE J. NAPOLEON, Les alliances de l'Empire en 1869 et 1870, in: Revue des deux mondes, 48. Jg., 3 Pér. Bd. 26 (1878) 489–500 (500: „Le pouvoir temporel des papes a coûté à la France l'Alsace et une partie de Lorraine").
[102] Schreiben Kaiser Napoleon an König Viktor Emanuel, Camp de Chalons 19. 8. 1870 – DDI I/13, 368.

tion Italiens[103]. Die italienischen Minister erteilten Prinz Napoleon jedoch eine rundweg ablehnende Antwort: „Die Entsendung eines Armeekorps über den Mont Cenis, die nicht einmal sofort erfolgen könnte, würde für Italien die größten Gefahren heraufbeschwören, ohne Frankreich irgendwelchen Nutzen zu bringen. So, wie die Dinge lägen, könne Italien nur noch durch eine gemeinsame Aktion mit anderen Mächten und in einem günstigen Augenblick Frankreich nützlich sein"[104].

Nach dieser Antwort bestand kein Zweifel mehr: die italienische Politik hatte nunmehr – nach wochenlangem Finassieren und Taktieren – zu einer klaren Linie der militärischen Nichteinmischung gefunden. Seit sich das militärische Desaster Frankreichs immer deutlicher abzuzeichnen begann, nahmen die italienischen Politiker mit vollen Segeln Kurs auf eine durchgreifende Lösung der römischen Frage, nämlich die Inkorporierung des Kirchenstaats ins Königreich Italien. Es galt, eine für Italien extrem günstige, vielleicht einmalige Konstellation zu nutzen: Frankreich, die wichtigste Garantiemacht der weltlichen Herrschaft des Papstes, vermochte sich einer italienischen Aktion gegen den Kirchenstaat nicht hindernd in den Weg zu stellen, und die römische Kurie war zu diesem Zeitpunkt politisch vollständig isoliert, nachdem zum Abschluß des Vatikanischen Konzils am 18. Juli 1870 das Dogma der päpstlichen Unfehlbarkeit verkündet worden war[105].

Zu den potentiellen Verbündeten Frankreichs zählte bei Kriegsausbruch auch Dänemark[106]. Dort war das Jahr 1864 noch nicht vergessen, dort war auch nicht vergessen, daß es 1866 nur dem Druck Frankreichs bei den Nikolsburger und Prager Verhandlungen zu verdanken war, wenn ein Artikel über Nordschleswig in den Friedensvertrag zwischen Preußen und Österreich aufgenommen wurde, jener Artikel V des Prager Friedens, welcher der Bevölkerung in den „nördlichen Di-

---

[103] Bericht Malaret an La Tour, Florenz 23. 8. 1870 – MAE Italie 29, Bl. 148 ff. Malaret bemerkte dazu: „Ich möchte glauben, daß der Prinz – wenn er den Kriegseintritt Italiens und Österreichs vorschlägt – *viel* fordert, um *etwas* zu erhalten, und daß es sein Hauptziel ist, eine energische Intervention der beiden Mächte zugunsten des Friedens zu erwirken, ohne offen darum zu ersuchen." Vgl. auch Tel. Kübeck an Beust, Florenz 26. 8. 1870 – HHStA PA XI 77, Bl. 413 und Kübecks ausführlichen Bericht über den Aufenthalt des Prinzen Napoleon in Florenz vom 27. 8. 1870 – ebd. Bl. 423 ff.

[104] Tel. Visconti-Venosta an Nigra, Florenz 27. 8. 1870 – DDI I/13, 401; vgl. Tel. Kübeck an Beust, Florenz 21. 8. 1870 – HHStA PA XI 77, Bl. 363.

[105] Zum 1. Vatikanischen Konzil und dem Dogma der päpstlichen Unfehlbarkeit (Infallibilität) siehe R. AUBERT, Das Vatikanische Konzil, in: H. Jedin (Hrsg.), Handbuch der Kirchengeschichte, Bd. VI/1, Freiburg i. Br. 1971/1985, 774–791; A. E. HASLER, Pius IX. (1846–1878), päpstliche Unfehlbarkeit und 1. Vatikanisches Konzil, 2 Halbbde, Stuttgart 1977. Selbst die Habsburgermonarchie distanzierte sich vom Hl. Stuhl, indem sie am 30. 7. 1870 demonstrativ das Konkordat von 1855 kündigte.

[106] Für die Politik und Haltung Dänemarks 1870 immer noch maßgebend die aus den Akten gearbeitete Darstellung von A. FRIIS, Danmark ved Krigsudbrudet Juli–August 1870, Kopenhagen 1923. Eine reichhaltige Dokumentation über die dänische Außenpolitik nach 1864 im allgemeinen und über die Nordschleswig-Frage im besonderen bieten die beiden von A. FRIIS hrsg. Quellenpublikationen: SPØRGSMAAL (Akten aus den dänischen Archiven) sowie AKTSTYKKER (Akten aus den englischen, französischen, österreichischen, russischen u. a. Archiven).

2. Französische Bemühungen um eine Kriegskoalition 75

strikten" Schleswigs das Recht zusprach, in freier Abstimmung zu entscheiden, ob sie zu Dänemark zurückkehren wolle. Da zwischen der preußischen und der dänischen Regierung in den folgenden Jahren keine Einigung darüber erzielt werden konnte, welche Gebiete konkret als „nördliche Distrikte" zu verstehen seien, blieb die Nordschleswig-Frage ein ungelöstes Problem. Die Nichtausführung des Art. V des Prager Friedens belastete zwischen 1867 und 1870 nicht nur die Beziehungen zwischen Preußen und Dänemark, sondern sie konnte von Frankreich jederzeit benutzt werden, um eine Krise auch in den preußisch-französischen Beziehungen auszulösen. Auf Frankreichs Unterstützung hofften die Dänen, vor allem die nationalliberalen Kreise, die nicht nur die Retrozession der „nördlichen Distrikte" Schleswigs, sondern diejenige ganz Schleswigs wünschten, und es war bei der in Dänemark vorherrschenden frankreichfreundlichen und preußenfeindlichen Stimmung nur natürlich, wenn die französische Diplomatie damit rechnete, bei einem Konflikt mit Preußen auf eine für Frankreich wohlwollende Haltung Dänemarks rechnen zu können. Inwieweit sich allerdings eine für Frankreich wohlwollende Haltung praktisch manifestieren konnte, das hing bei der geographischen Lage Dänemarks und seiner militärischen Schwäche[107] ganz davon ab, ob Frankreich Truppenverbände nach Dänemark entsenden würde. Über diese conditio sine qua non eines offenen Anschlusses Dänemarks an Frankreich im Kriegsfall war man sich in Kopenhagen und Paris ebenso im klaren wie in Berlin.

Nach dem Kriegsausbruch plante die Regierung Napoleons III. ernsthaft die Errichtung einer „zweiten Front" an der preußischen Nordgrenze in Verbindung mit dem Abschluß eines französisch-dänischen Kriegsbündnisses. Aber infolge der Niederlagen Anfang August konnten die Landetruppen nicht – wie vorgesehen – nach Dänemark entsandt werden, weil sie zur Verteidigung des französischen Territoriums benötigt wurden[108], so daß die entscheidende Vorbedingung einer dänischen Beteiligung am Krieg nicht erfüllt wurde. Gleichwohl sind die Anstrengungen des Pariser Kabinetts, auch Dänemark in den Krieg gegen Preußen-Deutschland hineinzuziehen, von großem Interesse für das Verständnis von Tendenzen und Stil der französischen Politik im Juli/August 1870. Eine knappe Schilderung dieser Aktivitäten soll deshalb das Bild der französischen Bemühungen um den Aufbau einer Kriegskoalition vervollständigen.

Bereits wenige Tage nach Ausbruch der Julikrise äußerte Außenminister Gramont gegenüber dem österreichischen Botschafter, er glaube sich sehr rasch mit der dänischen Regierung über eine „entente active" verständigen zu können[109]. Selbst wenn man in Rechnung stellt, daß sich Gramont gegenüber Metternich be-

---
[107] Im Juli 1870 verfügte Dänemark über eine Armee von rd. 30 000 Mann, während allein in Schleswig-Holstein 50 000 preußische Soldaten standen (Tel. Saint-Ferriol an Gramont, Kopenhagen 15. 7. 1870 – OD 28, 402). Nach den Feststellungen des preußischen Nachrichtendienstes befanden sich im Juli 1870 in Jütland nur rd. 11 000 Mann, z. T. noch nicht voll ausgebildete Rekruten, „sehr schlecht mit Befehlshabern versehen" (PA I ABc 70 Bd. 4a, Bl. 139).
[108] Vgl. oben S. 10 f.
[109] Bericht Metternich an Beust, Paris 8. 7. 1870 – ONCKEN 3, 405 f.

tont optimistisch gab, ist diese Äußerung dennoch höchst aufschlußreich, zeigt sie doch, für wie selbstverständlich Gramont den Anschluß Dänemarks an Frankreich hielt, sobald die französische Regierung diesen wünschen sollte. Und ebenso bezeichnend ist es, daß Gramont es nicht für notwendig hielt, in den Tagen der Krise mit der dänischen Regierung in einen Meinungsaustausch über ihre Haltung im Kriegsfall einzutreten. Erst am 15. Juli telegrafierte er dem französischen Gesandten in Kopenhagen, er solle mitteilen, welche Haltung Dänemark einnehmen werde und welchen Beistand die dänische Armee „au besoin" leisten könne[110]. Und erst am 17. und 18. Juli empfing er den dänischen Gesandten, Graf Moltke-Hvitfeldt, sowie den zufällig in Paris anwesenden früheren dänischen Kriegsminister General von Raaslöff, um mit ihnen die Frage eines französisch-dänischen Bündnisses zu besprechen[111]. Dem dänischen Gesandten, der ohne jede Instruktion war, legte er dar, bei einem günstigen Verlauf des Krieges sei es Frankreichs Ziel, Preußen möglichst stark zu verkleinern (amoindrir le plus possible la Prusse); Schleswig wäre der Preis für eine Allianz Dänemarks mit Frankreich. Als Moltke auf die exponierte Lage Dänemarks hinwies, räumte Gramont ein, Frankreich könne nicht verlangen, daß Dänemark sich zugunsten Frankreichs ausspreche, solange es zwischen den beiden Ländern nicht „points de jonction" gebe. „Wir wünschen und halten es für nützlich, daß Sie provisorisch neutral bleiben, uns jedoch die geheime Zusicherung geben, sich im geeigneten Moment für uns zu erklären". In diesem Sinne instruierte Gramont am 18. Juli auch den dänischen Gesandten in Kopenhagen: „Wir würden uns bei Beginn der Feindseligkeiten mit der Zusage einer späteren Kooperation begnügen"[112].

Eine solche Zusage wurde von der dänischen Regierung in diesen Tagen jedoch nicht gegeben. Gramont insistierte zunächst auch nicht darauf, da er es offenbar für selbstverständlich hielt, daß Dänemark aus seiner Neutralität heraustreten werde, sobald die französische Landungsflotte an Dänemarks Küste erschien und Frankreich die Allianz mit Dänemark abzuschließen wünschte. Das war indessen so selbstverständlich nicht. Um zu verhindern, daß Dänemark in den Krieg hineingezogen wurde und die Ostseeküste dadurch zu einem Nebenkriegsschauplatz in der deutsch-französischen Auseinandersetzung avancierte, entfaltete das Petersburger Kabinett nach dem Kriegsausbruch eine fieberhafte diplomatische Aktivität und wirkte in Kopenhagen und Paris ebenso wie in London und Berlin für die Aufrechterhaltung bzw. Respektierung der dänischen Neutralität. Die russische Regierung machte dabei deutlich, daß eine zur Bewahrung der Neutralität entschlossene dänische Regierung einen starken Rückhalt an Rußland besitzen würde, wenn beim Erscheinen der französischen Flotte und der französischen Landungs-

---

[110] Tel. Gramont an Saint-Ferriol, Paris 15. 7. 1870, 10.15 Uhr – OD 28, 386; vgl. auch Erlaß Gramont an Saint-Ferriol, Paris 16. 7. 1870 – OD 29, 15 f.
[111] Bericht Moltke an Rosenørn-Lehn, Paris 18. 7. 1870 – SPØRGSMAAL 2, 443 ff.; auch ONCKEN 3, 453 ff. Über Raaslöff und seinen Aufenthalt in Paris siehe FRIIS 72 ff.
[112] Erlaß Gramont an Saint-Ferriol, Paris 18. 7. 1870 – OD 29, 73 f. Als Preis einer Allianz bezeichnete Gramont in diesem Erlaß ebenfalls „Schleswig bis zur Eider ... einschließlich Düppel und Alsen".

2. Französische Bemühungen um eine Kriegskoalition 77

truppen die Volksstimmung in Dänemark und Pressionen der französischen Regierung das Kopenhagener Kabinett zum Heraustreten aus der Neutralität drängen sollten[113]. Auch die englische Regierung riet in Kopenhagen zu einer neutralen Haltung. Tagelang blieb unklar, ob und wann Dänemark in förmlicher Weise seine Neutralität erklären würde[114]; erst am 25. Juli wurde vom Kopenhagener Kabinett schließlich eine offizielle Neutralitätserklärung beschlossen[115]. Aber in Dänemark und in allen europäischen Hauptstädten war man sich völlig darüber im klaren, daß die Haltung Dänemarks im deutsch-französischen Krieg nicht durch eine Erklärung verbürgt wurde, sondern wesentlich vom Erscheinen oder Nichterscheinen einer französischen Landungsflotte in den dänischen Gewässern abhing[116]. Angesichts der in Dänemark herrschenden – zwar verhältnismäßig ruhigen, aber zuversichtlichen und erwartungsvollen – Stimmung mußte es durchaus fraglich erscheinen, ob die dänische Regierung willens und in der Lage sein werde, eine ablehnende Antwort zu erteilen, wenn die französische Regierung sie ersuchen sollte, dem Expeditionskorps die Landung in Jütland zu erlauben oder wenn sie – bei einer Landung in Schleswig – die dänische Regierung zum Eintritt in den Krieg auf seiten Frankreichs auffordern sollte.

Höchst charakteristisch für Gramonts politischen Stil war die Art, wie er Ende Juli die Allianzverhandlungen mit Dänemark einleitete, als ein französisches Panzergeschwader in die Ostsee auslief und die Einschiffung der französischen Lan-

---

[113] Vgl. dazu die AKTSTYKKER 2 abgedruckten Dokumente; siehe auch BEYRAU 188 ff. sowie die Hinweise oben S. 11 und unten S. 78 f. In einem Handschreiben an König Christian IX. vom 3. August beschwor Zar Alexander den Dänenkönig, unter allen Umständen neutral zu bleiben (AKTSTYKKER 2, 212 f.). Am 4. August telegraphierte Westmann an den russischen Gesandten in Kopenhagen: „Si le Roi se trouvait en face de pression violente ou même de débarquement, pour l'obliger à sortir de neutralité librement proclamée, conseillons à S. M. de bien constater violence, de dégager sa responsabilité en *protestant* et surtout de s'abstenir de déclarer la guerre" (ebd. 219).
[114] Für die verworrene Situation in Kopenhagen siehe die Berichterstattung der diplomatischen Vertreter: AKTSTYKKER 2, 94 ff. Die Haltung der dänischen Regierung in den Julitagen insgesamt wird (retrospektiv) eingehend dargestellt im ausführlichen Bericht Mohrenheim an Gorčakov, Kopenhagen 20. 8. 1870 – ebd. 313 ff. Vgl. auch die kompetente Analyse von FRIIS bes. 30 ff., 38 ff., 51 ff., 99 ff.
[115] Die am 26. Juli publizierte Neutralitätserklärung wurde erst am 28. Juli in Berlin überreicht: Schreiben Rosenørn an Quaade, Kopenhagen 25. 7. 1870, Kopie pr. 29. 7. – PA I ABc 70 Bd. 14, Bl. 117 f.; vgl. auch Bericht Oubril an Westmann, Berlin 29. 7. 1870 – AKTSTYKKER 2, 167 ff.
[116] Dazu u. a. die Berichte Eder an Beust, Kopenhagen 24. 7. und 2. 8. 1870 – ebd. 139, 203 ff.; Tel. Mohrenheim an Westmann, Kopenhagen 25. 7. 1870 – ebd. 141; Bericht Wyke an Granville, Kopenhagen 27. 7. 1870 – ebd. 152 ff. Auch Bismarck war sich bewußt, daß hinsichtlich der Haltung Dänemarks eine französische Landungsoperation den Ausschlag geben würde: Als General Vogel von Falckenstein am 4. August über dänische Truppenkonzentrationen bei Kolding berichtete, „wodurch die künftige Haltung Dänemarks bedenklich wird", bemerkte Bismarck dazu: „hängt *davon* nicht ab" und schrieb dem General am 6. August: „Ich bitte ergebenst, die politischen Eindrücke über Dänemarks Gesamthaltung, die Vertrauen gewiß nicht verdient, doch nicht nach Truppenansammlungen bei Kolding beurteilen zu wollen" (PA Feldakten 1870/71 No. 3, No. 4).

dungstruppen aktiv vorbereitet wurde. Mit diesen Verhandlungen beauftragte er nicht den französischen Gesandten in Kopenhagen, Saint-Ferriol, der nicht ein Mann seines Vertrauens war[117], sondern er entsandte einen Sonderbevollmächtigten, den Herzog von Cadore, bis dahin französischer Gesandter in München. Es wurden jedoch keinerlei Vorkehrungen getroffen, um diese „Mission Cadore" sorgfältig geheimzuhalten – noch ehe Cadore am 1. August in Kopenhagen eintraf, war sein Status als Sonderbevollmächtigter und der Zweck seiner Mission ein öffentliches Geheimnis. Offensichtlich verfolgte Gramont nicht die Absicht, die Verhandlungen mit der dänischen Regierung bis zum Eintreffen der französischen Landungstruppen unter höchster Diskretion zu führen, sondern die „Sondermission" als solche sollte als ein Politikum wirken, im vorhinein die öffentliche Meinung in Dänemark aktivieren und frankreichfreundliche Demonstrationen hervorrufen, so daß die dänische Regierung unter Druck gesetzt und die dänische Neutralitätshaltung schon vor dem Eintreffen des französischen Expeditionskorps kompromittiert wurde[118].

Da die Entsendung Cadores aber überstürzt beschlossen worden war, hatte dieser nur eine Vollmacht zu Verhandlungen über eine Offensiv- und Defensivallianz bei sich, nicht aber ein Dokument, das ihn beim dänischen König akkreditierte[119]. Er suchte daher beim König nicht um eine Audienz nach, was in der diplomatischen Welt Kopenhagens zu lebhaftem Rätselraten über den eigentlichen Charakter der Mission führte[120]. Bei seinen ersten Unterredungen mit Außenminister Rosenørn und mit dem einflußreichen Direktor im Außenministerium, Vedel, mußte Cadore feststellen, daß die Bereitschaft der dänischen Regierung, ein Bündnis mit Frankreich einzugehen, nicht so groß war, wie man in Paris erwartet und als selbstverständlich unterstellt hatte. Cadore soll bei diesen Unterredungen seine Verhandlungspartner durch seine Sprache in Erstaunen gesetzt haben[121]: er konnte anscheinend Schleswig und Holstein nicht auseinanderhalten, und als Vedel ihn darauf hinwies, daß Dänemark durch eine Allianz mit Frankreich seine Exi-

---

[117] Saint-Ferriol war ein Vertrauter La Valette's, und dieser war Gramonts „bête noire" (ONCKEN 3, 381); außerdem beurteilte Saint-Ferriol die Aussichten, daß ein Bündnis zwischen Frankreich und Dänemark zustandegebracht werden könne, recht skeptisch. Saint-Ferriol gegenüber begründete Gramont die Entsendung eines Sonderbeauftragten damit, man müsse jemand schicken, der mit dem unterzeichneten Vertrag zurückkehren könne und der in der Lage sei zu sagen, was man nicht schreiben wolle (Tel. Gramont an Saint-Ferriol, Paris 27. 7. 1870 – OD 29, 245).
[118] Vgl. dazu die Bemerkungen Mohrenheims in seinem Bericht an Gorčakov vom 20. 8. 1870 (AKTSTYKKER 2, 319 ff., bes. 321). Mohrenheim resümierte seine Auffassung dahingehend: die Mission Cadore habe mit Sicherheit nicht ihresgleichen in den Annalen der Diplomatie (ebd. 319). Zur Mission Cadore s. auch FRIIS 125 ff., 173 ff.
[119] OD 29, 357 Anm. 1; FRIIS 129 f.
[120] Vgl. die zahlreichen einschlägigen Berichte AKTSTYKKER 2.
[121] A. F. KRIEGER, Dagbøger 1848–1880, 7 Bde, Kopenhagen 1922 ff., hier: 5, 44, zit. auch OD 29, 357 Anm. 1; vgl. auch FRIIS 128 ff.

stenz aufs Spiel setze, antwortete er: „Le Danemark est si peu de chose!"[122] Als Vedel schließlich meinte, das Glück der Waffen könne möglicherweise nicht auf seiten Frankreichs sein, rief er empört aus, das sei eine „Beleidigung der französischen Armee". Nun war Cadore zwar für sein forsches Auftreten bekannt (Gramont hatte ihn trotzdem – oder eben deshalb? – mit der Mission beauftragt), man wird in Cadores Art der Verhandlungsführung aber doch auch einen Reflex der ihm von Gramont mündlich erteilten Instruktionen sehen dürfen. Cadore selbst berichtete am 2. August über seine ersten Unterredungen an Gramont: nach seiner und Saint-Ferriols Auffassung bestehe wenig Hoffnung, Dänemark für eine aktive Kooperation zu gewinnen. Das vorherrschende Gefühl sei das der Angst; bei einem Abgehen von der Neutralität befürchte man, daß noch vor dem Eintreffen des französischen Expeditionskorps eine preußische Invasion in Jütland erfolgen werde und daß man sich das Wohlwollen Rußlands und Englands verscherze, welches man im Falle einer französischen Niederlage dringend benötige[123]. Am 3. August telegrafierte Gramont, das Expeditionskorps in Stärke von 28 000 Mann werde am 20. August auslaufen; er müsse jetzt wissen, ob eine Landung in Jütland möglich sei. „Denn wenn Dänemark uns nicht seinen Beistand verspricht, sind wir gezwungen, es beiseite zu lassen und unsere Diversion an anderer Stelle zu unternehmen"[124]. Cadore und Saint-Ferriol hielten eine Landung in Jütland ohne vorheriges Übereinkommen mit Dänemark für politisch bedenklich, sie empfahlen eine Landung in Schleswig[125].

Cadore setzte in den folgenden Tagen seine Unterhandlungen mit dem von der dänischen Regierung beauftragten Graf Frijs-Frijsenborg (bis Mai 1870 dänischer Ministerpräsident) fort[126], dem er in kategorischer Form die französische Forderung unterbreitete: eine sofort abzuschließende Offensiv- und Defensivallianz zwischen beiden Ländern. Erst wenn diese Vorbedingung erfüllt sei, werde Frankreich 30 000 Mann Landungstruppen nach Nordschleswig entsenden. „Es handle sich um eine für Dänemark einzigartige Gelegenheit; niemals habe ein Staat mehr Anlaß gehabt als Dänemark, entschlossen eine Allianz wie die von Frankreich angebotene einzugehen. Es sei eine außergewöhnliche Chance, und sie werde sich nicht ein zweites Mal unter so günstigen Umständen bieten." Die Bemühungen des dä-

---

[122] Daß sich Cadore in dieser Weise geäußert hat, darf durch die Berichterstattung Mohrenheims als bewiesen betrachtet werden. Als Mohrenheim zu Cadore sagte, Dänemark riskiere bei einem Anschluß an Frankreich seinen letzten Trumpf („son va-tout") erwiderte dieser: „mais ce tout est si peu". Mohrenheim fährt fort: „Ce qu'il y a de plus fort, et ce qui est fait pour dérouter toute intelligence, c'est que ce même mot, dans son éloquent laconisme, a été redit par le pseudonégociateur à M. de Vedel en personne. La diplomatie de l'Empire nous ménageait bien des étonnements!" (Bericht Mohrenheim an Gorčakov, Kopenhagen 18. 8. 1870 – AKTSTYKKER 2, 305 ff., hier: 307).
[123] Tel. Cadore an Gramont, Kopenhagen 2. 8. 1870 – OD 29, 357 f.
[124] Tel. Gramont an Cadore und Saint-Ferriol, Paris 3. 8. 1870 – ebd. 362.
[125] Tel. Cadore und Saint-Ferriol an Gramont, Kopenhagen 4. 8. 1870 – ebd. 384.
[126] Über diese Unterredungen siehe die Berichte Frijs-Frijsenborgs vom 5. und 8. 8. 1870 – SPØRGSMAAL 2, 624 ff., 640 ff.; ferner FRIIS 142 ff.; s. auch OD 29, 410 Anm. 2.

nischen Unterhändlers, einen „Mittelweg" zu finden zwischen einer glatten Ablehnung und einer „acceptation pure et simple" blieben erfolglos. Cadore erklärte brüsk: seine Instruktionen seien eindeutig, die französische Regierung müsse wissen, woran sie sei, ehe die Truppen abgingen; wenn Dänemark nicht zur vorherigen Unterzeichnung einer Offensiv- und Defensivallianz bereit sei, müsse sich Frankreich seine volle Aktionsfreiheit vorbehalten.

Unterdessen waren jedoch in Kopenhagen die Nachrichten von den ersten französischen Niederlagen eingetroffen. Und die dänische Regierung, die ohnehin keine Neigung zum sofortigen Abschluß eines Bündnisses in der von Frankreich gewünschten Form hatte, war jetzt nicht mehr gewillt, auf die französischen Vorschläge einzugehen. Zudem telegrafierte am 6. August der dänische Gesandte in Paris, der Plan einer militärischen Expedition sei illusorisch geworden, da man die dafür vorgesehenen Truppen jetzt in Frankreich benötige[127]. Daraufhin eröffnete der dänische Außenminister dem Herzog von Cadore in höflicher Form, aber mit großer Entschiedenheit, unter den gegebenen Umständen seien weitere Verhandlungen über ein Bündnis inopportun[128]. So endeten in denselben Tagen, in denen die Bündnisverhandlungen Frankreichs mit Österreich-Ungarn und Italien scheiterten, auch die Versuche, Dänemark für ein Kriegsbündnis zu gewinnen, mit einem Debakel.

Die Untersuchung dieser mit Österreich-Ungarn, Italien und Dänemark geführten Bündnisverhandlungen hat gezeigt, daß alle diese Unterhandlungen in den ersten Augusttagen – noch ehe die französischen Niederlagen erfolgten – auf einem toten Punkt angelangt waren. Weder die österreichischen, noch die italienischen noch die dänischen Staatsmänner waren bereit, vorschnell die Schiffe hinter sich zu verbrennen und blind – ungeachtet aller innen- und außenpolitischen Risiken – eine Allianz mit Frankreich abzuschließen. Um diesen toten Punkt in den Verhandlungen zu überwinden, hätte es zweifellos entscheidender militärischer Erfolge der französischen Armeen bedurft. Statt dessen erlitten die französischen Heere kurz hintereinander mehrere empfindliche Niederlagen und mußten den Rückzug antreten. Diese militärischen Niederlagen bewirkten das endgültige Scheitern der französischen Bemühungen um die Bildung einer Kriegskoalition.

Neben die Feststellung, daß es die militärischen Ereignisse waren, die das Schicksal dieser Bündnisbemühungen besiegelten, muß jedoch – als Ergebnis unserer Analyse – eine zweite Feststellung treten: die französische Verhandlungsführung in der ersten Phase der Bündnisverhandlungen hat wesentlich zum Mißerfolg dieser Allianzbemühungen beigetragen. Auch eine fähige französische Diplomatie wäre schwerlich in der Lage gewesen, innerhalb weniger Tage offensive Allianzen aufzubauen (eine fähige Diplomatie wäre indessen kaum vor diese Notwendigkeit gestellt worden, denn sie hätte in der Julikrise nicht jene Politik der extremen Risiken betrieben und das Odium des Aggressors auf sich genommen!). Aber eine kluge Diplomatie, die die politischen Realitäten berücksichtigte, die den innen-

---

[127] FRIIS 181; OD 29, 384 Anm. 1.
[128] Tel. Cadore an Gramont, Kopenhagen 10. 8. 1870 – ebd. 436 f.

und außenpolitischen Schwierigkeiten der potentiellen Bündnispartner Rechnung trug, konnte die bei den österreichischen und italienischen Politikern vorhandene Bereitschaft zum Zusammengehen mit Frankreich nutzen, sie konnte wenigstens die Voraussetzungen für einen Anschluß dieser Staaten an Frankreich schaffen und die Grundlagen zu Bündnissen legen, so daß Frankreich – als wider Erwarten die militärischen Erfolge ausblieben – sich zumindest nicht in einer völligen politischen Isolierung befunden hätte.

Verfolgt man den Gang der Bündnisverhandlungen im Detail, dann wird man überrascht feststellen, welche Möglichkeiten einer entscheidenden Beeinflussung der allgemein-politischen Situation die französische Diplomatie in den ersten Wochen nach dem Kriegsausbruch besessen hat – trotz der französischen Politik in der Julikrise, trotz der überwiegend gegen Frankreich eingestellten öffentlichen Meinung auch in Österreich und Italien – und ungenutzt ließ. Nicht zu Unrecht klagte Beust seinem Botschafter in Paris am 27. Juli, als der erste Anlauf zur österreichisch-italienischen Allianz an Frankreichs Intervention gescheitert war: „Die französische Regierung sieht die Dinge nicht, wie sie sind – oder hat sie zumindest bisher nicht sehen wollen. Man wollte Allianzen schließen, aber ohne etwas zu tun, um denen zu helfen, die nichts lieber wollten, als diese eingehen"[129].

Die politische Aktion der französischen Regierung während der ersten Kriegswochen ist durch eine eigentümliche Zwiespältigkeit in Lagebeurteilung und Grundkonzeption gekennzeichnet, eine Zwiespältigkeit, die rational wohl kaum befriedigend erklärt werden kann. Einerseits waren die französischen Staatsmänner der Auffassung, daß Frankreich offensive Allianzen benötige, und zwar möglichst schnell – deshalb die Ungeduld bei den Unterhandlungen, deshalb die ablehnende Haltung gegenüber den Angeboten einer zunächst nur mittelbaren Unterstützung. Andererseits aber glaubten sie, diese Allianzen würden ihnen ohne besondere Anstrengungen zufallen, so daß es keines entschiedenen Einsatzes der Diplomatie, keiner französischen Opfer bedürfe. Obwohl Napoleon und seine Mitarbeiter Allianzen für notwendig und erforderlich hielten, waren sie doch nicht von dem Gefühl beherrscht, daß Frankreichs hegemoniale Position in dem ausgebrochenen Kriege ernsthaft bedroht werden konnte. Dominierend war bei ihnen vielmehr das Vertrauen in Frankreichs *militärische* Überlegenheit, welche die *politischen* Ergebnisse gewissermaßen automatisch einbringen würde. Die Diplomatie dankte zugunsten der Strategie ab. Diese Grundeinstellung prägte den Stil, in dem die französischen Staatsmänner die Allianzverhandlungen führten. Gramont verhandelte in hochfahrendem, forderndem und gelegentlich drohendem Ton, er behandelte Frankreichs potentielle Bundesgenossen nicht als gleichberechtigte Verhandlungspartner, mit denen unter Berücksichtigung *ihrer* Interessen ein Übereinkommen erzielt werden mußte, sondern eher wie Satelliten, die es zur Heerfolge aufzurufen galt.

Deshalb entbehrte die Politik des französischen Kabinetts in den Wochen nach dem Kriegsausbruch auch aller defensiven Elemente. Während Bismarcks politi-

---

[129] Erlaß Beust an Metternich, Wien 27. 7. 1870 – ONCKEN 3, 483 ff., hier: 485.

sche Aktion in diesen Wochen – wie wir gesehen haben – in erster Linie darauf ausgerichtet war, eine politische Stellung aufzubauen, die auch durch anfängliche militärische Niederlagen nicht zum Einsturz gebracht werden konnte, rechneten die französischen Staatsmänner in ihrer politischen Planung mit dem militärischen Erfolg und nur mit dem Erfolg. Als dieser ausblieb, brach auch die politische Planung zusammen, und es kam zu solchen, fast peinlich zu nennenden, Aktionen wie der Demarche in Florenz am 7. August und der Mission des Prinzen Napoleon.

Das Scheitern der französischen Bemühungen um Allianzen hat deshalb auch tiefere Gründe als nur die militärischen Niederlagen. Es war mit verursacht durch das Vorgehen der französischen Regierung bei den Verhandlungen, und dieses Vorgehen wiederum resultierte aus dem politischen Selbstverständnis und der daraus erwachsenden Situationsbeurteilung der französischen Staatsmänner. Hinsichtlich von Stil und Methode des politischen Handelns glich die diplomatische Aktion der französischen Staatsmänner in den Wochen nach dem Kriegsausbruch in frappierender Weise derjenigen während der Julikrise selbst[130], so daß man wohl von einer französischen „Julidiplomatie" sprechen kann – der man allerdings kaum das Prädikat erteilen wird, sie sei auf der Höhe der politisch-diplomatischen Situation gewesen. Durch die von diesem Stil, von diesen Methoden geprägte Verhandlungsführung bei den Bündnisverhandlungen arbeitete die französische Regierung ungewollt gerade Bismarcks Politik einer Lokalisierung des Konflikts in die Hände.

---

[130] Für meine Beurteilung der französischen Politik während der Julikrise siehe KOLB, Kriegsausbruch 71–146.

3. Zustandekommen und Tendenzen der „Neutralenliga"

Im Laufe des August bildete sich ein engeres Einvernehmen zwischen den neutralen Mächten heraus, die „Neutralenliga". Es waren Antriebe und Absichten sehr unterschiedlicher Art, die zu diesem lockeren Zusammenschluß der Neutralen führten. Während zunächst das Bestreben dominierte, vermittels einer gegenseitigen Neutralitätsabsprache ein Heraustreten einzelner Staaten aus der Neutralität zu erschweren oder zu verhindern – und auf diesem Wege die Lokalisierung des Krieges zu erreichen –, zeichnete sich im Laufe der Augustwochen immer deutlicher die Tendenz ab, von der Basis einer „Neutralenliga" aus zum geeigneten Zeitpunkt eine Friedensvermittlung zu versuchen und den Neutralen ein Mitspracherecht bei den Friedensverhandlungen zu sichern. In dem Maße, in dem die französischen Bemühungen um die Bildung einer Kriegskoalition als gescheitert betrachtet werden konnten, trat an die Stelle des Problems „Lokalisierung des Krieges oder Ausweitung des Konflikts?" die Frage: zweiseitige Friedensverhandlungen zwischen den kriegführenden Mächten – oder Friedenskongreß unter Teilnahme auch der nicht unmittelbar in den Konflikt verwickelten Staaten?

Es war vor allem das Zarenreich, das nach Kriegsbeginn energisch auf ein engeres Zusammenwirken der Neutralen im Interesse einer Lokalisierung des Krieges drängte[1]. Wie bereits dargelegt wurde[2], schlug das Petersburger Kabinett bereits am 24. Juli der englischen Regierung ein „système de neutralité combinée" vor, eine „Entente" zwischen Großbritannien und Rußland mit dem Ziel, andere Staaten, in erster Linie Österreich-Ungarn und Dänemark, vom Eintritt in den Krieg abzuhalten. Nach der Ablehnung dieses Vorschlags durch das Londoner Kabinett ergriff die russische Diplomatie erneut die Initiative, als sich in Kopenhagen mit der Ankunft des Sonderbevollmächtigten Cadore die kritische Situation verschärfte[3]. Der russische Botschafter in London erhielt den Auftrag, die britische Regierung unverzüglich dafür zu gewinnen, daß England und Rußland gemeinsam an das Pariser Kabinett ein dringendes Ersuchen richteten, die von Dänemark proklamierte Neutralität zu respektieren. Die Formulierungen der Erklärung, so hieß es in der Weisung an Brunnow, seien nicht so entscheidend, sie könnten entsprechend den Wünschen Englands modifiziert werden. „Das Wesentliche ist eine ge-

---

[1] Zwar hatte auch der italienische Außenminister – schon am 15. Juli – der englischen Regierung ein Übereinkommen zwischen den Neutralen vorgeschlagen (vgl. oben S. 24 f.), aber als man in London nicht auf diese Anregung einging, kam Visconti-Venosta in den folgenden drei Wochen nicht auf seinen Vorschlag zurück, sondern beteiligte sich an den Bündnisverhandlungen mit Frankreich und Österreich-Ungarn.
[2] Siehe oben S. 24 ff.
[3] Vgl. oben S. 78 ff.

meinsame Demarche, wenn möglich identisch"[4]. Gleichzeitig erfuhr der britische Botschafter in Petersburg von Direktor Westmann, der in Abwesenheit Gorčakovs[5] das Außenministerium leitete, daß die russische Regierung noch weitergehende Pläne habe: Zar Alexander sei der Meinung, daß die großen neutralen Mächte zu einem Übereinkommen gelangen sollten, „mit der Absicht, den Krieg innerhalb der augenblicklichen Grenzen zu halten und die schnelle Wiederherstellung des Friedens zu fördern". Eine Union dieser Staaten, unter welchem Namen auch immer sie sich konstituiere, „wäre höchst nützlich, um den kleinen Staaten bei der Aufrechterhaltung ihrer Unabhängigkeit und Neutralität einen Rückhalt zu gewähren und einem Geist des Abenteuertums (a spirit of adventure) auf seiten Frankreichs ein Hindernis entgegenzustellen". Sofort nach Gorčakovs Rückkehr werde das Petersburger Kabinett diese Frage in nähere Erwägung ziehen[6].

In London jedoch stieß der Vorschlag einer gemeinsamen russisch-englischen Demarche beim Pariser Kabinett ebensowenig auf Gegenliebe wie eine Woche zuvor derjenige einer „neutralité combinée". Der englischen Regierung war – metaphorisch gesprochen – das Hemd näher als der Rock, war der Abschluß der Konvention zum Schutz Belgiens[7] in diesen Tagen wichtiger als die Sicherung der Neutralität Dänemarks. Außerdem hatte man in London sicherlich Bedenken, einen Schritt zu unternehmen, der in Paris zweifellos als „unfreundlicher Akt" gewertet worden wäre und sofort zu einer heftigen Verstimmung gegenüber der englischen Regierung geführt hätte. Als Baron Brunnow dem englischen Außenminister am 2. August das Memorandum mit dem russischen Vorschlag überreichte[8], bekam er von Granville zu hören, die Lage in Dänemark sei weniger bedrohlich als angenommen werde, die projektierte Demarche in Paris sei nicht so dringend. Granville versprach jedoch, den russischen Vorschlag dem Kabinett zu unterbrei-

---

[4] Tel. Westmann an Brunnow, Petersburg 1. 8. 1870 – AKTSTYKKER 2, 183 f. Der russische Gesandte in Kopenhagen wurde am 2./3. August über den russischen Vorschlag einer gemeinsamen russisch-englischen Demarche in Paris informiert (ebd. 193 ff., 214 ff.). Durch die Berichterstattung des Prinzen Reuß hatte Bismarck Kenntnis von der russischen Aktion in London, s. Tel. Reuß an Bismarck, Petersburg 31. 7. und 1. 8. 1870, Bericht Reuß an Bismarck, Ropscha 31. 7. 1870 – PA I ABc 70 Bd. 16, Bl. 99; Bd. 17, Bl. 40; Bd. 20, Bl. 52 f.
[5] Vgl. oben S. 20.
[6] Bericht Buchanan an Granville, Petersburg 1. 8. 1870 – PRO FO 65/803, Bl. 136 f., auch AKTSTYKKER 2, 185 f. (= Wortlaut des Telegramms vom selben Tag); ferner ebd. 187 f. Am 3. August meldete Buchanan, der Zar lege großen Wert darauf, zu einem Einvernehmen zwischen England, Rußland und Österreich zwecks Lokalisierung des Krieges und Zusammenarbeit bei der Wiederherstellung des Friedens zu gelangen (ebd. 216). Der österreichische Gesandte in Petersburg berichtete am 2. August: „Man hegt hier den Gedanken, namentlich zum Zwecke der Neutralerhaltung Dänemarks sofort nach der Samstag erfolgenden Rückkehr des Fürsten Gorčakov mit dem Antrag einer allgemeinen internationalen Friedensliga zuerst an England und dann an die anderen neutralen Staaten hervorzutreten ..." (HHStA PA X 62, Bl. 127 f.).
[7] Vgl. oben S. 38 f.
[8] Memorandum Brunnow, London 2. 8. 1870 – AKTSTYKKER 2, 272 ff.

ten⁹. Zwei Tage später erfolgte die britische Stellungnahme, die auf eine glatte Ablehnung einer gemeinsamen Demarche hinauslief: Die englische Regierung wünsche die Aufrechterhaltung der Neutralität Dänemarks; der beste Weg hierzu wäre jedoch, wenn Dänemark als neutraler Staat diejenige Konzession erlangen könnte, die es durch eine Teilnahme am Krieg von Preußen zu erlangen suchen würde, man solle daher Preußen eine „faire Lösung" der Nordschleswig-Frage empfehlen, ehe man eine Demarche in Paris unternehme¹⁰. Brunnow erklärte umgehend ein solches Verfahren für unzweckmäßig und aussichtslos¹¹, und unter dem Eindruck der deutschen Siege sah man auch in London ein, daß es nicht eben von politischem Realismus zeugen würde, wollte man jetzt in Berlin Verhandlungen über die Nordschleswig-Frage anregen¹². Schon am 8. August konnte Baron Brunnow nach Petersburg signalisieren: „Wunsch des englischen Kabinetts, sich mit uns zu verständigen, scheint zuzunehmen"¹³. Tatsächlich fand sich in der zweiten Augustwoche die britische Regierung plötzlich bereit, die russischerseits gewünschte gemeinsame Demarche in Paris zugunsten der Respektierung der dänischen Neutralität doch noch zu unternehmen¹⁴, es wurde auch bereits der Text einer Note formuliert¹⁵, die Demarche wurde dann allerdings nicht unternommen, weil sowohl Zar Alexander als auch Granville sie zu diesem Zeitpunkt nicht mehr für erforderlich hielten¹⁶.

---

⁹ Tel. Brunnow an Außenministerium, London 2. 8. 1870 (pr. 3. 8.) – ebd. 193. Zu dem Satz: „Diversion française en sera moins à craindre" Marginal Zar Alexanders: „d'après ce que Fleury m'a dit il paraît au contraire que c'est une chose décidée" (AVPR Fk 1870, delo 83, Bl. 377).
¹⁰ Note Granville an Brunnow, London 4. 8. 1870 – AKTSTYKKER 2, 221 ff. Vor allem auf diese britische Stellungnahme zum russischen Vorschlag dürfte es zurückzuführen sein, daß das Petersburger Kabinett den englischen Wunsch, Rußland möge der Konvention über Belgien beitreten, abschlägig beschied. Gorčakov bedauerte, daß England seine „attitude isolée" nur im Fall eines speziellen Sonderinteresses verlasse, und wiederholte die russische Bereitschaft, „à nous entendre avec le Cabinet Britannique sur langage identique pour toutes les questions se rattachant à la situation actuelle et tout spécialement sur le Danemarc" (Gorčakov an Brunnow, Petersburg 10. 8. 1870 – AVPR Fk 1870, delo 85, Bl. 79a). In diesem Sinne auch Bericht Reuß an Bismarck, Petersburg 9. 8. 1870 – PA I ABa 44.
¹¹ Note Brunnow an Granville, London 5. 8. 1870 – AKTSTYKKER 2, 235 f.
¹² Am 4. August hatte Granville eine Abschrift seiner Note an Brunnow dem britischen Botschafter in Berlin „for private information" übersandt (ebd. 223), am 5. August wies er ihn telegraphisch an: „Do nothing with my letter to Baron Brunnow about Denmark sent to you yesterday" (ebd. 229 f.).
¹³ Tel. Brunnow an Gorčakov, London 8. 8. 1870 (pr. 9. 8.) – ebd. 245 f.
¹⁴ Tel. Granville an Buchanan, London 10. 8. 1870 – ebd. 265 f.; Erlaß Granville an Lyons, London 10. 8. 1870 – ebd. 267 f.
¹⁵ Ebd. 283 ff., 299 ff.
¹⁶ Bericht Brunnow an Gorčakov, London 17. 8. 1870 (pr. 23. 8.) – ebd. 301 f. und Marginal Zar Alexanders zum Bericht Brunnow vom 17. August, ebd. 299. Wie Botschafter Buchanan am 23. August berichtete, hätte Gorčakov trotzdem eine gemeinsame Demarche Englands und Rußlands in Paris gerne gesehen, weil „such a manifestation of identic action of the two Governments will increase their moral influence in the conferences for peace" (ebd. 322 f.). Eine ähnliche Formulierung Gorčakovs auch in seinem Erlaß an Brunnow vom 24. August (AVPR Fk 1870, delo 85, Bl. 84 ff.).

Angesichts einer durch die militärischen Ereignisse erheblich veränderten politischen Situation war das Londoner Kabinett jetzt nicht nur an einem engeren Einvernehmen mit Petersburg interessiert, sondern es griff in eben diesen Tagen auch die von italienischer Seite kommenden Anregungen auf, die eine gegenseitige Neutralitätsabsprache bezweckten.

Der italienische Außenminister Visconti-Venosta hatte auch während der Allianzverhandlungen Italiens mit Frankreich und Österreich-Ungarn[17] die Möglichkeit einer stärkeren Anlehnung Italiens an England im Visier behalten, und als die Verhandlungen Anfang August auf einem toten Punkt angelangt waren, unternahm er einen neuen Anlauf in dieser Richtung. Am 4. August telegrafierte er an den früheren italienischen Ministerpräsidenten und angesehenen Parteiführer Marco Minghetti, der sich in Sondermission nach Paris begeben hatte und nach London weiterreisen sollte: „Der Kaiser [Napoleon] besteht beim König fortgesetzt darauf, daß wir in den Krieg eintreten, und hofft, durch den König auch den österreichischen Kaiser mitzuziehen. Österreich besteht auf möglichst raschem Abschluß eines Allianzvertrages mit uns. Sie begreifen, in welcher Verlegenheit wir uns befinden würden, wenn – nach Abschluß eines Abkommens mit Österreich – England uns annehmbare Neutralitätsprojekte vorschlüge, die uns erlauben würden, in einer günstigen Position dem Kriege fernzubleiben. Wir müssen deshalb die Absichten der englischen Regierung genau kennen, um so mehr, als wir aus Petersburg hören, daß Fürst Gorčakov die Absicht hat, in London eine Übereinkunft zwischen den neutralen Mächten vorzuschlagen. Alle meine Informationen bringen mich zu der Überzeugung: wenn England in der augenblicklichen Situation die Initiative zu einem derartigen Vorschlag ergreifen würde, gäbe es keine Regierung, die diesen abzulehnen wagen würde – und der Krieg wäre lokalisiert"[18].

Visconti-Venostas Sprache wurde noch dringlicher, als nach den französischen Niederlagen neue französische Pressionen wegen einer italienischen Waffenhilfe zu erwarten waren. Noch ehe der französische Gesandte in Florenz am Abend des 7. August seine Demarche wegen einer unmittelbaren italienischen Hilfeleistung unternahm[19], wandte sich Visconti-Venosta um die Mittagsstunde dieses Tages an Minghetti: „Ich erwarte mit Ungeduld Ihre Mitteilungen. Ich befürchte infolge der französischen Niederlagen verstärkte Pressionen, um von uns möglichst schnelle Entscheidungen zu erlangen"[20]. Und zur gleichen Stunde gingen auch Telegramme an die italienischen Gesandten in London und Petersburg ab: Italien habe sich bis jetzt gegenüber Österreich noch nicht gebunden und habe sich die Freiheit der Entscheidung vorbehalten für den Fall, daß neue Vorschläge von London oder Petersburg gemacht werden, um durch eine ‚entente générale' zwischen den nichtkriegführenden Staaten die Neutralität jedes einzelnen [dieser Staaten]

---

[17] Siehe oben S. 61 ff.
[18] Tel. Visconti-Venosta an Minghetti (Paris), Florenz 4. 8. 1870, 23.15 Uhr – DDI I/13, 251 f.
[19] Siehe dazu oben S. 72.
[20] Tel. Visconti-Venosta an Minghetti (London), Florenz 7. 8. 1870, 13.00 Uhr – DDI I/13, 275.

zu sichern²¹. In den späten Abendstunden dieses 7. August ging Visconti-Venosta dann eine erste Mitteilung Minghettis aus London zu, die eine baldige Entschließung der englischen Regierung über den italienischen Vorschlag in Aussicht stellte: „Englische Regierung ist – wie mir scheint – im Begriff, eine Entscheidung über ihre fernere Haltung angesichts der neuen Ereignisse zu treffen. Ich bitte Sie, meine weiteren Mitteilungen abzuwarten, ehe Sie irgendein Engagement eingehen"²².

Diese „weiteren Mitteilungen" erreichten Florenz in der Nacht vom 8./9. August. Minghetti und Cadorna meldeten, Granville sei bereit, folgendes Übereinkommen mit Italien zu treffen: keiner der beiden Staaten werde sich zum Heraustreten aus der Neutralität oder zu einer Aktion entschließen, ehe er seine Absichten dem anderen Staat mitgeteilt und eine politische Übereinstimmung zu erreichen versucht habe. Granville wolle zunächst aber noch mit seinen Kollegen darüber sprechen und behalte sich vor, ein entsprechendes Übereinkommen gegebenenfalls auch anderen Mächten vorzuschlagen²³. Und schon wenige Stunden später konnte Cadorna telegrafieren, das englische Kabinett habe seine Zustimmung zu einem Neutralitätsübereinkommen auf der angezeigten Basis erteilt²⁴. Hocherfreut wies Visconti-Venosta sofort seine Unterhändler in London an, dem englischen Außenminister mitzuteilen, daß Italien gerne die vorgeschlagene Vereinbarung akzeptiere und sein möglichstes tun werde, um diese Vereinbarung auch auf andere Mächte auszudehnen²⁵.

Damit war der wichtige erste Schritt zur Begründung einer „Liga der Neutralen" getan²⁶. Die Formel, auf die sich die englische und italienische Regierung geeinigt hatten, entsprach in nahezu idealer Weise den beiderseitigen Interessen und Absichten und war darüber hinaus auch für andere Regierungen akzeptabel: einerseits behielt jedes der beiden Kabinette seine Aktions- und Entscheidungsfreiheit, worauf vor allem die britische Regierung größten Wert legte; andererseits wurde durch

---

[21] Tel. Visconti-Venosta an Cadorna und Caracciolo, Florenz 7. 8. 1870, 13.00 Uhr – ebd. 275.
[22] Tel. Minghetti an Visconti-Venosta, London 7. 8. 1870, 20.45 Uhr (Florenz an: 22.40 Uhr) – ebd. 280. Über seine Unterredung mit Granville am 7. August berichtete Minghetti auch in einem Privatbrief an Visconti-Venosta vom 7. August (ebd. 283) und in seinem Bericht vom 16. August (ebd. 349 f.). Auch der italienische Gesandte in London, Cadorna, hatte am Abend des 7. August ein Gespräch mit Granville, s. Tel. Cadorna an Visconti-Venosta, London 8. 8. 1870, 15.25 Uhr (Florenz an: 20.50 Uhr) – ebd. 288, sowie den ausführlichen Bericht vom 13. August (ebd. 335).
[23] Tel. Minghetti an Visconti-Venosta, London 8. 8. 1870, 21.00 Uhr (Florenz an: 9. 8., 4.25 Uhr) – ebd. 289; Tel. Cadorna an Visconti-Venosta, London 8. 8. 1870, 21.00 Uhr (Florenz an: 9. 8., 4.50 Uhr) – ebd. 289.
[24] Tel. Cadorna an Visconti-Venosta, London 9. 8. 1870, 1.15 Uhr (Florenz an: 9. 8., 8.10 Uhr) – ebd. 297.
[25] Tel. Visconti-Venosta an Cadorna, Florenz 9. 8. 1870, 12.50 Uhr – ebd. 296. Cadorna entledigte sich dieses Auftrags noch am Abend des 9. August (ebd. 298).
[26] Der förmliche Abschluß des Übereinkommens zwischen England und Italien verzögerte sich wegen redaktioneller Schwierigkeiten bei der Formulierung der Noten um einige Tage (vgl. ebd. 311, 319 ff., 329, 332 f., 353, 358, 370). Der Notenwechsel erfolgte am 17./19. August (ebd. 375 f., BLUEBOOK 4, 13, 16).

die Verpflichtung zu gegenseitiger Konsultation vor Verlassen der Neutralitätshaltung ein Abgehen von der Neutralität erschwert, und gerade daran lag dem italienischen Außenminister.

Doch Visconti-Venosta hatte noch mehr im Sinn als eine Absprache mit England zur Absicherung der italienischen Neutralitätshaltung. Er verfolgte von vornherein die Absicht, das engere Einvernehmen mit England als Ausgangspunkt für eine gemeinsame Vermittlungsaktion zugunsten Frankreichs zu benutzen. Bestimmend scheint dabei der Gedanke gewesen zu sein, an Stelle der von Frankreich gewünschten militärischen Unterstützung, zu welcher sich die italienische Regierung unter den gegebenen Umständen nicht entschließen konnte, Frankreich wenigstens auf dem diplomatischen Felde zu Hilfe zu kommen[27]. Gleich am 9. August telegrafierte König Viktor Emanuel an den in Paris weilenden Grafen Vimercati, er schlage England und anderen Mächten eine „Mediation und sogar eine bewaffnete Mediation vor, um die Integrität des französischen Territoriums zu retten"[28]. Und – ebenfalls am 9. August – beauftragte Visconti-Venosta Minghetti, unverzüglich Granville mitzuteilen: „Wir wünschen lebhaft, daß England eine Mediation vorschlägt, und akzeptieren unsererseits im voraus die Bedingungen, die es zugrunde legen wird, wobei wir darauf rechnen, daß England ebenso wie wir die territoriale Integrität Frankreichs will"[29].

In den Unterredungen mit Gladstone und Granville mußte Minghetti jedoch konstatieren, daß beide Politiker der Auffassung waren, der richtige Zeitpunkt für einen Vermittlungsversuch sei noch nicht gekommen[30]. Visconti-Venosta stellte daraufhin klar, er lege großen Wert auf das Übereinkommen mit England, auch wenn die englische Regierung sich – „zu unserem großen Bedauern" – nicht die Idee einer kollektiven Mediation aneigne[31]. Dieser Satz verdeutlicht zugleich noch einmal die Rangfolge von Visconti-Venostas Zielen und Absichten: zuerst – und vor allem – das Arrangement mit England zur Stützung der italienischen Neutralitätshaltung; dann – wenn möglich – eine gemeinsame Vermittlungsaktivität zugunsten Frankreichs. Er kam daher auch in den folgenden Tagen immer wieder darauf zurück, daß die engere Verbindung zwischen den neutralen Staaten die Basis für eine „spätere Aktion der neutralen Mächte" zugunsten eines schnellen Friedensschlusses darstellen müsse[32].

---

[27] Vgl. Tel. Visconti-Venosta an Nigra, Florenz 8. 8. 1870, 18.50 Uhr – DDI I/13, 287; vgl. Tel. Paget an Granville, Florenz 9. 8. 1870, 14.30 Uhr – PRO FO 45/165, Bl. 126.
[28] Tel. König Viktor Emanuel an Vimercati, Florenz 9. 8. 1870, 10.25 Uhr – DDI I/13, 293.
[29] Tel. Visconti-Venosta an Minghetti, Florenz 9. 8. 1870, 1.15 Uhr – ebd. 295.
[30] Privatbrief Minghetti an Visconti-Venosta, London 9. 8. 1870 – ebd. 299; Tel. Minghetti an Visconti-Venosta, London 10. 8. 1870, 15.51 Uhr – ebd. 304; Tel. Cadorna an Visconti-Venosta, London 17. 8. 1870 – ebd. 353. Vgl. auch Tel. Granville an Paget, London 17. 8. 1870, 18.00 Uhr – PRO FO 45/160, Bl. 69.
[31] Tel. Visconti-Venosta an Cadorna, Florenz 10. 8. 1870, 1.10 Uhr – DDI I/13, 301 f.
[32] Telegramme Visconti-Venostas an Caracciolo vom 14., 20. und 21. August, an Cadorna vom 20. und 21. August (ebd. 338 f., 369 f., 378); Bericht Kübeck an Beust, Florenz 20. 8. 1870 – HHStA PA XI 77, Bl. 419 ff.; Tel. Paget an Granville, Florenz 23. 8. 1870, 17.00 Uhr – PRO FO 45/165, Bl. 165.

3. Zustandekommen und Tendenzen der „Neutralenliga"   89

Unterdessen arbeitete die englische Diplomatie aktiv daran, auch die übrigen neutralen Staaten für eine Vereinbarung analog derjenigen zwischen England und Italien zu gewinnen und auf diese Weise eine wirkliche „Neutralenliga" zustande zu bringen. Granville wandte sich zunächst an die russische Regierung, von der die ersten Anregungen zu einem engeren Zusammenwirken der neutralen Mächte ausgegangen waren und wo deshalb eine Disposition für eine allgemeine Neutralitätsabsprache vorausgesetzt werden durfte[33].

Fürst Gorčakov, der am Abend des 6. August von seiner Badekur nach Petersburg zurückgekehrt war[34], ging – ebenso wie Zar Alexander – sofort mit größter Bereitwilligkeit auf den englischen Vorschlag ein. Am 11. August fand die erste Unterredung zwischen Gorčakov und dem britischen Botschafter Buchanan über eine englisch-russische Neutralitätsabsprache statt[35], und schon einen Tag später wurden die diplomatischen Vertreter in Petersburg[36] sowie die russischen Gesandten in den europäischen Hauptstädten[37] von der Annahme des englischen Vorschlags durch das Petersburger Kabinett in Kenntnis gesetzt. Darüber hinaus drängte Gorčakov die britische Regierung, möglichst rasch auch die übrigen Neutralen für den Beitritt zur Neutralenliga zu gewinnen, denn – so seine Äußerung zu Buchanan – ein zwischen den Neutralen hergestelltes allgemeines Einvernehmen würde den moralischen Einfluß, den die neutralen Mächte bei den Friedensverhandlungen auszuüben berechtigt seien, gewaltig steigern[38]. Was die äußere Form des russischen Beitritts zur Neutralenliga anbetraf, so hätte Gorčakov die Unterzeichnung eines Protokolls dem von britischer Seite gewünschten Notenwechsel vorgezogen[39], aber er machte daraus keine Bedingung und ermächtigte Baron Brunnow am 22. August, mit dem englischen Außenminister Noten auszutauschen. Die Formulierung, auf die man sich einigte, lautete: „That neither England nor Russia shall depart from this neutrality in the present war without a previous communication of ideas, and an announcement to one another of any change

---

[33] Erlaß Hammond (für Granville) an Buchanan, London 10. 8. 1870 (Hauptinhalt am 10. 8. auch als Telegramm) – AKTSTYKKER 2, 266.
[34] Vgl. oben S. 20.
[35] Bericht Buchanan an Granville, Petersburg 12. 8. 1870 (= Telegramm vom gleichen Tag) – AKTSTYKKER 2, 279.
[36] Vgl. Bericht Truchseß an König Ludwig II., Petersburg 12. 8. 1870 – GStAM MA I 648 (und Tel. vom 13. 8. 1870, ebd. MA I 647); Tel. Chotek an Beust, Petersburg 13. 8. 1870 – HHStA PA X 62, Bl. 165; Tel. Caracciolo an Visconti-Venosta, Petersburg 13. 8. 1870 – DDI I/13, 333 f.
[37] Vgl. u. a. Tel. Oubril an Mohrenheim, Berlin 12. 8. 1870 – AKTSTYKKER 2, 279. Wie Buchanan am 16. August berichtete, hatte Gorčakov den Regierungen Österreich-Ungarns, Italiens, Schwedens, Dänemarks, der Niederlande, Spaniens, Portugals und der Türkei telegraphisch notifiziert, daß die russische Regierung den englischen Vorschlag einer Neutralenliga akzeptiere: Bericht Buchanan an Granville, Petersburg 16. 8. 1870 – PRO FO 65/803, Bl. 219 ff., auch BLUEBOOK 4, 26.
[38] Ebd.
[39] Bericht Buchanan an Granville, Petersburg 18. 8. 1870 (pr. 29. 8.) – PRO FO 65/803, Bl. 230 ff., auch BLUEBOOK 4, 27.

of policy as regards their neutrality"[40]. Als am 31. 8./1. 9. der Notenwechsel stattfand, hatten neben Italien bereits folgende Staaten ein analoges Übereinkommen mit England abgeschlossen: Portugal, Spanien, Dänemark, die Türkei; der Abschluß mit Schweden und den Niederlanden stand bevor.

Eine große Bedeutung hat die „Neutralenliga" in der Folgezeit dann allerdings nicht gewonnen. Daß sie nicht jene Aktivitäten entfalten konnte, die ihr die Hauptinitiatoren zugedacht hatten, lag am unerwarteten Ausmaß der deutschen militärischen Erfolge und an Bismarcks Entschlossenheit, jeden Versuch der Neutralen, auf die Friedensverhandlungen Einfluß zu nehmen, schon im Ansatz zu vereiteln.

Der „Neutralenliga" bis zum 1. September noch *nicht* beigetreten war Österreich-Ungarn, denn Beust bestand auf einer von den übrigen Noten abweichenden Formulierung und bekundete damit zugleich seine Reserve gegenüber Absichten und Tendenzen der Kabinette jener Staaten, die sich zur Neutralenliga zusammengeschlossen hatten. Nach dem Scheitern der mit Italien und Frankreich geführten Allianzverhandlungen konzentrierte sich Beust ganz darauf, die Beziehungen der Habsburgermonarchie zu Rußland, die durch die österreichische Politik während der ersten Kriegswochen stark strapaziert worden waren, zu verbessern und ein engeres Einvernehmen mit dem russischen Kabinett herbeizuführen, ja er unternahm sogar, wie gleich darzulegen sein wird[41], einen verzweifelten Versuch, Rußland für eine gegen das siegreiche Preußen-Deutschland gerichtete Politik zu gewinnen und auf diese Weise Frankreich diplomatisch – gegebenenfalls sogar durch eine Interventionsdrohung gegen Deutschland – zu Hilfe zu kommen. Als Beust andeutungsweise von Englands Bemühungen um die Begründung einer Neutralenliga erfuhr, gab er sich daher sehr zurückhaltend. Zum italienischen Geschäftsträger äußerte er, nur dann wäre er bereit, einem Neutralitätsabkommen beizutreten, wenn es sich darum handelte, „gegenseitige Garantien zu stipulieren oder gar die Grundlagen einer Vermittlungsaktion zu schaffen"[42]. Sehr verärgert war Beust vor allem darüber, daß er von den zwischen Florenz, London und Petersburg stattfindenden Verhandlungen zunächst nur auf Umwegen erfuhr[43]. Erst am 17. August kam aus London eine offizielle Anfrage: der österreichische Botschafter, Graf Apponyi, teilte mit, die Übereinkunft zwischen England und Italien sei abgeschlossen und Rußland trete ihr mit „Empressement" bei; er sei vom britischen Außenminister beauftragt, der österreichischen Regierung denselben Vorschlag zu unter-

---

[40] Note Granville an Brunnow, London 31. 8. 1870 – ebd., 36.
[41] Siehe unten S. 92 ff.
[42] Tel. Curtopassi an Visconti-Venosta, Wien 14. 8. 1870 – DDI I/13, 339; eine ähnliche Äußerung Beusts telegraphierte Curtopassi am 17. 8. nach Florenz (ebd. 353).
[43] Als Beust am 17. August den englischen Botschafter zu sich bat und ihn fragte, ob er ihm nichts über die Verhandlungen wegen der Neutralenliga mitzuteilen habe, mußte ihm dieser antworten, er habe keinerlei Weisung erhalten: Bericht Bloomfield an Granville, Wien 18. 8. 1870 – PRO FO 7/767, Bl. 253 f., auch BLUEBOOK 4, 18. Vgl. auch Bericht Fugger an Bray, Wien 18. 8. 1870 – GStAM MA I 644, Bl. 44 f.

breiten⁴⁴. Mißgelaunt antwortete Beust: „Man setzt sich etwas spät mit uns in Verbindung", fügte aber hinzu: „Das wird uns nicht hindern, dem Wunsch der britischen Regierung nachzukommen"⁴⁵. Einige Tage später ging Graf Apponyi folgende Instruktion zu: die österreichische Regierung akzeptiere den englischen Vorschlag „im Prinzip", betrachte es aber als „selbstverständlich, daß keine der beiden kontrahierenden Mächte einen Vermittlungsschritt bei den Kriegführenden unternehmen werde, ohne sich mit den anderen zu verständigen, und daß, wenn eine solche isolierte Vermittlung stattfinde, die andere Macht sofort ihre vollständige Aktionsfreiheit zurückerhalte"⁴⁶. Noch deutlicher sprach sich Beust in einem Erlaß an die Geschäftsträger in Paris, Florenz, Berlin und Petersburg aus: „Wir machen unsere Zustimmung von der Annahme des Zusatzes abhängig, der uns notwendig erscheint, um den Bemühungen zur Wiederherstellung des Friedens mehr Einheitlichkeit zu geben und um jeder interessierten Macht zu erlauben, einen Einfluß auf die Vermittlungsversuche auszuüben"⁴⁷.

Beim Bemühen, eine derartige Klausel durchzusetzen, befand sich Beust in Übereinstimmung mit den Wünschen der französischen Regierung. In Paris war man sehr indigniert über das Verhalten der Italiener und deren „Flucht" in eine Neutralitätsabsprache mit England⁴⁸ – hatte in Paris Ende Juli eine heftige Mißstimmung gegenüber dem Wiener Kabinett bestanden und Italien als der „treuere" Verbündete gegolten, so verhielt es sich in der zweiten Augusthälfte genau umgekehrt. Fürst La Tour d'Auvergne, Außenminister in dem am 9./10. August eingesetzten Kabinett Palikao⁴⁹, ließ Beust wissen, „im schlimmsten Fall" wünsche die französische Regierung die Habsburgermonarchie in der Reihe der intervenierenden Mächte zu sehen, um sicher sein zu können, daß Beust seinen Einfluß zugunsten der Integrität Frankreichs und der Dynastie geltend mache⁵⁰. Zwei Tage später ging La Tour noch einen Schritt weiter. Jetzt forderte er Beust sogar auf, er solle „die Verhandlungen zwischen den neutralen Mächten in die Hand nehmen oder wenigstens überwachen, damit die allein möglichen Basen für einen künftigen Frieden aufrechterhalten würden: Integrität des französischen Territoriums und Aufrechterhaltung der Dynastie"⁵¹.

In der von Beust formulierten Vorbehaltsklausel darf man zweifellos einen Versuch erblicken, entsprechend diesen Wünschen des französischen Außenministers

---

⁴⁴ Tel. Apponyi an Beust, London 17. 8. 1870 – HHStA PA VIII 74; ebd. Tel. und Bericht Apponyi an Beust vom 18. 8. (mit Anlage: Note Granville an Apponyi, London 17. 8. 1870).
⁴⁵ Tel. Beust an Apponyi, Wien 19. 8. 1870 – HHStA PA VIII 75, Bl. 246. Am 19. 8. telegraphierte Beust auch nach Petersburg, Österreich-Ungarn werde der Neutralitätsabsprache beitreten (ebd. PA X 63, Bl. 265).
⁴⁶ Tel. und Erlaß Beust an Apponyi, Wien 23. 8. 1870 – HHStA PA VIII 75, Bl. 147, 151 f. (Erlaß vom 23. 8. auch: ARCH. DIPL. 1871/72 2, 413 f.).
⁴⁷ Erlaß Beust vom 24. 8. 1870, Wien 24. 8. 1870 – HHStA PA IX 97, Bl. 364.
⁴⁸ Bericht Metternich an Beust, Paris 19. 8. 1870 – HHStA PA IX 95, Bl. 239. Vgl. auch Tel. Malaret an La Tour, Florenz 13. 8. 1870 – MAE Italie 29, Bl. 98.
⁴⁹ Siehe oben S. 47.
⁵⁰ Tel. Metternich an Beust, Paris 17. 8. 1870 – HHStA PA IX 95, Bl. 217.
⁵¹ Bericht Metternich an Beust, Paris 19. 8. 1870 (pr. 22. 8.) – ebd. Bl. 235.

die Voraussetzungen für eine frankreichfreundliche Vermittlungsaktion der Neutralen zu schaffen. Granville hatte sicherlich recht, wenn er Anfang September zum norddeutschen Botschafter bemerkte, Beust habe offenbar bezweckt, „eine neutrale Koalition zu bilden, welche stark genug wäre, uns [Preußen-Deutschland] evtl. den Frieden zu diktieren und Frankreich vor Gebiets-Verlusten zu schützen"[52].

Der österreichische Vorbehalt wurde in London (und auch in Petersburg) mit kaum verhohlenem Unmut aufgenommen. Granville und Gladstone seien „ziemlich betroffen" über die von Beust vorgeschlagene Zusatzbedingung, meldete Graf Apponyi nach Wien[53]. Diese Reaktion bestärkte Beust in der Überzeugung, „daß wir den rechten Fleck getroffen"[54]. Obwohl Apponyi am 1. September nach Wien berichtete, der britische Außenminister lehne einen Notenaustausch mit der von Beust präsentierten Klausel ab[55], wies Beust Apponyi an, diese Klausel in sein Schreiben an Granville aufzunehmen: die sog. Neutralenliga hätte keinerlei praktischen Wert, wenn sie nicht zu einer diplomatischen Aktion mit dem Ziel einer Pazifikation führe[56]. Am 2. September, an dem Beust dieses Telegramm absandte, kapitulierte vor Sedan eine der beiden französischen Hauptarmeen, und Napoleon III. begab sich in deutsche Gefangenschaft. Diese gravierenden Vorgänge veranlaßten Beust zum Einlenken. Als Apponyi am 7. September mitteilte, Granville ziehe es vor, daß überhaupt kein Notenaustausch stattfinde, als daß durch eine Aufnahme der Klausel die Meinungsverschiedenheit mit Österreich-Ungarn konstatiert werde[57], antwortete Beust: „Da sich die Situation infolge der letzten Ereignisse geändert hat, lege ich keinen Wert mehr auf unseren Vorbehalt und autorisiere Sie, ihn fallenzulassen"[58]. Es klang wie eine Kapitulation, und es war eine Kapitulation. Die diplomatische Aktion Österreich-Ungarns hatte nunmehr ihre offensive Stoßkraft verloren, denn als in London dieser Notenaustausch vollzogen wurde, stand bereits fest, daß auch Beusts Versuch, das Zarenreich für eine österreichisch-russische Entente mit antideutscher Zielsetzung zu gewinnen, restlos fehlgeschlagen war.

Diese Aktion der österreichischen Diplomatie bedarf einer genaueren Darstellung und Analyse; Ziele und Methoden der österreichischen Politik im Zeitraum zwischen den ersten deutschen Siegen und der Schlacht von Sedan werden bei dieser Aktion in besonders signifikanter Weise sichtbar. Wie bereits eingehend

---

[52] Immediatbericht Bernstorff an König Wilhelm, London 9. 9. 1870 (pr. Reims 12. 9.) – PA I ABc 70 Bd. 47, Bl. 168 ff., hier: Bl. 170 f.
[53] Tel. Apponyi an Beust, London 25. 8. 1870, 13.05 Uhr (Wien an: 17.20 Uhr) – HHStA PA VIII 74.
[54] Marginal Beusts zum Tel. Apponyi vom 25. 8. 1870 (s. vorige Anm.).
[55] Tel. Apponyi an Beust, London 1. 9. 1870 – HHStA PA VIII 74; vgl. Privatbrief Apponyi an Beust, London 1. 9. 1870 – ebd. PA VIII 75.
[56] Tel. Beust an Apponyi, Wien 2. 9. 1870, 11.45 Uhr – ebd. PA VIII 75, Bl. 157.
[57] Tel. Apponyi an Beust, London 7. 9. 1870 – ebd. PA VIII 74.
[58] Tel. Beust an Apponyi, Wien 8. 9. 1870 – ebd. PA VIII 75, Bl. 164. Der Notenaustausch zwischen Granville und Apponyi fand am 10. September statt, siehe Bericht Apponyi an Beust, London 14. 9. 1870 (mit Anlagen) – ebd. PA VIII 74.

dargelegt wurde[59], beobachtete man in Petersburg die Haltung der österreichischen Regierung von Beginn des Konflikts an nicht nur mit großer Aufmerksamkeit, sondern auch mit lebhafter Sorge. Unbehagen und Beunruhigung nahmen noch zu, als das Wiener Kabinett gleichzeitig mit der Neutralität die Einleitung militärischer Rüstungsmaßnahmen beschloß und dies den anderen Mächten offiziell notifizierte[60]. Durch Mahnungen aus Petersburg ließ sich die österreichische Regierung zunächst keineswegs davon abhalten, die Rüstungen voranzutreiben. Erst nach den Erfolgen der deutschen Waffen Anfang August und dem Scheitern der Allianzverhandlungen mit Frankreich und Italien[61] sah man sich in Wien veranlaßt, sich um eine Verbesserung der Beziehungen zum Zarenreich zu bemühen. Diese Modifizierung der österreichischen Haltung spiegelt sich in den Weisungen, die Beust zwischen dem 2. und 10. August dem österreichischen Gesandten in Petersburg zugehen ließ. Am 2. August erklärte er in einem Telegramm an Graf Chotek noch sehr von oben herab: jede Regierung sei – was die Bedingungen ihrer Sicherheit angehe – ihr eigener Richter, die unterschiedliche geographische Situation Rußlands und Österreich-Ungarns schließe aus, daß sie hinsichtlich ihrer Neutralitätshaltung eine vollständig identische Position beziehen könnten; stark befremdet habe auch das Angebot Kaiser Alexanders, Österreich eine Garantie zu geben gegen einen Angriff von seiten Preußens[62], „den wir selbst sehr gut zurückweisen können"[63].

Am 4. August ließ Beust einen zur Mitteilung an den russischen Außenminister bestimmten Erlaß folgen, in dem er die Notwendigkeit österreichischer Rüstungsmaßnahmen mit der exponierten Lage der Habsburgermonarchie begründete, welche die Regierung verpflichte, „de nous mettre en mesure de sauvegarder efficacement notre position"; die begonnenen Rüstungen dienten einem defensiven Zweck, es bestehe dabei kein feindseliger Hintergedanke gegen Rußland, aber im Hinblick auf die Eventualitäten des Krieges könne Österreich-Ungarn nicht unbewaffnet bleiben[64]. In den folgenden Tagen – die deutschen Armeen hatten ihre ersten Siege erfochten – bahnte sich jedoch ein Umschwung in der Haltung des Wiener Kabinetts an: am 8. August empfahl Beust dem Gesandten eine „sehr versöhnliche und entgegenkommende Behandlung" der Expedition vom 4. August[65], und zwei Tage später wies er ihn an: „Die Expedition vom 4ten dem Kaiser Alex-

---

[59] Siehe oben S. 18 ff.
[60] Vgl. oben S. 59 f.
[61] Dazu ausführlich oben S. 61 ff.
[62] Vgl. oben S. 21.
[63] Tel. Beust an Chotek, Wien 2. 8. 1870, 21.15 Uhr – HHStA PA X 63, Bl. 242.
[64] Erlaß Beust an Chotek, Wien 4. 8. 1870 – HHStA PA X 63, Bl. 243–248; in einem weiteren Erlaß vom 4. 8., der nicht zur Mitteilung an das russische Kabinett bestimmt war wie der erste, legte Beust die Motive für die österreichischen Vorsichtsmaßnahmen noch näher dar (mögliche Bedrohung Galiziens durch Rußland; Agitationen in Böhmen, die evtl. Truppenkonzentrationen in Böhmen notwendig machten!) – HHStA PA IX 177, Bl. 8–10 (das Konzept dieses Erlasses wurde bezeichnenderweise unter die Akten betr. Allianzverhandlungen eingeordnet!).
[65] Tel. Beust an Chotek, Wien 8. 8. 1870, 21.30 Uhr – HHStA PA X 63, Bl. 254.

ander nicht mitzuteilen"[66]. Einen Tag zuvor schon hatte er Graf Chotek befohlen, zur mündlichen Berichterstattung und Instruktionserteilung sofort nach Wien zu kommen[67].

Ehe Graf Chotek am 15. August aus Petersburg abreiste, hatte er ausführliche Unterredungen mit Zar Alexander und mit Gorčakov. Deren Vorstellungen und Wünsche hinsichtlich der Haltung der Habsburgermonarchie fixierte er im Anschluß an die Unterredungen in zwei Aufzeichnungen[68]: Einstellung der österreichischen Rüstungen, Beitritt Österreich-Ungarns zu der von England vorgeschlagenen Neutralenliga, gemeinsame Aktion im Fall von Friedensverhandlungen mit dem Ziel, keine für Frankreich unmöglichen Bedingungen zuzulassen und zu verhindern, daß Preußen-Deutschland allein die Friedensbedingungen festlege und den Frieden ausschließlich in seinem Sinne regle. Der Zar wünschte, daß im Interesse der Herstellung besserer Beziehungen zwischen Österreich-Ungarn und Rußland vor allem jene beiden Probleme geklärt werden sollten, die einem engeren Einvernehmen bisher im Wege gestanden hätten, die polnische und die orientalische Frage, und er regte an, die österreichische Regierung möge hierzu Vorschläge machen. Gorčakov hob besonders hervor, aus der „Interposition" der Neutralen werde ein großer Kongreß hervorgehen, der alle schwebenden Fragen erledigen müsse, z. B. die Situation der süddeutschen Staaten, Art. V des Prager Friedens usw.[69]. Rußland sei entschlossen, auf einem Kongreß mit völliger Unparteilichkeit aufzutreten, denn dieser müsse einen Frieden zustande bringen, nicht einen Waffenstillstand, deshalb dürften keine für Frankreich unmöglichen Friedensbedingungen gestellt werden[70]. In seinen Unterredungen mit Kaiser Alexander und Gorčakov gewann Chotek den Eindruck, russischerseits wünsche man folgende Haltung Österreichs: Beitritt zum englischen Neutralitätsvorschlag, Angleichung der Haltung der beiden Kaiserreiche, gemeinsame Aktion der neutralen Mächte „n'ayant pas de cocarde", vertraulicher Gedankenaustausch über die Mo-

---

[66] Tel. Beust an Chotek, Wien 10. 8. 1870, 22.00 Uhr – ebd. Bl. 257.

[67] Tel. Beust an Chotek, Wien 9. 8. 1870, 17.10 Uhr – ebd. Bl. 255. Chotek hatte bereits am 30. Juli den Wunsch ausgesprochen, zur „Einholung von leitenden Anhaltspunkten" nach Wien kommen zu dürfen (ebd. PA X 62, Bl. 84). Am 7. August wiederholte er diese Bitte (ebd. Bl. 105), der nun umgehend entsprochen wurde.

[68] Aufzeichnungen Choteks über die Unterredungen mit Zar Alexander und Gorčakov in Peterhof am 14. 8. 1870 – HHStA PA X 62, Bl. 168–174, Bl. 176–179. Vgl. auch MOSSE, European Powers 318 ff., DIÓSZEGI 133 ff., LUTZ, Österreich-Ungarn 241 ff.

[69] Eine Revision des Pariser Friedens (insbesondere hinsichtlich der Pontusklauseln) erwähnte Gorčakov nicht expressis verbis, aber zweifellos rechnete er dieses Problem zu den „questions qui se rattachent directement et indirectement à la lutte".

[70] Eine Kriegsentschädigung erklärte Gorčakov für zulässig, ebenso eine Desarmierung der französischen Grenzfestungen; hingegen könnten die Abtretung von Elsaß und Lothringen sowie andere übertriebene Forderungen (z. B. Auslieferung der Flotte) nicht in Betracht gezogen werden. Die Abtrennung des Elsaß von Frankreich und seine Vereinigung mit Luxemburg zu einem unabhängigen neutralen Staat unter der Garantie der Mächte sei möglich, vielleicht nützlich als „Puffer", dies dürfe aber nur bei einem vollständigen preußischen Sieg konzediert werden.

dalitäten einer „Interposition" der Neutralen, Kongreß zur Herstellung eines „wirklichen", d. h. maßvollen Friedens. Daß die Leiter der russischen Außenpolitik in den Augustwochen eine Wiederherstellung des Friedens unter aktiver Mitwirkung der Neutralen und wenn irgend möglich durch einen großen Friedenskongreß anstrebten, ist nicht nur Choteks Aufzeichnungen zu entnehmen, sondern durch eine Fülle von Quellenzeugnissen gut belegt[71].

Am 20. August traf Graf Chotek in Wien ein. Er berichtete Beust und dem Kaiser über die in Petersburg und Peterhof gewonnenen Eindrücke und legte seine Aufzeichnungen über die Unterredungen mit Zar Alexander und Gorčakov vor. Für den 22. August wurde ein „gemeinsamer Ministerrat" einberufen, um über die „fernere Politik" Österreich-Ungarns zu beraten. Vor allem in den Hof- und Militärkreisen Wiens gab es Anhänger eines engeren Zusammengehens mit Rußland, die angeblich sogar dafür waren, sich Rußlands durch die Abtretung Galiziens zu versichern und dann Schlesien und Bayern zu verlangen oder zu nehmen. „Die Idee einer Allianz mit Rußland", schreibt ein Mitarbeiter Beusts, „war selbst in der Umgebung Beusts so verbreitet, daß einzelne seiner vertrauten Berater ihn geradezu mit Vorwürfen überhäuften, weil er derselben nicht nähertrat"[72]. Selbst der Finanzminister Lónyay, Ungar und keineswegs russenfreundlich eingestellt, äußerte in einem Brief an Andrassy vom 19. August 1870: „Ich meine, wir sollten den von Rußland her gesponnenen Faden ergreifen und uns bestreben, auch England herbeizuziehen, um sodann im Interesse des Friedens und des europäischen Gleichgewichts eine russisch-englisch-österreichisch-ungarische Mediation, wenn nötig, auch mittels Beschleunigung militärischer Vorbereitungsmaßregeln ins Werk zu setzen. Schade um jeden Tag, der in dieser Hinsicht versäumt wird..."[73]. Sogar in Paris hätte man in diesen Tagen ein Zusammengehen der Habsburgermonarchie mit Rußland nicht ungern gesehen – in der Hoffnung, ein solches Zusammengehen werde zu einer diplomatischen und möglicherweise sogar zu einer bewaffneten Vermittlungsaktion der Neutralen zugunsten Frankreichs führen. Der österreichische Botschafter in Paris telegrafierte am 23. August nach Wien: „Voici ce que La Tour d'Auvergne verrait avec plaisir mais sans paraître le provoquer:

---

[71] Vgl. u. a. Bericht Reuß an Bismarck, Petersburg 7. 8. 1870 (pr. Herny 14. 8.) – PA I ABc 70 Bd. 25, Bl. 84 ff.; Privatbrief Wimpffen an Beust, Berlin 13. 8. 1870 – HHStA PA III 102, Bl. 164 ff.; Tel. Buchanan an Granville, Petersburg 15. 8. 1870 – PRO FO 65/803, Bl. 211 f.; Bericht Perglas an Bray, Berlin 15. 8. 1870 – GStAM MA I 648; Bericht Truchseß an Bray, Petersburg 16. 8. 1870 – ebd.; Bericht Bibra an Bray, Bern 18. 8. 1870 – ebd.; ferner Privatbrief Gorčakov an Oubril, Peterhof 18. 8. 1870 – AVPR Fk 1870 delo 22, Bl. 419; Erlaß Gorčakov an Brunnow, Peterhof 24. 8. 1870 – ebd. delo 85, Bl. 84 ff. Allerdings äußerte Gorčakov bereits am 20. August Zweifel, ob das Berliner Kabinett eine Mitwirkung der Neutralen beim Friedensschluß zulassen werde, s. Erlaß Gorčakov an Brunnow, Peterhof 20. 8. 1870 – ebd. delo 85, Bl. 80 ff.
[72] L. RITTER VON PRZIBRAM, Erinnerungen eines alten Österreichers, 2 Bde, Stuttgart 1911/1913, hier: 1, 270.
[73] E. KÓNYI, Graf Beust und Graf Andrassy 1870–71, in: Deutsche Revue 1890 Bd. 2, 1–28, 145–165, hier: 14. Andrassy war jedoch dafür, sich gegenüber Rußland reserviert zu verhalten.

Médiation diplomatique essayée par la Russie avec les neutres. Si refusée de la Prusse, armement des neutres en vue de médiation armée! Cette proposition devrait être faite par nous"[74].

In diese Richtung tendierten die Beratungsergebnisse des gemeinsamen Ministerrats vom 22. August[75]. Es wurde beschlossen, das russische Entgegenkommen zu erwidern und eine gemeinsame Vermittlung zur Wahrung der Integrität Frankreichs anzustreben. Es bestand jedoch völlige Einigkeit, daß die österreichischen Rüstungen nicht einzustellen seien, vielmehr habe es bei den bisher getroffenen militärischen Vorkehrungen zu bleiben. Um isolierte Vermittlungsversuche auszuschalten, sollte bei der Neutralitätsabsprache mit England an jener Vorbehaltsklausel festgehalten werden, von der bereits ausführlich die Rede war[76]. Das politische Kalkül, das hinter den Ministerratsbeschlüssen stand, wird deutlich in einem Erlaß Beusts an den österreichischen Botschafter in Paris: „Indem wir uns Rußland nähern, bereiten wir das Terrain für eine Kollektivmediation vor, bei der wir unsere Stimme zugunsten der französischen Interessen hören lassen werden, und gleichzeitig suchen wir das russische Mißtrauen zu beruhigen, um in voller Freiheit unsere militärischen Vorbereitungen weiterführen zu können, die uns erlauben werden, unsere Stimme mit größerer Autorität zu erheben". Auch die österreichische Vorbehaltsklausel in der Beitrittserklärung zur Neutralitätsliga diene dazu, eine Kollektivmediation vorzubereiten, bei der Österreich notwendigerweise eine einflußreiche Rolle spielen würde, die es in einem für Frankreich günstigen Sinne ausüben werde[77].

Seine Instruktionen an Chotek legte Beust am 25. August in vier Erlassen nieder. Im ersten dieser Erlasse[78] führte er aus: die österreichische Regierung sei zu einer gegenseitigen Annäherung bereit, sie zögere auch nicht, auf Gorčakovs Vorschlag einer gemeinsamen Aktion der neutralen Mächte „sans cocarde" einzuge-

---

[74] Tel. Metternich an Beust, Paris 23. 8. 1870 – HHStA PA IX 95, Bl. 247. Vgl. Tel. Vitzthum an Beust, Paris 23. 8. 1870: „Médiation Austro-Russe armée pourrait seule, selon La Tour, arrêter Prussiens" (ebd. PA IX 177).
[75] Ministerratsprotokoll vom 22. 8. 1870 – HHStA PA XL 285, Bl. 687–715; vgl. die ausführlichen Darlegungen bei MOSSE, European Powers 325 f., DIÓSZEGI 138 ff., LUTZ, Österreich-Ungarn 243 ff.
[76] Siehe oben S. 90 ff.
[77] Erlaß Beust an Metternich, Wien 24. 8. 1870 – HHStA PA IX 97, Bl. 366 ff. Der Erlaß diente dazu, evtl. französische Besorgnisse wegen einer österreichisch-russischen Annäherung zu zerstreuen, da die Reise Choteks Anlaß zu übertriebenen Gerüchten gegeben hatte. Man wird dessenungeachtet annehmen dürfen, daß Beust mit den zitierten Formulierungen seine eigentlichen Absichten aussprach und eine Kollektivmediation nicht lediglich zur Beruhigung der französischen Regierung als das Ziel des eingeschlagenen politischen Kurses herausstellte.
[78] Erlaß Beust an Chotek, Wien 25. 8. 1870 (No. 1) – HHStA PA X 63, Bl. 273–276.

hen, dieser Aktion müsse man allerdings einen energischen Charakter aufprägen, wenn man das angestrebte Ziel erreichen wolle. Die russische Regierung wurde dann um ihre Stellungnahme zu folgenden drei Punkten gebeten: 1) die Möglichkeit einer „Interposition" der neutralen Mächte; 2) die Grundlagen eines den Kriegführenden vorzuschlagenden Friedens; 3) die Haltung, die eingenommen werden solle, wenn diese Vorschläge der neutralen Staaten von seiten der einen oder anderen kriegführenden Macht abgelehnt würden. Dem Wiener Kabinett, so fuhr dieser Erlaß fort, liege vor allem daran, „isolierte Vermittlungen und unberechenbare Demarchen" unmöglich zu machen, deshalb habe es seinen Beitritt zur Neutralenliga unter dem Vorbehalt vollzogen, daß jede isolierte Vermittlung ausgeschlossen sein müsse. Die österreichische Regierung nehme den von Rußland empfohlenen Gedanken eines Kongresses auf und überlasse dem Petersburger Kabinett gerne die Initiative in dieser Sache. Die drei weiteren Erlasse waren den spezielleren Problemen gewidmet, der orientalischen und polnischen Frage[79] sowie den militärischen Rüstungsmaßnahmen der Habsburgermonarchie[80], dem eigentlich kritischen Punkt in den russisch-österreichischen Beziehungen während dieser Wochen. Noch einmal wurde die Notwendigkeit österreichischer Rüstungen mit der exponierten geographischen Lage Österreichs begründet, der Grenznähe der Hauptstadt, der Nähe zu Ländern wie der Schweiz, Italien und Rumänien, die „Zentren der europäischen Revolution und der internationalen Propaganda" seien. Diese Rüstungen seien nicht gegen Rußland gerichtet; wenn Rußland ebenfalls so bescheidene Rüstungen betreiben wolle wie Österreich, würde das in Wien keineswegs alarmieren, im Gegenteil: dies könnte für den Fall einer gemeinsamen politischen Aktion sogar nützlich sein. Das Wiener Kabinett sei bereit, mit der russischen Regierung militärische Arrangements zu treffen.

Mit diesen Instruktionen und einem Handschreiben Kaiser Franz Josephs an Zar Alexander[81] reiste Graf Chotek über Berlin nach Petersburg zurück. Schon bei einer Unterredung mit dem österreichischen Gesandten in Berlin, Graf Wimpffen, und dann bei seiner Ankunft in Petersburg waren Chotek Bedenken gekommen, ob diese Instruktionen noch der politischen Situation entsprächen[82], aber Beust bestand auf strikter Durchführung des erteilten Auftrags: „Nichts ändert sich an Instruktionen, wir legen den Wert auf baldige und gänzliche Beantwortung der gestellten Fragen"[83]. Am Nachmittag des 29. August begab sich Chotek nach Pe-

---

[79] Erlasse Beust an Chotek, Wien 25. 8. 1870 (No. 3 und 4) – ebd. Bl. 293–300, 301–306.
[80] Erlaß Beust an Chotek, Wien 25. 8. 1870 (No. 2) – ebd. Bl. 277–289.
[81] Schreiben Kaiser Franz Joseph an Zar Alexander, Wien 24. 8. 1870 (projet) – ebd. PA X 62, Bl. 10–14.
[82] Tel. Chotek an Beust, Petersburg 29. 8. 1870, 1.00 Uhr (Wien an: 7.30 Uhr) – ebd. Bl. 189.
[83] Tel. Beust an Chotek, Wien 29. 8. 1870, 15.45 Uhr – ebd. PA X 63, Bl. 307.

terhof. Als er dem Zaren die Auffassungen und Vorschläge des Wiener Kabinetts unterbreitete, kam es zum Eklat[84].

Kaiser Alexander reagierte höchst indigniert, ja erregt auf die Mitteilung, Österreich werde seine Rüstungen in begrenztem Umfang fortführen und der Neutralenliga nur unter bestimmten Bedingungen beitreten. Nicht weniger entrüstet war er über den Vorschlag, Rußland solle seinerseits gewisse Rüstungsmaßnahmen treffen, „um bei den Friedenskonferenzen der Auffassung der beiden Mächte, die dasselbe Ziel anstrebten, mehr Gewicht zu verleihen". Diesen Vorschlag interpretierte er dahin (trotz Choteks Widerspruch nicht zu Unrecht, wie man aufgrund der Quellen hinzufügen darf), Österreich wolle Rußland auf den Kurs einer „direkten, gegen Preußen gerichteten Feindseligkeit" ziehen. Graf Chotek bekam harte Worte zu hören: „mangelnde Rücksicht Österreichs für die russischen Wünsche, vorsätzliche Pression, Absicht einer Verführung, Stellen von Bedingungen". Empört erklärte der Zar dem österreichischen Gesandten, der Beschluß des Wiener Kabinetts hinsichtlich der Rüstungen „modifiziere empfindlich die Position und den Charakter der Neutralität beider Kaiserreiche, die identisch sein müsse, wenn man ein Einvernehmen erreichen und befestigen wolle". Mit Mühe gelang es Chotek, den Zaren zu dem Versprechen zu bewegen, das russische Kabinett werde „erst nach reiflicher Erwägung" eine Entscheidung über seine fernere Haltung gegenüber Österreich treffen.

Auf die drei von der österreichischen Regierung gestellten Fragen hinsichtlich einer gemeinsamen Vermittlungsaktion wollte Kaiser Alexander unter diesen Umständen in der Unterredung am 29. August überhaupt nicht eingehen. Erst einige Tage später (nachdem bereits die Nachrichten über die Schlacht von Sedan in Petersburg eingetroffen waren) äußerte Gorčakov zu Chotek darüber folgendes. Ad 1): Die Möglichkeit einer „Interposition" neutraler Mächte halte er, „wie eben die Sachen sich *leider* in den letzten 8 Tagen gestaltet haben", für kaum mehr wahrscheinlich und ausführbar, weil Preußen wohl nichts davon hören wolle. Ad 2): Die Erhaltung der napoleonischen Dynastie (Vormundschaft der Kaiserin für den kaiserlichen Prinzen) zöge Rußland anderen Kombinationen immer noch vor, er halte aber die Chancen für eine solche Lösung für nicht sehr groß; ebenso würde Rußland eine Nichtverletzung der Integrität Frankreichs bevorzugen, „aber jetzt schon fürchte er, daß dies leicht ein frommer Wunsch bleiben könnte". Ad 3):

---

[84] Das folgende nach der Berichterstattung Choteks, vor allem Bericht Chotek an Beust, Petersburg 4. 9. 1870 mit Anlagen: Depesche Gorčakov an Novicow (Kopie), Petersburg 2. 9. 1870; Bericht Chotek an Beust (von Gorčakov durchgesehen) o. D.; Schreiben Chotek an Gorčakov 3./4. 9. 1870 (Abschr.) – HHStA PA X 62, Bl. 198–231. Choteks Angaben hinsichtlich derjenigen Wiener Argumente und Vorschläge, die Zar Alexanders besonderen Unmut hervorriefen, werden im wesentlichen bestätigt durch Gorčakovs Darlegungen in seinen Erlassen an Novicow vom 30. 8. und 11. 9. 1870 – AVPR Fk 1870 delo 148, Bl. 131 ff., 138 ff., 154 ff., 173 f. Die wichtigsten diplomatischen Vertreter in Petersburg erfuhren rasch von dem Eklat, s. Tel. Reuß an AA, Petersburg 3. 9. 1870, 18.25 Uhr – PA I ABc 70 Bd. 43, Bl. 67; Tel. und Berichte Buchanan an Granville, Petersburg 2. 9. 1870 – PRO FO 65/804 Bl. 1 f.

„Da man hier entschlossen sei, eine materielle militärische Pression auf einen Kriegführenden unter gar keinen Umständen eintreten zu lassen, man sich aber dem bereits mit Sicherheit vorauszusehenden refus nicht aussetzen will, so müßten eben *nur* solche Propositionen überhaupt vorgebracht werden, deren Annehmbarkeit evident vorauszusetzen wäre".

Graf Chotek war tief deprimiert über die Aufnahme, welche die österreichischen Vorschläge bei Kaiser Alexander und bei Gorčakov fanden, und hielt seine Stellung in Petersburg für so erschüttert, daß er in Erwägung zog, in Wien um seine Abberufung einzukommen[85]. Gorčakov bemühte sich, die schroffe Absage des Kaisers in mildere Formulierungen zu fassen und dem Vorgang den Stempel eines „Mißverständnisses" aufzuprägen. An den russischen Geschäftsträger in Wien schrieb er in einem Erlaß, den er Chotek zur Kenntnis gab: Rußland werde keine Rüstungsmaßnahmen (gegen Österreich nämlich) einleiten, wenn Österreich nicht ähnliche Maßregeln ergreife; sofern die von Österreich ins Auge gefaßte „Bereitschaft" zur Weiterführung militärischer Rüstungen nicht realisiert werde, solle sich in den Beziehungen der beiden Staaten nichts ändern, und man könne „den Faden einer so fatal unterbrochenen Unterhaltung wieder aufnehmen". Er habe Graf Chotek gebeten, seinen Hof darauf hinzuweisen, zu welch schweren Konsequenzen es führen könne, wenn Wien sich „zu den russischen Absichten in Gegensatz stelle und auf seinen geplanten Rüstungen bestehe. Zwei benachbarte Mächte, die Rüstungen betreiben und ihre Kräfte konzentrieren, ohne ein *identisches* Ziel zu verfolgen, begeben sich auf eine schiefe Ebene, auf der sie sich in einer Richtung bewegen, die weder ihren Wünschen noch ihren Interessen entspricht".

Wenn Gorčakov auch die Tür zu einer Verständigung einen Spalt breit offen ließ, so änderte das nichts an der Tatsache, daß die „Mission Chotek" vollständig fehlgeschlagen war. Die österreichischen Vorschläge und die russische Reaktion auf sie hatten – statt zu einer Annäherung zwischen Rußland und Österreich – zu einer Verstärkung des gegenseitigen Mißtrauens geführt. Beusts Absicht, nach dem Scheitern der Allianzverhandlungen mit Frankreich und Italien Österreich-Ungarn nun durch ein engeres Einvernehmen mit Rußland einen maßgebenden Einfluß auf den weiteren Gang der politischen Auseinandersetzungen während des Krieges und bei den Friedensverhandlungen zu sichern, waren kläglich gescheitert – noch vor der Schlacht von Sedan und unabhängig von diesem militärischen Ereignis. Beust ließ seine Verärgerung über diesen Verlauf der Entwicklung in wenig sympathischer Weise an Graf Chotek aus[86], der dem Unmut Zar Alexanders möglicherweise nicht sehr souverän begegnet ist, diesen Unmut aber nur durch eine genaue Befolgung der ihm vom Wiener Kabinett erteilten Instruktion hervorgerufen hat.

---

[85] Um das Petersburger Kabinett von einer allzu brüsken Erwiderung abzuhalten, legte Chotek Gorčakov einen Berichtsentwurf mit seinem Abschiedsgesuch vor. Dieses Manöver wurde von Beust scharf kritisiert.
[86] Psychologisch aufschlußreich ist insbesondere der Erlaß Beust an Chotek, Wien 15. 9. 1870 – HHStA PA X 63, Bl. 326–330; ferner die Telegramme Beusts vom 1. und 7. 9. 1870 – ebd. Bl. 310, 315.

In der Forschung wird die Auffassung vertreten[87], das Fiasko der „Mission Chotek" sei auf einen Meinungsumschwung bei Zar Alexander und Gorčakov in der zweiten Augusthälfte zurückzuführen. Für einen solchen Meinungsumschwung gibt es keine quellenmäßigen Belege, und es bedarf auch gar nicht der Annahme, der Zar und Gorčakov hätten zwischen dem 14. und 29. August ihre Absichten und Intentionen abrupt geändert, um die schroffe russische Reaktion auf Choteks Eröffnungen nach seiner Rückkehr aus Wien einleuchtend zu erklären. Gewiß hatten Zar Alexander und Gorčakov am 14. August nachdrücklich für eine Beteiligung der Neutralen an den Friedensverhandlungen plädiert, das Interesse an einer Verbesserung der Beziehungen zur Habsburgermonarchie bekundet und den Wunsch ausgesprochen, „de développer et consolider une entente favorable à l'équilibre Européen et qui donnerait à l'Autriche une place plus importante que celle qu'elle occupe depuis ses derniers revers"[88]. Aber die Gesprächsäußerungen des Zaren und Gorčakovs am 14. August dürfen nicht zu einem „Allianzprojekt" oder einer „Bündnisinitiative"[89] hochstilisiert werden – ein so weitreichender Schritt wäre von den Leitern der russischen Außenpolitik zweifellos nicht ohne schriftliche Fixierung der eigenen Vorstellungen und Vorschläge unternommen worden. Die Frage eines Eingreifens der Neutralen in den Kriegsbeendigungsprozeß war am 14. August ebensowenig akut wie am 29. August. Das vorrangige Nahziel der Petersburger Politik in diesen Wochen war es vielmehr, die Habsburgermonarchie auf einen Kurs strikter Neutralität festzulegen und die Einstellung der von Rußland als Bedrohung empfundenen militärischen Rüstungen Österreich-Ungarns zu erreichen. „Nous conservons l'espoir de maintenir l'Autriche sur le terrain de neutralité. Tous nos efforts sont consacrés à ce but", erklärte Gorčakov am 11. August[90], und als Prüfstein der österreichischen Haltung galt Zar Alexander und Gorčakov die Stellungnahme des Wiener Kabinetts zu der von Rußland gewünschten Einstellung der militärischen Rüstungen. Dies geht übrigens auch aus Choteks Aufzeichnungen über seine Unterredungen in Peterhof am 14. August klar hervor. Vor dem Hintergrund dieser Erwartung mußte die Wiener Antwort wie eine Provokation wirken. Das Wiener Kabinett war nicht bereit, in der Frage der österreichischen Rüstungen einzulenken, und es war darüber hinaus bestrebt, Rußland auf einen Kurs der offenen Konfrontation mit Preußen-Deutschland zu manövrieren[91]. Mit den Ministerratsbeschlüssen vom 22. August und den

---

[87] MOSSE, European Powers 327 f. und vor allem LUTZ, Österreich-Ungarn 241 ff.
[88] So Gorčakov in seinem Erlaß vom 13. August an Novicow, der in diesen Tagen seine Tätigkeit als russischer Botschafter in Wien aufnahm – AVPR Fk 1870 delo 148, Bl. 121. Diese Formulierung Gorčakovs ist etwa zeitgleich mit den von Chotek festgehaltenen Äußerungen Gorčakovs und des Zaren vom 14. August (über ihre Gespräche mit Chotek am 14. August haben der Zar und Gorčakov anscheinend keine Aufzeichnungen angefertigt).
[89] So LUTZ, Österreich-Ungarn 241 f.
[90] Privatbrief Gorčakov an Oubril, Peterhof 11. 8. 1870 – AVPR Fk 1870 delo 22, Bl. 413.
[91] Wenn Gorčakov die österreichischen Argumente für eine Fortführung der Rüstungsmaßnahmen (Gefahren seitens der Schweiz, Bayerns und Rumäniens) im Gespräch mit Chotek als „wenig seriös" bezeichnete, wird ihm darin kaum widersprochen werden können, und zuzustimmen ist auch Gorčakovs Feststellung: Österreich-Ungarn wolle sich in die Position

3. Zustandekommen und Tendenzen der „Neutralenliga"

darauf basierenden Instruktionen Beusts für Chotek unternahmen die Führer der Habsburgermonarchie einen großangelegten Versuch, das Zarenreich vor den Karren der Wiener Politik einer „Demütigung Preußens"[92] zu spannen – und sie erlebten dabei eine eindeutige Abfuhr.

Nach dieser Analyse der lebhaften diplomatischen Aktivität, welche die Kabinette von London, Florenz, Petersburg und Wien in den Augustwochen entfalteten, gilt es nun den Blickwinkel zu wechseln und folgenden Fragen nachzugehen: Was *wußte* Bismarck von den Bemühungen um die Begründung einer Neutralenliga, von den – z. T. durchaus divergenten – Absichten und Zielsetzungen, die hinter diesem Bemühen um einen engeren Zusammenschluß der neutralen Mächte standen? Und wie *reagierte* er auf die in der Begründung der Neutralenliga zum Ausdruck kommenden Tendenzen der Neutralen, wie suchte er angesichts dieser Bestrebungen die weitere Entwicklung durch seine eigene politische Aktion zu beeinflussen?

Der Erörterung dieser Fragen sind einige Bemerkungen vorauszuschicken über die äußeren Bedingungen, unter denen sich im August die Tätigkeit Bismarcks und seiner engsten Mitarbeiter vollzog. Es bestand offensichtlich gleich bei Kriegsbeginn völliges Einverständnis darüber, daß Bismarck – wie bereits 1866 – den König ins Feld begleiten würde, denn es gibt kein Indiz dafür, daß über diese Frage eine Diskussion stattgefunden hätte. Als der König mit dem „Großen Hauptquartier" am 31. Juli aus Berlin abreiste, befand sich in seiner Begleitung auch das „mobilisierte Auswärtige Amt", bestehend aus vier Legationsräten (Abeken, von Keudell, Graf Hatzfeldt, Graf Bismarck-Bohlen; Anfang Oktober kam noch Lothar Bucher hinzu) und einem halben Dutzend weiterer Mitarbeiter (Sekretäre, Chiffreure, Boten)[93]. Das Hauptquartier traf in den frühen Morgenstunden des 2. August in Mainz ein und blieb dort bis zum 7. August. Am späten Abend des 4. August erhielt man Kunde vom Sieg bei Weißenburg, mitten in der Nacht vom 6./7. August erfuhr man von der Schlacht bei Wörth, genauere Details lagen erst am

einer bewaffneten Neutralität begeben – indem es diese Haltung einnehme, verschiebe das Wiener Kabinett die Frage völlig von jenem Terrain, auf dem sie sich bei der Abreise Choteks aus Petersburg befunden habe (Erlaß Gorčakov an Novicow, Peterhof 30. 8. 1870 – AVPR Fk 1870 delo 148, Bl. 138 ff., hier 140). Schon in seinem Erlaß an Novicow vom 13. August (s. Anm. 88) hatte Gorčakov die Befürchtung geäußert, „que l'activité fébrile, j'oserais même dire la maladresse de M. le Comte de Beust n'empêchent le développement du bon germe". Die Wiener Reaktion auf das von Chotek überbrachte Petersburger Angebot eines russisch-österreichischen Zusammenwirkens konnte Gorčakov in seinem Mißtrauen gegen Beust und die Intentionen der österreichischen Politik nur bestärken.

[92] Mit dieser Formel charakterisiert LUTZ, Österreich-Ungarn 196, treffend das Ziel der österreichischen Politik im Juli/August 1870.
[93] BUSCH 1, 61. Für die Reise und die Arbeit des mobilisierten AA im August siehe neben R. v. KEUDELL, Fürst und Fürstin Bismarck. Erinnerungen aus den Jahren 1846–1872, Berlin/Stuttgart 1901, 445 ff. und den (wenig ergiebigen) Kriegsbriefen 1870 Graf Paul HATZFELDTs (Leipzig 1907) vor allem: ABEKEN 390 ff., BUSCH 1, 66 ff. (ab 11. August im Hauptquartier) und BAMBERGER, Bismarcks großes Spiel. Die geheimen Tagebücher Ludwig Bambergers, hrsg. v. E. Feder, Frankfurt a. M. 1933, 140 ff. (Bamberger befand sich vom 2. bis 9. und 16. bis 23. August im Hauptquartier.)

7. August vor. Vom 7. August an folgte das Hauptquartier in einigem Abstand den vorrückenden deutschen Armeen[94].

Sofort nach der Ankunft in einem neuen Quartier richtete sich das Personal des „mobilisierten Auswärtigen Amtes" ein notdürftiges Büro her. Dort wurden Telegramme chiffriert und dechiffriert, Telegramme und Erlasse konzipiert und korrigiert, die eingegangenen Berichte gelesen und bearbeitet, Kuriere abgefertigt. Mit dem Auswärtigen Amt in Berlin, dessen Leitung in der Hand von Staatssekretär v. Thile lag, stand man durch Kuriere und durch den Telegrafen in ständiger Verbindung. Die Missionen hatten Anweisung erhalten, alle wichtigen Telegramme nicht nur nach Berlin, sondern auch direkt ins Hauptquartier zu schicken. Obwohl das Hauptquartier im August ständig unterwegs war, ermöglichte es das gut funktionierende Telegrafenwesen, daß Bismarck die als Duplikat in Wien, London oder Petersburg abgegangenen Telegramme im allgemeinen nur wenige Stunden später erhielt als das AA in Berlin. Auf diese Weise war er auch während der Tage des Vormarsches ständig au courant und konnte seinerseits schnell auf direktem Wege Weisungen an die Missionen geben. Es ist schwer vorstellbar, wie Bismarck in diesen Wochen (und auch in der zweiten Kriegsphase) seine Politik fern von Berlin, vom Hauptquartier aus, hätte führen können, wenn es keinen Telegrafen gegeben hätte. Die Berichte der Geschäftsträger liefen im August über Berlin, von wo sie durch Kurier ins Hauptquartier geschickt wurden. Der Kurier benötigte durchschnittlich vier Tage, so daß Bismarck diese Berichte in der Regel vier Tage später zu Gesicht bekam, als es der Fall gewesen wäre, wenn er in Berlin geblieben wäre (von Anfang Oktober an, als das Hauptquartier in Versailles fest etabliert war, gingen die Berichte aus London und Florenz, ohne Umweg über Berlin, direkt ins Hauptquartier). Für die in Berlin akkreditierten Gesandten war Bismarck allerdings die ganze Kriegszeit hindurch nicht erreichbar, was diese bedauerten, Bismarck selbst aber zweifellos nicht als Nachteil empfunden hat. Daß im Hauptquartier nur ein bescheidener Apparat zur Verfügung stand, bedeutete also – alles in allem gesehen – kein wesentliches Handicap bei der Führung der diplomatischen Operationen. Die geringen Unzuträglichkeiten wurden weit aufgewogen durch bedeutende Vorteile: Bismarck stand mit dem König als Oberstem Kriegsherrn in ständigem engen Kontakt und konnte in den kritischen Momenten die politischen Gesichtspunkte zur Geltung bringen; außerdem vermochte er – da in Berlin nicht greifbar – unmittelbare Stellungnahmen gegenüber den fremden Mächten gegebenenfalls zu vermeiden bzw. zu verzögern.

Nach den bedeutsamen Erfolgen der deutschen Armeen in den ersten Augusttagen durfte Bismarck damit rechnen, daß Österreich, Italien und Dänemark jetzt nicht mehr von einem Tag zum andern aus ihrer Neutralität heraustreten und den

---

[94] Die einzelnen Stationen: 7./8. August Homburg in der Pfalz, 9.–11. 8. Saarbrücken, 11.–13. 8. St. Avold, 14.–16. 8. Herny, 16.–23. 8. Pont-à-Mousson, 23.–24. 8. Commercy, 24.–26. 8. Bar-le-Duc, 26.–29. 8. Clermont en Argonne, dann über Grand Pré nach Vendresse, von wo aus Bismarck und seine Mitarbeiter sich auf die Höhen von Sedan begaben, um den Verlauf der Schlacht zu verfolgen.

offenen Anschluß an Frankreich vollziehen würden[95]. Er beobachtete zwar den ganzen August hindurch nicht ohne Sorge die österreichischen Rüstungen, aber die Lokalisierung des Konflikts, sein wichtigstes Ziel während der ersten Kriegsphase, konnte er nunmehr, zumindest rebus sic stantibus, als erreicht betrachten. Am Horizont tauchte jetzt bereits jenes Problem auf, das dann zum Zentralproblem der weiteren Kriegsmonate wurde: Auf welchem Wege würde es möglich sein, einen Frieden zwischen Frankreich und Deutschland herzustellen – und welche Bedingungen sollten diesem Frieden zugrunde gelegt werden[96]?

Aufgrund der veränderten politischen Gesamtsituation mußten die Bemühungen der neutralen Staaten, zu einem engeren gegenseitigen Einvernehmen zu gelangen, anders bewertet werden als in den ersten Kriegswochen. Solange die französische Diplomatie aktiv – und nicht von vornherein ohne jede Erfolgschance – auf eine Ausweitung des Krieges hinarbeitete, liefen alle Bestrebungen, durch einen Zusammenschluß der Neutralen einzelnen Staaten ein Abgehen von der Neutralität zu erschweren und dadurch den Krieg zu lokalisieren, gewissermaßen parallel den Bemühungen Bismarcks um eine Begrenzung des Konflikts. Nach dem Scheitern der französischen Anstrengungen, andere Staaten in den Krieg hineinzuziehen, war indessen eine „Neutralenliga" zur Lokalisierung des Krieges nicht mehr erforderlich, und Bismarck konnte den ihm zugehenden Informationen entnehmen, daß sich nunmehr bei den Neutralen die Tendenz entwickelte, eine Friedensvermittlung anzupeilen und bei den Friedensverhandlungen mitzusprechen. Eine solche „Einmischung" der Neutralen in die Friedensverhandlungen wollte Bismarck aber, wie zu zeigen sein wird, keinesfalls zulassen. Denn er rechnete mit zwei – aus seiner Sicht negativen – Konsequenzen einer neutralen Friedensvermittlung: zum einen bot eine Vermittlungsaktion den neutralen Mächten die Gelegenheit, auch ihre je eigenen Sonderinteressen ins Spiel zu bringen, was den Kriegsbeendigungsprozeß komplizieren mußte; zum anderen war anzunehmen, daß die Neutralen, unter Beschwörung der Vorteile eines „maßvollen Friedens", Bedingungen durchzusetzen versuchen würden, die für das besiegte Frankreich günstig, für Deutschland nach seinen großen militärischen Erfolgen aber möglicherweise unannehmbar waren. Außer auf einen Vermittlungsschritt der Neutralen mußte sich Bismarck im August auf eine weitere Eventualität einstellen: der Sturz Napoleons III. rückte in den Bereich des Möglichen, ja Wahrscheinlichen. Am 10. August traf im Hauptquartier, es befand sich zu diesem Zeitpunkt in Saarbrücken, ein Telegramm des Londoner Botschafters ein, das auf Bismarck elektrisierend wirkte. Graf Bernstorff teilte mit: er glaube bestimmt zu wissen, daß zwei Prinzen aus dem Hause Orléans, der Herzog von Aumale und der Herzog von Chartres, nach Antwerpen gereist seien und in die französische Armee eintreten wollten; die „Pall Mall Gazette" stelle den Zusammenbruch des Kaiserreiches als unvermeidlich und so nahe bevorstehend dar, „daß hochstehende, mit dem Kaiser

---

[95] Vgl. oben S. 47 f.
[96] Zu den Kriegszielforderungen, die in Deutschland seit Anfang August erhoben wurden, und Bismarcks Haltung in der Kriegszielfrage siehe ausführlich unten S. 128 ff., 145 ff.

eng verbundene Personen schon Frankreich verlassen und Freunde desselben schon Vorbereitungen für die Flucht der Kaiserin der Franzosen und ihres Sohnes getroffen haben. Man verlangt, daß Changarnier und andere orléanistische Generale wichtige Kommandos erhalten". Auch die „Times" halte die Abdankung des Kaisers für bevorstehend[97].

Angesichts dieser Mitteilungen mußte man im deutschen Hauptquartier jetzt den Sturz Napoleons und den Versuch einer Erhebung der Orléans ins Kalkül nehmen. Bismarck ordnete sofort an, den Inhalt des Telegramms den Gesandtschaften mitzuteilen und in der Presse zu verarbeiten[98]. Dem norddeutschen Gesandten in Petersburg legte er darüber hinaus eindringlich dar, in welcher Weise er sich auszusprechen habe, sobald die Symptome der angedeuteten Eventualität einen ernsten Charakter annehmen sollten: „Das Vorschieben eines neuen Hauptes als bloßen Dekorationswechsel wird auf unsere Kriegführung keinen Einfluß haben, da wir uns nicht der Gefahr aussetzen können, nächstes Jahr dieselbe ungeheure Anstrengung gegen ein orléanistisches Frankreich noch einmal zu machen. Es ist möglich, daß England versuchen wird, in bewaffneter Neutralität mit Österreich und Italien uns unannehmbaren Frieden zu empfehlen, da Englands Politik der letzten Jahre nur dadurch erklärlich, daß es in Reminiszenz an die Konstellation des Krimkriegs die Bundesgenossenschaft eines starken Frankreich sich erhalten will. Wir rechnen darauf, daß Kaiser Alexander dies würdigt und die Notwendigkeit für uns erkennt, den Krieg nicht durch dynastische Scheinänderung, sondern durch wirkliche Garantien, die im Interesse des europäischen Friedens und aller Völker liegen, zu beenden. Die Räuberbande werde bleiben, auch wenn ihr Hauptmann wechselte."[99]

Einen Tag später erläuterte Bismarck dem Prinzen Reuß seine allgemeine Beurteilung der Situation noch etwas genauer[100]. Zwei Dinge waren es, die Bismarck angesichts der Eventualität eines Sturzes Napoleons am stärksten beunruhigten: Zum einen die Aussicht, daß die Orléans – gewissermaßen in Nachahmung des von den Bourbonen 1814 angewandten Verfahrens – versuchen könnten, Friedensverhandlungen zu eröffnen, „indem sie den Krieg als nur gegen Napoleon geführt darstellen und verlangen, daß die künftige Zufriedenheit des französischen Volkes durch einen für Frankreich günstigen Frieden gesichert werde". Zum andern die Wahrscheinlichkeit, daß England solche orléanistischen Bestrebungen begünstigen werde und, wenn sie in Frankreich Erfolg haben sollten, auf Deutschland einen Druck auszuüben versuchen könnte, „vielleicht in Verbindung mit Österreich und Italien, zunächst in bewaffneter Neutralität, ... um uns zum Abschluß eines unge-

---

[97] Tel. Bernstorff an Bismarck, London 9.8.1870, 23.17 Uhr (Saarbrücken an: 10.8., 8.00 Uhr) – PA I ABc 70 Bd. 25, Bl. 33.
[98] Tel. Bismarck an AA, Saarbrücken 10.8.1870, z. St. 11.45 Uhr (Konzept Keudell) – ebd.
[99] Tel. Bismarck an Reuß, Saarbrücken 10.8.1870, z. St. 21.50 Uhr (letzter Satz eigenhändiger Zusatz Bismarck im Konzept Abeken) – PA I ABc 70 Bd. 25, Bl. 34; auch GW 6b Nr. 1736.
[100] Erlaß Bismarck an Reuß, Saarbrücken 11.8.1870 – PA I ABc 70 Bd. 26, Bl. 9 ff.; auch GW 6b Nr. 1737. Zur Analyse von Bismarcks Gedankengängen vgl. unten S. 157 ff.

nügenden und unhaltbaren Friedens zu nötigen". Einen ungenügenden Frieden aber, das stellte Bismarck kategorisch fest, werde und könne Deutschland nicht abschließen. „Es ist nicht bloß Napoleon, es ist Frankreich selbst in seiner Herrschsucht, welche eine beständige Gefahr für seine Nachbarn bildet, mit oder ohne einen Napoleon an seiner Spitze." Der Sturz der napoleonischen Dynastie würde Deutschland deshalb keine Garantie dafür geben, daß es nicht im nächsten Jahr von neuem zu einem Kriege gezwungen werden könnte. Wenn die Hoffnungen und Erwartungen des deutschen Volkes in dieser Hinsicht von der Regierung enttäuscht würden, erhielten die revolutionären und republikanischen Tendenzen in Deutschland einen gewaltigen Auftrieb. Die Gefahren eines ungenügenden Friedens seien so groß, „daß wir meines Erachtens es selbst auf die Feindschaft Englands ankommen lassen müssen, um nicht einen für die deutsche Nation unannehmbaren Frieden zu schließen ... Gegen Frankreich haben wir keine anderen Rücksichten zu nehmen als die unseres eigenen und des allgemeinen politischen Interesses". Wenn es wegen der Friedensfrage zum Bruch mit England kommen sollte, bestehe die Aussicht, daß „die Interessen wie die Sympathien Amerikas auf unserer Seite sein würden"[101], vor allem aber rechne er auf die Gesinnung und den klaren Blick Kaiser Alexanders. Soweit Bismarck in seinem Erlaß an Prinz Reuß vom 11. August[102].

Die wenige Tage später aus Petersburg eintreffenden Informationen ließen es aber äußerst fraglich erscheinen, ob bei Vermittlungsversuchen einzelner neutraler Mächte tatsächlich auf eine energische russische Gegenwirkung gerechnet werden durfte. Einem am 14. August im Hauptquartier eingehenden Bericht des Prinzen Reuß war zu entnehmen, daß der norddeutsche Gesandte den Eindruck gewonnen hatte, Fürst Gorčakov werde alles mögliche tun, „um als Friedensvermittler eine hervorragende Rolle zu spielen"[103]. Ein am gleichen Tag im Hauptquartier vorliegendes Telegramm des Prinzen Reuß enthielt Mitteilungen über den englischen Vorschlag einer Neutralenliga und die russische Zustimmung zu diesem Vorschlag. Des weiteren registrierte Prinz Reuß: „Die Sprache des englischen Botschafters verrät die Furcht Englands vor Erdrückung Frankreichs. Nach ihm würde die Vereinigung der Neutralen auch als Friedensvermittler auftreten. Fürst Gorča-

---

[101] Zu den gespannten britisch-amerikanischen Beziehungen während dieser Jahre siehe oben S. 15, 28 f. Am 27. August telegraphierte Bismarck an den Gesandten in Washington: „Wir begreifen Amerikas Neutralität. Andere Neutrale werden voraussichtlich bald bei Friedensverhandlungen auf uns zu drücken versuchen. Können wir nach Ihrer Ansicht auf einen uns günstigen diplomatischen Gegendruck Amerikas rechnen?" (PA I ABc 70 Bd. 38, Bl. 84; auch GW 6b Nr. 1769). Nach Gerolts Antwort vom 30. August stand jedoch ein „diplomatischer Gegendruck" der USA nicht zu erwarten.
[102] Mit den Gedankengängen dieses Erlasses stimmen briefliche Äußerungen von Bismarcks engsten Mitarbeitern im Großen Hauptquartier überein: ABEKEN 402 (12. 8. 1870); Keudell an seine Frau, St. Avold 12. 8. 1870 (DZAM Rep. 92 Keudell 92).
[103] Bericht Reuß an Bismarck, Petersburg 7. 8. 1870 (pr. Berlin 10. 8., Herny 14. 8.) – PA I ABc 70 Bd. 25, Bl. 84 ff.

kov sagte zwar nichts hiervon, doch besteht dieser Hintergedanke."[104] Umgehend wies Bismarck den Gesandten an: „Verhalten Sie sich zu verfrühten Anregungen über Inhalt künftigen Friedens passiv und schweigsam. Dem Kaiser gegenüber werden Andeutungen, daß ein für Deutschland unbefriedigender Friede der Republik und dem Sozialismus die Bahn bricht, sich doch gelegentlich anbringen lassen."[105]

In den folgenden Tagen verdichteten sich die Symptome, daß bei den Neutralen über eine Vermittlungsaktion nachgedacht wurde. Am 15. August telegrafierte Prinz Reuß eine Äußerung des österreichischen Gesandten Graf Chotek (zweifellos ein Reflex der Unterredungen, die Chotek am 14. August mit dem Zaren und Fürst Gorčakov hatte): die Neutralenliga „werde sich auch seinerzeit mit Friedensvorschlägen beschäftigen, doch bis jetzt hierüber nur allgemeine Besprechungen. Kongreß-Idee bei Fürst Gorčakov sehr beliebt"[106]. In einem Bericht, der am 17. August im Hauptquartier einging, betonte Prinz Reuß, Gorčakovs Äußerungen bestärkten ihn in der Vermutung, „daß dieser bereits an einer Verständigung zwischen den Neutralen arbeitet"[107]. Und in einem Telegramm vom 19. August meldete Prinz Reuß: „Der Kaiser fragt mich, ob ein Thronwechsel dem Kriege ein Ende machen würde. Ich antwortete nach Instruktion. Er spricht zum erstenmal vom Frieden, hofft auf Mäßigung des Siegers, hält Territorial-Erwerbung für Keim neuer Kriege, ratet sich mit Geld-Entschädigung, Schleifung der Festungen zu begnügen.... Fürst Gorčakov ähnliche Sprache, ohne zu präzisieren"[108].

Aufschlußreich für Bismarcks Lagebeurteilung in diesen Tagen ist ein für den preußischen Kronprinzen bestimmtes[109], vom Geheimen Rat Abeken abgefaßtes

---

[104] Tel. Reuß an Bismarck, Petersburg 13. 8. 1870, 21.30 Uhr (HQ an: 14. 8., 4.00 Uhr, pr. Herny 14. 8.) – PA I ABc 70 Bd. 29, Bl. 18.

[105] Tel. Bismarck an Reuß, Herny 14. 8. 1870, z. St. 8.00 Uhr – ebd.; auch GW 6b Nr. 1745. Auf demselben Bogen Papier konzipierte Bismarck ein Telegramm an den Gesandten in Wien: „Ich werde danach streben, den Friedensschluß, wenn wir siegreich bleiben, zur Besserung unserer Beziehungen zu Österreich zu benutzen. Berichten Sie Ihre Ansicht über Mittel und Aussicht. Beusts Torheiten sind Hauphindernis der Annäherung für uns wie für Rußland, welches ihr sonst nicht abgeneigt ist." Dieses Telegramm ließ Bismarck dann allerdings nicht abgehen, wahrscheinlich erschien ihm noch nicht der richtige Zeitpunkt gekommen, einen Faden in Richtung „Dreikaiserbündnis" zu spinnen.

[106] Tel. Reuß an Bismarck, Petersburg 15. 8. 1870 (pr. 15. 8.) – PA I ABc 70 Bd. 29, Bl. 97.

[107] Bericht Reuß an Bismarck, Petersburg 10. 8. 1870 (pr. Berlin 13. 8. Pont-à-Mousson 17. 8.) – PA I ABc 70 Bd. 28, Bl. 61 ff.; auch bei K. RHEINDORF, Die Schwarze-Meer-(Pontus-) Frage vom Pariser Frieden von 1856 bis zum Abschluß der Londoner Konferenz von 1871, Berlin 1925, 143.

[108] Tel. Reuß an Bismarck, Petersburg 19. 8. 1870 (19. 8. ins HQ telegraphiert) – PA I ABc 70 Bd. 31, Bl. 77.

[109] Anlaß für die Abfassung des Exposés war Bismarcks Eindruck, im Kronprinzlichen Hauptquartier werde die Gesamtlage allzu optimistisch eingeschätzt und die „Gefahr einer für Preußen unfreundlichen Einmischung" unterschätzt (Tel. Bismarck an AA, Herny 15. 8. 1870, GW 6b Nr. 1746).

Exposé vom 20. August[110]. Das – bisher unveröffentlichte und auch nirgendwo zitierte – Dokument soll hier im vollen Wortlaut wiedergegeben werden.

„Die Stellung der Neutralen hat sich seit der letzten Mitteilung[111] nicht verändert, nur daß nach den Eindrücken, welche die Gesandten S. M. aus der diplomatischen Sprache bekommen, die Neigung zur Einmischung immer bedeutsamer hervortritt. Vermutlich ist dies auch in St. Petersburg bei dem Fürsten Gortschakoff der Fall, dessen bekannte Vorliebe für einen Kongreß, auf welchem er in der Vermittlung eine dominierende Rolle für Rußland wie für seine Person zu spielen hofft, nur zu bald erwarten läßt, daß er mit solchen Vorschlägen hervortreten werde. Von italienischer Seite, wo man fälschlich glaubt oder zu glauben vorgibt, daß Preußen bei den vor einigen Wochen in Genua und Mailand vorgekommenen Tumulten seine Hand im Spiel gehabt, sind sogar schon leise Warnungen vor Gebiets-Schmälerungen von Frankreich angeklungen[112].

Daß von österreichischer und italienischer Seite keine freundliche Haltung zu erwarten, wußten wir, von letzterer namentlich, wozu die bekannte Vorliebe des Königs Victor Emanuel selbst für Frankreich, welcher ein Gegengewicht zu bilden die nationale Stimmung sich nicht stark genug erweist [sic!].

Aber auch auf russischer Seite sind, wenigstens bei dem Fürsten Gortschakoff, unsere Erfolge nicht geeignet, die Sympathien für Preußen und Deutschland zu vermehren; im Gegenteil müssen wir dort *nach* dem Siege eine weniger freundliche Haltung erwarten, als vor demselben; und es ist nicht unmöglich, daß wir Rußland auf die Seite unserer Gegner finden.

Diesen Schwierigkeiten entgegenzutreten, ist die *Diplomatie* allein nicht im Stande, wenn sie nicht durch eine *Machtentfaltung* Deutschlands unterstützt wird, die den Gegnern dasjenige abnötigt, was sie gutwillig nie gewähren werden.

Die Aufgabe der Diplomatie, bei dem Friedensschlusse dasjenige zu erreichen, was Deutschland zu fordern berechtigt ist, kann nur dann erreicht werden, wenn wir nach der Einnahme von Paris so stark sind, daß wir auch einer Koalition der Neutralen, namentlich von Österreich und Italien, gewaffnet entgegentreten können, ja selbst im schlimmsten Falle auch auf eine drohende Stellung Rußlands gefaßt sind.

---

[110] „Politische Übersicht für S. K. H. den Kronprinzen", Pont-à-Mousson 20. 8. 1870 – PA I ABc 70 Bd. 32, Bl. 32 f. Das von Abeken nach Bismarcks Instruktionen abgefaßte Exposé enthält, wenn nicht in der Formulierungsnuance, so auf jeden Fall in den grundsätzlichen Gedankengängen, Bismarcks Auffassung. Bismarck hat darauf verzichtet, das Exposé zu korrigieren und an den Kronprinz auszuhändigen, weil er am 20. August Gelegenheit zu einem langen Gespräch mit dem Kronprinzen hatte, in dem er seine Lagebeurteilung mündlich vortragen konnte. Der Kronprinz fand Bismarck „gemäßigt und sehr vernünftig redend, ich möchte sagen, das Augenmerk auf alles scharf gerichtet, kaltblütig beobachtend und keineswegs durch unsere bisherigen Erfolge sanguinisch gestimmt", siehe Kaiser FRIEDRICH III., Das Kriegstagebuch von 1870/71, hrsg. v. H. O. Meisner, Berlin/Leipzig 1926, 67.

[111] Gemeint ist eine – auf Bismarcks Weisung vom 15. August (s. Anm. 109) – dem Kronprinzen vom AA zugestellte Übersicht über die ausländische Presse (PA I ABc 70 Bd. 30, Bl. 22 f.).

[112] Ein Telegramm des AA vom 18. August teilte den Hauptinhalt eines Privatschreibens Visconti-Venostas an de Launay mit (dessen Text: DDI I/13, 315), u. a.: „Gebietsschmälerungen Frankreichs würden das europäische Gleichgewicht stören und in Italien Furcht vor einem deutsch-römischen Kaiserreich erwecken" (PA I ABc 70 Bd. 31, Bl. 37 f.; auch GW 6b Nr. 1749 Vorbem.). Bismarck reagierte schroff abweisend gegen evtl. italienische Ratschläge und sprach vom „anmaßlichen Beigeschmack der Gleichgewichtsredensart" (ebd.).

Bei diesem dringenden Bedürfnis, unsere Mittel und unsere Macht zusammenzuhalten, ist es ein schmerzlicher Gedanke, daß unsere bisherigen Erfolge, namentlich in den letzten Tagen, der Armee so ungeheure Opfer an Menschen und besonders an Offizieren, die so schwer zu ersetzen sind, auferlegt haben. Diese Opfer haben die Franzosen, obgleich geschlagen in jedem Kampfe, nicht in gleichem Verhältnis erfahren; sie haben ihre Truppen und ihre Offiziere viel weniger exponiert und erscheinen daher weniger gebrochen als man es nach so wiederholten Siegen unserer Armeen erwarten dürfte. Die militärische Seite dieses Verhältnisses entzieht sich natürlich der diesseitigen Beurteilung; vom politischen Standpunkte aber ist es Pflicht, darauf aufmerksam zu machen, welche Gefahren auch nach der Niederwerfung von Frankreich noch bevorstehen können."

Wie diese Lageanalyse zeigt, hat Bismarck die bei den Staatsmännern der neutralen Staaten im August dominierenden Absichten und Tendenzen recht präzis diagnostiziert, obwohl ihm der zwischen Florenz, London, Petersburg und Wien sich vollziehende Meinungsaustausch nicht in allen Einzelheiten bekannt war. Er hat genau registriert, daß in Petersburg eine Neigung bestand, zum geeigneten Zeitpunkt eine Friedensvermittlung zu unternehmen und einen Friedenskongreß anzuregen. Deshalb kalkulierte er die Möglichkeit ein, daß Rußland zusammen mit anderen neutralen Mächten versuchen könnte, einen Druck auf Deutschland auszuüben, um Frankreich beim Friedensschluß zu möglichst günstigen Bedingungen zu verhelfen. Höchst bemerkenswert ist, mit welcher Entschiedenheit in Abekens Aufzeichnung der Wille bekundet wird, die angestrebten Ergebnisse des Krieges notfalls auch gegen eine Koalition der Neutralen einzubringen und sicherzustellen.

Bismarcks Entschlossenheit, Einmischungsversuche der Neutralen zurückzuweisen, erfuhr auch im letzten Augustdrittel keine Modifikation. Die während dieser Tage im Hauptquartier einlaufenden Nachrichten waren nicht dazu angetan, Bismarcks Besorgnisse hinsichtlich der Haltung der Neutralen zu zerstreuen, vielmehr befestigten sie den Eindruck, daß die neutralen Mächte beabsichtigten, nach dem nächsten größeren Ereignis auf dem Schlachtfeld mit einer gemeinsamen Vermittlungsaktion hervorzutreten. Das Bild der internationalen Situation, das sich aus den im Hauptquartier zusammenlaufenden Informationen ergab, zeigte folgende Umrisse: Insistieren der italienischen Regierung auf einer Vermittlungsaktion der Neutralen[113]; Fortdauer der österreichischen Rüstungen[114]; Annäherung zwischen Rußland und Österreich[115]; Absicht Gorčakovs, eine Friedensvermittlung und einen Kongreß zustande zu bringen, Entschlossenheit Kaiser Alexanders und Gor-

---

[113] Tel. Reuß an AA, Petersburg 23. 8. 1870 (24. 8. ins HQ telegraphiert) – PA I ABc 70 Bd. 35, Bl. 3; Tel. Brassier an AA, Florenz 28. 8. 1870 (29. 8. ins HQ telegraphiert) – PA I ABc 70 Bd. 38, Bl. 104; Bd. 39, Bl. 3.
[114] Bericht Major Brandts (Chef des Nachrichtendienstes) vom 19. 8. 1870, s. BAMBERGER, Tagebücher 178 f. Vgl. Tel. Bismarck an Reuß, Pont-à-Mousson 22. 8. 1870, s. Anm. 118.
[115] Bericht Schweinitz an Bismarck, Wien 18. 8. 1870, pr. Commercy 24. 8. – PA I ABc 70 Bd. 32, Bl. 29; Bericht Reuß an Bismarck, Petersburg 22. 8. 1870, pr. Vendresse 1. 9. – PA I ABc 70 Bd. 36, Bl. 29 f.

čakovs, dem Sieger zur „Mäßigung" zu raten[116]. Besonders beunruhigt war Bismarck über die Fortdauer der österreichischen Rüstungen[117]. Am 22. August erging an den norddeutschen Gesandten in Petersburg folgende Sprachregelung: „Sollte Österreich etwa mit Billigung Rußlands versuchen wollen, uns Friedensbedingungen aufzudringen, welche für Deutschland bei der Größe seiner Opfer und Gefahren unannehmbar, so würde die Gegenwirkung nationale und revolutionäre Kräfte entfesseln, deren Umfang und Richtung sich unserer Kontrolle entzieht. Bis jetzt haben wir gehofft, bei Abschluß des Friedens uns Rußland gefällig erweisen zu können und, in Erneuerung und Befestigung der früheren gemeinsamen Verbindungen, der Sache der Ordnung und der Monarchie solidarische Bürgschaften gegen Revolution zu gewähren."[118]

Andererseits jedoch lag Bismarck daran, keine Möglichkeit zur Besserung der Beziehungen zu Österreich ungenutzt vorübergehen zu lassen. Deshalb wies er den Gesandten in Wien am 24. August an, sich mit Graf Chotek bei dessen Aufenthalt in der österreichischen Hauptstadt in Verbindung zu setzen, da dieser Gelegenheit haben werde, mit dem Kaiser direkt zu sprechen und dies vielleicht aufrichtiger tue als Beust. „Zweck: Bekräftigung der Wahrheit gemäß, daß wir keine oppositionellen Elemente unterstützen; und Wunsch, daß nach dem Kriege ein besseres Verhältnis zwischen uns und Österreich, eventuell zwischen beiden und Rußland hergestellt werde zu gegenseitiger Unterstützung behufs Erhaltung der bestehenden Verhältnisse und der staatlichen Ordnung."[119] Diese Andeutungen enthalten in Umrissen bereits das Programm eines Dreikaiserbündnisses, Bis-

---

[116] Berichte Reuß an Bismarck, Petersburg 15. und 16. 8. 1870, pr. Pont-à-Mousson 21. 8. – PA I ABc 70 Bd. 31, Bl. 70, 71 f., 73 f.; Bericht Reuß an Bismarck, Petersburg 18. 8. 1870, pr. Commercy 24. 8. – PA I ABc 70 Bd. 33, Bl. 19 ff.; Tel. Reuß an AA, Petersburg 30. 8. 1870 (30. 8. ins HQ telegraphiert) – PA I ABc 70 Bd. 40, Bl. 38. Dem Wunsch nach „Mäßigung" beim Friedensschluß gab Zar Alexander beredten Ausdruck in seinem (weitgehend von Gorčakov konzipierten) Schreiben an König Wilhelm vom 21. 8. 1870, pr. Clermont 27. 8. (PA I ABc 70 Bd. 38, Bl. 31 f.), siehe dazu unten S. 182.
[117] BAMBERGER, Tagebücher 178. Am 26. August wurde Schweinitz mitgeteilt, die österreichischen Rüstungen nötigten zur Aufstellung einer Reservearmee bei Glogau; Schweinitz solle umgehend melden, was er über die militärischen Vorbereitungen Österreichs wisse und wie er darüber urteile (PA I ABc 70 Bd. 37, Bl. 2; auch GW 6b Nr. 1757 Anm. 3).
[118] Tel. Bismarck an Reuß, Pont-à-Mousson 22. 8. 1870 – PA I ABc 70 Bd. 34, Bl. 5; auch GW 6b Nr. 1757. Dieses Telegramm enthält auch einige vom preußischen Nachrichtendienst ermittelte wichtige Details über das Ausmaß der österreichischen Rüstungen; Prinz Reuß wurde beauftragt, Gorčakov zu fragen, wie er diese Rüstungen beurteile. Zwar meldete Prinz Reuß am 26. August, Gorčakov halte die österreichischen Rüstungen für ungefährlich; der Zar sei dagegen, daß Österreich Deutschland einen Frieden aufdränge (PA I ABc 70 Bd. 37, Bl. 26; vgl. ebd. Bd. 39, Bl. 6 ff.). Aber möglicherweise haben die detaillierten Angaben über die militärischen Vorbereitungen Österreichs doch mit dazu beigetragen, daß Graf Chotek ein Fiasko erlebte, als er nach seiner Rückkehr aus Wien weisungsgemäß mitteilte, die österreichischen Rüstungen würden fortgesetzt, vgl. oben S. 97 f.
[119] Tel. Bismarck an Schweinitz, Commercy 24. 8. 1870 – PA I ABc 70 Bd. 35, Bl. 86; auch GW 6b Nr. 1758. Vgl. auch Anm. 105.

marcks Programm zur Herstellung einer dauerhaften Ordnung in Europa nach dem Friedensschluß.

Außerdem lassen diese nach Petersburg und Wien gerichteten Verlautbarungen ansatzweise Bismarcks Absicht erkennen, Rußland und Österreich-Ungarn an einer unmittelbaren Einflußnahme auf die Friedensverhandlungen zu desinteressieren durch den Hinweis auf „Gefälligkeiten" beim Friedensschluß bzw. auf ein besseres Verhältnis nach dem Kriege. Sobald ernstlich befürchtet werden mußte, daß eine neutrale Vermittlungsaktion aus dem Stadium der Erwägungen in das der Konkretisierung überzugehen im Begriff war, hätte Bismarck ein derartiges Verfahren wohl noch rigoroser zur Anwendung gebracht.

Wenn Bismarck also durchaus der Auffassung sein durfte, daß ihm zur Verhinderung einer ihm unerwünschten neutralen Vermittlungsaktivität mancherlei Auskunftsmittel zu Gebote stehen würden, so ist doch unverkennbar, daß sich in den letzten Augusttagen am politischen Horizont immer deutlicher die Möglichkeit einer Konfrontation, ja eines offenen Konfliktes zwischen dem siegreichen Preußen-Deutschland und den neutralen Staaten in der Frage einer Friedensvermittlung abzeichnete: Während die Neutralen immer offenkundiger dazu tendierten, bei nächster Gelegenheit einen kollektiven Friedensschritt ins Auge zu fassen und eine Mitsprache bei den Friedensverhandlungen zu beanspruchen, war Bismarck entschlossen, eine solche „Einmischung" mit aller Entschiedenheit abzuwehren. Dabei darf man allerdings nicht übersehen, daß es sich bei Bismarcks kategorischer Ablehnung einer neutralen „Einmischung" um eine *prophylaktische* Stellungnahme handelte, denn in konkreter Form war die Frage eines neutralen Vermittlungsschrittes noch nicht auf die politische Tagesordnung gesetzt worden. Die Kabinette von London und Petersburg hielten zwar eine gemeinsame Aktion der Neutralen prinzipiell für wünschenswert, erachteten aber übereinstimmend den Zeitpunkt dazu noch nicht für gekommen. Auch die französische Regierung war nicht bereit, jetzt schon auf ein Vermittlungsangebot einzugehen, sie wollte die nächsten militärischen Ereignisse abwarten und nur bei neuerlichen Niederlagen der französischen Armeen eine Vermittlung akzeptieren, sofern diese auf einer für Frankreich günstigen Basis unternommen würde. Bismarcks Zurückweisung der neutralen Vermittlungsbemühungen richtete sich also nicht gegen konkrete Angebote und offizielle Vorschläge, sondern gegen Tendenzen und Absichten, die sich noch nicht zu fest umrissenen Plänen und Aktionen verdichtet hatten.

Trotzdem wird man die Frage aufwerfen müssen, welche Motive Bismarck zu einer so entschiedenen Formulierung seiner prophylaktischen Stellungnahme veranlaßt haben. Er selbst hat sich nicht sehr eingehend über diese Motive ausgesprochen – seine ablehnende Haltung gegenüber einer neutralen „Einmischung" besitzt beinahe das Gepräge einer apriorischen Entscheidung –, aber der wiederholte Hinweis darauf, daß die Neutralen versuchen könnten, einen für Deutschland unannehmbaren Frieden zu empfehlen, zeigt deutlich genug, welches die Besorgnisse und Befürchtungen Bismarcks waren. Prinz Reuß sprach zweifellos Erwägungen aus, die auch Bismarcks Ablehnung einer neutralen Friedensvermittlung zugrunde lagen, wenn er am 25. August zum Fürsten Gorčakov bemerkte: ein Kongreß würde für Deutschland wenig vorteilhaft sein. „Diejenigen Mächte, deren Neutralität nur schlecht die übelwollenden Gesinnungen gegen die deutsche Sache verhüllt hätten, würden dann Gelegenheit finden, diese Gesinnung zur Geltung zu bringen und uns die legitimen Früchte des Kampfes streitig zu machen."[120] Die „legitimen Früchte des Kampfes" beim Friedensschluß einzubringen – das war nach den großen militärischen Erfolgen der deutschen Armeen und den schweren Blutopfern nicht nur die Absicht Bismarcks und der preußisch-deutschen Führung, sondern dieses Kriegsziel wurde – wie zu zeigen sein wird – auch von der öffentlichen Meinung in ganz Deutschland seit den ersten Siegen mit zunehmender Lautstärke artikuliert. Die sich im August immer schärfer akzentuierende Ablehnung einer neutralen Friedensvermittlung steht daher in engem inneren Zusammenhang mit der in den Augustwochen auf deutscher Seite wachsenden Entschlossenheit, Friedensbedingungen durchzusetzen, die Deutschland gegen eine Wiederholung des französischen Angriffs nach Möglichkeit sicherstellen sollten und die auf einem Friedenskongreß sehr viel schwerer durchsetzbar erschienen als in zweiseitigen Verhandlungen mit einem militärisch geschlagenen Frankreich. Denn in der Tat: wenn auf einem Kongreß alle großen Mächte ihr „Rechnungsbuch präsentierten" und alle virulenten europäischen „Fragen" in die Erörterungen einbezogen wurden[121], dann konnten sich – bei der Ausgleichung der Interessengegensätze auf dem Wege von Konzessionen und Gegenkonzessionen – sehr wohl neue politische Konstellationen herausbilden, die einer Durchsetzung auch gemäßigter deutscher Forderungen nicht eben günstig sein würden. Der Hinweis auf die für Deutschland unbefriedigenden Resultate des Wiener Kongresses wurde deshalb zum gängigen Topos in der publizistischen Auseinandersetzung während der zweiten Augusthälfte.

Ende August – so darf man resümieren – stand fest, daß es gelungen war, den Krieg zu lokalisieren. Aber es war jetzt auch schon klar erkennbar, welchen Schwierigkeiten die von Bismarck angestrebte „Lokalisierung der Friedensverhandlungen" begegnen würde, d. h. der Abschluß des Friedens mit Frankreich in bilateralen Verhandlungen ohne ein Dazwischentreten oder eine Beteiligung der neutralen Mächte. Jener bei den Neutralen in den ersten Kriegswochen dominierende Trend zur (wenigstens vorläufigen) Lokalisierung des Krieges hatte Bismarcks Politik einer Begrenzung des Konflikts entschieden begünstigt – von der im Lauf der Augustwochen bei den Neutralen immer deutlicher in Erscheinung

---

[120] Bericht Reuß an Bismarck, Petersburg 26. 8. 1870 (pr. Donchéry 3. 9.) – PA I ABc 70 Bd. 39, Bl. 11 ff., hier: Bl. 13.
[121] Gorčakov am 4. 8. 1870 zum italienischen Gesandten in Berlin: „Jeder wird sein Rechnungsbuch einem zukünftigen Kongreß zu präsentieren haben", s. Bericht de Launay an Visconti-Venosta, Berlin 4. 8. 1870 – DDI I/13, 257. Wenn das Petersburger Kabinett im September nicht mehr die Einberufung eines Friedenskongresses propagierte, dürfte dies nicht nur auf die Veränderung der politischen Situation durch und nach Sedan zurückzuführen sein, sondern auch auf die inzwischen gewonnene Einsicht, daß England eine Aufrollung der orientalischen Frage auf einem Friedenskongreß mit allen Mitteln zu verhindern suchen würde. Die Einberufung eines Friedenskongresses war somit vom russischen Standpunkt aus nicht mehr so erstrebenswert wie im August.

tretenden Tendenz zu einer Mitwirkung bei Einleitung und Durchführung der Friedensverhandlungen galt das genaue Gegenteil: diesen Trend hatte Bismarck gegen sich, wenn er den Frieden mit Frankreich ohne Mitwirkung der neutralen Mächte abschließen wollte. Und dazu war Bismarck entschlossen, denn nur bei einem solchen Modus des Friedenschließens erschien es ihm möglich, in den Friedensverhandlungen jene deutschen Forderungen durchzusetzen, die sich im Lauf des August immer klarer herauskristallisiert hatten.

Zweiter Teil:
Der Erwerb von Elsaß-Lothringen als deutsches Kriegsziel

4. Die Stimmungsentwicklung in Deutschland nach Kriegsbeginn und das Aufkommen der Annexionsforderung

„Eine solche Stimmung haben wir in Preußen noch nicht erlebt: nur die Berichte unserer Väter aus den Jahren 1813 und 1814 lauten ähnlich", schrieb am 20. Juli 1870 der Literaturhistoriker und Publizist Julian Schmidt[1]. Und in dem berühmten „Offenen Brief", den David Friedrich Strauß am 12. August 1870 an Ernest Renan richtete, findet sich der Satz: „Wie ein Sturm wehte der Geist der Jahre 1813 und 1814 durch alles deutsche Land..."[2]. Wilhelm Wehrenpfennig, der Mitherausgeber der „Preußischen Jahrbücher", nannte in diesen Tagen den Feldzug von 1870 gar den „Schluß der unvollendeten Freiheitskriege"[3]. In solchen Äußerungen – und sie sind herausgegriffen aus einer kaum überschaubaren Fülle gleich- und ähnlichlautender Zeugnisse – wird etwas spürbar von der Wucht und Dynamik der patriotischen Begeisterung, die in den Tagen nach dem Kriegsausbruch fast alle Menschen in Deutschland erfüllte und sie immer wieder zum Vergleich mit den politischen Stimmungen in Deutschland während der Zeit der Freiheitskriege herausforderte.

Die politische Stimmungsentwicklung, die sich in Deutschland nach dem Kriegsausbruch vollzog, kann nur richtig verstanden und gewürdigt werden vor dem Hintergrund der Ereignisse und Vorgänge während der ersten Julihälfte, als durch die überstürzte französische Kriegsdrohung von einem Tag zum andern ein scheinbar wolkenloser politischer Horizont verdüstert und eine politische Auseinandersetzung eingeleitet wurde, die bereits nach wenigen Tagen in Mobilmachung und Kriegserklärung ausmündete. Die Stimmungsentwicklung in Deutschland

---

[1] J. SCHMIDT, Bilder aus dem geistigen Leben unserer Zeit, Neue Folge, Leipzig 1871, 454; dort infolge eines Druckfehlers „1811 und 1814".
[2] D. F. STRAUSS, Krieg und Friede. Zwei Briefe an Ernest Renan nebst dessen Antwort auf den ersten, Leipzig 1870, 19.
[3] W. WEHRENPFENNIG, Die deutschen Forderungen von 1815, in: Preuß. Jbb. 26 (1870) 344–366, hier: 344.

nach dem Kriegsausbruch ist in eminentem Maße eine „Antwort" auf die „Herausforderung" der französischen Julidiplomatie und die sie begleitende Haltung der öffentlichen Meinung Frankreichs, wie sie durch die Mehrzahl der Pariser Blätter repräsentiert wurde. Das Pathos, mit dem sich die patriotische Begeisterung in Deutschland artikulierte, entsprang vor allem dem Gefühl und dem Bewußtsein, das deutsche Volk kämpfe für eine zutiefst gerechte Sache, nämlich die Abwehr eines als „frevelhaft" empfundenen Überfalls seitens des bonapartistischen Frankreich – eine Auffassung, die in den ersten Kriegswochen auch von der internationalen Öffentlichkeit weithin geteilt wurde.

Art und Prägung dieses Pathos mögen einige Formulierungen verdeutlichen, die von Männern stammen, denen eine chauvinistische Grundeinstellung durchaus fremd war. Der Schriftsteller Berthold Auerbach, Verfasser der vielgelesenen „Schwarzwälder Dorfgeschichten", schrieb am 25. Juli an seinen Freund Jakob Auerbach: „Übrigens betrachte ich jetzt, über die Greuel hinüberschauend, diesen Krieg als eine nationale Notwendigkeit, und es ist als ein Glück anzusehen, daß Recht, Ehre, Sittlichkeit so allein auf unserer Seite. Nach diesem Kriege ist eine Mainlinie nur noch ein Mythus aus alter Zeit ..."[4]. Und Johann Gustav Droysen äußerte am 27. Juli gegenüber seinem Sohn: „Was ich seit frühen Jahren ersehnt und gehofft, ist nun daran, sich zu erfüllen oder für immer wie ein Traumbild zu zerrinnen. Ich hoffe und ich fürchte nicht. Es gibt auch in der Politik eine Wahrheit der Dinge. Und wenn wir erlägen, würde die Gesittung und Hoffnung Europas bis auf weiteres zu Ende sein."[5] In einem Brief Rudolf Hayms an Max Duncker vom 2. August finden sich die Sätze: „So großartig wie an unserer Generation hat sich schwerlich jemals die Wahrheit des Sprichworts bewährt, daß man im Alter die Fülle dessen hat, was man in der Jugend wünscht. Ich bin immerfort versucht, mich in Betrachtungen über diese wunderbare Geschichte unseres Volkes zu verlieren, das in tapferer Gedankenarbeit und in tiefen idealen Empfindungen die Lebensgestalt vorbereitet, die dann die Geschicke und Männer von praktischer Energie zur Wirklichkeit hindurchführen ... Ich möchte sagen, daß es an der moralischen Weltordnung verzweifeln hieße, wenn man nicht glaubte, daß dies ebenso unbegreiflich dumme wie frevelhafte und lügenvolle napoleonische Wesen unterliegen müßte. Aber nach allem, was ich weiß, ist auch nach dem Naturgesetz der Stärke unser Sieg verbürgt."[6] Schließlich noch eine Äußerung des bedeutenden Juristen Rudolf von Jhering zu seinem Freund Oskar von Bülow vom 5. August: „Wie danke ich Gott, daß ich diese Zeit noch erlebe; das ist die nahe Wiedergeburt der deutschen Nation, und alles, was sie im Laufe von einem Jahrtausend gesündigt hat, macht sie in wenig Wochen wieder gut, sie erhebt sich jetzt als *einige* Nation wie der Herkules in der Wiege – wie ganz anders als die italienische! – um der

---

[4] B. AUERBACH, Briefe an seinen Freund Jakob Auerbach, 2 Bde, Frankfurt/M. 1884, hier: 2, 41.
[5] J. G. DROYSEN, Briefwechsel, hrsg. v. R. Hübner, 2 Bde, Berlin/Leipzig 1929, hier: 2, 893; vgl. auch Droysens Brief an Treitschke vom 16. 7. 1870, ebd. 892 f.
[6] R. HAYM, Ausgewählter Briefwechsel, hrsg. v. H. Rosenberg, Stuttgart 1930, 278 f.

Schlange den Kopf einzudrücken ... Mein Glaube an Gott und die Geschichte würde sich in Nichts auflösen, wenn den Schuldigen das Strafgericht nicht ereilte. Wohl Dir, daß du teilnehmen kannst an diesem Strafgericht – das ist für das ganze Leben eine schönere Erinnerung, als die besten Bücher geschrieben zu haben."[7] Einmal ausgebrochen, war dieser Krieg in Deutschland nicht weniger populär als in Frankreich – um es mit einer Formulierung Julian Schmidts zu sagen: „Wenn man sich einen Krieg denken konnte, gleich verständlich in der Hütte des ärmsten Bauern wie im Palast des Vornehmen, so ist es der Krieg gegen Frankreich ... Seit drittehalb Jahrhunderten ist unsere ganze Entwicklung, daß wir uns der drükkenden Übermacht Frankreichs, des unerträglichen Hochmuts der Franzosen erwehren."[8] Es kann kein Zweifel darüber bestehen, daß der kriegerische Konflikt vom ersten Augenblick an alle Züge eines Nationalkrieges trug, daß er – hier wie dort – heftige nationale Leidenschaften und Emotionen freisetzte. Seit langem latent vorhandene, bis dahin zurückgedrängte und einigermaßen unter Kontrolle gehaltene Sentiments und Ressentiments kamen nun mit eruptiver Kraft zum Durchbruch – dort wie hier: viele Franzosen ergingen sich in hemmungslosen Tiraden gegen alles Deutsche[9], zahllose Deutsche gaben den Gefühlen der Erbitterung und des Hasses gegen Frankreich und die Franzosen beredten Ausdruck. Das Wort vom „Erbfeind", das in der Zeit der Befreiungskriege im Schwange war, aber auch danach nicht völlig aus dem politischen Wortschatz verschwand, hatte jetzt Hochkonjunktur; in zahlreichen Manifestationen der Juli- und Augusttage 1870 taucht es auf.

Die Stimmung patriotischer Begeisterung und nationalen Enthusiasmus' blieb dabei nicht auf die im engeren Sinn „nationalen" Kreise beschränkt, auf Nationalliberale und regierungstreue Konservative. Die nationale Woge erfaßte praktisch alle politischen Gruppen und alle Bevölkerungsschichten in allen Teilen Deutschlands – und auch die Auslandsdeutschen. Vor allem die Deutschamerikaner bekundeten ihre Sympathien für die deutsche Sache in zahllosen Meetings, Resolutionen, Adressen an König Wilhelm und Bismarck, Hilfsaktionen, Geldsammlungen und Siegesfeiern[10]. Der Führer der badischen Aufständischen im Jahr 1849, „General" Franz Sigel, ließ Bismarck gleich nach Kriegsausbruch durch den nord-

---

[7] R. v. JHERING in Briefen an seine Freunde, Leipzig 1913, 249 f.
[8] J. SCHMIDT 454.
[9] Während über die Haltung von Presse und öffentlicher Meinung in Frankreich während der Julikrise mehrere fundierte Studien vorliegen, sind Stimmungsentwicklung und „Kriegsziel"-Vorstellungen in Frankreich nach dem 15. bzw. 19. Juli bisher leider noch nicht eingehend untersucht worden. Es steht jedoch fest, daß auch in den regimegegnerischen Kreisen ein vehementer Deutschenhaß artikuliert wurde. So schrieb beispielsweise der sozialistische „Réveil" am 10. 8. 1870: „Allons sur la chasse du Prussien, que vous hassiez d'une vieille haine, du Badois, du Bavarois, de toutes ces hordes de loups et de sangliers ... ils out souillé le sein de la patrie, ils y resteront tous .. au même trou le prince et le soldat" (zit. bei G. SCHLOTT, Nationales und internationales Denken der deutschen und französischen Sozialisten, Diss.phil. Frankfurt 1960, 127).
[10] J. G. GAZLEY, American Opinion of German Unification, 1848–1871, New York 1926, 483 ff.

deutschen Gesandten in Washington mitteilen, er stelle sich der deutschen Armeeführung zur Verfügung[11]. Bereits am 16. Juli telegrafierte aus London der „Deutsche Turnverein" an Bismarck: „Enthusiastische Kundgebung des Londoner deutschen Turnvereins, die Ehre Deutschlands wie ein Mann mit Aufwendung aller Kräfte und Mittel wahren zu helfen."[12]

Entscheidend dafür, daß sich – nach anfänglichem Zögern in den partikularistischen Kreisen Süddeutschlands – innerhalb weniger Tage mit großer Vehemenz ein Prozeß nationaler Solidarisierung vollzog und vollziehen konnte, war – wie bereits angedeutet – die Form, in der die französische Regierung den Krieg ausgelöst hatte. Da dieser Krieg den meisten Zeitgenossen als ein von der Regierung Napoleons III. „frivol" in Szene gesetzter Überfall auf das Nachbarvolk erschien, erhielten die in Deutschland wie in ganz Europa weitverbreiteten antibonapartistischen Stimmungen einen gewaltigen Auftrieb. Der Krieg konnte für die Gegner des bonapartistischen Frankreich daher geradezu den Charakter eines „Kreuzzugs", eines „heiligen Krieges" gegen den Bonapartismus annehmen. „Es ist ein Kreuzzug, es ist ein heiliger Krieg", schrieb die angesehene „Kölnische Zeitung" am 16. Juli in ihrem Leitartikel und fuhr fort: „Wenn je ein Krieg ruchlos mit allen Listen und Lügen heraufbeschworen worden ist, so ist es dieser. Der Neffe Napoleons will seinen wankenden Thron mit Blut kitten ... An Zahl der Wehrmänner sind wir den Franzosen überlegen und werden nicht so entartet sein, um ihnen an Tapferkeit und Entschlossenheit nachzustehen. Und sie kämpfen für den Glanz eines Despoten, wir für Haus und Hof in der gerechtfertigsten Sache, die von allen Mächten Europas gebilligt wird ..."[13]. Und in einem von den (nationalliberalen) „Münchener Neuesten Nachrichten" am 20. Juli veröffentlichten „Aufruf an das deutsche Volk" heißt es: „Die ewige Unruhe Europas ist eine Lebensbedingung des Bonapartismus, ... da ist kein Land in Europa, mit dem nicht Händel gesucht, dessen Unabhängigkeit nicht bedroht oder gefährdet worden ... Ein Kreuzzug ist es, ein heiliger Krieg, den wir beginnen ... Wir kämpfen für die gesamte Zivilisation des Weltteils gegen ein Volk, das, indem es ein friedliches Nachbarvolk überfiel, einen tiefen Rücksturz in das Barbarentum früherer Jahrhunderte getan hat. Wenn dieses Barbarentum nicht gezüchtigt wird, dann tragen wir die Verantwortung, wenn künftig in Europa im Verkehr der Staaten und Völker die Gewalt anstatt des Rechtes, die Korruption anstatt der frommen Sitte, die gemeine Lüge und feige Hinterlist anstatt der Wahrheit und Humanität regieren."[14]

---

[11] Bericht Gerolt an Bismarck, Washington 25. 7. 1870 (pr. Pont-à-Mousson 17.8) – PA I ABc 70 Bd. 28, Bl. 48 ff.; das Anerbieten Sigels wurde abgelehnt, s. ebd. Bd. 34, Bl. 48.
[12] Tel. Deutscher Turnverein London an Bismarck, London 16. 7. 1870 (pr. 17. 7) – PA I ABc 70 Bd. 2, Bl. 17.
[13] Kölnische Zeitung vom 16. 7. 1870, Leitartikel: „Auf für den deutschen Rhein!" (der ungezeichnete Artikel stammt aus der Feder des Chefredakteurs Heinrich Kruse).
[14] H. RAU, Die Entwicklung der deutschen Frage im Spiegel der Münchener Neuesten Nachrichten 1848–1871, Diss.phil. München 1925, 177. Maximilian v. Normann, der Privatsekretär des Kronprinzen, schrieb am 15. 7. 1870 an Gustav Freytag: „Sturz des Bonapartistischen Gezüchts und ein großes, freies und einiges Deutschland – was denn sonst sollen

Diese antibonapartistischen Stimmungen ebenso wie der Aggressionscharakter der französischen Kriegseröffnung erleichterten es den Partikularisten, den katholischen Großdeutschen und den linksbürgerlichen Demokraten, sich zur Abwehr des feindlichen Angriffs in die innere Einheitsfront einzugliedern; diese Stimmungen bildeten gleichsam die Brücke, über die hinweg jene politischen Gruppen und Parteiungen ins nationale Lager einrückten. Selbst die beiden miteinander rivalisierenden Richtungen der jungen deutschen Sozialdemokratie fügten sich in den nationalen Konsens ein. In Berlin verabschiedete am 16. Juli eine vom Allgemeinen Deutschen Arbeiterverein einberufene und massenhaft besuchte Volksversammlung eine Resolution, in der Napoleon als Feind des Friedens gebrandmarkt und der Krieg von deutscher Seite als Verteidigungskrieg gerechtfertigt wurde[15]. Auch der „Braunschweiger Ausschuß", die Parteiführung der Sozialdemokratischen Arbeiterpartei, veranstaltete am 16. Juli eine Kundgebung; die dort beschlossene Resolution verurteilte Napoleon und die „Majorität der sogenannten Vertreter des französischen Volkes" als „die frivolen Friedensbrecher und Ruhestörer Europas", bezeichnete die „deutsche Nation" als „die beschimpfte, die angegriffene" und bejahte den „Verteidigungskrieg als unvermeidliches Übel"[16]. In einem wenige Tage später vom „Braunschweiger Ausschuß" veröffentlichten Aufruf heißt es: „So lange ein böser Geist die Soldaten Frankreichs an Napoleons Fersen heftet und unsere deutschen Marken mit Krieg und Verwüstung bedroht, werden wir mit aller Entschiedenheit die Unantastbarkeit des deutschen Bodens gegen napoleonische und jede andere Willkür verteidigen helfen. Auch das Streben des deutschen Volkes nach nationaler Einigung ist berechtigt."[17]

Zur Dokumentierung der Stimmungsentwicklung während der ersten Kriegstage seien schließlich noch zwei Quellenzeugnisse zitiert, in denen der sich vollziehende Prozeß nationaler Solidarisierung angesichts der Bedrohung durch das bonapartistische Frankreich in besonders prägnanter Weise beschrieben wird. Der britische Gesandte in Darmstadt, Sir Morier, der nach mehrwöchiger Abwesenheit

---

wir heute auf unsere Fahnen schreiben?" (J. HEYDERHOFF (Hrsg.), Deutscher Liberalismus im Zeitalter Bismarcks, Bd. 1, Bonn/Leipzig 1925, 471 f.) Der österreichische Geschäftsträger in Berlin berichtete am 20. 7. 1870 nach Wien, die öffentliche Meinung bezeichne die Entthronung der napoleonischen Dynastie als das deutsche Kriegsziel (HHStA PA III 102, Bl. 134 ff.).

[15] W. CONZE/D. GROH, Die Arbeiterbewegung in der nationalen Bewegung, Stuttgart 1966, 88.

[16] Ebd. 87.

[17] G. ECKERT, Aus der Korrespondenz des Braunschweiger Ausschusses der Sozialdemokratischen Arbeiterpartei, in: Braunschweigisches Jahrbuch 45 (1964) 127. Zu den schweren Meinungsverschiedenheiten innerhalb der SDAP nach Kriegsausbruch wegen der unterschiedlichen Einschätzung des Krieges durch den „Braunschweiger Ausschuß" auf der einen, Liebknecht und Bebel auf der anderen Seite siehe CONZE/GROH 87 ff.; H.-J. STEINBERG, Sozialismus, Internationalismus und Reichsgründung, in: Th. SCHIEDER/E. DEUERLEIN (Hrsg.), Reichsgründung 1870/71, Stuttgart 1970, 319–344, hier: 329 ff.; treffende knappe Charakterisierung der Position von Marx und Engels während der ersten Kriegsphase ebd. 329 f., 333 f.

am 17. Juli auf seinen Posten zurückgekehrt war, berichtete seiner Regierung am 19. Juli: „Ich zögere nicht zu sagen, daß sich ein fast unglaublicher Meinungsumschwung vollzogen hat, seit ich vor einigen Wochen dieses Land verließ." Die antipreußischen Gefühle seien verschwunden, eine Stimmung wie im Jahre 1813 beherrsche die Menschen. „Es kann kein Zweifel darüber bestehen: ob die Wiedererweckung der napoleonischen Ideen in Frankreich eine Realität ist oder nicht – das Wiederaufleben antinapoleonischer Stimmungen in Deutschland ist eine echte Wiederholung der großen Bewegung, die vor sechzig Jahren für kurze Zeit die Stämme Deutschlands zu einer nationalen Einheit zusammengeschmolzen hat". Und Sir Morier fährt – sicherlich etwas überpointierend – fort: „Es ist keine rhetorische Floskel zu behaupten, daß M. de Gramont in vierzehn Tagen mehr getan hat, um die Idee der deutschen Einheit zu verwirklichen, als Graf Bismarck in den vier Jahren seit der Schlacht von Königgrätz zu erreichen vermochte."[18]

Und Julian Schmidt charakterisiert in seinem Korrespondenzartikel vom 20. Juli den Solidarisierungsprozeß folgendermaßen: „Wenn Sie Berlin vor wenigen Wochen gesehen hätten, Sie würden es nicht wiedererkennen. Damals war es schwer, selbst unter Männern, die sich sonst nahestehen, eine übereinstimmende Gesinnung zu finden: heut haben alle Parteiunterschiede aufgehört. Wenn noch Mißwollende existieren, wagen sie sich nicht hervor. Es sieht aus, als ob ein gemeinsamer Pulsschlag durch alle Herzen ginge, und es ist ein stolzer, freudig erregter Pulsschlag."[19]

Hoch auflodernde patriotische Begeisterung, die gelegentlich auch Züge eines militanten Nationalismus trug, und einmütige Entschlossenheit zur Abwehr des feindlichen Angriffs – das sind jene Hauptkomponenten, die für die Stimmungsentwicklung in Deutschland nach dem Kriegsausbruch konstitutiv waren. Daneben darf jedoch eine weitere Stimmungskomponente nicht übersehen werden, die zwar nach außen hin weniger spektakulär in Erscheinung trat, die aber gleichwohl einen höchst realen Faktor im Stimmungsbild jener Tage und Wochen darstellte: das war die in den ersten Kriegstagen vor allem im deutschen Südwesten sehr lebendige Sorge und Furcht vor einer französischen Invasion.

Diese Befürchtungen waren nicht unbegründet. Bestand doch – in Deutschland wie auch sonst in Europa – in den ersten Tagen nach dem Kriegsbeginn allgemein die Auffassung, Frankreich besitze gegenüber Preußen-Deutschland einen Zeitvorsprung bei den Mobilisierungsmaßnahmen und werde daher in der Lage sein, rasch zum Angriff überzugehen, vielleicht würden sogar schon vor dem Abschluß der Mobilmachung einzelne französische Truppeneinheiten in überfallartigen Aktionen auf deutsches Gebiet vordringen, um den Aufmarsch der deutschen Armee zu stören. Diese Auffassung basierte auf der Annahme, die französische Regierung würde sich wohl nicht so abrupt zur Mobilmachung – die den Bruch unvermeidlich machte und deshalb für Frankreichs *politische* Position höchst nachteilig sein mußte – entschlossen haben, wenn sie sich von einer beschleunigten Mobilisierung

---

[18] Bericht Morier an Granville, Darmstadt 19. 7. 1870 – PRO FO 30/238.
[19] J. SCHMIDT 453 f.

nicht handgreifliche Vorteile für die *militärische* Kampagne versprochen hätte. Auch der preußische Generalstab rechnete durchaus mit der Möglichkeit französischer Anfangserfolge und mit einem zeitweiligen Vordringen französischer Truppen auf deutsches Gebiet[20]. Moltke und seine Mitarbeiter waren allerdings fest davon überzeugt, daß die deutschen Armeen nach Abschluß der Mobilmachung in der Lage sein würden, die französischen Heere zurückzudrängen und in einer Entscheidungsschlacht zu besiegen. An einen schließlichen Erfolg der deutschen Waffen glaubten auch die Bewohner der deutschen Grenzlande in ihrer überwiegenden Mehrzahl. Dieser Glaube gewährte ihnen jedoch in den aktuellen Sorgen der Julitage nur einen mäßigen Trost, da sie zunächst jedenfalls ein Vordringen der französischen Truppen und eine zeitweilige französische Okkupation befürchten mußten.

In einer besonders prekären Situation befand sich das Großherzogtum Baden. Das badische Oberland war völlig von Truppen entblößt, man sah dort stündlich dem Einmarsch der Franzosen entgegen: ein französischer Überraschungsangriff von Straßburg aus über die feste Eisenbahnbrücke bei Kehl lag im Bereich des Möglichen, er hätte keinerlei Widerstand gefunden und das Land in zwei Hälften zerschnitten. „Hier in Freiburg vermutet man entweder demnächst, vielleicht heute oder nächster Tage schon, von Breisach herüber Occupation mit französischen Truppen, die hier angreifen, oder, was schlimmer wäre, Heimsuchung durch nomadi[sie]rendes Gesindel von Mülhausen her", schrieb am 16. Juli der an der Universität Freiburg lehrende Nationalökonom Adolph Wagner an einen Freund[21]. Regierung und Hof des Großherzogtums blieben in Karlsruhe, obwohl sie dort durch einen Handstreich der Franzosen aufgehoben werden konnten. Allerdings wurden alle erforderlichen Vorbereitungen für eine schleunige Abreise aus Karlsruhe getroffen: die Staatskasse war gepackt, auf dem Karlsruher Bahnhof stand ständig eine Lokomotive unter Dampf, um nötigenfalls den Großherzog und sein Ministerium nach Wertheim, in den äußersten nordöstlichen Zipfel des Großherzogtums, in Sicherheit zu bringen[22]. Für zusätzliche Aufregung in Karlsruher Regierungskreisen sorgte die französische Presse, die mit Vorliebe über Baden herfiel. In französischen Zeitungen und in einer Interpellation im Corps Législatif (am 21. Juli) wurde – wahrheitswidrig – behauptet, Baden sei der Petersburger Konvention vom 11. 12. 1868 über das Verbot explosiver Flintenkugeln nicht beigetreten,

---

[20] Siehe oben S. 9. Auch König Wilhelm stellte sich darauf ein, daß sich der Kriegsschauplatz zunächst in der Rheinpfalz und in Baden befinden würde: als er sich zur Abreise ins Hauptquartier rüstete, wies er seinen Vorleser und Sekretär an, vorderhand nur die Generalstabskarten von Baden, der Rheinpfalz, Rheinhessen sowie des westlichen Teils von Württemberg einzupacken (L. SCHNEIDER, Aus dem Leben Kaiser Wilhelms 1849–1873, 3 Bde, Berlin 1888, hier: 2, 131, 139.)

[21] A. WAGNER, Briefe, Dokumente, Augenzeugenberichte. 1851–1917. Ausgew. und hrsg. v. H. Rubner, Berlin 1978, 82 f. Bemerkenswerterweise findet sich im selben Brief vom 16. Juli aber auch der Satz: „Die Würfel sollen also gefallen sein, wir sind in der frevelhaftesten Weise von unserem Erbfeind in den Krieg gezogen und Gott gebe, daß wir mit ihm für jahrhundertelanges Elend abrechnen."

[22] A. HAUSRATH, Zur Erinnerung an Julius Jolly, Leipzig 1899, 200 f.

und aus dieser Behauptung die Forderung abgeleitet, Regierung und Bevölkerung Badens sollten außerhalb des Völkerrechts gestellt, das Land der französischen Armee zur Plünderung freigegeben werden. Genauere Einzelheiten über diese französische Einschüchterungskampagne publizierte die badische Regierung dann Anfang August, als ein französischer Vorstoß auf badisches Gebiet nicht mehr sehr wahrscheinlich war und man deshalb nicht mehr zu gewärtigen hatte, daß durch derartige Mitteilungen die patriotische Stimmung der Bevölkerung beeinträchtigt würde. Nach dieser amtlichen Darstellung hatte in der Nacht vom 20./21. Juli tatsächlich der Sekretär des französischen Außenministers den badischen Gesandten in Paris aufgesucht, um ihm mitzuteilen, es lägen Nachrichten vor, daß an die badischen Truppen explosive Flintenkugeln verteilt würden. „Wäre die Tatsache richtig, so würde sich die Kaiserliche Regierung zu Repressalien genötigt sehen, und zwar würde sie sofort auch an ihre Truppen Sprengkugeln verteilen und das Großherzogtum Baden als außerhalb des Völkerrechts stehend betrachten; Baden würde verwüstet werden, wie die Pfalz unter Ludwig XIV., und einer vollständigen Vernichtung ausgesetzt sein."[23]

Die Besorgnisse vor einer französischen Invasion, vor allem auch vor dem Erscheinen der afrikanischen Truppenkontingente, der Turkos und Zuaven, wurden in den eigentlich kritischen Tagen, bis Ende Juli, nur selten offen und öffentlich ausgesprochen. Wie lebhaft diese Besorgnisse in Baden, Hessen, in der Pfalz[24], im Regierungsbezirk Trier[25] und sogar in Württemberg[26] waren, geht indessen aus den Berichten der diplomatischen Vertreter hervor, sowie aus manchen Äußerungen, die retrospektiv gemacht wurden, nachdem durch die deutschen Siege die Gefahr fürs erste beseitigt war. So berichtete z. B. aus Freiburg der Landeskommis-

---

[23] Karlsruher Zeitung Nr. 181 vom 2. 8. 1870 (der nicht gezeichnete Artikel ist verfaßt vom badischen Außenminister von Freydorf); vgl. Karlsruher Zeitung Nr. 206 vom 28. 8. 1870; GLAK 49, 1430. Zur Situation im Großherzogtum in den Tagen nach Beginn der Mobilmachung vgl. J. BECKER, Baden, Bismarck und die Annexion von Elsaß und Lothringen, in: ZGORh 115 (1967) 167–204. Erweiterte Fassung in: Oberrheinische Studien 2, Karlsruhe 1973, 133–173 (zit.: Baden 2), hier: 138, 150.
[24] Für die „zwischen Furcht und Hoffnung schwankende Stimmung in der Pfalz" während der ersten Kriegswochen siehe jetzt die eindringliche, durch eine Fülle von Quellenzeugnissen reich belegte Analyse von E. SCHNEIDER, Die Rheinpfalz bei Kriegsausbruch 1870, in: Mitteilungen des Historischen Vereins der Pfalz 82 (1984) 279–327, bes. 288 ff.
[25] Weil man eine Störung der Mobilmachung durch einen feindlichen Einfall befürchtete, wurden im Regierungsbezirk Trier keine speziellen Einberufungsordres ausgestellt, sondern die Militärpflichtigen durch Maueranschläge zur Gestellung aufgefordert (Zeitungsbericht des Regierungspräsidenten Trier v. 29. 10. 1870, zit. bei F. HELLWIG, Der Kampf um die Saar 1860–1870, Leipzig 1934, 224). Ludolf Parisius, ein Führer der preußischen Fortschrittspartei, hielt sich vom 8. bis 17. 7. 1870 in der Rheinpfalz und im Regierungsbezirk Trier auf und schrieb einige Tage später über seine Eindrücke: in der bayerischen Rheinpfalz und im Saargebiet „nimmt jedermann an, daß bei einem Kriege zwischen Frankreich und Deutschland letzteres nicht im Stande sei, den Einbruch der Franzosen in das schöne Land zu verhüten. Liegt doch von Trier bis Karlsruhe das Land offen da; kein Gebirge, kein Grenzstrom trennt es von den dem Deutschen Reiche gewaltsam entrissenen ehemals deutschen Landen Elsaß und Lothringen" (Volksfreund Nr. 29 v. 21. 7. 1870, 225 f.).
[26] Dazu RAPP 378 f.

sär Winter am 8. August an die Regierung in Karlsruhe: „Wie ein Alp ist es von allen Herzen gefallen, durch die so unerwartet raschen und erfolgreichen Siege unserer Südarmee, erst jetzt, nachdem die Gefahr, wir dürfen wohl annehmen, vollständig beseitigt ist, in der wir seit der Kriegserklärung und seit dem Wegzug unserer Truppen hier oben längs der Grenze gelebt haben, dürfen wir selbst uns klar machen, wie groß sie war! Es handelte sich da nicht mehr allein um den Verlust an Hab und Gut, sondern um ganz andere, nicht so leicht zu verschmerzende Dinge! Im Ganzen hat die Bevölkerung, zu ihrer Ehre sei es ihr nachgesagt, mutig und standhaft ertragen und die Behörden mit Mut und Festigkeit ihre Pflicht getan ..."[27] Der bayerische Gesandte in Karlsruhe sprach von der zweiten Julihälfte rückblickend als von einer „Zeit des panischen Schreckens vor einer für bevorstehend gehaltenen Invasion afrikanischer Horden in das nach der Volksmeinung hierfür besonders auserkorene Großherzogtum Baden"[28]. Und der bayerische Gesandte in Darmstadt äußerte am 25. Juli: „So gehoben und zuversichtlich aber auch im Allgemeinen die Stimmung ist, so fürchtet man doch vielfach eine vorübergehende Okkupation des Landes durch die Franzosen."[29]

Für die Bevölkerung der grenznahen Gebiete bedeutete das Erlebnis dieser ersten Kriegswochen – die Sorge vor einem Einfall französischer Truppen, das Gefühl völliger Unsicherheit – eine sehr nachhaltige Erfahrung, und man wird es deshalb nicht gar so erstaunlich finden können, daß gerade im deutschen Südwesten, in Baden, Hessen und Württemberg, besonders früh und besonders laut der Ruf nach „sicheren Grenzen" erhoben wurde, nach einer Annexion des Elsaß und Deutsch-Lothringens. Diesen engen Zusammenhang zwischen der in Südwest- und Westdeutschland während der ersten Kriegswochen existierenden Invasionsfurcht und dem Aufkommen der Forderung nach sicheren Grenzen sah sehr genau der englische Gesandte in Darmstadt, Sir Morier, auf dessen prägnante Befunde über die Stimmungsentwicklung in Deutschland nach Kriegsbeginn bereits in anderem Zusammenhang Bezug genommen wurde[30]. Aus Moriers eindringlicher Analyse in seinem Bericht vom 2. September 1870 seien die wichtigsten Passagen zitiert: „Die zwei Wochen, die dem tatsächlichen Beginn der Feindseligkeiten vorausgingen, waren für das westliche und südliche Deutschland zwei Wochen – ich will nicht sagen der Panik, weil dies Wort eine ungenaue Vorstellung von der Hal-

---

[27] Bericht Landeskommissär Winter an das Ministerium, Freiburg 8. 8. 1870 – GLAK 52, Nachl. Jolly 24. Am Schluß dieses Berichts findet sich der Satz: „... denn daß Straßburg nicht mehr bei Frankreich bleiben darf, darüber sind alle unsere Volksdiplomaten längst einig!"
[28] Bericht Riederer an Bray, Karlsruhe 14. 9. 1870 – GStAM MA I 649.
[29] Bericht Thüngen an Bray, Darmstadt 25. 7. 1870 – GStAM MA I 646. Auch der englische Gesandte in Darmstadt, Sir Morier, rechnete mit einer französischen Invasion und befürchtete zunächst sogar, bei einem französischen Vormarsch werde in Hessen eine Panik ausbrechen, stellte dann aber am 28. Juli fest, diese Gefahr scheine nun dank der schnellen Konzentrierung der deutschen Streitkräfte auf dem linken Rheinufer gebannt (Bericht vom 22. 7. 1870 mit PS vom 28. 7. – PRO FO 30/238; vgl. auch MORIER 2, 154 f.).
[30] Siehe oben S. 117 f.

tung der Bevölkerung vermitteln würde, einer Haltung patriotischer Entschlossenheit, auch das Schlimmste zu ertragen in der zuversichtlichen Hoffnung auf einen schließlichen guten Ausgang – aber tiefer Bestürzung und starker Sorge angesichts der Aussicht auf eine sofortige Invasion und eine feindliche Besetzung. Da ich während dieser vierzehn Tage inmitten der Bevölkerung lebte, die diesen peinlichen Emotionen ausgeliefert war, habe ich eine lebendige Erinnerung an diese außerordentliche Phase des Konflikts bewahrt und mein Zeugnis kann als das eines Augenzeugen betrachtet werden. Während dieser selben Periode – dies ist sicher – wurden unsere Nachbarn jenseits der Grenze nicht beunruhigt durch den Gedanken, überfallen zu werden, und dieser Gedanke spielte in ihren Kalkulationen keine Rolle." Morier führt die unterschiedliche Stimmung diesseits und jenseits der Grenze darauf zurück, daß die Bevölkerung instinktiv spürte, die strategische Situation sei für die französische Armee wesentlich günstiger, weil sie sich auf zwei Festungen stützen könne und nur ein offenes Land und einen leicht zu überschreitenden Fluß vor sich habe, daß mithin die Grenzlinie eine französische Offensive begünstige und die deutsche Defensive ins Hinterland zwinge. Zu diesem Zeitpunkt habe er (Morier) zum ersten Mal die ominösen Worte Elsaß und Lothringen gehört, nicht von sensationsgierigen Zeitungsschreibern, sondern von ernsthaften Männern, die mit Nachdruck aussprachen, eine Gebirgsgrenze sei günstig für die Verteidigung, eine Flußgrenze begünstige den Angriff. Obwohl Morier sich die Annexionsforderung nicht zu eigen machen wollte, stellte er doch fest: „Es wäre jedoch ungerecht, die Tatsache zu ignorieren, daß die Forderung nach der Vogesengrenze auf einem völlig berechtigten Gefühl der Unsicherheit beruht und daß sie von einer Bevölkerung erhoben wird, die erst jüngst dieses Gefühl der Unsicherheit höchst eindringlich erfahren hat."[31]

Bei der Erörterung der „Kriegszielfrage", der wir uns nunmehr zuwenden, hat man sich nicht nur jene in Deutschland nach dem Kriegsausbruch vorherrschenden Stimmungen vor Augen zu halten, die eben skizziert wurden. Es ist auch danach zu fragen, ob in Deutschland oder doch bei einer größeren Zahl der politisch interessierten und engagierten Deutschen alte Wunschvorstellungen oder gar Forderungen territorialer Art gegenüber dem französischen Nachbarvolk bestanden haben, die nach Kriegsbeginn und besonders nach den überraschenden deutschen Waffenerfolgen virulent werden konnten und wohl sogar mußten, obwohl sie mit der „Kriegsursache" als solcher nichts zu tun hatten. In seinem 1868 erschienenen grundlegenden Werk „Das moderne Völkerrecht der zivilisierten Staaten" hat J. C. Bluntschli einige bemerkenswerte Sätze der Frage gewidmet, inwieweit das Kriegsziel durch die Kriegsursache bedingt und begrenzt werde. „Das Kriegsziel", schrieb er, „wird durch die Kriegsursache nur z. T. bestimmt. Die Forderungen wachsen im Verhältnis der Opfer, welche mit dem Kriege übernommen worden

---

[31] Bericht Morier an Granville, Darmstadt 2. 9. 1870 – PRO FO 30/238; mit geringfügigen Abweichungen auch MORIER 2, 168 ff.

4. Die Stimmungsentwicklung in Deutschland

sind. Der Sieg übt durch seine Betätigung der wirklichen Macht auch eine Recht bildende Kraft aus." Und er fährt dann fort: das Kriegsziel sei nicht so eng begrenzt wie die Kriegsursache. „Es erweitert sich durch andere Momente, welche der Krieg selbst dem ursprünglichen Streitgegenstand hinzufügt. Es handelt sich meistens nicht mehr allein um die Gewährung des anfangs streitigen Anspruchs oder die Anerkennung des bestrittenen Rechts, selbst nicht bloß um die Entschädigung für die erlittene Unbill und um die Genugtuung für die erfahrene Beleidigung. Man will auch Sicherheit für die Zukunft und sogar einen *neuen Friedenszustand* gewinnen, welcher dem im Krieg bewährten Machtverhältnis entspricht und der neuen Rechtsbildung des Staatenlebens zu zeitgemäßem Ausdruck dient."[32] Bluntschli beschrieb mit diesen Formulierungen in abstrakter Weise, aber mit frappierender Präzision einen Prozeß, der sich dann im Juli/August 1870 bei der Herausbildung des deutschen Kriegsziels tatsächlich konkret vollzogen hat.

Selbst die radikalsten Verfechter der These, Bismarck habe den Krieg gegen Frankreich provoziert, behaupten nicht, es habe ihn dabei die Absicht geleitet, Frankreich das Elsaß zu entreißen. Eine solche Absicht wäre angesichts der Kräfteverhältnisse in Europa und der unfertigen inneren Zustände in Deutschland Ausdruck einer so wirklichkeitsfernen, ja abenteuerlichen politischen Lagebeurteilung gewesen, daß sie Bismarck – ohne quellenmäßigen Nachweis – in der Tat nicht unterstellt werden darf. Ebensowenig gibt es einen Anhaltpunkt für die Annahme, bei den politischen Entscheidungen und Entschließungen der preußischen Regierung während der Julikrise habe die Überlegung mitgespielt, durch einen siegreichen Krieg gegen Frankreich könne das Elsaß gewonnen werden. Auch in der deutschen Publizistik wurde damals nicht der Gedanke propagiert, durch eine von deutscher Seite hervorzurufende kriegerische Verwicklung mit Frankreich solle die Möglichkeit für eine „Wiedergewinnung" des Elsaß geschaffen werden[33]. Und trotzdem waren das Elsaß und Deutsch-Lothringen von vornherein dazu prädestiniert, das deutsche Kriegsziel zu werden, sofern – aus welchem Grunde auch immer – ein Krieg zwischen Frankreich und Deutschland ausbrechen sollte und die deutschen Waffen siegreich sein würden.

---

[32] J. C. BLUNTSCHLI, Das moderne Völkerrecht der civilisierten Staaten als Rechtsbuch dargestellt, Nördlingen 1868, 299 f.
[33] Für die napoleonische Politik und die öffentliche Meinung in Frankreich wird man eine analoge Feststellung hinsichtlich des „grand Rhin" oder des „petit Rhin" wohl nicht mit derselben Eindeutigkeit treffen können: der Gedanke, durch einen bei Gelegenheit hervorzurufenden Konflikt mit Preußen zu einem Landgewinn zu gelangen, spielte zumindest zeitweilig eine gewisse Rolle. Allerdings wird man den immer wieder artikulierten Wunsch nach einem Landgewinn, nach den „natürlichen Grenzen" nicht als eine kontinuierlich und mit durchgängig oberster Priorität verfolgte Zielsetzung der napoleonischen Politik betrachten dürfen, die infolgedessen auch in den Entscheidungen des französischen Kabinetts während der Julikrise der bestimmende und womöglich ausschlaggebende Faktor gewesen ist (wie das Oncken annahm).

Wie neuere Forschungen erweisen[34], existierte nämlich in den Jahrzehnten vor 1870 bei vielen Deutschen ganz unterschiedlicher politischer Einstellung eine latente Bewußtseinshaltung, die dazu disponierte, im Falle eines Krieges, vor allem eines von Frankreich ausgelösten Krieges, die Elsaßfrage zur Debatte zu stellen. Wie verbreitet und wie ausgeprägt diese Disposition in den Jahren und in den Monaten vor dem Kriegsausbruch gewesen ist, läßt sich allerdings kaum mit wissenschaftlicher Exaktheit bestimmen. Die Zahl expliziter Erwähnungen des Elsaß in den publizistischen Erzeugnissen der Jahre vor 1870 gibt allein noch keinen zuverlässigen Aufschluß über Ausmaß und Intensität der latenten Bewußtseinshaltung hinsichtlich des Elsaß-Problems. Denn es bestand kein Anlaß, diese Frage zum Thema publizistischer Erörterungen zu machen: unter den gegebenen europäischen Machtverhältnissen konnte die „Wiedergewinnung" des Elsaß keinesfalls eine konkrete politische Zielsetzung darstellen, und wohl niemand in Deutschland wünschte um dieses Kampfpreises willen einen Krieg mit Frankreich; wenn vom Elsaß die Rede war, dominierten daher die resignativen Töne[35]. Überdies scheint es gerade die Rücksichtnahme auf französische Empfindlichkeiten gewesen zu sein, welche Publizisten und Journalisten häufig davon abgehalten hat, in ihren Arbeiten die einstige Zugehörigkeit des Elsaß zum Reich und den „deutschen

---

[34] Siehe insbesondere die beiden materialreichen und in der Argumentation überzeugenden Studien von H. FENSKE, Das Elsaß in der deutschen öffentlichen Meinung von 1820 bis 1866, in: ZGORh 119 (1971) 233–280; Eine westliche Grenzfrage? Das Rheinland, Elsaß und Lothringen in der deutschen öffentlichen Meinung 1851 bis 1866, in: R. POIDEVIN/ H.-O. SIEBURG (Hrsg.), Aspects des relations franco-allemandes à l'époque du Second Empire 1851–1866, Metz 1982, 137–160; ferner J. BECKER, Baden 2, 164 ff., L. GALL, Zur Frage der Annexion von Elsaß und Lothringen 1870, in: HZ 206 (1968) 265–326, hier: 267 ff. Die Stellungnahmen zum Thema Elsaß und Lothringen in der nationalpolitischen Publizistik sind großenteils (aber nicht vollständig, wie die eben angeführten Studien belegen) verzeichnet bei H. ROSENBERG, Die nationalpolitische Publizistik Deutschlands vom Eintritt der neuen Ära in Preußen bis zum Ausbruch des Deutschen Krieges, 2 Bde, München/ Berlin 1935, und K.-G. FABER, Die nationalpolitische Publizistik Deutschlands von 1866 bis 1871, 2 Bde, Düsseldorf 1963.

[35] So schrieb etwa Heinrich von Treitschke 1865 nach einem Ausflug in das Elsaß an seinen Vater: „Den patriotischen Groll wurde ich leider nicht los, so gut ich weiß, daß das geschehene Dinge sind, die sich nicht wieder ändern lassen" (H. v. TREITSCHKEs Briefe, hrsg. v. M. Cornicelius, 3 Bde, Leipzig ²1918, hier: 2, 403). Und der in Freiburg lehrende Nationalökonom Adolph Wagner äußerte 1867 in den Preußischen Jahrbüchern: „Welchem Deutschen ruft der Name Elsaß, Straßburg, Lothringen nicht die Röte der Scham ins Gesicht!" Bei dem Gedanken an Elsaß und Lothringen könne den heutigen Deutschen „nur das Eine trösten, daß vom Standpunkte des Nationalitätsprinzips aus, welches doch einmal der vornehmste politische Grundsatz für die Abgrenzung der Staatsgebiete großer Völker ist, selbst der Verlust von Lothringen-Elsaß nicht so empfindlich ist, als es oft ohne Weiteres angenommen wird" (Preuß. Jbb. 19 (1867) 569, 571). Wie schnell eine solche eher resignative Haltung in der Elsaß-Lothringen-Frage bei gegebenem Anlaß in die entschieden vorgebrachte Forderung nach Rückgewinnung dieser Gebiete umschlagen konnte, erhellt aus der Tatsache, daß Treitschke und Wagner sofort nach Kriegsbeginn vehement annexionistische Artikel publizierten. Für Wagner vgl. auch das Zitat u. S. 174 sowie die briefliche Äußerung vom 16. 7. 1870 in Anm. 21; zu Treitschkes Stellungnahme bei Kriegsbeginn siehe J. BECKER, Baden 2, 139 f.

Charakter" des Landes hervorzuheben – im Interesse der Erhaltung guter Beziehungen zu Frankreich war dieses Thema weitgehend tabu. Dies wird aus verschiedenen Äußerungen deutlich, die nach dem Kriegsausbruch gemacht wurden, als diese Hemmungen nicht mehr bestanden. So notierte z. B. Berthold Auerbach Anfang August 1870 „Wie war's doch noch vor kurzem? Da hieß es: ‚Die Franzosen sind empfindlich, reizbar, nur ja nichts verlautbaren, was sie unangenehm erregen oder gar verletzen könnte.' Das galt als stillschweigende Vereinbarung im öffentlichen Wort. Wenn die Franzosen in unveränderlicher Keckheit von ihrer Rheingrenze sprachen, so galt auf unserer Seite eine offene Erinnerung an unser gutes Recht auf Elsaß und Deutsch-Lothringen als höchst unvorsichtig."[36] Und Adolph Wagner schrieb (ebenfalls im August 1870): „Der deutsche Staatsmann, der an Wiedergewinnung des Elsaß hätte denken wollen, wäre bis vor kurzem noch dem eigenen Volke als Phantast erschienen ... Wir Deutschen sind ja seit lange Meister der politischen Resignation. Kaum schüchtern nannten wir Elsaß und Lothringen, wenn der prahlerische Franke den Raub des übrigen deutschen linken Rheinufers immer von neuem anregte und ohne jeden Skrupel eigentlich stets nur als eine Frage der Zeit ansah. Unsere großen Zeitungen rührten die Frage vom linken Oberrheinufer schon gar niemals an, denn der erste Grundsatz war ja bei uns wie im übrigen Europa, nur um Gottes Willen die ‚berechtigten Empfindlichkeiten' der Dame France, die ja stets wie ein hysterisches Frauenzimmer behandelt ward, nicht zu reizen."[37] Und in einem in der „Nationalzeitung" vom 13. 8. 1870 veröffentlichten Artikel des Nationalliberalen H. B. Oppenheim heißt es: „Weil wir bisher zu viel mit der Errichtung und Begründung des deutschen Staatswesens zu tun hatten, darum ließen wir die Grenzlande unbeachtet. Aus Furcht vor dem Schein des Chauvinismus unterblieb es, ihnen ein Lebenszeichen zu geben, ihnen brüderlichen Gruß zu senden. Ja, ihre Grüße blieben unerwidert. Die Franzosen im Gegenteil, mit sich fertig, streckten alle Hände über die Grenzen aus."[38]

Derartige Zeugnisse berechtigten zu der Feststellung: gewiß nicht die *Forderung* nach einer Rückgewinnung des Elsaß und Deutsch-Lothringens, aber doch die *Erinnerung* an die einstige Zugehörigkeit dieser Gebiete zum Reich ist in den Jahren vor 1870 sehr viel stärker und weiter verbreitet gewesen, als man aufgrund der öffentlichen Verlautbarungen anzunehmen geneigt sein könnte – eine Erinnerung, die in einer Situation wie derjenigen nach dem Kriegsausbruch durchaus in das Verlangen nach einer Wiedergewinnung von Elsaß und Deutsch-Lothringen umschlagen konnte.

---

[36] B. AUERBACH, Wieder unser, Stuttgart 1871, 51.
[37] A. WAGNER, Elsaß und Lothringen und ihre Wiedergewinnung für Deutschland, Leipzig 1870, 6.
[38] Nationalzeitung Nr. 375 v. 13. 8. 1870. In der Nr. 412 v. 2. 9. 1870 heißt es – im Hinblick auf die Stellungnahme der Neutralen –: „Aber England, Rußland und Österreich *wissen* sehr gut und wissen schon seit 1815, was die Deutschen (wenn sie auch geduldig bisher geschwiegen haben) über ihre westliche Grenze denken und meinen."

Wie schnell bei gegebenem Anlaß aus der *Erinnerung* an die einstige Zugehörigkeit des Elsaß und Lothringens zum Reich die *Forderung* nach einer Restitution werden konnte und welch vehemente antifranzösische Stimmungen in Deutschland, vor allem in Süddeutschland, unter der Oberfläche lebendig waren, das war in eklatanter Weise deutlich geworden im Jahr 1859/60, diesem Epochenjahr für die Entstehung eines neudeutschen Nationalismus. Die Stimmungsentwicklung während dieser Periode weist einige charakteristische Analogien zu derjenigen nach dem Kriegsausbruch 1870 auf und kann in gewisser Weise durchaus als ein Präzedenzfall bezeichnet werden[39]. Als Napoleon im Frühjahr 1859 im Bündnis mit der italienischen Nationalbewegung den Krieg gegen Österreich führte, glaubte man weithin, es stehe Deutschland wie zur Zeit des ersten Napoleon eine französische Aggression bevor und der Rhein müsse deshalb am Po verteidigt werden. Überwiegend unter defensivem Vorzeichen verbanden sich nun antibonapartistische Stimmungen mit antifranzösischen Sentiments zu einem heftigen „fièvre gallophobe"[40], und die österreichische Propaganda schürte diese Fieberstimmung kräftig. Die Liberalen Süd- und Norddeutschlands waren ausnahmslos gegen Frankreich eingestellt, ebenso die katholischen Großdeutschen und alle mit Österreich Sympathisierenden. In einer beachtlichen Zahl von Zeitschriftenaufsätzen und Flugschriften sowie in der Tagespresse wurde (mehr in Süddeutschland und Sachsen als in Preußen) der Kreuzzug gegen Frankreich gepredigt und gefordert, Elsaß und Lothringen müßten für Deutschland zurückgewonnen werden[41].

Die antifranzösischen Sentiments und die Besorgnisse vor den Tendenzen der französischen Politik, welche in der zweiten Jahreshälfte 1859 – nach dem Abschluß des Präliminarfriedens von Villafranca – etwas abgeklungen waren, strebten im Frühjahr 1860 einem neuen Höhepunkt entgegen, als die Annexion Nizzas und Savoyens vorbereitet und durchgeführt wurde. Obwohl die französische Regierung peinlich bemüht war, in ihren offiziellen Deklarationen die Notwendigkeit der Annexion nicht mit dem Streben nach den „natürlichen Grenzen", sondern mit Erfordernissen des „Gleichgewichts" und der „Sicherheit" zu begründen, spielte der Gedanke der „natürlichen Grenzen" in der ausgedehnten französischen Publizistik dieser Monate (zu der auch viele offiziöse Federn ihren Beitrag leisteten) eine beherrschende Rolle[42]. Dies führte dazu, daß nun in Deutschland das Miß-

---

[39] Vgl. die auf breiter Quellenbasis fußenden Darlegungen von F. L'HUILLIER, La crise franco-allemande de 1859–60, in: Bulletin de la Faculté des Lettres de Strasbourg 33 (1954/55) 191–207, 223–242, 264–284, hier bes. 223 ff.; ferner u. a.: R. BUCHNER, Die deutsch-französische Tragödie, 1848–1864, Würzburg 1965, 108 ff.
[40] So der französische Gesandte in Stuttgart in einem Bericht vom 12. 4. 1859 (also noch vor dem Kriegsausbruch), zit. bei L'HUILLIER 204. In den ersten Maitagen sprach man in Stuttgart davon, Frankreich anzugreifen und das Elsaß „zurückzuholen" (ebd. 223).
[41] Belege in den Anm. 34 und 39 angeführten Studien und kritischen Bibliographien. Zwei einflußreiche Zeitungen, die Ende Juli 1870 mit als erste die Annexionsforderung verfochten, haben sich bemerkenswerterweise schon 1859 besonders nachdrücklich für die Rückgewinnung des Elsaß und Lothringens ausgesprochen: die Augsburger „Allgemeine Zeitung" und die „Münchener Neueste Nachrichten".
[42] L'HUILLIER 273 ff.

trauen gegenüber Frankreich und den französischen „Rheingelüsten" noch zunahm, und mit dem Mißtrauen die aus diesem entspringende Aggressivität. Erneut wurde jetzt – von Parteigängern sehr unterschiedlicher politischer Lager – das Verlangen nach einer Wiedergewinnung von Elsaß und Lothringen vorgebracht und mehrfach sogar ein Präventivkrieg gegen Frankreich gefordert[43]. Mit Recht konstatiert Buchner: „Wie gründlich hatte das kaiserliche Frankreich von 1859/60 es fertiggebracht, sämtliche deutschen Parteien, Strömungen und Richtungen gegen sich aufzubringen – aus teilweise entgegengesetzten Gründen, aber mit demselben Endergebnis."[44] Die Entrevue von Baden-Baden zwischen Kaiser Napoleon, Prinzregent Wilhelm und zahlreichen deutschen Fürsten im Juni 1860 führte zwar zu einer Beruhigung der Geister, aber die aufwühlenden Erfahrungen und Stimmungen der Jahre 1859/60 waren nicht mit einem Schlage ausgelöscht, bei der Mehrzahl der politisch Interessierten blieben sie als „unterschwellige Stimmung"[45] lebendig: „Insgesamt läßt sich feststellen, daß der Argwohn gegenüber Frankreich nach 1859 viel größer war als vorher."[46] Zwar waren Elsaß und Lothringen – in den Jahren 1859/60 nicht selten aktuelle „Forderung" – jetzt wiederum nur mehr „Erinnerung". Doch diese Erinnerung blieb durchaus eine Realität, nicht nur bei den nationalen Liberalen und den linken Demokraten, sondern auch im Lager der katholischen Großdeutschen[47]; gelegentlich findet sich auch die Äußerung, im Falle eines Krieges mit Frankreich müsse die Rückgewinnung von Elsaß und Lothringen angestrebt werden[48].

---

[43] BUCHNER, Deutsch-französische Tragödie 113 ff., FENSKE, Elsaß 268; für 1860/61 bei ROSENBERG Nr. 358, 373, 374, 375, 384, 385, 415. Eine breite Wirkung hatten auch die beiden Schriften: A. TELLKAMPF, Die Franzosen in Deutschland, Hannover 1860 (3. Aufl. 1864); J. JANSSEN, Frankreichs Rheingelüste und deutschfeindliche Politik in früheren Jahrhunderten, Freiburg 1861.
[44] BUCHNER, Deutsch-französische Tragödie 115.
[45] Ebd. 198.
[46] FENSKE, Grenzfrage 155.
[47] FENSKE, Elsaß 269 ff., DERS., Grenzfrage 157 ff.; J. BECKER, Baden 2, 166 ff. Dazu u. a. noch: Saarbrücker Zeitung vom 14. 11. 1861 (zit. bei HELLWIG 104); Aufruf des Nationalvereins vom 24. 11. 1863 (H. ONCKEN, Rudolf von Bennigsen, 2 Bde, Stuttgart/Leipzig 1910, hier: 1, 623); Vossische Zeitung vom 28. 8. 1864 (zit. bei O. BANDMANN, Die deutsche Presse und die Entwicklung der deutschen Frage 1864–1866, Leipzig 1910, 14); F. GIEHNE, Deutsche Zustände und Interessen, Stuttgart 1864, 211; W. LIEBKNECHT im Norddeutschen Reichstag am 17. 10. 1867 (Stenogr. Berichte über die Verhandlungen des Reichstags des Norddeutschen Bundes 1867, Bd. 1, 450 f.). Vgl. auch Anm. 35.
[48] Wenigstens zwei solcher Äußerungen seien verzeichnet. In einer 1868 veröffentlichten Schrift des vielgelesenen Popularhistorikers Wolfgang MENZEL finden sich die Sätze: „Die Franzosen treiben ein verwegenes Spiel mit uns, aber es kann ihnen selbst gefährlicher werden, als sie es jetzt noch zu ahnen scheinen. Sie haben vollkommene Ruhe vor uns. Es fällt uns nicht ein, uns in ihre inneren Angelegenheiten zu mischen oder die deutschen Länder, die sie uns einst geraubt haben, zurückzufordern, obgleich wir das Recht dazu hätten ... Keinem Deutschen darf es verborgen oder gleichgültig bleiben, daß, wenn Frankreich und Deutschland je miteinander abrechnen, alles Soll auf seiner, alles Haben auf unserer Seite steht." (Unsere Grenzen, Stuttgart/Leipzig 1868, 41 f.) Der Historiker Julius Weizsäcker bemerkte in einem Brief an Max Duncker vom 12. 11. 1868, er reise im kommenden Frühjahr

Etwas eingehendere Darlegungen über die nach Kriegsbeginn in Deutschland dominierenden Stimmungen und über die in der Kriegszielfrage bestehende „Disposition" weiter Kreise der politisch Interessierten waren notwendig, um die Ausgangslage für die in der zweiten Julihälfte einsetzende Kriegszieldiskussion zu charakterisieren: Prädestinierten die lebendige Erinnerung an die einstige Zugehörigkeit des Elsaß und Lothringens zum Reich und die Überzeugung von ihrem weithin – noch – „deutschen" Charakter diese Gebiete von vornherein zum potentiellen deutschen Kriegsziel, so verlieh die Art und Weise der französischen Kriegseröffnung dem Argument, Deutschland bedürfe sicherer Grenzen, eine fast unwiderstehliche Anziehungskraft. So konnte schon bald nach dem Kriegsausbruch, als die zunächst dominierenden Sorgen vor einem französischen Überfall und vor einer Okkupation durch die französischen Armeen zu schwinden begannen, das Verlangen nach einer Annexion des Elsaß und Deutsch-Lothringens allerorten in Deutschland spontan zum Ausdruck kommen und nach den deutschen Siegen schnell zur nahezu einmütigen Forderung der öffentlichen Meinung Deutschlands werden[49]. Dieser Prozeß ist in einer Reihe neuerer Studien so breit dokumentiert

---

nochmals zu Archivstudien nach Straßburg und hoffe, dann dieses Archiv für eine Reihe von Jahren abgemacht zu haben. „Bis ich wieder dort arbeite, ist es vielleicht wieder eine deutsche Stadt geworden. Denn der Krieg ist auf die Länge doch nicht zu vermeiden, und wird sich bei den Franzosen doch schließlich in dem Gedanken des Besitzes des ganzen Rheinufers festsetzen. Wollen sie es denn durchaus haben, daß darum gekämpft wird, so wäre es von uns sehr übel getan, wenn wir unsere Kraft einsetzten ohne uns den selben Preis bezahlen zu lassen. Im Falle des Siegs darf Preußen diesmal nicht Frieden schließen ohne sich den Besitz der französischen Grenzlande zu sichern, die von Deutschen bewohnt sind. Für letztere ist es nur ein Glück, jetzt werden sie nur korrumpiert, und was eine gute Regierung ist, weiß man dort schon seit lange nicht mehr" (DZAM Rep. 92, Nachlaß M. Duncker 156; *nicht* in: M. DUNCKER, Politischer Briefwechsel, hrsg. v. J. Schultze, Stuttgart 1923). Sofort nach Kriegsbeginn 1870 befürworteten Menzel und Weizsäcker mit Vehemenz die Annexion von Elsaß und Lothringen: MENZEL publizierte eine annexionistische Broschüre (Elsaß und Lothringen sind und bleiben unser, Stuttgart 1870), und J. WEIZSÄCKER verfaßte eine Denkschrift, in der die Annexionsforderung eingehend begründet wurde (G. ANRICH (Hrsg.), Eine Denkschrift Julius Weizsäckers über Elsaß-Lothringen vom August 1870, in: Els.-Lothr. Jb. 8 (1929) 285–296).

[49] Mitte der 1960er Jahre erregte Walter LIPGENS großes Aufsehen mit der These, die öffentliche Meinung in Deutschland sei in den ersten Kriegswochen an der Elsaß-Frage desinteressiert gewesen, Bismarck selbst habe die Annexionsforderung „aufgebracht" und durch eine von ihm geschickt inszenierte Pressekampagne „ausgebreitet" (Bismarck, die öffentliche Meinung und die Annexion von Elsaß und Lothringen 1870, in: HZ 199 (1964) 31–112, hier: 95 f.). Eine genauere Musterung der deutschen Presse sowie sonstiger Meinungsäußerungen der Juli- und Augusttage 1870 hat dann jedoch rasch zu dem Befund geführt, daß die Lipgens-These auf einer völlig unzulänglichen Kenntnis der Quellen beruhte: Einerseits konnte schlüssig nachgewiesen werden, daß sich die Forderung nach (Wieder-)Erwerb von Elsaß und Lothringen als „Siegespreis" seit Ende Juli quer durch alle politischen Lager entwickelte und rasch in großer Breite durchsetzte. Andererseits liefern die Quellen keine Anhaltspunkte für eine von Bismarck in den ersten Kriegswochen „inspirierte" Pressekampagne (siehe die in der folgenden Anm. angeführten Studien). Es ist deshalb nicht erforderlich, auf die Darlegungen von Lipgens erneut zurückzukommen.

4. Die Stimmungsentwicklung in Deutschland

und so ausführlich analysiert worden[50], daß wir uns hier auf knappe Darlegungen und die Präsentation einer kleinen Auswahl charakteristischer Äußerungen beschränken können.

Festzuhalten ist zunächst: Während seit dem Ausbruch der Julikrise die französische Presse, nicht nur in Einzelfällen, aggressive Forderungen vorbrachte, berührte die deutsche Presse bis zur Verkündung der Mobilmachung das Thema Elsaß und Lothringen nicht. Diese Frage sei „in deutschen Blättern mit richtigem Takte bis jetzt nicht näher berührt worden", stellte der Pariser Korrespondent der „Kölnischen Zeitung" am 20. Juli zutreffend fest[51]. Das änderte sich im Lauf der zweiten Julihälfte: nun tauchten in der Presse immer häufiger Anspielungen auf Elsaß und Lothringen auf[52]. Meist sind es tatsächlich nur „Anspielungen": Hinweise auf die einstige Zugehörigkeit dieser Provinzen zum Reich, Andeutungen über die Unerträglichkeit der jetzigen Grenzziehung, historische Exkurse über den „Raub" des Elsaß und Lothringens durch Frankreich (wobei das Gewand historischer Reminiszenz recht aktuelle Absichten nur notdürftig verhüllt). In einzelnen Fällen verdichten sich diese Andeutungen schon Ende Juli zur konkreten Forderung nach Rückgewinnung zumindest des Elsaß und der Vogesengrenze. Im Vordergrund stand in diesen Tagen aber noch der Gedanke der Abwehr eines feindlichen Angriffs. Bezeichnend hierfür ist eine Bemerkung in der „Kölnischen Zeitung" vom 25. Juli. In einer Pariser Korrespondenz dieses Blattes fanden sich die Sätze: „Einer materiellen Vergrößerung bedarf es nicht. Laßt die Elsässer und Lothringer bei Frankreich bleiben" – und dazu bemerkte die Redaktion: „Darüber ließe sich denn bei Gelegenheit noch ein Wort reden. Vorab müssen wir nur an unsere Verteidigung denken."[53] Immerhin läßt sich konstatieren, „daß bereits Ende Juli der

---

[50] GALL, Zur Frage der Annexion; R. BUCHNER, Die deutsche patriotische Dichtung vom Kriegsbeginn 1870 über Frankreich und die elsässische Frage, in: HZ 206 (1968) 327–336; J. BECKER, Baden 2; O. STOECKICHT, Bismarck und das Elsaß, in: Studien der Erwin von Steinbach-Stiftung 2 (1968) 59–132; E. KOLB, Bismarck und das Aufkommen der Annexionsforderung 1870, in: HZ 209 (1969) 318–356; vgl. ferner das bei F. BRONNER, 1870/71. Elsaß-Lothringen. Zeitgenössische Stimmen für und wider die Eingliederung in das Deutsche Reich, Frankfurt/M. 1970, ausgebreitete Material; für das deutsche Elsaß-Interesse in den Jahrzehnten vor 1870 siehe die Anm. 34 angeführten Studien von FENSKE. Zusammenfassend: L. GALL, Das Problem Elsaß-Lothringen, in: SCHIEDER/DEUERLEIN (Hrsg.) 366–385; A. WAHL, Les courants annexionistes en Allemagne et l'Alsace-Lorraine, in: F. L'HUILLIER (Hrsg.), L'Alsace en 1870–1871, Strasbourg 1971, 185–210.
[51] Kölnische Zeitung Nr. 220 II vom 21. 7. 1870. Einzige bisher nachgewiesene Ausnahme: die „Berliner Börsenzeitung" kritisierte in ihrer Nummer vom 13. 7. 1870 scharf die kriegerische Stimmung zahlreicher französischer Blätter und fügte hinzu: „Während die Pariser Zeitungen täglich das linke Rheinufer annektieren, ist bei uns noch nicht der Name von Elsaß und Lothringen ausgesprochen, während es doch sicher nach einem siegreichen Feldzuge gegen Frankreich keinem Deutschen als möglich erscheinen würde, Straßburg noch eine französische Stadt bleiben zu lassen"; vgl. dazu KOLB, Bismarck und das Aufkommen der Annexionsforderung 338 f.
[52] Belege bei GALL, Zur Frage der Annexion 279 ff.; J. BECKER, Baden 2, 142 ff.
[53] Kölnische Zeitung Nr. 204 I vom 25. 7. 1870.

Gedanke an eine Annexion zumindest des Elsaß weite Verbreitung gefunden hatte, im Süden mehr noch als im Norden. Aber auch hier griff er mehr und mehr Platz, während sich die offiziöse und regierungsnahe Presse noch völlig zurückhielt"[54].

Daß tatsächlich auch in Norddeutschland schon verhältnismäßig früh die Annexionsforderung[55] um sich griff, ist einem vom 26. Juli datierten „Berliner Brief" des Historikers und Publizisten Alfred Dove zu entnehmen: „Aus den harmlosen politischen Gesprächen tönt aber eins schon jetzt mit ganzer Entschiedenheit heraus: nur keinen faulen Frieden! sondern wenn wir siegen – und niemand zweifelt im Ernste, daß wir am Ende siegen werden – dann Gewähr für unsere Ruhe in alle Zukunft. Was soll ich es verschweigen? *Elsaß und Lothringen, soweit es deutsch ist – das ist auf Tausenden von Lippen* . . ." Zwar richte sich der stärkste Groll immer noch gegen Napoleon. „Aber, sagt man sich mit Recht, sollen wir auf unsere Kosten die Wohltäter Frankreichs werden, als Constabel Europas den Bonapartismus ausrotten? Nicht immer können wir mit idealen Verdiensten fürlieb nehmen, um nochmals wieder und wieder gegen reale Bosheit zu streiten; der Arbeiter ist seines Lohnes wert." Jetzt langten auch die ersten Briefe der Freunde auf Vorposten an mit dem Tenor: „Sprecht ihr denn aus, was die Thronrede würdevoll verschwiegen, unser Recht auf diese alten und deutschen Reichslande; haben sie unsere Vorfahren mit Recht verloren, so denk ich, haben wir doch ein Recht, sie wiederzugewinnen, wenn man sie uns in die Hände zwingt."[56]

Auch in den patriotischen Gelegenheitsgedichten, die seit Kriegsbeginn wie Pilze aus der Erde schossen, finden sich bereits in der zweiten Julihälfte zahlreiche Anspielungen auf das Elsaß. In den Tageszeitungen wimmelt es von solchen Ge-

---

[54] GALL, Zur Frage der Annexion 285.
[55] Wenn hier die Begriffe „Annexionsforderung" bzw. Annexion verwendet werden, so folgen wir dabei dem üblichen Sprachgebrauch. Es muß jedoch darauf hingewiesen werden, daß der – auch 1870/71 häufig und wohl überwiegend verwandte – Ausdruck „Annexion" in den vergangenen hundert Jahren, vor allem seit dem Ersten Weltkrieg, einen gewissen Bedeutungswandel erfahren hat: dieser Begriff ist heute stärker als damals emotional aufgeladen und mit einer negativen Wertung „besetzt", es schwingt in ihm die Vorstellung des unrechtmäßigen „Raubes" eines Territoriums mit – eine Akzentuierung, die 1870 zwar bereits in Ansätzen in Erscheinung tritt, sich aber noch nicht allgemein durchgesetzt hatte. Vielmehr wurde damals der Begriff „Annexion" noch überwiegend als terminus technicus für eine vertraglich festgestellte Gebietsabtretung benutzt und deshalb als Synonym für „Territorialzession", „Gebietsabtretung" verwandt. Deshalb wäre es wohl richtiger, heute bei einer Erörterung der Kriegszielfrage von 1870 den wertneutraleren Begriff „Gebietsabtretung" zu gebrauchen, da dieser Ausdruck dem *damaligen* Sinngehalt des Begriffs „Annexion" am nächsten kommt. Neben dem Wort „Annexion" waren 1870 auf deutscher Seite vor allem die euphemistischen, Deutschlands „historisches Recht" auf Elsaß und Lothringen akzentuierenden Ausdrücke „Rückerwerbung" und „Wiedergewinnung" gebräuchlich, während man auf französischer Seite von einem „démembrement" sprach, bzw. – ins Positive gewendet – die „Integrität des französischen Territoriums" als die Conditio sine qua non eines Friedensschlusses bezeichnete. Zum Terminus „Annexion" siehe auch J. BECKER, Baden 2, 137, Anm. 11.
[56] Grenzboten 29. Jg. (1870) Bd. 3, 195 f. (Ausgabedatum des Heftes: 29. 7. 1870); Hervorhebung von mir – E. K.

legenheitsgedichten, wobei die gedruckten Gedichte nur einen Bruchteil der verfaßten darstellen: „Die Makulaturkörbe der Redaktionen sind stumme Zeugen von der poetischen Fruchtbarkeit deutscher Gemüter", heißt es in einer Glosse über die deutsche Kriegslyrik[57]. Die Spontaneität, mit welcher von den (politisch meist gar nicht festlegbaren und hervorgetretenen) Verfassern der Gelegenheitsgedichte das Elsaß schon im Juli erwähnt wurde, darf zugleich als ein Beweis dafür gelten, wie lebendig und verbreitet der Gedanke an das Elsaß – zumindest als „Erinnerung" – im Deutschland der späten 1860er Jahre gewesen sein muß[58].

Die deutschen Siege Anfang August wirkten dann wie die Öffnung der Schleusen: mit zunehmender Entschiedenheit wurde nun die Forderung nach einer „Rückgewinnung" von Elsaß und Lothringen, die Forderung nach „sicheren Grenzen" in einer beachtlichen Reihe von Broschüren und in einer Vielzahl von Zeitungsartikeln erhoben, und zwar in Organen der unterschiedlichsten Parteirichtungen, wobei vor allem die süddeutsche und rheinische Presse voranging[59].

In einem Artikel der „Grenzboten" aus der ersten Augusthälfte kommt die Grundstimmung, die sich in jenen Tagen weithin zur Annexionsforderung verdichtete, in charakteristischer Weise zum Ausdruck: so oft es Krieg zwischen Deutschland und Frankreich gebe, heißt es da, würden auch Erinnerungen und Ansprüche wach an Gebiete, „welche die eine der beiden Nationen durch die andere, gegen natürliches oder geschichtliches Recht, sich vorenthalten glaubt". Den Deutschen klängen sogleich zwei Namen im Ohr – Elsaß und Lothringen. „Mochten in gemeinen Zeitläuften viele von uns ohne sonderliche Gemütserregung die mit diesen beiden Namen bezeichneten Landschaften auf der Karte Frankreichs eingetragen finden – sobald von *jener* Seite der gierige Blick auf dasjenige fällt, was Deutschland in früheren Tagen vor den Anmaßungen des Nachbars gerettet, werden wir auch zurückkommen auf das, was dieser anmaßliche Nachbar zu früheren Tagen uns entriß. Spricht man von dem großen Spiel des Krieges, so soll der Feind nicht glauben, nur wir hätten einen Einsatz zu geben; ohne Sinn und gegen alle Natur wäre es, wenn nicht auch ihm mit der Niederlage ein Verlust droht, der noch über die Niederlage selbst hinausreicht."[60] Die „Nationalzeitung" (das Hauptorgan der Nationalliberalen) kennzeichnete jenen spontanen und rapiden Prozeß, in welchem sich nach dem Kriegsausbruch die Annexionsforderung herauskristallisierte, am 27. August mit den Worten: „Mit größerem Ungestüm, als die meisten Politiker je geahnt, ist im deutschen Volk die Erinnerung an den ehemaligen Besitz des Reiches, an die Staatsgemeinschaft und an das erlittene Unrecht erwacht."[61] Und am 2. September schrieb die „Nationalzeitung": „Und in

---

[57] Unsere Zeit NF 6 (1870) Bd. 2, 418 f.; vgl. auch Bambergers sarkastische Bemerkungen vom 6. 8. 1870 über diese Kriegslyrik: BAMBERGER, Tagebücher 148.
[58] So mit Recht BUCHNER, Die deutsche patriotische Dichtung 327 f.
[59] Siehe vor allem die Belege bei GALL, Zur Frage der Annexion 285 ff., 294 ff.
[60] Grenzboten 29. Jg. (1870) Bd. 3, 266 (Ausgabedatum des Heftes: 12. 8. 1870).
[61] Nationalzeitung Nr. 401 vom 27. 8. 1870 (Leitartikel „Warum wir die deutschen Lande zurückfordern").

der Tat, ein einmütiges Verlangen ist es und ist es schnell geworden, obgleich heute vor zwei Monaten niemand davon sprach, niemand daran dachte."[62]

Tatsächlich erweisen die Quellen, daß hinsichtlich der Forderung nach einer Annexion von Elsaß und Lothringen in der öffentlichen Meinung Deutschlands seit etwa Mitte August eine denkbar weitgehende Einmütigkeit bestanden hat. Es waren nicht nur die Nationalliberalen, die in ihrer Presse – darunter so einflußreichen und angesehenen Blättern wie der „Nationalzeitung", der „Mainzeitung", dem „Schwäbischen Merkur", der „Badischen Landeszeitung" – den Annexionsgedanken vertraten und seit Mitte August durch ihre Parteiorganisation auch praktische Schritte zur Durchsetzung der Annexionsforderung vorbereiteten[63]. Das Verlangen nach einer „Rückgewinnung" von Elsaß und Lothringen wurde auch – und zwar schon sehr früh – von anderen politischen Gruppen vorgebracht, die alles andere als gouvernemental oder „national" – im damaligen Sprachgebrauch – waren: von den nach 1866 im partikularistischen Lager stehenden Großdeutschen und Ultramontanen ebenso wie von den Linksliberalen. Dieser Befund kann zwar nach dem, was oben über die „Disposition" in der Kriegszielfrage gesagt wurde, nicht überraschen, er ist aber doch mit Nachdruck hervorzuheben, denn eben dadurch, daß auch Großdeutsche, Ultramontane, Partikularisten, Linksliberale und sogar Demokraten sich im August zugunsten des Annexionsgedankens aussprachen, entstand jene Einmütigkeit in der Kriegszielfrage, die ein entscheidendes Politikum bedeutete.

Der hessische Ministerpräsident Dalwigk, Großdeutscher und dezidierter Preußen- und Bismarckgegner, der als extrem frankophil galt und während der Julikrise eine recht zweideutige Politik betrieben hatte, äußerte bereits am 31. Juli 1870: „Siegt Preußen entschieden und kann und will es dann Elsaß und Lothringen zurücknehmen, so wird die Annahme der deutschen Kaiserwürde durch den König Wilhelm von ihm und uns nicht vermieden werden können."[64] Und am 6. August notierte er in sein Tagebuch: „Dem [norddeutschen Gesandten] Herrn v. Wentzel sagte ich wiederholt, daß das Ziel des dermaligen nationalen Kampfes ein weit größeres sein müsse als ein billiger Friedensschluß mit Frankreich. Es handle sich jetzt von Wiedereroberung der alten deutschen Provinzen Elsaß und Lothringen, und wenn Preußen diese Provinzen als Mitgift mitbringe, solle für 1866 Indemnität gewährt sein."[65] Auch der württembergische Ministerpräsident Varnbüler war

---

[62] Nationalzeitung Nr. 412 vom 2. 9. 1870 (Leitartikel „Der Krieg und der Friedensschluß").
[63] GALL, Zur Frage der Annexion 298 ff. hat diese Aktivität so eingehend dargestellt, daß hier nicht weiter darauf eingegangen werden muß. Mit Recht hebt Gall hervor (S. 300), daß nicht von Berlin, der Zentrale der norddeutschen Nationalliberalen, der entscheidende Anstoß zu der parteiinternen Diskussion über das etwaige territoriale Kriegsziel ausging, sondern – analog zu dem Befund der Tagespresse – von Süddeutschland (und zwar von der „Deutschen Partei" in Württemberg).
[64] E. VOGT, Hessische Politik in der Zeit der Reichsgründung (1863–1871), München/Berlin 1914, 192 (Adressat des Briefes nicht angegeben).
[65] Die Tagebücher des Freiherrn Reinhard von DALWIGK zu Lichtenfels aus den Jahren 1860–1871, hrsg. v. W. Schüssler, Stuttgart 1920, 440 f. Vgl. dazu Bericht Wentzel an Bismarck, Darmstadt 6. 8. 1870 (pr. Homburg 7. 8.): Dalwigk wolle im Falle des Sieges, an dem

4. Die Stimmungsentwicklung in Deutschland

alter Großdeutscher, der die preußische Vormachtstellung in Deutschland nach 1866 allerdings nicht mit solchem Empressement ablehnte wie Dalwigk. Über eine Unterredung mit Varnbüler berichtete der englische Gesandte Gordon am 9. August: nach Varnbülers Auffassung würden die deutsche Armee und die öffentliche Meinung Deutschlands nur dann zufriedengestellt sein, wenn der Friede in Paris diktiert werde, „und dieser Friede müsse Bedingungen enthalten, welche Deutschland die Sicherheit gewähren, sich nie wieder dem seit 1815 währenden Zustand der Unsicherheit ausgesetzt zu sehen, bei dem man zu großen Rüstungen gezwungen sei und ständig eine französische Invasion befürchten müsse, wann immer Frankreich ein Mißvergnügen verspüre. Wie diese Sicherheit zu erlangen sei, darüber zu diskutieren – so sagte Baron Varnbüler – sei jetzt nicht der Ort und die Zeit." Gordon fügte aber hinzu, er habe gehört, daß sich Varnbüler für die Abtrennung des Elsaß und Lothringens von Frankreich ausspreche[66].

Großes Aufsehen erregte ein in der „Süddeutschen Presse" (München) am 9. August veröffentlichtes, in vielen Zeitungen nachgedrucktes „Eingesandt" aus der Feder eines „patriotischen Abgeordneten"; es stammte, wie man damals allgemein annahm und wie heute mit Sicherheit feststeht[67], von Dr. Sepp, einem Führer der partikularistisch-ultramontanen bayerischen Patriotenpartei. Darin hieß es: „Dieser deutsche Nationalkrieg darf nicht mit einem abermaligen Wiener Kongreß enden, sondern das Ende vom Lied, wobei die Kanonen ein so furchtbares Lied spielen, kann nur sein: Wer Elsaß zurückerobert und wieder zum Reich bringt,

er nicht zweifle, „die Zeit gekommen sehen, wie sie noch nie da gewesen und nicht wiederkommen werde, ein großes starkes deutsches Reich wieder herzustellen, mit einem Hohenzollernschen Kaiser, mächtiger als die Hohenstaufen zur Zeit ihrer höchsten Macht, und den von Frankreich entrissenen Elsaß mit Lothringen Deutschland wieder einzuverleiben. [Zu diesem Satz Ausrufungszeichen Bismarcks] In dem Widerspruch anderer Mächte wollte er, gegenüber einem siegreichen Deutschland, kein Hindernis erblicken und auch von jenen französischen Provinzen, meinte er, sei, wenn sie einem so großen Reiche angehören sollten, weniger Widerstand zu erwarten." Dalwigk sei so lebhaft für dieses Programm eingenommen, daß er am liebsten nach Mainz gefahren wäre, um es Bismarck persönlich vorzutragen (PA I ABc 70 Bd. 26, Bl. 101). Mitte August sprach sich Dalwigk noch drängender für die Annexion aus und bezeichnete im September die Erwerbung „womöglich von Lothringen bis zur Maas" als wünschenswert (Berichte Wentzel an Bismarck, Darmstadt 14. 8. und 18. 9. 1870 – PA I ABc 70 Bd. 30, Bl. 74; Bd. 51, Bl. 53 ff.).
[66] Bericht Gordon an Granville, Stuttgart 9. 8. 1870 – PRO FO 82/14. Auch der österreichische Gesandte in Stuttgart berichtete am 9. 8. 1870: „Sogar H. v. Varnbüler spricht davon, daß mindestens die Bedrohung des deutschen Gebietes durch Straßburg aufhören müsse" (HHStA PA VI 33, Bl. 359 ff.). In einem Privatbrief an Bray schrieb der bayerische Gesandte in Stuttgart am 21. August: „Ich weiß, daß E. E. die Ansichten des Frhr. v. Varnbüler bezüglich der künftigen Friedensverhandlungen bekannt sind; möglichst viele Departements und möglichst viele Milliarden" (GStAM MA I 648).
[67] In den Akten des AA findet sich ein Brief Sepps vom 5. 8. 1870 an eine vermutlich im Hauptquartier weilende Persönlichkeit (der Name des Adressaten ist nicht vermerkt; Anrede: „Mein ritterlicher Freiherr!"); darin stehen u. a. die Sätze: „Käme es auf uns an, es sollte ein Wort seyn: Der Hohenzoller, welcher Elsaß dem Reiche zurückerobert, soll deutscher Kaiser werden; wir wollen ihn im Süden mit Freuden proklamieren. Das soll das Feldgeschrei und letzte Wort in diesem Kriege seyn, nur kein Wiener Kongreß mehr!" (PA I AAa 23 Bd. 1, Bl. 97 f.).

der soll deutscher Kaiser werden."⁶⁸ Auch ein anderer maßgebender Führer der Patriotenpartei, der Herausgeber der „Historisch-Politischen Blätter", Joseph Edmund Jörg, erklärte sich im August für die Rückgewinnung der „alten Reichsländer Elsaß und Lothringen": „Es ist nicht zu verwundern", schrieb er, „daß vielfach bereits die Rede davon ist, es müßten das Elsaß und Lothringen von Frankreich losgerissen werden; ich sage, es sei das nicht zu verwundern, denn ich wüßte mir sonst in der Tat den entsprechenden Preis eines solchen Krieges und Sieges schlechterdings nicht zu denken."⁶⁹ Der katholische Historiker Johannes Janssen schrieb in einem Brief vom 4. August: „Soweit ich Geschichte kenne, wurde noch *nie* ein Krieg so ruchlos begonnen, und nie zog ein Volk in einen gerechteren Krieg als das deutsche gegen den welschen Abenteurer... Ich freue mich darüber, daß nun Sie und Ihr Bruder seine Verwandten im Elsaß bald wieder auf deutschem Boden besuchen können, denn ich habe die festeste Zuversicht, daß wir, wenn es auch langen Kampf kostet, endlich siegen und die Welschen bis über die Vogesen zurückwerfen."⁷⁰

Wenden wir uns nun der linken Seite des politischen Spektrums zu. Die Haltung der Fortschrittspartei in der Annexionsfrage unterschied sich in den ersten Wochen nach dem Kriegsausbruch bestenfalls in Nuancen von derjenigen der Nationalliberalen. In der „Vossischen Zeitung", die im Juli/August mit großer Heftigkeit den „Bonapartismus" attackierte, finden sich schon sehr früh Anspielungen auf das Elsaß, am 24. Juli z. B. schrieb das Blatt: wenn Deutschland siege, „darf der Fehler nicht noch einmal gemacht werden, der auf dem Wiener Kongreß zwar nicht gemacht, aber befestigt wurde, daß Deutschlands schwächste Stelle die Grenze von Frankreich ist"⁷¹. Nach den ersten deutschen Siegen wurde die „Vossische Zeitung" deutlicher, am 9. August schrieb sie: die deutschen Krieger würden Frankreich gründlich zur Erkenntnis bringen, „daß es so wenig unter einem Napoleoniden als unter irgend einem anderen monarchischen oder republikanischen Herrscher ungestraft seinen Rheingelüsten nachgeben darf. Deutschland hat sich lange beschieden, seine abgerissenen Teile bei Frankreich zu lassen, noch wagt sich der Ruf nach der Zurücknahme von Elsaß und Lothringen nur schüchtern hervor, er wird aber bald unaufhaltsam aus der ganzen Nation ertönen, wenn die

---

⁶⁸ GALL, Zur Frage der Annexion 287.
⁶⁹ Historisch-politische Blätter 66 (1870) 392. Der englische Gesandte in München berichtete am 30. 8. 1870, die Organe der „Patriotenpartei" seien in Sprache und Forderungen gemäßigter als die der bayerischen Nationalliberalen, aber auch sie verlangten die Annexion von Elsaß und Deutschlothringen, „a demand which I believe to be supported generally by public feeling" (PRO FO 9/203).
⁷⁰ J. JANSSEN, Briefe, hrsg. v. L. v. Pastor, 2 Bde, Freiburg 1920, hier: 1, 400; vgl. auch die Briefe vom 18. und 19. 8. 1870, ebd. 400 f. Auch der katholisch-liberale Historiker Franz v. LÖHER sprach sich – in Artikeln in der Augsburger Allgemeinen Zeitung und in einer Broschüre – in teilweise höchst massiven Formulierungen für die Annexion aus, siehe: Abrechnung mit Frankreich, Hildburghausen 1870 (vgl. FABER 2 Nr. 849) und: Aus Natur und Geschichte von Elsaß-Lothringen, Leipzig 1871.
⁷¹ Vossische Zeitung Nr. 170 v. 24. 7. 1870.

Vogesen hinter unserem Heere liegen und die Mosel es nicht mehr aufhält."[72] Auch in den folgenden Tagen brachte die „Vossische Zeitung" Artikel, in denen mit Nachdruck die Auffassung ausgesprochen wurde, im Interesse sicherer Grenzen müsse Deutschland auf Grenzabtretungen bestehen[73]. Bereits Ende Juli äußerte sich Ludolf Parisius, ein Führer der Fortschrittspartei, in sehr dezidierter Form gegen einen „faulen Frieden" und verlangte, „im Interesse der deutschen wie der französischen Nation bessere Sicherungsmaßregeln gegen fernere Überfälle durch ländergierige französische Regierungen an[zu]streben, als nach dem Sturze des ersten Napoleon beliebt wurde": „Keine Großmut des Siegers würde der besiegten französischen Nation für die nächsten Jahrzehnte die Lust zu nehmen vermögen, bei erster passender Gelegenheit, sobald nur einige Aussicht auf Erfolg vorhanden wäre, über Deutschland herzufallen, die ‚Schmach' zu rächen und dabei dem Trugbild der ‚natürlichen Grenzen' Tausende von Menschen zu opfern, um im Falle des Sieges sich des ‚linken Rheinufers' in seiner ganzen Ausdehnung zu bemächtigen. Wir sind daher verpflichtet, noch mehr Garantien zu suchen, als die Entthronung Napoleons bietet."[74] Noch entschiedener formulierte Parisius Anfang August: „Unter den Maßregeln, welche durch den Friedensschluß zu treffen sind, um Frankreich zu hindern, fernerweit den Frieden Europas zu stören und Deutschland zu überfallen, muß oben anstehen: Herausgabe von Elsaß und Deutsch-Lothringen an Deutschland."[75] Über die Stellungnahme eines weiteren Führers der Fortschrittspartei, des Abgeordneten Löwe (Calbe), schrieb der nationalliberale Parteiführer H. B. Oppenheim seinem Freund Bamberger ins Hauptquartier: Löwe habe noch vor einigen Tagen den Krieg für eine Intrige Bismarcks gehalten, um ein hohes Militärbudget zu ergattern. „Jetzt jammert er, Bismarck würde einen faulen Frieden schließen."[76]

---

[72] Vossische Zeitung Nr. 186 v. 9. 8. 1870.
[73] Vossische Zeitung Nr. 187 v. 10. 8. 1870, Nr. 188 v. 11. 8. 1870, Nr. 196 v. 19. 8. 1870, Nr. 198 v. 21. 8. 1870 (jeweils der Leitartikel). Die „Volkszeitung" (Berlin) stand mir für die Monate Juli/August 1870 nicht zur Verfügung; aber bei G. KÖRNER (Die norddeutsche Publizistik und die Reichsgründung im Jahre 1870, Hannover 1908, 307 f.) sind Artikel von Ende August/Anfang September zitiert, worin die Annexion gefordert wird, und die „Kölnische Zeitung" vom 23. 7. 1870 druckte einen Artikel der Volkszeitung nach, in dem es heißt: „Wir werden ihnen [den Franzosen] die Augen öffnen, daß dieser Friede nicht geschlossen, sondern diktiert werden muß dort oder dort: entweder vom Feinde in Memel, oder von uns in Paris!"
[74] Der Volksfreund Nr. 30 v. 28. 7. 1870 (Leitartikel „Vom künftigen Frieden").
[75] Der Volksfreund Nr. 32 v. 11. 8. 1870 (Leitartikel „Vom künftigen Frieden").
[76] H. B. Oppenheim an Bamberger, Berlin 11. 8. 1870 – DZAP Nachl. Bamberger 156, Bl. 88 f. Hier sei noch ein weiterer Brief angeführt, den Bamberger in diesen Tagen erhielt und den er Bismarck vorgelesen hat (BAMBERGER, Tagebücher 179). Der württembergische Nationalliberale Kilian Steiner schrieb am 13. 8. 1870: „Gut wäre es, wenn man in der Presse den eventuellen Inhalt des Friedensvertrages vorbereiten könnte. Jedermann will und wünscht Annexion von Elsaß und Lothringen, ich selbst bin aber ganz im Unklaren über das Wünschbare und nur ein reichsunmittelbares Territorium würde mir convenieren. Wichtiger ist mir, daß Frankreich an Menschen und Gütern so sehr als immer möglich geschädigt wird. Blut- und geldarm für fünfzig Jahre" (DZAP Nachl. Bamberger 244, Bl. 68 f.).

Dieses Zeugnis illustriert eindrucksvoll den schnellen Stimmungswandel, der sich nach dem Kriegsausbruch im linksbürgerlichen Lager vollzogen hat. Sarkastisch kommentierte diesen Sachverhalt im September der Geograph Oskar Peschel, Herausgeber der angesehenen, im Verlag Cotta erscheinenden Wochenschrift „Das Ausland": „Unter denen, die am frühesten und am lautesten nach dem Elsaß und Lothringen schrieen, als wir von beiden Gebieten noch nicht mehr besaßen als Hagenau und drei Etappenstraßen durch die Vogesen, bemerkten wir gar manchen von denen, die noch vor wenigen Wochen [sic!] von einer ‚Vergewaltigung' Schleswig-Holsteins sprachen, die 1866 stürmisch die Bundesexekution gegen Preußen forderten, die dann später die Nikolsburger Präliminarien einen ‚faulen Frieden' nannten, welche nach der Schleifung Luxemburgs Pfui! über die Kleinmütigkeit des Berliner Kabinetts riefen, die für kurze Wehrdienstzeit, überhaupt für schweizerisches Milizwesen, schwärmten und den Soldatenstaat verabscheuten ... Wehe dem Grafen Bismarck, wenn er durch seine Feder verdirbt, was die Ulanen so vortrefflich erworben haben; das Schlagwort vom ‚faulen Frieden' wird ihm sicherlich nicht erspart werden."[77]

Die Front der Befürworter einer Annexion reichte bis in die Reihen der Sozialdemokraten hinein. Johann Philipp Becker, Sprecher der deutschen Sektion der Internationalen Arbeiter-Assoziation, trat im August offen für die Annexion ein bzw. sah sie unter den gegebenen Bedingungen – d. h. solange „Gewaltstaaten" beständen – als unvermeidlich an: kein Mensch glaube, daß eine siegreiche französische Armee ohne Siegespreis zurückgekehrt wäre. „Nun sagen aber die Deutschen und sicherlich mit vollständiger Berechtigung zu Frankreich, das in Nationalitäten schon so viele Kriegsgeschäfte gemacht, die natürlichen Grenzen Deutschlands sind, so weit das deutsche Sprachgebiet geht – die Vogesen. Kann man nun wirklich einen, das Wesen einer nationalen Militärmacht begreifenden Politiker finden, der einem, zum Kriege herausgeforderten, durch riesige Anstrengung und entsetzliche Opfer siegreich gewordenen Heere die Zumutung stellen wollte, ohne den Siegespreis von Elsaß und Deutsch-Lothringen wieder heimzukehren – um sich nach ein paar Jahren, unter schlimmen Chancen, namentlich wenn Frankreich inzwischen Alliierte gefunden, den gleichen Herausforderungen, Anstrengungen und Aufopferungen wiederholt auszusetzen?"[78] Marx und Engels lehnten zwar von vornherein und ohne Schwanken die Annexion ab, aber Engels bemerkte in einem Brief an Marx vom 10. August doch ausgesprochen gelassen: „Die ganze Thronrede des Wilhelm zielte darauf hin, daß auf eine Revolution spekuliert wurde und man die Sache nicht aufs Äußerste treiben wollte. Dagegen ist allerdings seitdem die nationale Wut in Deutschland groß und der Schrei nach Elsaß und Lothringen allgemein. Auch ist auf Wilhelm nicht zu rechnen. Aber ich glaube doch vorderhand noch, daß man sich mit weniger begnügen wird. Etwas

---

[77] Das Ausland Nr. 38 vom 17. 9. 1870 (S. 912). Peschel, einer der ganz wenigen Publizisten, die sich im August offen gegen die Annexionsforderung aussprachen, setzte sich in diesem Artikel gegen Vorwürfe zur Wehr, die ihm in der Presse wegen seiner im August vertretenen Auffassung gemacht wurden; vgl. FABER 2 Nr. 940.
[78] Der Vorbote 1870, 119 (August 1870); vgl. CONZE/GROH 89.

Land wird Frankreich wohl lassen müssen."[79] Auch die deutschen Sozialdemokraten wahrten im August, als allerorten die Annexionsforderung laut wurde, eine auffallende Zurückhaltung, sie akzentuierten ihre ablehnende Haltung erst im September nach dem Sturz des französischen Kaisertums[80]. Ausdrücklich *gegen* die Annexionsforderung haben sich im August nur ganz wenige Stimmen erhoben[81]. Selbst die durch wirtschaftliche Interessen motivierte Abneigung der deutschen Textilindustriellen gegen eine Annexion des Elsaß fand im August noch keinen expliziten Ausdruck. Gerade die Tatsache, daß diese Industriellen – trotz der von ihnen befürchteten nachteiligen wirtschaftlichen Auswirkungen einer Annexion – nicht offen gegen die Annexionsforderung aufzutreten wagten, beweist die Stärke der annexionistischen Strömung. Eine am 5. September in Stuttgart tagende Versammlung süddeutscher Baumwollindustrieller erklärte, „daß die Gesamt-Baumwollindustrie in Betreff der Wiedervereinigung des Elsaßes und Lothringens mit Deutschland angesichts einer solch erhebenden Sühnung und für seine künftige Sicherheit so hochwichtigen Errungenschaft solche daraus hervorgehende Schädigung ihrer Interessen, die es nicht in der Macht der höchsten Behörden liege von ihr abzuwenden, opferwilligst zu erdulden bereit sei"[82].

Spontaneität und denkbar weitgehende Einmütigkeit in der Kriegszielfrage – dieses Bild vom Aufkommen der Annexionsforderung, das sich aus Tagespresse und Flugschriftenliteratur, brieflichen Äußerungen und Tagebuchnotizen ergibt, erfährt eine eindringliche Bestätigung durch die Berichte der diplomatischen Vertreter aus den verschiedenen deutschen Residenzstädten. Diese Berichterstattung ist deshalb von erheblichem Interesse, weil sie nicht allein auf der Kenntnis der „veröffentlichten Meinung", sondern auf vielfältigen Beobachtungen und Eindrükken der Diplomaten während der ersten Kriegswochen beruht[83]. Man ist aufgrund dieser Berichterstattung fast geneigt anzunehmen, daß das Maß an Einhelligkeit und Entschiedenheit bei der Artikulierung des Annexionsverlangens womöglich noch größer war, als sich der Tagespresse entnehmen läßt. Mit Überraschung, Bestürzung, Faszination registrierten die Diplomaten die elementare Wucht jener

---

[79] MARX/ENGELS, Werke 33, 34.
[80] Vgl. unten S. 172 f.
[81] Neben der bereits erwähnten Stellungnahme O. Peschels im „Ausland" (siehe Anm. 77) wurde stark beachtet die Artikelserie Julius von Eckardts im „Hamburgischen Correspondenten" (der mit seinen übrigen Beiträgen *für* die Annexion eintrat!), siehe dazu: G. KROEGER, J. Eckardts Artikelreihe „Für und wider das Elsaß-Projekt", in: Zs. f. Ostforschung 10 (1961) 201–225; vgl. auch GALL, Zur Frage der Annexion 292 f. (ebd. auch Hinweis auf die Haltung der „Frankfurter Zeitung").
[82] Schreiben A. Staub an Rosenberg (norddeutscher Gesandter in Stuttgart), Kuchen 6. 9. 1870 – DZAP RKA 1146, Bl. 16 f. Zum Gesamtzusammenhang (ökonomische Interessen – Annexionsproblematik 1870/71) siehe E. KOLB, Ökonomische Interessen und politischer Entscheidungsprozeß. Zur Aktivität deutscher Wirtschaftskreise und zur Rolle wirtschaftlicher Erwägungen in der Frage von Annexion und Grenzziehung 1870/71, in: VSWG 60 (1973) 343–385.
[83] Aufschlußreiche Formulierungen aus der diplomatischen Berichterstattung der Augustwochen zitiert bei KOLB, Bismarck und das Aufkommen der Annexionsforderung 345 ff.; vgl. ferner die oben Anm. 66 und 69 angeführten Äußerungen verschiedener Diplomaten.

Stimmungsentwicklung, die im Laufe des August immer allgemeiner in der Forderung nach einer Annexion des Elsaß und Lothringens kulminierte. Und sie erkannten auch, daß die Entschiedenheit, mit der diese Forderung in nahezu allen politischen Lagern erhoben wurde, eine politische Realität darstellte, die von den politisch Handelnden zumindest nicht vollständig ignoriert werden konnte.

Es wäre nun gewiß höchst reizvoll, die Dokumentierung des hier als „Aufkommen der Annexionsforderung" bezeichneten Vorgangs zu vertiefen durch eine genauere Analyse der Motivationen bzw. Motivationskomplexe, die bei einzelnen Persönlichkeiten und bei den einzelnen politischen Gruppen den Ausschlag für das spontane Vorbringen des Annexionsverlangens gegeben haben; und es wäre auch interessant, der Frage nachzugehen, welche untergründigen Schichten des nationalen Bewußtseins in dem fast explosionsartigen Aufflammen der Annexionsforderung manifest wurden. Die Behandlung dieses Themas erforderte jedoch eine eigene umfangreiche Untersuchung. Wir können uns mit einigen Bemerkungen zu diesem Fragenkomplex um so mehr begnügen, als es hier in erster Linie darum ging und geht, durch die Untersuchung von Genesis und Stärke des Annexionsbegehrens zu ermitteln, ob die Annexionsforderung seit Ende August eine maßgebende Komponente im politischen Kräftefeld darstellte, mit der die Politiker – und damit auch Bismarck – zu rechnen hatten. Und diese Frage ist – das dürften die beigebrachten Belege außer jeden Zweifel stellen – unbedingt zu bejahen. Die gebotenen Zitate dürften auch verdeutlicht haben: es war ein sehr komplexes Geflecht von Motivationen rationaler und emotionaler Art, dem das Annexionsverlangen entsprang, und es war ein sehr komplexes Bündel von Argumenten, mit denen Notwendigkeit und Berechtigung einer Annexion begründet wurden. Es gibt kaum ein Zeugnis aus dem August, in dem die Annexion nur mit *einer* Begründung gefordert wird, sei es mit der Berufung auf das historische Recht oder die in der Sprache sich kundgebende Nationalität, sei es mit dem Hinweis auf die strategische Notwendigkeit einer Grenzverbesserung, sei es mit dem – mehr emotionalen als rationalen Motiven entspringenden – Verlangen nach einer „Abrechnung" mit Napoleon und dem französischen Volk, nach einer „Sühnung" alten Unrechts. Gemeinsam ist allen diesen Begründungen, so unterschiedlich sie akzentuiert sind, nur das eine: daß eine Rücksichtnahme auf den Willen der betroffenen Bevölkerung nicht in Erwägung gezogen wird[84]. Unter den zahllosen Äußerungen findet sich manches eindrucksvolle Zeugnis, in nicht wenigen dieser Äußerungen tritt aber auch ein bedenkliches Maß an nationaler Überheblichkeit zutage, es melden sich auch schrille Stimmen zu Wort, die einen militanten und manchmal sogar hybriden Nationalismus mit moralisierendem Pathos akzentuieren – das darf bei einer Erörterung dieser Diskussion der Kriegszielfrage gewiß nicht übersehen werden.

Mit Nachdruck ist aber auf einen oft übersehenen Sachverhalt hinzuweisen: gerade in den frühesten Zeugnissen des Annexionswillens spielt – unter Berufung auf die Art der Kriegseröffnung durch Frankreich – die *Argumentation*, Deutsch-

---

[84] Vgl. dazu unten S. 169 ff.

land bedürfe sicherer Grenzen, eine entscheidende Rolle, und man wird daher nicht fehlgehen, wenn man, zumindest was den deutschen Südwesten anbetrifft, dem Sicherheitsbedürfnis auch hinsichtlich der *Motivation* des Annexionsverlangens eine dominante Funktion zuspricht. Sehr klar hat das Hermann Baumgarten in einer vom 17. August datierten Korrespondenz zum Ausdruck gebracht: „Die oberrheinische Bevölkerung hat in dieser Krisis die Einsicht gewonnen, daß sie sich in einer vollkommen unmöglichen Lage befindet. Man mochte in ihr leben, solange man ihre furchtbare Gefährlichkeit nicht erkannte. Seit aber jedermann weiß, was uns beim Beginn des Krieges drohte, seit er sieht, daß diese Gefahr bei jeder kriegerischen Verwicklung mit Frankreich wiederkehren würde, ist natürlich in der ganzen Bevölkerung das Gefühl mächtig geworden, daß dieser Lage um jeden Preis ein Ende gemacht werden müsse. Man denkt dabei gar nicht einmal an die nationale Macht, an die Gutmachung alten Unrechts, sondern fordert hauptsächlich Sicherung vor französischem Vandalismus. Sie können darauf rechnen, daß wenn Europa Miene machen sollte, dieses berechtigste und natürlichste Verlangen zu hindern, die Anwohner des Oberrheins sich wie *ein* Mann erheben werden ... Jetzt aber hat uns Frankreich gezwungen, die Vorschiebung der deutschen Grenze an die Vogesen zu fordern, in ihr eine Lebensfrage nicht nur für Baden und die Pfalz, sondern für ganz Süddeutschland zu erblicken. Wer sich in dieser Zeit unter unserem Volke bewegt, kann sich leicht davon überzeugen, daß auch die glänzendsten Erfolge der deutschen Waffen in ihm nichts von Eroberungslust geweckt haben. Es will auch nach diesem glorreichen Kriege nichts als Frieden. Aber es will einen gesicherten Frieden. Es will die bedrohliche Angriffsstellung Frankreichs gegen uns beseitigt haben. Es will nicht länger unter den Kanonen französischer Festungen leben."[85] Und diesem Zeugnis ließen sich unzählige andere anfügen, in denen das Sicherheitsargument bei der Begründung der Annexionsforderung ebenfalls den zentralen Platz einnimmt. Häufig wird dabei die Überzeugung geäußert, das französische Volk, welches schon „Sadowa" nicht ertragen habe, werde dem deutschen Volk noch viel weniger Weißenburg und Wörth (und später dann: Sedan) verzeihen und um jeden Preis – auch bei einem Höchstmaß an Großmut seitens des Siegers – seine Revanche suchen; so oder so, mit oder ohne Landabtretung beim Friedensschluß, müsse deshalb mit französischen „Rachegelüsten" gerechnet werden, und eine bessere strategische Grenzsicherung sei aus diesem Grunde eine vitale Notwendigkeit.

Diese Überzeugung von der Unversöhnlichkeit der Franzosen war damals in Deutschland außerordentlich weit verbreitet, sie ist bei den Männern des Geisteslebens ebenso anzutreffen wie bei den Politikern und bildete ohne Zweifel ein entscheidendes Motiv des Annexionsverlangens. Diese wichtige Feststellung muß

---

[85] Augsburger Allgemeine Zeitung Nr. 232 vom 20. 8. 1870; vgl. eine ähnliche Äußerung Baumgartens auch bereits in einer vom 28. Juli datierten Korrespondenz in der Augsburger „Allgemeinen Zeitung" vom 30. 7. 1870 (s. GALL, Zur Frage der Annexion 283 und J. BECKER, Baden 2, 150) sowie Baumgartens Darlegungen in seinem Brief an Max Duncker vom 16. 8. 1870 (DUNCKER 454 f.).

etwas ausführlicher belegt werden. Ludwig Bamberger, aufgrund seines langen Aufenthalts in Frankreich mit der Mentalität der Franzosen recht gut vertraut, ließ sich Mitte September folgendermaßen vernehmen: „Sagen wir es laut: Wie auch immer die Friedensbedingungen lauten mögen, und wären sie noch so großmütig: Niemals wird uns Frankreich das Eine und unvergeßlich Zurückbleibende verzeihen, die Tatsache nämlich, daß es von uns besiegt worden ist. Noch fünfzig Jahre nach Waterloo, obwohl es die deutschen Provinzen bei Frankreich beließ, und Tag für Tag seit Sadowa, obwohl hierbei Frankreichs militärische Ehre gar nicht im Spiele war, wurde die Notwendigkeit, für diese wirklichen und vermeintlichen Niederlagen Rache zu nehmen, bei jeder feierlichen Gelegenheit vorangestellt... Und nun sollen wir heute einfältig genug sein zu glauben, daß wir durch Verzicht auf die Früchte unserer teuer erkauften Siege der Notwendigkeit entgehen würden, durch alle künftigen Zeiten dem unversöhnlichen Groll dieses Volkes zu entrinnen, auf dessen Lippen wir selbst inmitten seiner jetzigen Hilflosigkeit nichts als Worte der Drohung und der Verachtung finden, und das nicht müde wird, der Welt zu beweisen, daß es trotz alledem und alledem stärker, ruhmreicher und edler dastehe als sein Gegner?"[86]

Heinrich von Sybel schrieb in einem Artikel, den die „Kölnische Zeitung" am 19. September veröffentlichte: „Die ‚Genugtuung für Sadowa‘, das war der eigentliche Schlachtruf, mit dem das französische Heer zum Rheine zog. Und wir sollten glauben, daß ein so gestimmtes Volk, laute der Friedensvertrag wie er wolle, nicht auf Genugtuung für Metz und Sedan, für die eigenen entsetzlichen Niederlagen sinnen, daß es nicht jede Gelegenheit zur Herstellung des verlorenen Prestige ergreifen, daß es von heute an ohne Weiteres auf die hundertjährige Führerschaft in Europa verzichten werde? So traurig es ist, so sicher ist die Tatsache: auf Menschenalter hinaus hat die Politik Gramont-Ollivier durch die Entzündung dieses frevelhaften Krieges Haß und Mißtrauen zwischen zwei großen und gebildeten Nationen befestigt."[87]

Mit suggestiven Formulierungen brachte der damals in Heidelberg lehrende Philosophiehistoriker Eduard Zeller denselben Grundgedanken zum Ausdruck: „Durch Großmut wird ein Sieger seinen Gegner überhaupt nur selten entwaffnen; daß sich *Frankreich* auf diesem Wege nicht entwaffnen läßt, haben die letzten fünfzig Jahre zum Übermaß dargetan. Man war im ersten und zweiten Pariser Frieden großmütig gegen Frankreich, und was war der Dank dafür? Daß es fortwährend zu dem älteren Raube, den man ihm zur Ungebühr gelassen hatte, auch noch den späteren, den man ihm wieder abnahm, hinzuverlangte, daß es unablässig seine Hände in den deutschen Dingen hatte, nach deutschem Gebiet ausstreckte, daß es das Recht, uns politisch zu bevormunden, als selbstverständlich für sich in Anspruch nahm, daß es nicht eher ruhte, bis es den schrecklichen Völkerkampf entzündet hatte, dessen Geißel es selbst nun am schwersten zu fühlen bekommt. Um

[86] Amtliche Nachrichten für das Generalgouvernement Elsaß Nr. 3 v. 15. 9. 1870, Artikel „Friedensbedingungen" (ähnlich in Nr. 6 vom 28. 9. 1870) – DZAP Nachl. Bamberger 236.
[87] Kölnische Zeitung Nr. 260 II vom 19. 9. 1870 (Artikel „Die zukünftigen Friedensbedingungen").

kein Haar anders ginge es auch in Zukunft, wenn Deutschland schwach genug wäre, den Fehler zum zweitenmal zu begehen, den es damals, Dank seinen Verbündeten und seiner österreichischen Vormacht, begangen hat ... ‚Unsere Heere sind besiegt worden, aber der Feind hat es nicht gewagt, unser Gebiet anzutasten; Frankreich erhob sich in seiner Majestät, und die nordischen Barbaren entwichen von seinem heiligen Boden.' Dies allein würde der Eindruck sein, der von den Erfahrungen dieses gewaltigen Jahres im Gedächtnis des leichtsinnigen Volkes haften bliebe. Der Durst nach Rache würde dadurch natürlich nicht vermindert werden ... Aber zum Durst nach Rache käme zuverlässig, wenn es ohne empfindliche Einbuße aus dem Krieg hervorginge, noch die Meinung, es könne ihn befriedigen, ohne für sich selbst etwas erhebliches aufs Spiel zu setzen. Es liegt auf der Hand, daß damit die Wahrscheinlichkeit einer baldigen Erneuerung des Kampfes um vieles näher gerückt wäre. Eine Gebietsabtretung allein gewährt die moralischen wie die materiellen Bürgschaften gegen die Gefahr, mit der Deutschland von Frankreich bedroht ist."[88]

Die Reihe der Zitate ließe sich mit Leichtigkeit verlängern – die Überzeugung, daß die Franzosen auch (und vielleicht sogar gerade) bei völliger Schonung durch den Sieger eine Revanche für ihre Niederlage suchen würden, ist in den Kriegsmonaten unzählige Male ausgesprochen worden, von Abgeordneten – z. B. Eduard Lasker (Nationalliberale Partei), Wilhelm Löwe-Calbe (Fortschrittspartei)[89], Joseph Edmund Jörg (Bayerische Patriotenpartei)[90] – wie von Diplomaten und Wissenschaftlern, etwa Robert von Mohl[91], Adolph Wagner, David Friedrich Strauß, Theodor Mommsen[92].

---

[88] E. ZELLER, Das Recht der Nationalität und die freie Selbstbestimmung der Völker, in: Preuß. Jbb. 26 (1870) 627–650, hier: 646 f.
[89] Reichstagssitzung am 26. 11. 1870, s. Stenogr. Berichte über die Verhandlungen des Reichstags des Norddeutschen Bundes, 2. außerordentl. Session 1870, 13, 20 ff.
[90] Historisch-politische Blätter 66 (1870) 469.
[91] Robert von Mohl an seinen Bruder Julius am 8. 9. 1870: „Darüber kann freilich kein Zweifel sein, daß die Assimilierung eine schwierige und langsame sein wird und daß Frankreich, sobald es irgend erstarkt ist, einen desparaten Krieg darum anfangen wird. Allein, den fängt es unter allen Umständen an, um die Scharten auszuwetzen, und da ist es doch besser, Deutschland hat eine bessere militärische Grenze, große Festungen und 100 000 Mann mehr auf seiner und weniger auf der anderen Seite" (LBSt F 506 III 20 e).
[92] Nachweise für Wagner, Strauß, Mommsen bei BRONNER 57, 144, 160. Karl Hillebrand, eminenter Frankreichkenner und gewiß alles andere als ein „Franzosenfresser", schrieb kurz nach Kriegsende – in einer kritischen Würdigung der Bücher von E. Renan und G. Monod – die Sätze: „Hätte die Nation, die uns Sadowa nicht verziehen, uns je Sedan vergeben, selbst wenn wir ihre Grenzen unberührt gelassen? ... Man sage doch ja nicht, die Eroberung habe die eitle Nation gereizt und gedemütigt; die Niederlage allein war es ... Ja, man ist versucht zu glauben, daß, wenn Deutschland ‚großmütig' gewesen wäre, d. h. gar keine Garantie gefordert hätte, Frankreich sich durch solche ‚Großmut' noch viel tiefer beschämt und verletzt gefühlt haben würde ... Hätte Deutschland ohne Gebietsabtretung und Kriegskontribution Frieden gemacht nach Sedan, so wäre heute der Krieg schon wieder entbrannt, dessen kann Herr Monod ganz sicher sein, und der Krieg mit einem ungeschwächten Frankreich" (K. HILLEBRAND, Frankreich und die Franzosen in der 2. Hälfte des 19. Jahrhunderts, Berlin 1874, 331 f. und 379).

Wie zahllose Quellenzeugnisse erweisen, wäre es eine unzulässige Vereinfachung, wollte man – wie es häufig geschieht – die Behauptung aufstellen, Bismarck habe die Annexion aus strategischen Gründen angestrebt, die öffentliche Meinung Deutschlands dagegen habe sie in Anwendung einer spezifischen deutschen Version des Nationsbegriffs gefordert. Auch in der öffentlichen Meinung spielten das Sicherheitsmotiv und das Sicherheitsargument – zumal in den Monaten August und September 1870 – eine dominierende Rolle. Das Sicherheitsargument ist allerdings bei den meisten Verfechtern des Annexionsgedankens schon früh gekoppelt mit dem nationalen Argument, das dann in der *Begründung* der Annexionsforderung immer mehr in den Vordergrund tritt. Häufig wurde dabei aber gleichzeitig ausgesprochen, vor dem Kriegsausbruch habe auf deutscher Seite keine Absicht bestanden, wegen der Zugehörigkeit der Elsässer zur deutschen Sprachgemeinschaft irgendwelche Rechte auf Elsaß und Lothringen geltend zu machen, erst der Bruch des Friedens durch Frankreich habe diese Frage aufgeworfen – wie es D. F. Strauß in seinem zweiten „Offenen Brief" an Ernest Renan vom 29. September 1870 formulierte: „Daß Elsaß und Lothringen einmal zum deutschen Reiche gehört haben, daß überdies im Elsaß und einem Teil von Lothringen die deutsche Sprache, trotz aller französischen Bemühungen sie zu unterdrücken, noch immer die Muttersprache ist, war für uns nicht Veranlassung, Anspruch auf diese Länder zu erheben. Wir dachten nicht daran, sie von einem friedlichen Nachbar wiederzufordern. Nachdem er aber den Frieden gebrochen und die Absicht kundgegeben hat, unsere Rheinlande, die er einmal mit höchstem Unrecht ein paar Jahre besessen, abermals an sich zu reißen, jetzt müßten wir die größten Toren sein, wenn wir, als die Sieger, was unser war und was zu unserer Sicherung nötig ist (doch auch nicht weiter als dazu nötig ist), nicht wieder an uns nehmen wollten."[93]

Ein anderes Argument, mit dem in diesen Wochen die Berechtigung der Annexionsforderung häufig begründet wurde, ist der Gedanke vom französischen „Einsatz": weil bei Kriegsbeginn jedermann in Deutschland davon überzeugt war, ein siegreiches Frankreich werde auf einer deutschen Gebietsabtretung bestehen, konnte nach den deutschen Siegen das Verlangen, auch ein siegreiches Deutschland müsse eine territoriale Entschädigung erhalten, geradezu den Charakter einer

---

[93] STRAUSS 58; ähnlich auch schon im ersten Brief vom 12. 8. 1870, ebd. 15. In diesem Sinne argumentierte auch Th. MOMMSEN im August in seinen Briefen „Agli Italiani" (Berlin 30. 8. 1870, 16; auch bei BRONNER 160). Dieselbe Auffassung begegnet in den Ausführungen, die August Lamey, der einstige badische Ministerpräsident und liberale Abgeordnete des badischen Landtags, am 4. 9. 1870 auf einer Kundgebung in Mannheim machte: „Vergessen wir nicht, daß Deutschland nicht die Absicht hatte, seine Grenzen durch Krieg zu erweitern; daß Deutschland keinen Vorwand suchte, Frankreich zu schwächen, nein, daß es vielmehr altes Unrecht mit höchster Langmut duldete, und sich in seinem friedlichen Sinne vielleicht nur zu gefügig dem Gebote des Fremden bequemte, der seine innere Krankheit, seine Zerrissenheit nicht zur Heilung kommen lassen wollte. Aber nun, nachdem ein unerträglicher Übermut den Frieden gebrochen, nun, nachdem wir angegriffen worden sind, nun, nachdem der Segen des Sieges und Sieges unsere Fahnen umschwebt hat ..., nun wollen wir auch einen ganzen, einen vollen Preis des Sieges" (LBSt F 880 XIII Nr. 12).

4. Die Stimmungsentwicklung in Deutschland

Forderung nach „gleichem Recht" annehmen. In anschaulicher Weise hat das der bayerische Gesandte in London, Graf Hompesch, dem Unterstaatssekretär im englischen Außenministerium Otway Mitte August ausgesprochen: wenn beiden Teilen nicht mit gleichem Maße gemessen werden solle, wäre das ungefähr so, als wenn Otway ihm (Hompesch) eine Partie Whist anböte, bei welcher er im Falle des Verlierens den Einsatz zahlen müßte, im Falle des Gewinnens aber nur von der Verpflichtung zu zahlen befreit sein würde[94].

Alle diese Motive, Argumente, Begründungen erscheinen, wie gesagt, im allgemeinen nicht je für sich allein, isoliert, sondern gebündelt, wobei einmal die eine, einmal die andere Begründung die dominierende Rolle spielt. Es scheint gerade das Zusammenschießen so mannigfacher und unterschiedlicher Motivationen und Argumente zu *einer* Forderung gewesen zu sein, was – im Sinne eines Potenzierungseffektes – dieser Forderung ihre außerordentliche Stoßkraft verlieh und nicht unerheblich zur schnellen Ausbreitung des Annexionsverlangens beigetragen hat.

Auf die Problematik der deutschen Kriegszielforderung einer Gebietsabtretung Frankreichs wird noch zurückzukommen sein[95] – hier ging es zunächst einmal darum, die Stimmungsentwicklung in Deutschland nach Kriegsbeginn und die öffentliche Meinungsbildung in der Kriegszielfrage zu beschreiben und zu analysieren. Im Ergebnis dieser Analyse ist festzuhalten: bereits während der Augustwochen hat sich in der öffentlichen Meinung Deutschlands ein denkbar weitgehender Konsens darüber herausgebildet, welche zentrale Friedensbedingung ein siegreiches Preußen-Deutschland einem besiegten Frankreich auferlegen müsse, nämlich die Abtretung des Elsaß und Lothringens (bzw. wenigstens eines Teils von Lothringen).

Das bedeutet erstens: Die Festlegung der öffentlichen Meinung in der Kriegszielfrage erfolgte gegenüber dem *bonapartistischen* Frankreich, und gerade die alle politischen Gruppierungen in Deutschland einigende vehemente Ablehnung des bonapartistischen Systems und der friedensgefährdenden Außenpolitik Napoleons III. hat ohne Zweifel erheblich dazu beigetragen, daß sich die Annexionsforderung in so kurzer Zeit mit solcher Dynamik quer durch alle politischen Lager durchzusetzen vermochte. Nachdem dieser Konsens in der Kriegszielfrage aber erst einmal bestand, konnte er auch durch einen Sturz des bonapartistischen Regimes nicht mehr nachhaltig erschüttert werden.

Das bedeutet zweitens: Der Konsens in der öffentlichen Meinung Deutschlands und – wie zu zeigen sein wird[96] – der Konsens zwischen öffentlicher Meinung und Staatsführung in der Kriegszielfrage waren fest etabliert, noch ehe von Friedensverhandlungen die Rede sein konnte. Als die Friedensfrage dann nach Sedan akut wurde, existierte also auf deutscher Seite bereits ein klar umrissenes Friedensprogramm, über das sich Staatsführung, öffentliche Meinung und die wichtigsten politischen Kräfte einig waren. Jenseits des rationalen politischen Kalküls über

---

[94] Bericht Hompesch an König Ludwig II., London 18. 8. 1870 – GStAM MA I 648.
[95] Vgl. unten S. 168 ff.
[96] Vgl. unten S. 145 ff.

mögliche zukünftige Folgen einer Annexion von Elsaß und Lothringen, jenseits auch aller Erwägungen über die moralische Zulässigkeit eines Gebietserwerbs ohne Befragung oder wider den Willen der betroffenen Bevölkerung hatte Ende August/Anfang September die Durchsetzung bzw. die Verweigerung einer Gebietsabtretung bereits den Charakter eines Symbolwerts erhalten, eines Kriteriums, an dem gemessen wurde, wer in diesem Kriege Sieger und wer Besiegter war.

5. Bismarcks Haltung in der Annexionsfrage – Motivation, Entschlußbildung, Argumentation

Wenn wir uns im folgenden auf die Analyse von Bismarcks Haltung in der Annexionsfrage konzentrieren, soll damit keineswegs zum Ausdruck gebracht werden, auf seiten der preußisch-deutschen Führung habe in dieser zentralen politischen Materie Bismarck allein und selbstherrlich die verbindliche Entscheidung treffen können oder tatsächlich getroffen. Die Entschlußbildung vollzog sich im innersten Führungskreis, zu dem neben dem König und Bismarck auch Generalstabschef Moltke, Kriegsminister Roon und der preußische Kronprinz zu rechnen sind. Bismarcks Auffassung in der Kriegszielfrage wurde – soweit wir sehen: vorbehaltlos und ohne Einschränkung – von Anfang an geteilt vom König selbst und von dessen engsten militärischen Beratern sowie von Kronprinz Friedrich. Die preußische Führungsspitze trägt somit gemeinsam die Verantwortung für den Annexionsentschluß. Gewiß kommt Bismarck, der an dieser Beschlußfassung einen maßgebenden und entscheidenden Anteil hatte, auch ein Löwenanteil der Verantwortlichkeit für diesen Beschluß zu, aber eben doch nicht die ausschließliche Verantwortung. Dieser Sachverhalt darf nicht völlig außer acht gelassen werden.

Die politische Willensbildung im Hauptquartier in der Frage des Kriegsziels hat eine überraschende Ähnlichkeit mit jenem Prozeß, der sich während der Augusttage in der öffentlichen Meinung Deutschlands vollzog. Wie in Deutschland im August über Zweckmäßigkeit und Berechtigung der Annexionsforderung eigentlich überhaupt nicht „diskutiert" wurde, weil sich die Forderung nach „Rückgewinnung" des Elsaß und Lothringens spontan und vehement Bahn brach und (wenigstens im August) kaum Gegenstimmen vernehmbar waren, so gab es auch im Hauptquartier offensichtlich kein längeres Abwägen des Für und Wider einer Annexion mit unterschiedlichen, womöglich kontroversen Positionen: seit den Augustsiegen und in der Erwartung weiterer militärischer Erfolge bestand innerhalb des inneren Führungskreises volle prinzipielle Übereinstimmung, bei den Friedensverhandlungen von Frankreich eine Gebietsabtretung zu fordern, so daß – wie zu zeigen sein wird – bereits am 14. August eine in diese Richtung weisende Vorentscheidung getroffen werden konnte. Gerade weil diese prinzipielle Übereinstimmung bestand, sah sich weder Bismarck noch Moltke veranlaßt, den eigenen Standpunkt in der Kriegszielfrage für den internen Entschlußbildungsprozeß schriftlich zu fixieren und des näheren zu begründen. Infolgedessen existieren keine entsprechenden Immediatberichte oder Denkschriften aus dem August 1870, was der Historiker, der auf der Suche nach den „eigentlichen" Motiven des Annexionsentschlusses ist, heute bedauern mag. Diese Motive müssen daher aus einer Vielzahl von Quellenpartikeln erschlossen werden[1].

---

[1] Vgl. insgesamt die eindringlichen Darlegungen von Lothar GALL über Bismarcks Motivation und politisches Kalkül in der Annexionsfrage: Zur Frage der Annexion 308 ff.; Das Problem Elsaß-Lothringen 377 ff. Die Befunde, zu denen ich gelange, decken sich in allen wesentlichen Punkten mit den Ergebnissen Galls.

Wir besitzen aus den ersten drei Kriegswochen eine Fülle von Zeugnissen, die uns erschöpfend Auskunft geben über Bismarcks Lagebeurteilung, über seine politischen Zielsetzungen und Initiativen während der ersten Kriegsphase; es befindet sich darunter jedoch nicht eine einzige Äußerung über die Annexion des Elsaß als mögliches deutsches Kriegsziel. Es spricht alles dafür, daß wir es hier nicht mit einem (ungünstigen) Zufall der Überlieferung zu tun haben; vielmehr scheint die Frage eines territorialen „Siegespreises" vor den ersten siegreichen Schlachten auch in internen Beratungen und Unterredungen nicht zur Sprache gekommen zu sein. Das ist bemerkenswert, denn im selben Zeitraum hat der französische Außenminister mehrfach – und nicht etwa nur intern, sondern sogar gegenüber ausländischen Diplomaten – recht dezidierte Äußerungen über die französischen Kriegsziele von sich gegeben. Gegenüber dem bayerischen Gesandten in Paris ließ er sich am 17. Juli so vernehmen: „Notre but ... est d'empêcher le Prussianisme en Allemagne et je ne comprends pas en quoi seraient lésés les Gouvernements du Sud, si nous annulons le grand-duché de Bade qui n'est qu'une succursale de Berlin ... et rétablissons dans le Nord le Royaume de Hanovre en l'agrandissant de manière à écarter les dangers qu'offrait la Prusse prépondérante en Allemagne."[2] Über ein Gespräch mit dem dänischen Gesandten in Paris teilte Gramont am 18. Juli mit: „Je lui ai dit que notre but, si la guerre était heureuse, était de réduire l'ambition et les proportions de la Prusse ... nous apprécierions toute combinaison qui ferait rentrer le Slesvig jusqu'à l'Eider sous la souveraineté du Danemarc, y compris Düppel et l'île d'Alsen."[3] Wenige Tage später entwickelte Gramont dem russischen Geschäftsträger ein formidables französisches Kriegszielprogramm. Okunev berichtete am 26. Juli über diese Unterredung u. a.: „Il faudra d'abord ... que la Prusse nous paie tous les frais de la guerre; nous ne voulons pas d'annexions territoriales; nous n'avons que faire de populations allemandes; nous prendrons tout au plus une petite enclave entre Trêves et Sarrebruck, mais nous exigerons la destruction des fortifications de Rastadt et de Mayence, la restitution du Slesvig au Danemarc et le rétablissement de l'ancienne Confédération Germanique; en un mot la réduction de la Prusse à ses anciennes limites, ce qui, je crois, sera un bien pour tout le monde."[4]

---

[2] Bericht Quadt an Bray, Paris 17. 7. 1870 – GStAM MA I 643, auch ONCKEN 3, 449 ff., hier: 450; DOEBERL 239 ff., hier: 240. Zur französischen Einschüchterungskampagne gegen Baden siehe oben S. 119 f.
[3] Erlaß Gramont an Saint-Ferriol, Paris 18. 7. 1870 – OD 29, 74; vgl. Bericht Moltke-Hvitfeldt an Rosenørn, Paris 18. 7. 1870 – ONCKEN 3, 454.
[4] Bericht Okunev an Westmann, Paris 26. 7. 1870 (pr. Petersburg 5. 8.) – AVPR Fk 1870 delo 117, Bl. 124 ff., hier: Bl. 128; Okunev bemerkte zu diesen Äußerungen Gramonts, es sei erstaunlich, daß der französische Außenminister die französischen Friedensbedingungen aufzähle „avant même que les deux armées aient été en présence" (dazu Marginal Zar Alexanders: „très vrai!"). Wahrscheinlich sind die in Okunevs Bericht vom 26. Juli festgehaltenen Äußerungen Gramonts, die dann „aus ganz sicherer Quelle, aber nicht durch den Fürsten Gortschakoff" auch Prinz Reuß erfuhr und – in systematisierter Form – sofort an Bismarck weitergab: Bericht Reuß an Bismarck, Petersburg 12. 8. 1870 (pr. Pont-à-Mousson 19. 8.) – PA I ABc 70 Bd. 30, Bl. 41, auch ONCKEN 3, 526 ff. In einem ausführlichen Be-

5. Bismarcks Haltung in der Annexionsfrage

Wenn wir aus diesen Wochen keinerlei Zeugnisse über analoge Wünsche, Erwartungen, Zielsetzungen Bismarcks besitzen, so schließt das Fehlen derartiger Zeugnisse natürlich nicht aus, daß sich Bismarck möglicherweise in Gedanken mit der Frage beschäftigt hat, was Preußen-Deutschland im Falle eines Sieges von Frankreich fordern könnte. Das Fehlen derartiger Zeugnisse dokumentiert aber eindeutig – anders läßt sich dieser Befund kaum interpretieren –, daß die Frage eines „Siegespreises" in dieser Anfangsphase des Krieges für Bismarck kein akutes Problem gewesen ist. Die aktuelle Aufgabe, deren Meisterung er sich in diesen Tagen mit rastloser Energie widmete, war – wie wir gesehen haben[5] – die Lokalisierung des Krieges, die Vereitelung der französischen Bemühungen um die Bildung einer Kriegskoalition, die moralische Isolierung Frankreichs. Abwehr des französischen Angriffs, Lokalisierung des Konflikts – das waren, wenn man so will, Bismarcks „Kriegsziele" in dieser Phase der Auseinandersetzung. Erst als diese Ziele erreicht und auf dem Schlachtfeld Vorentscheidungen gefallen waren, konnten weitere Zielsetzungen und die Bedingungen des Friedens zum Gegenstand aktueller politischer Überlegungen und konkreter politischer Planung werden.

Angesichts dieser Grunddisposition stellte sich für Bismarck die Frage eines territorialen Kriegszieles in konkreter Form erst nach den deutschen Siegen in den ersten Augusttagen. Die Perspektive eines militärisch erfolgreichen Feldzuges brachte die Frage eines territorialen „Siegespreises" gewissermaßen automatisch auf die Tagesordnung. Es ist wohl kein Zufall, daß die erste einwandfrei verbürgte Äußerung Bismarcks über die Möglichkeit einer Annexion vom 7. August datiert: am 6. und 7. August trafen im Hauptquartier die Siegesnachrichten von Wörth und Saarbrücken ein, am 7. August wurde Bismarck zum ersten Mal tätig, um die Verwaltung des von deutschen Truppen okkupierten französischen Territoriums zu organisieren; dem Oberpräsidenten der Rheinprovinz telegrafierte er: „Schicken Sie sofort einen Beamten ins Hauptquartier, welcher mit der Verwaltung und Steuerverfassung Frankreichs vertraut [und] der amtlichen französischen Schriftsprache gewachsen ist. Haben Sie beides nicht vereint in einer Person, so schicken Sie zwei."[6] Wenige Stunden später, auf der Fahrt von Mainz nach Homburg in der Pfalz, äußerte Bismarck im Gespräch mit seinen Reisebegleitern dann – wie Ludwig Bamberger in seinem Tagebuch notierte –: „für den Fall der Annexion des Elsaß" wolle er „auch Metz und es als Reichsland mit Baden verbinden, aber Baden darf auch nicht größer werden"[7]. Dies ist die erste nachweisbare Erwähnung des Elsaß und der Annexionsfrage durch Bismarck seit Kriegsbeginn. Die in ihrem zweiten Teil etwas merkwürdig klingende Formulierung wirft einige Probleme auf,

---

richt vom 5. 8. 1870 verbreitete sich Okunev über die in der öffentlichen Meinung Frankreichs vorgebrachten Kriegszielforderungen, die teilweise mit Gramonts Programm übereinstimmten, teilweise erheblich darüber hinausgingen (Okunev an Westmann, Paris 5. 8. 1870, pr. Petersburg 11. 8. – AVPR Fk 1870 delo 117, Bl. 185 ff.).
[5] Siehe oben S. 14 ff.
[6] Tel. Bismarck an Oberpräsident Pommer-Esche (Koblenz), Mainz 7. 8. 1870 (eigenh. Konzept) – DZAM Rep. 90a, Y IX 2 Nr. 17, Bl. 1 (nicht GW 6b).
[7] BAMBERGER, Tagebücher 150.

denn die Expektoration über eine Verbindung der zu erwerbenden Territorien mit Baden steht im Widerspruch zu der Regelung, die Bismarck eine Woche später, beim Kriegsrat von Herny, angeregt hat[8]. Sofern Bismarcks Bemerkung durch Bamberger korrekt festgehalten ist, dürfte die Gesprächsäußerung wohl am plausibelsten dahingehend zu interpretieren sein, daß Bismarck testen wollte, wie seine Begleiter, insbesondere der Frankreichkenner Bamberger, auf die Kriegszielforderung einer Annexion von Elsaß und Lothringen und das Stichwort „Reichsland" reagierten, daß er aber zu diesem Zeitpunkt noch keine klare Vorstellung über die aus einer Annexion erwachsenden Probleme besaß, weil er dieser Frage bis dahin keine Aufmerksamkeit geschenkt hatte und erst jetzt, nach den deutschen Siegen, einen Territorialerwerb ins Auge zu fassen begann.

Huldigte Bismarck einer im Grunde anachronistischen Anschauung, wenn sich für ihn angesichts der Eventualität des Sieges mit einer gewissen Selbstverständlichkeit die Frage eines territorialen „Siegespreises" stellte? Unterschied sich eine solche Reaktion auf den Gang der Dinge grundlegend von derjenigen einer Mehrheit der Zeitgenossen und der anderen Staatsmänner der Epoche[9]? Doch wohl nicht. In unserer ausführlichen Schilderung der Stimmungsentwicklung in Deutschland konnte nachgewiesen werden, daß nach den ersten Siegen allerorten in Deutschland spontan die Forderung nach einem Landerwerb, einer Annexion laut wurde, und gerade Worte wie „Kampfpreis", „Preis des Sieges" gehörten im August zum Standardvokabular politischer Meinungsäußerungen. Eine derartige Reaktion auf militärische Erfolge stellte keineswegs eine spezifisch deutsche Eigenart dar – das erhellt daraus, daß nicht erst der errungene Sieg, sondern bereits der erwartete Sieg den französischen Außenminister veranlassen konnte, ein umfängliches Kriegszielprogramm zu entwickeln, in dem mit der größten Selbstverständlichkeit nicht nur eine massive „Reduzierung" Preußens, sondern auch eine Annexion preußischer Gebietsteile durch Frankreich in Aussicht genommen wurde[10]. Neben diesen Äußerungen Gramonts belegen die im frankophilen Lager unmittelbar im Anschluß an die Meldungen über die ersten deutschen Siege (und noch vor der deutlichen Artikulierung der Annexionsforderung) auftauchenden Befürchtungen hinsichtlich der „Integrität Frankreichs"[11], daß es durchaus dem politischen Denkstil der Zeit entsprach, bei kriegerischen Erfolgen einen territorialen Siegespreis anzuvisieren. Gewiß ließ sich 1870 mit guten Gründen die Auffassung vertreten, es sei politisch höchst problematisch, die Forderung nach einer Gebietsabtretung zum Kardinalpunkt des deutschen Friedensprogramms zu erheben. Unbestreitbar jedoch ist die Tatsache, daß die Frage eines territorialen Siegespreises nicht durch einen einsamen Entschluß Bismarcks auf die Tagesordnung der politischen und publizistischen Kriegszielerörterungen gesetzt worden ist. Diese Frage wurde zwangsläufig und unvermeidlich aufgeworfen durch die deutschen

---

[8] Siehe unten S. 151.
[9] Dies wollte LIPGENS, Öffentliche Meinung 52 ff. glauben machen.
[10] Siehe oben S. 146.
[11] Vgl. unten S. 179.

Siege – sie stellte sich für Bismarck gleichermaßen und zum gleichen Zeitpunkt wie für die öffentliche Meinung Deutschlands. Seinen – der Öffentlichkeit zunächst unbekannten – Entschluß, eine Annexion energisch anzustreben und, wenn irgend möglich (d. h. bei einem weiteren glücklichen Verlauf des Krieges), in den Friedensverhandlungen durchzusetzen, faßte Bismarck in eben jenen Tagen, in denen auch in Deutschlands öffentlicher Meinung die Annexionsforderung spontan und unüberhörbar artikuliert wurde; aber er faßte diesen Entschluß nicht unter dem Druck der öffentlichen Meinung, sondern unabhängig von ihr.

Weshalb hat sich Bismarck im August 1870 so schnell und vorbehaltlos auf die zentrale Friedensbedingung einer französischen Gebietsabtretung festgelegt – während er im Juli 1866 seine ganze Kraft aufbot, um den König zum Verzicht auf eine Annexionsforderung gegenüber Österreich zu bewegen? Man würde allerdings das Problem allzusehr verkürzen, wollte man – wie das häufig geschieht – einen markanten Gegensatz zwischen Bismarcks Vorgehen 1866 und seinem Verhalten in der Kriegszielfrage 1870 konstruieren – dergestalt etwa, Bismarck habe sich bei den Friedensverhandlungen 1866 „maßvoll" und weitschauend verhalten, 1870 dagegen nicht. Zum einen hat die besiegte Habsburgermonarchie 1866 durchaus einen territorialen Siegespreis entrichtet, zwar nicht an Preußen, wohl aber an das Königreich Italien, nämlich Venetien. Zum anderen war Bismarck auch 1866 alles andere als ein Annexionsgegner, er sicherte Preußen damals einen territorialen Gewinn, der nach Bedeutung und Umfang das 1870/71 Erworbene weit übertraf. Angesichts der in greifbare Nähe gerückten Möglichkeit einer Annexion von Hannover, Kurhessen und Nassau hielt es Bismarck im Juli 1866 allerdings für richtig, auf eine österreichische Gebietsabtretung an Preußen aus Gründen der politischen Zweckmäßigkeit zu verzichten und dadurch die Verhandlungen schnell zum Abschluß zu bringen. Dabei spielte die Rücksichtnahme auf die allgemeine internationale Lage ebenso eine Rolle wie der Gedanke an die von ihm nicht nur als wünschenswert, sondern auch als möglich betrachtete allmähliche Aussöhnung mit der Habsburgermonarchie. 1870 waren hingegen diese beiden Momente nicht in analoger Weise gegeben (zumindest in der Sicht Bismarcks, aber nicht nur in seiner Sicht), außerdem konnte ein „Siegespreis" in diesem Kriege nur Frankreich, und niemandem sonst, abgerungen werden.

Um die Motive aufzuhellen, die Bismarck im August 1870 zu dem Entschluß bestimmten, eine französische Gebietsabtretung anzustreben, ist es notwendig, zunächst die einschlägigen Zeugnisse aus den Augustwochen genau zu mustern, und dabei müssen der Anlaß und der Zweck der jeweiligen Äußerungen mit berücksichtigt werden. In dieser Hinsicht sind vier Arten von Stellungnahmen Bismarcks zur Kriegszielfrage zu unterscheiden. Seine Gesprächsäußerungen sagen zwar etwas über seine Intentionen und Motive aus; da sie im August aber nicht über den Kreis der unmittelbar Beteiligten hinausgedrungen sind, ging von ihnen zunächst keine *Wirkung* im Sinne einer öffentlichen Propagierung der Annexionsforderung aus. Die Weisungen an die Presse und die Äußerungen gegenüber Pressevertretern hingegen lassen erkennen, wie Bismarck diese Frage in der Öffentlichkeit artikuliert zu sehen wünschte. Seine Weisungen an die diplomatischen Vertreter (und der Briefwechsel König Wilhelms mit Zar Alexander) enthalten die Argumente, mit denen die Annexionsforderung gegenüber den europäischen Staatsmännern begründet wurde. Eine vierte Gruppe von Zeugnissen schließlich stellen die offiziellen Verlautbarungen der Regierung dar, die Zirkulare vom 13. und 16. September; erst durch sie legte sich die Regierung vor der deutschen und internationalen Öffentlichkeit in der Kriegszielfrage eindeutig zugunsten einer Annexionsforderung fest (während durch die ersten drei Gruppen von Äußerungen eine solche Festlegung noch nicht erfolgt war). Bei einer Prüfung all dieser Zeugnisse ist vor allem darauf zu achten, inwieweit bei den – aus unterschiedlichem Anlaß und zu unterschiedlichem Zweck gemachten – Äußerungen Übereinstimmungen oder Unterschiede in der Begründung und Motivierung der Annexionsforderung bestehen, weil daraus gewisse Rückschlüsse hinsichtlich der eigentlichen Motivation Bismarcks gezogen werden können.

Gesprächsweise deutete Bismarck am 7.[12], 13.[13] und 15. August[14] seine Entschlossenheit an, von Frankreich eine Gebietsabtretung zu fordern. Die Aufzeichnungen über diese Gespräche sind aber so knapp (oder Bismarck machte seine Bemerkungen so beiläufig), daß diesen Erwähnungen der Annexionsmöglichkeit nichts über Bismarcks Motive entnommen werden kann. In dieser Hinsicht sind die ersten Äußerungen zur Kriegszielfrage in der diplomatischen Korrespondenz sehr viel ergiebiger, das Telegramm an Prinz Reuß vom 10. August und vor allem der Erlaß an Prinz Reuß vom 11. August[15]. Obwohl in diesen Schriftstücken das Elsaß nicht genannt, ja die Annexionsforderung nicht einmal expressis verbis ausgesprochen wurde, finden sich hier – gruppiert um das Stichwort „wirkliche Garantien" – bereits alle jene Argumente, mit denen Bismarck die Notwendigkeit einer Annexion dann später immer wieder begründet hat; auf diese Darlegungen wird gleich zurückzukommen sein.

Auf der Linie der in diesem Erlaß vom 11. August formulierten Erwägungen und Gesichtspunkte dürfte Bismarck auch beim „Kriegsrat" in Herny am 14. Au-

---

[12] Siehe oben S. 147.
[13] W. STIEBER, Denkwürdigkeiten, aus seinen hinterlassenen Papieren bearb. v. L. Auerbach, Berlin 1884, 257 (mit dem falschen Datum 12. 8. 1870); danach sprach Bismarck beim Abendessen, an dem neben Stieber die Grafen Lehndorff, Redern und Bismarck-Bohlen teilnahmen, seine feste Absicht aus, Elsaß und Lothringen an Frankreich „nie wieder herauszugeben". Möglicherweise hat Stieber bei der Abfassung seiner Erinnerungen überpointiert, denn im Brief an seine Frau vom 14. August schrieb er unbestimmter: „*Ich glaube*, wir werden Elsaß und Lothringen nie wieder herausgeben" (ebd.).
[14] Am 15. August meldete sich Graf Henckel von Donnersmarck in Herny bei Bismarck, der ihm die vorläufige Zivilverwaltung eines Departements zu übertragen wünschte. Auf Henckels Bitte, ihm ein Departement zu übertragen, das er Deutschland dauernd zuzuschlagen beabsichtige, antwortete Bismarck: „Da haben Sie die Wahl zwischen Straßburg, Metz und Colmar", worauf Henckel sich für Metz entschied (E. MARCKS/K. A. v. MÜLLER, Erinnerungen an Bismarck, Stuttgart 1924, 87 f.). Daß Bismarck zu diesem Zeitpunkt unbedingt entschlossen war, auch Metz zu annektieren, darf aus dieser Äußerung allerdings nicht gefolgert werden, vgl. unten S. 153 ff.
[15] Vgl. oben S. 104 ff.

gust argumentiert haben[16]. In diesem Kriegsrat ging es zwar vorrangig um die Organisierung der Verwaltung in den von deutschen Truppen okkupierten Gebietsteilen[17]. Verstreute Hinweise in den Quellen erlauben jedoch den Schluß, daß in den Beratungen vom 14. August auch die Kriegszielfrage zur Sprache kam und in diesem Zusammenhang eine Vorentscheidung über die an Frankreich zu stellenden Friedensbedingungen getroffen wurde: der König und seine engsten Berater waren sich einig, bei einem militärisch weiterhin erfolgreichen Kriegsverlauf im Interesse der „besseren Sicherung Süddeutschlands" von Frankreich eine Gebietsabtretung zu verlangen und dem zu erwerbenden Gebiet den Status eines „Reichslands" zu geben[18]. Am 15. August teilte Bismarck dem Staatssekretär Thile deshalb lapidar mit: Das Elsaß „behalten wir im Frieden, wenn es Gottes Wille ist"[19].

Aufgrund dieses Telegramms konnte sich Thile autorisiert fühlen, die Annexionsfrage nunmehr auch in der regierungsnahen Presse in positivem Sinn erörtern zu lassen. Ausdrücklich angeordnet hat Bismarck, soweit wir sehen, eine Kampagne in der deutschen Presse erst am 25. August. An diesem Tag telegrafierte er Thile: nachdem in der „Indépendance belge" und im „Journal de St. Petersburg" die Stellung Englands und Rußlands zu einer Zerstückelung Frankreichs besprochen worden sei, solle „in allen uns zugänglichen Blättern, namentlich allen deutschen, die nationale Entrüstung über diese uns feindliche Einmischung neutraler Mächte" ausgesprochen werden „und der feste Wille des deutschen Volkes, durch Gebietsabtretungen Frankreichs die süddeutschen Grenzen zu sichern und gegen Wiederholung ähnlicher Raubanfälle, wie sie in den letzten zwei Jahrhunderten dagewesen, die Verteidigung unsrer Grenzen zu erleichtern"[20].

Schon einige Tage vorher, am 21. August, hatte sich Bismarck – einer Anregung des Botschafters in London folgend – einverstanden erklärt mit einer „akademischen Besprechung der Zurücknahme deutschen Gebiets" in der englischen Presse, „namentlich vom Standpunkt der Sicherung Süddeutschlands gegen die seit Ludwig XIV. unzählig wiederholten Anfälle Frankreichs"[21], und er steuerte selbst

---

[16] Siehe dazu: E. KOLB, Der Kriegsrat zu Herny am 14. August 1870, in: MGM 1971/1, 5–13.
[17] Die Resultate dieser Beratungen fanden ihren Niederschlag in zwei „Allerhöchsten Kabinettsordres" vom 14. 8. 1870: König Wilhelm verfügte die Errichtung von zwei Generalgouvernements („Elsaß" und „Lothringen"), ernannte die Generale von Bismarck-Bohlen und von Bonin zu Generalgouverneuren und wies den Kriegsminister an, im Einvernehmen mit Bismarck eine Instruktion für die Generalgouverneure zu entwerfen (ebd. 8).
[18] Ebd. 12.
[19] Tel. Bismarck an AA, Herny 15. 8. 1870 – PA I ABc 70 Bd. 30, Bl. 28; auch GW 6b Nr. 1747.
[20] Tel. Bismarck an Thile, Bar le Duc 25. 8. 1870 – PA I ABc 70 Bd. 37, Bl. 14; auch GW 6b Nr. 1764 (der Schluß des Satzes eigenhändiger Zusatz Bismarcks); vgl. auch den Erlaß an Thile vom selben Tag: PA I ABc 70 Bd. 39, Bl. 35 f.; auch GW 6b Nr. 1766.
[21] Tel. Bismarck an Bernstorff, Pont-à-Mousson 21. 8. 1870 – PA I ABc 70 Bd. 33, Bl. 68; auch GW 6b Nr. 1754.

die Hauptgesichtspunkte für eine derartige Erörterung der Annexionsfrage in der englischen Presse bei[22].

Diese Darlegungen benutzte Moritz Busch, als er am 28. August einen langen Artikel zur Begründung der Annexionsforderung konzipierte; nachdem Bismarck das Konzept einer sorgfältigen Durchsicht unterzogen hatte, wurde der Artikel am 1. September in der „Norddeutschen Allgemeinen Zeitung" veröffentlicht[23]. Dieser von Bismarck sanktionierte Zeitungsartikel kann als erste halboffizielle Kundgebung in der Annexionsfrage angesehen werden, und es ist bemerkenswert, daß die Argumente, mit denen die Notwendigkeit einer Annexion in der Öffentlichkeit und gegenüber der Öffentlichkeit begründet wurde, im wesentlichen den Gesichtspunkten entsprechen, die auch in der diplomatischen Korrespondenz dieser Tage zur Begründung der Annexionsforderung ins Feld geführt wurden.

Aus dem letzten Augustdrittel sind auch einige Gesprächsäußerungen zu verzeichnen, die Bismarcks Entschlossenheit in der Annexionsfrage belegen[24]. Vor allem aber schärfte Bismarck dem norddeutschen Gesandten in Petersburg in den letzten Augusttagen eindringlich ein, den Zaren darauf vorzubereiten, daß Deutschland bei den Friedensverhandlungen auf einer französischen Gebietsabtre-

---

[22] Erlaß Bismarck an Bernstorff, Pont-à-Mousson 21. 8. 1870 – PA I ABc 70 Bd. 33, Bl. 69 ff.; auch GW 6b Nr. 1755. Einen Tag später übersandte Bismarck dem Botschafter außerdem – zwecks Verwertung in der englischen Presse – einen Auszug aus dem Bericht des Prinzen Reuß vom 12. August mit Angaben über die französischen „Friedensbedingungen" (vgl. Anm. 4). Prinz Reuß bat dann aber ausdrücklich darum, Gramonts Äußerungen gegenüber Okunev nicht zu publizieren, weil dadurch seine eigene Stellung gegenüber Zar Alexander empfindlich kompromittiert würde (PA I ABc 70 Bd. 34, Bl. 2 f.; Bd. 37, Bl. 25; Bd. 39, Bl. 15).

[23] Konzept Busch mit Korrekturen Bismarcks: DZAM Rep. 92 Nachl. Busch 24, Bl. 1 f.; vgl. auch BUSCH 1, 122 ff. Ganz ähnlich wie in diesem Artikel argumentierte Bismarck am 29. August gegenüber einem Vertreter der Pall-Mall-Gazette (Pall Mall Gazette v. 6. 9. 1870, auch HIRTH/GOSEN 2, Sp. 1558). In dieser Unterredung sagte Bismarck u. a.: „Wir werden daher Straßburg und wahrscheinlich Metz nehmen und behalten, wenn unsere Waffen siegen. Straßburg soll unser Gibraltar werden."

[24] Unterredung mit dem Kronprinzen am 20. August – FRIEDRICH III. 67 („Unsere Forderungen, falls es zu Friedensunterhandlungen käme, sind: Herausgabe des einst deutsch gewesenen Elsaß sowie die Erstattung der gesamten Kriegskosten"); Unterredung mit Kronprinz Albert von Sachsen am 21. August – P. HASSEL, Aus dem Leben des Königs Albert von Sachsen, 2 Bde, Berlin 1898/1900, hier: 2, 392 f. (Plan eines deutschen Fürstenkongresses vor Beginn eigentlicher Friedensverhandlungen; Forderung nach einer „Abtretung von Elsaß und Deutsch-Lothringen"); Unterredung mit Graf Berchem am 29. August – GStAM MA I 655 (Plan des Fürstenkongresses; Absicht, „Metz und Straßburg wieder für Deutschland zu erwerben, um den Süden Deutschlands vor plötzlichen Einfällen Frankreichs sicher zu stellen, denen derselbe im ersten Augenblicke eine wirksame Gegenwehr kaum würde entgegensetzen können"; der König von Preußen sei dabei nicht von dynastischen Rücksichten geleitet – eine Bemerkung, die Berchem dahin mißverstand, Bismarck wolle die zu erwerbenden Gebiete den süddeutschen Staaten überlassen; vom Reichsland-Plan scheint Berchem erst später erfahren zu haben, er berichtete am 17. Oktober über eine entsprechende Äußerung Bismarcks, als höre er zum ersten Mal von diesem Projekt).

tung bestehen müsse²⁵. Den Höhepunkt dieser Bemühungen, den Zaren von der unabdingbaren Notwendigkeit derartiger Friedensbedingungen zu überzeugen, stellte dann das (von Bismarck konzipierte) Handschreiben König Wilhelms an Zar Alexander vom 31. August dar²⁶.

Um für die projektierten Friedensbedingungen von seiten Rußlands wenn nicht ein volles Einverständnis, so doch wenigstens eine tolerierende Stellungnahme zu erlangen, konzentrierte sich Bismarck – wie die Zeugnisse zeigen – ganz auf die Person des Zaren, während er gegenüber England den Weg einer Beeinflussung der öffentlichen Meinung des Landes wählte. Beachtenswert ist jedoch, daß die Annexionsforderung hier wie dort mit den gleichen Argumenten begründet wurde. Deshalb konnte Bismarck am 1. September dem Botschafter in London auch eine Abschrift des Briefes König Wilhelms an Zar Alexander mit der Weisung zugehen lassen, „im *Sinne* dieses Schreibens auch in der englischen Presse zu wirken und Ihre eigenen Äußerungen gegenüber den englischen Staatsmännern in Übereinstimmung damit zu halten"²⁷.

Bevor wir die zur Begründung der Annexionsforderung von Bismarck vorgebrachten Argumente näher in Augenschein nehmen, muß noch auf zwei spezifische Momente aufmerksam gemacht werden, die in all diesen aus dem August stammenden Äußerungen Bismarcks zum Annexionsproblem in Erscheinung treten und die Bismarcks Haltung in der Kriegszielfrage – nicht nur während der Augustwochen, sondern auch danach – in aufschlußreicher Weise charakterisieren. Das ist einmal die Bindung der Annexionsabsicht an die Voraussetzung eines militärisch weiterhin erfolgreichen Kriegsverlaufs, das ist zum andern eine recht elastische, noch einigermaßen unentschiedene Stellungnahme hinsichtlich des Umfangs der angestrebten Gebietserwerbung. Das Elsaß „behalten wir im Frieden, wenn es Gottes Wille ist", schreibt Bismarck am 15. August²⁸; am 21. August ist die Rede von Friedensbedingungen, „welche wir bei einem fortdauernd glücklichen Erfolge unserer Waffen würden an Frankreich stellen müssen"²⁹; am 25. August betont Bismarck die „Unmöglichkeit", auf eine Änderung der Grenze zwischen Frankreich und Deutschland zu verzichten, „falls der Sieg uns treu bleibt"³⁰; am 29. August wird die Absicht ausgesprochen, „Straßburg und wahrscheinlich Metz" zu nehmen und zu behalten, „wenn unsere Waffen siegen"³¹. Hier also lautet die Forderung auf „Straßburg und wahrscheinlich Metz"; einen Tag zuvor hat

---

²⁵ Telegramme Bismarck an Reuß, Bar le Duc 24. und 25. 8. 1870 – PA I ABc 70 Bd. 35, Bl. 87; Bd. 36, Bl. 1; auch GW 6b Nr. 1759, 1761.
²⁶ Vgl. unten S. 183.
²⁷ Erlaß Bismarck an Bernstorff, Vendresse 1. 9. 1870 – PA I ABc 70 Bd. 42, Bl. 43; auch GW 6b Nr. 1772.
²⁸ Wie Anm. 19.
²⁹ Diese Formulierung findet sich im Erlaß an Bernstorff vom 21. 8. 1870, siehe Anm. 22.
³⁰ Tel. Bismarck an Reuß, Bar le Duc 25. 8. 1870 – PA I ABc 70 Bd. 36, Bl. 1; auch GW 6b Nr. 1761.
³¹ HIRTH/GOSEN 2, Sp. 1558. Vgl. auch die Formulierung in Bismarcks Schreiben an O. v. Manteuffel, Reims 8. 9. 1870, siehe Anm. 39.

Bismarck in Buschs Artikelentwurf eigenhändig den Passus eingefügt, eine Erhöhung der Sicherheit deutscher Grenzen „ist nur erreichbar durch Verwandlung der beiden uns bedrohenden Festungen in Bollwerke unserer Sicherheit. Straßburg und Metz müssen aus französischen Aggressionsfestungen deutsche Defensiv-Plätze werden"[32]. Dem preußischen Kronprinzen gegenüber bezeichnete es Bismarck am 20. August als seine Absicht, bei Friedensunterhandlungen die „Herausgabe des einst deutsch gewesenen Elsaß" zu fordern; einen Tag später nannte er dem Kronprinzen von Sachsen als das erstrebte positive Resultat des Krieges die „Abtretung von Elsaß und Deutsch-Lothringen"[33]. Einmal also ist von Straßburg und Metz die Rede, ein andermal von Straßburg und wahrscheinlich Metz, dann wieder nur von Straßburg allein[34], einmal nennt Bismarck das Elsaß, ein andermal Elsaß und Deutsch-Lothringen als zu erstrebende Gebietserwerbung. Bamberger hielt am 7. August die Äußerung Bismarcks fest, „für den Fall der Annexion des Elsaß" wolle er auch Metz gewinnen[35]; als aber Bamberger am 23. August Bismarck den Brief eines Freundes vorlas, in dem dargelegt wurde, man wünsche in Deutschland die Annexion von Elsaß und Lothringen, da „merkte" er, „daß er [Bismarck] sich auch mit Elsaß zufrieden gäbe, weil ihm die Haltung der Mächte einen Eindruck macht. Das alles, sagt er, hängt ja davon ab, wie der Krieg weiter geht, ob Krankheiten ausbrechen etc."[36] – und es scheint, daß gerade diese Bemerkungen Bismarcks seine Einstellung hinsichtlich des Umfangs der anzustrebenden Gebietserweiterung besonders treffend zum Ausdruck bringen.

Man wird aus diesen Formulierungen zweierlei folgern dürfen. Erstens: Bismarck betrachtete in diesem Stadium der Auseinandersetzungen einen eindeutigen deutschen Waffenerfolg als conditio sine qua non für eine Verwirklichung der Annexionsabsicht ebenso wie für eine offizielle Proklamierung der Annexionsforderung zur unabdingbaren deutschen Friedensbedingung[37]. Daraus darf wohl der Schluß gezogen werden, daß in dieser Phase des Krieges klare französische Erfolge Bismarck möglicherweise zu einem Verzicht auf die Annexionsforderung hätten bewegen können; es ist zumindest nicht sicher, daß Bismarck bei einer militärischen Remis-Stellung dafür plädiert hätte, den Krieg – nur um des Zieles eines Gebietserwerbs willen – als Abnutzungskrieg weiterzuführen.

---

[32] Wie Anm. 23.
[33] Wie Anm. 24.
[34] Im Erlaß an Bernstorff vom 21. 8. 1870 (siehe Anm. 22) ist nur Straßburg expressis verbis genannt; am Schluß des Erlasses heißt es dann allerdings, zur Sicherung Deutschlands genüge nicht die Schleifung der Festungen, „sondern nur die Abtretung einiger derselben" (ohne namentliche Nennung).
[35] Siehe oben S. 147.
[36] BAMBERGER, Tagebücher 179.
[37] Selbst als diese Voraussetzung durch den Ausgang der Schlacht von Sedan als erfüllt betrachtet werden durfte, gab Bismarck nicht sogleich eine offizielle Stellungnahme in der Kriegszielfrage ab, er tat dies erst Mitte September in unmittelbarer Reaktion auf Jules Favres Zirkular vom 6. 9. 1870, vgl. unten S. 230 f.

5. Bismarcks Haltung in der Annexionsfrage

Zweitens: Was den Umfang der beabsichtigten Gebietserwerbung anbetrifft, so war sich Bismarck in dieser Frage noch unschlüssig (übrigens nicht nur im August, sondern auch in den folgenden Kriegsmonaten). Weder jetzt noch später waren für ihn die Friedensbedingungen ein für allemal fixierte, gleichsam abstrakte Forderungen, die es um jeden Preis durchzusetzen galt, sondern sie waren modifizierbar entsprechend den konkreten Gegebenheiten des weiteren Kriegsverlaufs: dem Ausgang der militärischen Auseinandersetzung und der zum Zeitpunkt der Verhandlungen bestehenden internationalen Situation. Sehr klar hat Bismarck seine grundsätzliche Einstellung in dieser Frage dann in einem Erlaß an den norddeutschen Gesandten in Karlsruhe vom 6. September formuliert: „Über die Ausdehnung, welche hiernach den an Frankreich zu stellenden Forderungen zu geben sein wird, *werden die Friedensverhandlungen und die zur Zeit derselben maßgebenden Umstände entscheiden.* Erlauben dieselben über die Sprachgrenze hinaus den Erwerb von Metz, so würde damit ein günstiger fortificatorischer Verschluß der Grenze Deutschlands gegen Frankreich gewonnen."[38] Bismarck war also bereit, bei Eintreten einer Verhandlungsmöglichkeit die deutschen Forderungen den Erfordernissen der Friedensanbahnung anzupassen und vom Maß des Erreichbaren abhängig zu machen.

Als indiskutabel hingegen betrachtete Bismarck von Anfang an jene Projekte, die im August und in den folgenden Wochen von verschiedenen Staatsmännern favorisiert und auch in der Presse – vor allem der neutralen Staaten – erörtert wurden: das als berechtigt anerkannte deutsche Sicherheitsbedürfnis gegenüber Frankreich solle befriedigt werden nicht durch eine französische Gebietsabtretung an die deutschen Staaten, sondern – unter Verzicht auf eine Annexion – durch die Neutralisierung des Elsaß und Lothringens oder durch die Schleifung der französischen Grenzfestungen oder durch die Auferlegung von Rüstungsbeschränkungen. Derartige Vorschläge hat Bismarck offenbar nicht einen Moment lang als ernsthaft zu erwägende Alternativen zur Annexionsforderung eingestuft. Die Konstituierung eines neutralen Zwischenstaates in der Art Belgiens lehnte er ab, weil ein solcher Staat Deutschland keine „Bürgschaft" bieten würde. Nach seiner Ansicht würde aus einer Neutralisierung dieser Grenzlande die Gefahr entstehen, daß sie „vermöge der Sympathien ihrer Einwohner und ihrer Truppen im Kriege nach Frankreich hin gravitieren, und daß ihre französischen Sympathien, welche gewiß in dem größten Teile der Bevölkerung zurückbleiben würden, gerade in ihrer Armee einen doppelt gefährlichen Kristallisationspunkt finden würden"[39].

Gegen den vor allem in England populären Vorschlag, Straßburg, Metz und die kleineren Festungen östlich der Vogesen abzutragen und Frankreich die Verpflich-

---

[38] Erlaß Bismarck an Flemming, Reims 6. 9. 1870 – PA I ABc 70 Bd. 44, Bl. 54ff.; auch GW 6b Nr. 1781 (Hervorhebung von mir – E. K.).
[39] Schreiben Bismarck an O. v. Manteuffel, Reims 8. 9. 1870 – PA I ABc 70 Bd. 45, Bl. 62 f.; auch GW 6b Nr. 1787; ähnlich auch im Erlaß an Flemming vom 12. 9. 1870 (GW 6b Nr. 1795).

tung aufzuerlegen, keine neuen Festungen in diesem Gebiet zu errichten, machte er geltend: „fuit servitut"[40]. Die Schleifung der Festungen und das Verbot, neue zu errichten, wären „als Servitut einer Nation gegen eine andere weit verletzender ... als die Abtretung eines Territoriums. Letztere ist ein einmaliges Faktum, welches im Kriegsgebrauch liegt und mit dem man sich abfindet; es ist keine Schmälerung der Souveränität auf *eigenem* Gebiet, welche einem ehrliebenden Volke unerträglich ist und in der Tat auf die Dauer nie ertragen worden ist. Eine Servitut der Art hält das Gefühl der Demütigung immer wach und bildet in der Tat eine dauernde Unterordnung des einen Volkes unter das andere"[41]. Diese Auffassung Bismarcks war sicherlich eine Konsequenz seiner Petersburger Erfahrungen: nach seinem Eindruck hatte man in Rußland die Territorialzession aufgrund des Pariser Friedens von 1856 leichter verwunden als die dem Land durch die Pontusklauseln auferlegten Beschränkungen bei der Ausübung der Souveränitätsrechte. Was die „amour-propre" der Nation verletzt habe, so berichtete er am 4. 4. 1859 aus Petersburg, sei weniger die Abtretung eines Teils des russischen Territoriums, als vielmehr die Einschränkung der Souveränität hinsichtlich der maritimen Rüstungen[42]. Im September 1870 lautete daher das Urteil über den Vorschlag einer Schleifung der französischen Festungen und das Verbot ihres Wiederaufbaus: „Wir würden durch eine solche Einrichtung die Erbitterung nur steigern und Frankreich die Erneuerung des Kriegs gegen uns gewissermaßen aufnötigen, ohne eine entsprechende Stärkung unserer eigenen Stellung zu erlangen."[43] Mit dieser Feststellung ist wohl auch das entscheidende Motiv bezeichnet, das Bismarcks Ablehnung aller derartigen Lösungsvorschläge auf einer „mittleren" Linie – zwischen Annexion und völligem Verzicht auf „materielle Garantien" der Sicherheit – zugrunde lag: sie hätten für Deutschland – unter dem Gesichtspunkt der deutschen Grenzsicherung – kaum ein anderes Ergebnis gezeitigt als ein totaler Verzicht auf jede Gebietsabtretung und jede Frankreich aufzuerlegende Beschränkung, sie hätten somit Frankreich verletzt, ohne Deutschland viel zu nützen.

Resümierend läßt sich festhalten: Unter der Voraussetzung eines militärisch weiterhin erfolgreichen Kriegsverlaufs gab es für Bismarck seit den Augustsiegen ein unabdingbares Minimum der deutschen territorialen Forderungen an Frankreich – die Abtretung des Elsaß. Fraglich erscheint es allerdings, ob zu diesem Zeitpunkt die Erwerbung des *ganzen* Elsaß für Deutschland das unabdingbare Minimum der deutschen Forderungen – in der Sicht Bismarcks – darstellte; denn offensichtlich wollte sich Bismarck auch in der Elsaß-Frage möglichst viele Wege offenhalten.

---

[40] Marginal zu entsprechenden Darlegungen im Bericht Bernstorff vom 15. 9. 1870 (pr. Ferrières 21. 9.) – PA I ABc 70 Bd. 50, Bl. 55 ff., hier: Bl. 56.
[41] Konzept Abeken zu einem Erlaß an Bernstorff, Ferrières 24. 9. 1870 (mit Vermerk Abekens vom 31. 10. 1870: „Sollte auf Bestimmung Seiner Exzellenz damals nicht abgehen; ist jetzt als veraltet und zessierend zu den Akten zu nehmen) – PA I ABc 70 Bd. 52, Bl. 136 f. Vgl. auch Bismarcks Reichstagsrede vom 2. 5. 1871, GW 11, 166.
[42] Bericht Bismarck an Prinzregent Wilhelm, Petersburg 4. 4. 1859 – GW 3, 4; vgl. ebd. 97, 114.
[43] Wie Anm. 41.

5. Bismarcks Haltung in der Annexionsfrage

Er ließ deshalb im September wegen einer eventuellen Angliederung des südlichen Elsaß an die Schweiz sondieren. Diese Sondierungen können zwar nicht bis ins letzte Detail aufgehellt werden, einige Anhaltspunkte sind jedoch gesichert. Am 18. September telegrafierte Bismarck folgende Presseweisung ans Auswärtige Amt: „Akademische Frage: wäre es politisch richtig, den südlichen Teil des Elsaß der Schweiz zuzulegen?"[44]. Am gleichen Tag wurde der Generalgouverneur des Elsaß durch Telegramm angewiesen: „Bitte Prof. Dr. Jannasch in Basel auf sicherem Wege zur Reise ins Hauptquartier zu veranlassen"[45]. Am 1. Oktober weilte Dr. Robert Jannasch tatsächlich im Hauptquartier[46], nach seiner Rückkehr in die Schweiz schrieb er am 17. Oktober aus Basel an Keudell: „Der Unterzeichnete ist im Stande, Ihnen mitteilen zu können, daß man in leitenden Kreisen der Schweizer Staatsmänner sehr geneigt scheint, auf die Intentionen Sr. Exzellenz des Grafen Bismarck einzugehen. Ich werde meine Reise nach Versailles beschleunigen."[47] Ein weiterer Aufenthalt Jannaschs im Hauptquartier ist jedoch nicht nachzuweisen. Weshalb die Gespräche nicht weitergeführt wurden und welche Seite sie abbrach, ist den Akten nicht zu entnehmen[48].

Das zentrale Argument, mit dem Bismarck die Annexionsforderung von Anfang an begründet, dann durchgesetzt und auch später immer verteidigt hat, tritt in den zitierten Äußerungen deutlich zutage: die Notwendigkeit eines besseren Schutzes der süddeutschen Grenze gegen einen unruhigen Nachbarn. Das Sicherheitsargument zieht sich wie ein roter Faden durch alle Stellungnahmen Bismarcks zur Kriegszielfrage – eine Tatsache, an der man nicht vorbeigehen darf, wenn man Bismarcks eigentliches Motiv für seinen Annexionsentschluß eruieren möchte. Bismarck hat dieses Sicherheitsargument gelegentlich durch Nebenargumente gestützt, er hat es manchmal unterschiedlich abgetönt, je nachdem, an welchen Adressaten sich seine Mitteilung richtete. Aber mit einer vorbehaltlosen Entschiedenheit, die in ihrer Art eindrucksvoll ist, die uns heute indes problematisch erscheinen mag, hat er ohne Schwanken daran festgehalten, daß auf einer Gebietsabtretung (sofern sie aufgrund des Kriegsverlaufs irgend durchsetzbar sein würde) deshalb bestanden werden müsse, weil ohne eine bessere Grenzziehung die Sicher-

---

[44] So von Bismarck korrigiert; in Keudells Konzept hieß es: „Es wäre politisch richtig, den südlichen Teil des Elsaß (und andere Grenzgebiete) der Schweiz zuzulegen" – PA I ABc 70 Bd. 51, Bl. 12 f.
[45] Tel. Bismarck an Generalgouverneur Hagenau, Meaux 18. 9. 1870 – PA I ABc 70 Bd. 50, Bl. 92.
[46] BUSCH 1, 254; vgl. auch die vom 2. 10. 1870 datierte Legitimation für Jannasch: alle kgl. Kommandos wurden darin ersucht, ihm bei der Beförderung jede mögliche Erleichterung zu gewähren; Jannasch sei beauftragt, „nach Süddeutschland zu reisen und von dort schleunigst in das Hauptquartier zurückzukehren" (PA I ABc 70 Bd. 55, Bl. 65).
[47] Schreiben Jannasch an [Keudell], Basel 17. 10. 1870 (pr. 20. 10.; Vermerk Bismarcks: „ad a") – PA I ABc 70 Bd. 60, Bl. 103.
[48] Zum Zusammenhang vgl.: A. W. SCHOOP, Minister Kern und Bismarck, in: Schweiz. Zs. f. Geschichte 3 (1953) 190–240, hier: 208 f. Für spätere Äußerungen Bismarcks zu dieser Frage vgl. ebd. 207 f.; GW 9, 296; H. SCHNEIDER, Geschichte des Schweizerischen Bundesstaates 1848 bis 1918, Stuttgart 1931, 745.

heit Deutschlands nicht gewährleistet sei. Und dieses elementare deutsche Sicherheitsbedürfnis begründete und rechtfertigte Bismarck mit dem Hinweis auf den französischen Nationalcharakter, auf die notwendigerweise in Rechnung zu stellende französische Unversöhnlichkeit: Frankreichs Neigung, sich zu „rächen", werde die gleiche sein, ob Deutschland von Frankreich eine Gebietsabtretung erzwinge oder nicht; denn nicht ein Gebietsverlust, sondern schon der deutsche Sieg an sich werde von den Franzosen als unerträglich empfunden und werde sie dazu bestimmen, bei der erstbesten Gelegenheit eine Revanche zu suchen. Daher sei Deutschland gezwungen, seine Verteidigungsstellung so stark wie möglich zu machen, denn nur auf diese Weise könne verhindert werden, daß es sich möglicherweise schon in einem Jahr derselben Situation, derselben Gefahr ausgesetzt sähe wie im Juli 1870.

Diese von Bismarck geltend gemachten Gesichtspunkte sind nicht eigentlich „originell", sie lassen sich in zahlreichen Äußerungen deutscher Publizisten und Politiker aus dem August nachweisen[49]. Kennzeichnend für Bismarcks Begründung der Annexionsforderung ist es jedoch, daß bei ihm von Anfang an alle diese Gedankengänge – ganz konzentriert auf die Herausstellung der Sicherheitsforderung und den Nachweis ihrer Berechtigung – mit großer Konsequenz zu einem geschlossenen Argumentationsgeflecht verknüpft sind. Bereits in seinen ersten grundsätzlichen Stellungnahmen zur Kriegszielfrage, in seinen Weisungen an Prinz Reuß vom 10. und 11. August, finden sich die wesentlichen Elemente dieses Argumentationsgeflechts[50].

Diesen Weisungen lag bekanntlich die Annahme zugrunde, daß möglicherweise mit dem baldigen Sturz Napoleons und dem Versuch einer Erhebung der Orléans gerechnet werden müsse, und angesichts dieser Eventualität erklärte Bismarck apodiktisch: „nicht durch dynastische Scheinänderung, sondern nur durch wirkliche Garantien"[51] könne und dürfe der Krieg beendet werden[52]. Zwar sei es zunächst „die Torheit Napoleons und seiner Ratgeber" gewesen, welche den Anlaß zum Kriege geboten habe; aber jedermann habe auch erkannt, daß der Kaiser hier „nur der Ausdruck der unsinnigen und frevelhaften Gelüste des französischen Volkes" gewesen sei. „Es ist nicht bloß Napoleon, es ist Frankreich selbst in seiner Herrsch-

---

[49] Siehe oben S. 138 ff.
[50] Vgl. auch die Darlegungen und Zitate oben S. 104 f. Die Weisungen stellten keine Aufforderung an Prinz Reuß dar, die Kriegszielfrage von sich aus beim Zaren und bei Gorčakov zur Sprache zu bringen, sondern sie waren *vorsorgliche* Sprachregelungen für den Fall, daß dramatische Entwicklungen überraschend schnell eintreten sollten.
[51] Der Bedeutungsgehalt der Termini „Garantien", „Bürgschaften" – Schlüsselbegriffe in Bismarcks politischer Reflexion und in seiner politischen Korrespondenz – liegt nicht eindeutig fest, sondern muß erschlossen werden aufgrund der spezifischen Bedingungen jener Situation, in der und auf die diese Begriffe angewendet werden.
[52] Tel. Bismarck an Reuß, Saarbrücken 10. 8. 1870 – PA I ABc 70 Bd. 25, Bl. 33; auch GW 6b Nr. 1736; eigenhändig fügte Bismarck noch den zwar plastischen, aber doch auch bedenklichen Satz an (der bereits sein zentrales Argument zur Begründung der Annexionsforderung mit drastischer Deutlichkeit hervorhebt): „Die Räuberbande werde bleiben, auch wenn ihr Hauptmann wechselte."

5. Bismarcks Haltung in der Annexionsfrage 159

sucht, welche eine beständige Gefahr für seine Nachbarn bildet, mit oder ohne einen Napoleon an seiner Spitze." Und der dann folgende Satz bildet so etwas wie einen Generalnenner für alle Äußerungen Bismarcks zur Kriegszielfrage: „Ein Wechsel in der Dynastie wäre nur ein Dekorationswechsel; der *Inhalt des Dramas, welches seine Grundlage in der Kombination des französischen Nationalcharakters mit der konzentrierten Machtentwicklung Frankreichs hat,* würde sich weiter abspielen, möge das Haupt nun Orléans oder Buonaparte heißen."[53] Der Sturz Napoleons könne Deutschland daher „durchaus keine Garantie dafür geben, daß wir nicht im nächsten Jahr von neuem zu einem Kriege gezwungen würden. Das muß aber jedem klar sein, daß wir uns nicht der Gefahr aussetzen dürfen, eine ähnliche Anstrengung zum zweiten Mal machen zu müssen." Aus dieser Beurteilung des deutsch-französischen Verhältnisses leitete Bismarck die Folgerung ab, es dürfe kein „Scheinfriede" abgeschlossen werden, kein „für Frankreich günstiger", „für die deutsche Nation unannehmbarer Frieden", kein „ungenügender und unhaltbarer Frieden".[54] Wenn in diesem Zusammenhang die Forderung nach einer Gebietsabtretung auch noch nicht expressis verbis ausgesprochen wurde, so ließ die ganze Deduktion doch keine andere Folgerung zu als diese: nicht moralische Garantien, welcher Art auch immer, sondern allein materielle Garantien, nämlich eine Gebietsabtretung, würden in der Lage sein, das deutsche Sicherheitsbedürfnis zu befriedigen, nur sie konnten daher die Bedingungen eines „haltbaren", für die deutsche Nation „annehmbaren" Friedens darstellen.

Auf den Tenor, daß Frankreichs Nachbarn „gegen diesen alleinigen Friedensstörer Europas mehr als bisher gesichert werden" müßten[55], war auch die nächste ausführliche Stellungnahme Bismarcks zur Kriegszielfrage abgestimmt, der Erlaß an Bernstorff vom 21. August, in welchem Bismarck die Gesichtspunkte für eine „vorerst mehr akademische Besprechung" der Frage in der englischen Presse entwickelte und dabei ausgiebig mit den historischen Erfahrungen argumentierte. In das Konzept Abekens fügte er den Passus ein: die öffentliche Meinung in England werde es begreifen, daß Deutschland eine Wiederholung der ungeheuren Opfer nach Möglichkeit verhüten wolle, „und daß wir namentlich Süddeutschland gegen die Gefahr seiner offnen Lage besser sichern müssen als bisher, wo von Straßburg aus bei geschickter und energischer Führung nicht nur Baden, sondern Württemberg und Baiern jederzeit überfallen werden können. Wir stehn heute im Felde

---

[53] Hervorhebung von mir – E. K. Im Erlaß an Reuß vom 6. 9. 1870 (s. GW 6b Nr. 1783) ist derselbe Gedanke folgendermaßen ausgedrückt: die Sicherung der süddeutschen Grenze sei auch ein europäisches Interesse, „denn was die Ruhe Europas bisher bedroht hat, ist eben nichts anderes als der unruhige und herrschsüchtige Ehrgeiz des französischen Volkes in Verbindung mit den großen Vorteilen, welche die Zentralisierung aller Kräfte bei der geographischen und strategischen Position Frankreichs gegenüber von Deutschland ihm gewährte …"
[54] Alle diese Formulierungen im Erlaß an Reuß vom 11. 8. 1870 – PA I ABc 70 Bd. 26, Bl. 9 ff.; auch GW 6b Nr. 1737.
[55] Erlaß Bismarck an Bernstorff, Pont-à-Mousson 21. 8. 1870 – PA I ABc 70 Bd. 33, Bl. 69 ff.; auch GW 6b Nr. 1755; eigenhändiger Zusatz Bismarcks im Konzept Abeken.

gegen den 12. oder 15. Überfall und Eroberungskrieg, den Frankreich seit 200 Jahren gegen Deutschland ausführt. 1814 und 1815 suchte man Bürgschaften gegen Wiederholung dieser Friedensstörungen in der schonenden Behandlung Frankreichs. Die Gefahr liegt aber in der unheilbaren Herrschsucht und Anmaßung, welche dem französischen Volkscharakter eigen ist und sich von jedem Herrscher des Landes zum Angriff auf friedliche Nachbarstaaten mißbrauchen läßt. Gegen dieses Übel liegt unser Schutz nicht in dem unfruchtbaren Versuche, die Empfindlichkeit der Franzosen momentan abzuschwächen, sondern in der Gewinnung gut befestigter Grenzen für uns." Bismarck räumte ein, daß durch einen Gebietsverlust bei den Franzosen eine Bitterkeit geweckt werde, meinte aber: „Diese Bitterkeit wird ganz in demselben Maße stattfinden, wenn sie *ohne* Landabtretung aus dem Kriege herauskommen ... Schon unser Sieg bei *Sadowa* hat Bitterkeit in den *Franzosen* geweckt; wieviel mehr wird es unser Sieg über sie selbst tun! Rache für Metz, für Wörth wird auch ohne Landabtretung länger das Kriegsgeschrei bleiben als Revanche für Sadowa und Waterloo. Die einzig richtige Politik ist unter solchen Umständen, einen Feind, den man nicht zum aufrichtigen Freunde gewinnen *kann*, wenigstens etwas unschädlicher zu machen und uns mehr gegen ihn zu sichern, wozu nicht die Schleifung seiner uns bedrohenden Festungen, sondern nur die Abtretung einiger derselben genügt." Bismarck wurde in diesen Tagen nicht müde, diese Auffassung von der französischen Unversöhnlichkeit immer wieder zum Ausdruck zu bringen. Nach Petersburg schrieb er am 25. August: „Die Neigung Frankreichs sich zu rächen, wird ganz dieselbe bleiben, es mag Provinzen verlieren oder nicht."[56] Dem Korrespondenten der Pall Mall Gazette erwiderte er am 29. August auf den Einwand, die Franzosen würden die Deutschen furchtbar hassen, wenn sie ihnen zwei Festungen abnähmen: „Das gebe ich zu, aber es steht fest, die Franzosen sind schon jetzt so wütend auf uns, daß sie sich auf alle mögliche Weise zu rächen suchen werden."[57] Und bei den Kapitulationsverhandlungen zu Donchery in der Nacht vom 1./2. September erklärte er dem französischen General Wimpffen: Frankreich „hat uns Sadowa, das nicht einmal gegen französische Truppen gewonnen worden, noch nicht vergeben, es wird uns die Ereignisse der letzten Wochen noch weniger vergessen. Dagegen gibt es nur Grenzverbesserungen und materielle Garantien ... Frankreich wird uns, wie auch diese Kapitulation ausfallen möge, wieder den Krieg erklären, sobald es sich materiell stark genug dazu fühlt oder Alliierte zu haben glauben wird. Wir aber wollen in Frieden leben, und dazu sind materielle Garantien notwendig, welche die Erneuerung eines

---

[56] Tel. Bismarck an Reuß, Bar le Duc 25. 8. 1870 – PA I ABc 70 Bd. 36, Bl. 1; auch GW 6b Nr. 1761; eigenhändiger Zusatz Bismarcks im Konzept Abeken. Auch in König Wilhelms Schreiben an Zar Alexander vom 31. 8. 1870 wurde diese Auffassung ausgesprochen: „Wenn wir siegreich bleiben, wird keine Mäßigung verhindern können, daß jede französische Regierung, die napoleonische oder irgendeine andere Dynastie, die Revanche dafür auf ihre Fahne schreibt und den Krieg gegen Deutschland als Mittel benutzt, um ihre Herrschaft zu befestigen." Vgl. dazu unten S. 183.
[57] HIRTH/GOSEN 2, Sp. 1558.

5. Bismarcks Haltung in der Annexionsfrage 161

solchen Krieges erschweren."[58] Noch dezidierter lautet die Feststellung in einem Telegramm an Prinz Reuß vom 16. September: „Jeder jetziger Friede, auch ohne Gebietsabtretung, wird nur Waffenstillstand sein."[59]

In diesen Tagen faßte Bismarck alle von ihm bis dahin geltend gemachten Argumente zur Begründung der Annexionsforderung in den beiden Zirkularen vom 13. und 16. September zusammen, welche die ersten amtlichen Stellungnahmen der preußischen Regierung in der Kriegszielfrage darstellten[60] und in denen als Leitgedanke herausgearbeitet wurde, Deutschland dürfe seine Garantien nicht in französischen Stimmungen suchen: „Wir dürfen uns nicht darüber täuschen, daß wir uns infolge dieses Krieges auf einen baldigen neuen Angriff von Frankreich und nicht auf einen dauerhaften Frieden gefaßt machen müssen, und das ganz unabhängig von den Bedingungen, welche wir etwa an Frankreich stellen möchten. Es ist die Niederlage an sich, es ist unsere siegreiche Abwehr ihres frevelhaften Angriffs, welche die französische Nation uns nie verzeihen wird."

Nachdem wir Bismarcks zentrale Argumente haben Revue passieren lassen, müssen wir uns die Frage stellen: wenn Bismarck die Annexionsforderung immer wieder begründete mit der unbedingten Notwendigkeit einer besseren strategischen Grenzsicherung angesichts der – als zweifellos in Rechnung gestellten – französischen Unversöhnlichkeit und der daraus resultierenden Neigung zu einem Revancheangriff – handelte es sich bei dieser Argumentation Bismarcks um reine Propagandamanöver, um eine ideologische Bemäntelung und Rechtfertigung des Annexionsentschlusses, der in Wirklichkeit ganz anderen Motiven entsprang als

---

[58] Protokoll über die „Besprechung der Bedingungen der Kapitulation der Armeen von Sedan am 1. 9. abends" – PA I ABc 70 Bd. 42, Bl. 48 ff., hier: Bl. 50 f.; auch: Deutsche Revue 23. Jg. (1898) Bd. 3, 10 ff., hier: 11. Ähnlich werden die Worte Bismarcks überliefert von General WIMPFFEN (Sedan, Paris 1871, 243, vgl. 298 f.) und General Castelnau (G. GIRARD, Hrsg., La vie et les souvenirs du Général Castelnau 1814–1890, Paris 1930, 209).

[59] Tel. Bismarck an Reuß, Meaux 16. 9. 1870 – PA I ABc 70 Bd. 49, Bl. 67; auch GW 6b Nr. 1806. In diesem Telegramm suchte Bismarck russische Besorgnisse zu beschwichtigen, Deutschland könne seine Macht benutzen, um die russischen Ostseeprovinzen ebenso zu revindizieren wie jetzt Elsaß und Lothringen (s. PA I AAm 41 Bd. 1). Bismarck erklärte dazu: „Auf Metz und Straßburg müssen wir bestehen, um den Ausgangspunkt des *nächsten* französischen Angriffs, den wir unter allen Umständen nach dem Frieden vorhersehen, weiter rückwärts zu legen ... Wir fordern Elsaß und Lothringen nicht als Vindikation alten Besitzes, wie man von einer Seite dem Kaiser einreden zu wollen scheint, um ihn für die baltischen Provinzen besorgt zu machen, was lächerlich ist; nur Deckung gegen den nächsten Angriff wollen wir."

[60] Runderlasse an die Missionen, Reims 13. 9. 1870, Meaux 16. 9. 1870 – PA I ABc 70 Bd. 48, Bl. 6 ff.; Bd. 49, Bl. 129 ff.; auch GW 6b Nr. 1801, 1808. Die Veröffentlichung im Staatsanzeiger wurde angeordnet mit Erlaß vom 22. September (ebd. Bd. 52, Bl. 47). In seinem Erlaß an Bernstorff vom 15. Oktober bezeichnete es Bismarck als Zweck dieser Zirkulare, „die öffentliche Meinung und so allerdings auch die Regierungen auf unsere Forderungen vorzubereiten und zugleich die allein dafür maßgebenden Gesichtspunkte, nämlich den der strategischen Sicherung Deutschlands zur Geltung zu bringen im Gegensatz gegen weitergehende Forderungen, die von anderen Gesichtspunkten aus vielfach laut geworden sind" (ebd. Bd. 59, Bl. 37 f.; auch GW 6b Nr. 1868).

der immer wieder beschworenen Absicht, durch eine bessere Grenzziehung eine Wiederholung des französischen Angriffs nach Möglichkeit zu verhindern oder zu erschweren?

Von Beobachtern der politischen Szene ist *nach* 1870 gelegentlich die Ansicht vertreten worden, Bismarck habe sich vorwiegend oder ausschließlich aus Gründen der inneren Politik zur Annexion von Elsaß und Lothringen entschlossen. So sah beispielsweise der französische Diplomat Mosbourg im Februar 1871 – wenige Tage vor Eröffnung der Friedensverhandlungen – Bismarcks Bestehen auf einer Annexion von Elsaß und Lothringen („le Pologne du nouvel Empire allemand") dadurch motiviert, daß Bismarck für die „grandeur de la Prusse" unbedingt die Aufrechterhaltung eines extrem hohen Rüstungsstandes benötige: „Or il sait d'avance qu'il ne lui sera possible d'imposer au pays les charges onéreuses que cet état militaire entraîne, qu'en lui présentant sans cesse, comme l'épée de Damoclès suspendue sur sa tête, le menace d'une seconde guerre avec la France."[61] Auch Jacob Burckhardt ließ 1872 in brieflichen Äußerungen sehr deutlich anklingen, daß es doch wohl ein primär innenpolitisches Kalkül gewesen sei, das Bismarck zur Annexion veranlaßt habe: „Mit der ‚Sicherung von Elsaß-Lothringen' hat man auch ohne Krieg wenigstens jeden Moment Kriegslärm, Mobilmachung und dergleichen disponibel, das heißt einen leisen Belagerungszustand in Deutschland selbst, wobei Konstitutionalismus und andere Antiquitäten plötzlich verstummen müssen."[62] Dergleichen Urteile resultieren jedoch nicht aus einer Analyse des Quellenmaterials, es handelt sich – wie mit Nachdruck betont werden muß – um spontane Meinungsäußerungen mit spekulativem Einschlag, nicht um wissenschaftliche Befunde, und bezeichnenderweise tauchten solche Deutungen von Bismarcks Motivation beim Annexionsentschluß erst auf, als das Juli- und Augusterlebnis von 1870 verblaßt war.

Durchaus dem Bereich der Spekulation zuzurechnen ist auch die in der jüngeren Forschung aufgestellte Behauptung, Bismarcks „Hauptmotiv" für den Annexionsentschluß sei die Absicht gewesen, „mittels der Aussicht auf Elsaß-Lothringen die deutschen Einigungsverhandlungen in Gang zu bringen"[63]. Bismarck wäre wahrlich ein politischer Stümper gewesen, wenn er eine – aus anderen Gründen von ihm nicht als unverzichtbar betrachtete – französische Gebietsabtretung nur deshalb angestrebt hätte, um Anknüpfungspunkte für Verhandlungen über die Einigungsfrage zu gewinnen! Selbstverständlich hat Bismarck die Implikationen, die sich aus der beabsichtigten Annexion für eine Lösung der deutschen Frage erga-

---

[61] Bericht Mosbourg an Favre, Wien 17. 2. 1871 – MAE Autriche 504, Bl. 102 f.
[62] JACOB BURCKHARDTs Briefe an seinen Freund Friedrich von Preen 1864–1893, Stuttgart/Berlin 1922, 50 (26. 4. 1872); vgl. auch die Formulierung im Brief vom 3. 10. 1872 (ebd. 58).
[63] LIPGENS, Öffentliche Meinung 74. Die Argumentation von Lipgens ist durch GALL, Zur Frage der Annexion, in so überzeugender Weise widerlegt worden, daß sich eine weitere Auseinandersetzung mit der These von Lipgens erübrigt.

5. Bismarcks Haltung in der Annexionsfrage 163

ben, von Anfang an in Betracht gezogen[64]. Aber schlechterdings nichts deutet darauf hin, daß er seinen Entschluß, eine Annexion anzustreben, gefaßt hat, um auf diese Weise Verhandlungen über die deutsche Frage „in Gang zu bringen". Vielmehr war er sich von vornherein des Dilemmas einer derartigen Annexion bewußt: daß eine Gebietserwerbung nach seiner Überzeugung (und nach Auffassung der öffentlichen Meinung in Deutschland) im Interesse der Sicherheit Deutschlands angestrebt werden mußte, daß jedoch Preußen selbst diese Gebiete tunlichst nicht erwerben sollte und auch eine Aufteilung und Angliederung an die süddeutschen Staaten unzweckmäßig erschien. Die schon im August von Bismarck andeutungsweise entwickelte „Reichsland"-Konzeption[65] stellt daher einen Versuch dar, einen Ausweg aus diesem Dilemma zu finden und gleichzeitig die dadurch gegebenen Ansatzpunkte für vorbereitende Schritte in der deutschen Einigungsfrage zu benutzen.

Gewiß hat sich Bismarck in diesen Wochen zuweilen recht starker Worte bedient, um das Bild eines immer aggressiven und revanchelüsternen Frankreich zu entwerfen, gegen welches Deutschland sich sichern müsse. Diese Formulierungen waren zweifellos dazu bestimmt, die Politiker und die Öffentlichkeit zu beeindrukken und die Annexionsentschlossenheit der deutschen Führung zu dokumentieren; insofern stand hinter diesen Formulierungen durchaus eine propagandistische Absicht. Aber auch wenn man kräftige Abstriche an ihnen vornimmt, so bleibt doch ein harter Kern: die Vorstellung, die französische Nation werde Niederlagen wie die im August erlittenen und den Verlust der europäischen Suprematie nicht einfach akzeptieren und sich stillschweigend in eine neue europäische Kräftekonstellation schicken, sondern sie werde vielmehr bei nächster Gelegenheit den Versuch einer Revanche unternehmen, gegen welchen sich Deutschland von vornherein wappnen müsse. Aufgrund dieser Prognose konnte Bismarck sogar zu der Folgerung gelangen, ein Friede ohne Gebietsverlust für Frankreich würde für dieses gewissermaßen einen zusätzlichen Anreiz darstellen, bald ein neues kriegerisches Unternehmen gegen Deutschland zu beginnen, da dieses für Frankreich ja als risikolos erscheinen müsse. Frankreich, so schrieb er am 6. September in einem Erlaß, „hat bis jetzt das Bewußtsein gehabt, aus jedem willkürlich angefangenen Krieg ohne Strafe und ohne Schmälerung seines auf Kosten Deutschlands vergrößerten Territoriums herauszukommen. Ihm diese Gewißheit zu lassen und sie durch einen neuen Akt zu bekräftigen, hieße eine Prämie auf den Übermut und auf die Kriegslust setzen.[66]"

---

[64] So erblickte Bismarck in einer aus der Erwerbung des Elsaß resultierenden Sicherung der süddeutschen Grenze auch eine wesentliche Voraussetzung für die Bereitwilligkeit der süddeutschen Staaten zum Zusammenschluß mit dem Norddeutschen Bund: die Furcht vor Frankreich würde in Süddeutschland schwinden, wenn man sich dort nicht mehr der unmittelbaren Bedrohung durch die Kanonen von Straßburg ausgesetzt sähe.
[65] Vgl. oben S. 147, 151.
[66] Erlaß Bismarck an Reuß, Reims 6. 9. 1870 – PA I ABc 70 Bd. 44, Bl. 77 f.; auch GW 6b Nr. 1783.

Bei dem Grundaxiom von der Unversöhnlichkeit der Franzosen, das in allen Äußerungen Bismarcks zur Kriegszielfrage zu registrieren ist, handelt es sich – darüber lassen die Zeugnisse keinen Zweifel – nicht lediglich um ein fiktives, vorgeschobenes Argument zur Verhüllung nackter Eroberungsabsichten oder innenpolitischer Zwecke, sondern um eine tiefe Überzeugung. Ob sie berechtigt war oder nicht und ob die Konsequenzen, die Bismarck aus dieser Einschätzung der Lage zog, richtig waren oder nicht, das steht hier nicht zu erörtern, hier gilt es zunächst nur den Sachverhalt zu konstatieren. Die von Bismarck immer wieder in den Vordergrund gerückten Sicherheitserwägungen sind tatsächlich das dominierende Motiv, das seinem Annexionsentschluß zugrunde liegt. Wenn in Bismarcks Motivation das „nationale" Motiv gegenüber dem Sicherheitsmotiv völlig zurücktritt, so wirkte das Moment der Nationalität doch als *Schranke* für das – seiner Natur nach unbegrenzte – Sicherheitsverlangen: das Sicherheitsbedürfnis verführte Bismarck nicht zu einer schrankenlosen Jagd nach der „sicheren Grenze", bei der es kein Halten gab, sondern er suchte die durch das Sicherheitsverlangen *motivierte* Gebietserwerbung nach Möglichkeit zu *begrenzen* auf das deutsche Sprachgebiet[67].

Bemerkenswerterweise erscheint das Sicherheitsprinzip als zentrales Argument nicht nur in den für eine Wirkung auf die Öffentlichkeit berechneten Schriftstücken und in der diplomatischen Korrespondenz, sondern auch in den Äußerungen zu Personen, denen gegenüber Bismarck seine „eigentlichen" Motive nicht zu kaschieren brauchte[68]. Und die Überzeugung, Frankreich werde auch bei den maßvollsten Friedensbedingungen eine Revanche suchen, wenn es Gelegenheit dazu finde, diese Überzeugung Bismarcks kommt nicht nur in seiner Begründung der Annexionsforderung gegenüber den Staatsmännern und der Öffentlichkeit zum Ausdruck, sondern auch in mehreren Marginalien, die Bismarck in diesen Tagen an den Rand von einlaufenden Berichten notierte und denen der Charakter einer nicht durch taktische Überlegungen bestimmten spontanen Meinungsäußerung kaum abgesprochen werden kann[69].

---

[67] Vgl. H. ROTHFELS, Bismarck, der Osten und das Reich, Darmstadt 1960, 30.
[68] Vgl. u. a. den Erlaß an Thile vom 25. 8. 1870 (GW 6b Nr. 1766), besonders aber das Privatschreiben an den preußischen Innenminister Graf Eulenburg vom 23. 9. 1870, in welchem Bismarck zu dem in Buchers Konzept stehenden Satz „Das Elsaß ist für Deutschland unentbehrlich" eigenhändig hinzufügte „als Verschluß der offenen Südwestgrenze" (abgedruckt bei KOLB, Bismarck und das Aufkommen der Annexionsforderung 1870, 355 f.).
[69] Einige Marginalien seien hier verzeichnet. Am 18. August berichtete Prinz Reuß aus Petersburg, der Zar sei auf die Friedensbedingungen zu sprechen gekommen: „Er meinte, wir würden doch wohl nicht daran denken, Landstriche von Frankreich loszutrennen, wie z. B Lothringen und den Elsaß. Darin würde der Keim zu neuen Kriegen liegen..." Bismarck unterstrich „Darin" und notierte am Rand: „Der wird in unserm Siege sich liegen" (PA I ABc 70 Bd. 33, Bl. 20). In Berichten des Prinzen Reuß vom 12. September über Unterredungen mit dem Zaren finden sich in dieselbe Richtung weisende Marginalien Bismarcks: Nach Auffassung des Zaren wäre bei Erzwingung einer Gebietsabtretung „der Frieden nur ein Waffenstillstand" (dazu Bismarck: „unter welchen denn nicht?"). Diese Länder wollten

5. Bismarcks Haltung in der Annexionsfrage

Beim Bemühen um ein sachgerechtes Urteil über Bismarcks Motivation und seine Entscheidung in der Kriegszielfrage darf man die allgemeinen Stimmungen und den geschichtlichen Erfahrungshorizont der Zeit nicht außer acht lassen. Wenn Bismarck mit einem bleibenden französischen Revanchebedürfnis als einer unabwendbaren Fatalität rechnete, wenn er entschlossen war, die Friedensbedingungen aus diesem Grunde in erster Linie an den deutschen Sicherheitsinteressen zu orientieren und wenn in seinen Erwägungen die Rücksichtnahme auf den Willen der betroffenen Bevölkerung keine maßgebende Rolle spielte, dann befand er sich bei einer solchen Artikulierung der Annexionsfrage in Übereinstimmung sowohl mit den Anschauungen des Königs und der Militärs wie mit den beherrschenden Trends in der öffentlichen Meinung Deutschlands. Aber auch außerhalb Deutschlands wurde – zumindest im August – das deutsche Sicherheitsverlangen weithin als legitim betrachtet, selbst von denjenigen, die einer Annexion grundsätzlich ablehnend gegenüberstanden[70], wie ja überhaupt der Hinweis auf den aggressiven Charakter der französischen Nation auch als Propaganda-Argument nur deshalb tauglich war und mit Aussicht auf die erstrebte Wirkung vorgebracht werden konnte, weil Frankreich nicht nur den Deutschen, sondern auch zahlreichen Menschen in allen europäischen Staaten als der Störenfried Europas erschien. Aus der Perspektive des 20. Jahrhunderts ist man leicht geneigt, das Argument vom unruhigen, friedlosen Nachbarn von vornherein unglaubwürdig zu finden und die Besorgnis wegen einer von Frankreich ausgehenden neuerlichen Bedrohung als Schein-Motiv abzuqualifizieren, weil im 20. Jahrhundert die Deutschen zu diesem unruhigen, aggressiven Nachbarn wurden. Aber für Bismarck und für die Zeitgenossen von 1870 lagen die Dinge anders. Ihnen konnte der Gedanke einer besseren Sicherung Deutschlands keineswegs unberechtigt erscheinen. Sie standen unter dem Eindruck der Unruhe und Unsicherheit, die jahrelang von der Politik Napoleons III. und vom bonapartistischen Frankreich ausgegangen waren. Der französische Sadowa-Komplex bildete für sie eine ebenso nachhaltige Erfahrung wie das Vorgehen des französischen Kabinetts und die Haltung der öffentlichen Meinung Frankreichs während der Julikrise. Angesichts dieser stimmungsmäßigen Voraussetzungen trat das Sicherheitsverlangen im August allgemein so eruptiv in Erscheinung, ging von der Parole der „Sicherheit" eine so zündende Kraft aus.

Berücksichtigt man alle in der Situation des August 1870 wirksamen Faktoren, dann muß es einigermaßen fraglich erscheinen, ob der deutschen Führung eine andere Wahl blieb als die, eine Gebietsabtretung für wünschenswert zu halten und die Annexion anzustreben, ob Bismarck eine andere Möglichkeit besaß als die, den Annexionsentschluß zu fassen, selbst wenn er der Annexionsforderung zögernder und reservierter gegenübergestanden hätte, als er das tat. Und gerade hier liegt das eigentliche Problem, das Bismarcks Annexionsentschluß und dessen Motivati-

---

nicht von Frankreich getrennt werden, und letzteres würde nicht eher ruhen, bis sie wieder zu ihm gehören würden (dazu Bismarck: „wird es denn ruhn, wenn es sie behält? will Rußland das verbürgen?") – PA I ABc 70 Bd. 49, Bl. 17, 24.

[70] Vgl. unten S. 179 f.

on dem Historiker stellt: nicht *daß* Bismarck den Annexionsentschluß faßte, ist das Bemerkenswerte, sondern die Bismarcks Motivation zugrundeliegende Perspektive eines so oder so – auch auf lange Sicht – irreparablen deutsch-französischen Verhältnisses. Weil Bismarck zutiefst überzeugt war von der Unversöhnlichkeit der Franzosen – einer primär durch den Krieg und die deutschen Siege und nicht so sehr durch eine Gebietsabtretung bedingten Unversöhnlichkeit – und weil nach seiner Auffassung das Revancheverlangen auf unübersehbar lange Zeit Haltung und Politik Frankreichs gegenüber Deutschland prägen und bestimmen würde, nahm er die aus dieser Beurteilung der Lage sich ergebenden Konsequenzen fast fatalistisch hin. Daß sich beim Verzicht auf eine Annexion vielleicht auch eine andere zukünftige Gestaltung des deutsch-französischen Verhältnisses anbahnen könnte – diese Möglichkeit hat Bismarck, soweit wir sehen, nicht einen Augenblick lang erwogen, und sei es auch nur, um den Gedanken dann, als in der Situation von 1870 nicht realisierbar, zu verwerfen. Denn selbst wenn man die beiden Prämissen vom deutschen Sicherheitsbedürfnis und vom französischen Revancheverlangen zugibt – und innerhalb des Erfahrungshorizontes von 1870 wird man diese Prämissen zugeben müssen –, wäre eine andere Perspektive zukünftiger Entwicklung der deutsch-französischen Beziehungen zumindest bedenkenswert gewesen (auch wenn nähere Erwägung wohl zu dem Ergebnis geführt hätte, daß diese Lösung unter den gegebenen Umständen nicht realisierbar war): unter Verzicht auf eine Annexion durch eine friedenssichernde Vertragspolitik und eine kriegsverhütende politische Strategie einen festen Damm zu errichten gegen ein vom Revanchebedürfnis inspiriertes Agieren Frankreichs und darauf zu vertrauen, daß nach einem kürzeren oder längeren Zeitraum der Irritation das Revancheverlangen in Frankreich abklingen würde und damit auf lange Sicht eine Aussöhnung zwischen Deutschland und Frankreich möglich sein könnte. Eine solche „auf lange Sicht" orientierte Perspektive war jedoch in der Kriegssituation von 1870 offensichtlich nicht Bismarcks Problem[71].

„Kurzsichtige und weitsichtige Augen geben beide unrichtiges Außenmaß", meinte Bismarck 1869 einmal, und fuhr fort: „doch halte ich den letztern Fehler für einen *praktischen* Staatsmann den gefährlicheren, weil er die unmittelbar vorliegenden Dinge übersehn läßt."[72] Mit Recht hat man ihn einmal „ein Genie des Gegenwärtigen" genannt, „vor dem Zukünftigen versagte sein starrer Wirklichkeitssinn"[73], und gerade seine Behandlung der Kriegszielfrage läßt diese Grunddisposition – und damit auch die Grenzen seiner politischen Vorstellungswelt – besonders deutlich in Erscheinung treten. Bereits in seiner ersten grundsätzlichen

---

[71] Übrigens taucht *diese* Perspektive als eine Alternativmöglichkeit zur Annexion auch bei niemand anderem aus dem engeren Führungskreis auf, selbst in der Presse und Publizistik wurde sie kaum einmal ernsthaft erwogen; die Annexionsgegner begründeten ihren Standpunkt meist anders. Anscheinend war also eine solche Entwicklungslinie den Zeitgenossen nicht recht vorstellbar.
[72] Bismarck an Gottfried Kinkel, Varzin 21. 7. 1869 – GW 15/2, 752 (in Kritik zu dem von Kinkel übersetzten und herausgegebenen Buch von Henri Martin, Rußland und Europa).
[73] K. SCHEFFLER, Bismarck, Leipzig 1919, 25.

Stellungnahme zur Kriegszielfrage findet sich die Formulierung, es gelte „Bürgschaften des Friedens auch nur für mäßige Dauer" zu erwerben[74]. Um *wenigstens für die nächste Zeit* Deutschland vor einem französischen Revancheangriff so weit wie möglich sicherzustellen, erschien Bismarck nach den großen deutschen Siegen die Rückkehr zum status quo ante bellum, der Verzicht auf eine nunmehr im Bereich der Möglichkeiten liegende bessere Grenzziehung als ein unzumutbares Risiko. Die Annexion stellte für ihn daher in erster Linie ein Problem der politischen Strategie und der diplomatischen Technik dar: es galt, die Forderung nach einer Gebietsabtretung in den Friedensverhandlungen mit Frankreich durchzusetzen und eine Tolerierung dieser Friedensbedingung durch England und Rußland zu erreichen. Ob diese Lösung nicht nur für einen überschaubaren Zeitraum, sondern auch auf lange Sicht Bestand haben würde, das war im Jahr 1870 – in Bismarcks Perspektive – nicht mit Sicherheit voraussagbar, das konnte nur die Zukunft entscheiden[75]. Aber Bismarck war entschlossen, das Seine zu tun, um den europäischen Frieden – trotz der Bitterkeit der Franzosen über die Ergebnisse des Krieges und trotz der durch den Krieg bewirkten neuen europäischen Kräftekonstellation – auch auf Dauer zu sichern, und unter diesen Auspizien hat er ja dann vom Friedensschluß an seine Außenpolitik betrieben. Zukünftiges wurde, sobald es jeweilige Gegenwart geworden, für ihn zur Aufgabe, die es zu meistern galt.

---

[74] Erlaß Bismarck an Reuß, Saarbrücken 11. 8. 1870 – PA I ABc 70 Bd. 26, Bl. 9 ff.; auch GW 6b Nr. 1737 (S. 443).
[75] Sofern es gelang, den Frieden wenigstens für einen überschaubaren Zeitraum zu sichern, durfte Bismarck die Aussichten für eine langwährende Haltbarkeit der angestrebten Lösung im Jahr 1870 allerdings optimistischer beurteilen, als man das aufgrund der inzwischen vorliegenden historischen Erfahrungen heute tun wird: 1870 war man zu der Annahme berechtigt, die Bevölkerung der neuen Reichslande könne – wenn nicht in kurzer Frist, so doch allmählich – in den deutschen Staatsverband voll integriert werden, so daß dann auch der französische Revanchismus im Laufe der Zeit seinen wichtigsten Ansatzpunkt verlieren würde.

6. Politische Fehlentscheidung oder fatale Zwangsläufigkeit? Zur Problematik der Annexion Elsaß-Lothringens

Die Annexionsforderung ist in jenen Wochen und Monaten, in denen sie von deutscher Seite immer entschiedener vorgebracht wurde, vor allem außerhalb Deutschlands heftiger Kritik und Ablehnung begegnet, und heute wird die Erzwingung einer französischen Gebietsabtretung fast einhellig als fundamentale politische Fehlentscheidung Bismarcks bewertet. Ein derartiges Urteil findet sich nicht nur bei Historikern, die Bismarck und seiner Politik grundsätzlich mit Skepsis oder gar mit unverhohlener Aversion gegenüberstehen. Auch Historiker, bei denen an sich eine positive Einschätzung der Bismarckschen Politik dominiert, sehen in seinem Annexionsentschluß die „vielleicht verhängnisvollste Entscheidung seiner Laufbahn als Außenpolitiker und Diplomat"[1], „eines der fragwürdigsten Probleme in der politischen Geschichte des Kanzlers"[2]. In der Tat: Vor dem Hintergrund der europäischen Entwicklung in den Jahrzehnten, die auf den Krieg von 1870 folgten, besitzt das Urteil, die Annexion sei ein – durchaus vermeidbarer – schwerwiegender Fehler gewesen, eine nahezu unwiderstehliche Überzeugungskraft.

Indessen gilt auch für dieses Problem der bekannte Satz J. G. Droysens, es sei um vieles leichter, ein Urteil zu formulieren, als den Tatbestand festzustellen[3]. Feststellung des Tatbestandes bedeutet in unserem Fall: Aufhellung der komplexen Voraussetzungen und Motive für die Entstehung der Annexionsforderung und Herausarbeitung des politischen Kalküls, das dem Annexionsentschluß der verantwortlich Handelnden zugrunde lag, eines Kalküls, das auf der Beurteilung der internationalen Situation sowie einer Prognostizierung der wahrscheinlichen zukünftigen Entwicklung beruhte. Hat man diesen „Tatbestand" möglichst genau erfaßt, wie wir das zu tun versuchten, dann wird man sich wohl nur sehr zögernd zu einem apodiktischen Urteil entschließen, das den komplizierten Sachverhalt auf die einfache und knappe Formel „politische Fehlentscheidung" bringt, mag diese Formel bei retrospektiver Betrachtung auch noch so einleuchtend und zwingend erscheinen. Methodische Erwägungen sollten deshalb dazu veranlassen, bei einer Untersuchung von Problematik und Konsequenzen der Annexionsforderung möglichst behutsam zu verfahren und vorschnelle Schlußfolgerungen zu vermeiden.

Das Urteil, die Annexion sei eine schwerwiegende Fehlentscheidung gewesen, wird im wesentlichen durch zwei Argumentationsketten begründet. Zum einen wird die Erzwingung einer französischen Gebietsabtretung verurteilt unter dem Gesichtspunkt der *politischen Zweckmäßigkeit:* Die Annexion von Elsaß und Deutsch-Lothringen habe in Frankreich einen vehementen Revanchewillen er-

---

[1] BUCHNER, Deutsch-französische Tragödie 69.
[2] W. BUSSMANN, Treitschke, Göttingen 1952, 331.
[3] J. G. Droysen an Th. v. Schön, 29. 12. 1851 – DROYSEN, Briefwechsel 2, 36.

6. Zur Problematik der Annexion

zeugt, sie habe eine allmähliche Aussöhnung zwischen Deutschland und Frankreich unmöglich gemacht und Frankreich gezwungen, gegen Deutschland gerichtete Koalitionen zu suchen; das französisch-russische Bündnis und schließlich der I. Weltkrieg seien deshalb eine gewissermaßen logische Konsequenz des mit der Annexion 1870/71 eingeschlagenen Weges. Der andere Argumentationsstrang hebt darauf ab, daß aus *prinzipiellen Gründen* deutscherseits auf eine Annexion des Elsaß und Deutsch-Lothringens hätte verzichtet werden müssen: Die Abtrennung dieser Gebiete von Frankreich gegen den Willen der Bevölkerung habe eine flagrante Verletzung des seinerzeit schon allgemein anerkannten Selbstbestimmungsrechts dargestellt, sie stand daher in krassem Widerspruch zu Rechtsempfinden und politischem Bewußtsein der Zeitgenossen und bedeutete den Rückfall in einen nicht mehr zeitgemäßen „absolutistischen" Eroberungsstil; das junge Deutsche Reich besaß nun sein „Venetien", und in Europa erhielten die antideutschen Emotionen starken Auftrieb.

Wenigstens in ihrer Substanz sind diese Argumente bereits 1870 von den Annexionsgegnern vorgebracht worden. Allerdings hat der Hinweis auf das „Selbstbestimmungsrecht" – um zunächst diesen Argumentationskomplex einer näheren Betrachtung zu unterziehen – seinerzeit eine weniger zentrale Rolle gespielt, als in der heutigen Beurteilung oft angenommen wird. Als das für die Regelung von Territorialfragen allein maßgebende Prinzip war das Selbstbestimmungsrecht in jenen Jahren nicht in dem Maße anerkannt[4], wie heute ohne nähere Prüfung stillschweigend vorausgesetzt wird, nachdem dieses Prinzip sich im 20. Jahrhundert allgemein durchgesetzt hat – als theoretische Forderung zumindest, die allerdings in der praktischen Politik auch in diesem Jahrhundert nur zu häufig *nicht* zur Anwendung gekommen ist. Man darf nicht übersehen, daß Napoleon III. und die französischen Politiker nicht entfernt daran dachten, bei der Verfolgung ihrer territorialen Forderungen und Kompensationsprojekte in den Jahren vor 1870 auf den Willen der betroffenen Bevölkerung irgendwelche Rücksicht zu nehmen[5], wie sie andererseits der Bevölkerung der süddeutschen Staaten nicht das „Selbstbestimmungsrecht" zugestanden haben (welches nämlich auch das Recht eingeschlossen hätte, sich aus freiem Willen dem Norddeutschen Bund anzuschließen). Auch in den Kriegsmonaten 1870 ist der deutschen Forderung nach einer Gebietsabtretung von französischer Seite nicht etwa das Prinzip des Selbstbestimmungsrechtes entgegengestellt worden (wie fälschlicherweise gelegentlich angenommen wird), sondern das Prinzip der Integrität des französischen Territoriums.

---

[4] In diesem Sinne auch P. KLUKE, Selbstbestimmung, Göttingen 1963, 12, 15; vgl. dazu die in Anm. 10 angeführte zeitgenössische Völkerrechtsliteratur.
[5] Dasselbe gilt für die Tripelallianzverhandlungen. Im französischen Vertragsentwurf (der allerdings Entwurf blieb) finden sich hinsichtlich der Kriegsziele folgende Formulierungen: im Falle eines Sieges von Frankreich und Italien „avantages territoriaux qui améliorent ses frontières actuelles et soient en rapport avec l'importance de la lutte soutenue"; im Falle eines Sieges von Frankreich, Österreich und Italien: „la France et l'Autriche auront droit à des avantages territoriaux proportionnés à leurs sacrifices" (ONCKEN 3, 126, vgl. 131). Von Wunsch und Willen der betroffenen Bevölkerung ist mit keiner Silbe die Rede.

Die französische Regierung hat sich während des Krieges zu keinem Zeitpunkt bereit erklärt, auf der Basis einer Respektierung des Selbstbestimmungsrechts in Friedensverhandlungen einzutreten. Als Beust im September anregte, die französische Regierung möge die Initiative zu Verhandlungen mit Preußen ergreifen, sich nach den Friedensbedingungen erkundigen und – falls eine Gebietsabtretung verlangt werde – antworten, diese könne nur „mit Zustimmung der Bevölkerung" erfolgen, da wurde dieser Vorschlag vom französischen Außenminister kategorisch abgelehnt[6]. Auch in den folgenden Monaten hat die französische Regierung ein derartiges Verfahren nie erwogen[7], obwohl sie unter den gegebenen Umständen damit kein großes Risiko eingegangen wäre[8].

Auch der von verschiedenen Politikern vorgebrachte und in der Öffentlichkeit diskutierte Vorschlag, einen neutralen Staat zwischen Frankreich und Deutschland zu schaffen, entsprang nicht so sehr der Absicht, damit dem Willen der Bevölkerung Rechnung zu tragen – es wurde nicht ausdrücklich gefordert, diese Lösung *nur* mit Zustimmung der Bevölkerung durchzuführen –, das Projekt erscheint vielmehr als ein Versuch, auf diese Weise eine Abtretung dieses Gebiets *an Deutschland* zu umgehen, ob die Bevölkerung nun eine solche Lösung wünschte oder nicht. Um 1870 war das „Selbstbestimmungsrecht" der Grenzbevölkerung keineswegs ein „unabdingbarer Bestandteil des zeitgenössischen Staats- und Völkerrechts"[9]. Vielmehr bedurfte nach einhelliger Auffassung der führenden Völkerrechtler jener Zeit eine rechtsgültige Gebietsabtretung nicht eines zustimmenden Plebiszits der Bevölkerung, wie ja überhaupt das Plebiszit als ein für das bonapartistische System typisches Herrschaftsinstrument im damaligen Europa nicht in besonders hohem Ansehen stand. Das geltende Völkerrecht betrachtete das Recht

---

[6] Tel. Beust an Metternich, Wien 7. 9. 1870, 16.30 – HHStA PA IX 97, Bl. 380; vgl. auch Bericht Mosbourg an Favre, Wien 10. 9. 1870 – MAE Autriche 503, Bl. 248 ff.; Bericht (und Tel.) Lyons an Granville, Paris 8. 9. 1870 – PRO FO 27/1814; Bericht Lyons an Granville, Paris 10. 9. 1870 – ebd. 27/1815; J. FAVRE, Gouvernement de la Défense Nationale, 3 Bde, Paris 1871–75, hier: 1, 114 f.

[7] Ende November betonte Beust in einer Unterredung mit Reitlinger, einem Vertrauten Jules Favres: Jedes Land habe sich im Laufe seiner Geschichte zu Gebietsabtretungen verstehen müssen oder anderen Staaten Gebietsabtretungen auferlegt, ohne seine Ehre oder seinen Rang zu verlieren – man könne Europa nicht für seine Sache gewinnen, wenn man eine „thèse inadmissible" aufstelle (Beust meinte damit das Postulat von der Integrität des französischen Territoriums); wenn Frankreich, statt sich hinter den Ehrenpunkt zurückzuziehen, das Prinzip einer Gebietsabtretung zugestanden hätte, „mais subordonné sa mise en pratique au droit des populations d'être consultées", dann hätte es sich auf ein sehr viel günstigeres Terrain gestellt (Erlaß Beust an Metternich, Wien 20. 11. 1870 – HHStA PA VIII 75, Bl. 323 ff.).

[8] Neben der Entschlossenheit, keinerlei Konzessionsbereitschaft erkennen zu lassen, mag dabei vielleicht auch die Befürchtung mitgespielt haben, es könne ein Plebiszit auch in Nizza und Savoyen von der Bevölkerung (bzw. von Italien und der Schweiz) verlangt werden, wenn die französische Regierung ein Plebiszit im Elsaß prinzipiell zugestehe.

[9] Diese unhaltbare Behauptung bei LIPGENS, Öffentliche Meinung 86.

6. Zur Problematik der Annexion

der Bürger, über ihre Staatszugehörigkeit selbst zu entscheiden, als hinreichend gesichert durch die Möglichkeit der freien Option[10].

Durch diese Bemerkungen soll selbstverständlich nicht wegdisputiert werden, daß die erklärte Absicht der deutschen Führung und die Forderung der öffentlichen Meinung Deutschlands, das Elsaß und Deutsch-Lothringen auch gegen den Willen der Bevölkerung von Frankreich zu trennen und Deutschland einzuverleiben, bei zahlreichen Zeitgenossen lebhaftes Unbehagen auslöste und heftiger Kritik begegnete. Diese Kritik kam in der Presse der neutralen Länder massiv zum Ausdruck. Schweizerische, belgische, englische Blätter vertraten die Auffassung, es sei nicht erlaubt, über Völker zu verfügen wie über eine Schafherde; es heiße in die schlimmsten Überlieferungen vergangener Zeiten zurückfallen, das unveräußerliche Selbstbestimmungsrecht der Völker mit Füßen treten, wolle man eine Bevölkerung gegen ihren Willen von einem Staat lostrennen und einem andern Staat eingliedern[11].

In Deutschland selbst waren es außer den Sozialdemokraten nur einige Einzelgänger aus verschiedenen Lagern sowie ein verhältnismäßig kleines Häuflein von Linksdemokraten, die nach dem Sturz Napoleons unter Berufung auf das Selbstbestimmungsrecht öffentlich gegen die Annexion Stellung nahmen[12]. Als ihr Sprecher trat Johann Jacoby hervor, der am 14. September auf einer Versammlung der „Volkspartei" in Königsberg gegen jede „Vergewaltigung der Bewohner von Elsaß und Lothringen" protestierte: „jede Einverleibung fremden Ländergebiets wider den Willen seiner Bewohner" sei eine „Verletzung des Selbstbestimmungsrechts der Völker – und daher ebenso verwerflich wie verderblich"[13].

---

[10] Besonders entschieden G. PADELETTI, L'Alsace et la Lorraine et le droit des gens, in: Revue de droit international 3 (1871) 464–495; ferner: G. ROLIN-JAEQUEMYNS, La guerre actuelle dans ses rapports avec le droit international, ebd. 383 f., 539; F. LIEBER, De la valeur des plébiscites dans le droit international, ebd. 139 ff.; BLUNTSCHLI, Völkerrechtliche Betrachtungen 337 ff.; F. STOERK, Option und Plebiscit bei Eroberungen und Gebietscessionen, Leipzig 1879; H. BONFILS, Lehrbuch des Völkerrechts, Berlin 1904, 306 f. Bonfils weist besonders darauf hin, daß der Volksabstimmung in Savoyen (1860) die vollendete Tatsache der Abtretung vorausgegangen war. „Die Plebiszite waren eine bloße Form."
[11] Siehe dazu die in Anm. 55 angeführte Literatur.
[12] Die wichtigsten Stimmen ausführlich zitiert bei BRONNER 123 ff.
[13] Schlesische Zeitung Nr. 445 v. 20. 9. 1870. Der Generalgouverneur der Küstenlande, General Vogel von Falckenstein, ließ daraufhin am 20. September Jacoby und den Einberufer der Versammlung, Kaufmann Herbig, verhaften und auf die Festung Lötzen bringen (am 26. Oktober wurden sie wieder entlassen). Diese Verhaftung führte zu einem ausgedehnten Schriftwechsel zwischen der Stadt Königsberg, dem Hauptquartier und den beteiligten Ressorts, s. die Akten: DZAM Rep. 90a, Y IX 2 Nr. 19, Bl. 48 ff.; Erlaß Bismarcks an Oberpräsident Horn v. 28. 9. 1870 und Immediatbericht v. 23. 10. 1870 (GW 6b Nr. 1836, 1889); ferner BUSCH 1, 272 ff., 297, 306, 311 ff., 429; FRIEDRICH III. 154; insgesamt: H. ROTHFELS, Bismarck und Jacoby, in: Königsberger Beiträge, Königsberg 1929, 316–325. Aus Bismarcks Stellungnahmen und aus seinen Marginalien auf verschiedenen Aktenstücken geht hervor, daß er für eine strenge Einhaltung der Gesetze und der jedem Bürger zustehenden Rechtsgarantien eintrat (nach einer Tagebuchnotiz des Kronprinzen hielt er Jacoby für verfassungswidrig behandelt und suchte beim König – zunächst vergeblich – dessen Freilassung zu erwirken), daß er aber Jacobys Agitation entschieden verurteilte, weil sie nach seiner Mei-

Diese Forderung, den Willen der Elsässer und Lothringer unbedingt zu respektieren und zur alleinigen Richtschnur etwa zu stellender Friedensbedingungen zu machen, entsprang im allgemeinen gewiß tiefverwurzelten Überzeugungen und echter Anteilnahme am Schicksal dieser Grenzbevölkerung, wenngleich diese Forderung zuweilen mit einem blinden Doktrinarismus verfochten wurde, der den komplizierten politischen Realitäten der aktuellen Situation kaum ganz gerecht wurde.

Darüber hinaus wird man konstatieren dürfen, daß im allgemeinen der Wunsch, das Selbstbestimmungsrecht respektiert zu sehen, nicht das alleinige oder entscheidende Hauptmotiv für die Ablehnung der Annexionsforderung bildete, sondern eher den Charakter eines zusätzlichen Motivs, auch eines zusätzlichen Arguments gegen ein deutsches Bestehen auf der Annexionsforderung besaß[14]. Bekämpft wurde diese Forderung von den Annexionsgegnern in erster Linie deshalb, weil nach ihrer Ansicht die Annexion eine dauerhafte Friedensregelung zwischen Frankreich und Deutschland unmöglich machte.

Sogar in der antiannexionistischen Propaganda der deutschen Sozialdemokraten (die doch vorwiegend von prinzipiellen, ideologischen Antrieben und Überzeugungen ausgelöst und gespeist wurde) tritt dieser Sachverhalt in Erscheinung. Obwohl sich die Sozialdemokraten eindeutig zum Selbstbestimmungsrecht bekannten – Bebel erklärte im Norddeutschen Reichstag am 26. 11. 1870: „Das Selbstbestimmungsrecht ist die Hauptgrundlage, auf welche wir von unserem Standpunkte fußen müssen"[15] –, wurde im „Manifest des Ausschusses der social-demokratischen Arbeiterpartei" vom 5. September 1870[16] die Forderung nach einem „ehrenvollen Frieden" mit Frankreich, mit der französischen Republik in erster Linie begründet

nung in Frankreich Hoffnungen auf das Entstehen einer antiannexionistischen Bewegung in Deutschland nähren konnte und damit den französischen Durchhaltewillen stützte. Interessant ist in diesem Zusammenhang, daß der englische Außenminister am 24. September per Telegramm den Botschafter Loftus ersuchte, sofort möglichst genaue Informationen über den Fall Dr. Jacoby und die Versammlung in Königsberg zu sammeln und das Wichtigste sofort zu telegraphieren (PRO FO 64/682).

[14] Diese Feststellung kann selbstverständlich – wie alle Aussagen dieser Art – nur cum grano salis gelten. Unter den Staatsmännern bildete eine Ausnahme wohl Gladstone; bei ihm scheint die ablehnende Haltung gegenüber der Annexionsforderung vor allem ideologisch motiviert gewesen zu sein: er sah eine Gebietsabtretung ohne zustimmendes Votum der Bevölkerung als unvereinbar mit der modernen Zivilisation an. Zu Gladstones Haltung in dieser Frage s. P. KNAPLUND, Gladstone's Foreign Policy, New York 1935, 54 ff., 270 ff. (Memorandum Gladstones vom November 1870), ferner W. E. GLADSTONE, Gleanings of Past Years, 1843–1879, 7 Bde, New York 1879 ff., hier: 4, 240 ff. (Wiederabdruck des bekannten, in der „Edinburgh Review" anonym veröffentlichten Artikels).

[15] Sten. Berichte über die Verhandlungen des Reichstags des Norddeutschen Bundes, 2. außerordentl. Session 1870, 9 ff., hier: 11.

[16] Ein Exemplar des Flugblatts: DZAM Rep. 90a, Y IX 2 Nr. 19, Bl. 39. Zum Manifest des Braunschweiger Ausschusses vgl. CONZE/GROH 94 f., STEINBERG, Sozialismus, Internationalismus und Reichsgründung 335 f.; zum Zusammenhang allgemein vgl. oben S. 136 f. General Vogel von Falckenstein ließ am 9. September die Mitglieder des Ausschusses verhaften (wie dann wenige Tage später Jacoby und Herbig, siehe Anm. 13).

6. Zur Problematik der Annexion

mit politischen Erwägungen, unter ausführlicher Zitierung einer Stellungnahme von Karl Marx, in der nur in einem einzigen Satz – gewissermaßen en passant – auch auf die ablehnende Haltung der Bevölkerung hingewiesen wurde: „Daß die Lothringer und Elsasser die Segnungen *deutscher* Regierungen wünschen, wagt selbst der ... Teutone nicht zu behaupten"[17]. Marx sprach sich, ebenso wie Engels, von Anfang an gegen eine Annexion des Elsaß und Lothringens aus, begründete seine Stellungnahme aber mit politischen Gesichtspunkten, nicht durch ein prinzipielles Bekenntnis zum Selbstbestimmungsrecht. In einem Brief an Engels vom 15. 8. 1870 findet sich der merkwürdige Satz: die Preußen könnten einen großen diplomatischen Coup machen, wenn sie – ohne einen Strich französischen Landes für sich zu verlangen – die Wiederherausgabe Savoyens und Nizzas an Italien und des durch die Verträge von 1815 neutralisierten Strichs an die Schweiz verlangten. „Dagegen könnte niemand was einwenden." Marx fügte zwar gleich hinzu: „Doch ziemt es nicht *uns*, Rat in diesem Ländervertauschen zu geben"[18], aber diese Briefäußerung macht doch zweierlei deutlich: Marx war nicht bereit, das Prinzip der Integrität des französischen Territoriums vorbehaltlos zu akzeptieren, und er hielt es offensichtlich für durchaus vertretbar, territoriale Veränderungen auch ohne vorherige Befragung der betroffenen Bevölkerung vorzunehmen, wenn ihm solche Gebietsveränderungen politisch opportun erschienen.

Auch die entschiedensten Verfechter der Annexionsforderung haben sich keinen Illusionen über die Einstellung der Elsässer und Lothringer hingegeben. Sie waren sich durchaus darüber im klaren, daß die rd. 1,5 Millionen Bewohner des Elsaß und Deutsch-Lothringens trotz ihrer deutschen Sprache und Sitte in ihrer überwältigenden Mehrheit im französischen Staatsverband verbleiben wollten. Vor dem Kriegsausbruch gab es in diesen Gebieten keine deutsche Irredenta, und auch nach dem Beginn der Okkupation trat keine „Anschluß"-Partei, nicht einmal eine autonomistische Partei in Erscheinung, kein prominenter Elsässer sprach sich öffentlich für den Anschluß an Deutschland aus. Zwar scheint es im August/September mancherorts im Elsaß, vor allem in den überwiegend protestantischen Gegenden, nicht an einer gewissen Bereitschaft zur widerstandslosen Hinnahme einer Abtrennung von Frankreich gefehlt zu haben[19], aber die Haltung der Bevölkerung

---

[17] MARX/ENGELS, Werke 17, 268 ff., hier: 268.
[18] MARX/ENGELS, Werke 33, 38.
[19] Dieses Problem ist nie näher untersucht worden. Wertvolle Hinweise enthalten die Memoiren von August SCHNEEGANS (Memoiren. Ein Beitrag zur Geschichte des Elsasses in der Übergangszeit, Berlin 1904), der ausdrücklich darauf hinweist, daß mehrere elsässische Persönlichkeiten, die später als führende Verfechter des Revanchegedankens hervortraten, im September 1870 zunächst die Abtretung des Elsaß als unvermeidlich betrachteten (43 ff.). Bei den rd. 270 000 elsässischen Protestanten bestanden vor und nach dem Kriegsausbruch lebhafte Besorgnisse um die Erhaltung ihres Glaubens: sie waren in den letzten Jahren vor 1870 immer mehr „vor den Kopf gestoßen" worden und verfolgten in der ersten Kriegsphase mit Sorge, wie von Teilen der katholischen Geistlichkeit im Elsaß der Krieg gegen Deutschland zugleich als ein Vernichtungsfeldzug gegen den Protestantismus propagiert wurde; interessante Einzelheiten hierzu bei SCHNEEGANS 52 ff. und in einem Bericht des als Feldgeistlicher tätigen Berliner Garnisonspfarrers Emil Frommel vom 13. 9. 1870 (PA I ABc

hat sich dann offensichtlich verhärtet, und auch die deutschen Befürworter der Annexion haben nicht bezweifelt, daß die übergroße Mehrheit der Bevölkerung eine Abtrennung von Frankreich ablehnte[20].

Gegen die von den Annexionsgegnern aufgestellte Forderung, den Bewohnern des Elsaß und Lothringens das „Selbstbestimmungsrecht" zuzugestehen und ihren Willen zu respektieren, machten die Befürworter der Annexion vor allem drei Argumente geltend.

Erstens: Das Recht souveräner Selbstbestimmung dürfe – wie Adolph Wagner formulierte[21] – nicht von der ganzen Nation auf zufällige nationale Bruchteile übertragen werden, „welchen eine bestimmte Geschichtsentwicklung einmal eine aparte politische Stellung gegeben hat". Das Selbstbestimmungsrecht der Völker könne „niemals ein Recht eines einzelnen nationalen Bruchteils über die Nation" sein, denn ein Selbstbestimmungsrecht von Volksbruchteilen würde „in letzter Konsequenz zur Atomisierung der Staaten und damit zur Negation jedes realen Staatslebens" führen. „Das Recht, über Abnexionen und Adnexionen von Gebietsteilen zu entscheiden", könne „grade auch auf dem Standpunkt der Volkssouveränität und des Selbstbestimmungsrechts der Völker eben nur ein *Recht der Völker*" sein; das Recht des einzelnen und der Minoritäten könne sich nur auf das Recht der freien Auswanderung für die Personen mit ihrem Privatvermögen erstrecken. Dieselbe Auffassung sprach Heinrich von Sybel noch um einige Grade rücksichtsloser aus: „Was dann aber das allgemeine Prinzip der Selbstbestimmung betrifft, so vermögen wir darin nichts anderes zu erkennen, als eine inhaltsleere Trivialität oder eine Lüge. Es ist eine Wahrheit von der zweifellosesten Allgemeinheit, daß man Menschen nicht wie Viehherden verschachern soll. Aber die Menschen sind keine Einsiedler; sie sind Mitglieder großer Gemeinschaften und haben die Pflicht, ihre individuellen Wünsche den Bedürfnissen dieser Gemeinschaften unterzuord-

---

Feldakten 1870/71 No. 2), z. B.: in Ste Marie aux mines blieben am 24. August sämtliche Protestanten die Nacht hindurch wach, weil sie eine Bartholomäusnacht befürchteten. Hinweise auf die eher resignierte als zum Widerstand entschlossene Haltung eines Teils der Bevölkerung im August u. a. auch: BUSCH 1, 77, 94; Bericht Solms v. 9. 8. 1870 (PA I ABc 70 Bd. 31, Bl. 47 f.); Bericht Landeskommissär Winter v. 20. 8. 1870 (GLAK 52 Nachl. Jolly 24); Artikel „Land und Leute im Elsaß", Karlsruher Zeitung Nr. 202 v. 24. 8. 1870; interessant auch die Eindrücke, die der englische Gesandte in Darmstadt, Morier, bei einer Elsaßreise im Oktober 1870 gewann (MORIER 2, 189 ff.); vgl. ferner H. HIERY, Reichstagswahlen im Reichsland. Ein Beitrag zur Landesgeschichte von Elsaß-Lothringen und zur Wahlgeschichte des Deutschen Reiches 1871–1918, Düsseldorf 1986, 62 f.

[20] Immerhin berichtete der diplomatische Vertreter Bayerns im Hauptquartier, Graf Berchem, am 4. 1. 1871 aus Versailles: „Hier" (d. h. doch offensichtlich: im Hauptquartier) sei folgende Ansicht verbreitet: wollte man die Festungswerke Straßburgs schleifen und durch ein befestigtes Lager ersetzen, wollte man Zusicherungen betr. Volksschule und Militärdienst (Nichtverwendung elsässischer Truppen in einem künftigen französischen Kriege) geben, so würde der größte Teil des Elsaß durch suffrage universel die Annexion an Deutschland votieren. Das fait accompli wäre uns von Nutzen, allein Lothringens Erwerbung hätte doppelte Schwierigkeit, „und hat man überdies gute Gründe, die Volkssouveränität nicht auf diese Weise zu sanctionieren" (GStAM MA I 655).

[21] WAGNER, Elsaß und Lothringen 57 ff. Ganz ähnlich ZELLER 636 ff.

6. Zur Problematik der Annexion 175

nen. Wenn zwei große Nationen, wie Frankreich und Deutschland, ihre Konflikte nicht anders zu ordnen vermögen, als durch eine Verbesserung ihrer bisherigen Grenzen, so müssen die Grenzbewohner ihre eigenen Gefühle dem Wohle der Gesamtheit opfern. An die Barbarei, einem widerwilligen Untertanen die Auswanderung zu weigern, denkt in Deutschland kein Mensch..."[22].

Zu einer solchen – ausgeprägt kasuistischen – Interpretation des Gedankens vom „Selbstbestimmungsrecht" waren die deutschen Liberalen bereits in den Jahren 1864–1866 gelangt; gelegentlich der schleswig-holsteinischen Frage und der Annexionen im Jahr 1866 entschieden sie sich, beim Konflikt zwischen dem Gesamtinteresse der Nation und dem Prinzip der Selbstbestimmung einzelner Bevölkerungsteile dem postulierten Gesamtinteresse der Nation eindeutig den Vorrang einzuräumen. Die Argumentation, die damals von den Wortführern der Fortschrittspartei und der Nationalliberalen entwickelt worden war[23], ließ sich ohne große Schwierigkeiten auf die Situation im Jahr 1870 übertragen.

Zweitens: Die augenblicklich im Elsaß und in Lothringen lebende Generation sei – so wurde argumentiert – nicht befugt, aufgrund ihrer Zu- oder Abneigungen eine auch künftige Generationen bindende Entscheidung zu treffen. „Dem gegenwärtigen Geschlecht dieser Bewohner können wir das Recht der freien Selbstbestimmung über ihre Staatsangehörigkeit nicht zugestehen; denn auch mit *ihrem* Gelde und mit ihrem Blute wird der furchtbare Krieg gegen die deutsche Nation geführt", meinte der Fortschrittsmann Parisius[24]. Und Karl Hillebrand fragte: „Also der augenblickliche Wille einer Generation soll mehr wiegen in der Geschichte als das permanente Interesse einer Nation?"[25] Eduard Zeller präzisierte diesen Gedanken folgendermaßen: „Wird die rechtliche Möglichkeit einer Gebietserweiterung, zu welcher die Zustimmung der Bevölkerung fehlt, schlechtweg geleugnet, so wären Elsaß und Lothringen noch als deutsche Gebiete zu betrachten, denn sie sind notorisch gegen ihren Willen mit Frankreich vereinigt worden; genügt es umgekehrt, wenn diese Zustimmung nur irgend einmal, sei es auch noch so lange nach der ersten Erwerbung, eingeholt wird, nun dann muß es auch Deutschland freistehen, sich vorläufig wieder in den Besitz des geraubten Gutes zu setzen,

---

[22] H. v. SYBEL, Kleine Historische Schriften, Bd. 3, Stuttgart 1881, 532.
[23] Vgl. etwa Twesten im Abgeordnetenhaus am 11. 9. 1866: „Wir können uns nicht auf exklusive Doktrinen, sei es von Legitimität, sei es von Volkssouveränität, berufen. Das Recht der Selbstbestimmung der Völker, angewendet auf jede einzelne Stadt oder auf jede einzelne Landschaft, wird zum Unsinn" (zit. bei H. A. WINKLER, Preußischer Liberalismus und deutscher Nationalstaat. Studien zur Geschichte der Deutschen Fortschrittspartei 1861–1866, Tübingen 1964, 106). Oder Theodor Mommsen 1865: „Das Selbstbestimmungsrecht ferner des schleswig-holsteinischen Volkes ist an sich vollkommen berechtigt; aber es ist kein unbedingtes, sondern findet seine Schranken an den allgemeinen Interessen der deutschen Nation. Denn es gibt kein schleswig-holsteinisches Volk, sondern nur ein deutsches, und wo dieses spricht, hat jenes zu gehorchen..." (Th. MOMMSEN, Reden und Aufsätze, Berlin 1905, 386); vgl. dazu A. HEUSS, Theodor Mommsen und das 19. Jahrhundert, Kiel 1956, 178 ff.
[24] Der Volksfreund Nr. 33 v. 18. 8. 1870.
[25] HILLEBRAND 374, vgl. 378.

und sich der Hoffnung zu getrösten, daß die Zeit schon kommen werde, in der seine neuen Bürger sich mit einem Verhältnis versöhnt haben, in welches vorerst allerdings die Mehrzahl von ihnen ohne Zweifel nur widerwillig eintritt."[26] Die Zukunftsperspektive, die mit diesen Bemerkungen anvisiert wird, steht ausgesprochen oder unausgesprochen hinter all den – für sich allein genommen doch recht künstlich und wenig überzeugend wirkenden – Argumenten, die erweisen sollten, daß eine Gebietserwerbung auch ohne Befragung der Bevölkerung als in einem tieferen Sinne legitim zu betrachten sei.

Denn drittens: Wenn die Befürworter der Annexion auch offen einräumten, daß hic et nunc die Elsässer und Lothringer in ihrer großen Mehrheit eine Lostrennung von Frankreich ablehnten, so waren sie überwiegend doch der festen Überzeugung, daß in dieser Einstellung der Bevölkerung allmählich ein entschiedener Wandel eintreten werde. Angesichts der deutschen „Nationalität" der Elsässer rechnete man in Deutschland allgemein damit, daß diese Bevölkerung mit der Zeit ihre Vorbehalte gegen eine Eingliederung in den deutschen Staatsverband aufgeben werde, daß sie im Laufe einiger Jahre oder Jahrzehnte vollständig integriert und assimiliert werden könne. Die deutsche „Nationalität" der Bevölkerung und die aus diesem Tatbestand abgeleitete Prognose eines positiven Verlaufs des Integrationsprozesses bildeten auch die eigentliche Voraussetzung dafür, daß die Annexion trotz des augenblicklichen Widerwillens der Bevölkerung als eine berechtigte und vertretbare politische Maßnahme betrachtet wurde. So wollte auch Adolph Wagner, der große Mühe auf den Nachweis verwandte, daß eine Annexion auch ohne Befragung der Bevölkerung legitim sei, diesen Grundsatz doch nur unter einer bestimmten Voraussetzung angewandt wissen: gegen eine Annexion ohne Befragen der Bevölkerung bestünden keine Bedenken, „sobald jene Politik nur innerhalb der durch das Nationalitätsprinzip gezogenen Schranken zur Anwendung kommt"[27].

Die Zahl der Zeugnisse, in denen eine zuversichtliche Einschätzung der zukünftigen Entwicklung zum Ausdruck kommt, ist Legion; hier können nur wenige Sätze zitiert werden. So schrieb Parisius Mitte August: „Vertrauen wir diesem unverwüstlichen deutschen Kerne! In einem einigen, freien Deutschland würden die demselben einverleibten Elsässer und Deutschlothringer in weniger als einem Menschenalter die treuesten opferwilligsten Deutschen werden."[28] Und Ende August meinte F. Th. Vischer: „Nehmen wir dazu, daß Sitte und Wesen trotz alledem und alledem noch deutsch sind, daß das Landvolk noch deutsch, nur deutsch spricht, so müßte es doch seltsam zugehen, wenn nicht im Verlauf von ein paar Jahrzehnten der französische Lack vom deutschen Kern abblätterte und die überrheinischen Deutschen gern wären, was sie von Natur ja wirklich sind, nämlich eben Deutsche. Wir unterjochen kein fremdes Volk, wir schaffen uns keine Lom-

---

[26] ZELLER 637 f.
[27] WAGNER, Elsaß und Lothringen 67.
[28] Der Volksfreund Nr. 33 v. 18. 8. 1870.

bardei, kein Venetien, wir holen verlorne Söhne ins Vaterhaus zurück."²⁹ Selbst in Sybels Darlegungen, in denen das reine Machtstaatsdenken ausgeprägt in Erscheinung tritt, bildet diese Überzeugung einen integrierenden Bestandteil der Argumentation: „Wir fordern Elsaß, den erst seit 1789 französierten Elsaß zurück, weil wir sicher sind, in weniger als einem Menschenalter hier die deutsche Muttersprache auch wieder zur Geschäfts- und Bildungssprache zu erheben, durch Verbesserung der ökonomischen Lage besitzende und arbeitende Klassen an uns zu fesseln, den Einwohnern gleichen nationalen Ruhm und größere politische Freiheit zu verschaffen, als es in Frankreich [unter] der Republik oder dem Empire möglich wäre ... Wir werden den Elsaß sicher mit uns verschmelzen, wenn unser Bundesstaat wie bisher das zugleich imponierende und gedeihende Organ unseres Volkstums bleibt."³⁰

Die verschiedenen Aspekte jener komplexen Problematik, die sich aus dem deutschen Annexionswillen einerseits und der ablehnenden Haltung der davon betroffenen Bevölkerung andererseits ergab, sind in interessanter Weise beleuchtet worden in einem Artikel der Vossischen Zeitung. Das der preußischen Fortschrittspartei nahestehende Blatt schrieb, und zwar bereits am 18. August: Wenn Deutschland losgerissene alte Bevölkerungen wieder zu sich rufe, so tue es das vor allem in der Lage der Notwehr, es müsse sich gegen die Willkür der Länderabgrenzungen auf die wirklichen, seit alters als solche betrachteten natürlichen Grenzen besinnen und werde dabei durch Sprache und Sitte geleitet. „Von der gewaltsamen Annektierung originaler französischer Bevölkerungen kann dabei nicht mehr die Rede sein, als auf Grenzen immer unvermeidlich ist, und auch diesem Übel kann auf die bekannte Art durch Umzugsfreiheit für die Frist von mehreren Jahren nach Möglichkeit abgeholfen werden." Der Vorwurf der Reunionen, Annektierungen u. a. Handlungen werde Deutschland zwar nicht erspart werden, aber die Ehrlichkeit werde zugestehen müssen, welche echt deutsche Michelgeduld Deutschland jahrhundertelang geübt, bis endlich durch unerhörte Taten und Wunder vollbracht wurde, Deutschland zu einigen und es zu einer Kraftanstrengung zu bringen, „welche das lange erduldete Unrecht mit einem Male heimzahlt. Gerechtfertigt wird Deutschland aber erst dann sein, wenn es Elsaß und Lothringen nicht bloß zu erwerben, sondern auch würdig zu erhalten versteht"³¹.

Gerechtfertigt werde Deutschland erst sein, wenn es Elsaß und Lothringen nicht bloß zu erwerben, sondern auch würdig zu erhalten verstehe – mit diesem Satz ist wohl der entscheidende Punkt des hier erörterten Problemkreises berührt. Die in diesen Wochen und Monaten so häufig zum Ausdruck gebrachte Auffassung, die Bewohner der zu erwerbenden Gebiete würden nach einiger Zeit des Wider-

---

²⁹ Augsburger Allgemeine Zeitung Nr. 242 v. 30. 8. 1870 Beilage (Artikel: Elsaß und Lothringen. Ein Beitrag zur Feststellung der öffentlichen Meinung).
³⁰ Kölnische Zeitung Nr. 260 II v. 19. 9. 1870 (Artikel: Die künftigen Friedensbedingungen). Zu Sybels Stellungnahme in der Annexionsfrage vgl. H. SEIER, Die Staatsidee Heinrich von Sybels in den Wandlungen der Reichsgründungszeit 1862-1871, Lübeck/Hamburg 1961, 191 ff.
³¹ Vossische Zeitung Nr. 195 v. 18. 8. 1870.

strebens ihre ablehnende Haltung aufgeben und in den neuen Staatsverband voll integriert werden, darf weder als bloßes Argument zur Rechtfertigung und Verbrämung eines nackten Eroberungswillens betrachtet werden noch als eine utopische Chimäre zum Zwecke der Selbsttäuschung. Berücksichtigt man den zeitgeschichtlichen Erfahrungshorizont der Generation von 1870 – die Bevölkerung in den 1866 an Preußen gelangten Gebieten war relativ rasch und ziemlich reibungslos in den preußischen Staat integriert worden –, dann erscheint die Überzeugung, daß der Integrationsprozeß der Elsässer und Deutschlothringer schließlich erfolgreich verlaufen werde, nicht a priori als unberechtigt und als reine Illusion. Wir Heutigen wissen, daß die Integration nicht gelungen ist. War dieses Scheitern 1870 für Weiterblickende mit Sicherheit voraussehbar, war es ein unentrinnbares Schicksal?

Das Scheitern der Integration hat mancherlei Gründe, einer dieser Gründe – und gewiß ein sehr wesentlicher – war die verfehlte Reichslandpolitik nach 1871, eine Politik, für die im übrigen Bismarck selbst ein gerütteltes Maß an Mitverantwortung und Mitschuld trägt[32]. Aber gerade diese Politik und die Konstellationen, die sie schuf, konnte man im Jahr 1870 noch nicht mit absoluter Sicherheit prognostizieren. Die Annexionsentscheidung von 1870 hat – wie Lothar Gall mit Recht betont – ihr „fatales Gewicht" letztlich erst durch die Tatsache erhalten, „daß der deutsche Nationalstaat in seiner weiteren Entwicklung nicht jene nationale und demokratische Integrationskraft zu entfalten vermochte, auf die viele 1870 gebaut hatten, diese vielmehr im Falle von Elsaß-Lothringen in weitgehendem Maße ersetzt durch die Machtmittel des traditionellen erobernden Fürstenstaates"[33].

Das historische Urteil über die Annexion von Elsaß und Lothringen ist letztlich durch das Scheitern der Integration gesprochen worden. Dieser Ausgang (aber eben erst dieser Ausgang) hat jenen recht gegeben, die im Jahr 1870 ihre Stimme erhoben und davor gewarnt haben, die Bevölkerung eines Grenzlands gegen ihren Willen von dem einen Staatsverband abzulösen und einem anderen Staatsverband einzuverleiben.

Wenden wir uns nun dem zweiten Strang von Argumenten zu, mit denen die Annexionsentscheidung kritisiert wurde und wird. Gewiß spielte die Frage, ob eine Annexion ohne zustimmendes Votum der Bevölkerung überhaupt „berechtigt" sei, in der Argumentation der Annexionsgegner eine beträchtliche Rolle; eine noch zentralere Rolle aber spielte die Frage, ob die deutsche Forderung nach einer Gebietsabtretung ein politisch kluger und richtiger Akt sein würde. Weit verbreitet – in der europäischen öffentlichen Meinung ebenso wie bei Politikern und Diplo-

---

[32] Neben H.-U. WEHLER, Unfähig zur Verfassungsreform: Das „Reichsland" Elsaß-Lothringen von 1870 bis 1918, in: Ders., Krisenherde des Kaiserreichs 1871–1918, Göttingen ²1979, 23–69 und D. P. SILVERMAN, Reluctant Union. Alsace-Lorraine and Imperial Germany 1871–1918, London 1972 siehe jetzt vor allem: HIERY sowie F. ROTH, La Lorraine annexée. Etude sur la Présidence de Lorraine dans l'Empire allemand (1870–1918), Lille 1976; F. IGERSHEIM, l'Alsace des Notables 1870–1914, Strasbourg 1981.
[33] GALL, Das Problem Elsaß-Lothringen 385.

6. Zur Problematik der Annexion

maten – war die Befürchtung, die Annexion werde nicht nur katastrophale Auswirkungen auf die zukünftigen Beziehungen zwischen Deutschland und Frankreich haben und die europäische Mächtekonstellation empfindlich verändern, sondern eben dadurch auch einen für alle europäischen Völker gleich nachteiligen Zustand fortdauernder Unsicherheit zur Folge haben.

Daß in Deutschland nach den ersten Siegen die Annexionsforderung aufkam und schnell zur wichtigsten deutschen Kriegszielforderung wurde – diese Entwicklung als solche kam für die europäischen Staatsmänner und für die öffentliche Meinung allerdings nicht völlig überraschend, denn zu den gängigen und gewissermaßen selbstverständlichen Anschauungen der Zeit gehörte die Auffassung, daß durch einen Krieg notwendigerweise territoriale Fragen aufgeworfen wurden. So konnte der Belgier Rolin-Jaequemyns, einer der damals angesehensten Völkerrechtler, nach Kriegsbeginn konstatieren: „Jusqu'ici, dans toute guerre victorieuse et entreprise pour une juste cause, on a toujours admis que le vainqueur avait le droit de subordonner la conclusion de la paix à un sacrifice même territorial de la part du vaincu. La France est une des nations qui ont le plus largement usé de ce droit, lors même que la guerre avait été entreprise par elle sans juste cause."[34] Noch ehe sich die Annexionsforderung in Deutschland allgemein durchgesetzt hatte, noch ehe man in den Staatskanzleien über Umfang und Stärke dieser Stimmung genau informiert war, rechnete man deshalb in Paris und Petersburg, in London, Wien und Florenz damit, daß die unerwarteten französischen Niederlagen territoriale Forderungen Deutschlands auslösen würden und zu einer Gefährdung der „Integrität" Frankreichs führen könnten[35].

Die Skala der Reaktionen auf das dann im Laufe des August immer deutlicher hervortretende deutsche Verlangen nach einer Gebietsabtretung reichte von mehr oder weniger resignierter Hinnahme über die Bekundung von Unbehagen und Besorgnis bis zu entschiedener Ablehnung, die offen ausgesprochen oder verdeckt zum Ausdruck gebracht wurde. Charakteristisch für die allgemeine politische Situation im August und bis in den September hinein ist aber die Tatsache, daß man in diesen Wochen weithin das deutsche Sicherheitsverlangen als berechtigt anerkannte – und damit das eigentliche Hauptmotiv der Annexionsforderung indirekt als legitim bestätigte – und gegen eine Annexion nur geltend machte, sie stelle

---

[34] Revue de droit international 2 (1870) 696.
[35] Für Florenz siehe unten S. 180, vgl. oben S. 88; für Petersburg siehe oben S. 94. Aus Paris telegraphierte der österreichische Botschafter Fürst Metternich am 8. August, die Kaiserin hoffe, daß – sollte auch die nächste Schlacht verloren gehen – Europa diplomatisch intervenieren werde „pour le maintien de l'intégrité de la France" (HHStA PA IX 95, Bl. 197). Ungefähr zur gleichen Zeit soll Thiers gegenüber dem Wiener Rothschild geäußert haben: wenn Frankreich nach dem zu erwartenden Sturz Napoleons und einem republikanischen Zwischenspiel König Leopold II. von Belgien zum König nehme, „nous obtiendrons à la fois un Roi comme il nous en faut et une compensation territoriale pour les pertes que l'Allemagne nous fera certainement essuyer si elle reste victorieuse" (so der norddeutsche Botschaftssekretär an der Londoner Botschaft, von Kusserow, aufgrund von Mitteilungen Wilhelm Betzolds, des früheren Privatsekretärs von Rothschild, in einem Privatbrief an Keudell, London 15. 8. 1870 – PA I ABc 70 Bd. 37, Bl. 78 ff.).

ein ungeeignetes und politisch gefährliches Mittel zur Erreichung dieses Sicherheitszwecks dar. Aus einer derartigen Einstellung resultierten die bereits im August auftauchenden Vorschläge, Deutschland möge sich mit einer im Friedensvertrag zu stipulierenden französischen Rüstungsbeschränkung, mit einer Schleifung der französischen Grenzfestungen oder der Schaffung eines neutralen Zwischenstaates begnügen.

In diese Richtung zielten auch die Vorschläge des einzigen deutschen Politikers in maßgebender amtlicher Position, der im August der Annexionsforderung ablehnend gegenüberstand: während der württembergische und hessische Ministerpräsident und das badische Ministerium schon zu einem sehr frühen Zeitpunkt die Annexion forderten[36], war der bayerische Ministerpräsident und Außenminister Graf Bray zunächst der Auffassung, Deutschland sollte von Frankreich keinerlei Gebietsabtretung verlangen. Diese Auffassung brachte er in den Augusttagen mehrmals deutlich zum Ausdruck, auch gegenüber den Kabinetten in Wien, London und Florenz. Der bayerische Gesandte in Florenz hatte am 10. August nach München berichtet, der italienische Außenminister Visconti-Venosta hege die Befürchtung, daß Deutschland wohl versuchen werde, einige Provinzen wie Elsaß und Lothringen von Frankreich abzureißen – das aber wäre nach Ansicht Visconti-Venostas höchst fatal und bedeute einen ewigen oder stets erneuerten Krieg, auch wenn Frankreich für diesmal werde nachgeben müssen[37]. Auf diesen Bericht aus Florenz antwortete Bray umgehend: die bayerische Regierung beabsichtige nicht, irgendwelche Eroberungen zu machen, sie erstrebe als Ziel des Krieges einen „sicheren und dauerhaften Frieden" und eine Entwaffnung (désarmement) Frankreichs[38]. Vom königlichen Kabinettssekretär wegen dieser Stellungnahme zur Rede gestellt, versicherte Graf Bray in einem Immediatbericht, sein Erlaß nach

---

[36] Vgl. oben S. 132 f.; zur Haltung des badischen Ministeriums siehe J. BECKER, Baden 2, 150 ff.
[37] Bericht Dönniges an König Ludwig II., Florenz 10. 8. 1870 – GStAM MA I 647. Zu Visconti-Venostas Auffassung in der Kriegszielfrage vgl. auch seine Erlasse an de Launay (Berlin) vom 11. 8. 1870 und an Artom (Wien) vom 13. 8. 1870 (DDI I/13, 308 f., 330 f.), sowie den Bericht Brassier vom 22. 9. 1870 über Unterredungen mit Visconti und Sella (PA I ABc 70 Bd. 53, Bl. 28 f.). Am 25. 8. 1870 berichtete Dönniges: „Schon fängt man auch in den leitenden Kreisen an, sich an den Gedanken zu gewöhnen, daß Frankreich sich genötigt sehen könnte, in letzter Not das deutsche Lothringen und Elsaß an Deutschland abzutreten" (GStAM MA I 648).
[38] Erlaß Bray an Dönniges, München 13. 8. 1870 – GStAM MA I 644, Bl. 37 f. (auch zitiert bei DOEBERL 51); Bismarck erfuhr am 21. August durch ein Telegramm Brassiers von dieser Mitteilung Brays an die italienische Regierung (PA I ABc 70 Bd. 30, Bl. 96). Dem österreichischen Gesandten sagte Bray in diesen Tagen, nach seiner Ansicht sei es die Hauptsache, Frankreich „zu einer vollständigen Desarmierung zu zwingen, damit hierdurch die deutschen Grenzen vor jeder französischen Invasion gesichert sind" (Bericht Bruck an Beust, München 12. 8. 1870 – HHStA PA IV 41, Bl. 857 f.). Auch der englische Gesandte wußte zu berichten, Bray sei gegen ein „dismemberment" Frankreichs, aber für Auferlegung eines „disarmement" (Berichte Howard an Granville, München 16. und 17. 8. 1870 – PRO FO 9/203). Vgl. ferner Erlaß Bray an Perglas, München 15. 8. 1870 – GStAM MA I 644, Bl. 39 f. (längeres Zitat aus diesem Bericht bei DOEBERL 51 f., WEIS 798 f.).

Florenz stelle lediglich eine persönliche Meinungsäußerung dar, die Beschlußnahme müsse selbstverständlich dem König vorbehalten bleiben. Er fügte jedoch hinzu: Er könne sich nicht für eine Eroberungspolitik aussprechen, weil eine solche „die Neutralen für Frankreich günstig stimmen, den französischen Fanatismus vermehren, den Abschluß des Friedens erschweren und weit hinausschieben müßte"; französische Gebietsteile für *Bayern* zu erwerben, halte er politisch für inopportun. Als wünschenswerte Erwerbungen, „insofern ein glücklich beendigter Krieg dazu Anlaß bietet", erschienen Bray „nur deutsche Landesteile, welche wie die ehemals pfälzischen Landesteile mit dem übrigen Bayern in geographischer, staatlicher und geschichtlicher Gemeinschaft stehen..."[39].

Wenige Tage später wußte Robert von Mohl, der badische Gesandte in München, zu berichten, Bray sei prinzipiell gegen jede Gebietsveränderung, er fürchte aber, „daß es ohne eine solche nicht abgehen werde"[40]. Aufgrund dieser Lagebeurteilung entwickelte Graf Bray am 4. September in einem Privatbrief an Beust, mit dem er seit der gemeinsamen Göttinger Studentenzeit befreundet war, das Projekt eines neutralen Zwischenstaates: wenn bei den Friedensverhandlungen eine Territorialabtretung nicht zu umgehen sein werde, „erschiene es wohl als rationeller und auch für Frankreich weniger verletzend, wenn aus solchen Gebietsteilen ein eigener, neutraler Staat gebildet würde, als wenn dieselben zur Vergrößerung der Nachbarstaaten dienen sollten". Hier könnte, so meinte Bray weiter, für das Großherzogliche Haus Toskana ein Ersatz für das verlorene Großherzogtum gefunden werden[41]. Auch zum badischen Gesandten äußerte Bray in diesen Tagen, „ein neutraler Staat Elsaß-Lothringen würde ihm so übel nicht gefallen, es lasse sich vielleicht eine staatsrechtliche Verbindung mit Deutschland finden, welches ein solches Land herüberziehen würde..."[42]. Als aber Beust dem bayerischen Ministerpräsidenten mitteilte, der vorgeschlagenen Kombination stünden unüberwindliche Schwierigkeiten entgegen[43], und als gleichzeitig deutlich wurde, daß Preußen auf einer Annexion bestehen würde, schwenkte Graf Bray ein und erklärte dem norddeutschen Gesandten, er habe seine früheren Bedenken gegen eine Gebietserwerbung fallenlassen und teile Bismarcks Überzeugung von der „Notwendigkeit einer Berichtigung der Grenzen zum Schutze Süddeutschlands"[44].

In all diesen Vorschlägen – Rüstungsbeschränkungen, Neutralisierung, Schleifung der Festungen – wird man jedoch eher einen prägnanten Ausdruck jenes Dilemmas sehen dürfen, das durch die raschen deutschen Siege und die französischen Niederlagen hervorgerufen worden war, als überzeugende Alternativen zur

---

[39] Immediatbericht Bray an König Ludwig II., München 22. 8. 1870 – GStAM MA I 644, Bl. 48 f., auch zitiert bei WEIS 799.
[40] Bericht Mohl an badisches Staatsministerium, München 24. 8. 1870 – GLAK 48/5166 Nr. 76.
[41] Privatbrief Bray an Beust, München 4. 9. 1870 – GStAM MA I 644, Bl. 52 ff. (Ausfertigung: HHStA PA IV 40, Bl. 29 ff.).
[42] Bericht Mohl an badisches Staatsministerium, München 5. 9. 1870 – GLAK 48/5166.
[43] Privatbrief Beust an Bray, Wien 8. 9. 1870, pr. 9. 9. – GStAM MA I 644, Bl. 55 ff.
[44] Bericht Werthern an Bismarck, München 11. 9. 1870, pr. Meaux 17. 9. – PA I ABc 70 Bd. 48, Bl. 34 f. Zur Haltung Brays vgl. insgesamt DOEBERL 51 f., WEIS 798 ff.

Annexionsforderung. Denn es war fraglos, daß Frankreich auch in einer Abtrennung seiner Grenzprovinzen zwecks Konstituierung eines selbständigen neutralen Staates oder in der Schleifung seiner Grenzfestungen und dem Verbot ihres Wiederaufbaus eine schwere Kränkung gesehen und sich zweifellos auf die Dauer nicht mit einem solchen Zustand abgefunden hätte. Das angestrebte Ziel eines „sicheren und dauerhaften Friedens" konnte deshalb durch eine Verwirklichung derartiger Vorschläge schwerlich erreicht werden. Die Auffassung, eine weitgehende Schonung Frankreichs sei die unerläßliche Voraussetzung einer stabilen zukünftigen Friedensordnung in Europa, ließ logischerweise nur *eine* Schlußfolgerung zu: Verzicht sowohl auf jegliche französische Gebietsabtretung als auch auf solche Friedensstipulationen, die der französischen Regierung irgendwelche Beschränkungen in der Ausübung ihrer Souveränitätsrechte auferlegten.

Im Bereich der Diplomatie ist die diametrale Gegenposition zur deutschen Kriegszielforderung im August wohl am eindringlichsten von Zar Alexander formuliert worden. In seinem Handschreiben an König Wilhelm vom 21. August brachte er seinen Wunsch nach einer „paix solide et durable" zum Ausdruck und beschwor seinen Onkel, im Interesse eines solchen Friedens Großmut und Mäßigung zu zeigen: „Die französische Nation wird – wenn sie nach ihren Niederlagen mit Großmut behandelt wird – nur die Regierung anklagen, die ihr solch harte Prüfungen beschert hat. Aber wenn sie auf einen Sieger trifft, der entschlossen ist, sie zu demütigen und ihr Gebietsverluste zuzufügen (amoindrir), dann werden sich gegen ihn diese Ressentiments richten, und dann würde ein Haß zwischen den Völkern entstehen, für den es kein Ende und keine Grenzen gäbe. Das wäre ein Unglück nicht nur für Deutschland und Frankreich, sondern für ganz Europa, das an diesem Kampf ein zu lebhaftes Interesse hat, als daß es gegenüber seinem Ausgang gleichgültig bleiben kann." Der Friede könne nur dann haltbar und dauerhaft sein, wenn er mit der Hilfe Europas zustande gebracht werde. Im Rausch eines so legitimen und so teuer erkauften Triumphs sei Mäßigung gewiß nicht leicht, und diejenigen, welche die Lasten getragen hätten, seien berechtigt, sich Garantien gegen eine Wiederkehr ähnlicher Prüfungen zu verschaffen. „Aber die deutsche Nation ist zu intelligent, um nicht zu begreifen, daß die beste Garantie viel eher darin beruht, einen dauerhaften Zustand zu schaffen, gegründet auf einen ehrenvollen und gerechten, von Europa sanktionierten Frieden, als in zeitweiligen Vorteilen, die bittere Ressentiments und energische Revancheforderungen bestehen lassen würden."[45]

---

[45] Handschreiben Zar Alexander an König Wilhelm, Peterhof 21. 8. 1870, pr. Clermont 27. 8. – PA I ABc 70 Bd. 38, Bl. 31 f. Der französische Botschafter in Petersburg telegraphierte am 24. August: Gorčakov bestätige die wohlwollenden Intentionen Zar Alexanders „qui ne se prêtera pas à une médiation qui pourrait paraître infliger une humiliation à la France ou impliquerait la moindre diminution de son territoire" (MAE Russie 244, Bl. 227 f.). Fast zur gleichen Zeit – im Kronrat vom 22. August – stellte Kaiser Franz Joseph ein bemerkenswertes Kalkül an: es sei zu fragen, ob Österreich-Ungarn mit besonderer Wärme für Frankreichs Integrität eintreten solle – ob es nicht vielmehr im österreichischen Interesse liege, wenn Preußen seinem Staatskörper einen Bestandteil einfüge, dessen Besitz gewiß kein ru-

6. Zur Problematik der Annexion

Dieser Friedensperspektive stellte König Wilhelm in seinem – von Bismarck konzipierten – Antwortschreiben vom 31. August[46] jene Auffassung entgegen, die nicht nur die im deutschen Hauptquartier herrschende war, sondern die auch von der öffentlichen Meinung in Deutschland geteilt wurde: Er könne Deutschland nicht zumuten, ein zweites Mal so gewaltige Opfer zu bringen, der einzige Ausgleich dafür bestehe in einem dauerhaften Frieden, einem Frieden, der Europa vor der Wiederkehr ähnlicher Erschütterungen, Deutschland vor der Wiederholung derartiger Aggressionen bewahre. Er erstrebe nichts anderes als die Sicherheit Deutschlands gegenüber Frankreich, vor allem Süddeutschlands, dessen Grenzen seit 200 Jahren schutzlos den Angriffen Frankreichs preisgegeben seien. „Ich zweifle nicht, daß in Frankreich, wenn der Sieg uns bleibt, ein tiefes Gefühl der Erbitterung zurückbleiben wird[47], bei einer Nation, welche uns schon den Sieg über Österreich nicht verzeihen konnte! Dies Gefühl wird ganz dasselbe bleiben unabhängig von der Größe der Opfer, mit denen Frankreich den Frieden erkauft. Wenn wir siegreich bleiben, wird keine Mäßigung verhindern können, daß jede französische Regierung, die napoleonische oder irgendeine andere Dynastie, die Revanche dafür auf ihre Fahne schreibt und den Krieg gegen Deutschland als Mittel benutzt, um ihre Herrschaft zu befestigen. Es wäre ganz hoffnungslos, dies Gefühl beschwichtigen zu wollen." Infolgedessen könne es sich nur darum handeln, die schädlichen Auswirkungen zu verhindern durch eine bessere Sicherung Deutschlands gegen zukünftige Angriffe Frankreichs. „Nicht das Gefühl Frankreichs ist es, mit dem ich zu rechnen habe, sondern das Gefühl Deutschlands und die reellen Bedürfnisse desselben."[48]

In diesem Monarchenbriefwechsel treten sich in nahezu idealtypischer Weise jene zwei Konzeptionen eines „dauerhaften und sicheren Friedens" antagonistisch gegenüber, die in diesen Tagen und in den folgenden Wochen die Diskussion über die deutschen Kriegszielforderungen innerhalb der Diplomatie und in der öffentlichen Meinung Europas beherrschten. Jede dieser Konzeptionen basierte auf einer in der augenblicklichen Situation unbeweisbaren Prämisse: hier die Auffassung, Frankreich werde – großmütig und schonend behandelt – Rachegedanken entsagen, daher gewähre eine auf diesen Prinzipien beruhende und von den europäi-

---

higer und unverbitterter sein werde. Demgegenüber machte Beust geltend, für Frankreichs Integrität einzutreten sei nicht nur ein Gebot des Anstands, sondern sei auch dem Fürsten La Tour vor seinem Abgang aus Wien versprochen worden (HHStA PA XL 285, Bl. 705 ff.).

[46] Handschreiben König Wilhelm an Zar Alexander, Buzancy 31. 8. 1870 (Konzept Abeken mit Korrekturen Bismarcks, französische Übersetzung Hatzfeldts mit Korrekturen Bismarcks, Reinkonzept) – PA I ABc 70 Bd. 41, Bl. 1 ff.; vgl. GW 6b Nr. 1761 Anm. 3.

[47] Eigenhändiger Zusatz König Wilhelms im Reinkonzept: „comme il a été le cas depuis l'année 1815".

[48] König Wilhelm brachte dann noch ein Argument, das speziell auf Zar Alexanders monarchisches Empfinden abzielte: das monarchische Prinzip in ganz Europa werde einen schweren Stoß erleiden, wenn die deutsche Nation das Gefühl gewönne, sie würde von den Regierungen um die Frucht ihrer Siege gebracht und finde bei ihnen nicht den Schutz, dessen sie gegen Frankreich bedürfe. Vgl. dazu unten S. 190 f.

schen Großmächten garantierte Friedensregelung ausreichende Sicherheit für Deutschland; dort die Überzeugung, Frankreich werde – auch wenn Deutschland keine Gebietsabtretung fordere – bei geeigneter Gelegenheit eine Revanche für die erlittenen Niederlagen und den Verlust seiner Suprematiestellung suchen und deshalb bedürfe Deutschland im Interesse seiner Sicherheit „materieller Garantien". Während man in Deutschland fast durchweg der letzteren Auffassung huldigte und zur Begründung auf die Erfahrungen seit 1815, auf den Sadowa-Komplex und die das Kriegsrisiko nicht scheuende französische Politik während der Julikrise verwies[49], vertraten die meisten Staatsmänner der neutralen Staaten[50], Exponenten des französischen Geisteslebens und überwiegend auch die öffentliche Meinung in den neutralen Ländern die These von der französischen Friedfertigkeit bei schonender Behandlung durch den Sieger. Soweit die Vertreter dieser Auffassung nicht einen vermeintlichen Mittelweg (Neutralisierung, Schleifung der Festungen) suchten, in der – wohl allzu optimistischen – Annahme, die Franzosen würden eine solche Lösung als weniger verletzend empfinden, hielten sie nur beim Verzicht auf jede Annexion einen dauerhaften Frieden für möglich, weil dann – ihrer Ansicht nach – die Franzosen keine Neigung zu einem Revanchekrieg verspüren würden[51]. Allerdings wurde nur selten der Versuch gemacht, das für die Glaubwürdigkeit dieser Friedenskonzeption in der August/September-Situation zentrale Postulat von der zukünftigen friedliebenden Einstellung der französischen Nation nun auch näher zu begründen und derartige Zukunftserwartungen durch Hinweis auf Indizien als realistisch zu erweisen. Und wenn es einmal geschah, dann mag die Argumentation in den Ohren der Annexionisten nicht sehr überzeugend geklungen haben.

Zu denen, die auf dieses Problem eingingen, gehörte H. Taine, der sich Anfang Oktober 1870 mit den Darlegungen von D. F. Strauß und H. v. Sybel auseinandersetzte[52]. Taine erkannte ausdrücklich an, das Hauptmotiv, das die Deutschen

[49] Vgl. oben S. 139 ff.
[50] Zu denen, die die deutschen Forderungen hingegen für berechtigt und für politisch zweckmäßig hielten, gehörte z. B. König Leopold II. von Belgien. An Königin Victoria schrieb er am 2. 10. 1870: „... que les Allemands feront très bien de prendre toutes leurs précautions pour empêcher la France de recommencer la guerre un peu plus tard"; am 31. 10. 1870: „... la France qui doit se résigner aux sacrifices que lui imposent les événements que seule elle a suscités" (DEMOULIN 209 f., 218). Lord John Russell, einstiger Prime Minister, schrieb am 7. September an Graf Bernstorff: „Personnally I take for granted Germany will ask for terms sufficient for her own security and I have no apprehension that she will ask more; Count Bismarck's language seems me very satisfactory on this head" (PA I ABc 70 Bd. 47, Bl. 174 f.). Lord Stanley, einstiger Außenminister, bemerkte am 22. 1. 1871 (zu Disraeli): „There is no pretext for saying that France is asked to make greater concessions than naturally follow at the end of an unsuccessful war – a war, moreover, in which she was the aggressor" (MILLMAN 216).
[51] Im Verlauf unserer Untersuchung wird darauf einzugehen sein, wie die einzelnen Kabinette bei gegebenem Anlaß Stellung nahmen zu den deutschen Friedensbedingungen bzw. zu den Versuchen, Friedensverhandlungen in die Wege zu leiten.
[52] H. TAINE, Studien zur Kritik und Geschichte, Paris/Leipzig/München 1898, 210–219. Ähnlich wie Taine argumentierte auch Renan gegen Strauß, s. STRAUSS 28 ff. Vgl. auch BRONNER 143 ff., 178 ff.; H. PSICHARI, Renan et la guerre de 70, Paris 1947.

zur Annexionsforderung treibe, sei „die Meinung, die sie sich über uns bilden". Nach ihrer Meinung sei die französische Nation unruhig, von Natur ehrgeizig, daran gewöhnt, sich in die Angelegenheiten ihrer Nachbarn zu mischen, begierig auf Vorrang etc. Aber – so fuhr Taine fort –: dieses Porträt des nationalen Charakters sei „heute wenigstens ebenso ungenau wie ungerecht. Der größte Teil, ich möchte fast sagen die Gesamtheit der Nation, hat ganz andere Gefühle." Die Mehrheit der Bevölkerung, insbesondere die ländliche, sei in erster Linie an materiellem Wohlergehen interessiert und trete deshalb natürlicherweise für eine friedenserhaltende Politik ein – und mit dieser Feststellung hatte Taine zweifellos recht. Aber für diejenigen, die die Julikrise noch in frischer Erinnerung hatten, mußte Taines weitere Behauptung höchst fragwürdig erscheinen: auch in der Julikrise habe in Frankreich keine kriegerische Stimmung bestanden. „Der Krieg war nur eine Sache der Vorsicht und der Verteidigung ... Nicht nur alle Menschen, die ich kannte, sondern alle, denen ich begegnete, verurteilten die Übereilung, mit der die Regierung auf dem verhängnisvollen Abhang hintrieb"[53]. Gewiß: bei Ausbruch der Krise war die öffentliche Meinung in Frankreich von der Regierung in starkem Maße manipuliert und angeheizt worden; aber andererseits waren sich alle Beobachter auch darüber einig, daß auf dem Höhepunkt der Krise die öffentliche Meinung und die Stimmung in der Bevölkerung die auf den Krieg hindrängende Regierungspolitik unterstützt haben[54]. Taine übersah, daß auch eine im Grunde friedliebende Bevölkerung in bestimmten Situationen leicht entflammbar und für eine kriegerische Politik mobilisierbar ist, vor allem dann, wenn starke Ressentiments in der Tiefe lebendig sind, die – in normalen Zeiten zurückgedrängt – schnell an die Oberfläche dringen und virulent werden können. Eben diesen Sachverhalt aber hatten die Befürworter der Annexion im Sinn, wenn sie französische Revancheabsichten – auch im Falle weitgehender Schonung seitens des Siegers – befürchteten. Taines sehr konditionale Schlußfolgerungen entbehrten in dieser Perspektive daher letzter Überzeugungskraft: „Das zeitgenössische Frankreich, wenn (!) es über seine innersten Neigungen befragt, wenn (!) es seiner ruhigen Überlegung überlassen und dem Gesetze gemäß um Rat gefragt würde", werde die Antwort geben, „daß es, wenn (!) es nicht aufs Äußerste getrieben und gegen seinen Willen zum Kriege herausgefordert würde, hinfort sein gutes Haus bestellen will ..."

Es erforderte eine eigene umfangreiche Spezialuntersuchung, wollte man die Stellungnahme der öffentlichen Meinung in Europa zur Annexionsfrage in den einzelnen Stadien des Krieges ausführlich schildern und analysieren; diese Spezialuntersuchung kann im Rahmen unserer Untersuchung nicht geleistet werden. Über die Grundlinien der Stimmungsentwicklung besteht indessen keinerlei Zweifel und keine Unklarheit. Verschiedene Studien über die öffentliche Meinung in

---

[53] Diese Sätze verdeutlichen, wie sehr im Oktober 1870 in Frankreich – aber auch in anderen europäischen Ländern – die Julistimmungen bereits in den Orkus des Vergessens versunken waren – im August wäre es undenkbar gewesen, solche Sätze niederzuschreiben, ohne die eigene Glaubwürdigkeit in Frage zu stellen.
[54] Vgl. u. a. KOLB, Kriegsausbruch 95 ff., 129 ff.

einzelnen Ländern während des Krieges[55] und die Berichterstattung der Diplomaten zeigen eindeutig, daß in den Wochen nach Sedan in der öffentlichen Meinung der neutralen Staaten ein starker Stimmungsumschwung eintrat: war die öffentliche Meinung bis dahin überwiegend für Deutschland und gegen Frankreich eingestellt, so schlug diese Haltung seit September allmählich nahezu ins Gegenteil um. Und es ist ebenso eindeutig, daß die deutsche Annexionsforderung bei diesem Stimmungsumschwung einen maßgebenden Faktor dargestellt hat. Schwieriger ist schon die Frage zu klären, ob die Annexionsforderung Hauptursache – oder gar alleinige Ursache – dieses Stimmungsumschwungs gewesen ist, oder ob sie nur als entscheidender Katalysator eines sich ohnehin anbahnenden und durch andere Motive mitverursachten Umschwungs gewirkt hat. Es fielen nämlich drei verschiedene Vorgänge zeitlich fast zusammen, von denen jeder einzelne auf die Stimmungsentwicklung in Europa bedeutenden Einfluß besaß: Etwa Ende August war das Verlangen nach einer Gebietsabtretung in Deutschland zur nahezu einmütig verfochtenen Kriegszielforderung geworden, die zu einer Stellungnahme herausforderte. Die großen militärischen Erfolge der deutschen Heere, kulminierend im Sieg von Sedan, erweckten Besorgnisse vor einem deutschen Übergewicht auch bei solchen, die die französische Aggression verurteilt und zunächst den Erfolg der deutschen Waffen gewünscht hatten; ein gewisses Unbehagen über die deutschen Siege setzte bereits in der zweiten Augusthälfte ein, Mitgefühl mit dem militärisch Unterlegenen und Schwächeren begann aufzukommen. Und schließlich: Nach dem Sturz des Bonapartismus und der Bildung des „Gouvernement de la Défense nationale" wandten überall in Europa Republikaner und Demokraten, die die napoleonische Politik besonders entschieden verurteilt hatten, ihre Sympathien dem republikanischen Frankreich zu und bekämpften die Annexionsforderung nunmehr schon allein deshalb, weil sie sich jetzt gegen eine unter republikanischem Vorzeichen angetretene Regierung richtete. Es waren somit mehrere Momente, die zusammentrafen und jenen Stimmungsumschwung zugunsten Frankreichs bewirkten. Die zahlreichen Französischgesinnten in allen Ländern, die sich während der ersten Kriegswochen sehr zurückgehalten hatten, traten nach Sedan

---

[55] Für die Schweiz: E. A. PICARD, Die deutsche Einigung im Lichte der Schweizer Öffentlichkeit, 1866–1871, Diss. phil. Zürich 1940, 137 ff.; H. U. RENTSCH, Bismarck im Urteil der schweizerischen Presse 1862–1898, Basel 1945, 101 ff. Für England: WENTZ 1, 66 ff., 131 ff.; KAITSCHIK 98 ff. (einseitig in Auswahl und Urteil: RAYMOND 144 ff.). Für die USA: GAZLEY 322 ff., 383 ff.; C. E. SCHIEBER, The Transformation of American Sentiment toward Germany, 1870–1914, Boston/New York 1923, Reprint New York 1973, 14 f., 32 ff.; STOLBERG-WERNIGERODE 138 ff. Für Italien: CHABOD 1, 31 ff.; SUCHANEK 97 ff. Für Belgien: M. MILAN, Momenti della guerra franco-prussiana nella stampa belga (luglio-dic. 1870), in: Storia e Politica 11/1972, 539–572. Für Schweden: E. GULLBERG, Tyskland i svensk opinion, 1856–1871, Lund 1952, 355 ff. Wünschenswert wäre eine Gesamtdarstellung, in der nicht lediglich die öffentliche Meinung zur deutschen Kriegszielforderung in jeweils einem einzelnen Land untersucht, sondern ein differenzierendes Gesamtbild entworfen wird.

6. Zur Problematik der Annexion

und dem Sturz Napoleons allmählich wieder aus der Reserve heraus[56]. Hätte es keine deutsche Annexionsforderung gegeben, ist es durchaus vorstellbar, daß die frankophilen Tendenzen sich dann eines anderen Katalysators bedient haben würden, um sich zu manifestieren, etwa der deutschen Waffenstillstandsbedingungen oder der Forderung einer hohen Kriegsentschädigung.

Der seit September sich vollziehende Stimmungswandel und die Verschiebung der Akzente bei der Stellungnahme zur deutschen Annexionsforderung läßt sich an der Haltung der englischen öffentlichen Meinung exemplifizieren.

Die englische Presse hatte im August die Annexionsforderung zwar nicht enthusiastisch begrüßt, aber doch großes Verständnis für das deutsche Sicherheitsverlangen an den Tag gelegt. Im August und auch noch im September wurde in zahlreichen Zeitungsartikeln ausgesprochen, Deutschland sei berechtigt, sich materielle Garantien gegen einen neuen Angriff zu verschaffen, von Frankreich eine Landabtretung zu fordern[57]. Obwohl zumindest einer, vielleicht auch mehrere dieser Artikel von der norddeutschen Botschaft inspiriert waren[58], kann nicht bezweifelt werden, daß sie eine zu diesem Zeitpunkt in England weitverbreitete Ansicht aussprachen. Am 20. August, als der norddeutsche Botschafter Graf Bernstorff seine Einwirkung auf die englische Presse eben erst begann, berichtete er ins deutsche Hauptquartier: „Nach gewissen Symptomen zu urteilen, möchte ich glauben, daß man hier einzusehen anfängt, daß es eine höchst ungleiche Partie für uns sein würde, wenn man uns zumuten wollte, im Falle des Unterliegens im Kriege zu zahlen, d. h. das linke Rheinufer zu verlieren, im Falle des Sieges aber nichts zu gewinnen, und daß man sich daher mit dem Gedanken mehr oder weniger vertraut zu machen beginnt, daß wir, wenn nicht den Elsaß und Lothringen, doch vielleicht den ersteren und insbesondere Straßburg und die Vogesengrenze fordern könnten neben einer Kriegskostenentschädigung von einer Milliarde."[59] Nachdem die „Times" am 18. August die Erwartung ausgesprochen hatte, Deutschland werde das französische Volk nicht für die Politik seiner Lenker bestrafen und daher auf eine Gebietserwerbung verzichten, setzte sich Bernstorff mit dem Editor der „Times", Delane, in Verbindung; am 24. August konnte er berichten: „Nach den Siegen bei Metz gab er [Delane] uns bereitwilligst den Elsaß und meinte, wenn

---

[56] Vgl. in diesem Sinne etwa die Beobachtungen des holländischen Juristen C. W. OPZOOMER, Das Unrecht Frankreichs im Kriege von 1870, Berlin 1871, 57 f.
[57] Zahlreiche Zitate bei WENTZ 1, 66 ff., 133; einige Artikel in deutscher Übersetzung abgedruckt bei MARTINET 127 ff.
[58] Inspiriert war der Artikel in den „Daily News" vom 20. 8. 1870, s. Bericht Bernstorff vom 24. 8. 1870 – PA I ABc 70 Bd. 42, Bl. 19 ff. (auch bei RHEINDORF, England 189 ff., hier: 191). Übrigens bemühte sich nach Sedan die französische Regierung nicht ohne Erfolg, Einfluß auf die englische Presse zu gewinnen und eine antideutsche Pressekampagne ins Werk zu setzen, s. J. HANSEN, Les Coulisses de la Diplomatie, Paris 1880, 220 ff.
[59] Bericht Bernstorff an Bismarck, London 20. 8. 1870 (pr. Clermont 28. 8., vSM 28/8) – PA I ABc 70 Bd. 35, Bl. 76 f.

Frankreich uns noch mehr Opfer auferlegte, so würden wir mit Fug und Recht Lothringen zurücknehmen können."[60]

Das Zirkular Jules Favres vom 6. September, in dem der französische Durchhaltewille proklamiert und jede Gebietsabtretung kategorisch abgelehnt wurde, kritisierten die meisten englischen Zeitungen noch heftig[61]. Aber dann kam der Umschwung, der sich in der öffentlichen Meinung des Landes vollzog, auch in den Stellungnahmen der englischen Presse immer deutlicher zum Ausdruck. Der bayerische Gesandte, Graf Hompesch, der am 1. September noch konstatiert hatte, auch in der Presse seien „die Ansprüche Deutschlands auf eine mehr gesicherte Grenze nach Frankreich hin in der letzten Zeit mit viel größerer Billigkeit besprochen worden"[62], bemerkte bereits am 6. September: „Auch höre ich, daß die politischen Sympathien der City, welche bisher auf Seite Deutschlands großenteils standen, sich Frankreich zuzuneigen beginnen, wohl nur aus dem Grunde, weil die von Deutschland zu erwartenden Friedensbedingungen den Abschluß desselben zu verzögern scheinen."[63] Tatsächlich nahm die Presse im Lauf des September eine zunehmend kritischere Haltung gegenüber der Annexionsforderung und gegenüber Deutschland ganz allgemein ein. Die „Daily News" standen einigermaßen allein, wenn sie feststellten: „Soll man seine Sympathien von Deutschland zurückziehen, nur weil es erfolgreich ist? Wenn es berechtigt war, sich gegen einen Einfall zu verteidigen, wie das offizielle Frankreich jetzt zugibt, war es ein Fehler Deutschlands, daß es sich zu geschickt und zu gut verteidigte?"[64] Zwar fehlte es auch in den folgenden Monaten nicht völlig an Stimmen, die das deutsche Bestehen auf der Annexionsforderung billigten[65], „aber je mehr der Krieg sich seinem Ende näherte, desto seltener finden sich Parteigänger Deutschlands..."[66]. Als Carlyle sich im November in einem Leserbrief an die „Times" mit Elan für die deutsche Annexionsforderung einsetzte[67], gab es heftige Erwiderungen und Kritik selbst in solchen Blättern, die im August/September den deutschen Forderungen Verständnis entgegengebracht hatten. Die „Times" schlug immer wieder vor: Schleifung der Festungen und Neutralisierung des Landes, und selbst die „Daily News", die lange die Berechtigung der Annexion verfochten hatten, traten gegen Kriegsende für die Neutralisierung ein[68].

---

[60] Bericht Bernstorff an Bismarck, London 24. 8. 1870 (pr. Vendresse 31. 8.) – PA I ABc 70 Bd. 42, Bl. 34 ff. In diesem Bericht bezeichnete Bernstorff einen Artikel der „Daily News" als inspiriert, machte aber keine analoge Angabe hinsichtlich der Artikel in „Pall Mall", „Daily Telegraph", „Saturday Review" und „Economist", die dem deutschen Standpunkt günstig waren und in der zweiten Augusthälfte z. T. die deutsche Gebietsforderung unterstützten.
[61] Vgl. unten S. 229 m. Anm. 36.
[62] Bericht Hompesch an König Ludwig II., London 1. 9. 1870 – GStAM MA 77943.
[63] Bericht Hompesch an König Ludwig II., London 6. 9. 1870 – GStAM MA I 649.
[64] Zit. bei WENTZ 1, 80 (Artikel vom 12. 9. 1870).
[65] Ebd. 131.
[66] Ebd. 133; vgl. auch ebd. 144 ff.; RAYMOND 233 ff.; Berichte Bernstorff an Bismarck, London 22. 12. 1870, 7. 1. 1871 – PA I ABc 70 Bd. 79, Bl. 9 ff., Bd. 81, Bl. 113 ff.
[67] Bericht Bernstorff an Bismarck, London 18. 11. 1870 – PA I ABc 70 Bd. 71, Bl. 40 ff.
[68] WENTZ 1, 134.

6. Zur Problematik der Annexion

Gerade die Stellungnahmen der englischen Presse zur Annexionsfrage lassen gut erkennen, daß es offensichtlich vor allem die „kriegsverlängernde" Wirkung der deutschen Forderung nach einer Gebietsabtretung gewesen ist, die seit September zur heftigen Ablehnung einer Annexion durch die öffentliche Meinung in den neutralen Staaten führte und im Winter die Sympathien für Deutschland dort fast ganz zum Erliegen brachte. Nachdem die provisorische französische Regierung jede Territorialzession kategorisch abgelehnt hatte, schien es so, als verhindere lediglich das deutsche Bestehen auf einer französischen Gebietsabtretung die rasche Beilegung des Krieges, an der man auch in den neutralen Ländern aus den verschiedensten Gründen lebhaft interessiert war. In dieser Sicht war also der – in der Annexionsforderung sich manifestierende – deutsche Eroberungswille die einzige und ausschließliche Ursache der Fortdauer des Krieges. Daß der Krieg sich nur infolge des deutschen Insistierens auf einer Grenzveränderung in die Länge zog, mochte – vordergründig betrachtet – eine durchaus zutreffende Annahme sein. Tatsächlich verhielt es sich jedoch anders. So, wie sich die Dinge im August/September 1870 entwickelt hatten, war die Annexion zum Symbol des deutschen Sieges geworden. Wäre – nach Sedan und ohne daß Frankreich doch noch einen eklatanten militärischen Erfolg verzeichnen konnte – der Friede auf der Grundlage des territorialen Status quo abgeschlossen worden, so hätte ein solcher Friedensschluß praktisch einen triumphalen Sieg Frankreichs bedeutet; wenn Frankreich durchzusetzen vermochte, daß es selbst nach desaströsen militärischen Niederlagen ohne Gebietsverlust aus dem Konflikt hervorging, dann wäre damit seine privilegierte Sonderstellung innerhalb des europäischen Staatensystems eindeutig unter Beweis gestellt worden. Das Objekt, um das es bei der Fortdauer des Krieges in Wirklichkeit ging, war insofern nicht in erster Linie die Durchsetzung einer Gebietsabtretung, sondern die Erzwingung des französischen Eingeständnisses, besiegt zu sein und der Gegenseite deshalb nicht die Bedingungen des Friedens diktieren zu können.

Wie sehr es gerade die Annahme einer „kriegsverlängernden" Wirkung der Annexionsforderung war, die dazu führte, daß das deutsche Kriegsziel seit September wachsender Kritik in der internationalen öffentlichen Meinung begegnete, belegt besonders beweiskräftig die Tatsache, daß sich seit Kriegsende wieder ein gewisser Stimmungsumschwung zugunsten Deutschlands vollzog, also in dem Moment, in dem die Annexion nicht mehr bloßes Programm blieb, sondern zu einer Klausel des Friedensvertrags wurde! *Trotz* der vollzogenen Annexion traten im Frühjahr 1871 in der öffentlichen Meinung Englands, Italiens, Rußlands, der USA und der Schweiz wieder deutliche Sympathien für Deutschland hervor; zu diesem Umschwung im Meinungsklima hat die von der Pariser Kommune ausgehende Schockwirkung erheblich beigetragen[69].

War die Annexionsforderung berechtigt oder verwerflich? Waren die Motive, denen sie entsprang, in der bestehenden Situation begreiflich, oder dokumentiert

---

[69] Siehe dazu E. KOLB, Der Pariser Commune-Aufstand und die Beendigung des deutsch-französischen Krieges, in: HZ 215 (1972) 265–298, hier: 292 ff.

sich in ihnen nationale Hybris und Maßlosigkeit? War der Annexionsentschluß unter den gegebenen Umständen wohlbegründet, politisch zweckmäßig, möglicherweise unvermeidlich – oder offenbart er einen Mangel an politischer Klarsicht und an Verantwortungsgefühl gegenüber der Zukunft Deutschlands und Europas? Wer nicht im Stil bequemer Sandkastenspiele oder lediglich retrospektiv aufgrund inzwischen vorliegender Erfahrungen und Erkenntnisse urteilt, sondern alle in der historischen Situation der August- und Septemberwochen 1870 relevanten Faktoren ins Auge faßt, das ganze Geflecht von allgemeinen Stimmungen, individuellen und kollektiven Dispositionen, der wird zögern, die aufgeworfenen Fragen mit apodiktischen Feststellungen im Sinne einer Verurteilung der Annexionsforderung und des Annexionsentschlusses zu beantworten. Gewiß: wer wollte heute nicht einem Urteil zustimmen wie diesem: „Es wäre besser gewesen, besser auch für Deutschland, wenn Elsaß-Lothringen damals bei Frankreich gelassen worden wäre."[70] Aber drückt eine solche Feststellung mehr aus als einen frommen Wunsch? Steht dahinter die Perspektive auf eine in der Situation von 1870 realistische politische Alternative? Man müßte diese optativische Wendung zumindest erweitern und sagen: es wäre besser gewesen, besser für Frankreich und für Deutschland, wenn dieser Krieg nicht ausgebrochen wäre – dann erst bekommt man den eigentlichen Problemzusammenhang in den Blick, und nur innerhalb dieses Horizonts kann auch die Problematik der Kriegszielerörterungen von 1870 richtig erfaßt und angemessen gewürdigt werden. Denn angesichts der nationalen und nationalistischen Stimmungen, die im Zeitraum zwischen dem Ausbruch der Julikrise und den ersten Schlachten auf *beiden* Seiten zutage traten, war es kaum vorstellbar, daß die im Kampfe eindeutig siegreiche der beiden Nationen – sei es Frankreich, sei es Deutschland – darauf verzichten würde, die Forderung nach territorialer „Entschädigung", nach materiellen Sicherheitsgarantien zu erheben, vor allem dann, wenn besonders eklatante militärische Erfolge der ohnehin bereits machtvollen nationalen Strömung zusätzliche Dynamik verliehen und weitgespannte Forderungen und Erwartungen fast zwangsläufig hervorriefen.

Die in Deutschland selbst als überraschend empfundenen Anfangserfolge, denen binnen weniger Tage weitere Siege folgten, haben dieses Problem sehr viel schneller akut werden lassen, als das bei einem anderen, militärisch weniger eindeutigen Kriegsverlauf der Fall gewesen wäre. So kam es schon im Anfangsstadium des Krieges auf deutscher Seite zur Formulierung festumrissener territorialer Kriegszielforderungen, zumal vom Postulat der „Sicherheit" vor dem Hintergrund der Julieignisse eine starke Faszination ausging. Die politische Lage, die infolge des für Deutschland erfolgreichen Verlaufs der ersten Kriegsphase entstand, war insofern auch die eines Dilemmas: die überall in Deutschland aufbrechenden großen Erwartungen konnten von der politischen Führung nicht vollständig ignoriert

---

[70] R. BUCHNER, Die elsässische Frage und das deutsch-französische Verhältnis im 19. Jahrhundert, in: Noack-Festschrift (Ein Leben aus freier Mitte), Göttingen 1961, 57–109, hier: 101.

werden, mochte diese dazu stehen, wie immer sie wollte[71]. In der Forderung nach
sicheren Grenzen, nach der Rückgewinnung zumindest des Elsaß war man sich
einig; aber was mit den zu erwerbenden Gebietsteilen geschehen sollte, in welcher
Weise sie in den deutschen Staatsverband eingegliedert und integriert werden
konnten, darüber bestand weder Klarheit noch Einigkeit. „Die Verlegenheit ist
groß", schrieb der badische Gesandte in München, Robert von Mohl, am 8. September 1870 an seinen damals in England weilenden Bruder Julius, „und doch
ist darüber nur *eine* Stimme, daß Elsaß und Lothringen nicht zurückgegeben werden dürfen; ich glaube, es gäbe Aufstände, wenn es geschähe."[72] Ähnlich lautende
Urteile klingen Ende August/Anfang September auch in der Berichterstattung der
ausländischen Diplomaten an[73] und finden sich auch in manchen publizistischen
Stellungnahmen. Man braucht Gefahren und Pressionen, wie sie in diesen Äußerungen prognostiziert wurden, nicht zu überschätzen. Soviel aber dürfte kaum zu
bestreiten sein: wenn die deutsche politische Führung, nachdem die Annexionsforderung zur einmütigen Kriegszielforderung geworden war, vor dem Verlangen
nach unbedingter Respektierung der Integrität des französischen Territoriums zurückwich, ohne durch die militärische Lage dazu genötigt zu sein und ohne daß
zwingende, für jedermann verständliche politische Gründe für ein solches Vorgehen geltend gemacht werden konnten, dann mußte eine solche Haltung als Kapitulation vor dem französischen Anspruch auf eine Sonderstellung Frankreichs innerhalb der Staatengemeinschaft erscheinen, und die Enttäuschung darüber konnte schwer kalkulierbare Rückwirkungen auf die innere Situation in Deutschland
haben.

Berücksichtigt man die konkreten Voraussetzungen des politischen Entscheidungshandelns und die Bedingungen der historischen Situation, dann kann man
die Auffassung, Deutschland hätte nach seinen überwältigenden Siegen aus freien
Stücken dem Appell an die Großmut des Siegers nachgeben sollen und von sich
aus einen Frieden auf der Basis des status quo ante bellum anstreben können und
müssen, kaum als realistische Alternative zur Forderung nach einer Gebietsabtretung bezeichnen. Eine derartige Auffassung gehört ins Reich irrealer Wunschvorstellungen. Ein abwägendes Urteil wird daher zu dem Schluß kommen müssen:
ein Friede auf der Basis des status quo ante bellum war – realistisch betrachtet
– nur möglich, wenn entweder keine der beiden kriegführenden Parteien militärisch klar die Oberhand behielt, sondern sich im Verlauf des Feldzugs ein militärisches Gleichgewicht herausbildete, oder wenn die neutralen Staaten durch Inter-

---

[71] Daß Bismarck seinen Annexionsentschluß aufgrund eigener Überzeugung und Lagebeurteilung, unabhängig von der Einwirkung der öffentlichen Meinung, gefaßt hat, wurde ausführlich dargelegt, s. oben S. 147 ff.
[72] R. Mohl an Julius Mohl, Steinberg 8. 9. 1870 – LBSt F 506 III 20e. Julius Mohl, der bedeutende Orientalist, war Wahlfranzose; nach jahrzehntelangem Wirken in Paris mußte er
bei Kriegsbeginn nach England flüchten.
[73] Vgl. oben S. 137 f.

vention oder Interventionsdrohung einen solchen Frieden auf der Basis des status quo ante erzwangen.

Daß der deutschen Politik aus der Erwerbung des Elsaß und Deutsch-Lothringens eine schwere Hypothek erwuchs, hat Bismarck klar gesehen und in sein Kalkül einbezogen, und wie er haben das auch die weniger sanguinischen unter den Befürwortern der Annexion durchaus erkannt. Aber Bismarck hat sich zur Annexion entschlossen, weil nach seiner Überzeugung, die in Deutschland fast allgemein geteilt wurde, diese Hypothek nicht so sehr aus einer französischen Gebietsabtretung, sondern aus dem deutschen Sieg über Frankreich an sich resultierte, weil also ein Verzicht auf jeden Gebietserwerb diese Belastung der deutschen Politik kaum vermindern konnte, wohl aber das deutsche Sicherheitsrisiko erheblich vergrößern mußte. So sehr man heute bei retrospektiver Betrachtung dazu neigen mag, Vorbehalte gegen Berechtigung und Stichhaltigkeit dieser Auffassung anzumelden, so wenig kann bestritten werden, daß in der Perspektive des Jahres 1870 gewichtige Gründe für eine derartige Einschätzung der Situation sprachen. Ein wissenschaftlich hieb- und stichfestes, über jeden Zweifel erhabenes Urteil in dieser Frage ist wahrscheinlich nicht möglich. Es kann zum Beispiel nicht ausgeschlossen werden, daß der französische Revanchewille, der sich nach 1871 – bekanntlich zu unterschiedlichen Zeiten mit unterschiedlicher Intensität – auf die Rückgewinnung Elsaß-Lothringens konzentrierte, bei einem deutschen Annexionsverzicht die Gewinnung der Rheingrenze oder zumindest des Saargebietes anvisiert hätte – gab doch gerade der Verlauf des Krieges von 1870 ein einleuchtendes Argument dafür ab, daß Frankreich einer „sicheren Grenze" gegenüber Deutschland bedurfte! Ferner ist die Tatsache, daß Frankreich in den folgenden Jahren und Jahrzehnten keinen Revanchekrieg unternommen hat, nicht an sich schon ein Beweis dafür, daß entsprechende Befürchtungen 1870 übertrieben oder grundlos waren (und deshalb der entscheidend durch derartige Befürchtungen motivierte Annexionsentschluß einen schweren Fehler darstellte). Ja, man könnte aus diesem Verlauf auch umgekehrt folgern: daß Frankreich als Folge seiner Niederlage einen Gebietsverlust hinnehmen mußte, wirkte als Abschreckung und hielt davon ab, leichtfertig einen Revanchekrieg in Szene zu setzen.

Wenn heute die Neigung besteht, Annexionsgegnern wie Marx und von Eckardt eine klarere Voraussicht der Konsequenzen der Annexion und der kommenden Entwicklung zuzusprechen als Bismarck, weil sie als unvermeidliche Folge der Annexion das französisch-russische Bündnis voraussagten, so ist dazu zweierlei zu sagen. Erstens: Ebenso wie Bismarck die aus Krieg und Annexion erwachsende Hypothek nicht verkannt oder unterschätzt hat, so hat er auch ein französisch-russisches Bündnis immer als eine der möglichen Konstellationen der europäischen Politik betrachtet und sich nach 1871 (wie schon vor 1870) um eine Verhinderung dieser Konstellation nach Kräften bemüht; er war allerdings nicht der Auffassung, daß durch einen Verzicht auf eine Gebietsabtretung diese Konstellation ein für allemal unmöglich gemacht würde. Zweitens: Als Prognose für einen überschaubaren Zeitraum, wie sie von Marx, Eckardt u. a. gemeint gewesen sein muß (denn im Laufe von mehreren Jahrzehnten ist in der Politik nahezu alles möglich!), ging diese Voraussage fehl: trotz der Annexion vermochte Bismarck während der zwei Jahrzehnte nach 1870 die Entstehung einer derartigen Bündniskonstellation zu verhindern, „unvermeidlich" war diese also nicht!

Denjenigen, der heute zu einem behutsam abwägenden Urteil über die deutsche Kriegszielforderung zu gelangen sucht, sollte es doch etwas nachdenklich stimmen, daß Ludwig Bamberger, gewiß kein fanatischer Nationalist und noch weniger ein blinder Apologet der Bismarckschen Politik, außerdem ein hervorragender Kenner Frankreichs und des französischen Volkes, Mitte der neunziger Jahre des vorigen Jahrhunderts auf diese Frage keine andere Antwort fand als diese: „Es wird eine ewig ungelöste Streitfrage bleiben, ob Deutschland im eigenen Interesse, d. h. im Interesse eines versöhnten Zusammenlebens mit seinem Nachbar und seiner Sicherheit vor Revanchekriegen, besser getan hätte, die beiden Provinzen bei Frankreich zu lassen ... Meine eigne Überzeugung ist, daß der Haß gegen das siegreiche Deutschland und die Begierde nach Revanche ganz ebenso groß gewesen und geblieben wären, selbst wenn man keinen Zollbreit Landes abgerissen hätte. Aus menschlicher Rücksicht für die Bewohner wäre es wünschenswert gewesen, sie bei Frankreich zu lassen; aus Rücksicht auf die eigne Sicherheit war Deutschland zur Einverleibung berechtigt, denn ohne die Gefahr des Angriffs zu vermehren, vermehrte es die Mittel der Abwehr. Deutschland hätte, wenn Metz und Straßburg bei Frankreich geblieben wären, gerade so viel Grund gehabt, täglich auf einen Revanchekrieg gefaßt bleiben zu müssen, wie dies jetzt der Fall ist, und es hätte nur des Plus von Widerstandsmitteln entbehrt, welche diese festen Plätze ihm gewähren ... Kein Franzose hätte es den Deutschen gedankt, wenn sie auf Landerwerb verzichtet hätten, und die bloße Tatsache, daß sie Sieger gewesen, hätte genügt, das Rachebedürfnis lebendig zu erhalten."[74]

---

[74] L. BAMBERGER, Erinnerungen, hrsg. v. P. Nathan, Berlin 1899, 415 f.

Dritter Teil:
Bismarcks Suche nach einem Weg zum Frieden

7. Nach Sedan: Das Problem des Friedenschließens

Mit fassungslosem Staunen erlebten die Zeitgenossen den Ausgang der Schlacht von Sedan, die Kapitulation einer der beiden französischen Hauptarmeen und die Gefangennahme des Kaisers Napoleon. Zum säkularen Ereignis wurde „Sedan" nicht nur durch die Eindeutigkeit des militärischen Ergebnisses, sondern mindestens ebensosehr durch die politischen Konsequenzen dieses triumphalen Erfolgs der deutschen Heere.

Bis zur Schlacht von Sedan hatten sich auf deutscher Seite Ziel und Richtung der militärischen wie der politisch-diplomatischen Aktionen beinahe von selbst verstanden: militärisch galt es, möglichst rasch eine optimale Entscheidung auf dem Schlachtfeld herbeizuführen, im politisch-diplomatischen Bereich zielten alle Aktivitäten darauf ab, den Krieg zu lokalisieren und – solange die deutschen Waffen siegreich waren – eine Einmischung der Neutralen unbedingt fernzuhalten. Die Anbahnung von Friedensverhandlungen konnte – auch in Bismarcks Sicht – erst dann zur Diskussion stehen, wenn die militärischen Operationen klare Resultate gezeigt hatten. Dies war bis zum Tag von Sedan noch nicht der Fall gewesen, trotz der unerwarteten und eindrucksvollen deutschen Siege in den Augustwochen und des raschen deutschen Vormarsches nach Frankreich hinein, und insofern hatte Bismarck im August keinen Anlaß, eine Mitwirkung an den strategischen Entschlüssen der Heeresleitung – unter dem Gesichtspunkt ihrer politischen Implikationen – für sich zu beanspruchen[1].

In dem Augenblick aber, in dem eine Entscheidungsschlacht geschlagen war, veränderte sich die Situation grundlegend: von nun an forderte nach Bismarcks Auffassung die Politik ihr Recht auch gegenüber den Planungen und Absichten der Militärs, denn jetzt kam die Friedensfrage auf die Tagesordnung. Noch während die Schlacht von Sedan in vollem Gange war, bestand bei Bismarck, bei König Wilhelm und beim preußischen Oberkommando kein Zweifel darüber, daß hier eine Entscheidungsschlacht in diesem Sinne ausgefochten wurde, und als dann der Ausgang der Schlacht in Europa bekannt wurde, nahm man nicht nur

---

[1] A. KLEIN-WUTTIG, Politik und Kriegführung in den deutschen Einigungskriegen 1864, 1866 und 1870/71, Berlin 1934, 92.

in Deutschland, sondern auch in den neutralen Staaten an, militärisch sei der Krieg nunmehr entschieden.

Gerade weil damit für Bismarck jetzt die Friedensfrage akut wurde, mischte sich am Tag von Sedan in seine Freude über den deutschen Sieg die Sorge, wie und mit wem über die Beendigung des Krieges verhandelt werden konnte. Mit Betroffenheit reagierte er auf die am Nachmittag des 1. September umlaufenden Gerüchte[2], Kaiser Napoleon selbst befinde sich im eingeschlossenen Sedan: „Wenn es wahr ist, so ist der Friedensschluß in weite Ferne gerückt", äußerte er zu Fürst Putbus[3]. Daß der Sturz Napoleons nicht das deutsche Kriegsziel sein könne und dürfe, hatte Bismarck im August mit großem Nachdruck ausgesprochen[4], nach wie vor war er der Ansicht, mit Napoleon müsse zu gegebener Zeit über den Frieden verhandelt werden – doch wie war das möglich, wenn Napoleon zum Kriegsgefangenen wurde?

Am Abend des 1. September bestand Gewißheit: der deutsche Parlamentär Oberstleutnant Bronsart, der den Auftrag hatte, den französischen Oberkommandierenden zur Kapitulation aufzufordern, kehrte aus der Festung Sedan zurück[5], begleitet vom französischen General Reille, der König Wilhelm ein Handschreiben des Kaisers überreichte[6], in dem Napoleon erklärte, er lege seinen Degen in die Hände des Königs[7]. Trotz der denkbar ungünstigen Voraussetzungen wollte

---

[2] Die Gerüchte beruhten auf den Aussagen gefangener Franzosen, siehe FRIEDRICH III. 90 ff.

[3] H. v. POSCHINGER, Neue Tischgespräche und Interviews, Berlin ²1895, 52 f. Graf Berchem, der den Tag der Schlacht im Gefolge des Prinzen Luitpold von Bayern erlebte, konstatierte in einem Bericht vom 11. 1. 1871 „aus eigener Erinnerung und Anschauung": als am 1. September die ersten positiven Nachrichten gekommen seien, Napoleon befinde sich in Sedan, hätten der König und Graf Bismarck dies als „großes Unglück und eine große Verlegenheit" bezeichnet, „wie denn auch der König am folgenden Tage auf der Höhe von Donchery uns sagte, er möchte ja nicht uns der Annahme hingeben, nunmehr sei der Krieg zu Ende, die größten Schwierigkeiten stünden noch vor uns" (GStAM MA I 655). Interessant ist auch Bismarcks Marginal zu einer Formulierung in den Korrekturbogen des Generalstabswerks, die ihm 1874 vorgelegt wurden. Dort hieß es: „Alle Herzen erfüllte die zuversichtliche Hoffnung auf einen unmittelbar bevorstehenden ruhmvollen Friedensschluß und baldige Rückkehr in die Heimat." Dazu bemerkte Bismarck: „halte ich nicht für zutreffend" (PA I ABc 70 Bd. 142, Bl. 68 f.). Daraufhin wurde der Satz abgeändert in: „*Viele* Herzen...", siehe GENERALSTABSWERK 2, 1286.

[4] Vgl. oben S. 104 f., 158 ff.

[5] Siehe dazu Bronsarts Bericht über seinen Ritt nach Sedan und die Begegnung mit Napoleon: P. BRONSART v. SCHELLENDORF, Geheimes Kriegstagebuch 1870–1871, hrsg. v. P. Rassow, Bonn 1954, 58 ff.

[6] Die Szene ist häufig geschildert worden, siehe u. a.: FRIEDRICH III. 93 ff.; BUSCH 1, 152; BRONSART 60 f.; Graf P. HATZFELDT, Kriegsbriefe 1870–71, Leipzig 1907, 65 f.; F. Graf FRANKENBERG, Kriegstagebücher von 1866 und 1870/71, hrsg. v. H. v. Poschinger, Stuttgart/Leipzig 1896, 159. Der Schlachtenmaler A. v. Werner hat die Szene in einem großen Gemälde festgehalten.

[7] Der Text ist vielerorts gedruckt, siehe u. a. FRIEDRICH III. 94 (ebd. S. 95 Text der Antwort König Wilhelms). Für das Original vgl. PA I ABc 70 Bd. 42, Bl. 44 ff.; Faksimile z. B. bei W. ONCKEN, Unser Heldenkaiser, Berlin 1897, 149; J. v. PFLUGK-HARTTUNG (Hrsg.), Krieg und Sieg 1870–71, Berlin [1895], 250; GENERALSTABSWERK 2 Anlage 48.

7. Nach Sedan: Das Problem des Friedenschließens

Bismarck sondieren, ob auf französischer Seite vielleicht doch die Bereitschaft bestand, in politische Gespräche einzutreten. Er erreichte, daß König Wilhelm ihn beauftragte, an den Kapitulationsverhandlungen teilzunehmen[8]; das war nur dann geboten, wenn man sich darauf einstellte, daß in der Verhandlung auch politische Fragen zur Sprache kommen würden.

Die Kapitulationsverhandlungen begannen gegen Mitternacht in Moltkes Quartier beim Maire von Donchery[9]. Die Forderungen, die Moltke stellte, lauteten kurz und bündig: Niederlegung der Waffen, Kriegsgefangenschaft der ganzen Armee. Der französische Unterhändler General Wimpffen hingegen wünschte günstigere Bedingungen zu erlangen: Übergabe Sedans, Abzug der Armee mit Waffen, Gepäck und Fahnen in einen von Preußen zu bestimmenden Teil Frankreichs oder nach Algerien[10] gegen das Versprechen, in diesem Krieg nicht mehr gegen Preußen zu kämpfen. Bei der Begründung seines Vorschlags argumentierte Wimpffen schließlich auch mit politischen Gesichtspunkten: Die Gewährung besserer Bedingungen sei für Deutschland vom politischen Standpunkt aus geraten, weil Deutschland einen baldigen und dauernden Frieden wünschen müsse, den es nur haben könne, wenn es sich großmütig zeige. Dieser Argumentation widersprach Bismarck mit äußerster Bestimmtheit: In Anbetracht des französischen Nationalcharakters und angesichts der unsicheren Position der gegenwärtigen Regierung, ja jeder französischen Regierung überhaupt müsse Deutschland materielle Garantien, Grenzverbesserungen verlangen, welche eine Erneuerung des Angriffs erschwerten[11].

---

[8] Als Bismarck die Korrekturbogen des Generalstabswerks vorgelegt wurden (s. Anm. 3), bestand er darauf, daß in dem Satz „auch der Bundeskanzler Graf Bismarck wohnte der Besprechung bei" eingefügt wurde „auf Befehl Sr. Majestät des Königs" (so GENERALSTABSWERK 2, 1287).
[9] Die Verhandlung wurde protokolliert von Rittmeister Graf Nostitz; dessen Aufzeichnung (PA I ABc 70 Bd. 42, Bl. 48 ff.; gedruckt: Deutsche Revue Jg. 23 (1898) Bd. 3, 10 ff.) ist zuverlässig, was die Reihenfolge der im Verlauf der Unterhandlung vorgebrachten Gedanken betrifft (KLEIN-WUTTIG 89 Anm. 513), sie stellt aber kein stenographisch genaues Wortprotokoll dar. Deshalb sind ergänzend heranzuziehen die auf Bismarcks Äußerungen basierende Schilderung Buschs (BUSCH 1, 155 ff.) und der in der Gefangenschaft verfaßte, sehr ausführliche Bericht des französischen Hauptmanns d'Orcet (gedruckt u. a. bei: A.-A. DUCROT, La journée de Sedan, Paris 1871, 53 ff.; La Guerre de 1870–71, L'Armée de Chalons III, Paris 1907, 248 ff.). Vgl. ferner: WIMPFFEN 239 ff. sowie die Tagebuchaufzeichnungen General Castelnaus (GIRARD 208 ff.). Bei der Darstellung der Kapitulationsverhandlungen übernehme ich meine Formulierungen aus KOLB, Kriegführung und Politik 101 ff.
[10] So bei BUSCH 1, 156 und im Bericht d'Orcet (La Guerre – s. Anm. 9 –, 248); im Protokoll (s. vorige Anm.) demgegenüber ungenauer: „Entlassung der Armee in die Heimat, nachdem alle Leute auf Ehrenwort versprochen, nicht wieder gegen die deutsche Bundesarmee zu dienen, so lange dieser Krieg dauert".
[11] So im Protokoll (s. Anm. 9). D'Orcet (La Guerre – s. Anm. 9 –, 253) hält eine noch dezidiertere Formulierung Bismarcks fest: „... il faut que nous ayons entre la France et nous un glacis, il faut un territoire, des forteresses et des frontières qui nous mettent pour toujours à l'abri de toute attaque de sa part." Zu Bismarcks Argumentation vgl. auch oben S. 157 ff. Der Generalstabsoffizier von Krause vermerkte: „Höchst interessant war mir dabei die großartige Bismarcksche Verhandlungsart nach Inhalt, Färbung und Ton seiner Rede" (E. E. v. KRAUSE, Ein deutsches Soldatenleben, Berlin 1901, 96).

Wenn Bismarck auf diese Weise recht unmißverständlich die deutschen Friedensbedingungen andeutete, mag er damit den Zweck verfolgt haben, die Reaktion der französischen Unterhändler zu testen und festzustellen, ob auf französischer Seite möglicherweise eine Bereitschaft bestand, durch eine Verkoppelung der Kapitulations- mit Friedensverhandlungen günstigere Bedingungen für die Kapitulation der in Sedan eingeschlossenen Armee zu erreichen. Daß ein solches Kalkül Bismarck nicht fernlag, wurde im weiteren Verlauf der Unterhandlung deutlich, als General Castelnau, der im besonderen Auftrag Napoleons an der Konferenz teilnahm, das Wort ergriff. Der Kaiser, so erklärte Castelnau, habe dem König seinen Degen zwar bedingungslos aber doch in der Hoffnung übergeben, daß der König der Armee eine ehrenvolle Kapitulation gewähren werde. Sofort stellte Bismarck die Frage: „Wessen Degen hat Kaiser Napoleon übergeben? Den Frankreichs oder seinen eigenen? Wenn es derjenige Frankreichs ist, könnten die Bedingungen entscheidend modifiziert werden und Ihre Mitteilung hätte einen äußerst schwerwiegenden Charakter." Aber Castelnau erwiderte: „Es ist nur der Degen des Kaisers." – „In diesem Fall ändert sich nichts an den Bedingungen", konstatierte Moltke darauf „rasch, fast freudig"[12]. Man wird Stadelmanns Feststellung zustimmen können, daß Moltke eine Verknüpfung von Kapitulations- und Friedensverhandlungen nur höchst ungern gesehen hätte, „nicht so sehr, weil er den Krieg in diesem Augenblick fortzusetzen wünschte, sondern weil ihm das Eingreifen nichtmilitärischer Gesichtspunkte als eine Verwirrung der Kompetenzen, als eine Schmälerung des militärischen Ruhmes und Erfolges erschien"[13].

Die nächtlichen Verhandlungen endeten damit, daß der Waffenstillstand bis zum nächsten Vormittag verlängert wurde, damit Wimpffen in der Zwischenzeit mit den französischen Generälen über Annahme oder Ablehnung der Kapitulationsbedingungen beraten konnte.

Am nächsten Tag unternahm Bismarck noch einmal einen Sondierungsversuch, um festzustellen, ob Napoleon sich möglicherweise doch zu politischen Verhandlungen bereitfinden würde. Am 2. September erschien in aller Frühe der französische General Reille in Bismarcks Quartier und teilte diesem mit, der Kaiser befinde sich bereits auf dem Wege von Sedan nach Donchery und wünsche Bismarck zu sprechen. Bismarck machte sich sofort auf den Weg, allein ritt er Napoleon

---

[12] So d'Orcet (La Guerre – s. Anm. 9 –, 255). Ganz ähnlich äußerte sich Bismarck (bei BUSCH 1, 157): „Nun, dann kann von andern Bedingungen nicht die Rede sein, sagte Moltke rasch, indem über sein Raubvogelgesicht ein Zug vergnügter Befriedigung ging." Diese für Bismarcks Intentionen höchst aufschlußreiche Episode des Wortwechsels zwischen Castelnau, Bismarck und Moltke hat im Protokoll keinen Niederschlag gefunden, auch Castelnau geht in seinen Aufzeichnungen nicht darauf ein. Festgehalten ist der Wortwechsel dagegen im Bericht d'Orcets, mit dem Bismarcks Schilderung des Vorgangs (bei Busch) völlig übereinstimmt.
[13] R. STADELMANN, Moltke und der Staat, Krefeld 1951, 215; ähnlich auch KLEIN-WUTTIG 90.

7. Nach Sedan: Das Problem des Friedenschließens 199

entgegen, und es kam zu jener berühmten, oft beschriebenen Entrevue bei dem einsamen Arbeiterhäuschen in der Nähe von Frénois[14].

Wie sich schnell herausstellte, war Napoleons ganzes Interesse darauf gerichtet, den König vor der Wiederaufnahme der Kapitulationsverhandlungen zu sprechen und ihn zur Gewährung milderer Kapitulationsbedingungen zu bewegen. Er mochte hoffen, daß Bismarck ihm den Weg zu einer solchen Begegnung ebnen und womöglich selbst beim König für mildere Bedingungen plädieren würde. Aber Bismarck dachte keineswegs daran, das französische Prestige schonende Kapitulationsbedingungen zu befürworten, sofern dafür kein politisches Äquivalent geboten wurde. Er erklärte zunächst, daß der König jetzt nicht erreichbar sei, und lehnte es dann klipp und klar ab, mit dem Kaiser über „diese rein militärische Frage" der Kapitulationsbedingungen zu unterhandeln, diese Angelegenheit sei zwischen den Generälen Moltke und Wimpffen zu erledigen. Dagegen richtete er an Napoleon die Frage, ob er zu Friedensunterhandlungen geneigt sei – und dabei hat er vermutlich im Sinne seiner Bemerkungen während der nächtlichen Kapitulationsverhandlungen durchblicken lassen, daß im Rahmen politischer Verhandlungen die militärischen Bedingungen für die Kapitulation der Armee gemildert werden könnten[15]. Napoleon aber entgegnete, daß er als Gefangener zu Friedensunterhandlungen nicht in der Lage sei, und als Bismarck sich erkundigte, „durch wen seiner Ansicht nach die Staatsgewalt Frankreichs gegenwärtig vertreten werde", verwies er ihn auf das in Paris bestehende Gouvernement, d. h. auf die Regentschaft[16]. Aus Bismarcks Darlegungen in seinem Immediatbericht klingt fast ein gewisses Bedauern über diese Stellungnahme Napoleons heraus: „Nach Aufklärung dieses aus dem gestrigen Schreiben des Kaisers an Eure Majestät nicht mit Sicherheit zu beurteilenden Punktes erkannte ich und verschwieg dies auch dem Kaiser nicht, daß die Situation noch heut wie gestern kein anderes praktisches Moment als das militärische darbiete, und betonte die daraus für uns hervorgehende Notwendigkeit, durch die Kapitulation Sedans vor allen Dingen ein materielles Pfand für die Befestigung der gewonnenen militärischen Resultate in die Hand zu bekommen."

---

[14] Das folg. nach Bismarcks Immediatbericht vom 2. 9. 1870, PA I ABc 70 Bd. 47, Bl. 87 ff.; auch GW 6b Nr. 1724; vgl. auch BUSCH 1, 157 ff. nach den Erzählungen Bismarcks.
[15] Im Immediatbericht hat Bismarck verständlicherweise nicht ausdrücklich hervorgehoben, daß er solche Andeutungen gemacht hat. Aufgrund des Gesamttenors des Immediatberichts erscheint dies aber nicht ausgeschlossen, sondern vielmehr wahrscheinlich.
[16] Zu diesem Zeitpunkt scheint Napoleon noch des Glaubens gewesen zu sein, auch die Armee des Prinzen Friedrich Karl stehe vor Sedan, d. h. Metz sei nicht mehr zerniert, die Armee Bazaines also wieder frei, so daß militärisch noch eine Chance für ihn bestehe (erst in der Unterredung mit König Wilhelm am Nachmittag erfuhr Napoleon die wirkliche Sachlage). In dieser irrtümlichen Annahme Napoleons erblickt Waldersee den Grund dafür, „daß sowohl er als General Castelnau mit Bismarck sich auf keine Unterhandlungen einlassen wollten und dabei blieben, die Kaiserin sei Regentin" (WALDERSEE 1, 94). Nach allem, was wir heute über Napoleons Intentionen und persönliche Dispositionen hinsichtlich der Friedensfrage wissen, ist es jedoch ganz unwahrscheinlich, daß er sich auch bei einer pessimistischeren Einschätzung der militärischen Lage Frankreichs am 2. September auf Friedensverhandlungen eingelassen hätte.

Bismarck hat sich sicherlich keinen übertriebenen Hoffnungen und Erwartungen hingegeben, daß der Gefangene von Sedan zur Einleitung von Friedensverhandlungen bereit und in der Lage sein würde. Aber es ist doch bezeichnend für Bismarcks politische Methode ebenso wie für seinen Willen, jetzt die Friedensfrage auf die Tagesordnung zu setzen, daß er trotz der minimalen Erfolgsaussichten diese Situation nicht vorübergehen lassen wollte, ohne sie nach allen Richtungen hin auf ihre politischen Möglichkeiten ausgelotet zu haben. Auf jeden Fall wollte er wenigstens die Absichten des Gegners eruieren und bei dieser Gelegenheit seine eigene Bereitwilligkeit zur Aufnahme von politischen Verhandlungen bekunden.

Während Moltke einer Verknüpfung von Kapitulations- und Friedensverhandlungen ablehnend gegenüberstand, wäre Bismarck – nach den vorliegenden Zeugnissen zu schließen – am 1./2. September wohl bereit gewesen, um eines politischen Ergebnisses willen etwas von der triumphalen Eindeutigkeit des militärischen Ergebnisses zu opfern. Eine derartige Bereitschaft ließ er auch in den folgenden Monaten bei geeigneten Gelegenheiten immer wieder erkennen, und im Sinne dieser Grundeinstellung verfuhr er dann auch beim Abschluß der Waffenstillstandskonvention vom 28. Januar 1871. Da Napoleon jedoch zu einer politischen Unterhandlung nicht bereit war, trat diese Meinungsdifferenz zwischen militärischer und politischer Führung am 1./2. September nicht offen in Erscheinung: Sie wurde nicht aktuell und dürfte zunächst selbst den Hauptbeteiligten nicht in ihrer ganzen Tragweite und Bedeutung zum Bewußtsein gekommen sein. Immerhin ließ sich kaum übersehen, daß Bismarck und Moltke sehr verschiedener Auffassung waren über die Umsetzung militärischer in politische Resultate – und damit über die Wechselbeziehung zwischen Kriegführung und Politik. Nachdem definitiv klargestellt war, daß die Kapitulation der französischen Armee nicht als Hebel für die Einleitung von Friedensgesprächen benutzt werden konnte, hatte Bismarck keinen Anlaß, dem schleunigen Abschluß einer militärischen Kapitulation unter den zwischen Moltke und dem König verabredeten Bedingungen entgegenzutreten. Ungefähr um 12 Uhr mittags wurde von Moltke und Wimpffen die Kapitulationsurkunde unterzeichnet.

Bismarck war aber bestrebt, wenigstens einen Faden zu Napoleon zu knüpfen, um den Weg für zukünftige Erörterungen der Friedensfrage offenzuhalten. Als König Wilhelm am Nachmittag des 2. September, kurz nach dem Abschluß der Kapitulation, mit seinem Gefolge im Schlößchen Bellevue bei Frénois erschien und eine 20 Minuten währende Unterredung mit Napoleon hatte (bei der keine politischen Fragen besprochen wurden)[17], nahm Bismarck Castelnau beiseite und führte ein längeres Gespräch mit diesem General, der – wie er wußte – Napoleons Vertrauen besaß und in seiner Eigenschaft als Erster Generaladjutant den Kaiser in die Gefangenschaft begleitete. In diesem Gespräch suchte Bismarck vor allem klarzustellen, daß seitens der preußisch-deutschen Führung kein Interesse an ei-

---

[17] Dazu die von H. GRANIER herausgegebene Aufzeichnung König Wilhelms „Der 2. September vor Sedan", Festschrift der Kaiser-Wilhelm-Gesellschaft 1921, 278 ff.

7. Nach Sedan: Das Problem des Friedenschließens 201

nem Sturz Napoleons bestehe. Wenn verschiedene Zeitungen[18] König Wilhelm das Wort zuschrieben, er führe Krieg nicht gegen Frankreich, sondern gegen den Kaiser Napoleon, so sei das eine Lüge, stellte Bismarck fest. Der König habe in Wirklichkeit gesagt, er führe Krieg nicht gegen die französische Nation, sondern gegen die französische Armee. In Frankreich, fuhr Bismarck fort, seien gegenwärtig nur vier Herrschaftssysteme möglich: die Monarchie des Grafen Chambord, die der Orléans, die Republik und das Kaiserreich – und unter diesen vieren sei vom deutschen Standpunkt dem Kaiserreich der Vorzug zu geben. „Weit entfernt, etwas gegen diese Regierungsform zu unternehmen, wünschen wir im Gegenteil lebhaft, daß sie die Krise übersteht, durch die sie augenblicklich hindurchgeht." Bismarck schloß seine Darlegungen mit der Bitte, Castelnau möge das dem Kaiser sagen[19].

Da sich in Sedan keine Möglichkeit zur Eröffnung von Friedensverhandlungen bot, war die Fortsetzung des Krieges unvermeidlich[20], und strategisch gab es dabei schwerlich eine Alternative zum Vormarsch auf die französische Hauptstadt, den Moltke gleich am 2. September anordnete, in derselben Stunde noch, in der die Kapitulationsurkunde unterzeichnet wurde[21]. Auch Bismarck muß in dieser Situation den Marsch auf Paris als selbstverständlich und unumgänglich betrachtet haben. Allerdings hat er dann später, als sich die Belagerung der französischen Hauptstadt immer länger hinzog, den Entschluß der Heeresleitung hart kritisiert und wiederholt zum Ausdruck gebracht, er habe den Marsch auf Paris bzw. die Einschließung der Stadt von vornherein für verfehlt gehalten. So bemerkte er – um wenigstens eine entsprechende Äußerung anzuführen – am 31. Dezember 1870 zu General Prinz Kraft zu Hohenlohe-Ingelfingen: „Nach der Schlacht von Sedan ... sei man, statt mit konzentrierten Kräften im Argonner Walde stehen zu bleiben und den Feind anlaufen zu lassen, wie unsinnig nach Paris gerannt, ohne zu wissen, wozu. Er habe dagegen protestiert, aber Moltke habe keine Ver-

---

[18] Es handelte sich vor allem um englische und belgische Blätter.
[19] Tagebuchaufzeichnung Castelnaus vom 2. 9. 1870 – GIRARD 220 f. Übrigens hatte Bismarck von vornherein nichts dagegen, daß Napoleon mit seinem Gefolge auf dem Weg in die Kriegsgefangenschaft durch Belgien reiste, auch wenn er dabei „eine andere Richtung einschlüge ... Wenn er sein Wort nicht hielte, so täte uns das keinen Schaden" (BUSCH 1, 165). Allerdings sah Bismarck davon ab, seinerseits diesen Reiseweg vorzuschlagen. Die entsprechende Initiative ging nicht von Bismarck, sondern von Napoleon selbst aus, der hoffte, er könne in Belgien seinen Sohn sehen (Immediatbericht v. Boyen, Ferrières 28. 9. 1870, PA I ABc 70 Bd. 54, Bl. 81 ff.).
[20] Noch am 2. September telegraphierte Bismarck ans AA, direkt auch an Bernstorff und Werthern das wesentliche Ergebnis seiner Unterredung mit Napoleon: der Kaiser habe erklärt, als Gefangener sei er zur Einleitung von Friedensverhandlungen außerstande, die gegenwärtige Regierung Frankreichs befinde sich in Paris. „Die Gefangennahme des Kaisers wird also auf die Fortsetzung des Krieges ohne Einfluß bleiben" (PA I ABc 70 Bd. 42, Bl. 92, 94; auch GW 6b Nr. 1773 mit Anm. 1).
[21] MOLTKE, Dienstschriften 1870/71, 271 (Frénois 2. 9. 1870, 12.00 Uhr).
[22] Prinz Kraft zu HOHENLOHE-INGELFINGEN, Aus meinem Leben, Bd. 4, Berlin 1908, 375.

nunft angenommen"²². Derartigen späteren Bekundungen Bismarcks muß jedoch eine Gedächtnistäuschung zugrunde liegen, denn es existiert kein einziges Zeugnis aus den ersten Septembertagen, welches in eindeutiger Weise belegen könnte, daß Bismarck den Entschluß zum Vormarsch auf Paris sofort als Fehlentscheidung bewertete oder gar gegen diesen Entschluß „protestierte"²³.

Am 6. September – die deutsche Vorhut näherte sich bereits Paris – trafen im deutschen Hauptquartier zu Reims Nachrichten von kaum zu überschätzender Tragweite ein: in Paris habe ein Umsturz stattgefunden, die Kaiserin sei verjagt, eine provisorische Regierung aus Mitgliedern der bisherigen Kammeropposition eingesetzt, die Republik proklamiert worden. Tatsächlich hatte sich am 4. September in Paris eine unblutige Revolution vollzogen²⁴: eine Menschenmenge stürmte das Palais Bourbon, den Sitz der Deputiertenkammer; das Ministerium Palikao verschwand sang- und klanglos von der Bildfläche; Militär, Gendarmerie und Nationalgarde unternahmen nicht den geringsten Versuch, die Regierung zu schützen; die Kaiserin-Regentin, selbst von ihren engsten Mitarbeitern im Stich gelassen, sah sich gezwungen, schleunigst und unter entwürdigenden Umständen aus den Tuilerien zu fliehen und das Land zu verlassen. Im Hôtel de Ville konstituierte sich eine „Regierung der nationalen Verteidigung", bestehend aus den oppositionellen Pariser Kammerdeputierten. An die Spitze dieser Regierung trat der von Napoleon eingesetzte Gouverneur von Paris, General Trochu, der sich der siegreichen Aufstandsbewegung zur Verfügung stellte und weiterhin die in Paris befindlichen Streitkräfte befehligte. Die markantesten politischen Persönlichkeiten der neuen Regierung waren Jules Favre und Gambetta, von denen der eine das Außen-, der andere das Innenministerium übernahm. Unter den übrigen Kabinettsmitgliedern befanden sich einige Veteranen der politischen Linken, die bereits in der 48er Revolution an führender Stelle gestanden hatten (Crémieux, Garnier-Pagès, Arago), sowie einige angesehene jüngere Abgeordnete der Linken, die dann in der III. Republik noch eine bedeutende Rolle spielten (Ferry, Simon, Picard). Zwar wurde die Republik nicht in aller Form proklamiert, aber fast alle Kabinettsmitglieder waren ihrer politischen Einstellung nach überzeugte Republikaner, und die provisorische Regierung wurde daher allgemein als ein virtuell republikanisches Gouvernement betrachtet.

Der Sturz des bonapartistischen Regimes kam für Bismarck gewiß nicht überraschend – schon im August war es ihm äußerst fraglich erschienen, ob dieses Re-

---

²³ Vgl. dazu ausführlicher KOLB, Kriegführung und Politik 104 f.
²⁴ Die von der französischen Nationalversammlung 1871 eingesetzte Untersuchungskommission hat sich u. a. auch mit den Vorgängen am 3./4. September 1870 sehr eingehend beschäftigt und in dem vielbändigen Werk der „Enquête parlementaire" ein reichhaltiges Material für eine detaillierte Untersuchung des Umsturzverlaufs bereitgestellt. Außerdem liefern zahlreiche Memoiren Beiträge zu diesem Thema; vgl. auch die Erinnerungen der Hauptbeteiligten: FAVRE 1, 65 ff. (und M. RECLUS, Jules Favre, 1809–1880, Paris 1912, 324 ff.); J. SIMON, Souvenirs du 4 Septembre, 2 Bde, Paris ³1876; E. ARAGO, L'Hôtel de Ville de Paris au 4 septembre et pendant le siège, Paris 1874. Eine Schilderung der Pariser Ereignisse vom 4. 9. 1870 findet sich in allen einschlägigen Darstellungen der Sekundärliteratur.

gime eine weitere Niederlage überstehen würde, und er hatte die Eventualität eines Sturzes Napoleons in seine Kalkulationen aufgenommen[25]. Das änderte aber nichts daran, daß er eine solche Entwicklung an sich als höchst unerwünscht betrachtete, denn er sah in Napoleon den relativ akzeptabelsten Partner für Friedensverhandlungen und gab dem Kaiserreich den Vorzug gegenüber den anderen in Frage kommenden französischen Herrschaftssystemen.

Nach dem Eintreffen der ersten Nachrichten über den Umsturz in Paris war die Situation zunächst allerdings noch völlig unübersichtlich. Konnte die provisorische Regierung sich überhaupt halten – oder würde sie vielleicht innerhalb kurzer Frist durch noch radikalere Gruppen gestürzt werden? Wie stellte man sich außerhalb von Paris zum neuen Gouvernement, würde insbesondere die einzige noch intakte französische Armee, die in Metz eingeschlossene Rheinarmee unter Bazaine, die provisorische Regierung anerkennen? Und wie reagierten die Kabinette der neutralen Mächte auf den Regimewechsel in Frankreich? Unklar war zunächst auch, ob die Kaiserin-Regentin sich noch im Lande aufhielt und ob sie noch irgendwo über einen nennenswerten Anhang verfügte. Daß die provisorische Regierung, das „Gouvernement de la Défense Nationale", sich rasch auch in den Provinzen durchsetzen und damit innerhalb weniger Tage tatsächlich zur de-facto-Regierung Frankreichs werden würde, konnte im deutschen Hauptquartier unmittelbar nach Bekanntwerden des Staatsumsturzes nicht als sicher angenommen werden.

So ungeklärt die Situation am 6. September und in den folgenden Tagen aber auch sein mochte, über die Tragweite der sich in Paris vollziehenden Ereignisse hat sich Bismarck keinen Augenblick irgendwelchen Illusionen hingegeben. Er war sich darüber im klaren, daß es nun sehr viel schwieriger wurde, den Krieg rasch zu beenden durch den Abschluß eines Friedens auf der Grundlage der deutscherseits als unerläßlich betrachteten territorialen Forderungen[26]. Denn es stellte sich jetzt die Frage, ob überhaupt noch eine französische Regierung existierte, die zur Führung von Verhandlungen und zum Abschluß eines Friedens bereit *und* legitimiert war, die außerdem die Macht und den Willen besaß, die stipulierten Bedingungen auch durchzuführen. Das zentrale Problem, dem sich Bismarck von nun an gegenübersah, lautete: *mit wem* waren Verhandlungen über die Herbeiführung des Friedens möglich, politisch zweckmäßig und erfolgversprechend?

Ehe wir dazu übergehen, Bismarcks Manövrieren in dieser komplizierten Situation näher darzulegen und das seinem Vorgehen zugrundeliegende politische Kalkül herauszuarbeiten, muß kurz ein Blick auf zwei andere Problembereiche geworfen werden: auf die nach Sedan in Gang kommenden Verhandlungen in der deutschen Frage und auf die Gestaltung der Beziehungen zu den europäischen Mächten während jenes Zeitraums. Damit wird der allgemeinpolitische Horizont markiert, der bei der Analyse von Bismarcks Sondierungen über die Möglichkeit von Friedensgesprächen im Auge behalten werden muß.

---

[25] Vgl. oben S. 103 ff.
[26] Über Bismarcks Vorstellungen hinsichtlich des Umfangs der zu fordernden Gebiete vgl. oben S. 153 ff.

Daß aus dem gemeinsam geführten Kampf gegen Frankreich eine dauernde Verbindung zwischen dem Norddeutschen Bund und den süddeutschen Staaten hervorgehen müsse – dieses Gefühl und dieser Wunsch war in Deutschland bereits im August fast allgemein, und auch bei den meisten süddeutschen Partikularisten brach sich zunehmend die Einsicht Bahn, daß sich unter den gegebenen Umständen ein engerer Zusammenschluß der deutschen Staaten nicht mehr werde verhindern lassen. Bismarck selbst hatte im August – zur großen Beunruhigung der Nationalliberalen – in der Einigungsfrage eine abwartende, passive Haltung eingenommen. Er wollte vorläufig keine Initiative ergreifen, um selbst den Schein einer preußischen Pression gegenüber den Verbündeten zu vermeiden. Dabei leitete ihn jene Überzeugung, die auch in den folgenden Wochen und Monaten seine Taktik bei den Verhandlungen mit den süddeutschen Regierungen bestimmte: nur dann werde aus dem Zusammenschluß des Norddeutschen Bundes mit den süddeutschen Königreichen ein auf Dauer stabiles Staatsgebilde hervorgehen, wenn der größte, traditionsreichste, am stärksten auf seiner Selbständigkeit bestehende der süddeutschen Staaten, nämlich Bayern, dem Bündnis nicht unter Druck oder gar Zwang beitrete, sondern mit einem Maximum an Freiwilligkeit. Daher beschränkte sich Bismarck im August auf Andeutungen und vorsichtig vorbereitende Schritte. Zu Prinz Luitpold von Bayern, dem im Großen Hauptquartier weilenden Onkel König Ludwigs II., äußerte er am 24. August: „Preußen und der Nordbund würden bereitwilligst diejenigen Vorschläge akzeptieren, welche Seine Majestät der König von Bayern nach Allerhöchst Seiner Bequemlichkeit im Interesse einer engeren nationalen Einigung zu machen sich etwa veranlaßt sehen würden. Preußen und der Norddeutsche Bund verzichteten aber darauf, auf diese Entschlüsse irgendwelche Pression zu üben, indem ein für Norddeutschland günstig gestimmtes Bayern der nationalen Sache mehr nütze als ein widerwillig in nähere Beziehung gebrachtes Land"[27]. Und den Präsidenten des Bundeskanzleramtes, Rudolf von Delbrück, wies Bismarck am 25. August an, sich „gelegentlich" nach Dresden zu begeben, pro forma mit dem Auftrag, dort die Friedensbedingungen zu erörtern[28]. Delbrück konnte aber bei dieser Gelegenheit – und dies war Bismarcks Hauptabsicht – die Stellungnahme der sächsischen Regierung in der Einigungsfrage erkunden und sie vielleicht zur Übernahme einer Vermittlerrolle gegenüber Bayern veranlassen[29].

---

[27] Bericht Berchem an Bray, Bar le Duc 24. 8. 1870 – GStAM MA I 655; auch: Graf O. v. BRAY-STEINBURG, Denkwürdigkeiten aus seinem Leben, Leipzig 1901, 152. Vgl. DOEBERL 61 f.
[28] Erlaß Bismarck an Thile, Bar le Duc 25. 8. 1870 – PA I ABc 70 Bd. 39, Bl. 35 f.; auch GW 6b Nr. 1766.
[29] Vgl. dazu Bismarcks Äußerungen zu Kronprinz Albert von Sachsen am 21. August: Schreiben Kronprinz Albert an König Johann, Jeandelize 22. 8. 1870 – HASSEL 2, 392 f.; GW 6b Nr. 1766 Anm. 6. Delbrück trat die Reise nach Dresden am 3. September an; über seine dortigen Besprechungen siehe vor allem seinen Bericht an Bismarck, Berlin 5. 9. 1870 (pr. Reims 12. 9., vSM 15/9) – PA I ABc 70 Bd. 47, Bl. 182 f.; auch DOEBERL 242 f.; vgl. auch FRIESEN 3, 129 ff.; R. v. DELBRÜCK, Lebenserinnerungen 1817–1867, 2 Bde, Leipzig 1905, hier: 2, 409 f.

7. Nach Sedan: Das Problem des Friedenschließens

Nach Sedan jedoch entschloß sich Bismarck – auch angesichts des immer stärkeren Drängens der öffentlichen Meinung in Deutschland –, nun eine entschiedenere Initiative in der Frage der Einigungsverhandlungen zu ergreifen. Den Auftakt dazu bildete ein Telegramm an Delbrück vom 3. September: „Der König wünscht, daß Sie auf kurze Zeit ins Hauptquartier kommen, damit ich mit Ihnen erwäge, wie wir einen schicklichen geschäftlichen Anlaß zur Berufung des Zollparlamentes finden und das Gewicht dieser Versammlung einschließlich des Reichstages zur Wirkung auf die deutschen und europäischen Friedensverhandlungen verwerten"[30]. Noch ehe Delbrück im Hauptquartier eingetroffen war, unternahm Bismarck einen weiteren Versuch, die bayerische Regierung aus ihrer Reserve herauszulocken und ihr nahezulegen, jetzt mit Vorschlägen über eine Regelung der deutschen Verhältnisse hervorzutreten. Am 8. September führte er in Reims ein 2½-stündiges Gespräch mit Graf Tauffkirchen[31], in dem er seinen Wunsch nach einer „Einigung Deutschlands zu einem Bundesstaat" klar zum Ausdruck brachte, gleichzeitig aber betonte: was den Eintritt in Verhandlungen anbetreffe, solle der bayerischen Regierung nicht bloß die freieste Selbstbestimmung, sondern auch die Initiative verbleiben. Warnend fügte er allerdings hinzu, diese Initiative müsse bald ergriffen werden; wenn das nicht geschehe, müsse die deutsche Frage eben ohne Bayern geregelt werden, und zwar dadurch, daß Baden, Hessen und Württemberg unter den mit denselben festzustellenden Bedingungen in den Norddeutschen Bund einträten. Für den Fall jedoch, daß der König von Bayern sich entschließen würde, Vorschläge der „bundesmäßigen Annäherung" zu unterbreiten, stellte Bismarck ein weitgehendes Entgegenkommen seinerseits in Aussicht, und er ersuchte Tauffkirchen schließlich, mit möglichster Beschleunigung nach München zu reisen und womöglich dem König selbst die Auffassung Bismarcks in dieser Frage vorzutragen[32].

In München setzte sich in eben diesen Tagen die Auffassung durch, daß die bayerische Regierung jetzt nicht mehr länger zögern dürfe, sondern sich zum Handeln entschließen müsse. Am 11. September, noch vor Tauffkirchens Ankunft in München, schrieb der bayerische Ministerpräsident Graf Bray an den im Großen Hauptquartier weilenden bayerischen Diplomaten Graf Berchem, die Berufung Delbrücks ins Hauptquartier gebe Anlaß zu der Vermutung, daß man dort über die zukünftige innere Gestaltung Deutschlands beraten werde. Bayern – so fuhr Bray fort – anerkenne vollkommen die notwendige Einwirkung der Kriegsereignisse auf den inneren Ausbau Deutschlands und sei bereit, ihr „innerhalb der Gren-

---

[30] Tel. Bismarck an Delbrück, Vendresse 3. 9. 1870 – PA I ABc 70 Bd. 44, Bl. 38 f.; auch GW 6b Nr. 1777. Ebenfalls am 3. September hatte Bismarck eine längere Unterredung mit dem preußischen Kronprinzen, über die er sich sehr befriedigt äußerte (GW 15/II 791; ABEKEN 418, 430; vgl. FRIEDRICH III. 103).
[31] Graf Karl von Tauffkirchen war bayerischer Gesandter am Hl. Stuhl, seit Mitte Juli 1870 aber auf Zeit beurlaubt; am 29. 8. 1870 war er zum Präfekten des Départements Meuse in Bar-le-Duc ernannt worden und suchte in dieser Eigenschaft Bismarck auf.
[32] Aufzeichnung Tauffkirchen, Nancy 11. 9. 1870, abgedruckt bei K. A. v. MÜLLER, Bismarck und Ludwig II. im September 1870, in: Forschungen zur brandenburgischen und preußischen Geschichte 27 (1914) 572–592, hier: 576 ff.

zen seiner zu wahrenden Selbständigkeit bereitwilligst Rechnung zu tragen". Berchem wurde angewiesen, die Absichten der preußischen Regierung zu erkunden[33]. Am 12. September erbat das bayerische Gesamtministerium die Ermächtigung des Königs zu Verhandlungen über ein „Verfassungsbündnis" Bayerns mit dem Norddeutschen Bund[34], und am gleichen Tag konnte der norddeutsche Gesandte in München nach Berlin melden: „Die Bayerische Regierung weicht immer mehr. Es wäre sehr nützlich, wenn Minister Delbrück auch hierher käme. Auch Graf Bray wünscht dies"[35]. Die Berichterstattung Tauffkirchens am 13./14. September in München und auf Schloß Berg bei König Ludwig bewirkte dann eine schnelle Entschließung des Königs. Am 13. September wies er den Ministerpräsidenten an, ihm so bald wie möglich Vorschläge zur Prüfung und Genehmigung zu unterbreiten und dem norddeutschen Gesandten sofort zu eröffnen, daß demnächst ein bayerischer Bevollmächtigter ins Hauptquartier entsandt werde[36].

Als die Meldungen über ein „Weichwerden" Bayerns im Hauptquartier zu Reims eingingen, hatten dort die Beratungen zwischen Bismarck und Delbrück bereits begonnen. Nach den ersten Unterredungen legte Delbrück seine Vorstellungen über den zu schaffenden bundesstaatlichen Organismus am 13. September in einer Denkschrift nieder[37] und gewann noch am gleichen Tag Bismarcks Zustimmung für dieses vorläufige Programm. Der Plan einer Einberufung des Zollparlaments wurde nicht weiterverfolgt, da jetzt aus München verlautete, man sei an einem Besuch Delbrücks interessiert[38]. Am 13. September telegraphierte Bismarck daher ans AA: „Minister Delbrück kehrt nach Berlin zurück und wird sich alsdann nach München begeben"[39]. Mit Delbrücks Besprechungen in München, die vom 20. bis 28. September dauerten, begannen die Verhandlungen über die Schaffung eines deutschen Bundesstaates.

Es ist im Rahmen unserer Thematik nicht möglich, diese Verhandlungen und Bismarcks Anteil an ihnen hier eingehender zu schildern; es ist dies aber auch nicht nötig, denn die mühsamen Schlußetappen auf dem Weg zur Begründung des Deutschen Kaiserreichs sind in der Forschungsliteratur bis ins kleinste Detail hinein aufgehellt worden[40]. Daher genügt hier der allgemeine Hinweis, daß vom September an die Verhandlungen über den Abschluß des Einigungswerkes Bis-

---

[33] Erlaß Bray an Berchem, München 11. 9. 1870 – GStAM MA 77 943; Abschrift (pr. Ferrières 21. 9. 1870): PA I ABc 70 Bd. 51, Bl. 116.
[34] DOEBERL 69 f., 83 ff.; O. BECKER 707 f.
[35] Tel. Werthern an AA, München 12. 9. 1870, 20.00 Uhr (Berlin an: 21.20 Uhr) – PA I ABc 70 Bd. 48, Bl. 29.
[36] Immediaterlaß König Ludwig an Bray, Schloß Berg 13. 9. 1870 – DOEBERL 244.
[37] Aufzeichnung Delbrück, Reims 13. 9. 1870 – PA I ABc 70 Bd. 48, Bl. 75 ff.; auch: Preuß. Jbb. 197 (1924) 1 ff.
[38] DELBRÜCK 2, 413.
[39] Tel. Bismarck an AA, Reims 13. 9. 1870 – PA I ABc 70 Bd. 48, Bl. 84; vgl. GW 6b Nr. 1802 Vorbem.
[40] Siehe dazu vor allem, ebenso umfassend wie eindringlich, das aus der Feder A. Scharffs stammende Kapitel im Werk O. BECKERs 689 ff.; ferner HUBER 3, 724 ff. Vgl. auch die scharfsinnige Analyse der handlungsleitenden Motive und der Methode des Vorgehens von Bismarck bei L. GALL, Bismarck, Frankfurt a. M./Berlin/Wien 1980, 444 ff.

marcks Aufmerksamkeit, Zeit und Arbeitskraft in hohem Maße in Anspruch nahmen – neben den zahlreichen Problemen der internationalen Politik und den vielfältigen Bemühungen um eine Beendigung des Krieges.

Gegenüber den neutralen Mächten verfolgte Bismarck nach Sedan mit noch größerer Entschiedenheit jenen Kurs, dessen Umrisse sich bereits in den letzten Augusttagen abgezeichnet hatten[41]: es galt vor allem, die bei den Neutralen (zu Recht) vermuteten und teilweise bereits in Erscheinung tretenden Vermittlungstendenzen wirkungsvoll zu konterkarieren und alle Versuche zur Einmischung in den Kriegsbeendigungsprozeß energisch abzuwehren. Nach Bismarcks Auffassung war „jede Vermittelung einstweilen nachteilig für Deutschlands Interessen und ermutigend für Frankreichs Widerstand"[42]. Sein Ziel war es, nach der geglückten „Lokalisierung des Krieges" nunmehr auch die Friedenssondierungen zwischen Frankreich und Deutschland zu „lokalisieren", weil auf diese Weise die deutscherseits projektierten Friedensbedingungen am ehesten durchsetzbar erschienen. Eine solche Politik der Abschirmung von Friedenssondierungen mit Frankreich gegen Interventionsversuche der Neutralen wurde durch den Ausgang der Schlacht von Sedan fürs erste außerordentlich erleichtert, denn der imposante Erfolg der deutschen Waffen und der Staatsumsturz in Paris hielten die neutralen Mächte zunächst davon ab, mit Vermittlungsangeboten oder gar mit einem Kongreßvorschlag offen hervorzutreten. Bismarck gewann dadurch eine Atempause im diplomatischen Ringen um die Ausgangspositionen für die Verhandlungen über eine Beendigung des Krieges.

Er beschränkte sich jedoch nicht auf eine solche rein defensive Strategie, sondern er bemühte sich nach Sedan verstärkt darum – und auch diese Richtung seiner politischen Aktion war ansatzweise bereits im August sichtbar geworden –, ein besseres Verhältnis zu Österreich-Ungarn herzustellen und so eine engere Zusammenarbeit zwischen Rußland, Österreich und dem zu schaffenden deutschen Bundesstaat in die Wege zu leiten. Ein derartiges Einvernehmen ließ sich möglicherweise allmählich ausbauen zu einer Mächtekombination, welche – über die Bedürfnisse der aktuellen politischen Situation hinaus – die aus dem Krieg und dem Friedenschluß hervorgehende neue Ordnung in Europa dauerhaft sichern und stabilisieren konnte, so daß Frankreich – mit dessen Revanchewillen Bismarck fest rechnete – aller Ansatzpunkte für die Bildung einer gegen Deutschland gerichteten Koalition beraubt wurde. Aber selbst wenn es sich als unmöglich erweisen sollte, jetzt schon diese von Bismarck als optimal betrachtete Konfiguration in den Beziehungen zwischen Petersburg, Wien und Berlin herzustellen, ließ sich durch eine Verbesserung des Verhältnisses zur Habsburgermonarchie doch am ehesten verhindern, daß es zwischen Petersburg und Wien zu einer Kooperation gegen Preußen-Deutschland und dessen Forderungen gegenüber Frankreich kam und die beiden östlichen Monarchien bei der Anbahnung und Verhandlung des Frie-

---

[41] Vgl. oben S. 108 ff.
[42] Tel. Bismarck an AA, Reims 12. 9. 1870 – PA I ABc 70 Bd. 48, Bl. 71; auch GW 6b Nr. 1799.

dens gemeinsam einen Druck auf Preußen-Deutschland ausübten. In einem Erlaß an den norddeutschen Gesandten in Wien hat Bismarck diesen Grundgedanken knapp und präzise formuliert: „Unser wesentlichstes Bedürfnis für den Augenblick ist aber, daß Österreich und Rußland sich nicht auf antideutscher Basis gegen uns einigen, während wir bereit sind, auf deutscher Basis beiden die Hand zu reichen"[43]. In den Wochen nach Sedan konzentrierte sich Bismarck daher ganz auf die Herstellung eines Einvernehmens mit Petersburg und Wien; gegenüber England dagegen bezog er eine Position wachsamer und aufmerksamer Beobachtung, enthielt sich aber aktiver Schritte[44].

Das Haupthindernis für eine Annäherung zwischen Preußen-Deutschland und Österreich-Ungarn bildete nach Bismarcks Auffassung die Person des österreichischen Reichskanzlers und Außenministers Graf Beust. Als der norddeutsche Gesandte in Wien, Graf Schweinitz, Ende August ins Hauptquartier berichtete, er höre jetzt zuweilen die Ansicht aussprechen, „die Person des Grafen Beust könne wohl ein Hindernis bilden für eine Annäherung Preußens und Österreichs; dem widerspreche ich entschieden...", bemerkte Bismarck zu diesem Satz: „Es ist aber doch wahr"[45]. Am 3. September, also unmittelbar nach den Ereignissen von Sedan, telegraphierte er an Schweinitz: „Warum widersprechen Sie der Ansicht, daß Graf Beust ein Hindernis für unsere Annäherung sei? Sie können allerdings diese zweifellose Wahrheit, solange er Minister ist, nicht amtlich betonen, aber ohne die Überzeugung von verräterischem Mißbrauch aller unserer Schritte durch Graf Beust würden wir uns längst zu nähern versucht haben"[46].

Bei seiner dezidiert negativen Beurteilung der Persönlichkeit und der Rolle Beusts berief sich Bismarck auf seine Erfahrungen aus einem zwanzigjährigen Geschäftsverkehr mit Graf Beust. Er selbst, so schrieb er Schweinitz am 18. September, habe sich zu verschiedenen Zeiten zu dem Glauben verleiten lassen, es werde möglich sein, ein gutes Verhältnis von einiger Dauer mit Beust herzustellen. „Ich habe mich aber immer nach wenigen Monaten, ja Wochen überzeugen müssen, daß ich einen politischen Fehler begangen hatte, indem ich dieser Illusion nach-

---

[43] Erlaß Bismarck an Schweinitz, Meaux 18. 9. 1870 – PA I AA1 41 Bd. 14; auch GW 6b Nr. 1813. Der bayerische Diplomat Graf Berchem berichtete am 9. September aus Reims nach München: „Ich freue mich übrigens konstatieren zu können, daß die Erkenntnis, Preußens einziger natürlicher Alliierter sei nur in Österreich zu suchen, in demselben Maße mehr in den maßgebenden Kreisen sich verbreitet, als Rußlands unzuverlässige Freundschaft mehr und mehr zu Tage tritt. Man unterstellt hier Gorčakov die Absicht, um jeden Preis den Frieden diktieren zu wollen, hofft aber nur, daß demselben eine Verständigung mit Österreich niemals gelingen werde" (GStAM MA I 655).
[44] Gleich nach Sedan befahl Bismarck (wie bereits im August, vgl. o. S. 30) eine Einwirkung auf die deutsche Presse, um sie „von zu bitterer Tonart gegen die englische Presse abzumahnen, namentlich auch gegen die Times, selbst wenn dies im allgemeinen günstige Blatt einmal schwankt. Graf Bernstorffs Einwirkung wird dadurch erschwert" (Tel. Bismarck an AA, Vendresse 3. 9. 1870 - PA I ABc 70 Bd. 44, Bl. 2).
[45] Bericht Schweinitz an Bismarck, Wien 24. 8. 1870 (pr. Vendresse 31. 8.) – PA I AA1 41 Bd. 14.
[46] Tel. Bismarck an Schweinitz, Vendresse 3. 9. 1870 – ebd.; auch GW 6b Nr. 1776.

hing, und daß die in seinem Charakter liegende Eitelkeit und das Bedürfnis, eine Rolle zu spielen, und der Hang zu intriganten Finessen jede sachliche Auffassung bei ihm überwog".[47] In seinem abgrundtiefen Mißtrauen gegen Beust sah sich Bismarck gerade in den Tagen nach Sedan bestärkt durch die Mitteilungen, die ihm aus Petersburg über die Mission Chotek zugingen[48] und durch die er bestätigt fand, daß Beust versucht habe, „Rußland in eine gegen uns gerichtete Intrige hinein zu verlocken ..."; der ganze Hergang, konstatierte er, verpflichte „zu vermehrter Vorsicht gegen Östreich, solange der Einfluß des Grafen Beust dort noch der herrschende ist".[49] Und in einem Erlaß an Schweinitz vom 24. September heißt es: „Wir haben das Bedürfnis einer klaren und befreundeten Stellung zu Östreich. Das Bedürfnis politischer Intrigen aber, welches den Reichskanzler auszeichnet, ist das wesentliche Hindernis für die Herstellung eines solchen Verhältnisses, und die Beseitigung dieses Hindernisses ist für unsere Politik bezüglich Östreichs ein zwingendes Bedürfnis geworden, weil wir dauernde Freundschaft mit Östreich wollen und dazu nicht gelangen können, so lange Graf Beust es zu hindern vermag".[50]

Deshalb setzte Bismarck im September alle ihm zu Gebote stehenden Mittel ein, um Beusts Stellung zu erschüttern, womöglich Beusts Sturz herbeizuführen und so den Weg zu einer Verständigung mit Österreich gleichsam freizusprengen.[51] Bereits am 6. September ordnete er eine Pressekampagne gegen Beust in den der preußischen Regierung zugänglichen Blättern an: In der Presse solle darauf aufmerksam gemacht werden, „daß in Österreich, wie in Frankreich die feindselige Gesinnung gegen uns nur von einer kleinen Koterie ehrgeiziger Elemente festgehalten und genährt wird, welche leider von dem Manne, den der Kaiser in einem unglücklichen Augenblicke zu seinem ersten Ratgeber gewählt hat, zu seinen Zwecken benutzt werden und dadurch eine Bedeutung erhalten, die sie sonst bei der wohlmeinenden Gesinnung, die in Norddeutschland für Östreich herrscht, bei der Stimmung der österreichischen Bevölkerung und bei der persönlichen Gesinnung des Kaisers nicht haben würden".[52] Am 7. September folgte ein Telegramm, in dem es noch unmißverständlicher hieß: „Ich bitte in der Presse den Gedanken ventilieren zu lassen, daß der Wiederherstellung besserer Verhältnisse mit Österreich nur *eine einzige Persönlichkeit* im Wege stehe, welche, ohne Öster-

---

[47] Erlaß Bismarck an Schweinitz, Meaux 18. 9. 1870 – PA I AAl 41 Bd. 14; auch GW 6b Nr. 1813.
[48] Berichte Reuß an Bismarck, Petersburg 3. 9. 1870 (pr. Reims 9. 9.) und 5. 9. 1870 (pr. Reims 11. 9.) – PA I ABc 70 Bd. 43, Bl. 40 f.; Bd. 44, Bl. 6 f. Zur Mission Chotek vgl. oben S. 94 ff.
[49] Erlaß Bismarck an Reuß, Reims 12. 9. 1870 – PA I ABc 70 Bd. 47, Bl. 72; I AAa 39 Bd. 1; auch GW 6b Nr. 1793.
[50] Erlaß Bismarck an Schweinitz, Ferrières 24. 9. 1870 (eigenhändiger Zusatz Bismarcks im Konzept Abeken) – PA I AAl 41 Bd. 14; teilweise zitiert auch GW 6b Nr. 1814 Anm. 4.
[51] Vgl. dazu die sehr kritische Bewertung von Bismarcks Vorgehen bei LUTZ, Österreich-Ungarn 267 ff.
[52] Erlaß Bismarck an Thile, Reims 6. 9. 1870 – PA I ABc 70 Bd. 46, Bl. 26; auch GW 6b Nr. 1786.

reicher zu sein, nach beiden Seiten ein unübersteigliches Hindernis bilde und keinen höheren Gedanken zu kennen scheine als Rache für Sadowa".[53] Die auf diese Weisungen hin eingeleitete Pressekampagne wurde jedoch ein völliger Schlag ins Wasser.[54]

Ebenfalls mit einem Fehlschlag endete eine andere Aktion, durch welche Bismarck in diesen Tagen Beusts Stellung zu erschüttern suchte. Am 12. September hielt er Prinz Luitpold von Bayern „historische und politische Vorträge"[55], die in der Feststellung gipfelten: „Österreich werde nur durch ein offenes und vertrauensvolles Verhältnis zu Rußland und zu dem geeinigten Deutschland den Halt wieder finden können, dessen es gegen revolutionäre und centrifugale Elemente bedürfe, und dessen es durch die Politik des Grafen Beust vollständig verloren gegangen sei".[56] Bismarck konnte den Wittelsbacher Prinzen dazu bewegen, im Sinne dieser Äußerungen einen Brief an seinen Schwager Erzherzog Albrecht abzufassen[57], denn er betrachtete diesen Weg als einen der wenigen, „um zu dem Kaiser Franz Joseph selbst zu gelangen, ohne daß die ausgesprochenen Gedanken durch die Dazwischenkunft des Grafen Beust verfälscht und gemißbraucht werden".[58] Der Erfolg, den sich Bismarck von diesem Schritt erhofft haben mochte, stellte sich jedoch nicht ein. Erzherzog Albrecht ließ seine Antwort durch Graf Beust dem norddeutschen Gesandten in Wien aushändigen mit der Bitte, sie an den Prinzen ins Hauptquartier zu befördern, und als Prinz Luitpold Bismarck dann dieses Antwortschreiben vorlas, erkannte Bismarck, daß auf ein „unbefangenes Eingehen auf unsere Gedanken" nicht zu hoffen sei. „Der Erzherzog hat den Brief

---

[53] Tel. Bismarck an Thile, Reims 7. 9. 1870 – PA I AA1 41 Bd. 14; auch GW 6b Nr. 1776 Anm. 1 (dort das falsche Datum 8. 9.). Auch in den folgenden Tagen gab Bismarck Hinweise, wie die Presseagitation gegen Beust geführt werden müsse, s. Erlaß an Thile, Reims 11. 9. 1870 (PA I AA1 41 Bd. 14; vgl. GW 6b Nr. 1786 Anm. 1) und Vermerk Abekens, Meaux 17. 9. 1870 (PA I AA1 59 Bd. 3, Bl. 153).
[54] Vgl. dazu KOLB, Annexionsforderung 336 f.; LUTZ, Österreich-Ungarn 267 f.
[55] BUSCH 1, 190.
[56] So Bismarck im Erlaß an Reuß vom 12. 9. 1870 – PA I ABc 70 Bd. 47, Bl. 72; auch GW 6b Nr. 1793. In diesem Erlaß an Prinz Reuß wies Bismarck noch besonders darauf hin, er habe nicht verhehlt, daß die polnischen Tendenzen Beusts „und die dabei gegen Rußland zu Tage tretende Feindseligkeit für uns ein wesentliches Hindernis guter Beziehungen zu Österreich bildeten, indem wir diese gegen Rußland gerichtete Tendenz zugleich als feindselig gegen uns erkennen müßten".
[57] Der Brief wurde am 12. September von Reims nach Berlin geschickt zwecks Weiterbeförderung an Schweinitz mit dem Ersuchen, „denselben dem Adjutanten des Erzherzogs zur sicheren Aushändigung an S. Kgl. Hoheit übergeben zu wollen, damit er einer Öffnung seitens der österreichischen Post nicht ausgesetzt werde" (PA I ABc 70 Bd. 49, Bl. 111). Schweinitz erhielt den Brief am 18. September und führte den Auftrag aus, hielt diesen Weg, Beust zu umgehen, womöglich zu stürzen, aber für verfehlt (SCHWEINITZ, Denkwürdigkeiten 1, 276 f.).
[58] So Bismarck im Erlaß an Reuß vom 12. 9. 1870 – PA I ABc 70 Bd. 47, Bl. 72; auch GW 6b Nr. 1793.

des Prinzen dem Kaiser mitgeteilt, und die Antwort ist offenbar von dem Grafen Beust inspiriert".[59]

Anfang Oktober zog Bismarck die Konsequenzen aus dem Scheitern seiner verschiedenen Versuche, durch eine Zurückdrängung des Einflusses von Beust ein besseres Verhältnis zwischen Österreich und Deutschland anzubahnen. Resigniert konstatierte er am 3. Oktober: „Können wir nicht *ohne* Graf Beust die Freundschaft Östreichs erwerben, so werden wir es aufgeben müssen"[60], und in Erlassen an Schweinitz und Prinz Reuß vom 8. Oktober zog er das Fazit aus dieser Serie politischer Sondierungen. Es zeige sich, schrieb er an den Gesandten in Wien, „daß die Zeit des Verstehens für die maßgebenden Kreise in Wien noch nicht gekommen ist ... Wir bedürfen keiner Anlehnung in Wien, und wenn unsere Bereitwilligkeit, Östreich eine solche zu gewähren, kein Entgegenkommen findet, so genügen uns einstweilen die Freunde, welche wir haben".[61] Die eingehenden politischen Betrachtungen im Erlaß an Prinz Reuß schloß er mit den Sätzen: „Wenn ein gegenseitiges Verständnis auf dem Boden der Interessen monarchischer und staatlicher Ordnung nicht in dem Bedürfnisse Österreichs liegt, so müssen wir uns eben resignieren und abwarten, bis eine richtigere Würdigung der Lage sich in Wien Bahn bricht. Unser Wunsch, mit Österreich in friedlichem Einverständnis zu leben, ist in den nachbarlichen Beziehungen begründet; aber wir sind nicht in der Lage denselben auf Kosten unserer deutschen Interessen oder auf Kosten unserer freundschaftlichen Beziehungen zu Rußland befriedigen zu müssen".[62]

---

[59] So Bismarck im Erlaß an Reuß vom 8. 10. 1870 – PA I AAa 39 Bd. 1; auch GW 6b Nr. 1851. Ein weiterer Anknüpfungsversuch im September führte ebenfalls zu keinem positiven Ergebnis: am 7. September hatte Schweinitz angeregt, König Wilhelm möge ihn ermächtigen, Kaiser Franz Joseph „etwas Freundliches" zu sagen (Bericht Schweinitz an Bismarck, Wien 7. 9. 1870, pr. 15. 9. vSM 16/9 – PA I AAl 41 Bd. 14). Bismarck wies Schweinitz daraufhin an, er möge dem Kaiser im Namen König Wilhelms aussprechen, „wie erfreulich und wohltuend ihm die Erinnerung an jene Tage gewesen sei, wo er dieselben Gegenden in Gemeinschaft mit dem österreichischen Heere und in der Gesellschaft des hochseligen Kaisers Franz durchzogen habe" (ebd.; auch GW 6b Nr. 1821). Kaiser Franz Joseph nahm die Eröffnungen von Schweinitz jedoch sehr kühl auf (SCHWEINITZ, Denkwürdigkeiten 1, 277 f.; Schweinitz führt diese Reaktion – wohl zu ausschließlich – darauf zurück, daß der richtige Zeitpunkt für eine solche Geste bereits verpaßt gewesen sei).
[60] Erlaß Bismarck an Schweinitz, Ferrières 3. 10. 1870 – PA I AAl 41 Bd. 14; auch GW 6b Nr. 1844.
[61] Erlaß Bismarck an Schweinitz, Versailles 8. 10. 1870 – PA I ABc 70 Bd. 57, Bl. 28 f.; auch GW 6b Nr. 1850. Bismarck betonte besonders nachdrücklich, daß die Bemühungen um ein engeres Einvernehmen zwischen Rußland, Österreich-Ungarn und Preußen-Deutschland nicht auf eine Restaurierung der Heiligen Allianz durch Preußen abzielten (was österreichische Zeitungsartikel angedeutet hatten): „Ew.pp. wissen am besten, wie weit die Ideen, welche wir vertreten, von jeder Reaktion und von jedem Konservatismus nach dem Muster der Heiligen Allianz entfernt sind. Daß der Graf Beust dies nicht erkennen will und nicht besseres zu tun weiß, als uns der Reaktion zu denunzieren, befestigt mich in dem Unglauben an die Möglichkeit, mit ihm ernsthafte politische Geschäfte zu machen."
[62] Erlaß Bismarck an Reuß, Versailles 8. 10. 1870 – PA I AAa 39 Bd. 1; auch GW 6b Nr. 1851.

Da die Bemühungen um eine nachhaltige Verbesserung der Beziehungen zur Habsburgermonarchie und um die Anbahnung eines „Dreikaiserbündnisses" nicht zum Ziele führten, mußte Bismarck auf ein gutes Einvernehmen mit Rußland um so größeren Wert legen. Die Nachrichten aus Petersburg über die Haltung Rußlands und des russischen Kabinetts, die in den Tagen und Wochen nach Sedan im Hauptquartier eingingen, boten zwar keinen Anlaß zu unmittelbarer Besorgnis, sie ließen aber – wie bereits im August[63] – einige Tendenzen erkennen, aus denen möglicherweise ernstere Spannungen zwischen Petersburg und dem deutschen Hauptquartier erwachsen konnten. Im Bild, das die Petersburger Berichterstattung des Prinzen Reuß im September zeichnete, waren dies die dominierenden Züge:

1) Die Meldungen über die französische Niederlage in der Schlacht von Sedan machten auch in Rußland einen ungeheuren Eindruck; vor allem die Nachricht von der Gefangennahme Napoleons wurde mit großer Genugtuung aufgenommen, denn der Krimkrieg und der Pariser Frieden standen den Russen noch lebhaft in Erinnerung. Angesichts des grandiosen deutschen Erfolgs wuchs jedoch bei vielen Russen auch die Furcht vor einem markanten deutschen Machtzuwachs, und die russische Presse nährte die Angst vor dem mächtiger werdenden deutschen Nachbarn, vor allem die Moskauer Blätter.[64] Prinz Reuß mußte konstatieren, daß der Zar mit seinen deutschen Sympathien ziemlich isoliert dastehe: „Unsere Siege haben uns wohl Bewunderer, aber noch viel mehr Neider und Furchtsame eingebracht, letztere, die große Mehrzahl des russischen denkenden Publikums, gönnen uns keine realen Siegespreise und fürchten einen Machtzuwachs Preußens wie eine noch größere Schwächung Frankreichs".[65]

2) Das russische Kabinett, darin unterstützt von den führenden russischen Blättern, empfahl nach wie vor „maßvolle" Friedensbedingungen – konkret hieß das: Verzicht Deutschlands, von Frankreich eine Gebietsabtretung zu fordern. Aus den Äußerungen des Zaren und Gorčakovs konnte Prinz Reuß aber schließen, daß ein ernsthafter Widerspruch Rußlands gegen die deutschen Bedingungen (oder gar eine russische Interventionsdrohung) wohl nicht zu befürchten sein würde.[66]

---

[63] Vgl. oben S. 105 ff.
[64] Dazu ausführlich OBOLENSKAIA passim.
[65] Privatbrief Reuß an Thile, Petersburg 10. 9. 1870, Abschr. pr. Meaux 16. 9., vSM – PA I ABc 70 Bd. 47, Bl. 150 f.; siehe ferner Bericht Reuß an Bismarck, Petersburg 8. 9. 1870, pr. Reims 11. 9., vSM 12/9 – ebd. Bd. 45, Bl. 79 f.
[66] Telegramme Reuß an Bismarck, Petersburg 8. 9. und 12. 9. 1870 (pr. Reims 12. 9.) – PA I ABc 70 Bd. 46, Bl. 5; Bd. 47, Bl. 154; ferner Berichte Reuß an Bismarck, Petersburg 8., 9. und 12. 9. 1870 (pr. Meaux 16./18. 9. vSM 16./21. 9.) – PA I ABc 70 Bd. 47, Bl. 105 ff., 112 ff.; Bd. 49, Bl. 17 ff., 24 ff., 27 ff. In einem Privatbrief an den russischen Gesandten in Berlin wies Gorčakov am 10. September darauf hin, daß der Zar dem preußischen König seine Auffassung in voller Offenheit, „d'ami à ami", dargelegt habe: „Si l'on n'en tient pas compte, nous n'irions pas au-delà. Dans aucun cas il ne saurait être question de notre part d'une pression matérielle. Mais je pense – et ici j'exprime mon avis personel – que si la paix est directement conclue entre l'Allemagne et la France sans aucun concours des Puissances neutres, nous devrions nous borner au rôle d'auditeurs et de spectateurs et nous abstenir de toute sanction d'une œuvre à laquelle nous n'aurions pris aucune part. Le rôle de simple enregistreur ne me semble pas à la taille de la Russie" (AVPR Fk 1870 delo 22, Bl. 427 f.).

3) Das russische Kabinett hielt zunächst weiterhin zäh an dem Gedanken fest, der Friede müsse auf einem Kongreß abgeschlossen oder wenigstens durch einen europäischen Kongreß sanktioniert werden. Bestimmend war dabei die Absicht, auf einem solchen Kongreß eine Revision des Pariser Friedens, zumindest der Pontusklauseln, zu erzwingen. Das sprachen der Zar und Gorčakov, die dieses eigentliche Movens ihrer Kongreßwünsche im August nur vorsichtig angedeutet hatten, nunmehr offen aus.[67] Erst in der zweiten Septemberhälfte zeichnete sich ab, daß man in Petersburg jetzt nicht mehr so entschieden auf dem Kongreßplan bestand. Neben der eindeutigen Ablehnung des Kongreßgedankens durch Bismarck – verbunden mit einer Zusage, russische Wünsche zu unterstützen – dürfte dieser Umschwung wohl vor allem durch die Haltung des englischen Kabinetts bewirkt worden sein, das seine Entschlossenheit nicht verhehlte, eine Behandlung der orientalischen Frage auf einem Kongreß keinesfalls zuzulassen.[68]

4) Kaiser Alexander und Gorčakov waren entschiedene Gegner einer Restaurierung Napoleons. Sie empfahlen nachdrücklich, mit der provisorischen Regierung als der de-facto-Regierung Frankreichs, falls diese die Initiative ergreife, zu unterhandeln und gegebenenfalls mit ihr den Frieden abzuschließen.[69]

Bismarck – über die Stimmung in Rußland und über die Dispositionen des russischen Kabinetts umfassend und sehr genau informiert[70] – lag nach Sedan (wie bereits Ende August) vor allem daran, eine ihm unerwünschte russische Einflußnahme auf die Formulierung der Friedensbedingungen und den Abschluß des Friedens auszuschalten und dabei doch nach Möglichkeit zu vermeiden, daß die

---

[67] Berichte Reuß an Bismarck, Petersburg 8., 9. und 12. 9. 1870 (pr. Meaux 16./18. 9. vSM 16./19./21. 9.) – PA I ABc 70 Bd. 47, Bl. 105 ff.; I ABq 69 Bd. 5 (auch Gr.Pol. 2, 3 f.); I ABc 70 Bd. 49, Bl. 17 ff., 24 ff.

[68] Vgl. oben S. 111 m. Anm. 121. Von Buchanan erfuhr Prinz Reuß, die englische Regierung würde einen Kongreß nicht gerne sehen, „weil dann leicht noch andere Fragen aufs Tapet kommen könnten, an denen England nichts gelegen wäre" (Bericht Reuß an Bismarck, Petersburg 17. 9. 1870, pr. Ferrières 24. 9., vSM 29/9 – PA I ABc 70 Bd. 51, Bl. 43). Aber noch am 23. September (pr. HQ 24. 9.) telegraphierte Prinz Reuß: „Man weiß hier noch nicht, wie die Sache [Pontusfrage] ohne Kongreß anzufassen, den Fürst Gorčakov als notwendig hinstellt. England scheint gegen Kongreß, weil durch Herrn Ignatievs Indiskretion Wind bekommen" (ebd. Bd. 52, Bl. 113). Dagegen vertrat Chotek bereits in einem Bericht vom 20. September die Auffassung, Gorčakov habe den Kongreßgedanken anscheinend aufgegeben und halte nur noch direkte deutsch-französische Friedensverhandlungen für möglich (HHStA PA X 62, Bl. 266 f.).

[69] Berichte Reuß an Bismarck, Petersburg 12. und 15. 9. 1870 (pr. Ferrières 21./24. 9., Meaux 18. 9., vSM 21/9) – PA I ABc 70 Bd. 49, Bl. 22 f., 27 f.; Bd. 51, Bl. 40 ff.; Schreiben Großfürstin Helene an Prinz August von Württemberg, Oranienbaum 14. 9. 1870, Abschr. pr. Ferrières 29. 9. – ebd. Bd. 53, Bl. 72 f.

[70] Dazu trug auch Großfürstin Helene bei, eine ehemalige württembergische Prinzessin. Durch Prinz Reuß und durch ihren im Hauptquartier weilenden Bruder Prinz August von Württemberg ließ sie Bismarck wertvolle Informationen über die im innersten Petersburger Machtzentrum herrschende Auffassung der Lage zukommen (siehe vor allem Bericht Reuß vom 15. 9. 1870, pr. Ferrières 24. 9. – PA I ABc 70 Bd. 51, Bl. 40 ff.). Mit Zähigkeit und Elan warb Großfürstin Helene beim Zaren und bei Gorčakov um Verständnis für die deutschen Forderungen und bekämpfte deren Kongreßplan. Vgl. RHEINDORF, Pontusfrage 81 ff.

freundschaftlichen und intimen Beziehungen zwischen den beiden Höfen sich abkühlten oder Deutschland gar zu einer offenen Frontstellung gegen Rußland genötigt wurde. Bismarcks Rußlandpolitik während dieser Wochen ist durch zwei Hauptoperationslinien gekennzeichnet: einerseits betonte er eindringlich seinen Wunsch nach einem engen Zusammengehen mit Rußland[71] und einer freundschaftlichen Erörterung der schwebenden Fragen; andererseits ließ er unmißverständlich erkennen, daß er eine russische Einmischung in die Friedensverhandlungen nicht zulassen würde, wohl aber bereit wäre, spezielle russische Wünsche zu unterstützen und gegenüber den anderen Mächten zu vertreten. Eine solche Perspektive sollte und konnte das russische Kabinett zum Verzicht auf seine Kongreßwünsche bewegen, und auf ein schnelles Verschwinden der Kongreßspekulationen legte Bismarck in den Wochen nach Sedan größten Wert, weil die Aussicht auf einen Kongreß die Franzosen zu weiterem Widerstand ermuntern mußte und die Besprechungen zwischen den Neutralen über das Für und Wider einer Vermittlung und eines Kongresses leicht zu einer Aktivierung der Neutralenliga und zu einer Kollektivmediation führen konnten.

Bismarcks Grundkonzeption tritt in seinem Erlaß an Prinz Reuß vom 6. September prägnant in Erscheinung.[72] Wie bereits im Handschreiben König Wilhelms an Zar Alexander vom 31. August[73] wurden in diesem Erlaß die deutscherseits projektierten Friedensbedingungen in allgemein gehaltenen Formulierungen skizziert und begründet; einmal mehr bekundete Bismarck die deutsche Entschlossenheit, „keinen Frieden anzunehmen, der uns nicht die strategische Sicherung der südwestlichen Grenze Deutschlands gewährte". Dem Gedanken eines Friedenskongresses erteilte er eine klare und eindeutige Absage: der König sei bereit, Zar Alexander die deutsche Auffassung in der Friedensfrage vertraulich mitzuteilen und mit ihm zu besprechen, aber zu einem Kongreß, „auf welchem auch die übrigen Mächte ihre Stimme erheben würden", könne sich die Regierung gegenwärtig nicht entschließen. Der Gesandte wurde aber ermächtigt, gelegentlich anzudeuten, deutscherseits werde man bereit sein, „in die Verhandlungen auch Interessen Rußlands einzubeziehen".

Diese zunächst äußerst vage Zusicherung erhielt im Laufe des September einen wesentlich verbindlicheren Charakter. Als Bismarck am 16. September erfuhr[74], Gorčakov spreche jetzt offen von einer Revision des Pariser Friedens, insbesondere

---

[71] Nach dem Umsturz in Paris unterstrich Bismarck besonders die Notwendigkeit eines festen Zusammenschlusses der monarchisch-konservativen Elemente Europas gegenüber den republikanisch-sozialistischen Elementen (Tel. an Reuß vom 9. 9. 1870, Erlaß an Reuß vom 12. 9. 1870, s. GW 6b Nr. 1789, 1793); Kaiser Alexander stimmte diesen Gedankengängen zu (Bericht Reuß vom 24. 9. 1870 – PA I AAa 39 Bd. 1).
[72] Erlaß Bismarck an Reuß, Reims 6. 9. 1870 – PA I ABc 70 Bd. 44, Bl. 77 ff.; auch GW 6b Nr. 1783.
[73] Vgl. o. S. 183. Zar Alexander erhielt diesen Brief am 7. September und wurde durch die Argumentation anscheinend beeindruckt, s. Bericht Reuß an Bismarck, Petersburg 8. 9. 1870 (pr. Meaux 16. 9.) – PA I ABc 70 Bd. 47, Bl. 105 ff.
[74] Bericht Reuß an Bismarck, Petersburg 9. 9. 1870 (pr. Meaux 16. 9., vSM 16/9) – PA I ABq 69 Bd. 5; auch Gr.Pol. 2, 3 f.; RHEINDORF, Pontusfrage 148 f.

der Pontusklauseln, telegraphierte er sofort an Prinz Reuß: der König sei bereit, „die Wünsche Rußlands in bezug auf das Schwarze Meer, die wir für berechtigt halten, zu unterstützen und nicht nur Frankreich, sondern auch den anderen Mächten gegenüber zu vertreten. Werden sie in dem Umfange gehalten, wie sie ohne Kongreß faktisch durchführbar sind, ist es um so leichter...".[75] Und wenige Tage später, am 21. September, ging Prinz Reuß eine weitere Weisung zu: er solle nunmehr deutlicher zum Ausdruck bringen, daß die russischen Wünsche hinsichtlich des Traktats von 1856 deutscherseits für berechtigt gehalten würden „und daß, wenn Rußland aus den Infraktionen Anlaß nehme, sich seinerseits nicht mehr gebunden zu achten, es von uns keinen Einspruch, sondern jede Förderung der Anerkennung anderer zu erwarten habe".[76]

Es wird schwer zu entscheiden sein, ob sich das russische Kabinett aufgrund dieser Zusicherung berechtigt fühlen durfte, bei einem Alleingang in der Pontusfrage auf eine bedingungslose preußisch-deutsche Unterstützung rechnen zu können – oder ob dieser Zusicherung nicht doch stillschweigend die Annahme zugrunde lag, es werde über Zeitpunkt und Modus einer russischen Initiative noch rechtzeitig vorher eine Fühlungnahme stattfinden. Immerhin: ausdrücklich gewünscht oder zur Bedingung gemacht wurde dies von deutscher Seite jedenfalls nicht. Tatsächlich erhielt das russische Kabinett im September eine unter den gegebenen Umständen nicht gering zu veranschlagende Zusicherung zumindest moralischer Unterstützung, so daß es jetzt mit gutem Grund das – ohnehin wenig aussichtsreiche – Kongreßprojekt fallenlassen konnte. Zwischen dem russischen Zirkular vom 31. Oktober[77] und Bismarcks Bemühungen nach Sedan, den Kongreßgedanken möglichst schnell zu liquidieren, besteht insofern ein innerer Zusammenhang.

Will man Bismarcks wesentliche politische Operationen in den Tagen und Wochen nach Sedan – die vorbereitenden Schritte in der Frage der deutschen Einigungsverhandlungen und seine Bemühungen, die Haltung der neutralen Großmächte in der Friedensfrage zu klären und zu beeinflussen – auf einen Nenner bringen, dann könnte eine solche Formel etwa folgendermaßen lauten: Bismarck suchte in diesen Wochen sowohl die innerdeutsche als auch die europäische Konstellation so zu präparieren, daß er die Friedensgespräche (mit deren baldigem Beginn er in diesen Wochen rechnete) aus einer optimalen Position heraus beginnen konnte. Einerseits sollte dann das zu errichtende Verfassungsgebäude sich wenigstens in seinen Umrissen abzeichnen, andererseits sollte gesichert sein, daß die Unterhandlungen mit der französischen Regierung über Waffenstillstand und Frieden als zweiseitige Verhandlungen geführt werden konnten, abgeschirmt gegen Einmischungsversuche der Neutralen. Aber welches würde jene französische Regierung sein, mit der solche Unterhandlungen geführt werden konnten? Und da-

---

[75] Tel. Bismarck an Reuß, Meaux 16. 9. 1870, z. St. 17. 9., 7.50 Uhr – PA I ABq 69 Bd. 5; auch RHEINDORF, Pontusfrage 149 f.
[76] Tel. Bismarck an Reuß, Ferrières 21. 9. 1870 – PA I ABc 70 Bd. 51, Bl. 90; auch GW 6b Nr. 1823.
[77] Vgl. dazu unten S. 297 ff.

mit kehren wir nach unserer tour d'horizon wieder zurück zu der seit dem Pariser Umsturz zentralen Frage des Verhandlungspartners.

Die Wege, Umwege und Nebenwege, die Bismarck auf der Suche nach einem verhandlungswilligen und zur Anbahnung eines Friedens hinreichend legitimierten französischen Gesprächspartner eingeschlagen hat, erfordern eine eingehende Untersuchung. Es dürfte aber angebracht sein, dieser Detailanalyse einige allgemeine und grundsätzliche Bemerkungen vorauszuschicken, denn Bismarcks schwer durchschaubares Manövrieren zwischen provisorischer Regierung und bonapartistischen Agenten hat nicht nur den Zeitgenossen manches Rätsel aufgegeben und viele, insbesondere die Liberalen innerhalb und außerhalb Deutschlands, schockiert – auch in den historischen Darstellungen ist dieser Problemkomplex bisher kaum in einer ganz befriedigenden Weise behandelt worden.

Betrieb Bismarck – wie überwiegend angenommen wird – die Sondierungen mit Vertretern des Kaiserreichs nur zu dem Zweck, durch Erzeugung von Unsicherheit den französischen Durchhaltewillen zu schwächen und die provisorische Regierung verhandlungswillig zu stimmen, indem das Schreckbild einer bonapartistischen Restauration heraufbeschworen wurde? Oder hat Bismarck – wie eine gegenteilige Interpretation lautet[78] – dem bonapartistischen Verhandlungspartner eindeutig den Vorzug vor der provisorischen Regierung gegeben und in den Herbst- und Wintermonaten einen Abschluß mit der Regentin, verbunden mit der Restauration des Second Empire, ernsthaft angestrebt? Beiden Auffassungen, so gegensätzlich sie sind, ist eines gemeinsam: sie gehen beide von der Annahme aus, Bismarck habe nach Sedan und dem Sturz der Regentschaft innerlich für die eine oder andere Seite optiert, und zwar in dem Sinne, daß er den Frieden mit eben dieser Seite – und nach Möglichkeit nur mit dieser Seite – abzuschließen wünschte und folglich die jeweils andere Seite nur zum „Ausspielen" benutzte. Das Vorhandensein zweier für Sondierungen in Frage kommender Parteien erscheint unter diesem Gesichtspunkt geradezu als ein Vorteil für Bismarck, weil es ihm ein derartiges Spiel, eine derartige Taktik ermöglichte.

Gegen eine solche Sichtweise lassen sich zwei Einwände vorbringen. Erstens: Wenn nach dem 4. September keine französische Regierung vorhanden war, die eine unbezweifelbare Legitimation zur Einleitung und Führung von Friedensverhandlungen besaß, so war dies nicht so sehr ein taktischer Vorteil für die deutsche Seite, weil nun zwei französische Parteien gegeneinander ausgespielt werden konnten, sondern zunächst und vor allem eine große Kalamität. Durch den Staatsumsturz vom 4. September war eine komplizierte staats- und völkerrechtliche Situation entstanden, für die es in der neueren europäischen Geschichte keinen Präzedenzfall gab: noch nie war mitten im Krieg zwischen zwei großen europäischen Nationen ein Regime gestürzt worden und die Macht an eine de-facto-Regierung gefallen, die ausdrücklich erklärte, kein Mandat für Friedensverhandlungen zu be-

---

[78] Dieser Auffassung neigen KLEIN-WUTTIG, STADELMANN und H. GEUSS (Bismarck und Napoleon III., Köln-Graz 1959) zu.

7. Nach Sedan: Das Problem des Friedenschließens 217

sitzen. Die provisorische Regierung wies darüber hinaus ein eindeutiges inneres Legitimationsdefizit auf, da sie die am 8. September (für den 16. Oktober) anberaumten Wahlen zu einer konstituierenden Nationalversammlung schon am 24. September auf unbestimmte Zeit vertagte.

Weder das Völkerrecht noch der politische Erfahrungsschatz der 1870 verantwortlich Handelnden lieferte verbindliche Verfahrensregeln für das Verhalten und Prozedieren in einer solchen Situation. Unter diesen Umständen war die deutsche Führung wohl doch berechtigt, auf der Suche nach einem Weg zum Frieden Verhandlungen und gegebenenfalls einen Abschluß mit Bevollmächtigten Napoleons nicht von vornherein völlig aus dem Kreis der Erwägungen auszuschließen, wiewohl ein solcher Abschluß in Deutschland und in ganz Europa höchst unpopulär gewesen wäre. Gerade die teils besorgte, teils empörte Reaktion der öffentlichen Meinung und der Kabinette auf die Eventualität einer bonapartistischen Restauration macht deutlich, daß Napoleon selbst und sein Herrschaftssystem in Europa keinerlei Kredit mehr besaßen.[79] Die starken Vorbehalte der europäischen Staatsmänner gegenüber etwaigen Friedensverhandlungen Bismarcks mit Bevollmächtigten Napoleons entsprachen weniger der staats- und völkerrechtlichen Beurteilung der Situation, als vielmehr dieser entschiedenen Abneigung gegenüber dem bonapartistischen Herrschaftssystem. Denn wenn etwa das englische Kabinett und die russische Regierung (insbesondere auch Zar Alexander selbst) aus ihrer Ablehnung einer Restaurierung Napoleons kein Hehl machten, so konnten sie sich andererseits doch nicht dazu entschließen, die provisorische Regierung förmlich anzuerkennen, obwohl sich diese intensiv um eine Anerkennung bemühte.

Zweitens: Eine Analyse der Quellen führt, wie zu zeigen sein wird, zu dem Ergebnis, daß Bismarck *nicht* frühzeitig für die eine oder andere Seite als Wunschpartner für Friedensverhandlungen optiert hat und folglich die jeweils andere Seite lediglich zum „Ausspielen" benutzte; vielmehr blieb er bis in die Endphase des Krieges hinein nach beiden Seiten hin offen und hat sich mit einer „Strategie der Alternativen"[80] alle Wege offen gehalten.

Die nach dem Eintreffen der ersten Nachrichten über die Pariser Ereignisse des 4. September abgegebene Erklärung, nur die Regierung des Kaisers Napoleon könne als zu internationalen Verhandlungen berechtigte französische Regierung angesehen werden[81], modifizierte Bismarck schon nach wenigen Tagen – auch der Öf-

---

[79] Bismarck war allerdings überzeugt, daß Napoleon noch über einen beträchtlichen Anhang in Frankreich verfügte (besonders unter der bäuerlichen Bevölkerung), der sich nur unter dem republikanischen Regime und in der Situation des Nationalkriegs nicht offen hervorwagte, der aber wieder in Erscheinung treten würde, sobald die Kriegshandlungen beendigt waren und die bonapartistischen Führer eine stärkere Aktivität entfalteten. Nach Bismarcks Ansicht konnten von den rd. 7 Millionen, die beim Plebiszit im Mai 1870 mit „Ja" votiert hatten, nicht alle Napoleon und dem Zweiten Kaiserreich den Rücken gekehrt haben.
[80] O. PFLANZE, Bismarck and the Development of Germany. The Period of Unification 1815–1871, Princeton 1963, 91.
[81] Vgl. unten S. 222 f.

fentlichkeit gegenüber[82] –, als sich herauskristallisierte, daß die provisorische Regierung Herr der Lage in allen nicht von den deutschen Truppen okkupierten Departements war. Von jetzt an operierte er mehrgleisig mit einer zielgerichteten Flexibilität, wobei er sich nicht an einer persönlichen Präferenz für die eine oder andere Regierungsform in Frankreich orientierte, sondern an zwei sachlichen Kriterien.[83] Zum einen mußte eine gewisse Wahrscheinlichkeit bestehen, daß mit dem jeweiligen Verhandlungspartner ein Friedensschluß auf der Basis der deutschen Minimalbedingungen angebahnt werden konnte. Zum anderen mußte der jeweilige Verhandlungspartner über so viel Rückhalt und reale Macht in Frankreich verfügen (bzw. Aussicht haben, sie rasch gewinnen zu können), daß er die Durchführung der stipulierten Bedingungen garantieren konnte. Um es mit Bismarcks eigenen Worten zu sagen: Die Verhandlungen mußten mit der Erwartung geführt werden können, „daß das Ergebnis derselben von der französischen Nation als gültig und bindend würde anerkannt werden".[84]

Im Rahmen dieses Grundkonzepts sondierte und verhandelte Bismarck, wann immer sich ihm ein Anknüpfungspunkt bot, mit beiden, nach seiner Auffassung für Unterhandlungen in Frage kommenden Seiten ernsthaft, d. h. um einen Erfolg bemüht. Allerdings war dabei nach Lage der Dinge ein sehr unterschiedlicher modus procedendi erforderlich, und ebenso gravierend unterschieden sich die mit der einen und mit der anderen Lösung verbundenen Risiken für die deutsche Seite.

Bei Verhandlungen mit der provisorischen Regierung, die die Macht im Lande ausübte, ging es zunächst um den Abschluß eines Waffenstillstands. Während dessen Dauer konnten Wahlen zu einer Nationalversammlung stattfinden und eine zu Friedensverhandlungen legitimierte Regierung eingesetzt werden; über den Inhalt des Friedens brauchte daher bei den Waffenstillstandsverhandlungen noch nicht gesprochen zu werden. Diese Prozedur entsprach weitgehend dem im 19. Jahrhundert gängigen Modell der Kriegsbeendigungsstufen: Waffenstillstand, Friedenspräliminarien, Definitivfrieden; nur wurde zwischen Abschluß des Waffenstillstands und Aufnahme der Friedensverhandlungen eine Zwischenstufe eingeschaltet, nämlich Wahl und Konstituierung eines Repräsentativorgans. Das Ergebnis der Wahlen – und damit die Friedensgeneigtheit oder -abgeneigtheit der Nationalversammlung – ließ sich deutscherseits nicht manipulieren; man konnte nur hoffen, daß die Kriegsmüdigkeit, die seit Spätherbst 1870 in Teilen der Pro-

---

[82] Im (publizierten) Zirkular vom 16. 9. 1870 heißt es: „Unsere Friedensbedingungen, mit welcher zur Sache legitimierten Regierung wir dieselben auch mögen zu verhandeln haben, sind ganz unabhängig von der Frage, wie und von wem die französische Nation regiert wird" (GW 6b Nr. 1808).
[83] Die folgenden Darlegungen wie bei KOLB, Der schwierige Weg zum Frieden 66 ff.
[84] Erlaß Bismarck an Flemming, Ferrières 24. 9. 1870 – PA I AAb 92 Bd. 5a; auch GW 6b Nr. 1828. Bismarcks Mitarbeiter Abeken artikulierte diese Verhandlungsperspektive in einem Brief vom 20. September folgendermaßen: „Wir können mit jeder Regierung unterhandeln und abschließen, welche uns unsere Friedensbedingungen und eine Bürgschaft gewährt, daß das Land sie annimmt" (ABEKEN 430).

vinz (weniger in Paris) allmählich um sich griff, bei den Wahlen einen Niederschlag finden und zur Entsendung einer friedenswilligen Mehrheit in die Nationalversammlung führen würde.

Eine wesentlich andere Problemkonstellation bestand bei den Sondierungen und Unterhandlungen mit den Bonapartisten, das Procedere mußte hier zwangsläufig von allen damals geläufigen Methoden der Kriegsbeendigung radikal abweichen. Um wieder zur Herrschaft in Frankreich kommen zu können, waren die Protagonisten des Second Empire auf eine deutsche Hilfestellung angewiesen. Bismarck konnte deshalb von ihnen verlangen, daß sie zunächst die deutschen Friedensbedingungen akzeptierten. Wenn es der bonapartistischen Partei dann mit deutscher Unterstützung gelang, in Frankreich wieder Fuß zu fassen und ihren Anhang zu reaktivieren, mußte sie die Zustimmung des Landes zu dem ausgehandelten Präliminarfrieden zu gewinnen suchen, sei es durch ein Plebiszit, sei es durch das Votum des wieder einberufenen Parlaments, des am 4. September auseinandergejagten Corps Législatif. Die Ratifizierung des Friedens durch die französische Nation war auch im Fall eines Abschlusses mit dem restaurierten Kaiserreich unabdingbar. Fraglos war dieser Weg, zum Frieden zu kommen, ungleich komplizierter und risikoreicher als derjenige über einen Waffenstillstand mit der provisorischen Regierung und die Wahl einer Konstituante. Vor allem war klar vorauszusehen, daß Bemühungen um eine Restaurierung des Zweiten Kaiserreichs durch deutschen Machteinsatz auf wenig Verständnis und Sympathie – um es milde auszudrücken – sowohl in Deutschland als auch bei den neutralen Mächten stoßen würden. Im nationalen und internationalen Rahmen wäre eine derartige Friedenslösung für Bismarck daher wohl nur dann durchsetzbar gewesen, wenn die provisorische Regierung sich beharrlich weigerte, der französischen Bevölkerung eine Möglichkeit zu geben, sich über Fortsetzung oder Beendigung des Krieges auszusprechen, und statt dessen die „guerre à outrance" zur Katastrophenpolitik steigerte, so daß die bonapartistische Partei in Frankreich als Friedenspartei auftreten konnte und gegenüber der deutschen Öffentlichkeit und den neutralen Mächten glaubhaft darzustellen war, dies sei der einzige offene Weg zu der in Deutschland wie in den neutralen Ländern sehnlich gewünschten raschen Beendigung des Krieges – eine Eventualität, die im Winter 1870/71 nicht völlig außerhalb des Denkbaren und Möglichen lag.

Solange jedoch ein positives Verhandlungsergebnis nicht als gesichert betrachtet werden durfte, waren in Bismarcks Sicht alle Kontakte und Gespräche – sowohl mit der einen wie mit der anderen Seite – nur unverbindliche und zu nichts verpflichtende Sondierungen, durch die er seine weiteren Bemühungen um eine Friedensanbahnung nicht zu präjudizieren gedachte und durch die er sich nicht zugunsten der einen oder anderen Seite „entschied". Die Schwierigkeiten, die sich aus der seit Sedan bestehenden Situation ergaben, hat Bismarck selbst anschaulich gekennzeichnet, wenn er am 24. September schrieb, daß „der praktische Ausgangspunkt der Friedens-Verhandlung sich vielleicht später im Rückblick, aber nicht leicht in der Gegenwart wird erkennen lassen, und daß die Unterscheidung zwischen Friedensverhandlungen, Präliminarien, Waffenstillstandsverhandlungen und nutzlosen Besprechungen, nach welchen noch Monate des Krieges folgen können, für mich weder gleichzeitig noch namentlich im Voraus möglich ist".[85] Allerdings konnten auch im Endergebnis „nutzlose Besprechungen" durchaus einen Zweck erfüllen. Da es kein Geheimnis war, daß Bismarck sich sowohl gegenüber der provisorischen Regierung wie gegenüber den Repräsentanten des Kaiserreichs gesprächsbereit zeigte, ließen sich Kontakte, die zu der einen Seite bestanden, auch dazu benutzen, die andere Partei aus der Reserve zu locken. Insofern besaßen die Sondierungen immer eine doppelte Funktion; sie waren Selbstzweck und potentielles Druckmittel zugleich.

---

[85] Erlaß Bismarck an Flemming, Ferrières 24. 9. 1870 – PA I AAb 92 Bd. 5a; auch GW 6b Nr. 1828 (eigenhändiger Zusatz Bismarcks im Konzept Abeken).

8. Die Entrevue von Ferrières – eine nicht genutzte Friedenschance?

Bestand nach dem Staatsumsturz vom 4. September die Möglichkeit, den Krieg schnell zu beenden? Diejenigen, die in der Liquidierung des Zweiten Kaiserreichs den eigentlichen „Sinn des Krieges" erblickten und erblicken, bejahen diese Frage: Hätte die preußisch-deutsche Führung den neuen Pariser Machthabern – durchweg engagierte Gegner des bonapartistischen Regimes, die im Juli 1870 überwiegend gegen die Bewilligung der Kriegskredite votiert hatten – milde Friedensbedingungen gewährt, dann wäre es ein Leichtes gewesen, den Krieg rasch in einen dauerhaften Friedenszustand zu überführen, so lautet der gängige Topos. Ausschließlich auf den brutalen deutschen Eroberungswillen sei es zurückzuführen, daß die nach Sedan und dem Staatsumsturz sich bietende Friedenschance ungenutzt blieb und der Krieg sich deshalb noch monatelang hinzog, der Kabinettskrieg zum Volkskrieg wurde, der deutsche Verteidigungskrieg die Gestalt eines veritablen Eroberungskriegs annahm. Eine derartige Beurteilung der Friedensfrage im Krieg von 1870 behauptet sich hartnäckig in weiten Teilen der Historiographie und im allgemeinen geschichtlichen Bewußtsein.

Dieser Sicht liegt indessen nicht nur ein recht naives Politikverständnis zugrunde, sondern auch eine höchst oberflächliche Kenntnis der Sachverhalte. Ein naives Politikverständnis deshalb, weil ein wesentlicher Gesichtspunkt völlig außer acht gelassen wird: die Beendigung eines einmal begonnenen modernen Krieges ist ein außerordentlich komplizierter Prozeß; die schwierige Prozedur kann nur gelingen, wenn die politischen Akteure der kriegführenden Mächte willens sind, bei der Suche nach einem Weg zum Frieden zusammenzuwirken. Fraglos wurde 1870 ein moderner Krieg ausgefochten, in dem zwei gigantische Militärmaschinen gegeneinander operierten und zwei Nationen, mit all ihren Energien, Erwartungen und Leidenschaften, sich frontal gegenüberstanden; das taten sie nicht erst nach Sedan, sondern seit Kriegsbeginn. Eine oberflächliche Kenntnis der Sachverhalte liegt vor, weil die Tatsache ignoriert wird, daß in den Septemberwochen durchaus versucht worden ist, einen Weg aus dem Krieg zu finden; allerdings war den Bemühungen kein Erfolg beschieden. Dieses in der einschlägigen Literatur stark unterbelichtete Kapitel der politischen Geschichte des Krieges von 1870/71 bedarf deshalb einer intensiveren Ausleuchtung.

Nachdem am 6. September im Großen Hauptquartier zu Reims die ersten Nachrichten über den Umsturz in Paris eingegangen waren[1], stellte sich Bismarck zunächst auf den Standpunkt, die Vorgänge in Paris seien für etwaige Friedensverhandlungen irrelevant, nicht die neue provisorische Regierung, sondern nur die Regierung Kaiser Napoleons sei zu internationalen Verhandlungen legitimiert.

---

[1] Vgl. oben S. 202. Nach GW 6b Nr. 1782 Anm. 2 wäre die Nachricht vom Sturz der kaiserlichen Regierung bereits am 5. September nach Reims gelangt; alle Aufzeichnungen und Tagebücher der im Hauptquartier Weilenden erwähnen aber erst für den 6. September Meldungen bzw. Gerüchte über den Umsturz in Paris.

Diese Auffassung brachte er nicht nur im internen Kreis², sondern auch auf diplomatischer Ebene und gegenüber der Öffentlichkeit zum Ausdruck. Am 9. September wies er Staatssekretär Thile vom Auswärtigen Amt an, sich in folgender Weise auszusprechen: „Die von uns anerkannte Regierung Frankreichs sei die des Kaisers Napoleon, welcher uns an die von ihm eingesetzte Regentschaft in Paris verwiesen habe. Das jetzt dort die Gewalt faktisch ausübende Gouvernement sei keine von uns oder anderen Mächten anerkannte Regierung, bei welcher fremde Diplomaten akkreditiert wären, und biete bisher keine Bürgschaft dafür, daß es in Frankreich selbst anerkannt und zur Vertretung Frankreichs befähigt sein werde".³ In gleichem Sinne wurde – am 9. und 10. September – telegraphisch Graf Bernstorff in London instruiert⁴, und der für Presseangelegenheiten zuständige Mitarbeiter Moritz Busch erhielt am 10. September den Auftrag, ein entsprechendes Communiqué für die in Reims erscheinenden französischen Zeitungen zu entwerfen.⁵ Nachdem Bismarck Buschs Entwurf gründlich korrigiert hatte⁶, wurde diese offizielle Verlautbarung in französischer Übersetzung⁷ am 11. September veröffentlicht. In den folgenden Tagen druckten auch die deutschen Blätter das – aus dem Französischen rückübersetzte – Communiqué ab.⁸

Es hieß darin⁹: da die in Reims erscheinenden Zeitungen die Dekrete der Pariser provisorischen Regierung publiziert hätten und die Stadt von deutschen Truppen besetzt sei, „könnte die Haltung der öffentlichen Blätter dem Gedanken Raum geben, daß sie eine durch die deutschen Regierungen angeregte oder autorisierte Meinung ausdrücken. Das ist in keiner Weise der Fall." Die deutschen Regierungen hätten bis jetzt in Frankreich keine andere Regierung anerkannt als die des Kaisers Napoleon, „und in ihren Augen ist die Kaiserliche Regierung die einzige bis auf eine neue Ordnung der Dinge, die das Recht hat, in Verhandlungen von einem internationalen Charakter zu treten." Im weiteren Text dieses Communiqués folgte dann ein deutlicher Hinweis auf Bazaine, ein Hinweis, der erkennen läßt, daß Bismarck in seinen Überlegungen schon zu diesem Zeitpunkt mit Bazai-

---
² Vgl. etwa die Berichte Graf Berchems an Bray, Reims 7. 9. 1870 – GStAM MA I 655; WALDERSEE 1, 96.
³ Erlaß Bismarck an Thile, Reims 9. 9. 1870 (pr. Berlin 14. 9.) – PA I ABc 70 Bd. 48, Bl. 113; nicht GW 6b.
⁴ Telegramme Bismarck an Bernstorff, Reims 9. 9. 1870 (z. St. 19.40 Uhr) und 10. 9. 1870 (z. St. 10.35 Uhr) – PA I ABc 70 Bd. 46, Bl. 1, 50; auch GW 6b Nr. 1788, 1790.
⁵ BUSCH 1, 181. Bereits am 9. September war den in Reims erscheinenden Blättern eine kurze Mitteilung zugeleitet worden des Inhalts: das in Paris eingesetzte Gouvernement biete keineswegs die Bürgschaften des Bestandes, die notwendig seien, um internationale Beziehungen herzustellen (HIRTH/GOSEN 2, Sp. 2093; Entwurf hierzu: PA I ABc 70 Bd. 46, Bl. 44 ff.).
⁶ Konzept Busch mit Korrekturen Bismarcks: DZAM Rep. 92 Nachl. Busch 24, Bl. 8. Der entscheidende Satz lautete nach der Korrektur durch Bismarck: „Sie [die deutschen Regierungen] können daher bis auf weiteres auch nur die kaiserliche Regierung als eine zu internationalen Verhandlungen berechtigte ansehen."
⁷ Ausarbeitung und französische Übersetzung des Communiqué-Entwurfs durch Hatzfeldt: PA I ABc 70 Bd. 47, Bl. 35 ff.
⁸ BUSCH 1, 183.
⁹ HIRTH/GOSEN 2, Sp. 2095 ff.

ne und seiner Armee als mit einem eigenständigen Faktor im politischen Spiel rechnete[10]: „Die deutschen Regierungen konnten mit dem Kaiser Napoleon, dessen Regierung bis jetzt die einzig anerkannte ist, oder mit der von ihm eingesetzten Regentschaft in Verbindung treten; sie würden auch mit dem Marschall Bazaine verhandeln können, der sein Kommando vom Kaiser hat. Aber es ist unmöglich zu sagen, mit welchem Rechte die deutschen Regierungen mit einer Macht verhandeln könnten, die bis jetzt nur einen Teil der Linken des ehemaligen gesetzgebenden Körpers in Paris repräsentiert." So eindeutig diese Stellungnahme auf den ersten Blick auch wirkt, sie war doch insofern recht vorsichtig formuliert, als an nicht weniger als drei Stellen gesagt wurde, „bis jetzt" hätten die deutschen Regierungen keine andere Regierung Frankreichs anerkannt als diejenige Kaiser Napoleons. Es wurde somit nicht ausgeschlossen, daß die an den Tag gelegte Haltung sich durchaus ändern könnte.

Busch bemühte sich in diesen Tagen, auch einzelne einflußreiche Journalisten für die Propagierung des im Reimser Communiqué vertretenen Standpunkts zu gewinnen. So schrieb er am 11. September an Ludwig Bamberger (der inzwischen aus dem Hauptquartier, das er im August einige Zeit begleitet hatte, wieder nach Deutschland zurückgekehrt war): „Es ist wünschenswert, daß in der Presse, der französischen, soweit sie uns zugänglich ist, und der deutschen, darauf aufmerksam gemacht wird, daß die in Paris eingesetzte republikanische Regierung nur faktisch, nicht ernstlich für uns existiert. Ihre Erlasse sind für uns infolgedessen null und nichtig, und auf internationale Verhandlungen können wir in keiner Weise mit ihr eingehen. Sie ist von den deutschen Regierungen nicht anerkannt, und sie bietet ... nicht genug Bürgschaften für ihre Dauer, als daß man mit ihr über die Zukunft etwas festzusetzen Neigung haben könnte. Die von uns anerkannte Regierung Frankreichs ist die des Kaisers Napoleon, der uns selbst bei seiner Gefangennehmung an die von ihm eingesetzte Regentschaft in Paris verwiesen hat. Wollen Sie gefälligst soviel wie möglich dafür sorgen, daß diese Auffassung der Sachlage auf unsrer Seite dem Publikum zweifellos klar wird."[11]

---

[10] Da erstaunlicherweise ein Exemplar des „Indépendant rémois" nach Metz hineingelangte, ist Sorels Schluß nicht unberechtigt, das Communiqué sei geradezu als Einladung an Bazaine zu verstehen, Unterhandlungen mit dem deutschen Hauptquartier anzuknüpfen (A. SOREL, Histoire diplomatique de la guerre franco-allemande 1870–1871, 2 Bde, Paris 1875, hier: 1, 344).

[11] M. Busch an L. Bamberger, Reims 11. 9. 1870 – DZAP Nachl. Bamberger 36, Bl. 1 f. Bambergers Antwortschreiben vom 22. September (das auch Bismarck gelesen hat) enthält einige charakteristische Bemerkungen zur Problematik einer bonapartistischen Restauration: „Vorgestern in Karlsruhe mit einer namhaften Zahl politischer Freunde aus Nord und Süd im engern Kreis vereinigt, hatte ich Gelegenheit da, wie allerorten, zu konstatieren, daß eine unter deutschen Auspizien vorgenommene Restauration des Napoleonismus dem öffentlichen Gewissen wie eine Monstruosität vorkommt. Niemand verkennt die Schwierigkeit, mit einem anderen Repräsentanten Frankreichs abzuschließen; niemand verkennt die innere und äußere Haltlosigkeit der improvisierten republikanischen Regierung; aber ein Gefühl [von Bismarck zweimal unterstrichen und Ausrufezeichen], das stärker ist als alle praktischen Räsonnements, perhorresziert jene Lösung als eine moralische Unmöglichkeit ..." (DZAM Rep. 92 Nachl. Busch 20, Bl. 4 f.).

In denselben Tagen suchte Bismarck auch zu erkunden, wie Napoleon III. sich überhaupt seine Zukunft vorstellte und ob er nach dem Pariser Umsturz vielleicht zu Verhandlungen geneigter sein würde als am Tag der Kapitulation von Sedan. Für diese Sondierung bediente sich Bismarck des Kölner Kaufmanns B. H. Hellwitz, der sich bereits im August erboten hatte, für Bismarck in delikater Mission tätig zu werden[12] und daraufhin ins Hauptquartier beordert worden war.[13] Am 8. September bat dann der Kölner Regierungspräsident den – für Schutz und Bewachung Napoleons in Wilhelmshöhe zuständigen – Gouverneur in Kassel, Graf Monts, „brieflich im Auftrage des Bundeskanzlers, sobald wie möglich eine Unterredung zwischen dem Kaiser Napoleon und Herrn Hellwitz zu veranlassen".[14] Hellwitz traf bereits am 10. September in Wilhelmshöhe ein und wurde sofort von Napoleon zu einer mehrstündigen Unterredung empfangen.[15] Zwar kennen wir keine Einzelheiten über Inhalt und Verlauf dieses Gesprächs, weil Hellwitz Bismarck nur mündlich Bericht erstattete (am 18. September in Meaux)[16], das Resultat dieser Fühlungnahme ist aber nicht zweifelhaft: Napoleon ging nicht aus seiner Reserve heraus, und die ihm doch wohl vorgetragenen Anregungen, er möge in der Frage der Friedensverhandlungen jetzt eine Initiative ergreifen, vermochten ihn nicht zu bewegen, irgendeine Aktivität in der von Bismarck gewünschten Richtung zu entfalten.[17]

---

[12] Schreiben B. H. Hellwitz an Bismarck, Köln 9. 8. 1870, als Anlage zum Schreiben v. Bernuth (Regierungspräsident Köln) an Bismarck, Köln 10. 8. 1870 (pr. Herny 14. 8.) – DZAM Rep. 92 Nachl. Keudell 16. In diesem Schreiben auch einige Angaben zur Person von Hellwitz (wohlhabender Geschäftsmann, Rittergutsbesitzer, Miteigentümer der Rheinischen Zeitung, Mitglied der Fortschrittspartei). Angaben zur Person ferner bei BUSCH 1, 422 f.; Graf C. v. MONTS, Napoleon III. auf Wilhelmshöhe 1870/71, Berlin ²1909, 60 ff.; W. FREESE, Die Friedensverhandlungen zwischen Bismarck und dem französischen Kaisertum, Diss. phil. Jena 1920, 17 ff.
[13] Tel. Bismarck an Bernuth, Herny 14. 8. 1870, z. St. 20.10 Uhr (eigenhändiges Konzept) – DZAM Rep. 92 Nachl. Keudell 16. In Pont-à-Mousson (also zwischen dem 16. und 23. August) hatte Hellwitz eine Unterredung mit Bismarck (BUSCH 1, 296).
[14] MONTS 60.
[15] Dafür, daß die Unterredung am 10. September stattfand, spricht das folgende Schreiben Napoleons an seinen Kabinettschef Conti in Brüssel (datiert: Wilhelmshöhe 10. 9. 1870), das Hellwitz bei sich führte: „Mon cher Conti! Je donne cette lettre à M. Hellwitz. Vous pourrez avoir toute confiance en lui, et acceptez tout ce qu'il vous donnera pour moi comme toute commission qu'il aurait à me faire parvenir. Vous pourrez aussi lui désigner à Paris une personne de confiance à laquelle il pourrait indorser comme intermédiaire avec Vous. Croyez à mon amitié. Napoléon" (PA I ABc 70 Nr. 6 Bd. 1, Bl. 12).
[16] BUSCH 1, 207. Auf der Rückreise wurde Hellwitz von der Militärkommandantur in Epernay festgehalten, weil er keine militärische Legitimation besaß, vgl. PA I ABc 70 Nr. 6 Bd. 1, Bl. 12, 14; PA I ABc 70 Bd. 51, Bl. 115.
[17] Auch ein weiterer Besuch Hellwitz' in Wilhelmshöhe am 6. Oktober erbrachte kein anderes Ergebnis. Hellwitz fand Napoleon „noch unverändert auf dem Standpunkt, daß wir ihm erst die Kastanien aus dem Feuer holen, Paris erst nehmen müßten, bevor er mit Aussicht auf ‚Dauer' hervortreten könne" – Schreiben Hellwitz an Bismarck, Köln 7. 10. 1870 (pr. Versailles 13. 10.) – PA I ABc 70 Nr. 6 Bd. 1, Bl. 55 ff.; vgl. ebd. Bl. 91 ff. über eine dritte Un-

8. Die Entrevue von Ferrières

Wenn Bismarck in den folgenden Wochen und Monaten auch jede Gelegenheit wahrnahm, mit Agenten und Repräsentanten des Zweiten Kaiserreichs in Kontakt zu bleiben, so lassen doch offizielle Verlautbarungen und praktisches Verhalten Bismarcks seit dem 11./12. September erkennen, daß er Gespräche mit Vertretern der provisorischen Regierung jetzt nicht mehr a limine ablehnte. Er konnte die Tatsache nicht unbeachtet lassen, daß es der provisorischen Regierung gelungen war, sich binnen weniger Tage im Lande Autorität zu verschaffen. Er mußte ferner zur Kenntnis nehmen, daß die neutralen Staaten zwar – abgesehen von den USA und der Schweiz – das „Gouvernement de la Défense Nationale" nicht förmlich anerkannten, aber doch ihre Vertreter in Paris (und dann in Tours) beließen und normale diplomatische Beziehungen zu der de-facto-Regierung Frankreichs unterhielten. Die von Bismarck in seinen ersten Verlautbarungen verwendeten Argumente – bei der provisorischen Regierung seien keine diplomatischen Vertreter akkreditiert und sie biete nicht die für internationale Verhandlungen unerläßlichen „Bürgschaften" des Bestandes – verloren dadurch erheblich an Stichhaltigkeit. Gerade die Frage der „Bürgschaften" konnte für Bismarck die Brücke zu einer modifizierten Stellungnahme hinsichtlich der Verhandlungslegitimation der provisorischen Regierung bilden; diesen Gesichtspunkt der „Bürgschaften" rückte er deshalb jetzt in den Vordergrund.

Nachdem er sich schon am 11. September bereit erklärt hatte, einen Mittelsmann Gambettas zu empfangen[18], wies er am 12. September einen von Außenminister Favre ausgestreckten Verhandlungsfühler nicht brüsk zurück. Als der norddeutsche Botschafter in London im Auftrag des britischen Außenministers eine Anfrage Favres übermittelte, ob Bismarck zu Gesprächen über Waffenstillstand und Friedensbedingungen bereit sei[19], erfolgte aus dem Hauptquartier am 12. September die Antwort: „Welche Bürgschaft kann die jetzige oder eine der ihr vermutlich in Paris bald folgenden provisorischen Regierungen dafür geben, daß Ab-

---

terredung von Hellwitz mit Napoleon am 22. 11. 1870. Vgl. insgesamt auch J. KÜHN, Bismarck und der Bonapartismus im Winter 1870/71, in DERS.: Historische und polemische Aufsätze zur französischen Politik, Berlin 1920, 185–237, hier: 188 f.

[18] Es handelte sich um den in London lebenden Bankier Alexander Mendel, Schwiegervater von Bleichröders Associé Julius Schwabach. Bleichröder telegraphierte am 10. 9. 1870 ins Hauptquartier, Gambetta habe einen „Vertrauensmann" zu Mendel entsandt mit dem Auftrag, „Unterhandlungen anzubahnen". Schon wenige Stunden nach Eingang dieses Telegramms erfolgte die Antwort: „Chef wird Ihren Freund empfangen..." (PA I ABc 70 Bd. 47, Bl. 13 f.). Als Mendel am 19. September in Ferrières mit Bismarck zusammentraf, stand dieser aber bereits im direkten Kontakt mit Favre, so daß der Unterredung mit Mendel keine Bedeutung mehr zukam. Hinweise auf die Aktivität Bleichröders und Mendels bei F. STERN, Gold und Eisen. Bismarck und sein Bankier Bleichröder, Frankfurt/Berlin 1978, 185 ff. Dort ist nicht erwähnt: der von Gambetta zu Mendel entsandte „Vertrauensmann" war der dänische Journalist Jules Hansen, der in den 1860er Jahren von der französischen Regierung mehrfach für heikle Missionen verwendet worden war und am 24. 8. 1870 vom französischen Außenministerium nach London entsandt wurde, um bei Presseleuten und Politikern zugunsten der französischen Sache zu wirken (HANSEN 225 ff.).

[19] Tel. Bernstorff an Bismarck, London [10. 9. 1870], HQ an: 11. 9., 6.00 Uhr, vSM 11/9 – PA I ABc 70 Bd. 46, Bl. 89; vgl. auch unten S. 231 f.

machungen mit ihr von Frankreich und zunächst auch nur von den Truppen in Metz und Straßburg anerkannt würden?"[20] Mochte der ironisch-polemische Unterton in dieser Antwort auch unüberhörbar sein, so lautete diese Stellungnahme doch schon wesentlich weniger kategorisch als die Verlautbarungen vom 9./10. September.

Selbst wenn Gambetta seinen Versuch, auf indirektem Wege die von Bismarck projektierten Friedensbedingungen in Erfahrung zu bringen und einen Kontakt zum deutschen Hauptquartier zu knüpfen, ohne Vorwissen des Außenministers Jules Favre unternommen haben sollte[21], so lag dieser Sondierungsversuch doch ganz auf der Linie der von Favre in diesen Tagen verfolgten Politik. Will man diese Politik gerecht würdigen, dann muß man sich zweierlei vor Augen halten. Jules Favre, der die Leitung der französischen Außenpolitik in einer verzweifelten und nahezu hoffnungslosen militärischen und politischen Situation übernahm, war ein gefeierter Redner und Anwalt, ein versierter Parlamentarier. Aber er verfügte über keine sehr ausgedehnten Kenntnisse der außenpolitischen Fragen und der europäischen Diplomatie, er besaß vor allem keine Erfahrung in den „Geschäften"; mit den führenden europäischen Staatsmännern hatte er nie persönlich gesprochen und unterhandelt, in seiner Korrespondenz bediente er sich – wie ein französischer Diplomat treffend bemerkt hat – „der Übertreibungen einer eher philosophischen als politischen Sprache".[22] Dazu kam ein weiteres: die in Paris nach der Revolution vom 4. September herrschende Stimmung war einer realistischen Einschätzung der Lage Frankreichs nicht eben förderlich. Die Mehrheit der Pariser gab sich der Vorstellung hin, ganz Europa werde den Sturz des Zweiten Kaiserreichs mit demselben Enthusiasmus begrüßen wie die Pariser Bevölkerung, und daher werde allein dieses Faktum genügen, um eine entscheidende Verbesserung der französischen Position nach innen und außen zu bewirken – nach außen, weil jetzt die europäischen Mächte geneigter sein würden, zugunsten Frankreichs zu intervenieren und dem siegreichen Deutschland entgegenzutreten; nach innen, weil die Einsetzung eines republikanischen Gouvernements an sich schon Wendepunkt des Geschehens sei wie einst 1792 und zukünftige französische Erfolge garantiere.[23] Derartige Illusionen verstellten allzu vielen Franzosen den Blick für die wirkliche Situation: da die europäischen Mächte nicht gewillt waren, aus ihrer indifferenten Haltung herauszutreten, blieb Frankreich weiterhin völlig isoliert.

---

[20] Tel. Bismarck an Bernstorff, Reims 12. 9. 1870 – PA I ABc 70 Bd. 46, Bl. 89; auch GW 6b Nr. 1792; ähnlich im Telegramm Bismarcks ans AA, Reims 12. 9. 1870: „Wir können ohne Schädigung unserer militärischen Interessen nur mit einer Regierung verhandeln, von der wenigstens das feststeht, daß die Truppen in Metz und Straßburg ihr gehorchen (PA I ABc 70 Bd. 48, Bl. 71; auch GW 6b Nr. 1799).
[21] Favre erwähnt weder in seinen Memoiren noch in seiner Aussage vor der Untersuchungskommission den Sondierungsversuch Gambetta-Hansen-Mendel (s. Anm. 18).
[22] M. DE GABRIAC, Souvenirs diplomatiques de Russie et d'Allemagne (1870–1872), Paris 1896, 8.
[23] SOREL 1, 285 f.

Favre hat sich ohne Zweifel in den ersten Tagen seiner Amtstätigkeit von dieser Stimmung des Aufbruchs und eines vermeintlichen politischen Neubeginns stärker beeindrucken lassen, als es für den kraft Amtes zu nüchterner, kühler Erwägung der Sachlage verpflichteten Außenminister gut war. Bei seinen ersten politischen Aktionen ging Favre deshalb von einer Lagebeurteilung aus, die den Realitäten der internationalen Situation nicht in angemessener Weise Rechnung trug, vor allem aber bewog ihn die Verkennung der tatsächlichen Lage Frankreichs und seine mangelnde Vertrautheit mit den Methoden des diplomatischen Handwerks zu einem Vorgehen, das kaum geeignet war, die Neutralen zu einer Vermittlungsaktivität zu ermutigen.

Favres Hauptziel war es, möglichst rasch einen Frieden zustande zu bringen, durch den das republikanische Frankreich – trotz der verheerenden französischen Niederlagen – ohne jede territoriale Einbuße aus dem Krieg herauskam. Gewiß war dies ein legitimes Ziel der französischen Politik; in diesem Wunsch und Willen war sich die ganze französische Nation mit der provisorischen Regierung einig. Wie aber stand es um die Chancen, ein solches Friedensprogramm durchzusetzen, es gegebenenfalls dem im Vormarsch auf Paris befindlichen Gegner aufzuzwingen, da der provisorischen Regierung doch nur unzureichende militärische Machtmittel zur Verfügung standen? Favre hat es zunächst nicht nur für möglich gehalten, für sein Friedensprogramm die aktive und energische Unterstützung der neutralen Mächte gewinnen zu können, sondern er hat anscheinend geglaubt, auch im deutschen Hauptquartier (vor allem bei Bismarck) eine gewisse Geneigtheit zum Abschluß eines Friedens auf der von ihm gewünschten Basis voraussetzen zu dürfen. Deshalb lag ihm daran, einerseits möglichst schnell die deutschen Vorstellungen zu erkunden, andererseits die Neutralen zur – nach Möglichkeit kollektiven – Vermittlung eines Waffenstillstandes auf der Basis der territorialen Integrität Frankreichs zu veranlassen und sie zur Ausübung eines Druckes auf Deutschland in der Frage der Friedensbedingungen zu bewegen.

In Unterredungen mit den diplomatischen Vertretern Großbritanniens, Österreichs und Italiens am 5. und 6. September warb Favre leidenschaftlich um Verständnis für den französischen Standpunkt und brachte auch klar zum Ausdruck, Frankreich werde lieber eine „guerre à outrance" führen als sich zu einer Gebietsabtretung verstehen.[24] Konkret ging es Favre zunächst darum, die Kabinette der neutralen Mächte zu einer – womöglich gemeinsam unternommenen – Vermittlungsaktion zu gewinnen. Dem britischen Botschafter Lord Lyons legte er dar, Frankreich werde einem von den neutralen Mächten vorgeschlagenen Waffenstillstand mit Sicherheit zustimmen; erfreut wäre er, wenn eine Vermittlung auf der Basis der territorialen Integrität Frankreichs angeboten würde, selbst wenn eine solche Basis von Preußen zurückgewiesen werden sollte.[25] In ähnlicher Weise äu-

---

[24] FAVRE 1, 112 ff.
[25] Tel. Lyons an Granville, Paris 6. 9. 1870, z. St. 18.00 Uhr – PRO FO 27/1814; vgl. auch Bericht Lyons an Granville, London 8. 9. 1870 – ebd.

ßerte sich Favre gegenüber dem österreichischen Botschafter[26] und dem italienischen Gesandten[27], und dem russischen Geschäftsträger sprach er den Wunsch aus, Kaiser Alexander möge dem preußischen König Frieden auf der Basis der Integrität Frankreichs vorschlagen.[28] Wenn von diesen Appellen ein schnelles positives Ergebnis auch kaum zu erwarten war, so stellten sie doch einen nicht unpraktischen Versuch dar, das Terrain zu sondieren. Aufgrund von Inhalt und Form der Reaktionen hätte dann über die Aussichten des geplanten Kurses geurteilt und die Stoßrichtung der weiteren Aktionen bestimmt werden können.

Ohne jedoch die Reaktionen der Kabinette auf das französische Vermittlungsgesuch überhaupt abzuwarten[29], trat Favre mit einer spektakulären Kundgebung an die Öffentlichkeit: am 6. September publizierte er ein Zirkular, das die provisorische Regierung auf eine völlig intransigente Haltung in der Frage der Friedensbedingungen festlegte. Der – unendlich oft zitierte – Kernsatz lautete: „Nous ne céderons ni un pouce de notre territoire, ni une pierre de nos forteresses".[30]

Als Favre den Entwurf der Proklamation im Kabinett verlas, hakte Finanzminister Picard bei eben diesem Satz ein und bezeichnete die Formulierung „ni une pierre de nos forteresses" als unklug, weil sie der Regierung die Möglichkeit nehme, einen Frieden zu schließen, der Frankreich die Schleifung der Festungen

---

[26] Tel. Metternich an Beust, Paris 6. 9. 1870, z. St. 22.55 Uhr – HHStA PA IX 96, Bl. 289. Beust informierte den norddeutschen Gesandten, Favre habe zu Metternich gesagt, „er sei ermächtigt, Waffenstillstand, der zum Frieden führe, zu schließen unter der Bedingung, daß keine Territorialabtretung verlangt werde, sonst würden sie den Krieg auch nach Einnahme von Paris fortsetzen." Schweinitz fügte hinzu: „Graf Beust bringt dies lediglich zur Kenntnis der Kgl. Regierung *ohne* Vermittlungsidee" (Tel. Schweinitz an AA, Wien 7. 9. 1870 – PA I ABc 70 Bd. 45, Bl. 52).

[27] Wie der norddeutsche Gesandte in Florenz am 12. September ins Hauptquartier meldete, habe die französische Regierung den italienischen Außenminister gebeten anzufragen, „ob Seine Majestät geneigt sei, auf Friedensunterhandlungen einzugehen mit Waffenstillstand und auf welche Bedingungen" (PA I ABc 70 Bd. 47, Bl. 82).

[28] Am 8. September telegraphierte Prinz Reuß aus Petersburg, Favre habe durch den französischen Geschäftsträger bitten lassen, „der Kaiser möge dem Könige Frieden vorschlagen. Integrität Frankreichs, Zahlung der Kriegskosten. Weigert sich Preußen, Krieg bis zum Äußersten. Kaiser wird ablehnen, trägt mir aber auf, Seiner Majestät dem Könige dies als Information zu melden" (PA I ABc 70 Bd. 46, Bl. 6).

[29] Die Reaktionen, die dann erfolgten, gaben keinen Anlaß zu übertriebenen Hoffnungen auf eine entschiedene Aktivität der Neutralen. Lord Granville teilte Lord Lyons am 7. September mit, die englische Regierung betrachte jeden Vermittlungsversuch als sinnlos, solange keine Aussicht bestehe, daß beide Seiten ihn akzeptierten und eine von beiden Seiten akzeptierte Unterhandlungs-Basis gegeben sei (PRO FO 27/1793; auch BLUEBOOK 4, 48). Österreich beschränkte sich darauf, Favres Eröffnungen dem norddeutschen Gesandten zur Information mitzuteilen (vgl. Anm. 26); am 10. September telegraphierte Beust an Chotek: „Nous avons toujours pensé qu'il appartenait à la Russie de prendre l'initiative et nous en attendons les résultats avec un vif intérêt" (HHStA PA X 63, Bl. 318); und am 13. September an Metternich: „Le gouvernement français ayant confiance en Russie je crois devoir lui laisser le pas et je l'emboite" (ebd. PA IX 97, Bl. 387). Für die Haltung des russischen Kabinetts vgl vorige Anm. sowie u. S. 234 ff.

[30] Das Zirkular vom 6. 9. 1870 ist an zahlreichen Stellen gedruckt, u. a. FAVRE 1, 383 ff.; ARCH.DIPL. 1871/72 2, 511 ff.; STAATSARCHIV 19, 215 ff.

Straßburg und Metz auferlege. Aber die übrigen Kabinettsmitglieder, allen voran General Trochu, bestanden darauf, diese Formulierung beizubehalten.[31] Nicht Favre allein, sondern die provisorische Regierung insgesamt trägt also die Verantwortung für diese Erklärung, die Favre später, nach dem Krieg, in Frankreich bittere Kritik eingetragen hat[32], und man darf auch nicht übersehen, daß die französische öffentliche Meinung dieser „brutal proklamierten Intransigenz"[33] begeistert akklamierte.[34] Diejenigen Franzosen, die – wie etwa Thiers[35] – eine so bindende Festlegung für falsch und der Situation nicht angemessen hielten, kamen in diesen Tagen nicht zu Wort.

Außerhalb Frankreichs begegnete das Zirkular massiver Kritik, in der Presse[36] ebenso wie bei den Staatsmännern.[37] Der mit der Beobachtung der Presse betraute französische Diplomat Rothan schrieb am 14. September: den Zuschauern scheine es, als ob die französischen Machthaber, wenn sie Deutschland ein solches Ultimatum notifizierten, jedes Gefühl für die Wirklichkeit verloren hätten. „Man begreift den Aufstand des öffentlichen Gewissens in Frankreich angesichts des Gedankens eines möglichen Démembrements. Aber im Ausland, wo man kaltblütiger urteilt, ist es schwer einzusehen, daß Preußen nach so entscheidenden Siegen sich zu einem Frieden verstehen könnte oder wollte, der nicht territoriale Veränderungen einschlösse. Man findet Favres Formulierung ... unpassend (inopportune). So absolute, feierlich ausgesprochene Erklärungen verbarrikadieren alle Wege zu zukünftigen Verhandlungen".[38] Noch drastischer äußerte sich Friedrich Engels: ihm bewies die Proklamation Favres, daß „die Leute" noch vollständig unter der „Herrschaft der Phrase" standen. „Diese Menschen, die den Badinguet [Spitzname für Napoleon III.] 20 Jahre geduldet, die noch vor 6 Monaten nicht verhindern konnten, daß er 6 Mill. Stimmen gegen 1½ erhielt und daß er sie ohne Grund

---

[31] FAVRE 1, 122; Picard in seiner Aussage vor der Untersuchungskommission (EP Dép. 1, 479). Das Kabinettsprotokoll vermerkt nur: Favre „lit un projet de circulaire qui est accueilli par une vive adhésion" (PROCES-VERBAUX 80).
[32] RECLUS 340.
[33] Ebd.
[34] Einige Belege ebd. 341 Anm. 2. Mit Recht wurde darauf hingewiesen, daß Favres Formulierungen sinngemäß bereits in Äußerungen des Außenministers La Tour d'Auvergne vom August begegnen (EP Dép. 1, 380; SOREL 1, 260).
[35] Thiers äußerte am 10. September im kleinen Kreis: man sage, die Preußen beschränkten sich auf die Forderung Straßburg und ein Stück Elsaß, Metz und ein Stück Lothringen. „C'est affreux, a repris M. Thiers, mais hélas! hélas! ce n'est peut-être aller au delà, comme exigences, de l'horrible situation où nous laisse le système tombé. Il y aura là une rude et cruelle blessure portée à notre amour-propre national, plutôt qu'une notable diminution des forces de la France ..." (Comte d'HAUSSONVILLE, Mon journal pendant la guerre (1870–71), Paris 1905, 145 f.).
[36] Für die englische Presse s. Berichte Bernstorff/Kusserow an Bismarck, London 7. und 8. 9. 1870 – PA I ABc 70 Bd. 46, Bl. 93 ff.; Bd. 47, Bl. 135 ff.; RAYMOND 159.
[37] Gorčakov bemerkte zum französischen Geschäftsträger: „Il faut pourtant bien vous préparer à quelques sacrifices. Pas une pierre de vos forteresses, pas un pouce de votre territoire, c'est fier, mais c'est vraiment trop peu. Que pourriez-vous dire de plus, si la guerre était indécise dans ses résultats?" (GABRIAC 9). Für Gladstone s. RECLUS 343 Anm. 1.
[38] ROTHAN 1, 79.

und Vorwand auf Deutschland hetzte, diese Leute verlangen jetzt, weil die deutschen Siege ihnen eine Republik – et laquelle! *geschenkt* haben, die Deutschen sollen sofort den heiligen Boden Frankreichs verlassen, sonst: guerre à outrance! Es ist ganz die alte Einbildung von der Überlegenheit Frankreichs, von dem durch 1793 geheiligten Boden, den keine späteren französischen Schweinereien entheiligen können, von der Heiligkeit der Phrase Republik".[39]

Weil die Mitglieder der provisorischen Regierung die außenpolitischen Wirkungen ihrer ersten großen Verlautbarung nicht bedachten oder völlig falsch einschätzten, begingen sie mit der Publikation des Zirkulars vom 6. September einen schweren taktischen Fehler.[40] Selbst wenn die Regierung fest entschlossen war, bei Waffenstillstands- und Friedensverhandlungen keine Gebietsabtretung zuzugestehen und eine klare Stellungnahme aus innenpolitischen Gründen[41] für dringend geboten erachtete, bestand für sie doch keine unbedingte Notwendigkeit, in diesem Augenblick durch eine so kategorische öffentliche Stellungnahme sich selbst jeden Handlungsspielraum zu nehmen – noch ehe geklärt war, in welchem Ausmaß sie bei dem ins Auge gefaßten politischen Kurs auf eine Unterstützung seitens der Neutralen rechnen konnte. Das Argument, wenn die Regierung weder zu einer Gebietsabtretung noch zur Schleifung von Festungen bereit gewesen sei, habe sie das auch laut und unumwunden sagen können, verfängt deshalb nicht, weil für die psychologische Wirkung auf die öffentliche Meinung außerhalb Frankreichs und für die Haltung der Kabinette viel auch vom Stil abhing, den die provisorische Regierung an den Tag legte, als sie in der Friedensfrage den Plan betrat. Nach der Veröffentlichung des Zirkulars vom 6. September mußten die Neutralen – bei denen nach Sedan ohnehin keine große Bereitschaft bestand, etwas für Frankreich zu unternehmen – jede Vermittlungstätigkeit von vornherein als aussichtslos betrachten. Und auf deutscher Seite konnte, bei der ohnehin geringen Neigung, mit der provisorischen Regierung zu verhandeln, ein in dieser Form hingeschleudertes Ultimatum kaum als geeigneter Auftakt für ernsthafte Unterhandlungen angesehen werden.

Favres Zirkular veranlaßte Bismarck, jetzt – und erst jetzt! – seinerseits mit einer amtlichen Stellungnahme in der Frage der Friedensbedingungen vor die deutsche und europäische Öffentlichkeit zu treten: in den beiden Zirkularen vom 13. und 16. September[42] erhob und begründete er die Forderung nach materiellen Garantien für die deutsche Sicherheit durch eine Grenzveränderung, die Frankreich das

---

[39] Engels an Marx, Manchester 7. 9. 1870 – MARX/ENGELS, Werke 33, 56.
[40] Vgl. die herbe Kritik bei SOREL 1, 297 ff.
[41] Den innenpolitischen Aspekt hat Favre selbst betont: „relever les courages" (FAVRE 1, 121; vgl. auch SOREL 1, 297). Trotz der weithin euphorischen Stimmung nach dem 4. September scheint es doch nicht an pessimistischen Stimmen gefehlt zu haben. Metternich telegraphierte am 6. September an Beust: „J'ajoute confidentiellement que le Gouvernement n'a pas confiance dans le patriotisme des populations qui désirent paix et ne se soucient plus guère de se battre..." (HHStA PA IX 96, Bl. 289).
[42] Zirkulare Reims 13. 9. 1870, Meaux 16. 9. 1870 – PA I ABc 70 Bd. 48, Bl. 6 ff.; Bd. 49, Bl. 129 ff.; auch GW 6b Nr. 1801, 1808. Vgl. dazu o. S. 161.

Ergreifen der Offensive erschwere, und er wies in diesem Zusammenhang ausdrücklich auf die Festungen Metz und Straßburg hin. Der provisorischen Regierung warf Bismarck vor, sie stachle durch ihre Sprache und ihre Akte die Volksleidenschaft auf, steigere den Haß und die Erbitterung der durch die Leiden des Krieges an sich gereizten Bevölkerung und nähre Hoffnungen auf eine diplomatische oder materielle Intervention der Mächte zugunsten Frankreichs. Indem die Pariser Regierung jede für Deutschland annehmbare Basis als für Frankreich unannehmbar im voraus verdamme, mache sie selbst sich „den Frieden unmöglich, auf den sie durch eine ruhige und dem Ernst der Situation Rechnung tragende Sprache das Volk vorbereiten müßte, wenn wir annehmen sollten, daß sie ehrliche Friedensverhandlungen mit uns beabsichtige".[43] Schon einige Tage früher, am 12. September, hatte Bismarck die Anweisung gegeben, die Presse solle das Mißverständnis bekämpfen, das sich unter anderen auch Favre zunutze zu machen suche, als hätte man nur Krieg gegen Napoleon und seine Dynastie geführt. Es sei darauf hinzuweisen, „daß die immense Majorität Frankreichs in allen das Land vertretenden Organen, im Senat, im Corps Législatif und schließlich denn auch in der Armee und im Volke es gewesen ist, welche den Krieg an Deutschland erklärt und uns zum Kriege gezwungen hat"; und die Minorität, die gegen die Kriegserklärung gewesen sei, entfessle jetzt, wo sie ans Ruder gekommen, eine wütende Agitation für den Krieg, „statt ernstlich sich um den Frieden zu bemühen".[44]

Infolge des schnellen deutschen Vormarsches auf Paris brannte Favre das Feuer auf den Nägeln. Am 9. September entschloß er sich, selbst die Initiative zur Anbahnung eines direkten Meinungsaustausches mit Bismarck zu ergreifen.[45] Er machte dabei Gebrauch von der Bereitschaft des britischen Außenministers, als „channel of communications" zu fungieren[46], und bat den englischen Botschafter, Lord Granville möge Bismarck folgende Frage übermitteln: „Veut-il entrer en pourparlers pour arriver à un armistice et à une conférence sur les conditions de

---

[43] Zirkular Meaux 16. 9. 1870 – PA I ABc 70 Bd. 49, Bl. 129 ff.; auch GW 6b Nr. 1808. Ähnlich Bismarck im Tel. an Bernstorff vom 16. September: „So lange die Pariser Regierung im Innern zum Kriege und zur Verwerfung jedes für Deutschland annehmbaren Friedens die Volksleidenschaft aufreizt, sich selbst also die Möglichkeit Frieden zu schließen künstlich erschwert, anstatt die Nation im Sinne des Friedens vorzubereiten, können wir an ehrliche Verhandlungen nicht glauben" (PA I ABc 70 Bd. 49, Bl. 98).
[44] Erlaß Bismarck an Thile, Reims 12. 9. 1870 – PA I ABc 70 Bd. 49, Bl. 109 f.; auch GW 6b Nr. 1800. Die offiziöse Provinzial-Korrespondenz veröffentlichte am 14. September einen Artikel „Die Pariser Republik und der Friede", der eine scharfe Erwiderung auf Favres Zirkular darstellte (Text auch: HIRTH/GOSEN 2, Sp. 2144 ff.).
[45] FAVRE 1, 131 f.; RECLUS 348. Favres Absicht fand im Kabinett keine Zustimmung: als Favre in der Kabinettssitzung am *Abend* des 9. September seinen Plan vortrug, sich ins deutsche Hauptquartier zu begeben, wurde diese „proposition" nach langer Diskussion abgelehnt „comme inutile ou de nature à compromettre la réalisation du but poursuivi" (PROCES-VERBAUX 95 f.). Bereits am *Nachmittag* war jedoch Favres Anfrage nach London telegraphiert worden (siehe Anm. 47).
[46] Erlaß Granville an Lyons, 7. 9. 1870 – PRO FO 27/1793; auch BLUEBOOK 4, 48.

la paix; et avec qui entend-il engager cette conversation?"[47] Wie bereits erwähnt wurde[48], beantwortete Bismarck die von Graf Bernstorff ins deutsche Hauptquartier telegraphierte Anfrage am 12. September mit der Gegenfrage, welche „Bürgschaften" die provisorische Regierung geben könne, daß die von ihr getroffenen Abmachungen von Frankreich und von den Truppen in Metz und Straßburg anerkannt würden. Wenn diese Reaktion auch eine spürbare Reserve Bismarcks gegenüber dem Pariser Gouvernement erkennen ließ, so bedeutete die Verlautbarung doch nicht eine glatte Absage: die Tür blieb offen für weitere gegenseitige Eröffnungen.

Der Weg über London kostete Zeit. Bismarcks Antwort erhielt der britische Botschafter in Paris erst am Abend des 13. September[49], am nächsten Tag brachte er sie Favre zur Kenntnis[50], der darauf sofort – allerdings für Bismarcks Empfinden zu wenig konkret – replizierte: die gewünschten Garantien könnten in doppelter Hinsicht gegeben werden, in politischer wie in militärischer. „Vom politischen Gesichtspunkt aus wird die Regierung der nationalen Verteidigung einen Waffenstillstand unterzeichnen und unverzüglich eine Versammlung berufen, welche den zwischen der preußischen und französischen Regierung abgeschlossenen Friedensvertrag ratifizieren wird. Vom militärischen Gesichtspunkte aus bietet die Regierung der Verteidigung dieselbe Sicherheit wie eine regelmäßige Regierung, da alle Befehle des Kriegsministers befolgt werden; was nur immer in dieser Hinsicht durch einen Waffenstillstand festgestellt werden sollte, würde daher ohne Verzug pünktlich ausgeführt werden."[51]

Am selben Tag, an dem Bismarck diese Äußerung Favres vorlag, stellte sich im deutschen Hauptquartier der Sekretär der britischen Botschaft in Paris, Edward Malet, ein, um Bismarck die erste Anfrage Favres auch auf direktem Wege zu übermitteln[52]. Zu diesem Schritt hatte sich Lord Lyons am 13. September entschlossen, weil man in Paris zu diesem Zeitpunkt immer noch auf Bismarcks Antwort via London wartete und Favres Ungeduld begreiflicherweise groß war.

In zwei ausführlichen Unterredungen am 15. September legte Bismarck dem englischen Diplomaten seine Auffassung über die aktuellen politischen Fragen dar[53]. Er begründete im Sinne seines Zirkulars vom 13. September die Notwendig-

---

[47] Tel. Lyons an Granville, Paris 9. 9. 1870, z. St. 17.45 Uhr – PRO FO 27/1815 (vgl. auch Bericht vom 9. 9. 1870 – ebd.).
[48] Siehe oben S. 225 f.
[49] Tel. Granville an Lyons, London 13. 9. 1870, 18.00 Uhr – PRO FO 27/1793.
[50] RECLUS 350.
[51] Tel. Bernstorff an Bismarck, London 14. 9. 1870, HQ an: 15. 9., 8.00 Uhr, pr. Château Thierry – PA I ABc 70 Bd. 49, Bl. 119 f. (mit Marginal Bismarcks: „Phrasen aber keine Garantien"). Vgl. FAVRE 1, 148.
[52] Note Lyons an Bismarck, Paris 13. 9. 1870, pr. Meaux 15. 9. – PA I ABc 70 Bd. 49, Bl. 56 ff.
[53] Bericht Malet über seine Reise, Paris 16. 9. 1870, Anlage zum Bericht Lyons an Granville, Paris 16. 9. 1870 – PRO FO 27/1816. Vgl. auch Malets Memoiren (GW 7, 344 ff.) sowie Bismarcks knappes Résumé im Telegramm an Bernstorff vom 16. 9. 1870 (PA I ABc 70 Bd. 49, Bl. 125; auch GW 6b Nr. 1807).

keit und Berechtigung der deutscherseits in Aussicht genommenen Friedensbedingungen, vermied es aber, sich in der Frage des französischen Unterhandlungspartners eindeutig festzulegen. So wies er einerseits darauf hin, es sei nur eine Sache der Etikette, ein Akt der Courtoisie, wenn deutscherseits in den okkupierten Provinzen Name und Autorität des Kaisers aufrechterhalten würden, dahinter stehe nicht die Absicht, den Franzosen eine Regierung aufzudrängen. Andererseits betonte er aber, die Proklamationen der provisorischen Regierung hätten die Friedensaussichten stark vermindert. Die Pariser Regierung hätte offen vortreten und erklären sollen, daß das Kriegsglück gegen Frankreich entschieden habe und sie deshalb den Frieden zu den bestmöglichen Bedingungen abschließen wolle, die zu erlangen seien. „Es ist unmöglich, nicht in Betracht zu ziehen, welche Haltung Frankreich uns gegenüber eingenommen hätte, wenn das Resultat des Feldzuges umgekehrt gewesen wäre. Hätte es auch nur einen Augenblick gezögert, die völlige ‚disintegration' Deutschlands zu verfügen? Und sie [die Franzosen] verlangen von uns, Geld entgegenzunehmen, das wir nicht brauchen, und Frankreich genau so zu lassen, wie es bei Kriegsbeginn war. Ich bitte Sie, sagen Sie bei Ihrer Rückkehr nach Paris, wir seien weder Kinder noch Narren."

Zum Schluß feuerte Bismarck noch einen genau kalkulierten Schreckschuß ab, der doch nicht nur eine leere Drohung war: Deutschland wünsche Frieden zu schließen, sagte er, und würde ihn unter den genannten Bedingungen mit der provisorischen Regierung schließen. Aber wenn die provisorische Regierung einen solchen Frieden ablehne, gebe es noch eine „andere Sehne am Bogen": es sei keineswegs sicher, daß Marschall Bazaine es nicht seinen Zwecken dienlich finden könnte, unter bestimmten Umständen zum Kaiser zu halten. Dann, wenn der Kaiser bereit sei, auf der Basis der deutschen Bedingungen Frieden zu schließen, würde Deutschland bereit sein, ihm beizustehen bei dem Versuch, mit Hilfe Bazaines und der 140 000 jetzt als Kriegsgefangene in Deutschland weilenden Soldaten seinen Thron wiederzugewinnen. Diese Bemerkungen waren zunächst dazu bestimmt, Malet zu beeindrucken und zu entsprechenden Äußerungen in Paris zu veranlassen; sie deuteten aber durchaus auch eine mögliche Perspektive im Falle des Scheiterns von Unterhandlungen mit der provisorischen Regierung an. „Solange wir nicht wissen, wie Bazaine sich entschließt, sind wir ungewiß, ob wir nicht besser tun, mit Bazaine zu verhandeln als mit den Machthabern in Paris", telegraphierte Bismarck am 16. September an den norddeutschen Botschafter in London[54], obwohl dieser wenige Tage zuvor hatte wissen lassen, die englischen Minister betrachteten Napoleon und seine Dynastie als definitiv abgesetzt und hielten eine Restaurierung für unmöglich, sie rieten dringend zu Verhandlungen mit den

---

[54] Tel. Bismarck an Bernstorff, Meaux 16. 9. 1870 – PA I ABc 70 Bd. 49, Bl. 125; auch GW 6b Nr. 1807.

gegenwärtigen Machthabern[55]. Das fürs erste wesentliche Ergebnis allerdings, das Botschaftssekretär Malet aufgrund seiner Unterredungen mit Bismarck nach Paris bringen konnte, war dessen mündliche Zusage, wenn ein Mitglied der provisorischen Regierung ihn besuchen wolle, werde er den Herrn mit Vergnügen empfangen.

Am 16. September informierte Bismarck den Botschafter in London[56] und den Gesandten in Petersburg[57] über seine Bereitwilligkeit, gegebenenfalls mit Favre in offiziöse Besprechungen einzutreten. An das Auswärtige Amt in Berlin telegraphierte er am 18. September für die Pressearbeit folgende Information, die in höchst aufschlußreicher Weise seine Position am Vorabend der Entrevue von Ferrières widerspiegelt: „1) Die über London an uns gelangte Frage Jules Favres, ob ich zu Besprechungen mit ihm bereit sei, ist bejaht worden. 2) Wer in Frankreich regiert, ist uns gleichgültig, wir würden auch die Republik den Franzosen gönnen, wenn Frankreich sich dafür erklärt. 3) Dessen ungeachtet muß für jetzt in den von uns okkupierten Landesteilen im Namen des Kaisers [Recht] gesprochen werden, weil noch keine andere Regierung von uns anerkannt ist. 4) Ob Bazaine und die Armee in Metz sich für Kaiser oder Republik erklärt, ist bis jetzt auch in Paris nicht bekannt. 5) Akademische Frage: Wäre es politisch richtig, den südlichen Teil des Ober-Elsaß der Schweiz zuzulegen?"[58]

In eben jenen Tagen, in denen Favre über London eine Kontaktaufnahme mit Bismarck in die Wege zu leiten versuchte, setzte er intensiv seine sofort nach der Amtsübernahme begonnenen Bemühungen[59] fort, die Kabinette in London, Petersburg und Wien für eine aktive Unterstützung Frankreichs zu gewinnen. Das Ziel, das ihm dabei vorschwebte, war eine „action collective des puissances neutres pour arriver d'abord à un armistice puis à la paix"[60] – selbstverständlich auf der Basis der von der provisorischen Regierung gewünschten Bedingungen: territoriale Integrität Frankreichs, Zahlung einer Kriegsentschädigung an Preußen-Deutschland. Dabei konzentrierte sich Favre ganz auf das Petersburger Kabinett, während er gegenüber der englischen Regierung kein allzu starkes Empressement an den

---

[55] Telegramme Bernstorff an Bismarck, London 12. und 13. 9. 1870, pr. Reims 13. 9. (vSM 13/9), pr. Château Thierry 15. 9. (vSM 16/9) – PA I ABc 70 Bd. 49, Bl. 127 f., 121 f. Auch Prinz Reuß telegraphierte am 12. September, Zar Alexander empfehle, Unterhandlungen mit der jetzigen Regierung nicht zurückzuweisen, habe indessen Favres Ersuchen, vom König einen Waffenstillstand zu erlangen, abgelehnt (PA I ABc 70 Bd. 47, Bl. 152).
[56] Tel. Bismarck an Bernstorff, Meaux 16. 9. 1870 – PA I ABc 70 Bd. 49, Bl. 125, 145; auch GW 6b Nr. 1807, 1809.
[57] Tel. Bismarck an Reuß, Meaux 16. 9. 1870 – PA I ABc 70 Bd. 49, Bl. 66; auch GW 6b Nr. 1804 (in diesem Telegramm wurde betont, mit der Bereitwilligkeit zu einer offiziösen Besprechung mit Favre wolle man besonders der „Meinung des Kaisers" Rechnung tragen).
[58] Tel. Bismarck an AA, Meaux 18. 9. 1870, z. St. 23.50 Uhr (Berlin an: 19. 9., 11.55 Uhr) PA I ABc 70 Bd. 51, Bl. 12 f. Für Punkt 5 vgl. oben S. 157.
[59] Siehe oben S. 227 ff.
[60] Tel. Favre an Gabriac, Paris 11. 9. 1870 – MAE Russie 244 Bl. 276 f.

Tag legte⁶¹. Mochte bei der zuversichtlichen Einschätzung der russischen Absichten auch eine erhebliche Portion Zweckoptimismus im Spiele sein, so scheint Favre doch wirklich geglaubt zu haben, es könne ihm vielleicht gelingen, das Petersburger Kabinett aus seiner Reserve herauszulocken und zu einer diplomatischen Intervention zu veranlassen⁶². In den Tagen vom 10. bis 15. September bombardierte er den französischen Geschäftsträger in Petersburg mit wortreichen Telegrammen, die einerseits eine unverkennbare Nervosität und Panikstimmung bezeugen, die andererseits eine naiv zu nennende Beurteilung der Situation und der internationalen Kräftekonstellation erkennen lassen, naiv deshalb, weil Favre es anscheinend für möglich hielt, die harten Realisten in Petersburg durch pathetische Appelle listig in eine Aktion hineinmanövrieren zu können, von der sich diese Staatsmänner kaum Vorteile für ihr Land und für ihre Politik versprechen konnten. Etwaige Bedenken des Petersburger Kabinetts gegen den republikanischen Charakter der Pariser Regierung suchte Favre zu zerstreuen durch den Hinweis auf das Dekret der provisorischen Regierung vom 8. September, das den 16. Oktober als Termin für die Wahl einer konstituierenden Versammlung festsetzte. Da seine polnischen Sympathien bekannt waren, gab er in dieser Frage beruhigende Versicherungen ab⁶³ und hob mit Nachdruck hervor, er persönlich habe immer die „bonne entente" zwischen Rußland und Frankreich als eine der wesentlichen Bedingungen des Weltfriedens angesehen, und er werde alles tun, um diesem Gedanken mit allen seinen Konsequenzen Geltung zu verschaffen⁶⁴.

Der konkrete Vorschlag, den Favre in seinen Telegrammen (an den französischen Geschäftsträger Gabriac) vom 10. und 11. September entwickelte, lautete dahin: die russische Regierung (in Paris zu diesem Zeitpunkt nur durch einen Geschäftsträger vertreten) solle ihren Londoner Botschafter Baron Brunnov oder einen anderen Sonderbeauftragten nach Paris entsenden, der sich mit den dortigen Repräsentanten der neutralen Staaten ins Benehmen setzen würde, „qu'ensemble ils arrêtassent une démarche collective amenant un armistice puis une médiation"⁶⁵. Am 12. September hielt es Favre auch für ausreichend, wenn der Ge-

---

[61] Am 10. September telegraphierte Favre an den Geschäftsträger in London, Frankreich wünsche eine aktivere Hilfe als die von Granville angebotene Übermittlung von Kommunikationen (MAE Angleterre 753 Bl. 241 f.); Tissot meldete darauf, England werde eine Vermittlung nur vorschlagen, wenn beide Beteiligten damit einverstanden seien (ebd. Bl. 243 f.). Am 13. September traf Thiers in London ein, um zugunsten einer diplomatischen Intervention Englands tätig zu werden, vgl. u. S. 274.
[62] In den Kabinettssitzungen hat Favre die Aussichten für eine Intervention der Mächte zwar mehrfach pessimistisch beurteilt (PROCES-VERBAUX 88 f., 95, 109, 116), der Aktenbefund läßt aber keinen anderen Schluß zu als den, daß er es doch für möglich hielt, die russische Unterstützung zu gewinnen. In der Kabinettssitzung vom 11. September konstatierte er, auf seiten Rußlands bestünden „les meilleures dispositions" (ebd. 109) – die ihm aus Petersburg zugegangenen Informationen berechtigten indes kaum zu einer solchen Feststellung!
[63] Tel. Favre an Gabriac, Paris 11. 9. 1870 – MAE Russie 244 Bl. 276 f.
[64] Tel. Favre an Gabriac, Paris 12. 9. 1870 – ebd. Bl. 278 f.
[65] Tel. Favre an Gabriac, Paris 10. und 11. 9. 1870 – ebd. Bl. 268 f., 276 f.

schäftsträger Okunev den Befehl erhielte, sich mit den anderen Angehörigen des diplomatischen Korps in Verbindung zu setzen und im deutschen Hauptquartier eine gemeinsame Demarche zu unternehmen; diese Aktion sollte Kaiser Alexander durch eine direkte Intervention beim preußischen König unterstützen[66]. Diesen Vorschlag wiederholte Favre am 13. September und fügte hinzu, die Gesandten Italiens, Spaniens und der Türkei seien autorisiert, sich ins deutsche Hauptquartier zu begeben, um einen Waffenstillstand zu fordern; mit etwas mehr Anstrengung könnte jetzt eine Kollektivdemarche zustande gebracht werden, denn Lord Lyons sei bereit, sich anzuschließen. „In dieser Situation scheint die Ehre des entscheidenden Schrittes Rußland zuzukommen"[67]. Gleichzeitig bat er Beust, Fürst Metternich zur Teilnahme an der gemeinsamen Demarche im deutschen Hauptquartier zu autorisieren[68]. Beust gab zunächst seine Einwilligung[69], die er zwei Tage später jedoch stark modifizierte[70]. Aus Petersburg hingegen erfolgte eine eindeutig ablehnende Antwort: in einem Telegramm, das am 14. September nachmittags im Quai d'Orsay einging, teilte Gabriac mit, der Kaiser lehne die Entsendung Brunnovs oder eines anderen Beauftragten ab, ebenso einen gemeinsamen Waffenstillstandsvorschlag der neutralen Mächte, da sich die Neutralen nicht einem vorauszusehenden preußischen „refus" aussetzen könnten. Gorčakov schlage deshalb direkte Verhandlungen vor und sei bereit, Eröffnungen der provisorischen Regierung dem Berliner Kabinett zu übermitteln[71]. Ungeachtet dieser klaren Absage beschwor Favre am 15. September die russische Regierung noch einmal mit höchstem Pathos, ihren Vertreter zur Teilnahme an einer Kollektivdemarche zu autorisieren[72], aber seine anfänglichen Hoffnungen, daß durch eine gemeinsame Aktion der Neutralen unter Führung Rußlands sofortige Waffenstillstandsverhandlungen auf einer für Frankreich vorteilhaften Basis angebahnt werden könnten, mußte er jetzt aufgeben.

Die preußischen Vorposten standen bereits im Umkreis von Paris, der Ring um die Stadt begann sich zu schließen. Am Abend des 17. September verließ der größte Teil des diplomatischen Korps – darunter die Vertreter Englands, Rußlands, Österreich-Ungarns und Italiens – die französische Hauptstadt, um sich nach Tours zu begeben, wo sich zunächst drei Mitglieder der provisorischen Regierung

---

[66] Wie Anm. 64.
[67] Tel. Favre an Gabriac, Paris 13. 9. 1870 – MAE Russie 244, Bl. 283.
[68] Tel. Favre an Mosbourg, Paris 13. 9. 1870 – MAE Autriche 503, Bl. 258.
[69] Tel. Beust an Metternich, Wien 14. 9. 1870 – HHStA PA IX 97, Bl. 392.
[70] Auf Metternichs Telegramm vom 15. 9., Rußland lehne die Teilnahme an einer Kollektivdémarche ab, Favre wäre dankbar, wenn Metternich gegebenenfalls allein ins deutsche Hauptquartier ginge (HHStA PA IX 96, Bl. 330), antwortete Beust u. a.: „... nous ne devons pas non plus risquer une compromission, qui ferait tort à une intervention subséquente plus opportune et plus efficace." Deshalb dürfe Metternich nicht allein, sondern nur mit Lyons oder Nigra gehen und nur als Organ Favres fungieren, nicht aber im Namen der österreichischen Regierung sprechen. Tel. Beust an Metternich, Wien 16. 9. 70 – ebd. PA IX 97, Bl. 394.
[71] Tel. Gabriac an Favre, Petersburg 14. 9. 1870, 11.50 Uhr (Paris an: 16.30 Uhr) – MAE Russie 244 Bl. 287 f.
[72] Tel. Favre an Gabriac, Paris 15. 9. 1870 – ebd. Bl. 289 ff.

8. Die Entrevue von Ferrières

als „Regierungsdelegation" etabliert hatten. Wenn Favre vor Beginn des Angriffs auf Paris erkunden wollte, ob ernsthafte Chancen für einen Waffenstillstand bestanden, dann war jetzt keine Zeit mehr zu verlieren. Als der britische Botschaftssekretär Malet am 16. September aus dem deutschen Hauptquartier nach Paris zurückkehrte und den Bescheid mitbrachte, Bismarck werde ein Mitglied der provisorischen Regierung höflich empfangen, entschloß sich Favre daher, allein das deutsche Hauptquartier aufzusuchen[73]. Da sich seine Kabinettskollegen bei einer Diskussion wenige Tage zuvor nicht für eine Begegnung zwischen Favre und Bismarck erwärmt hatten[74], verständigte Favre von seinem Vorhaben nur General Trochu und den Kriegsminister Le Flô[75]. Am frühen Morgen des 18. September verließ Favre, nur begleitet von drei Mitarbeitern, die Stadt, passierte hinter Créteil die deutschen Linien, nächtigte in Villeneuve-St. Georges beim Oberkommandierenden des 6. preußischen Armeekorps, General von Tümpling, und stieß am Nachmittag des 19. September beim Dorfe Montry auf Bismarck[76], der sich mit seiner Begleitung auf dem Marsch von Meaux nach Ferrières befand. In Haute-Maison, einem kleinen Schlößchen nahe der Straße, hatte Favre eine erste Unterredung mit Bismarck, am Abend desselben Tages und in den Mittagsstunden des 20. September fanden zwei weitere Besprechungen im Rothschild-Schloß zu Ferrières statt.

Die „Entrevue von Ferrières" – diese erste Fühlungnahme zwischen Bismarck und einem Mitglied der provisorischen Regierung, Bismarcks erste persönliche Begegnung mit jenem Mann, mit dem er vier Monate später die Waffenstillstandskonvention zum Abschluß bringen sollte – begann nicht eben unter verheißungsvollen Auspizien. Favre, durch seine eigenen Erklärungen und die Politik der Pariser Regierung auf eine intransigente Linie festgelegt, konnte in der Frage der Friedensbedingungen nicht vom Prinzip der territorialen Integrität abweichen; Erörterungen über einen Präliminarfrieden waren dadurch so gut wie unmöglich. Das war Favre selbst klar, und er trat deshalb seine Reise ins deutsche Hauptquartier mit der erklärten Absicht an, rasch einen Waffenstillstand auf der Basis des militärischen status quo zu erlangen, während dessen Dauer eine konstituierende Versammlung gewählt und die neutralen Mächte „in der Frage der Friedensbedingungen zu Rate gezogen werden sollten"[77]. Ein Waffenstillstand auf der Basis des militärischen status quo ohne gleichzeitige Friedenspräliminarien aber war genau das, was Bismarck zu diesem Zeitpunkt nicht zugestehen zu können glaubte[78].

---

[73] Lyons telegraphierte am 16. September nach London, er habe Bismarcks schriftliche und mündliche Antwort Favre mitgeteilt; dieser sei bereit, sich ins deutsche Hauptquartier zu begeben (PRO FO 27/1816).
[74] Vgl. Anm. 45.
[75] FAVRE 1, 155 f.; RECLUS 351.
[76] Eine lebendige Schilderung dieser Reise gab Favres Begleiter Hendlé, s. RECLUS 352 ff.; vgl. ferner FAVRE 1, 156 ff.
[77] So Favre im Telegramm an Gabriac vom 13. 9. 1870 – MAE Russie 244 Bl. 284 f.
[78] Bismarck hatte dies auch Lord Lyons wissen lassen, der diese Information an Favre weitergab: Schreiben Bismarck an Lyons, Meaux 15. 9. 1870 (pr. Paris 16. 9.), sowie Bericht und Tel. Lyons an Granville, Paris 16. 9. 1870 – PRO FO 27/1816. Vgl. auch BRONSART 83.

Die deutschen Militärs waren nämlich nicht interessiert am Abschluß eines Waffenstillstands, der in der gegebenen militärischen Situation der provisorischen Regierung wegen des wertvollen Zeitgewinns einen Vorteil bot, für die zügig vorrückenden deutschen Truppen hingegen von Nachteil war, zumal man im deutschen Hauptquartier in diesen Tagen mit einer raschen Entscheidung vor Paris rechnete; daß die französische Hauptstadt erst nach mehrmonatiger Belagerung fallen würde, hielt damals niemand im Hauptquartier für möglich.

Gemessen an den beiderseitigen Ausgangsstellungen und Dispositionen wird man von einem zunächst über Erwarten aussichtsreichen Verhandlungsverlauf sprechen dürfen, denn immerhin erschien es aufgrund der Unterredungen einen Augenblick lang nicht völlig ausgeschlossen, daß ein Waffenstillstand zustande kommen könnte – eine Aussicht, die sich dann allerdings schnell als Illusion entpuppen sollte.

Die Unterhandlungen von Ferrières vollzogen sich als ein mündlicher Meinungsaustausch unter vier Augen; die vorgetragenen Standpunkte wurden nicht schriftlich fixiert, schriftliche Aufzeichnungen (etwa projet und contreprojet eines Waffenstillstandsvorschlags) wurden nicht ausgetauscht. Favre und Bismarck haben aber unmittelbar nach der Zusammenkunft ausführliche Berichte über den Verlauf der Besprechungen vorgelegt, und wenn zwischen den beiden Versionen auch gewisse Unstimmigkeiten bestehen, so können durch einen kritischen Vergleich dieser Darstellungen – unter Berücksichtigung auch späterer Äußerungen Favres und Bismarcks – Ablauf und Resultat der Verhandlungen doch recht genau rekonstruiert werden.

Favre diktierte gleich am Vormittag des 20. September seinem Sekretär eine lange Aufzeichnung über die beiden Unterredungen am 19. September[79]. Weitgehend auf dieser Aufzeichnung basierte der schon am 23. September publizierte „Bericht des Außenministers an seine Ministerkollegen"[80], allerdings hat Favre die Akzente in diesem Bericht etwas verschoben: da die Pariser Regierung jedes Eingehen auf die deutscherseits gestellten Waffenstillstandsbedingungen kategorisch ablehnte, bezweckte die Veröffentlichung eine möglichst starke propagandistische Wirkung, vor allem nach innen. Deshalb stellte Favre Bismarcks beiläufige (und unter Vorbehalt gemachten) Äußerungen über die deutscherseits ins Auge gefaßten Friedensbedingungen in den Vordergrund, referierte ausführlich und auf den Ton sittlicher Entrüstung gestimmt jene Partien der Gespräche, die Bismarck eine „akademische Beleuchtung von Gegenwart und Vergangenheit" nannte, er ging

---

[79] Die Aufzeichnung ist (mit einigen Auslassungen) gedruckt bei FAVRE 1, 164 ff.; für die Auslassungen vgl. RECLUS 352, 358 ff.
[80] FAVRE 1, 420 ff.; ARCH.DIPL. 1871/72 2, 604 ff.; STAATSARCHIV 19, 223 ff. Die Veröffentlichung erfolgte auf Beschluß des Kabinetts und nach Vornahme einiger „rectifications", siehe PROCES-VERBAUX 152.

8. Die Entrevue von Ferrières

aber nur am Rande auf den eigentlichen Hauptgegenstand der Unterhandlungen ein, nämlich die Bedingungen eines Waffenstillstands; die deutscherseits gestellten Bedingungen gab er zudem unpräzise und unkorrekt wieder. Bismarck antwortete auf diese Darstellung, die ihm am 25. September bekannt wurde[81], durch ein Zirkular vom 27. September[82]. Bismarck erkannte an, Favre sei bemüht gewesen, den Hergang der Sache im ganzen richtig wiederzugeben, es habe bei den Besprechungen aber nicht die Frage des Friedensschlusses im Vordergrund gestanden – wie es aufgrund von Favres Bericht scheine –, sondern die des Waffenstillstands. Die deutscherseits gestellten Bedingungen für einen Waffenstillstand legte Bismarck detailliert dar, und da Favre in seinem Zirkular vom 17. Oktober[83] diese Angaben nicht bestritten hat, sondern die Bedingungen nur als unfair kritisierte, muß davon ausgegangen werden, daß die diesbezüglichen Angaben in Bismarcks Zirkular vom 27. September zutreffend sind. Auf der mit diesen Bemerkungen knapp charakterisierten Quellengrundlage kann der Verlauf der Unterredungen zwischen Bismarck und Favre nachgezeichnet und analysiert werden.

Zu Beginn der ersten Unterredung am Nachmittag des 19. September umriß Favre den Zweck seiner Reise ins deutsche Hauptquartier: ehe ein Gemetzel vor Paris beginne, wolle er den Versuch einer „transaction honorable" machen und wünsche deshalb die deutschen Friedensbedingungen zu wissen. Diesem Verlangen stellte Bismarck zunächst ein fin de non recevoir entgegen: für sinnvolle Verhandlungen über einen Frieden gebe es vorläufig keine Basis, da Favre in seinem Zirkular jede Gebietsabtretung kategorisch abgelehnt habe; er werde sich über die von Deutschland beanspruchte Grenze erst erklären, wenn das Prinzip der Landabtretung von Frankreich überhaupt öffentlich anerkannt sei. Erst auf Favres Insistieren fand sich Bismarck bereit, die deutscherseits in Aussicht genommenen Bedingungen zu skizzieren, wobei er ganz im Sinne seines Zirkulars vom 16. September argumentierte und die Forderung nach einer Abtretung von Straßburg mit dem Elsaß und von Metz mit einem Teil Lothringens erhob. Er fügte hinzu, Deutschland könne, falls der Krieg fortgesetzt werde, nicht darauf verzichten, entsprechend seinen Opfern noch härtere Bedingungen für den Abschluß eines Friedens zu stellen. Immerhin scheint Bismarck – wenigstens verdeckt – angedeutet zu haben, wenn Elsaß und Deutsch-Lothringen auch die offiziellen deutschen Forderungen seien, so könnten diese bei einem schnellen Eingehen der Pariser Regierung auf das Prinzip einer Territorialzession möglicherweise reduziert werden; jedenfalls hat Favre später behauptet, Bismarck habe in Ferrières davon gesprochen,

---

[81] BRONSART 98, 100; FRIEDRICH III. 139.
[82] Runderlaß an die Missionen, Ferrières 27. 9. 1870 – PA I ABc 70 Bd. 53, Bl. 107 ff.; auch GW 6b Nr. 1835. Das Konzept beruht auf einem von Hatzfeldt aufgenommenen Diktat Bismarcks.
[83] Zirkular, Paris 17. (18.) 10. 1870 – FAVRE 1, 444 ff.; ARCH.DIPL. 1871/72 3, 805 ff.

um den Preis von Straßburg mit seiner Umgebung (banlieue) sei der Friede möglich[84].

Favre erklärte daraufhin Friedensverhandlungen für aussichtslos, da die Pariser Regierung jede Territorialzession ablehnen müsse und nur zur Zahlung einer Kriegsentschädigung bereit sei. Er konzentrierte sich nun auf sein eigentliches Verhandlungsziel, einen Waffenstillstand: eine zum Abschluß des Friedens legitimierte Regierung Frankreichs, so Favre, könne allein durch die Einberufung einer konstituierenden Versammlung zustande kommen, diese habe jedoch einen Waffenstillstand zur Voraussetzung. Bismarck hingegen bezeichnete den Abschluß eines Waffenstillstands angesichts der augenblicklichen militärischen Situation als für Deutschland unzumutbar. Trotz des „désaccord absolu" erklärte er sich aber zu einem weiteren Gespräch mit Favre am Abend bereit.

Im Mittelpunkt dieser zweiten Unterredung zwischen Bismarck und Favre stand die Frage nach Möglichkeit und Bedingungen eines Waffenstillstands. Bismarck beharrte anfänglich auf seiner Ablehnung eines Waffenstillstands, ließ sich dann aber von Favre langsam – und scheinbar widerstrebend – dazu drängen, den Abschluß eines Waffenstillstands wenigstens in Erwägung zu ziehen: die Wahl einer Vertretung des französischen Volkes lag, wie auch Bismarck anerkannte, im beiderseitigen Interesse und sollte deshalb nach Möglichkeit befördert werden. Bismarck machte allerdings von vornherein darauf aufmerksam, „daß ein Waffenstillstand für eine im siegreichen Fortschreiten begriffene Armee jederzeit militärische Nachteile mit sich bringe, in diesem Falle aber für die Verteidigung Frankreichs und die Reorganisation seiner Armee einen sehr wichtigen Zeitgewinn darstelle". Daher könne ein Waffenstillstand auf keinen Fall „ohne militärisches Äquivalent" gewährt werden. Als mögliches militärisches Äquivalent nannte Bismarck, zunächst unverbindlich, die Übergabe der Festungen Toul und Straßburg sowie der kleineren Vogesenfestungen; Metz könne unter keinen Umständen in ein Waffenstillstandsabkommen einbezogen werden. Favres Vorschläge hingegen lauteten: 14tägiger Waffenstillstand auf der Basis des status quo, Neutralisierung und Verproviantierung von Paris, Geleitscheine für die Kandidaten und die Gewählten. Die Unterredung endete damit, daß Bismarck versprach, die Stellungnahme des Königs über die Bedingungen eines Waffenstillstands einholen zu wollen.

---

[84] Favre sagte dies in einer Sitzung des 8. Büros der Nationalversammlung am 17. 2. 1871 (vgl. EP Dép. 5, 212 ff.). Als diese erstaunliche Äußerung im Juni 1871 bekannt wurde, erklärte Favre in der Nationalversammlung am 17. Juni 1871, es habe sich dabei um keine „proposition" gehandelt (was sicher richtig ist), da in Ferrières nicht der Frieden, sondern ein Waffenstillstand zur Debatte gestanden habe (ARCH.DIPL. 1873 1, 169 ff.). Bismarck ließ nach dieser Rede Favres seinerseits verlauten, er habe in Ferrières nicht erklärt, Deutschland werde sich mit einer Abtretung von Straßburg begnügen (Artikelentwurf Buschs mit Korrekturen Bismarcks – DZAM Rep. 92 Nachl. Busch 24, Bl. 3 f.). Diese Äußerung darf jedoch nicht zum Nennwert genommen werden, denn zu diesem Zeitpunkt konnte Bismarck nichts an der Enthüllung liegen, daß er im September 1870 – im Interesse eines schnellen Friedensschlusses – bereit war, von Frankreich wesentlich weniger zu fordern, als dann im Friedensvertrag tatsächlich durchgesetzt wurde.

8. Die Entrevue von Ferrières

Es war kurz vor Mitternacht, als Bismarck den König aufsuchte. Anscheinend hatte er keine Schwierigkeit, den König für seinen Vorschlag zu gewinnen, entgegen den ursprünglichen Intentionen des Hauptquartiers jetzt doch den Abschluß eines Waffenstillstands auch ohne gleichzeitige Friedenspräliminarien ernsthaft in Betracht zu ziehen und eine vertretbare Basis für ein Waffenstillstandsabkommen zu suchen. Denn um 12 Uhr nachts setzte Bismarck eine kurze Notiz an die Generäle Moltke, Roon, Boyen und Tresckow auf, sie möchten sich „auf Befehl Sr. Majestät des Königs" am kommenden Vormittag um 9 Uhr bei ihm versammeln, „um eine Frage zu besprechen, über welche S. M. der König um 10 Uhr gemeinschaftlichen Vortrag befohlen hat"[85].

Als Ergebnis der in diesem Kriegsrat gepflogenen Erörterungen[86] unterbreitete Bismarck dem französischen Unterhändler am 20. September gegen Mittag folgende Waffenstillstandsbedingungen: Bewilligung eines Waffenstillstands von 14 Tagen, um die Wahl einer Landesvertretung zu ermöglichen; freie Wahlen auch innerhalb der durch die deutschen Truppen besetzten Landesteile, jedoch unter Ausschluß des Generalgouvernements Elsaß; in und vor Metz Fortdauer der Feindseligkeiten innerhalb eines näher zu bestimmenden um Metz gelegenen Umkreises; Übergabe von Straßburg mit Kriegsgefangenschaft der Besatzung, Übergabe von Toul, Bitsch und einigen kleineren Festungen[87] mit freiem Abzug der Besatzung; Übergabe einiger Forts von Paris.

Favre protestierte heftig gegen diese Bedingungen und wies vor allem die Paris und Straßburg betreffenden Forderungen zurück: es sei für die provisorische Regierung völlig ausgeschlossen, die heroisch kämpfende Straßburger Garnison freiwillig der Kriegsgefangenschaft auszuliefern, es sei ihr ferner nicht möglich, einen

---

[85] Aufzeichnung Bismarcks, Ferrières 19. 9. 1870, 12 Uhr abends – PA I ABc 70 Bd. 51, Bl. 25; auch GW 6b Nr. 1817.
[86] Über den Verlauf dieses Kriegsrats ist nichts bekannt. Bei den Akten befinden sich zwei Aufzeichnungen, die dem Umkreis dieser Beratungen zugehören (PA I ABc 70 Bd. 51, Bl. 26, 27): 1) eine eigenhändige Aufzeichnung Bismarcks (Text: GW 6b Nr. 1817 Anm. 1); sie entstammt vermutlich Bismarcks Besprechung mit den Generälen und hält die Punkte fest, in denen Einigkeit erzielt wurde, sowie die Punkte, die im Kriegsrat noch geklärt werden mußten; 2) eine undatierte Aufzeichnung von unbekannter Hand; formal könnte sie das schriftliche Résumé der Beratungen des Kriegsrats darstellen, aber nicht inhaltlich, denn die darin enthaltene Bestimmung betr. Paris hat Bismarck nachher Favre nicht als Waffenstillstandsbedingung genannt: „Übergabe von Paris an die deutsche Armee, unter freiem Abzug der französischen Linien-Truppen, von dort hinter die Loire." Vielleicht handelt es sich um die (weitergehenden) Gegenvorschläge des Generalstabs zu den Vorschlägen Bismarcks.
[87] Die Quellen enthalten widersprüchliche Angaben darüber, welche „kleineren Festungen" übergeben werden sollten. Favre spricht in seiner Aufzeichnung (s. Anm. 79) von den Vogesenfestungen, in seinem Bericht (s. Anm. 80) von Pfalzburg; Bismarck nennt in seinem Zirkular (s. Anm. 82) nur Bitsch, in seinem Schreiben an den Kronprinzen vom 21. 9. 1870 spricht er von den „kleinern Festungen" (GW 6b Nr. 1824), in seinem Telegramm an Bernstorff vom 23. September führt er außer Straßburg und Toul nur Verdun an (GW 6b Nr. 1826). Möglicherweise formulierte Bismarck die diesbezüglichen Bedingungen Favre gegenüber elastisch, so daß er in diesem Punkte gegebenenfalls leicht einige Zugeständnisse machen konnte.

dominierenden Teil der Pariser Festungswerke preiszugeben, so daß die einzuberufende Vertretung dann gezwungen sein würde, unter preußischen Kanonen zu verhandeln. Diesen Einwand erkannte Bismarck an und ging deshalb auf Favres Anregung ein, die konstituierende Versammlung solle, wenn Paris nicht neutralisiert werden könne, in Tours zusammentreten. Bismarck unterbrach die Besprechung, um dem König von diesem Vorschlag und von Favres Ablehnung einer Übergabe Straßburgs Mitteilung zu machen. Nach einiger Zeit kehrte er mit dem Bescheid zurück: der König sei mit der Einberufung der konstituierenden Versammlung nach Tours einverstanden, bestehe aber auf der Kriegsgefangenschaft der Straßburger Garnison. Verständlicherweise legte man im deutschen Hauptquartier größten Wert darauf, möglichst schnell in den Besitz von Straßburg zu kommen, das man im Frieden zu behalten wünschte. Auch konnte das Elsaß nicht als vollständig erobert gelten, solange sich die beherrschende Festung nicht in deutscher Hand befand, was in den Friedensverhandlungen – bei Anwendung des Grundsatzes uti possidetis – höchst mißlich gewesen wäre. Andererseits war die Belagerung der Stadt am 20. September so weit gediehen, daß die Kapitulation oder Eroberung innerhalb weniger Tage zu erwarten stand, Straßburg also auch ohne Waffenstillstand bald fallen mußte.

In bezug auf die Stadt Paris stellte Bismarck auf Befehl des Königs folgende Alternative[88]: entweder werde den deutschen Armeen die Position von Paris eingeräumt durch Übergabe eines dominierenden Teils der Festungswerke – dann sei man deutscherseits bereit, den Verkehr der Provinzen mit Paris und die Verproviantierung der Stadt zuzulassen; oder die Position von Paris werde den deutschen Armeen nicht eingeräumt – dann könne auch nicht in die Aufhebung der Absperrung eingewilligt werden, sondern es müsse die Beibehaltung des militärischen status quo dem Waffenstillstand zugrunde gelegt werden.

Favre lehnte die Einräumung eines Teils der Pariser Befestigungen und die Kriegsgefangenschaft der Straßburger Garnison entschieden ab, versprach aber, über die (zweite) Alternative – Beibehaltung des militärischen status quo vor Paris – die Meinung seiner Kollegen in Paris einzuholen; er werde, entsprechend dem Ausgang dieser Beratungen, entweder zu weiteren Verhandlungen wiederkommen oder brieflich Bescheid geben.

Im deutschen Hauptquartier bestand durchaus der Eindruck, Favre werde wiederkommen[89]. Auch Bismarck, nach Favres Abreise „geistig selbst in großer Aufregung, An- und zuletzt Abspannung"[90], scheint dieser Auffassung gewesen zu sein. Noch am 20. September telegraphierte er ans AA, nach London und Petersburg: „Ich unterhandle mit Herrn Jules Favre einstweilen im Sinne einer Verständigung über die Frage der Wahl und Einberufung einer neuen Versammlung,

---

[88] Favre hat in seinem Bericht nicht zum Ausdruck gebracht, daß der Pariser Regierung diese Alternative angeboten war (wie er überhaupt die ihm mitgeteilten Waffenstillstandsbedingungen recht wenig präzise referiert), aber er hat den Darlegungen in Bismarcks Zirkular nicht ausdrücklich widersprochen.
[89] BRONSART 93; FRIEDRICH III. 134.
[90] ABEKEN 430.

8. Die Entrevue von Ferrières

durch welche klargestellt werden könne, ob und wieweit Frankreich ein Abkommen mit der faktischen Regierung in Paris als gültig ansehen würde"[91]. Dem Kronprinzen schrieb er am 21. September, er halte es für wahrscheinlich, daß Favre sich heute abend oder im Laufe des morgigen Tages wieder einfinde[92]. Und Favre? Er war zwar tief deprimiert, als er am Nachmittag des 20. September die Rückreise von Ferrières nach Paris antrat, aber er dürfte nicht a priori zur kategorischen Ablehnung der Waffenstillstandsbedingungen und zum Abbruch der Verhandlungen entschlossen gewesen sein. Noch in seinen Memoiren räumte er ausdrücklich ein, als er in Ferrières aufbrach, habe er es für möglich gehalten, daß bei einer Weiterführung der Verhandlungen eine Reduzierung der deutschen Forderungen erreicht werden könnte, und habe sich deshalb innerlich auf einen weiteren Besuch im Hauptquartier eingestellt. Er fügt aber gleich hinzu: „Kaum hatte ich die Stadtumwallung hinter mich gebracht, da begriff ich, daß dieser Ausweg (expédient), so wünschenswert er sein mochte, unmöglich war"[93].

In der Tat befand sich Paris bei Favres Rückkehr in einem Zustand höchster Gärung und Unruhe; eine schwere innenpolitische Krise schien unmittelbar bevorzustehen. Obwohl Favre heimlich ins deutsche Hauptquartier abgereist war und nicht einmal seine Ministerkollegen vorher über seine Absichten informiert hatte[94], konnte die Pariser Zeitung „Electeur Libre" am 20. September melden, Favre sei ins deutsche Hauptquartier gefahren, um wegen eines Waffenstillstands zu unterhandeln[95]. Diese Nachricht schlug wie eine Bombe ein. Jene radikalrepublikanischen und sozialistischen Gruppen, die einige Wochen später die Emeute vom 31. Oktober inszenierten und im Frühjahr 1871 die Hauptträger des Commune-Aufstands waren, traten jetzt – zum ersten Mal seit dem 4. September – mit machtvollen Demonstrationen in Erscheinung. Aus den Vorstädten Belleville, Montmartre, La Villette, La Chapelle rückten Bataillone der Nationalgarde unter Führung ihrer Offiziere vors Stadthaus und verlangten von den Mitgliedern der Regierung eine bündige Auskunft über die Sachlage. Arago und Jules Ferry erklärten, Favre habe ohne Vorwissen der Regierung gehandelt und diese sei entschlossen, keinen schimpflichen Frieden einzugehen. Als diese Delegation abgefertigt war, trafen andere Delegierte und Offiziere mit ihren Bataillonen aus dem Faubourg St. Antoine, Charenton und den angrenzenden Vierteln vor dem Stadthaus ein und protestierten gegen jede Unterhandlung. Auch ihnen mußten die Mitglieder der Regierung Rede und Antwort stehen.

---

[91] Tel. Bismarck an AA, Bernstorff, Reuß, Ferrières 20. 9. 1870 – PA I ABc 70 Bd. 51, Bl. 73; auch GW 6b Nr. 1820 (im Telegramm ans AA folgt noch der Satz: „Nach vorstehendem ist auch die Presse zu informieren").
[92] Bismarck an Kronprinz Friedrich Wilhelm, Ferrières 21. 9. 1870 – PA I ABc 70 Bd. 51, Bl. 109; auch GW 6b Nr. 1824.
[93] FAVRE 1, 189.
[94] Vgl. oben S. 237.
[95] Diese Meldung wurde seinerzeit auf eine Indiskretion des Ministers Picard zurückgeführt, ob zu Recht oder Unrecht, ist nicht völlig klar, vgl. RECLUS 368.

Als Favre am Abend in Paris eintraf, bereiteten ihm seine Ministerkollegen einen höchst frostigen Empfang, es war sogar von einer offenen Desavouierung Favres die Rede[96]. Angesichts dieser erregten Stimmung machte Favre – entgegen seinen ursprünglichen Vorsätzen – keinen Versuch, den Ministerrat für eine Weiterführung der Waffenstillstandsverhandlungen zu gewinnen. Als er in der nächtlichen Kabinettsitzung über seine Unterredungen mit Bismarck Bericht erstattete, hob er vielmehr gerade die Unannehmbarkeit der deutschen Forderungen hervor und resümierte sich dahin, man müsse der Bevölkerung klarmachen, „qu'il faut vaincre ou mourir"[97]. Trochu gab dann gleich das Stichwort für eine zweckdienliche Auswertung der Entrevue von Ferrières: Favres Demarche habe wenigstens den Vorteil gehabt, die Situation zu klären und die deutschen Ambitionen vor aller Welt zu demaskieren. Es wurde beschlossen, sofort eine Proklamation an die Bevölkerung zu erlassen des Inhalts, die Regierung bleibe ihrem ursprünglichen Programm treu[98].

Die Protokolle der Ministerratssitzungen vom 20., 21. und 22. September[99] enthalten nicht den geringsten Hinweis, daß der Ministerrat die ihm übermittelten Waffenstillstandsbedingungen näher unter die Lupe genommen hat, auch Favre bemerkt lapidar: „Le gouvernement les rejeta sans discussion"[100]; offensichtlich wurde nicht einen Moment lang erwogen, ob es nicht zweckmäßig sein könnte, die Verhandlungen mit dem Ziel einer Reduzierung der deutschen Waffenstillstandsbedingungen weiterzuführen. Dem impulsiven und kategorischen Beschluß des Ministerrats, die Verhandlungen abzubrechen, ging also keine Grundsatzdebatte über die allgemeine Situation und die sich aus ihr ergebenden politischen Perspektiven voraus. Eben deshalb ist es auch schwierig, die eigentlichen Motive zu erfassen, die der rigorosen Reaktion auf Favres Verhandlungsergebnis zugrundelagen. Wurden die konkreten Waffenstillstandsbedingungen ob ihrer „Härte" als völlig indiskutabel betrachtet? Oder war für die Pariser Machthaber – im Horizont

---

[96] FAVRE 1, 190; RECLUS 369.
[97] PROCES-VERBAUX 146. Favres Biograph hat sicher recht mit seiner Feststellung, Favre sei in diesen Tagen einem Arrangement mit Bismarck geneigter gewesen, als er erklärte und als er sich selbst eingestand (RECLUS 374); tatsächlich bahnt sich bei Favre seit Ferrières eine realistischere Haltung in der Friedensfrage an, die er jedoch zunächst gegenüber seinen Kollegen nicht offen hervorzukehren wagte. In der Kabinettsitzung am 20. September hat er keinen Versuch gemacht, dem Abbruch der Verhandlungen entgegenzuwirken. Sollte ihm wirklich daran gelegen gewesen sein, den Faden zum deutschen Hauptquartier weiterzuspinnen, kann seine Berichterstattung über die Entrevue von Ferrières nicht als taktische Meisterleistung eingestuft werden.
[98] Eine erste offizielle Verlautbarung über Favres Initiative, die Unerträglichkeit der deutschen Forderungen und die Fortsetzung des Kampfes wurde – entsprechend einem Kabinettsbeschluß vom 21. September (PROCES-VERBAUX 148 f.) – am 22. September veröffentlicht (u. a. FAVRE 1, 419; ARCH.DIPL. 1871/72 2, 603); am nächsten Tag folgte Favres ausführlicher Bericht über die Unterredungen mit Bismarck (s. Anm. 80), nachdem der Ministerrat in seiner Sitzung am 22. September einige „rectifications" gebilligt hatte (PROCES-VERBAUX 152).
[99] PROCES-VERBAUX 143 ff.
[100] FAVRE 1, 205.

von Favres Mitteilungen über die deutscherseits projektierten Friedensbedingungen – ein Waffenstillstandsabschluß (auch bei modifizierten Bedingungen) überhaupt nicht mehr wünschenswert, da man befürchten mußte, daß nach Waffenstillstand und Nationalversammlungswahl der Krieg nicht wieder aufgenommen werden konnte, weil vielleicht nicht die Pariser Bevölkerung, aber doch eine Bevölkerungsmehrheit in der Provinz nicht bereit sein würde, für das Prinzip der territorialen Integrität Frankreichs erneut in den Kampf zu ziehen? Diese letztere Deutung dürfte wohl den höheren Grad von Plausibilität für sich beanspruchen können.

Verlauf und Ergebnis der Entrevue von Ferrières dienten der Pariser Regierung jetzt dazu, die Notwendigkeit einer Fortsetzung des Krieges vor aller Welt, vor allem aber gegenüber dem französischen Volk zu begründen. Durch eine Publizierung der deutschen Forderungen und deren stolze Zurückweisung sollte die patriotische Stimmung angefacht, ein unbändiger Widerstandswille stimuliert und die innenpolitische Stellung der provisorischen Regierung gefestigt werden – und das gelang in hohem Maße. Jules Favre, der am 20. September beinahe gestürzt worden wäre, konnte sich nach der Publizierung seines ausführlichen Berichts, der als „moralische Revanche Frankreichs"[101] empfunden wurde, im Glanze einer außerordentlichen Popularität sonnen[102]. Die Pariser Regierung nahm jetzt mit vollen Segeln Kurs auf die „guerre à outrance". Am 22. September teilte Favre Bismarck mit, die Pariser Regierung lehne die für einen Waffenstillstand gestellten Bedingungen ab[103], am 24. September wurden durch ein Dekret der Regierung die bereits anberaumten Wahlen zu einer konstituierenden Versammlung auf unbestimmte Zeit verschoben[104].

Man wird die Frage aufwerfen müssen, ob in Ferrières eine echte Friedenschance nicht genutzt worden ist. Waren die deutscherseits gestellten Waffenstillstandsbedingungen ihrer Natur nach für die Pariser Regierung unannehmbar? Wurde somit durch die Aufstellung derartiger Bedingungen der Abschluß eines Waffenstillstands und die Einleitung von Friedensverhandlungen von vornherein unmöglich gemacht? Einen allgemeinverbindlichen Maßstab für die Bewertung derartiger Bedingungen als „akzeptabel" oder „unannehmbar" kann es nicht geben, ihre Qualifizierung ist abhängig vom jeweils angelegten Maßstab und vom Standpunkt des Beurteilers. Wer der Meinung ist, daß die deutsche Führung verpflichtet war, der Pariser Regierung auf deren Ansuchen einen Waffenstillstand zu den von ihr gewünschten Bedingungen zu gewähren, und infolgedessen *jede* über die französi-

---

[101] So Edmond Rousse, Präsident der Pariser Anwaltskammer, zit. RECLUS 372 Anm. 2.
[102] Zeugnisse bei RECLUS 370 ff.; vgl. FAVRE 1, 192 f.
[103] Schreiben Favre an Bismarck, Paris 22. 9. 1870 (pr. Ferrières 23. 9.) – PA I ABc 70 Bd. 52, Bl. 93; auch FAVRE 1, 190 f. u. a. (lt. ABEKEN 431 ging das Schreiben in der Nacht vom 22./23. 9. im Hauptquartier ein).
[104] Der durch Dekret vom 8. 9. 1870 auf 16. Oktober festgelegte, dann durch Beschluß vom 17. 9. auf 2. Oktober vorverlegte Wahltermin wurde durch Dekret vom 24. September auf unbestimmte Zeit vertagt, vgl. FAVRE 1, 225 f.

scherseits angebotene Basis hinausgehende deutsche Forderung als verwerfliche Härte betrachtet, der wird die gestellten Bedingungen als unbillig und deshalb unannehmbar bezeichnen können. Wer hingegen anerkennt, daß ein Waffenstillstand in der gegebenen Situation der provisorischen Regierung militärische Vorteile brachte, weil er die im Vorrücken befindlichen deutschen Armeen zum Stillhalten zwang und den französischen Truppen zu einem für sie wertvollen Zeitgewinn verhalf, wird die deutsche Forderung nach einem gewissen militärischen Äquivalent nicht als prinzipiell unberechtigt deklarieren. Es bleibt dann nur zu fragen, ob von deutscher Seite ein unter den gegebenen Umständen unangemessenes, zu weitgehendes und deshalb unbilliges militärisches Äquivalent verlangt worden ist.

Bei ruhiger Betrachtung erweisen sich die deutschen Bedingungen als weniger hart, als sie auf den ersten Blick erscheinen mögen. In bezug auf Paris wurde es der provisorischen Regierung freigestellt, sich für die Beibehaltung des militärischen status quo zu entscheiden (was Favre in seinem Bericht zu verschleiern versuchte). Gewiß wäre es für die Pariser Regierung mißlich gewesen, die Garnisonen von Straßburg und Toul durch entsprechende Bestimmungen in einem Waffenstillstandsabkommen zur Übergabe zu zwingen. Aber Straßburg und Toul konnten sich nur noch wenige Tage halten – das hörte Favre nicht nur von Bismarck, sondern das wußte die Pariser Regierung auch aus anderen Quellen[105]. Es war deshalb damit zu rechnen, daß die deutschen Bedingungen hinsichtlich der Festungen Straßburg und Toul, falls sich die Pariser Regierung zum Weiterverhandeln entschloß, beim Abschluß der Verhandlungen bereits irrelevant geworden waren, so daß die Regierung in dieser Frage nicht ihr Gesicht verloren hätte. (Tatsächlich wurden die Außenwerke von Straßburg in der Nacht vom 19./20. September genommen[106], Toul kapitulierte am 23., Straßburg am 28. September). Vom französischen Standpunkt aus vielleicht am bedenklichsten war die Forderung, daß im Generalgouvernement Elsaß nicht gewählt werden dürfe, weil diese Bestimmung als Vorwegnahme der Friedensstipulation gedeutet werden konnte. Aber bei den Waffenstillstandsverhandlungen im Januar 1871, als die französische Verhandlungsposition viel schwächer war als im September, war Bismarck bereit, diese Forderung fallenzulassen; es ist deshalb kaum anzunehmen, daß er an dieser Frage im September ein Waffenstillstandsabkommen hätte scheitern lassen.

Berücksichtigt man alle diese Momente, dann scheint die von Bismarck am 24. September getroffene Feststellung nicht übertrieben: „Daß diese über den status quo hinaus gestellten Forderungen durch Übergabe von Toul und Einnahme der Außenwerke Straßburgs fast erledigt sind, zeigt wie billig diese im Interesse unserer Verpflegung [während des Waffenstillstands] notwendigen Bedingungen

---

[105] FAVRE 1, 220 f.; EP Dép. 1, 335.
[106] Tel. Bismarck an AA, Ferrières 21. 9., z. St. 20.30 Uhr – PA I ABc 70 Bd. 52, Bl. 24; Bismarck, zu diesem Zeitpunkt noch mit einer Fortsetzung der Waffenstillstandsverhandlungen rechnend, fügte hinzu: „Waffenstillstands-Unterhandlungen, welche bisher andere Bedingungen zur Grundlage hatten, sind dadurch in Beziehung auf letztere [Außenwerke Straßburgs] gegenstandslos geworden."

8. Die Entrevue von Ferrières

waren"[107]. Auf jeden Fall waren die im September 1870 über den militärischen status quo hinausgehenden Waffenstillstandsforderungen ungleich milder als etwa die Waffenstillstandsbedingungen, welche die Alliierten im November 1918 dem Deutschen Reich auferlegten. Aber gerade dieser Vergleich kann auch deutlich machen, welches die tieferen Ursachen des Scheiterns jener Waffenstillstandssondierungen im September 1870 gewesen sind. Im November 1918 war Deutschland nicht nur besiegt, sondern Regierung und Bevölkerungsmehrheit sahen ein, daß der Krieg beendet werden mußte und waren daher zur Annahme auch denkbar harter Bedingungen bereit. Eben das war aber im September 1870 in Frankreich nicht der Fall: obwohl die französischen Armeen in zahlreichen Schlachten geschlagen worden waren, fühlte sich Frankreich noch nicht besiegt.

Wenn es zutrifft, daß der Schlüssel zum Friedenschließen einfach in der Anerkennung der Niederlage seitens des Besiegten liegt[108], dann darf man in zugespitzter Formulierung behaupten: was die Deutschen, wenn sie als Sieger in diesem Kriege gelten wollten, von den Franzosen erzwingen mußten, war deren klares Eingeständnis, besiegt zu sein und dem Sieger nicht die Bedingungen von Waffenstillstand und Frieden diktieren zu können. Im September 1870 war die Pariser Regierung jedoch noch weit davon entfernt, sich für besiegt zu erklären, und sie wußte sich darin im Einklang mit einer großen Mehrheit der Bevölkerung. Deshalb betrachtete sie es nicht als ihre vorrangige Aufgabe, sich um einen möglichst glimpflichen Frieden zu bemühen und zu diesem Zweck auch als hart und ungerecht empfundene Waffenstillstandsbedingungen anzunehmen. Ihre Alternative lautete: Waffenstillstand und Frieden zu den französischen Bedingungen oder Fortsetzung des Krieges. Auf dieser Basis aber war eine Einigung zwischen den Kriegführenden kaum möglich, denn man kann es den politischen und militärischen Führern Preußen-Deutschlands schwerlich verdenken, daß sie im September 1870 gerade auf dem französischen Eingeständnis, besiegt zu sein, bestanden, wie immer dieses Eingeständnis auch zum Ausdruck kommen mochte.

---

[107] Tel. Bismarck an Bernstorff und an AA, Ferrières 24. 9. 1870 – PA I ABc 70 Bd. 52, Bl. 118. Nach einer Äußerung Gorčakovs hatte sich Thiers „tadelnd über das wenig staatsmännische Verhalten Jules Favres ausgesprochen, die preußischen Waffenstillstandsbedingungen sehr gemäßigt gefunden und tief beklagt, daß man in Paris verblendet genug gewesen sei, diese für den Frieden gebotene Brücke nicht zu benutzen" (Bericht Reuß an Bismarck, Petersburg 6. 10. 1870 – PA I ABc 70 Bd. 57, Bl. 80). Auch die englische Presse verurteilte die Ablehnung der Waffenstillstandsbedingungen durch die Pariser Regierung (WENTZ 1, 104 f.).

[108] So B. A. CARROLL, Victory and Defeat, in: St. Albert/E. C. Luck (Hrsg.), On the Ending of Wars, Port Washington/London 1980, 47–71, hier: 51, mit Verweis auf H. A. CALAHAN, What makes a War End, New York 1944. Vgl. auch das Diktum Raymond Arons: „Der Krieg, sofern er Willensausdruck und somit menschlich ist, enthält ein psychologisches Element, was aus der berühmten Formulierung hervorgeht: besiegt ist nur, wer sich für besiegt erklärt" (R. ARON, Frieden und Krieg, Frankfurt/M. 1963, 37).

Vielleicht wäre die provisorische Regierung damals bereit gewesen, einen Waffenstillstand auf der Basis der von Favre vorgeschlagenen Bedingungen abzuschließen, insofern ein solcher Waffenstillstand als eine Demonstration der französischen Überlegenheit noch in der Niederlage erscheinen mußte. Sie war indessen nicht willens, Waffenstillstandsbedingungen zu akzeptieren, denen der Anschein eines Nachgebens gegenüber den Forderungen des Gegners anhaftete – mochten diese Forderungen auch der Art sein, daß eine zum Verhandlungskompromiß entschlossene Regierung auf sie hätte eingehen oder sie zumindest zum Ausgangspunkt weiterer Gespräche hätte nehmen können. Nicht in erster Linie an den gestellten Bedingungen also scheiterten die Waffenstillstandssondierungen im September 1870, sondern an der Haltung der französischen Regierung, die zur Anerkennung der Niederlage vorläufig noch nicht bereit war.

Diese Grundhaltung wurde erneut evident, als es schon bald nach dem Fehlschlag der Gespräche zwischen Favre und Bismarck zu einer weiteren Sondierung in der Waffenstillstandsfrage kam. Bei diesem „Nachspiel" zur Entrevue von Ferrières ging die Initiative weder von der provisorischen Regierung noch von Bismarck aus. Doch Bismarck nutzte kurzentschlossen eine sich ihm zufällig bietende Gelegenheit, um erneut die Haltung der Pariser Machthaber in der Waffenstillstandsfrage zu erkunden – schließlich konnte nicht völlig ausgeschlossen werden, daß sich bei ihnen in dieser Frage eine Sinnesänderung anbahnte, nachdem inzwischen auch für sie klar erkennbar wurde, wie effektiv sich die Blockade der französischen Hauptstadt gestaltete.

Am 27. September stellte sich im deutschen Hauptquartier der amerikanische General Burnside ein, der sich im Bürgerkrieg ausgezeichnet hatte und der 1870 nach Europa gereist war, um den Feldzug als „Schlachtenbummler" zu verfolgen[109]. Burnside suchte um eine Audienz bei Bismarck nach, die ihm auch umgehend gewährt wurde[110], und am nächsten Tag empfing Bismarck den amerikanischen General auf dessen Bitte hin zu einem weiteren Gespräch[111]. In diesem Gespräch erklärte Burnside, er wolle versuchen, in die belagerte französische Hauptstadt hineinzugelangen, um sich ein Bild von den dortigen Zuständen zu verschaffen, und Bismarck beauftragte ihn daraufhin, bei dieser Gelegenheit Favre ein Schreiben zu überreichen. Dieses Schriftstück hatte zwar nicht die Waffenstill-

---

[109] Biographische Angaben über Burnside: Dictionary of American Biography 3 (1929), 309 ff.; B. P. POORE, Life and Public Services of Ambrose E. Burnside, Providence 1882. Zur Vermittlertätigkeit von Burnside vgl. – neben den im folgenden angeführten Quellen – die Hinweise bei STOLBERG-WERNIGERODE 136 ff., 318 f.; RECLUS 379 f.; H. BLUMENTHAL, A Reappraisal of Franco-American Relations, 1830–1871, Chapel Hill 1959, 198 ff.
[110] BUSCH 1, 243 ff.; HATZFELDT 105.
[111] Tel. Burnside an Bismarck, Lagny 28. 9. 1870 und Antwort Bismarcks vom 28. 9., 15.30 Uhr – PA I ABc 70 Bd. 54, Bl. 19; vgl. auch BUSCH 1, 245 f., 250.

8. Die Entrevue von Ferrières

standsfrage zum Gegenstand – es enthielt u. a. Bismarcks abschlägige Antwort auf die wenige Tage zuvor von Favre erhobene Forderung, der Zeitpunkt eines eventuellen Bombardements von Paris müsse im Interesse der noch in Paris weilenden Vertreter einiger fremder Mächte rechtzeitig vorher bekanntgegeben werden[112] –, aber die Überreichung des Schreibens konnte einen Anknüpfungspunkt zur Wiederaufnahme der Erörterungen über die Waffenstillstandsbedingungen bieten.

Begleitet von einem weiteren amerikanischen Offizier, Colonel Forbes, begab sich Burnside am 1. Oktober zu den deutschen Vorposten[113], und es gelang den beiden Amerikanern tatsächlich, die französischen Linien zu passieren und nach Paris hineinzukommen. Am 2. Oktober führten sie ein erstes Gespräch mit Favre und übergaben ihm das Schreiben Bismarcks, unternahmen dann eine Stadtrundfahrt und besuchten anschließend General Trochu[114]. In einer weiteren Unterredung mit Favre am folgenden Tag kam auch die Frage eines Waffenstillstands zur Sprache[115]. Die beiden amerikanischen Offiziere betonten, sie hätten keinerlei Auftrag von Bismarck, nach ihrem persönlichen Eindruck wäre dieser aber wohl nicht abgeneigt, die Erörterungen über einen Waffenstillstand wieder aufzunehmen. Ohne von Bismarck ausdrücklich ermächtigt zu sein, aber aufgrund der gepflogenen Gespräche doch ein stillschweigendes Einverständnis Bismarcks voraussetzend, stellten sie Favre die Frage, ob er ihnen nicht eine schriftliche Mitteilung an Bismarck mitgeben wolle. Das lehnte Favre ab, er bat Burnside jedoch, Bismarck über den Verlauf des Gesprächs zu unterrichten und ihm zu sagen, er sei jederzeit bereit, Eröffnungen Bismarcks entgegenzunehmen und gegebenenfalls Bismarck noch einmal aufzusuchen. Waffenstillstand und Einberufung einer konstituierenden Versammlung – das seien, so meinte Favre, diejenigen Bedingungen, unter denen in der augenblicklichen Situation ein Arrangement möglich wäre; so

---

[112] Schreiben Bismarck an Favre, Ferrières 26. 9. 1870 – PA I ABc 70 Bd. 55, Bl. 68 ff.; auch GW 6b Nr. 1834. Dieses Schreiben wurde am 27. September dem norddeutschen Gesandten in Brüssel zugestellt mit der Weisung, es dem dortigen französischen Geschäftsträger zur Weiterleitung an seine Regierung zu übergeben (ebd. Bd. 53, Bl. 89). Burnside nahm dann am 29. September eine *Abschrift* dieses Schreibens mit nach Paris.
[113] HATZFELDT 109; A. Graf v. BLUMENTHAL (Hrsg.), Tagebücher des Generalfeldmarschalls Graf von Blumenthal aus den Jahren 1866 und 1870/71, Stuttgart/Berlin 1902, 118.
[114] FAVRE 1, 276 f.; PROCES-VERBAUX 172 f., 174 f.; E. B. WASHBURNE, Recollections of a Minister to France, 1869–1877, 2 Bde, London 1887, hier: 1, 154 f.; Comte D'HERISSON, Journal d'un officier d'ordonnance. Juillet 1870–février 1871, Paris 1885, 165 ff. Laut d'Hérisson betrachtete Trochu den General Burnside als einen Emissär Bismarcks (ebd. 166); Gambettas Antrag in der Kabinettsitzung am 2. Oktober, die beiden Amerikaner nicht mehr aus Paris hinauskommen zu lassen, verfiel der Ablehnung (PROCES-VERBAUX 175).
[115] Über diese Unterredung s. die eigenhändige Aufzeichnung Favres vom 3. 10. 1870 – MAE Papiers d'agents, Favre 2, Bl. 104 f. (Abschrift: MAE Prusse 379, Bl. 339 ff.); vgl. ferner FAVRE 1, 277 f. sowie den ersten Abschnitt in Favres „Note" an Burnside vom 9. 10. 1870 (s. Anm. 119).

lange die Regierung keinen Beschluß gefaßt habe, könne er allerdings keine verbindliche Stellungnahme abgeben[116].

In Versailles, wo sich inzwischen das königliche Hauptquartier und das mobile Auswärtige Amt etabliert hatten[117], berichtete Burnside dem Bundeskanzler am 6. Oktober ausführlich über seine Erlebnisse in Paris und über die Unterredungen mit Favre. Aufgrund der Darlegungen Burnsides entschloß sich Bismarck zu einem Sondierungsversuch. Mit Einverständnis des Königs[118] autorisierte er den amerikanischen General, den Pariser Machthabern folgenden Vorschlag zu unterbreiten: absoluter Waffenstillstand von 48 Stunden (in den die Operationen vor Metz aber nicht einbezogen werden sollten) zwecks Durchführung der Wahlen, auch in den besetzten Gebieten, außer in Elsaß und Lothringen; vorausgehen sollte der 48stündigen Waffenruhe für die Dauer von etwa vier Wochen eine Art „halber Waffenstillstand" (semi-armistice) zur Vorbereitung der Wahlen, u. a. durch Erleichterung der Kommunikation zwischen Paris und der Provinz; Verzicht auf Übergabe eines Pariser Forts an die deutschen Truppen[119]. Wie der „halbe Waffenstillstand" im einzelnen aussehen sollte, wurde von Bismarck zunächst nur recht vage umschrieben; offensichtlich wollte er die Ausgestaltung der Bedingungen weiteren Erörterungen vorbehalten. Indem durch die kurze Dauer der eigentlichen Waffenruhe die Frage eines militärischen Äquivalents für einen längerdauernden Waffenstillstand, aber auch das Problem der Verproviantierung von Paris umgangen wurde, trug der Vorschlag den Schwierigkeiten Rechnung, die sich gerade in diesen beiden Punkten bei den in Ferrières begonnenen Verhandlungen ergeben hatten – sowohl auf seiten Favres und der provisorischen Regierung als auch auf seiten der

---

[116] So der Gesprächsverlauf nach den Notizen Favres (s. vorige Anm.). Von sehr viel unverblümteren Bemerkungen Favres wußten Burnside und Forbes beim Abendessen im kronprinzlichen Hauptquartier zu berichten, als sie bei der Rückkehr aus Paris dort Station machten. Wie der preußische Kronprinz sofort Bismarck mitteilte, habe Favre geäußert, er sehe völlig ein, daß Frankreich, „das nun einmal besiegt sei", sich den Verlust des Elsaß gefallen lassen müsse; das gegenwärtige Gouvernement könne jedoch nicht eigenmächtig verfahren, da eine Einwilligung in die deutschen Forderungen seine sofortige Absetzung zur Folge hätte; deshalb sei die Einberufung einer konstituierenden Versammlung erwünscht, weil eine solche „vom Friedenswunsch erfüllte Versammlung, im Namen des Volkes redend", den entsprechenden Beistand leisten könne: Schreiben Kronprinz an Bismarck, Versailles 3. 10. 1870, pr. 3. 10. – PA I ABc 70 Bd. 55, Bl. 119 f. Vgl. auch FRIEDRICH III. 149 f.; A. v. BLUMENTHAL, Tagebücher 120.

[117] Das mobile Auswärtige Amt befand sich vom 5. 10. 1870 bis zur Abreise Bismarcks aus Frankreich am 6. 3. 1871 in Versailles, Villa Jessé, Rue de Provence 14. Vgl. die Beschreibung der Räumlichkeiten bei BUSCH 1, 262 ff.

[118] Dies erklärte Burnside dem französischen Außenminister, s. Aufzeichnung Favres vom 9. 10. 1870 (s. folg. Anm.), hier: Bl. 349.

[119] Der Vorschlag wurde Burnside nicht in schriftlicher Form mitgegeben, sondern nur mündlich entwickelt; er läßt sich jedoch rekonstruieren aus folgenden Schriftstücken: Aufzeichnungen Favres über seine Unterredungen mit Burnside, Forbes und Washburne am 9. und 10. 10. 1870 – MAE Prusse 379, Bl. 345 ff., Bl. 351 ff.; „Note" Favres an Burnside vom 9. 10. 1870 – u. a. ARCH.DIPL. 1871/72 2, 740 f., FAVRE 1, 436 ff.; Bericht Washburne an Fish, Paris 9./10. 10. 1870 – STOLBERG-WERNIGERODE 318 f.; PROCES-VERBAUX 196 ff. Vgl. ferner: FAVRE 1, 278 ff.; WASHBURNE 1, 162 ff.; D'HERISSON 168 ff.

8. Die Entrevue von Ferrières

preußischen Militärs. Es ist deutlich, daß Bismarcks Vorschlag ganz darauf abgestellt war, den Weg für die Durchführung von Wahlen freizumachen, sofern die provisorische Regierung die Abhaltung von Wahlen als ein vorrangiges Ziel anstrebte.

Der Pressereferent Busch wurde am 7. Oktober angewiesen, in diesem Sinne auch auf die Presse einzuwirken: „Wir führen nicht Krieg, um die Okkupation Frankreichs zu verewigen, sondern um den Frieden unter den von uns gestellten Bedingungen zu erlangen. Dazu bedarf es der Verhandlung mit einer Regierung, die den Willen Frankreichs vertritt, und durch deren Äußerungen und Zugeständnisse es sich bindet und uns verpflichtet. Die jetzige Regierung ist keine solche. Sie muß durch eine Nationalversammlung bestätigt oder durch eine andere ersetzt werden. Dazu sind allgemeine Wahlen erforderlich, und wir sind durchaus bereit, diese in den von uns besetzten Landesteilen zu gestatten, soweit es strategische Rücksichten zulassen . . ."[120].

Am 8. Oktober begaben sich Burnside und Forbes in inoffizieller Mission erneut nach Paris. Im Beisein des amerikanischen Gesandten unterbreiteten sie dem französischen Außenminister am folgenden Tag Bismarcks Vorschlag, zwecks Durchführung von Wahlen eine 48stündige Waffenruhe und einen vorausgehenden „halben Waffenstillstand" zu vereinbaren. Favre machte sofort erhebliche Vorbehalte geltend, wollte sich aber vor einer Entscheidung des Ministerrats nicht endgültig festlegen[121]. In der Kabinettsitzung am späten Abend des 9. Oktober[122] trug Favre dann vor, was ihm die amerikanischen Offiziere übermittelt hatten. Er bemerkte dazu, Bismarck sei anscheinend weiterhin zum Abschluß eines Waffenstillstands bereit und er habe die Bedingungen auch stark modifiziert (notoirement transformées), aber die gestellten Bedingungen müßten nach wie vor als „unannehmbar" qualifiziert werden. Dieser Beurteilung stimmten die Minister einhellig zu und billigten den Wortlaut einer von Favre im voraus redigierten „Note" an Burnside, in der Bismarcks Vorschläge negativ beschieden wurden: ein Waffenstillstand müsse dauern „jusqu'à la solution donnée par l'Assemblée"[123] und er müsse auch Metz einbegreifen; während seiner ganzen Dauer sollten sich die belagerten Festungen verproviantieren dürfen; auch in Elsaß und Lothringen müßten Wahlen stattfinden. Auf Bismarcks Angebot eines längeren „semi-armistice" – ein zentrales Element in Bismarcks Vorschlag – wurde in der Note bezeichnenderweise mit keinem Wort eingegangen[124]. Am 10. Oktober überreichten Favre und Trochu dem ame-

---

[120] BUSCH 1, 275 f.
[121] Aufzeichnung Favres vom 9. 10. 1870, s. Anm. 119.
[122] PROCES-VERBAUX 196 f.
[123] So in der „Note" (s. Anm. 119); in seinen mündlichen Darlegungen gegenüber Burnside sprach Favre von „wenigstens einem Monat" (Aufzeichnung Favres vom 10. 10. 1870, s. Anm. 119).
[124] Note Favres an Burnside vom 9. 10. 1870, s. Anm. 119. In der Kabinettsitzung am 9. Oktober ließ Favre anklingen, man solle bedenken, ob man die Tür zu weiteren Erörterungen ganz schließen wolle (PROCES-VERBAUX 197). Aber mit Recht betont sein Biograph, Favre habe gewußt, daß die in der Note erhobenen Forderungen das Ende direkter Unterhandlungen mit Bismarck bedeuteten (RECLUS 380).

rikanischen General das als „Note" bezeichnete Schriftstück und erläuterten ihm und dem amerikanischen Gesandten auch mündlich den Standpunkt der provisorischen Regierung[125].

Die Stellungnahme des Pariser Kabinetts, die Burnside und Forbes sofort nach ihrer Rückkehr aus Paris Bismarck zur Kenntnis brachten, dokumentierte unzweideutig, daß die provisorische Regierung noch genau auf jener Position verharrte, die sie nach der Entrevue von Ferrières bezogen hatte. An der Wahl einer konstituierenden Versammlung und der Einsetzung einer zu Friedensverhandlungen legitimierten Regierung waren die Pariser Machthaber weit weniger interessiert als an der Durchsetzung ihres Maximalprogramms für den Abschluß eines Waffenstillstands: ein mindestens vierwöchiger Waffenstillstand erleichterte die Aufstellung neuer Armeen in der Provinz, und nach der Zufuhr großer Lebensmittelbestände war die belagerte französische Hauptstadt in der Lage, den Widerstand noch lange fortzusetzen.

Angesichts der unnachgiebigen Haltung der provisorischen Regierung versprach sich Bismarck von weiteren Bemühungen des amerikanischen Generals kein positives Ergebnis und betrachtete die Sondierung als beendet[126]. Burnside jedoch wollte noch nicht völlig aufgeben. Da die Pariser Regierung auf Bismarcks Vorschlag eines „semi-armistice" überhaupt nicht eingegangen war, präzisierte er diesen Punkt in einem Schreiben an Favre dahingehend: um die nötigen Arrangements zur Vorbereitung der Wahlen treffen zu können, sollten während der etwa vierwöchigen Dauer des „halben Waffenstillstands" alle erforderlichen Erleichterungen gewährt werden, z. B. die Möglichkeit zum Hin- und Herpassieren der Linien beider Armeen[127]. Doch die Antwort, die Favre nach nochmaliger Beratung im Ministerrat[128] dem amerikanischen General erteilte, ließ keinerlei Kompromißbereitschaft erkennen; weiterhin bestand die provisorische Regierung auf einem mindestens vierwöchigen Waffenstillstand und einer Verproviantierung der belagerten Festungen für die Dauer des Waffenstillstands[129].

---

[125] Aufzeichnung Favres vom 10. 10. 1870, s. Anm. 119.
[126] Durch Abeken ließ Bismarck eine Analyse von Favres Note an Burnside anfertigen, eine Gegenüberstellung der „Waffenstillstandsbedingungen, wie sie H. Jules Favres von General Burnside aufgefaßt hat" und der „Motive der Ablehnung nach H. J. Favres Aufzeichnung" - PA I ABc 70 Bd. 59, Bl. 34.
[127] Schreiben Burnside an Favre, Versailles 11. 10. 1870 - MAE Prusse 379, Bl. 357; eine Abschrift übersandte Burnside mit einigen Begleitzeilen an Bismarck - PA I ABc 70 Bd. 59, Bl. 28 f., 32 f. Wie unbekannt der Vorschlag eines „semi-armistice" seinerzeit selbst in politischen Kreisen blieb, erhellt aus der Tatsache, daß Gladstone und Granville davon erst Anfang November durch ein Gespräch mit Burnside erfuhren (Tel. Bernstorff an Bismarck, London 2. 11. 1870 - PA I ABc 70 Bd. 66, Bl. 9).
[128] PROCES-VERBAUX 210 ff. (13. 10. 1870). Als einziger Minister sprach sich Picard gegen eine brüsk ablehnende Antwort aus. Lebhafte Zustimmung fand dagegen Trochu mit seiner Ansicht, Verhandlungen auf einer „so lächerlichen Basis" seien völlig nutzlos, man solle keinerlei Rücksicht auf Bismarck nehmen und sich ganz auf eine energische Kriegführung konzentrieren.
[129] Schreiben Favre an Burnside, Paris 14. 10. 1870 - MAE Prusse 379, Bl. 358.

Der Verlauf der Mission Burnside mußte Bismarck in der Auffassung bestärken, daß der Zeitpunkt für aussichtsreiche Verhandlungen mit der provisorischen Regierung noch nicht gekommen war. Ohnehin stellte in Bismarcks Sicht der vom amerikanischen General Burnside unternommene Sondierungsversuch nur eine Nebenhandlung bei den Bemühungen um eine Friedensanbahnung nach dem Fehlschlag von Ferrières dar. Seit Ende September und dann vor allem im Oktober konzentrierte sich Bismarck ganz darauf, die in Metz eingeschlossene „Rheinarmee" unter Marschall Bazaine als politischen Machtfaktor ins Spiel zu bringen.

9. Die „Rheinarmee" als Faktor in Bismarcks Strategie der Friedensanbahnung

Nach Sedan befand sich die unter den Mauern der Festung Metz eingeschlossene „Rheinarmee" in einer höchst prekären Lage. Zusammen mit der Metzer Garnison rund 170 000 Mann stark[1], war sie zunächst die einzige noch intakte französische Feldarmee (größere neue Truppenkörper formierten sich in Paris und an der Loire erst im Lauf des September), aber der stabile Belagerungsring verurteilte jeden Ausbruchsversuch zum Scheitern; die unter dem Kommando des Prinzen Friedrich Karl stehende deutsche Belagerungsarmee wuchs schließlich auf fast 200 000 Mann. Bereits seit Anfang September besaß die „Rheinarmee" praktisch keine Verbindungen zur Außenwelt mehr. Daher erfuhr man in Metz erst am 11. September durch einen Zufall, daß in Paris ein Staatsumsturz stattgefunden hatte[2]. Schon allein mangels genauerer Informationen war Bazaine vorläufig nicht gesonnen, sich in eindeutiger Weise festzulegen und seine Armee der provisorischen Regierung zu unterstellen. In einer Proklamation an die Soldaten der Rheinarmee vom 16. September teilte er zwar die Einsetzung einer provisorischen Regierung mit, er vermied aber eine klare Aussage, ob von der Armeeführung diese provisorische Regierung oder weiterhin die Regentschaft als rechtmäßige Regierung Frankreichs anerkannt werde[3].

Diese unübersichtliche Situation veranlaßte Bismarck, bei seiner Suche nach möglichen und gangbaren Wegen zum Frieden die „Rheinarmee" unter Marschall Bazaine als eigenständigen Faktor in seine Kalkulationen mit einzubeziehen. Nach seiner Auffassung ging er selbst – zunächst jedenfalls – kein großes politisches Risiko ein, wenn er politische Verhandlungen mit Bazaine anzuknüpfen versuchte: Sollten die Sondierungen entgegen aller gebotenen Skepsis tatsächlich positive Ergebnisse zeitigen, dann ließ sich auf dieser Basis vielleicht eine Friedensinitiative entwickeln; wenn sie hingegen ergebnislos verliefen, dann erwuchs aus solchen Kontakten für die deutsche Seite kein unmittelbarer Schaden, ja es ergab sich eher ein bescheidener Vorteil, denn das bekanntwerdende Faktum von Separatverhandlungen Bazaines war geeignet, in Paris und in der Provinz Irritationen hervorzurufen, und konnte die provisorische Regierung möglicherweise dazu bewegen, eine größere Verhandlungsbereitschaft an den Tag zu legen. In eine politische Risikozone steuerte Bismarck erst in dem Moment hinein, in dem das Stadium unverbindlicher und zu nichts verpflichtender Sondierungen mit Repräsentanten der gestürzten Dynastie verlassen wurde und die Frage einer Restaurierung des Kaiserreichs – in Verbindung mit dem Abschluß des Friedens – wirklich auf die Tages-

---

[1] Bei der Kapitulation von Metz gingen 173 000 französische Soldaten in die Kriegsgefangenschaft; 16 000 von ihnen waren krank oder verwundet (GENERALSTABSWERK 3, 304).
[2] F.-A. BAZAINE, L'armée du Rhin, Paris 1872, 117; DERS., Épisodes de la guerre de 1870 et le blocus de Metz, Madrid 1883, 176; E. RUBY/J. REGNAULT, Bazaine – coupable ou victime? Paris 1960, 206.
[3] BAZAINE, L'armée du Rhin 120; RUBY/REGNAULT 208 f.

ordnung kam. Einer Wiedereinsetzung Napoleons III. (oder einer Regentschaft für den kaiserlichen Prinzen), noch dazu mit deutscher Beihilfe, standen schwer zu überwindende politische Hindernisse entgegen, vor allem die massive antibonapartistische Stimmung nicht nur in Deutschland selbst, sondern auch in der internationalen öffentlichen Meinung und bei den Kabinetten der neutralen Mächte. Das wußte auch Bismarck. Aber er wußte zugleich: bis man jenen Punkt erreichte, an dem unwiderrufliche Entscheidungen getroffen werden mußten, war ein windungsreicher Weg zurückzulegen. An mancher Station dieses Weges konnte immer noch eine rasche Kehrtwendung vollzogen werden, außerdem machte Bismarck den Eintritt in ernsthafte Verhandlungen von der Erfüllung einer Reihe von Vorbedingungen abhängig, so daß schon dadurch Rückzugsmöglichkeiten offengehalten wurden.

Der erste Schritt war klar vorgezeichnet. Es galt zunächst, Bazaines Dispositionen kennenzulernen, und wenn sich erweisen sollte, daß er mit seiner Armee weiterhin zur Dynastie hielt, mußte ihm die Kommunikation mit der Regentin und gegebenenfalls mit Wilhelmshöhe ermöglicht werden.

Mit diesen beiden Operationen – Herstellung eines Kontakts zu Bazaine und Ermöglichung der Kommunikation zwischen dem Marschall und Kaiserin Eugenie – begannen Ende September jene Sondierungen, die sich dann den ganzen Oktober über hinzogen und damals schon viel Staub aufwirbelten. Das Interesse insbesondere der französischen Öffentlichkeit an den Vorgängen um die „Rheinarmee" wurde auch in der Folgezeit immer wieder durch aktuelle Ereignisse stimuliert, etwa durch die Arbeit der von der Nationalversammlung eingesetzten Untersuchungskommission[4] und dann durch den gegen Marschall Bazaine vom 6. Oktober bis 10. Dezember 1873 geführten Kriegsgerichtsprozeß, der mit einem Todesurteil endete, das in eine zwanzigjährige Festungshaft umgewandelt wurde[5]. Schon relativ früh stand somit eine Fülle von Informationen zur Verfügung, und die politischen Transaktionen in den hektischen Oktoberwochen dürfen seit langem als im wesentlichen geklärt gelten[6]. Hier interessieren indessen nicht die in einem Großteil der Literatur im Vordergrund stehenden Aspekte der „Schuld" oder „Unschuld" Bazaines oder die zum Teil bizarren Details der Kommunikatio-

---

[4] Die Untersuchungskommission befaßte sich mit der Tätigkeit des „Gouvernement de la Défense Nationale", in zahlreichen Zeugenaussagen kamen aber auch die Vorgänge um die „Rheinarmee" zur Sprache, siehe bes. EP Dép. 4, 179–309.
[5] Le PROCES du Maréchal BAZAINE, 3 Bde, Paris 1873. Nicht zugänglich war mir die Pariser Thèse de doctorat von 1963: R. F. BROWN, Le procès Bazaine.
[6] Als neuere Darstellung zum Gesamtkomplex ist neben RUBY/REGNAULT vor allem zu nennen M. BAUMONT, L'échiquier de Metz. Empire ou République 1870, Paris 1971. Baumont hat den Nachlaß des Duc d'Aumale (der im Kriegsgerichtsprozeß gegen Bazaine den Vorsitz führte) ausgewertet und auch die Akten des Politischen Archivs des AA (Bonn) benutzt. Seine Darstellung ist gut informiert, aber in formaler Beziehung durch die Eigentümlichkeit gekennzeichnet, daß Sachdarlegungen, Zitate und Aktenauszüge in recht pointillistischer Manier aneinandergereiht werden und auf Belege und Nachweise durchgängig verzichtet wird. BAUMONT hat auch eine umfängliche Biographie über Bazaine vorgelegt: Bazaine. Les secrets d'un maréchal (1811–1888), Paris 1978.

nen zwischen dem deutschen Hauptquartier, Marschall Bazaine in Metz, der Kaiserin Eugenie (zuerst in Hastings, dann in Chislehurst) und dem Gefangenen auf Schloß Wilhelmshöhe[7]. Die folgende Analyse konzentriert sich vielmehr darauf, den Stellenwert des Faktors „Rheinarmee" in Bismarcks Strategie der Friedensanbahnung möglichst genau zu bestimmen.

Wir erinnern uns: Bereits das nach Bismarcks Anweisung redigierte Reimser Kommuniqué vom 11. September enthielt den vielsagenden Hinweis auf Bazaine als denkbaren Verhandlungspartner[8], und wohl nicht zufällig gelangte ein Exemplar der entsprechenden Nummer des „Indépendant Rémois" in die zernierte Festung Metz hinein. Auch in seiner Unterredung mit dem britischen Botschaftssekretär Malet am 15. September brachte Bismarck die Sprache auf Bazaine[9]: sollte dieser es unter bestimmten Umständen für zweckmäßig erachten, zum Kaiser zu halten, und wäre Napoleon bereit, die deutschen Friedensbedingungen zu akzeptieren, dann – so Bismarck – könnte die preußische Regierung Napoleon behilflich sein beim Versuch, mit Unterstützung der „Rheinarmee" unter Marschall Bazaine sowie der 140 000 in deutscher Kriegsgefangenschaft befindlichen französischen Soldaten seinen Thron wiederzugewinnen. Welches die unabdingbaren Vorbedingungen eines deutschen Eingreifens zugunsten Napoleons sein würden, wurde von Bismarck hier bereits klar artikuliert.

Wenige Tage nach dieser Unterredung mit Malet fand dann zu Ferrières die Entrevue zwischen Bismarck und dem Außenminister der provisorischen Regierung statt[10]. Wenn Bismarck Jules Favre auch erklärte, er habe keinerlei Veranlassung, für Napoleon eine besondere Vorliebe zu empfinden[11], so ließ er ihn doch gleichzeitig wissen, daß nach seinen Informationen Bazaine dem Kaiser treu geblieben sei und den Befehlen der Pariser Regierung nicht gehorchen werde[12]. Zu Beginn der letzten Unterredung, in der er Favre die deutschen Waffenstillstandsbedingungen mitteilte, wartete Bismarck schließlich mit einem Überraschungs-

---

[7] An dieser Stelle sei darauf hingewiesen, daß Napoleon – auf Bismarcks und des Königs Anweisung – während der ganzen Dauer seiner Gefangenschaft in engem Kontakt mit der Außenwelt stand. Er bezog eine ganze Reihe von Tageszeitungen, insbesondere englische und belgische Blätter, las täglich aber auch mehrere deutsche Zeitungen (u. a. die Norddeutsche Allgemeine Zeitung), er konnte nach Belieben Besuche empfangen, korrespondieren und telegraphieren. Die Interzepte des Telegrammverkehrs von Wilhelmshöhe wurden Bismarck zugeleitet und von ihm selbst gelesen, teilweise auch dem König vorgelegt (PA I ABc 70 Nr. 3a/3b). Siehe insgesamt das Tagebuch Castelnau (GIRARD passim) und MONTS (passim) mit Verzeichnung der Besucher sowie A. MELS, Wilhelmshoehe, Paris 1880 (dort S. 40 f. Liste der von Napoleon bezogenen Zeitungen).
[8] Siehe oben S. 222 f.
[9] Vgl. oben S. 233.
[10] Vgl. oben S. 237 ff.
[11] FAVRE 1, 176 f.; für einige Auslassungen in diesen Passagen der gedruckten Aufzeichnung vgl. RECLUS 360.
[12] FAVRE 1, 180. Tatsächlich hatte Prinz Friedrich Karl am 17. September eine mit Bazaine geführte Korrespondenz ins Hauptquartier mitgeteilt, aus der herausgelesen werden konnte, daß Bazaine sich auf den kaiserlichen Standpunkt stellte und von der Republik nichts wissen wollte, vgl. KLEIN-WUTTIG 101 f.

coup besonderer Art auf: er legte Favre eine Fotografie der Strandpromenade von Hastings mit der Unterschrift des kaiserlichen Prinzen vor und bemerkte, dies sei der Ausweis einer Person, die sich soeben bei ihm eingefunden habe (es handelte sich um den dubiosen Monsieur Regnier, auf dessen Aktivitäten gleich noch einzugehen sein wird). Als Favre äußerte, Bismarck wolle sich anscheinend alle Eventualitäten, auch die einer Restaurierung Napoleons, offenhalten, erwiderte Bismarck: er könne dazu weder ja noch nein sagen; bisher jedenfalls sei keine Entscheidung getroffen („mais nous n'avons pris aucun parti"), und der fragliche Emissär mache ihm keinen sehr seriösen Eindruck[13]. Favre schied von Bismarck mit dem Gefühl, daß dieser nicht grundsätzlich und von vornherein auf eine Restaurierung Napoleons verzichten wolle, daß die Frage im Augenblick aber nicht akut sei.

Tatsächlich besaß Bismarck zu diesem Zeitpunkt keine präzise Kenntnis der Dispositionen und Intentionen Bazaines, Eugenies und Napoleons. Er konnte daher nicht absehen, ob die „Rheinarmee" ein wirkliches Gegengewicht zur Pariser Regierung bildete und ob Bazaine und die Regentschaft als mögliche Verhandlungspartner ernsthaft in Frage kamen. Doch gänzlich unerwartet bot sich ihm am 20. September Gelegenheit, einen Kontakt zu Bazaine anzubahnen: unmittelbar vor Beginn der letzten Unterredung mit Favre stellte sich im Hauptquartier zu Ferrières nämlich ein Monsieur Regnier ein, der sich als „Abgesandter der Kaiserin Eugenie" ausgab und Bismarck seine Restaurationspläne entwickelte.

Über Regnier ist unendlich viel geschrieben und spekuliert worden. Sein noch im Winter 1870 publizierter, in vielem grotesk anmutender Bericht[14], seine Verwicklung in den Prozeß gegen Bazaine, das gegen ihn selbst 1874 durchgeführte Verfahren wegen Spionage (in dem er in Abwesenheit zum Tode verurteilt wurde) boten reichlich Anlaß, Persönlichkeit und Rolle des seltsamen, damals 48jährigen Mannes zu erörtern. Ein Persönlichkeitsbild voller Kontraste: abstruse Phantastereien und vernünftige Einsichten in krausem Gemisch, für eine kurze Zeit eine mit erstaunlicher Energie betriebene politische Aktivität, weder vorher noch nachher irgendeine politische Tätigkeit – jener Typ des Amateurpolitikers also, der in Krisenzeiten nicht selten auf der Szene erscheint und, sofern er in einem günstigen Moment auftritt, für eine kurze Zeit eine Rolle zu spielen vermag. Augustin Filon, der Erzieher des kaiserlichen Prinzen, der Regnier mehrere Male begegnete, hat diesen treffend charakterisiert: „Eine Energie, eine unbezähmbare Aktivität, ein Mut, der vor keiner Gefahr und keiner Strapaze zurückschreckte; daneben Kindereien und eine offensichtliche Aufgeblasenheit; eine erstaunliche Kenntnis

---

[13] FAVRE 1, 182 f.; RECLUS 364 f.
[14] Quel est votre nom? N. ou M. Une étrange histoire dévoilée, Brüssel 1870. Deutsche Ausgabe: Wer sind Sie denn eigentlich, Herr N. oder M.? Berlin 1871 (im folg. wird die deutsche Ausgabe zitiert). In allen Fällen, in denen Regniers Angaben und die von ihm abgedruckten Schriftstücke anhand von Dokumenten und anderen Quellen überprüfbar sind, erweist sich, daß Regniers Bericht zuverlässig ist; in diesem Sinne auch HOWARD 269 Anm. 5. Zur Schreibweise des Namens: er selbst schrieb sich Regnier; in der Sekundärliteratur wird der Name häufig „Régnier" geschrieben.

gewisser Menschen und gewisser Dinge, eine nicht weniger überraschende Unkenntnis anderer Dinge und anderer Menschen"[15].

Die Regnier-Episode (denn mehr als eine Episode war es nicht) braucht hier nicht in aller Ausführlichkeit ausgebreitet zu werden; es muß genügen, die wesentlichen und zweifelsfreien Fakten festzuhalten[16]. Regnier war nicht, wie seinerzeit und auch später oft angenommen wurde, ein „preußischer Spion"; Bismarck sah ihn zum ersten Mal am 20. September 1870[17]. Regnier hatte sich die Restauration des Kaiserreichs in den Kopf gesetzt und wurde am 12. September aus eigenem Antrieb zu diesem Zweck tätig: in einem langen, teils wirren, teils originellen Memorandum setzte er der Kaiserin auseinander, wie sie versuchen könnte, die Herrschaft wiederzugewinnen[18]. Seine Bitte um eine Audienz wurde jedoch wiederholt abgelehnt. Am 16. bzw. 17. September gelang es ihm dann durch einen Trick, sich die Unterschrift des kaiserlichen Prinzen unter eine Fotografie der Strandpromenade von Hastings zu verschaffen[19]. Danach reiste er sofort aus England ab, von Calais begab er sich nach Amiens, und nachdem er in der Gegend von Nanteuil die Frontlinie passiert hatte, vermochte er sich auf abenteuerliche Weise bis ins deutsche Hauptquartier durchzuschlagen.

Er erschien im Schloß zu Ferrières genau zu jener Stunde, in der im Kriegsrat darüber konferiert wurde, welche Waffenstillstandsbedingungen an Favre zu stellen seien. Bei den Akten befindet sich nämlich eine Notiz des Grafen Hatzfeldt, die Bismarck in die Konferenz hineingereicht wurde: „Ich erlaube mir zu melden, daß ein Abgesandter der Kaiserin Eugenie eben aus Hastings hier eingetroffen ist, welcher sich Regnier nennt und den dringenden Wunsch ausspricht, Ew. Exzellenz zu sehen, bevor mit Herrn Favre ein Abkommen getroffen ist. Herr Regnier ist bei mir. Ich bitte gehorsamst um Verhaltungsbefehle"[20]. Diese sehr bestimmte Versicherung Regniers gegenüber Hatzfeldt, er sei ein Abgesandter Kaiserin Eugenies, macht es verständlich, daß Bismarck nach Beendigung des Kriegsrats und vor der auf 11 Uhr anberaumten (dritten) Unterredung mit Favre sich Zeit für ein kurzes Gespräch mit Regnier nahm. Dabei überreichte Regnier als „Vollmacht"

---

[15] A. FILON, Souvenirs sur l'Impératrice Eugénie, Paris 1920, 202.
[16] Vgl. u. a. die ausführlichen Darlegungen bei FREESE 23 ff.; KLEIN-WUTTIG 104 ff.; RUBY/REGNAULT 213 ff.; BAUMONT, L'échiquier 189 ff.; knapp, aber treffend: HOWARD 269 ff.
[17] Dies bekundete Bismarck ausdrücklich in einer Ehrenerklärung, die er Regnier auf dessen Bitte zugehen ließ, als Regnier 1874 vor einem französischen Militärgericht wegen Spionage angeklagt war: Schreiben Bismarck an Regnier, Varzin 2. 10. 1874 - PA I ABc 70 Bd. 142, Bl. 48 ff. Bismarcks Schreiben wurde in der „Times" vom 15. 10. 1874 veröffentlicht (ebd. Bl. 60).
[18] REGNIER 5 ff.
[19] Ebd. 15 f. (dort auch Faksimile); FILON 184 ff.
[20] Notiz Hatzfeldts - PA I ABc 70 Nr. 6 Bd. 1, Bl. 4 (auf dem Briefbogen ist versehentlich der Präsentatvermerk 19. 9. 70 angebracht). Daß diese Notiz Bismarck ins Conseil hineingereicht wurde, bezeugt Hatzfeldt in seinen Memoiren: G. EBEL (Hrsg.), Botschafter Paul Graf v. Hatzfeldt. Nachgelassene Papiere 1838-1901, 2 Bde, Boppard 1976, hier: 1, 71 f. Regnier traf in Ferrières am 20. September ungefähr um 10 Uhr ein (bei REGNIER 20 ist die Zeitangabe „10 Uhr abends" in „10 Uhr vormittags" zu korrigieren).

jene vom kaiserlichen Prinzen signierte Fotografie, von der Bismack gleich anschließend gegenüber Favre Gebrauch machte, er legte seine Restaurationspläne dar und sprach den Wunsch aus, sich nach Wilhelmshöhe oder nach Metz begeben zu dürfen, um in diesem Sinne wirken zu können[21].

Bismarck hat zweifellos schon in diesem ersten Gespräch mit Regnier erkannt, daß er es mit einer dubiosen Persönlichkeit zu tun hatte, die keine ordentlichen Vollmachten besaß[22]. Aber er muß gleichzeitig den Eindruck gehabt haben, daß Regnier zur Durchführung einer Sondierung bei Bazaine möglicherweise verwendbar sein würde, daß er zumindest keinen Schaden anrichten und gegebenenfalls jederzeit desavouiert werden konnte. Deshalb ließ Bismarck am Abend des 20. September, einige Stunden nach Favres Abreise aus Ferrières, Regnier noch einmal vor. Nachdem dieser ausführlich seine Vorstellungen über die Anbahnung von Verhandlungen mit der Regentschaft dargelegt hatte, erwiderte Bismarck kurz: er habe nichts dagegen, daß Regnier versuche, jemand mit ihm zusammenzubringen, der Vollmacht zu Verhandlungen habe; wahrscheinlich sei es allerdings bereits zu spät, denn vielleicht werde schon morgen ein Waffenstillstand unterzeichnet[23]. Er versprach Regnier, das deutsche Hauptquartier vor Metz telegraphisch zu ersuchen, ihm das Passieren der Linien zu erleichtern[24] und ließ ihm noch in der Nacht einen Passierschein aushändigen[25]. In der Frühe des 21. September reiste Regnier ab. Im Hinblick auf die „Benutzung" des Monsieur Regnier durch Bismarck hat Ludwig Bamberger später einmal bemerkt, er habe es sich seinerzeit nicht erklären können, weshalb Bismarck sich mit dem „durchaus unbekannten und seinem ganzen Auftreten nach den Stempel des Abenteurers tragenden Regnier überhaupt eingelassen" habe; im Lauf der Zeit habe er es jedoch verstanden: „Bismarck verschmähte es nie, irgend einen Faden zu ergreifen, der, wenn auch auf ganz unwahrscheinliche Weise, zu seinem Ziele führen konnte, vorausgesetzt, daß er sich selber dabei nichts vergab. So viele Eventualitäten als möglich sich offen zu halten, um die brauchbare zu benutzen, lag immer in seiner Methode"[26].

---

[21] REGNIER 22 ff. (hinsichtlich der Formulierungen sind Vorbehalte am Platze).
[22] Vgl. Bismarcks Äußerungen zu Favre, oben S. 257. In Bismarcks Schreiben an den Kronprinzen vom 21.9.1870 heißt es, die Verhandlung mit einem Abgesandten der Regentschaft habe zu keinem Resultat führen können, „weil er weder bestimmte Vorschläge noch Vollmachten nachweisen konnte" (GW 6b Nr. 1824). Zu berücksichtigen ist allerdings, daß die Verwendung auch recht dubioser Emissäre durchaus zum Stil der napoleonischen „Geheimdiplomatie" gehörte.
[23] REGNIER 27 ff.
[24] Das Telegramm wurde noch am 20. September dem Generalstab zur Beförderung an Prinz Friedrich Karl übermittelt. Es lautete: „Ew. Kgl. Hoheit ersuche ich untertänigst, falls ein gewisser Regnier, mit einer diesseitigen Legitimation versehen, sich dort zeigen sollte, seinen Eingang nach Metz nicht hindern zu wollen, aber zu verhüten, daß diesseitiges Einverständnis mit seiner Ankunft in der Festung erkennbar werde" (PA I ABc 70 Nr. 6 Bd. 1, Bl. 9).
[25] Passierschein, Ferrières 20. 9. 1870 (Konzept) - ebd. Bl. 10; Original unterzeichnet von Bismarck und Generalquartiermeister v. Podbielski: Faksimile bei REGNIER 28.
[26] L. BAMBERGER, Vor fünfundzwanzig Jahren, in: DERS., Gesammelte Schriften, Bd. 1, Berlin 1898, 417–452; hier: 439.

Am 23. September gelangte Regnier nach Metz hinein und vermochte ohne nennenswerte Schwierigkeiten zu Marschall Bazaine vorzudringen. Er trug dem Marschall seine Restaurationspläne vor und umriß die Rolle, die dabei der „Rheinarmee" zugedacht war, ohne daß Bazaine in dezidierter Weise zu diesen Plänen Stellung nahm. Bazaine war jedoch einverstanden mit der Entsendung eines Generals zur Kaiserin, damit diese aus erster Hand über die Lage in Metz informiert würde und zur Frage politischer Verhandlungen zwischen Marschall Bazaine und dem deutschen Hauptquartier Stellung nehmen konnte. Aufgrund einer telegraphisch gegebenen Erlaubnis Bismarcks[27] führte Regnier in der Nacht vom 24./25. September den Kommandeur der kaiserlichen Garde, General Bourbaki, mit sich aus Metz hinaus; die beiden konnten den Festungsbereich incognito verlassen, indem sie sich einer Gruppe luxemburgischer Rot-Kreuz-Ärzte anschlossen, die aus Metz nach Luxemburg zurückkehrten[28]. Während sich Regnier noch einmal nach Ferrières ins deutsche Hauptquartier begab, reiste General Bourbaki über London nach Chislehurst, dem Aufenthaltsort der Kaiserin.

Die „Mission Bourbaki" endete mit einem völligen Fehlschlag. Der General war der politischen Seite des Unternehmens in keiner Weise gewachsen, zudem hatte er schon unterwegs (er hielt sich wider die Verabredung zwei Tage in Belgien auf, ohne sein Incognito zu wahren) das Gefühl gewonnen, getäuscht worden zu sein. Er gab sich in Chislehurst daher sehr reserviert, informierte nicht umfassend über die prekäre Situation der „Rheinarmee" und die Absichten Bazaines, vor allem drängte er die Kaiserin nicht – wie Regnier es gewünscht hatte – zum Abschluß eines politischen Vertrags. Ihm lag in erster Linie daran, so schnell wie möglich wieder auf seinen Posten zurückkehren zu können. Als er schließlich am Abend des 5. Oktober ohne jedes konkrete Ergebnis und ohne einen bestimmten Auftrag der Regentin für Bazaine aus London abgereist war, ergaben sich Komplikationen wegen seines Wiedereintritts nach Metz. Prinz Friedrich Karl befürchtete nämlich, politische Rücksichten könnten dazu führen, daß er um einen militärisch befriedigenden Abschluß seiner Aufgabe – eine glatte Kapitulation der „Rheinarmee" – gebracht würde und sah deshalb die Kommunikationen zwischen Ferrières, Metz und London höchst ungern. Obwohl Bismarck einen ausdrücklichen königlichen Befehl erwirkt hatte, Bourbaki wieder nach Metz hineinzulassen[29], hielt Prinz

---

[27] Noch vor seiner Abreise aus Ferrières, in der Nacht vom 20./21. September, hatte Regnier in einem merkwürdigen Brief Bismarck den Vorschlag gemacht, ihm zu erlauben, Marschall Canrobert oder General Bourbaki aus der Festung herauszuführen (der Brief befindet sich bei den Akten, trägt aber das falsche Datum 19. 9. 1870: PA I ABc 70 Nr. 6 Bd. 1, Bl. 55 ff.; vgl. REGNIER 28 ff.). Bismarck telegraphierte Prinz Friedrich Karl am 23. September „auf allerhöchsten Befehl": „Sollte Bourbaki oder Canrobert für ihre Person Metz heimlich zu verlassen suchen, so stelle ich anheim, es unauffällig zuzulassen" (PA I ABc 70 Nr. 6 Bd. 1, Bl. 11).

[28] Vgl. dazu Telegramme Stiehle an Bismarck, Novéant 25. 9. 1870 (pr. 25. 9.) – ebd. Bl. 19 f.

[29] Tel. Generalstab an Oberkommando der Armee vor Metz, Ferrières 2. 10. 1870 – PA I ABc 70 Nr. 6 Bd. 1, Bl. 50; vgl. FREESE 71 ff.; KLEIN-WUTTIG 109 f.; W. FOERSTER, Prinz Friedrich Karl von Preußen, 2 Bde, Stuttgart/Leipzig 1910, hier: 2, 285 f.

Friedrich Karl den General durch ausweichende Antworten mehrere Tage hin. Bourbaki, schließlich des Wartens überdrüssig, reiste am 9. Oktober von Luxemburg nach Brüssel, gab dem französischen Gesandten (also dem Repräsentanten der Pariser Regierung) einen ausführlichen Bericht über seine Reise sowie über die Lage in Metz und stellte sich der provisorischen Regierung für ein militärisches Kommando zur Verfügung[30].

Bismarck war sehr aufgebracht darüber, daß das Oberkommando der Belagerungsarmee dem General Bourbaki nicht die Rückkehr in die Festung Metz gestattet hatte. In einem Schreiben an Generalmajor von Stiehle, den Chef des Stabes, beklagte er sich heftig, daß durch die Nichtausführung des königlichen Befehls eine „wochenlang vorbereitete und nach verschiedenen Seiten hin gerichtete Kombination gestört" worden sei[31].

Regnier war bei seinem zweiten Besuch im deutschen Hauptquartier nicht erfolgreicher als Bourbaki in Chislehurst. Als er am Abend des 27. September in Ferrières eintraf, ließ Bismarck ihn zunächst einen vollen Tag warten[32] und zeigte sich dann wenig befriedigt über das, was Regnier ihm mitteilen konnte. Zwar behauptete Regnier, Marschall Bazaine stimme mit seinen Ansichten überein und sei unter gewissen Bedingungen auch zur Kapitulation bereit, aber er überbrachte keine konkreten Vorschläge Bazaines und konnte keine Verhandlungsvollmacht vorweisen. Deshalb entschloß sich Bismarck, unverzüglich eine eindeutige Klärung herbeizuführen. Mit Regniers Einverständnis telegraphierte er an Prinz Friedrich Karl, durch Parlamentär Marschall Bazaine folgende Frage zu stellen: „Le Maréchal Bazaine acceptera-t-il pour la reddition de l'armée qui se trouve devant Metz les conditions que stipulera M. Regnier, restant dans les instructions qu'il tient de M. le Maréchal?"[33]. Auf die ihm vorgelegte Frage antwortete Bazaine am 29. September mit einem Schreiben[34], dessen Substanz Prinz Friedrich Karl umgehend an Bismarck telegraphierte: „Marschall Bazaine erwidert, daß er auf die gestellte Frage keine absolut bestätigende Antwort geben könne. Er hätte Herrn Regnier gesagt, daß er lediglich eine Kapitulation mit Kriegsehren annehmen, aber daß er Metz nicht einbegreifen könne. Dem Unterzeichneten [Prinz Friedrich Karl] erscheint dies völlig unannehmbar"[35]. „Mir auch", bemerkte Bismarck dazu und ließ Prinz

---

[30] Tel. Tachard an Regierungsdelegation Tours, Brüssel 9. und 10. 10. 1870 – MAE Belgique 60 Bl. 158, 162; vgl. auch: A. v. W., Aus dem Winter 1870/71, in: Deutsche Revue Jg. 30 (1905) Bd. 2, 323; Bd. 3, 54 ff.
[31] Schreiben Bismarck an Stiehle, Versailles 17. 10. 1870 – PA I ABc 70 Nr. 6 Bd. 1, Bl. 73 ff.; auch GW 6b Nr. 1874.
[32] FREESE 60; BRONSART 104.
[33] Tel. Bismarck an Prinz Friedrich Karl, Ferrières 28. 9. 1870, z. St. 22.00 Uhr – PA I ABc 70 Nr. 6 Bd. 1, Bl. 21 ff.
[34] Schreiben Bazaine an General [Stiehle], Metz 29. 9. 1870 (pr. Ferrières 1. 10.) – ebd. Bl. 48 f.; vgl. BAZAINE, L'armée du Rhin 132 ff.; DERS., Episodes 185 f.
[35] Tel. Prinz Friedrich Karl an Bismarck, Corny 29. 9. 1870 (ab: 13.55 Uhr, an Ferrières 17.40 Uhr) – PA I ABc 70 Nr. 6 Bd. 1, Bl. 28

Friedrich Karl sogleich wissen, „daß über Unannehmbarkeit auch hier kein Zweifel"[36].

In der Tat konnte es für Bismarck keinen Augenblick lang zweifelhaft sein, daß Bazaines Stellungnahme keine Ausgangsbasis für die Einleitung von Verhandlungen darstellte. Während Bazaine auf die politischen Fragen überhaupt nicht einging, bedeuteten seine militärischen Vorschläge konkret: freier Abzug der „Rheinarmee" aus Metz, keine Übergabe der Festung Metz (deren Garnison sich, wenn nicht die gesamte Rheinarmee mitverpflegt werden mußte, entsprechend länger halten konnte). Daß derartige Vorschläge völlig unannehmbar waren, lag auf der Hand. Bismarck ließ daraufhin am 30. September Regnier durch Graf Hatzfeldt eröffnen, er möge sofort das Hauptquartier verlassen[37].

In der Zwischenzeit war auch Napoleon selbst – ohne Kenntnis der durch Regnier betriebenen Sondierung in Metz – aus seiner zunächst strikt gewahrten Reserve wenigstens einen kleinen Schritt herausgetreten. Am 25. September ging Bismarck ein Memorandum aus Wilhelmshöhe zu, das ebenfalls das Schicksal der Rheinarmee zum Gegenstand hatte[38]. Der tragende Grundgedanke dieses Memorandums war: es liege ebenso sehr im Interesse König Wilhelms wie in demjenigen Frankreichs, daß Frankreichs letzte Armee weder vernichtet werde noch in Kriegsgefangenschaft komme, denn allein diese Armee werde imstande sein, der nach dem Fall von Paris und nach dem Friedensschluß zu gewärtigenden Anarchie entschlossen entgegenzutreten, die Bevölkerung zu entwaffnen und eine dauerhafte Ordnung herzustellen. Aufgrund dieser – von ihm postulierten – Identität der Interessen schlug Napoleon den Abschluß einer „Militärkonvention" zwischen König Wilhelm und Marschall Bazaine vor: der „Rheinarmee" solle ein bis zum Friedensschluß dauernder Waffenstillstand zugestanden werden; während dieses Zeitraums solle die Armee nicht aus einem zu bestimmenden Rayon um Metz herausgehen, sich aber verproviantieren und ihre Verwundeten und Kranken evakuieren dürfen.

---

[36] Tel. Bismarck an Prinz Friedrich Karl, Ferrières 29. 9. 1870, z. St. 18.30 Uhr – ebd.; s. dazu ferner: Schreiben Bismarck an Prinz Friedrich Karl, Ferrières 4. 10. 1870 – ebd. Bl. 52 f., auch GW 6b Nr. 1848.
[37] Regnier begab sich daraufhin über Belgien nach England, um – wie er Graf Hatzfeldt vor der Abreise sagte – bei Kaiserin Eugenie eine Verhandlungsvollmacht zu erwirken. Er wurde in Chislehurst jedoch übel empfangen und erreichte nichts (FILON 199 ff.); in zahlreichen Telegrammen warnte Eugenie auch Kaiser Napoleon vor Regnier (PA I ABc 70 Nr. 3b Bd. 1, Bl. 93, 126, 131 f., 143). Als Napoleon am 3. Oktober bei Bismarck anfragen ließ, ob Regnier sein – Bismarcks – Vertrauensmann sei und eine Mission von ihm habe, erging folgende Antwort: „Ich kenne H. Reignier [!] erst seit seinem hiesigen Besuche, und er hat keine Mission von mir. Er ließ mich vermuten, daß er eine solche von der Kaiserin habe; nachdem konstatiert, daß dies nicht der Fall, habe ich ihn ersucht, das Hauptquartier zu verlassen" (PA I ABc 70 Nr. 6 Bd. 1, Bl. 51).
[38] Schreiben Monts an Bismarck, Kassel 22. 9. 70 (pr. Ferrières 25. 9.) mit Anlage: ungezeichnetes (von Castelnau übergebenes) Memorandum – PA I ABc 70 Nr. 6 Bd. 1, Bl. 15 ff.; zur Entstehung des Memorandums vgl. Castelnaus Tagebuchnotizen: GIRARD 236.

Die Position, die Napoleon mit diesem Memorandum bezog, ist leicht zu umschreiben (sie entspricht im übrigen weitgehend derjenigen, die dann auch Bazaine, unabhängig von Napoleons Vorschlag und ohne Kenntnis von diesem, in seiner Stellungnahme zu Bismarcks Anfrage vom 28. September eingenommen hat): Napoleon wollte die „Rheinarmee" für die Dynastie und für Frankreich retten, ohne der deutschen Seite dafür ein Äquivalent zu bieten, nämlich ohne irgendeine Bindung oder Verpflichtung hinsichtlich der Friedensbedingungen einzugehen. Schwerer zu entscheiden ist hingegen, ob Napoleon einen derartigen Vorschlag – im Bewußtsein, daß er für die deutsche Seite völlig inakzeptabel sein würde – nur zur Salvierung seines eigenen Gewissens gemacht hat oder ob er es tatsächlich für möglich hielt, das deutsche Hauptquartier werde einen solchen Vorschlag als geeigneten Ausgangspunkt für Unterhandlungen betrachten. Wir können lediglich konstatieren, daß die in diesem Memorandum zum Ausdruck kommende Auffassung auch in allen anderen Stellungnahmen Napoleons während dieser Wochen zutage tritt[39] und sich bis zur Kapitulation der Rheinarmee nicht änderte: Napoleon lehnte die Unterzeichnung eines „ungünstigen" Friedens und die Entfaltung irgendeiner Aktivität zugunsten der Dynastie vor dem Fall von Paris entschieden ab, hielt es jedoch für angezeigt, Bismarcks vermeintlich „günstige Dispositionen" gegenüber dem Kaiserreich zu benutzen, um die Rheinarmee zu „retten".

Bismarcks Dispositionen hat Napoleon indessen gründlich verkannt, wenn er annahm, Bismarck bemühe sich um die Herstellung von Kontakten zu ihm, der Regentin und Bazaine vor allem deshalb, weil er die republikanische Staatsform in Frankreich prinzipiell ablehne und schon aus diesem Grunde an einer Restauration des Kaiserreichs interessiert sei, so daß in der Frage der Friedensbedingungen auf ein weitgehendes deutsches Entgegenkommen gegenüber den Repräsentanten des Kaiserreichs gerechnet werden könne. Ganz offensichtlich unterschätzte Napoleon die Bereitschaft Bismarcks, mit der provisorischen Regierung zu einem Abschluß zu kommen, sofern diese sich zur Wahl einer konstituierenden Versammlung und zum Eingehen auf die deutscherseits gestellten Bedingungen entschließen sollte.

Bismarck ließ Napoleon weder über seine Intentionen noch über die von ihm für unabdingbar betrachteten Modalitäten eines Abkommens mit Bazaine im unklaren. Am 30. September ging seine Erwiderung auf Napoleons Memorandum nach Wilhelmshöhe ab – am gleichen Tag also, an dem Regnier zum Verlassen des Hauptquartiers aufgefordert wurde –, und diese Stellungnahme bezeichnete klar und deutlich Ziel und Bedingungen einer mit Bazaine abzuschließenden Konvention: Deutschland müsse in erster Linie darauf bedacht sein, die Resultate eines Krieges sicherzustellen, der noch nicht beendet sei. Würde man Bazaine einen Waffenstillstand zugestehen, der ihm eine Verproviantierung und die Evakuierung der Verwundeten erlaubte, dann würde Deutschland auf die ihm aus der Kapitu-

---

[39] Vgl. etwa Napoleons Äußerungen zu Hellwitz (oben S. 224) sowie seine Bemerkungen in Briefen an Kaiserin Eugenie vom 6. und 20. 10. 1870 (Revue des Deux Mondes, 100. Jg., 7. Pér., Bd. 59 (1930), 11 f., 13 ff.); ferner FREESE Anlage J.

lation von Metz erwachsenden militärischen Vorteile verzichten. Ein solches Opfer wäre aber nur dann gerechtfertigt, wenn man dafür Garantien erhalte, die den Abschluß des Friedens mit den deutscherseits als unerläßlich erachteten Bedingungen sicherten. Vorläufig sei noch unklar, welche Absichten Bazaine verfolge, welches Äquivalent für einen Waffenstillstand geboten werde, von dem er allein einen Vorteil hätte. Diese Ungewißheit erlaube bis zum gegenwärtigen Augenblick kein Urteil über die Opportunität einer derartigen Transaktion[40].

Ohne Umschweife nannte Bismarck in diesem Exposé Napoleon den Preis für ein Abkommen mit Bazaine, welches die „Rheinarmee" intakt lassen würde, so daß diese möglicherweise zum Kristallisationskern für eine napoleonische Restauration werden konnte: das geforderte politische Äquivalent bestand im Eingehen der Regentschaft und Bazaines auf die deutschen Friedensbedingungen. An dieser Grundbedingung hat Bismarck bei seinen Unterhandlungen mit bonapartistischen Abgesandten auch in den folgenden Wochen festgehalten und sie noch schärfer präzisiert, indem er darauf hinwies, ernsthafte Verhandlungen mit Agenten der kaiserlichen Partei seien nur dann möglich, wenn konstatiert werden könne, daß diese Partei – noch oder wieder – einen politischen Faktor in Frankreich darstelle.

In der ersten Oktoberhälfte konnte sich Bismarck nicht verhehlen, daß das Ergebnis seiner bis dahin mit beträchtlichem Kraft- und Zeitaufwand unternommenen Bemühungen, auf irgendeine Weise den Kriegsbeendigungsprozeß einzuleiten, gleich null war. Ein Waffenstillstand mit der provisorischen Regierung war nicht zustande gekommen. Der negative Ausgang der Entrevue von Ferrières und der anschließend durchgeführten Sondierung General Burnsides bewies nur zu deutlich, daß die provisorische Regierung ein Einlenken in der Frage der Waffenstillstandsbedingungen kategorisch ablehnte. Ende September/Anfang Oktober vermochte die provisorische Regierung sogar die militärische Lage einigermaßen zu konsolidieren. Paris befand sich jetzt in voller Verteidigungsbereitschaft, und die an der Loire und in Nordwestfrankreich rasch aufgebauten neuen Truppeneinheiten formierten sich zum Widerstand. Auch mit der „Rheinarmee" und der Regentschaft war Bismarck keinen Schritt vorangekommen. Die Erkundung der Absichten Bazaines hatte ein negatives Resultat erbracht, der zwischen Bazaine und der Kaiserin hergestellte Direktkontakt riß durch das Scheitern der Mission Bourbaki wieder ab, außerdem deutete alles darauf hin, daß von Napoleon und Eugenie keine Aktivitäten zugunsten von Friedensverhandlungen in Verbindung mit der Wiederherstellung des Kaiserreichs erwartet werden durften.

---

[40] Schreiben Bismarck an Monts, Ferrières 30. 9. 1870 mit Anlage: ungezeichnetes, an Castelnau zu übergebendes Memorandum (das Konzept Hatzfeldts wurde von Bismarck stark überarbeitet!) – PA I ABc 70 Nr. 6 Bd. 1, Bl. 30 ff.; auch GW 6b Nr. 1839. Die Stellungnahme Bismarcks ging Napoleon am 5. Oktober zu; als Napoleon sie gelesen hatte, bemerkte er zu Castelnau „qu'il n'y avait plus rien à faire de ce côté" (GIRARD 250).

Angesichts dieser Umstände verbot es sich für Bismarck, erneut die Initiative zu ergreifen. Er mußte abwarten – und er konnte abwarten, denn zumindest Marschall Bazaine stand unter starkem Zeitdruck. Die in Metz angehäuften Lebensmittelvorräte hätten es der Festungsbesatzung und der Zivilbevölkerung der Stadt erlaubt, viele Monate lang auszuhalten. Da nun aber – wider Erwarten – die rund 150 000 Soldaten der „Rheinarmee" aus diesen Proviantbeständen mitverpflegt werden mußten, war leicht abzusehen, daß die Vorräte in verhältnismäßig kurzer Zeit aufgebraucht sein würden. Dann blieb – das wußte man im deutschen Hauptquartier, in Chislehurst und Wilhelmshöhe so gut wie in Metz – nichts anderes übrig als die Kapitulation. Es war daher Eile geboten, wenn man zu einer politischen Vereinbarung über das Schicksal der „Rheinarmee" gelangen wollte.

Tatsächlich rafften sich Kaiserin Eugenie und Bazaine – unabhängig voneinander, aber mit identischer Motivation – schließlich dazu auf, Versuche zur Rettung der „Rheinarmee" – das heißt: zur Vermeidung einer bedingungslosen Kapitulation – zu unternehmen. Am 10. Oktober beschloß ein von Bazaine einberufener „Kriegsrat" die Entsendung eines Generals ins deutsche Hauptquartier mit dem Auftrag, Bismarcks Bedingungen für den Abschluß einer Militärkonvention in Erfahrung zu bringen[41]. Und am gleichen Tag entschloß sich Kaiserin Eugenie nach langem Zögern, einen Emissär nach Versailles zu schicken. Der mit dieser Mission betraute Staatsrat Théophil Gautier sollte König Wilhelm ein Handschreiben Eugenies überbringen und Bismarck darlegen, auf welchen Grundlagen die Kaiserin über einen Frieden glaube verhandeln zu können[42].

Auf den Gang der Ereignisse hatte der Besuch Gautiers im Hauptquartier jedoch keinen Einfluß. Denn als Gautier nach langwieriger Reise am 23. Oktober in Versailles eintraf[43] und am nächsten Tag von Bismarck empfangen wurde, war die Entscheidung über das Schicksal der „Rheinarmee" bereits gefallen: zu einer politischen Transaktion würde es nicht kommen, die Kapitulation der Armee Bazaines stand unmittelbar bevor. Von Interesse ist die Begegnung zwischen Gautier und Bismarck aber deshalb, weil Gautier nach der Übergabe des Handschreibens der Kaiserin – es enthielt keinerlei substantielle Darlegungen, sondern nur einen

---

[41] Protokoll des Kriegsrates vom 10. 10. 1870: BAZAINE, L'armée du Rhin 166 ff.; DERS., Épisodes 207 ff.; ferner Aussage Bazaines vor der Untersuchungskommission (EP Dép. 4, 209 ff.) und im Prozeß von Trianon (PROCÈS 1, 302 ff.); vgl. ferner FREESE 83 f.; RUBY/REGNAULT 239 ff.; BAUMONT, L'échiquier 222 ff.; HOWARD 277 f.

[42] Über Vorgeschichte und Verlauf seiner Reise sowie über die Unterredungen und Eindrücke in Versailles hat GAUTIER später einen ausführlichen Bericht publiziert: Ein Besuch beim Grafen Bismarck, in: Velhagen und Klasings Monatshefte Jg. 1912/13 Bd. 2, 523–528. Die Passagen über die Unterredung mit Bismarck am 24. 10. 1870 sind (mit unwesentlichen Kürzungen) auch abgedruckt GW 7, 379–384.

[43] Mit einem Billett zeigte Gautier am 23. 10. 1870 Bismarck seine Ankunft in Versailles an, bat um einen Gesprächstermin und fügte hinzu: „J'ai des communications à faire à Votre Excellence de la part de S. M. l'Impératrice" – PA I ABc 70 Nr. 6 Bd. 2, Bl. 18.

pathetischen Appell an die Großmut des Königs⁴⁴ – Bismarck die von der Regentin ins Auge gefaßte „Friedensbasis" unterbreitete: Schleifung der Festungswerke von Straßburg, Umwandlung Straßburgs in eine „Freie Stadt" mit einem noch festzulegenden Territorium, Zahlung einer Kriegsentschädigung, Abtretung Cochinchinas⁴⁵. Als Bismarck diese Proposition als indiskutabel zurückwies, änderte Gautier seinen Vorschlag – „mais seulement ad referendum" – dahingehend ab, das Elsaß solle als neutraler Staat mit autonomer Regierung organisiert werden⁴⁶. Auch eine derartige Lösung wurde von Bismarck als absolut unannehmbar befunden. Was Gautier dem Kanzler vortrug, war in dessen Augen ein Indiz dafür, daß man im kaiserlichen Lager von einer realistischen Beurteilung der Situation noch weit entfernt war.

Von erheblich größerer Bedeutung als die Entsendung Gautiers ins deutsche Hauptquartier war der Beschluß des Kriegsrats der „Rheinarmee" vom 10. Oktober. Als Bazaine das deutsche Oberkommando vor Metz bat, seinem Generaladjutanten Boyer die Reise ins deutsche Hauptquartier zu gestatten, erhielt er von Prinz Friedrich Karl zwar zunächst einen ablehnenden Bescheid⁴⁷, aber auf Anweisung aus Versailles mußte Prinz Friedrich Karl dann doch in die Entsendung Boyers einwilligen⁴⁸. Sofort nach der Ankunft in Versailles am 14. Oktober hatte Boyer eine erste Unterredung mit Bismarck, der sich – nach mehreren Beratungen Bis-

---

⁴⁴ Handschreiben Kaiserin Eugenies an König Wilhelm o. D., pr. Versailles 24. 10. 1870, von Bismarck dem König vorgelegt mit Immediatbericht vom 24. 10. – ebd. Bl. 32 ff. In einem Begleitschreiben an Bismarck teilte Eugenie mit, Gautier sei von ihr mit Instruktionen versehen: „Si mon intervention peut améliorer les conditions d'un traité de paix avec la Prusse, je n'hésiterai point. Mes préoccupations appartiennent tout entiers non à la Dynastie Impériale mais aux intérêts de la France" (ebd. Bl. 31). Das vom 26. Oktober datierte Antwortschreiben König Wilhelms (in dem die Unabdingbarkeit einer französischen Gebietsabtretung unterstrichen wurde) ging Kaiserin Eugenie Anfang November durch den norddeutschen Botschafter in London zu (ebd. Bl. 53 ff., 63 f., 77 ff., vgl. GW 6b Nr. 1895). Der Briefwechsel zwischen Kaiserin Eugenie und König Wilhelm wurde veröffentlicht in der Revue historique 127 (1918) I–III.
⁴⁵ So die Angabe in einem Schreiben Gautiers an einen nicht namentlich genannten Adressaten („Monsieur" – vielleicht Rouher?), Versailles 25. 10. 1870, in dem Gautier über seine Unterredung mit Bismarck berichtete und das er – wohl um sich der Korrektheit seiner Berichterstattung zu versichern – Bismarck vorlegte (pr. Versailles 26. 10., mit interessanten Marginalien Bismarcks) – PA I ABc 70 Nr. 6 Bd. 2, Bl. 61 f. Vgl. auch Gautiers Formulierungen in seinem späteren ausführlicheren Bericht (s. Anm. 42) – GW 7, 381 f.
⁴⁶ So Gautier im Schreiben vom 25. 10. 1870 (s. vorige Anm.). In seinem späteren Bericht (s. Anm. 42) behauptet Gautier, sein Vorschlag habe folgendermaßen gelautet: das Elsaß solle für einen Zeitraum von fünf Jahren die Konstitution eines freien neutralen Landes mit einer autonomen Regierung erhalten; nach Ablauf dieser Frist habe die Bevölkerung dann in einer Abstimmung zu entscheiden, ob sie zu Frankreich zurückkehren, mit Deutschland vereinigt oder definitiv einen selbständigen Staat bilden wolle (GW 7, 382).
⁴⁷ FOERSTER 2, 287 f.; BAZAINE, L'armée du Rhin 174 f.
⁴⁸ Tel. Kg. Wilhelm an Prinz Friedrich Karl (Entwurf von Kg. Wilhelm abgezeichnet), Versailles 11. 10. 1870, z. St. 17.30 Uhr – PA I ABc 70 Bd. 58, Bl. 28 ff.; vgl. FOERSTER 2, 288; BRONSART 120 ff.; FRIEDRICH III. 163.

marcks mit dem König, mit Moltke, Roon und dem Kronprinzen – am folgenden Tag eine weitere Unterredung anschloß[49].

Bismarck sprach mit Boyer unter vier Augen, Dokumente mit schriftlicher Fixierung der Positionen wurden nicht ausgetauscht; es läßt sich aber recht genau rekonstruieren, was Boyer wünschte und welche Bedingungen ihm Bismarck präsentierte[50]. Boyer suchte um den Abschluß einer Militärkonvention nach, durch welche der „Rheinarmee" freier Abzug aus Metz mit Waffen und Material zugestanden würde; für die weitere Dauer des Krieges sollte sie in einem noch zu bestimmenden Teil Frankreichs „neutralisiert" werden, damit sie als „noyau de l'ordre" erhalten bliebe.

Dieses Ansinnen wurde von Bismarck rundweg abgelehnt; auf eine Kapitulation mit denselben Bedingungen wie in Sedan könne nur dann verzichtet werden, wenn „politische Erwägungen" in den Vordergrund träten. Die Bedingungen einer politischen Lösung skizzierte Bismarck folgendermaßen: über die „Rheinarmee" und Metz könne nur gleichzeitig mit dem Frieden verhandelt werden, über den Frieden aber nur unter den Voraussetzungen, daß das Festhalten der Armee an der kaiserlichen Sache vorher öffentlich verbürgt werde und der Regentin dem Lande gegenüber ein Titel zu Friedensverhandlungen verliehen werden könne, „wenn ferner die Voraussetzungen des demnächstigen Friedensschlusses festgestellt würden und die Garantie der gleichzeitigen Übergabe des Platzes Metz gegeben werde"[51]. Bei einigen Abweichungen in der Formulierung, im Kerngehalt aber mit Bismarcks Äußerung übereinstimmend, resümierte Boyer die ihm gestellten Bedingungen dahingehend: 1) Erklärung der „Rheinarmee", daß sie weiterhin Armee des Kaiserreichs sei und die Regierung der Regentin unterstütze; 2) gleichzeitig Veröffentlichung eines Manifests der Kaiserin an das französische Volk mit der Aufforderung, sich über die Form der Regierung auszusprechen; 3) zusammen mit den beiden Proklamationen Unterzeichnung eines Abkommens durch einen

---

[49] Sofort nach Boyers Ankunft sorgte Bismarck dafür, daß der Aufenthalt des französischen Generals im deutschen Hauptquartier kein Geheimnis blieb; der norddeutsche Gesandte in Brüssel wurde angewiesen, eine entsprechende Information in die Presse zu lancieren, s. Tel. an Balan, Versailles 14. 10. 1870, z. St. 12.15 Uhr – PA I ABc 70 Bd. 59, Bl. 11.
[50] Für Bismarcks Resümee der Unterredungen s. folg. Anm. Für Boyers Version siehe seine Berichterstattung in Metz (BAZAINE, L'armée du Rhin 178 ff.; DERS., Episodes 219 ff.; FILON 213 ff.) und seine Aussage vor der Untersuchungskommission (EP Dép. 4, 247 f.); vgl. auch die Aussage Bazaines (ebd. 210 ff.). Zu Boyers Verhandlungen in Versailles s. insgesamt u. a.: FREESE 91 ff.; KLEIN-WUTTIG 114 ff.; BAUMONT, L'échiquier 235 ff.; RUBY/REGNAULT 244 ff.; HOWARD 278 f.
[51] So resümierte Bismarck die von ihm gestellten Bedingungen in einem Schreiben an Prinz Friedrich Karl vom 23. 10. 1870, in dem er den Prinzen bat, durch ein Memorandum ohne Unterschrift Bazaine daran zu erinnern, welche Bedingungen durch Boyer übermittelt worden seien. Das Schreiben (Konzept Hatzfeldt mit zahlreichen Korrekturen Bismarcks) ging nicht ab, weil sich die Mitteilung an Bazaine aufgrund inzwischen eingegangener Nachrichten erübrigte – PA I ABc 70 Nr. 6 Bd. 2, Bl. 16 f.

Bevollmächtigten der Regentschaft, durch das die Grundlagen eines abzuschließenden Präliminarfriedens angenommen wurden[52].

Worauf die von Bismarck gestellten Bedingungen abzielten, ist deutlich: Bazaine mußte sich entscheiden, ob er die „Rheinarmee" als politischen Faktor in der Auseinandersetzung um Frankreichs Zukunft einsetzen wollte (und konnte), und die Regentin wurde vor die Wahl gestellt, entweder aus der Passivität herauszutreten und die deutschen Friedensbedingungen anzunehmen oder die „Rheinarmee" – den letzten *vielleicht* dem Kaiserreich verbliebenen militärischen Machtfaktor – ihrem Schicksal zu überlassen. Andererseits hatte Bismarck seinen Stufenplan mit einer ganzen Reihe von Kautelen versehen. Der Abschluß eines Abkommens mit Bazaine und der Regentin wurde von der präzisen Erfüllung gravierender Vorbedingungen abhängig gemacht, so daß kaum vorstellbar war, am Ende könnte die „Rheinarmee" zwar der Kapitulation entgehen, die deutsche Seite aber um das erstrebte Äquivalent eines von der Regentin unterzeichneten Präliminarfriedens betrogen werden.

Nachdem General Boyer in die Festung Metz zurückgekehrt war, beriet dort am 18. Oktober ein Kriegsrat über die von Boyer übermittelten Bedingungen Bismarcks[53]. Das Ergebnis der langen Diskussionen – zwischendurch wurden auch die Truppenkommandeure befragt – bestand darin, daß man die Frage, ob die Armee zur Regentschaft halte, zwar bejahte, von einer entsprechenden öffentlichen Proklamation vorläufig aber absah und der Kaiserin wegen des von ihr herauszugebenden Aufrufs an das französische Volk keine Empfehlung gab. Ausdrücklich wurde hingegen festgelegt, daß Marschall Bazaine nicht die Vertretung der Regentschaft bei der Unterzeichnung eines Friedensvertrags übernehmen dürfe, der Chef der Armee habe sich strikt auf seine militärische Aufgabe zu beschränken. Mit Mehrheit beschloß der Kriegsrat schließlich, die Verhandlungen auf dieser Basis fortzusetzen und zu dem Zweck General Boyer zur Kaiserin zu entsenden. Er sollte versuchen, durch Vermittlung der Regentin eine Militärkonvention zu erlangen; die Unterzeichnung eines Vertrags durch den Marschall wurde jedoch kategorisch ausgeschlossen. Ein solcher Auftrag war kaum eine Grundlage für aussichtsreiche Verhandlungen. Denn die Armeeführung war offenkundig genau zu dem nicht bereit, was Bismarck von ihr verlangte, nämlich zur *politischen* Aktion.

Mit Boyers Ankunft in London am frühen Morgen des 20. Oktober trat die Auseinandersetzung um das Schicksal der „Rheinarmee" in ihr akutes Stadium[54]. Die

---

[52] BAZAINE, L'armée du Rhin 179; Aussage Bazaines vor der Untersuchungskommission – EP Dép. 4, 212.

[53] Protokoll des Kriegsrats vom 18. 10. 1870: BAZAINE, L'armée du Rhin 180 ff.; DERS., Épisodes 216 ff. Ferner die Aussagen von Bazaine und Boyer vor der Untersuchungskommission, EP Dép. 4, 212 f., 249 f.; vgl. u. a. FREESE 97 ff.; RUBY/REGNAULT 247; BAUMONT, L'échiquier 261 ff.

[54] Siehe dazu: Aussage Boyers vor der Untersuchungskommission, EP Dép. 4, 250 ff.; FREESE 100 ff.; KLEIN-WUTTIG 121 ff.; RUBY/REGNAULT 250 ff.; BAUMONT, L'échiquier 275 ff.

Zeit drängte, denn Bazaine blieben nur noch wenige Tage, bis er wegen der völligen Erschöpfung der Lebensmittelvorräte gezwungen sein würde, die Kapitulation zu vollziehen. Binnen kürzester Frist mußte daher die Entscheidung fallen, ob es vorher doch noch zu einer politischen Lösung kommen konnte.

Sofort nach Boyers Ankunft begann eine Serie von Beratungen: Boyer konferierte mit der Kaiserin und mit den in London weilenden bonapartistischen Führern, besuchte mehrfach die norddeutsche Botschaft, um Telegramme nach Versailles expedieren zu lassen und Antworttelegramme aus Versailles entgegenzunehmen, am 23. Oktober fand sogar – auf Bitte der Kaiserin – eine persönliche Begegnung zwischen ihr und dem norddeutschen Botschafter Graf Bernstorff statt[55]. Aber trotz der hektischen Geschäftigkeit war schon nach dem ersten Meinungsaustausch abzusehen, daß so gut wie keine Chance zu einer Verständigung in der Sache bestand. Die Standpunkte waren unvereinbar. Kaiserin Eugenie ging es darum, für die Rheinarmee Zeit zu gewinnen. Sie forderte einen 14tägigen Waffenstillstand für die Armee in Metz und die Zufuhr von Lebensmitteln, ohne dafür eine Gegenleistung anzubieten[56]. Eine vorgängige Bindung in der Friedensfrage einzugehen, war sie nicht bereit, und sie dachte auch nicht daran, unverzüglich mit einer Kundgebung an die Öffentlichkeit zu treten, um ihren Anspruch, als Regentin die französische Nation vertreten zu können, offen zu proklamieren. Aus den verschiedensten Indizien läßt sich schließen, daß sie zwar gerne der „Rheinarmee" zu einer „ehrenvollen Kapitulation", d. h. zu freiem Abzug und Neutralisierung, verholfen hätte, daß sie aber einer politischen Aktion widerstrebte, weil sie die Verteidigungsanstrengungen der provisorischen Regierung nicht um „dynastischer Interessen" willen konterkarieren wollte.

In dieser Beziehung lag Bismarcks Versuch, die Regentschaft – gestützt auf die „Rheinarmee" – als einen politischen Faktor in den Kriegsbeendigungsprozeß einzuführen, sicherlich eine Fehleinschätzung der Protagonisten des Kaiserreichs zugrunde. Bismarck mochte es lange nicht glauben, und er hat das auch mehrfach zum Ausdruck gebracht, daß jene „Partei", die Frankreich zwanzig Jahre lang in eisernem Griff gehalten hatte, nach dem Umsturz vom 4. September praktisch spurlos von der Bildfläche zu verschwinden bereit war, daß sie keinerlei Anstrengungen unternahm, um die Macht, die ihr Anfang September entglitten war, wiederzuerobern, und sei es mit diskreter oder auch gar nicht so diskreter Unterstützung des Feindes.

Als Bismarck am 23. Oktober aus London die Forderung nach einem Waffenstillstand für die in Metz eingeschlossene Armee zuging, hinsichtlich der von ihm

---

[55] Telegramme Bernstorff an Bismarck, London 24. 10. 1870, z. St. 14.00 Uhr, Versailles an: 23.25 Uhr – PA I ABc 70 Nr. 6 Bd. 2, Bl. 24, 40. Immediatbericht Bernstorffs, London 27. 10. 1870, pr. Versailles 3. 11. (vSM 5/11) – PA I ABc 70 Bd. 66, Bl. 52 ff. Vgl. auch K. RINGHOFFER, Im Kampf für Preußens Ehre. Aus dem Nachlaß des Grafen A. v. Bernstorff, Berlin 1906, 630.

[56] Telegramme Bernstorff an Bismarck, London 22. 10. 1870, z. St. 17.55 Uhr, Versailles an: 23. 10., 7.00 Uhr (vSM 23/10) – PA I ABc 70 Nr. 6 Bd. 2, Bl. 7 f., 14.

gestellten Bedingungen jedoch nur ausweichende Antworten erfolgten[57], erkannte er, daß ein politisches Resultat nicht zu erzielen sein würde. Noch am gleichen Tag ließ er Bazaine durch Prinz Friedrich Karl mitteilen, seit der Unterredung mit Boyer sei keine einzige der als unerläßlich bezeichneten „Garantien" realisiert worden; die Vorschläge, die aus London kämen, seien in der gegenwärtigen Situation völlig unannehmbar, er müsse deshalb zu seinem Bedauern konstatieren, daß er keine Möglichkeit mehr sähe, „d'arriver à un résultat par des négociations politiques"[58]. So nahmen die Dinge ihren Lauf. Am 24. Oktober beschloß ein Kriegsrat in Metz, die Kapitulation einzuleiten[59], am 27. Oktober wurde von den beiderseitigen Bevollmächtigten die Kapitulationsurkunde unterzeichnet, für welche die Bestimmungen der Kapitulation von Sedan die Richtschnur gaben. Über 170 000 französische Soldaten und Offiziere gingen in deutsche Kriegsgefangenschaft.

Das Kalkül, das Bismarcks intensiven Bemühungen um die Herstellung von Kontakten zu Repräsentanten des Kaiserreichs und um die Einbeziehung der „Rheinarmee" in den Kriegsbeendigungsprozeß zugrunde lag, wird besonders deutlich faßbar in einem Erlaß an den norddeutschen Botschafter in London vom 15. Oktober, dem Tag also, an dem Bismarck General Boyer die Bedingungen mitteilte, bei deren Erfüllung er in Verhandlungen mit der Regentschaft einzutreten gewillt sei[60]. Er könne, so betonte Bismarck in diesem Erlaß[61], mit offiziösen Agenten der kaiserlichen Partei nicht in eine amtliche Unterhandlung treten, „so lange nicht ersichtlich ist, daß letztere noch irgend eine Macht in Frankreich hinter sich hat und darstellt. Etwas ganz anderes wäre es, wenn diese Partei öffentlich konstatieren könnte, daß sie noch auf einer soliden Basis ruht und eine *Realität* hinter sich hätte, sei es in der öffentlichen Meinung Frankreichs, sei es in einem bedeutenden Teile des Landes selbst, der sich für sie erklärte, sei es in der Armee". Wahrscheinlich halte die Armee in Metz noch teilweise zum Kaiser, so lange dies aber nicht öffentlich hervortrete, sei es ohne Bedeutung für die Sache des Kaisers. Wenn Bazaine offen bekunde, daß er zum Kaiser halten wolle und daß die einzige bedeutende Armee, welche in Frankreich noch existiere, ihm darin folge, „so läge die Sache schon anders, und es würde sich fragen, ob der Kaiser oder seine Regent-

---

[57] Siehe die in der vorigen Anm. angeführten Telegramme Bernstorffs vom 22. Oktober. Auch in den folgenden Tagen trat darin keine Änderung ein, siehe die in Anm. 55 angeführten Telegramme Bernstorffs vom 24. Oktober sowie Telegramm Bernstorff an Bismarck, London 25. 10. 1870, z. St. 13.25 Uhr, Versailles an: 19.00 Uhr – PA I ABc 70 Nr. 6 Bd. 2, Bl. 50 ff. Vgl. auch RINGHOFFER 632 f.
[58] Tel. Bismarck an Prinz Friedrich Karl, Versailles 23. 10. 1870, z. St. 14.50 Uhr – PA I ABc 70 Nr. 6 Bd. 2, Bl. 9; auch GW 6b Nr. 1886. Vgl. ferner Tel. Bismarck an Bernstorff, Versailles 23. 10. 1870 – PA I ABc 70 Nr. 6 Bd. 2, Bl. 14; auch GW 6b Nr. 1887.
[59] BAZAINE, L'armée du Rhin 188 ff.; DERS., Episodes 229 ff. Ferner Aussage Bazaine vor der Untersuchungskommission EP Dép. 4, 214 f.; vgl. HOWARD 280 f.
[60] Vgl. oben S. 267
[61] Erlaß Bismarck an Bernstorff, Versailles 15. 10. 1870 – PA I ABc 70 Nr. 6 Bd. 1, Bl. 64 ff.; auch GW 6b Nr. 1869. In diesem Erlaß wurden Argumente zusammengefaßt, die Bernstorff gegenüber Persigny benutzen sollte, um die bonapartistische Partei zu größerer Aktivität anzuspornen, insofern stand hinter den Formulierungen auch eine taktische Absicht; trotzdem tritt in diesen Darlegungen Bismarcks Grundkonzeption sehr deutlich in Erscheinung.

schaft ihr weiter aufzuhelfen willens und im Stande wären". Die Pariser Regierung habe den Fehler begangen, durch Verbot der Wahlen dem Lande die Möglichkeit einer Willensbekundung abzuschneiden[62]. „Wenn in einem kaiserlichen Aufrufe zu neuen Wahlen aufgefordert und erklärt würde, daß man sich der Entscheidung der frei gewählten Volksvertretung unterwerfen werde, so ist es immer möglich, daß dieses im Lande Anklang fände, und daß noch jetzt bei wirklich freier Abstimmung, d. h. ohne den von Paris ausgehenden Terrorismus eine Majorität für die kaiserliche Dynastie zusammenkäme, weniger aus Anhänglichkeit an die Person des Kaisers, welche ihren Nimbus sehr verloren hat, als in dem Gefühl, daß das kaiserliche System dem Land fast zwanzig Jahre der Prosperität gegeben hat, und daß in demselben vielleicht die sicherste Bürgschaft für die besitzenden Klassen gegeben sein würde." Solange die Anhänger des Kaisers sich aber überhaupt nicht rührten, „so lange können sie *für uns* keine Faktoren bilden, mit denen *wir* rechnen könnten". Bismarck schloß mit dem markanten Satz: Nichts wäre törichter, als wenn die kaiserliche Partei erwartete, „daß wir ihr eine Macht schaffen sollten; erst wenn sie sich selbst als eine Macht erweiset, können wir mit ihr rechnen und verhandeln".

Bismarck mag Stärke und Chancen der bonapartistischen Partei in Frankreich viel zu optimistisch eingeschätzt haben, und zweifellos befand er sich im Irrtum, wenn er dem Kaiser, der Regentin und den Protagonisten des Kaiserreichs ein Höchstmaß an bedenkenloser Entschlossenheit beim Versuch einer Rückgewinnung der Staatsmacht zutraute. Aber Bismarcks Darlegungen lassen klar erkennen, worum es ihm bei seinen mit erheblichem Aufwand unternommenen Sondierungen mit den Bonapartisten in erster Linie ging: nicht um eine Restaurierung der kaiserlichen Dynastie um der Restauration willen, sondern um die Schaffung einer verhandlungswilligen und verhandlungsfähigen Vertretung des französischen Volkes. Um dieses vorrangigen Zieles willen und angesichts der Tatsache, daß die provisorische Regierung auf ihrer Linie der Intransigenz verharrte und Wahlen zu einer konstituierenden Versammlung nicht zuließ, maß er den Kontakten zu Repräsentanten des Kaiserreichs so große Bedeutung zu. Deshalb war er bereit, die – im Hinblick auf die Volksstimmung und die internationale Situation sehr problematische – Restauration des Kaiserreichs gegebenenfalls in Kauf zu nehmen und Napoleon beim Versuch einer Wiederherstellung seines Regimes gewissermaßen eine Starthilfe zu leisten, sofern diese Lösung den einzigen oder den schnellsten Weg zur Anbahnung eines Friedens (auf der Basis der deutschen Bedingungen) darstellte. Aber eine in nationaler wie internationaler Perspektive so denkbar unpopuläre Lösung der Friedensfrage wie der Abschluß eines Vertrags mit der Regentschaft war überhaupt nur dann politisch durchsetzbar, wenn von vornherein feststand, daß ein solcher Friedensvertrag in aller Form der französischen Nation zur Annahme (oder Ablehnung) unterbreitet werden würde. Auch bei einer Restaurierung der kaiserlichen Dynastie mußte daher auf irgendeine Weise das Vo-

---

[62] Siehe oben S. 245

tum der Bevölkerung Frankreichs eingeholt werden, es genügte nicht, Napoleon (oder den kaiserlichen Prinzen) auf der Spitze deutscher Bajonette zu plazieren.

Die Restaurierung des Kaiserreichs war für Bismarck nicht Selbstzweck, sondern eventuelles Mittel zum Zweck, denn sie eröffnete möglicherweise einen gangbaren Weg zur Herstellung des Friedens. Aber wenn dieses Ziel auf einem anderen Weg schneller und sicherer erreichbar erschien, war Bismarck jederzeit bereit, auch jenen Weg zu beschreiten. Im Sinne dieser Grundkonzeption war es keine Inkonsequenz und keine Prinzipienlosigkeit, wenn Bismarck an eben jenem 15. Oktober, an dem er den Erlaß an Bernstorff absandte, nach Florenz telegraphierte, der Besuch von Thiers (der ihn im Auftrag der provisorischen Regierung aufzusuchen wünschte) werde ihm willkommen sein[63].

---

[63] Tel. Bismarck an Brassier (Florenz), Versailles 15. 10. 1870 – PA I ABc 70 Bd. 59, Bl. 36.

10. Vorgeschichte, Verlauf und Ausgang der Waffenstillstandsverhandlungen mit Thiers

Adolphe Thiers, der über 73jährige Politiker, Geschichtsschreiber, homme des lettres, galt nach dem Sturz des Zweiten Kaiserreichs nicht nur zahlreichen Franzosen, sondern auch den meisten europäischen Staatsmännern als der „kommende Mann" der französischen Politik – eine zutreffende Annahme, wie sich bald erweisen sollte. Denn tatsächlich wurde A. Thiers im Februar 1871 von der französischen Nationalversammlung zum „Chef der Exekutive" gewählt; in dieser Funktion handelte er mit Bismarck die Bedingungen des Präliminarfriedens aus.

Mehrere Jahrzehnte hindurch hatte Thiers bereits eine bedeutende Rolle auf der politischen Bühne Frankreichs gespielt. In den 1820er Jahren als Redakteur am „National" ein Wortführer der Liberalen im Kampf gegen die Bourbonenmonarchie, kam seine Stunde in der Julirevolution; seit 1830 Abgeordneter, war er ab 1832 mehrfach Minister und zweimal Ministerpräsident, ging nach seinem spektakulären Rücktritt in der Orient-Rhein-Krise vom Herbst 1840 aber in die Opposition und gewann dann 1848 eine führende Stellung in der Nationalversammlung. Nach dem Staatsstreich Louis Bonapartes wurde Thiers verhaftet und für einige Zeit verbannt. Erst 1863 konnte er – der auch als Autor vielbändiger und vielgelesener Geschichtsdarstellungen über die Französische Revolution und das Erste Kaiserreich großes Ansehen genoß (seit 1834 auch Mitglied der Académie Française war) – wieder in das politische Leben zurückkehren. In der französischen Abgeordnetenkammer stand er an der Spitze der liberalen Opposition und profilierte sich vor allem als vehementer Gegner der Außenpolitik Napoleons III. In stark beachteten Kammerreden bekämpfte er die Schaffung des italienischen und eines deutschen Nationalstaats als Gefährdung Frankreichs[1], widersetzte sich im Juli 1870 aber mit äußerster Entschiedenheit dem Kriegsentschluß der französischen Regierung. Im Herbst 1870 stand den Zeitgenossen noch lebhaft vor Augen, mit welcher Unbeirrbarkeit Thiers in der entscheidenden Kammersitzung vom 15. Juli – ungeachtet der stürmischen Proteste der bonapartistischen Parlamentsmehrheit – die Leichtfertigkeit und Verantwortungslosigkeit angeprangert hatte, mit der die Minister Napoleons III. den Krieg auslösten: „c'est à une faute du cabinet que nous devons la guerre"[2].

Als sich der Zusammenbruch des bonapartistischen Regimes abzeichnete, schien erneut Thiers' Stunde gekommen, denn ihm traute man am ehesten zu, in der schwierigen Lage, in der Frankreich sich nun befand, ein Zweckbündnis zwischen den stärker konservativ-monarchistischen Kräften und den gemäßigten

---

[1] Zu Thiers' scharfer Kritik an Napoleons III. Italien- und Deutschlandpolitik sowie seiner Ablehnung von Selbstbestimmungsrecht und Nationalitätsprinzip im Interesse einer Erhaltung des „europäischen Gleichgewichts" vgl. vor allem seine Reden vom 13. 4. 1865, 3. 5. 1866, 14. 3., 18. 3., 4. 12. und 9. 12. 1867: A. THIERS, Discours parlementaires, 15 Bde. Paris 1879–1883, hier: Bd. 10, 56 ff., 616 f.; Bd. 11, 5 ff., 95 ff., 258 ff., 344 ff.
[2] Ebd. Bd. 12, 639 ff.; Zitat S. 652.

Republikanern zustande bringen zu können. Doch in der provisorischen Regierung, die aus dem Staatsumsturz hervorging und sich aus der dezidiert republikanischen Kammerlinken rekrutierte, war für den selbstbewußten Liberalkonservativen Thiers kein Platz. Dieser zog es ohnehin vor, angesichts der vorläufig ganz undurchsichtigen Verhältnisse zunächst lieber einmal abzuwarten. Auf die dringende Bitte von Außenminister Jules Favre stellte er sich dann jedoch der provisorischen Regierung als „Sonderbotschafter" zur Verfügung[3].

In dieser Eigenschaft unternahm Thiers in den September- und Oktoberwochen 1870 eine aufsehenerregende Rundreise durch die europäischen Hauptstädte. Die erste Station war London, wo Thiers vom 13. bis 18. September mehrere Unterredungen mit Außenminister Granville und Premierminister Gladstone hatte. Danach reiste Thiers über Tours, Turin und Wien (bei dem kurzen Zwischenaufenthalt in Wien am 23./24. September sprach er mit Beust und Andrassy) nach Petersburg, dem Hauptziel der Reise. Vom 27. September bis 3. Oktober fand in Petersburg und Tsarskoje Selo eine Serie von Gesprächen mit Gorčakov, mit Zar Alexander und anderen Persönlichkeiten der Petersburger Hofgesellschaft statt. Am 4. Oktober trat Thiers mit seiner Begleitung[4] die Rückreise an, die ihn wieder über Wien führte. Dort hielt er sich vom 8. bis 10. Oktober auf und konferierte mit Beust, Andrassy, Potocki und Kaiser Franz Joseph. Letzte Station der Reise war Florenz; auch in der damaligen italienischen Hauptstadt sprach Thiers – zwischen dem 13. und 18. Oktober – mit allen maßgebenden Politikern sowie mit König Viktor Emanuel. Am 21. Oktober traf Thiers schließlich in Tours ein, wo inzwischen die – von Gambetta dominierte – „Regierungsdelegation" ihren Sitz aufgeschlagen hatte. Den Mitgliedern der Delegation berichtete Thiers über seine Eindrücke und Ergebnisse, dann unterbreitete er Vorschläge für die nach seiner Auffassung angezeigten weiteren politischen Schritte.

Da Thiers über die Gespräche, die er während der Reise führte, umfängliche Aufzeichnungen angefertigt hat und eine Reihe von Depeschen abfaßte[5], da überdies aus allen von Thiers besuchten Hauptstädten die diplomatischen Vertreter (auch und gerade die des Norddeutschen Bundes) ihren Regierungen sehr ausführ-

---

[3] FAVRE 1, 126 ff.; BN NAF 20 629, Bl. 12 ff.
[4] Die Reisegruppe bestand aus 10 Personen: Thiers wurde begleitet von seiner Frau und seiner Schwägerin, von zwei Sekretären, zwei Dienern, zwei Kammerfrauen und einem Kurier – AVPR Fk 1870 delo 83, Bl. 224.
[5] Die wichtigsten Materialien finden sich im Nachlaß Thiers BN NAF 20 629 (vgl. dazu – mit einigen Ungenauigkeiten – die referierende Wiedergabe diverser Dokumente bei F. HIRTH, Ungedruckte Berichte von Adolphe Thiers aus dem Jahre 1870, in: Preuß. Jbb. 183 (1921) 159–186). Das Kapitel über die Rundreise in „Notes et souvenirs de M. Thiers 1870–1873", Paris 1904 (im weiteren zit.: THIERS), beruht auf tagebuchartigen Notizen und kann im wesentlichen als zuverlässig gelten; zu den „Notes et souvenirs" siehe auch die scharfsinnige quellenkritische Analyse von G. KÜNTZEL, Thiers und Bismarck. Kardinal Bernis, Bonn 1905. Thiers' Berichte aus London sind abgedruckt bei FAVRE 1, 134 ff.; vgl. ebd. 264 ff., 415 ff.; zum Aufenthalt Thiers' in Petersburg siehe auch GABRIAC 15 ff., BEYRAU 221 ff. Vgl. insgesamt J. P. T. BURY/R. P. TOMBS, Thiers 1797–1877, London 1986, 183 ff.

lich berichteten, liegt eine Fülle von Informationen über die „Mission Thiers" vor. Auf dieser Grundlage ließe sich der Verlauf der Rundreise eingehend schildern und der Ertrag der Gespräche minutiös rekonstruieren. Dies ist hier jedoch weder möglich noch erforderlich. Im Zusammenhang unserer Problemstellung ist lediglich der Frage nachzugehen, welchen Zweck die „Mission Thiers" verfolgte und welche konkreten Resultate sie zeitigte.

Favre spricht in seinen Memoiren davon, die Thiers erteilten Instruktionen hätten diesem vorgeschrieben, von den europäischen Mächten eine „médiation armée" zugunsten Frankreichs zu fordern[6]. Daß auch nur eine geringe Chance bestehe, dergleichen zu erreichen, glaubte indessen weder Favre noch Thiers, und Thiers hat daher klugerweise darauf verzichtet, in London und Petersburg entsprechende Anregungen überhaupt vorzubringen. Im wesentlichen verfolgte die Mission Thiers ein doppeltes Ziel. Zum einen sollte Thiers, der weit über die Grenzen seines Landes hinaus politisches Ansehen genoß, bei den führenden Staatsmännern der neutralen Mächte bekunden, das „Gouvernement de la Défense Nationale" – als dessen Repräsentant er auftrat – stelle die rechtmäßige französische Regierung dar, verdiene Vertrauen und sei verhandlungsfähig – unmittelbar nach dem Staatsstreich vom 4. September war die internationale Stellung der provisorischen Regierung zunächst noch völlig ungefestigt.

Zum anderen hatte Thiers den Auftrag, die neutralen Staaten in irgendeiner Form in den Kriegsbeendigungsprozeß hineinzuziehen. Das konnte – jenseits der utopischen Wunschvorstellung einer bewaffneten Intervention – auf unterschiedliche Weise geschehen. Aus französischer Sicht am vorteilhaftesten wäre eine kollektive Demarche der Kabinette von Großbritannien, Rußland, Österreich-Ungarn und Italien bei der preußischen Regierung gewesen, im Interesse einer raschen Beendigung des Krieges Frankreich schonende Friedensbedingungen aufzuerlegen, das heißt: auf eine französische Gebietsabtretung zu verzichten. Aber wenn eine solche kollektive Demarche nicht zustande kam, konnte auch der isolierte Vorstoß der einen oder anderen Regierung in dieser Richtung für Frankreich von Nutzen sein. Da nach Favres Auffassung in der gegebenen Situation dem russischen Kabinett die Schlüsselrolle zufiel[7], drängte er Thiers, gerade in Petersburg mit äußerstem Einsatz zu operieren[8]: sollte die russische Regierung sich zu einer Demarche mit der gewünschten Stoßrichtung entschließen, dann würden sich die übrigen Kabinette ohne Säumen anschließen, davon waren Favre und Thiers überzeugt. Zar Alexander hatte so unrecht nicht, wenn er gegenüber dem norddeutschen Gesandten am 5. Oktober bemerkte, Absicht der Reise von Thiers „sei offenbar gewesen, eine Koalition zwischen Rußland, Österreich und Italien zustande

---

[6] FAVRE 1, 263.
[7] Vgl. oben S. 234 ff.
[8] Erlaß Favre an Thiers, Paris 16. 9. 1870 – BN NAF 20 629, Bl. 69 ff.; im Abdruck bei FAVRE 1, 415 ff., fehlen die diesbezüglichen Passagen (ohne Kennzeichnung der Auslassung). Vgl. auch Tel. Chaudordy an Favre, Tours 24. 9. 1870 – MAE Papiers d'agents, Favre 1, Bl. 85 f.

zu bringen, um Deutschland zu zwingen, von der ausgiebigen Verfolgung seines Sieges abzustehen und dadurch Frankreich zu retten"[9].

Für Thiers erschöpfte sich der Zweck seiner Mission jedoch nicht gänzlich darin, bei den Kabinetten für die Anerkennung der provisorischen Regierung zu werben und den Versuch zu unternehmen, die Regierungen der neutralen Mächte zu einer diplomatischen Aktion zugunsten Frankreichs zu bewegen. Die mehrwöchige Reise durch die europäischen Hauptstädte bot Thiers eine einzigartige Gelegenheit, die Aufmerksamkeit der politischen Welt auf seine Person zu lenken und sich selbst zum herausragenden Repräsentanten des nachnapoleonischen Frankreich zu stilisieren.

In dieser Hinsicht zumindest gestaltete sich das – für den 73jährigen ja sehr strapaziöse – Unternehmen zu einem vollen Erfolg. In London und Petersburg, in Wien und Florenz bereitete man Thiers einen höchst schmeichelhaften Empfang und behandelte ihn mit größter Zuvorkommenheit. Alle maßgebenden Regierungsmitglieder, in Petersburg, Wien und Florenz auch die Souveräne, nahmen sich Zeit zu ausführlichen Gesprächen mit dem Abgesandten der provisorischen Regierung. Neben der Bekundung des Respekts gegenüber einem bedeutenden elder statesman spielte dabei sicherlich auch das nüchterne politische Kalkül eine Rolle: man wollte die Position des pragmatisch denkenden und politisch gemäßigten Thiers stärken, und man ging davon aus, daß er auch fernerhin eine exponierte Stellung im französischen Staat einnehmen werde, also der „Geschäftspartner" von morgen sei. Gorčakov sprach diese Überlegung gegenüber dem norddeutschen Gesandten offen aus: „Möge es nun zur Republik oder zu einer Monarchie mit den Orléans kommen, so würde er [Thiers] jedenfalls dann der Leiter der auswärtigen Angelegenheiten Frankreichs sein"[10].

Der sachliche Ertrag von Thiers' Besuch in den Hauptstädten war indessen dürftig. Außer viel freundlichen und teilnehmenden Worten brachte Thiers von seiner Reise praktisch nur ein einziges konkretes Ergebnis mit: Zar Alexander erklärte sich bereit, bei König Wilhelm um einen Passierschein (sauf-conduit) für Thiers nachzusuchen, damit sich dieser zu Verhandlungen ins deutsche Hauptquartier begeben konnte. Dieses Ersuchen sollte – so wurde verabredet – gestellt werden, sobald Thiers eine entsprechende Aufforderung nach Petersburg telegraphierte[11]. Dagegen lehnten der Zar und Gorčakov eine selbständige russische Vermittlungsaktion ebenso kategorisch ab wie die Beteiligung an einer kollektiven Demarche.

---

[9] Bericht Reuß an Bismarck, Petersburg 5./6. 10. 1870, pr. Versailles 12. 10. (vSM 14/10.) – PA I ABc 70 Bd. 57, Bl. 67; die Mitteilungen des Zaren wurden von Gorčakov bestätigt (ebd. Bl. 73).
[10] Ebd. Bl. 73 f.
[11] Privatbrief und Bericht Thiers an Chaudordy (Tours), Wien 10. 10. 1870 – BN NAF 20 629, Bl. 136 ff., 152 ff. (hier: Bl. 164 ff.), s. auch HIRTH 173 ff.; THIERS 33 ff.; GABRIAC 25. Bismarck war über die Petersburger Gespräche von Thiers (und über die Zusage des Zaren wegen eines sauf-conduit) umfassend und zutreffend informiert durch die Berichte des Prinzen Reuß vom 28. 9. (pr. Ferrières 3. 10.), 29. 9. (pr. Versailles 6. 10.), 30. 9. (pr. 6. 10.), 3. 10. (pr. 10. 10.) und vor allem 5./6. 10. 1870 (pr. 12. 10.) – PA I ABc 70 Bd. 54, Bl. 50 ff.; Bd. 55, Bl. 107 ff., 112 f.; Bd. 56, Bl. 65 f.; Bd. 57, Bl. 67 ff.

Angesichts dieser Haltung der russischen Regierung sah sich das Wiener Kabinett nicht in der Lage, aus der Reserve herauszutreten; man verwies Thiers auf Italien, das größere Bewegungsfreiheit als Österreich-Ungarn habe[12].

In Florenz hatte der französische Geschäftsträger Senard schon seit Ende September intensiv darauf hingearbeitet, Italien für eine bewaffnete Intervention an der Seite Frankreichs zu gewinnen. Weisungsgemäß argumentierte er: angesichts seiner geographischen Lage habe Italien von Preußen nichts zu befürchten, es verfüge über eine kriegsbereite Armee, die römische Frage sei gelöst – wenn ein italienisches Armeekorps von 60 000 Mann über Lyon auf Belfort marschiere, sich mit einer französischen Armee vereinige und Süddeutschland bedrohe, dann könnten Metz und Paris degagiert und eine Wende des Kriegsgeschehens herbeigeführt werden[13]. Dieses Ansinnen beschied die italienische Regierung abschlägig, und sie ließ sich von dieser Haltung auch durch Thiers nicht abbringen, der am 12. Oktober in Florenz eintraf und bei den italienischen Ministern erneut das französische Hilfeersuchen vorbrachte – eine einigermaßen delikate Aufgabe für den früheren entschiedenen Gegner der italienischen Einigung. Somit war der Mission Thiers auch in Florenz kein Erfolg beschieden[14].

Die Eindrücke, die Thiers bei seinen Gesprächen in den europäischen Hauptstädten gewonnen hatte, befestigten bei ihm die Überzeugung, daß Frankreich von den neutralen Mächten keine effektive Unterstützung zu erwarten habe. Daher war es nach seiner Auffassung zwingend geboten, den verlorenen Krieg so rasch wie möglich zu liquidieren, zumal aus der besonders von Gambetta propagierten

---

[12] THIERS 40 ff. Da Thiers bei seinem Aufenthalt in Wien im gleichen Hotel wohnte wie Leopold v. Ranke, der sich zu dieser Zeit zufällig in Wien aufhielt, kam es zwischen Ranke und Thiers zu mehreren längeren Gesprächen, über die Ranke ausführliche Aufzeichnungen anfertigte: Bericht Schweinitz an Bismarck, Wien 12. 10. 1870, pr. Versailles 18. 10. (vSM 19/10) – PA I ABc 70 Bd. 59, Bl. 13 ff.; L v. RANKE, Tagebücher (hrsg. v. W. P. Fuchs), München/Wien 1964, 398 ff.

[13] Die Weisung erteilte Chaudordy, der als Vertreter Favres (also praktisch als stellvertretender Außenminister) der Regierungsdelegation in Tours angehörte: Tel. Chaudordy an Senard, Tours 28. 9. 1870 – MAE Italie 29, Bl. 265. Siehe ferner: Tel. Chaudordy an Thiers (Petersburg), Tours 2. 10. 1870 – MAE Russie 244, Bl. 318; Tel. Senard an Regierungsdelegation, Florenz 3. 10. 1870 – BN NAF 20 629, Bl. 125; Note, von Senard am 4. 10. 1870 dem italienischen Außenminister übergeben – MAE Italie 29, Bl. 279 ff.; vgl. insgesamt die Aussage von Chaudordy vor der Untersuchungskommission: EP Dép. 2, 1 ff. In den politischen Kreisen war man über das französische Drängen in Florenz informiert, siehe etwa Tel. Metternich an Beust, Tours 1./2. 10. 1870 – HHStA PA 96, Bl. 358; Bericht Lyons an Granville, Tours 3. 10. 1870 – PRO FO 27/1817; Telegramme Kübeck an Beust, Florenz 8. und 11. 10. 1870 – HHStA PA XI 78, Bl. 224 ff., 260.

[14] Tel. Senard an Chaudordy, Florenz 15. 10. 1870 – MAE Italie 29, Bl. 301; Bericht Thiers an Chaudordy, Florenz 16. 10. 1870 – BN NAF 20 629, Bl. 189 ff.; THIERS 42 ff.; ROTHAN 2, 135 ff. Vgl. ferner: Tel. Brassier an Bismarck, Florenz 15. 10. 1870 – PA I ABc 70 Bd. 59, Bl. 87; Tel. und Bericht Kübeck an Beust, Florenz 15. und 19. 10. 1870 – HHStA PA XI 78, Bl. 272, 274 ff. Ebenfalls vergeblich versuchte die französische Regierung Mitte Oktober, Spanien zur Entsendung einer Hilfsarmee von 60–80 000 Mann zu bewegen, s. Schreiben Favre an Kératry, Paris 12. 10. 1870 – MAE Espagne 877, Bl. 239 f.; Aussage Kératry vor der Untersuchungskommission: EP Dép. 1, 672.

„guerre à outrance" leicht eine akute Gefährdung der sozialen Ordnung Frankreichs erwachsen konnte – und eine solche Eventualität wollte Thiers (und nicht nur er) unter allen Umständen verhindert wissen. Der Weg zur Beendigung des Krieges konnte nur über die Wahl einer Nationalversammlung führen, und dazu bedurfte es eines Waffenstillstands. Auf den Abschluß eines Waffenstillstands hatten sich daher zunächst die Energien zu konzentrieren.

Schon in Florenz ließ Thiers bei einer zufälligen Begegnung mit dem norddeutschen Gesandten verlauten, er sei geneigt, sich nach dem Eintreffen in Tours Vollmacht zu Verhandlungen im deutschen Hauptquartier geben zu lassen, weil er glaube, Bismarck „manche nützliche Aufklärung geben zu können und in Frankreich Autorität genug zu besitzen, um auch dort im Interesse des Friedens mit seinem Rat gehört zu werden"[15]. Auf Brassiers telegraphische Mitteilung über dieses Gespräch reagierte Bismarck umgehend mit dem lapidaren Satz: „Der Besuch des Herrn Thiers wird mir willkommen sein"[16]. Diese Antwort Bismarcks gab der norddeutsche Gesandte an Thiers weiter, ehe dieser von Florenz aufbrach[17].

In Tours, wo Thiers in der Nacht vom 20./21. Oktober ankam, hatte er zunächst den Kampf mit Gambetta aufzunehmen, der die eingeschlossene französische Hauptstadt am 8. Oktober mit dem Ballon verlassen und innerhalb der Regierungsdelegation zu Tours rasch eine beherrschende Machtstellung errungen hatte. Während die übrigen Mitglieder der Delegation den Abschluß eines Waffenstillstands und die Durchführung von Wahlen befürworteten, war Gambetta mit dem Abschluß eines Waffenstillstands nur dann einverstanden, wenn dieser der französischen Seite eindeutige militärische Vorteile bot (ausgiebige Verproviantierung von Paris, Zeitgewinn zur Aufstellung neuer Armeen), so daß der Krieg nach Ablauf des Waffenstillstands von Frankreich unter günstigeren Bedingungen fortgeführt werden konnte. Die sofortige Wahl einer Nationalversammlung lehnte Gam-

---

[15] Tel. Brassier an Bismarck, Florenz 13. 10. 1870 (Versailles an: 14. 10., 22.45 Uhr, vSM 15/10) – PA I ABc 70 Bd. 59, Bl. 6.
[16] Tel. Bismarck an Brassier, Versailles 15. 10. 1870 z. St. 19.00 Uhr – ebd. Bl. 36; auch GW 6b Nr. 1867, vgl. oben S. 272.
[17] Tel. Brassier an Bismarck, Florenz 17. 10. 1870 (Versailles an: 18. 10., 4.00 Uhr, vSM 19/10) – PA I ABc 70 Bd. 60, Bl. 33. Brassier fügte hinzu, Thiers werde in Tours wohl einige Tage brauchen, um Gambetta zu neutralisieren; danach werde er wegen der Reise ins deutsche Hauptquartier Nachricht nach Florenz geben. – Zur gleichen Zeit wurde auch von anderer Seite eine in diese Richtung zielende Initiative ergriffen: der politisch einflußreiche Erzbischof von Orléans, Dupanloup, erklärte dem Grafen Frankenberg in einem Gespräch am 15. Oktober, Thiers sei in Frankreich der einzige Mann, der Frieden machen könne; er wolle sich deshalb mit Thiers in Verbindung setzen. Die Äußerungen des Erzbischofs teilte Graf Frankenberg am 16. und 17. Oktober in Versailles dem König und Bismarck mit. Auf Anweisung Bismarcks dankte er am 17. 10. dem Erzbischof brieflich für seine Bemühungen und fügte hinzu: in Frankreich eine Regierung hergestellt zu sehen, die Frieden schließen könne, liege im Interesse Preußens und Europas ebenso wie im Interesse Frankreichs; der Weg dazu führe über einen Waffenstillstand, der die Vornahme der Wahl einer Nationalversammlung gestatte; diese Versammlung würde eine provisorische Regierung ernennen, die über den Frieden zu verhandeln und dann Frankreich über die zu schaffende definitive Regierungsform zu befragen hätte (FRANKENBERG 215 ff., 407 ff.).

betta entschieden ab. Ihm war nur zu klar, daß nach Wahl und Zusammentritt einer Nationalversammlung kaum die Möglichkeit bestehen würde, die Kampfhandlungen wieder aufzunehmen. Dessen waren sich auch diejenigen bewußt, die für einen Waffenstillstand zwecks Wahl einer Konstituante eintraten. Aber im Gegensatz zu Gambetta, der nichts von einer Beendigung des Krieges wissen wollte, wünschten sie den Krieg (auch unter Opfern) rasch zu liquidieren. Die Wahl einer konstituierenden Versammlung war in ihren Augen der geeignete, ja der einzig mögliche Weg, um die psychologischen und technischen Voraussetzungen für die Einleitung von Friedensverhandlungen zu schaffen.

Bei den Beratungen der Regierungsdelegation am 21. Oktober gelang es Thiers, sich mit seinen Vorstellungen im wesentlichen durchzusetzen[18]. Gegen die Stimme von Gambetta wurde beschlossen, entsprechend den Vorschlägen des russischen und des britischen Kabinetts[19] in Waffenstillstandsverhandlungen zwecks Wahl einer Nationalversammlung einzutreten. Einstimmig votierte man, daß sich Thiers zuerst nach Paris zu begeben habe, um dort mit den Ministern die Bedingungen des abzuschließenden Waffenstillstandes zu besprechen, und erst danach die Verhandlungen in Versailles aufnehmen dürfe. Noch am 21. Oktober telegraphierte Thiers nach Petersburg, der Zar möge in der verabredeten Weise bei König Wilhelm nunmehr das sauf-conduit erbitten[20]. Nachdem der russische Geschäftsträger die positive Rückäußerung gemeldet hatte und der gewünschte Paß eingetroffen war[21], machte sich Thiers am 28. Oktober auf den Weg nach Paris.

Bei einem kurzen Aufenthalt in Versailles am Vormittag des 30. Oktober beschränkte er sich darauf, mit Bismarck und Moltke lediglich einige höflich-unverbindliche Worte auszutauschen; in eine Diskussion politischen Inhalts wollte und konnte er erst nach seinen Unterredungen in Paris eintreten[22]. Bei der zerstörten Brücke von Sèvres setzte Thiers dann am Nachmittag, begleitet von einem Parlamentär, in einem kleinen Boot über die Seine und begab sich sofort ins Außenministerium. Dort suchten ihn Favre, Trochu, Picard sowie einige Freunde auf, und um 22 Uhr begann die entscheidende Kabinettsitzung, die bis 3 Uhr dauer-

---

[18] Zum Verlauf dieser Sitzung s. THIERS 48 ff. sowie das Resümee im Schreiben Gambettas an Favre vom 24. 10. 1870 – FAVRE 1, 283 f.
[19] Während der Sitzung teilte Chaudordy mit, soeben sei ihm eine Depesche aus London zugegangen: die britische Regierung schlage einen Waffenstillstand zur Durchführung von Wahlen vor (THIERS 48). Am 23. Oktober telegraphierte Graf Bernstorff an Bismarck die Bitte Granvilles, er möge Thiers empfangen (PA I ABc 70 Bd. 61, Bl. 123). Vgl. dazu Bismarcks ausführlichen Erlaß an Bernstorff vom 28. 10. 1870, der dann auch in der Presse veröffentlicht wurde (GW 6b Nr. 1893), sowie den Erlaß an Bernstorff vom 29. 10. 1870 (GW 6b Nr. 1897).
[20] THIERS 49. Telegramm Zar Alexander an König Wilhelm, Tsarskoje Selo 22. 10. 1870 und dessen Antwort vom 23. 10. – PA I ABc 70 Bd. 61, Bl. 87 ff.
[21] THIERS 57; MOLTKE, Dienstschriften 1870/71, 344 ff.
[22] THIERS 62; Tel. Bismarck an Reuß, Versailles 30. 10. 1870 z. St. 10.40 Uhr – PA I ABc 70 Bd. 64, Bl. 91 f.; auch GW 6b Nr. 1900. In Versailles erhielt Thiers die Bestätigung der Nachricht von der Kapitulation Bazaines.

te[23]. Nach Thiers' ausführlicher Berichterstattung[24] und langer Diskussion wurde beschlossen, Thiers das Mandat zu Waffenstillstandsverhandlungen im deutschen Hauptquartier zu erteilen, einen Waffenstillstand aber nur dann abzuschließen, wenn vor allem zwei zentrale Bedingungen durchgesetzt würden: freie Wahlen in ganz Frankreich (also auch in den östlichen Departements) und Verproviantierung von Paris proportional zur Dauer des Waffenstillstands. Am Vormittag des 31. Oktober konferierte Thiers mit dem Minister für Landwirtschaft und Handel, Magnin[25]. Dieser informierte den französischen Unterhändler über die Versorgungslage in Paris und machte Angaben über die Proviantmengen, die während des Waffenstillstands nach Paris gebracht werden sollten. Wie Thiers nun erfuhr, reichten die in der französischen Hauptstadt vorhandenen Lebensmittelvorräte – auch ohne Zufuhren aufgrund entsprechender Waffenstillstandsbedingungen – mindestens bis Anfang Januar zur Versorgung der Bevölkerung aus[26]. Bald nach Beendigung dieser Besprechung erhielt Thiers die von Favre unterzeichnete Verhandlungsinstruktion ausgehändigt[27]. Noch ehe er am frühen Nachmittag Paris in Richtung Versailles verließ, mußte er allerdings registrieren, daß sich in der Hauptstadt rasch eine starke Unruhe ausbreitete.

Tatsächlich kam es am Nachmittag des 31. Oktober in Paris zu einem formidablen Aufstand gegen das „Gouvernement de la Défense Nationale"[28]. Ausgelöst wurde er durch das Zusammentreffen mehrerer Hiobsbotschaften: das „Journal officiel" meldete am 31. Oktober den Verlust des Dorfes Le Bourget an der Nordfront von Paris, die Kapitulation von Metz und die Aufnahme von Waffenstillstandsverhandlungen[29]. Daraufhin wurden die radikalen Gruppen aktiv. Die Wortführer der revolutionären Comités und Clubs hatten schon wochenlang den „De-

---

[23] Da die Sekretäre zu dieser Sitzung nicht zugelassen waren, existiert kein Protokoll dieser Sitzung (PROCES-VERBAUX 259 f.). Zum Sitzungsverlauf s. THIERS 63 ff.; FAVRE 1, 317 ff. sowie verschiedene Aussagen vor der Untersuchungskommission, u. a. von Trochu und Ferry (EP Dép. 1, 302, 407).

[24] Die von Thiers übermittelte Nachricht von der Kapitulation der Rheinarmee und der Festung Metz löste große Bestürzung aus.

[25] FAVRE 1, 320; Aufzeichnung Thiers vom 1. 11. 1870 – BN NAF 20 629, Bl. 213 sowie verschiedene Notizen betr. Proviantmengen ebd. Bl. 220 ff.

[26] Siehe dazu vor allem die Aussagen von Magnin und Ferry vor der Untersuchungskommission – EP Dép. 1, 509 ff., 417 ff.; zur Verproviantierung der Hauptstadt in den Augustwochen auch die Aussage von Duvernois, ebd. 217 f.

[27] Schreiben Favre an Thiers, Paris 31. 10. 1870 – BN NAF 20 629, Bl. 208 f.; vgl. THIERS 68; FAVRE 1, 320, 325.

[28] Der Verlauf der Emeute vom 31. 10. 1870 ist in allen Einzelheiten gut dokumentiert. Siehe dazu die zahlreichen Aussagen vor der Untersuchungskommission – EP Dép. 1, 286 ff. (Trochu), 346 ff. (Favre), 453 ff. (Emanuel Arago), 465 ff. (Pelletan), 479 ff. (Picard), 496 ff. (Simon), 518 (Magnin), 527 ff. (Dorian), 538 ff. (Etienne Arago), 627 ff. (Le Flô); vgl. auch FAVRE 1, 385 ff. Die meisten Darstellungen über den Pariser Commune-Aufstand gehen auch auf die Vorgänge vom 31. 10. 1870 ein, siehe z. B. R. L. WILLIAMS, The French Revolution of 1870–1871, London 1969, 100 ff.; S. EDWARDS, The Paris Commune 1871, London 1971, 76 ff.; W. SERMAN, La Commune de Paris (1871), Paris 1986, 136 ff.; K. H. BERGMANN, Blanqui, Frankfurt/New York 1986, 462 ff.

[29] FAVRE 1, 320 ff.; HOWARD 337.

faitismus" der provisorischen Regierung angeprangert und eine umfassendere Massenmobilisierung verlangt, außerdem die Selbstverwaltung für die Stadt Paris. Nun, am 31. Oktober, rückten Nationalgardisten aus den östlichen Arrondissements vor das Stadthaus, den Sitz der Regierung, eine Menschenmenge stürmte den Sitzungssaal, die dort anwesenden Minister wurden gefangengesetzt, die Führer der Insurgenten proklamierten die Absetzung des „Gouvernement de la Défense Nationale" und die Einsetzung einer neuen Regierung, bestehend aus „roten Republikanern" wie Flourens, Blanqui, Millière, Pyat, Delescluze (die dann im Frühjahr 1871 als Protagonisten der Pariser Commune ihre historische Rolle spielen sollten). Zwar konnten im Lauf der Nacht zuverlässige Kompanien der Nationalgarde den Aufstand niederwerfen und die gefangengesetzten Minister aus ihrer mißlichen Lage befreien – aber die Ereignisse des 31. Oktober beleuchteten doch schlaglichtartig die Instabilität der inneren Verhältnisse in der belagerten Hauptstadt und führten den Mitgliedern der provisorischen Regierung drastisch vor Augen, daß ein politisch aktiver Teil der Pariser Bevölkerung vorläufig keineswegs bereit war, den Krieg als verloren zu betrachten und den Abschluß eines Waffenstillstandes hinzunehmen.

Unterdessen war Thiers in Versailles eingetroffen[30]. Am 1. November begannen die einwöchigen Waffenstillstandsverhandlungen zwischen ihm und Bismarck. Es handelte sich dabei nicht einfach um eine Neuauflage der Entrevue von Ferrières. Damals fand eine improvisierte Begegnung statt – eine Begegnung zwischen zwei Politikern, die nie zuvor zusammengetroffen waren und erst während der Unterhandlungen, sich gegenseitig abtastend, miteinander bekannt wurden; weitgehend unvorbereitet traten beide Seiten in die Gespräche ein, keiner der beiden Unterhändler wußte vorgängig etwas Genaueres über Verhandlungsziel und Verhandlungsstil seines Gegenspielers. Bei den Waffenstillstandsverhandlungen zwischen Thiers und Bismarck war die Ausgangslage eine andere. Diesmal waren die Gespräche vorbereitet, die beiderseitigen Positionen wenigstens ungefähr im vorhinein abgesteckt, und wenn die beiden Unterhändler früher auch keine intensiveren persönlichen Kontakte miteinander gehabt hatten, so kannten sie einander doch hinlänglich und begegneten sich mit gegenseitiger Achtung. Fast noch wichtiger war, daß Thiers und Bismarck dasselbe Ziel im Visier hatten: beide wollten erreichen, daß in Frankreich so schnell wie irgend möglich eine konstituierende Versammlung gewählt werden konnte, die dann eine zu Friedensverhandlungen legitimierte Regierung einsetzen würde. Mit einer solchen Regierung ließ sich nach Bismarcks Auffassung wahrscheinlich ein Friedensschluß zustande bringen. Thiers hatte ein zusätzliches Motiv, diese Lösung anzustreben: er war überzeugt, daß nur durch die Berufung einer liberalkonservativen Regierung der Mitte (in der ihm selbst eine beherrschende Rolle zufallen mußte) und durch die rasche Beendigung des Krieges die Gefahr eines politischen und sozialen Umsturzes in Frankreich gebannt werden konnte.

---

[30] THIERS 69.

Den Weg zur Wahl einer Konstituante ebnete am ehesten der unverzügliche Abschluß eines Waffenstillstands. Deshalb lag sowohl Thiers als auch Bismarck daran, daß die Waffenstillstandsverhandlungen zu einem Erfolg führten – und diese beiderseitige grundsätzliche Disposition war dem einen wie dem anderen nicht unbekannt[31]. Insofern schien es nicht unberechtigt, wenn die Verhandlungen mit – freilich gedämpftem – Optimismus begonnen wurden. Thiers vertraute dabei auch darauf, daß sein wiederholter Hinweis auf die Initiative der neutralen Mächte – der Abschluß eines Waffenstillstands sei von ihnen vorgeschlagen, auf ihren Wunsch, nicht so sehr aus eigenem Antrieb komme er nach Versailles – nicht gänzlich ohne Wirkung bleiben werde.

Allerdings war der Verhandlungsspielraum beider Unterhändler begrenzt, stärker begrenzt, als Thiers und Bismarck anfänglich wohl angenommen haben. Denn Thiers rechnete offensichtlich damit, daß die Verproviantierung von Paris während eines Waffenstillstands von deutscher Seite zumindest im Prinzip zugestanden werde und deshalb nur die Quantitäten strittig sein würden, wobei er sich durchaus auf Grundsätze des Völkerrechts berufen konnte[32]. Bismarck hingegen waren in dieser Frage durch die Haltung der Militärs die Hände gebunden; doch er hielt es nicht für ausgeschlossen, daß die Franzosen nicht kategorisch auf der Verproviantierung von Paris bestehen würden, weil Thiers und die von ihm repräsentierten politischen Kräfte massiv an der sofortigen Wahl einer Konstituante interessiert waren.

Obwohl die vielstündigen Gespräche zwischen Thiers und Bismarck durchgängig unter vier Augen stattfanden (Bismarck bediente sich, wie schon in den Unterredungen mit Favre, der französischen Sprache) und nicht protokolliert wurden, liegen zahlreiche Quellenzeugnisse vor. Sie erlauben es, Verlauf und Peripetien der Verhandlungen recht genau zu rekonstruieren. Ehe wir der Frage nachgehen, ob wirklich eine Erfolgschance für Thiers bestand und worauf das Scheitern seiner Bemühungen letztlich zurückzuführen ist, soll der Ablauf des Verhandlungsgeschehens mit knappen Strichen nachgezeichnet werden[33].

---

[31] Aus Petersburg etwa telegraphierte Prinz Reuß am 26. Oktober, der Zar setze voraus, daß Thiers Verständnis für die Sachlage besitze, er sonst die „verabredete Demarche hierher nicht gemacht haben würde" (PA I ABc 70 Bd. 63, Bl. 40). Am 27. Oktober ging Bismarck eine Mitteilung des norddeutschen Gesandten in Florenz zu, daß ein Vertrauter von Thiers geäußert habe, dieser werde „alles wagen, um Frieden herbeizuschaffen" (ebd. Bl. 23). Thiers andererseits war überzeugt, Bismarck trete – im Gegensatz zur preußischen „Militärpartei" – für eine rasche Beendigung des Krieges ein.
[32] BLUNTSCHLI, Völkerrechtliche Betrachtungen 295.
[33] Hauptgrundlage für die folgenden Darlegungen ist das – auf Tagebuchnotizen beruhende – Kapitel von THIERS' „Notes et souvenirs" (hier 70 ff.). Die Mitteilungen von Thiers erweisen sich bei wiederholter Prüfung als zuverlässig hinsichtlich der Daten (lediglich S. 81 fälschlich „3 novembre" statt 2. November), der Verzeichnung der Gesprächsthemen und der Grobskizze des Gesprächsverlaufs. Bei den als wörtliche Reden stilisierten Passagen handelt es sich selbstverständlich nicht um die Wiedergabe von Formulierungen mit der Genauigkeit eines wörtlichen Protokolls (vgl. insgesamt bereits KÜNTZEL 51 ff., 61). Vgl. auch BURY/TOMBS 191 ff.

10. Die Waffenstillstandsverhandlungen mit Thiers

Bei der ersten Unterredung am 1. November, die von 12 Uhr bis in den Nachmittag hinein dauerte, wurden alle wesentlichen Themen berührt (Zweck und Dauer des Waffenstillstands, Tagungsort der Konstituante, Verproviantierung von Paris) und in einem wichtigen Punkt sogar bereits eine Einigung erzielt. Bismarck konzedierte, daß auch die östlichen Departements – deren Abtretung an Deutschland die zentrale deutsche Kriegszielforderung war – Vertreter in die Konstituante entsenden durften; sie sollten allerdings von der Regierung berufen werden, damit eine Wahlagitation in Elsaß und Lothringen vermieden wurde. Thiers erklärte diesen Modus für akzeptabel. Die Frage der Verproviantierung von Paris wurde angesprochen, aber nicht eingehend erörtert. Nachdem Thiers die Versorgung einer belagerten Festung mit Lebensmitteln während eines Waffenstillstands als gängige, durch das Völkerrecht sanktionierte Praxis bezeichnet hatte, erkundigte sich Bismarck, wie die Zuführung großer Lebensmittelmengen denn technisch bewerkstelligt werden sollte. Dann erbat er von Thiers eine schriftliche Ausarbeitung über die gewünschten Quantitäten und die technischen Prozeduren; schließlich machte er seinen Gesprächspartner ausdrücklich darauf aufmerksam, daß er wegen der Verproviantierung von Paris den König und die militärische Führung konsultieren müsse. Nach diesem ersten Gespräch hatte Thiers „ein wenig Hoffnung"[34], während Bismarck die Erfolgsaussichten anscheinend bereits zu diesem Zeitpunkt ziemlich skeptisch beurteilte[35].

Zu Beginn der zweiten Unterredung am Nachmittag des 2. November erklärte Bismarck, die am Vortag vereinbarte Kompromißformel hinsichtlich der Vertretung von Elsaß und Lothringen in einer Konstituante finde die Zustimmung des Königs, bei anderen Punkten seien aber noch große Schwierigkeiten zu überwinden. Thiers legte nun seine schriftliche Ausarbeitung vor, eine Art Vorentwurf für eine Waffenstillstandskonvention[36]; sie enthielt auch die von Bismarck gewünschten Zahlenangaben. Zur Versorgung von Paris während eines 28tägigen Waffenstillstands forderte Thiers 34 000 Rinder, 80 000 Schafe, 8000 Schweine, 5000 Kälber, 100 000 Zentner gesalzenes Fleisch, ferner 200 000 Doppelzentner Mehl, 30 000 Doppelzentner Trockengemüse, 100 000 Tonnen Kohle und 500 000 Festmeter Holz, außerdem zur Fütterung der nach Paris gebrachten Tiere 8 Mill. Doppelzentner Heu oder Stroh. Errechnet waren diese Zahlen auf der Grundlage einer Tagesration von einem Pfund Brot und einem halben Pfund Fleisch pro Kopf für die auf 2,7 bis 2,8 Millionen Menschen bezifferte Bevölkerung von Paris.

---

[34] THIERS 80.
[35] Siehe dazu unten S. 288 ff.
[36] „Bases d'un armistice à conclure entre les autorités Françaises et Prussiennes pour arrêter l'effusion du sang entre les deux nations conformément à leur vœu et à celui des puissances neutres" – PA I ABc 70 Bd. 66, Bl. 104 ff.; Entwurf mit Korrekturen von Thiers: BN NAF 20 629, Bl. 226 f. Für Bismarcks Kommentierung während der Verlesung des Schriftstücks in der Besprechung am 2. November s. THIERS 81 ff. Eine Abschrift von Thiers' Ausarbeitung schickte Bismarck dem Generalstab zur Stellungnahme; Bronsarts Urteil lautete: „Man kann sich kaum eine größere Unverschämtheit denken" (BRONSART 161). Vgl. ferner FRIEDRICH III. 198, BUSCH 1, 376 f.

Die exorbitante Proviantforderung nahm Bismarck mit Staunen zur Kenntnis. Er verlangte gleich eine Modifizierung und erkundigte sich, ob ein militärisches Äquivalent, etwa die Übergabe eines Forts, angeboten werden könne, was Thiers jedoch entschieden verneinte. Als nach der Erörterung anderer Artikel von Thiers' Konventionsentwurf Bismarck äußerte, die Militärs lehnten eine Verproviantierung von Paris strikt ab, meinte Thiers, unter diesen Umständen wäre es am besten, die Verhandlungen unverzüglich abzubrechen. So weit wollte Bismarck aber nicht gehen. Er erklärte sich bereit, noch einmal mit dem König zu sprechen, und stellte eine definitive Antwort für den nächsten Tag in Aussicht.

Die Zusammenkunft am 3. November eröffnete Bismarck mit der Frage an Thiers, ob er Nachrichten über die Situation in Paris besitze, und erzählte ihm dann, nach den im deutschen Hauptquartier vorliegenden Informationen sei die provisorische Regierung gestürzt und eine „Commune"-Regierung unter Führung von Delescluze, Pyat und Blanqui proklamiert worden. Ganz unmöglich erschien Thiers eine solche Entwicklung nicht, nach den Eindrücken, die er unmittelbar vor seinem Aufbruch in Paris erhalten hatte. Man kam überein, die Verhandlungen zu unterbrechen und zunächst genauere Auskünfte einzuholen[37]. Zu diesem Zweck wurde Thiers' Begleiter Cochery zu den französischen Vorposten entsandt. Als er am Abend nach Versailles zurückkehrte, konnte er melden, daß die Insurrektion niedergeschlagen sei und die provisorische Regierung wieder fest im Sattel sitze[38]. Das anschließende nächtliche Gespräch zwischen Bismarck und Thiers brachte keine Annäherung der Positionen im entscheidenden Differenzpunkt: Bismarck teilte seinem Verhandlungspartner mit, der König und die Militärs lehnten eine Verproviantierung von Paris während eines Waffenstillstands (auch bei Reduzierung der zunächst geforderten Mengen) ab, sofern kein militärisches Äquivalent geboten werde, und Thiers sah sich – aufgrund seiner Instruktionen – außerstande, derartiges zu konzedieren. Da damit eine Weiterführung der Verhandlungen sinnlos geworden war, schlug Bismarck vor, er und Thiers sollten versuchen, zu einer gemeinsamen Sprachregelung über die Gründe des Abbruchs ihrer Gespräche zu gelangen. Diesen Vorschlag akzeptierte Thiers und versprach, bis zum nächsten Tag ein entsprechendes Exposé auszuarbeiten[39].

---

[37] Wahrscheinlich deshalb kam Thiers nicht dazu, seinen vom 3. 11. 1870 datierten *neuen* Entwurf einer Waffenstillstandskonvention Bismarck vorzulegen (das Dokument befindet sich nicht bei den deutschen Akten). Artikel 4 dieses Entwurfs behandelt die Verproviantierung von Paris, der Platz für die Angabe der Lebensmittelmengen ist jedoch freigelassen: BN NAF 20 629, Bl. 218 f.
[38] Vgl. oben S. 281. Eine kurzfristig anberaumte, am 3. November durchgeführte Abstimmung erbrachte ein Vertrauensvotum für die Regierung (557 996 Ja, 62 638 Nein), s. FAVRE 2, 15; PROCES-VERBAUX 275. Das Ergebnis lag erst am 4. November vor, aber schon am 3. 11. stand fest, daß die Regierung sich behauptet hatte.
[39] Dies geschah auch: Schreiben Thiers an Bismarck, datiert 5. 11. 1870 (wohl versehentlich statt richtig: 4. 11.; vgl. THIERS 97) – BN NAF 20 629, Bl. 232 ff., vgl. HIRTH 180 f. Da sich das Exposé nicht bei den deutschen Akten befindet, ist anzunehmen, daß Bismarck das Schriftstück Thiers zurückgegeben hat, nachdem er es im Verlauf der Aussprache am Abend des 4. November gelesen hatte und mit Thiers schließlich übereingekommen war, keine aus-

10. Die Waffenstillstandsverhandlungen mit Thiers 285

Am 4. November traten die Verhandlungen überraschenderweise jedoch in ein neues Stadium. Da Thiers ein Scheitern der Bemühungen um die Ermöglichung von Wahlen wenn irgend möglich vermeiden wollte, entschloß er sich, jetzt eine neue Basis ins Auge zu fassen. Er erklärte sich Bismarck gegenüber bereit, seiner Regierung Wahlen mit einem Waffenstillstand ohne Verproviantierung von Paris oder notfalls sogar Wahlen ohne einen förmlichen Waffenstillstand vorzuschlagen. Dazu war es allerdings nötig, daß er mit der provisorischen Regierung Kontakt aufnahm; er wollte sich deshalb zu den französischen Vorposten begeben, zu denen die Mitglieder der provisorischen Regierung bestellt werden sollten. Verständlicherweise begrüßte Bismarck diesen Plan, stimmte das von Thiers anvisierte Verfahren doch ganz mit seinen eigenen, schon früher entwickelten Anregungen überein[40]. Da Thiers – sollte sich die provisorische Regierung seinen Vorschlag zu eigen machen – baldige Friedensverhandlungen für möglich hielt, suchte er nun Bismarcks Friedensbedingungen zu eruieren. Aus Bismarcks Darlegungen zog er den Schluß, daß Metz für Frankreich gerettet werden könnte, wenn der Friede rasch zustande komme[41] – eine Aussicht, die ihn in der Entschlossenheit bestärkte, den vorgesehenen Weg zu beschreiten.

Am 5. November begab sich Thiers zur französischen Vorpostenlinie bei der Brücke von Sèvres. Dort fanden sich Favre und – in Vertretung von Trochu – General Ducrot ein. Beredt warb Thiers für den Abschluß eines Waffenstillstands ohne Verproviantierung von Paris; sollte dies indessen unmöglich sein, käme auch die Durchführung von Wahlen ohne Waffenstillstand in Frage, Bismarck habe für diesen Fall freie Wahlen auch in den okkupierten Landesteilen sowie Erleichterungen für die Kommunikation zugesagt[42]. Einen Waffenstillstand ohne Verproviantierung von Paris erklärten Favre und Ducrot für absolut indiskutabel; für den Vorschlag, notfalls Wahlen ohne einen Waffenstillstand durchzuführen, ließen sie eine gewisse Geneigtheit erkennen[43]. Die Besprechung endete damit, daß Favre erklärte, er werde die Vorschläge dem Ministerrat vorlegen und Thiers durch Cochery die Entscheidung der Regierung mitteilen lassen.

Während Thiers mit Favre in einem zerstörten Haus am Seineufer bei Sèvres konferierte, empfing Bismarck die Minister der süddeutschen Staaten und Sachsens, die sich zu Verhandlungen über die Bundesverfassung schon seit einer Reihe von Tagen in Versailles aufhielten[44]. Vor diesem Kreis gab Bismarck einen ausführlichen Bericht über die bisherigen Verhandlungen mit Thiers, wobei er auch

---

führliche Stellungnahme zu publizieren, sondern einfach zu sagen, die Verhandlungen seien abgebrochen worden, weil man sich in der Frage der Verproviantierung nicht habe einigen können (THIERS 97 f.).
[40] Siehe oben S. 250 f.
[41] THIERS 96.
[42] THIERS 98 ff.; FAVRE 2, 22 ff.; Aussage von Ducrot vor dem Untersuchungsausschuß: EP Dép. 3, 94 f. Thiers stützte sich bei seinen Ausführungen vermutlich auf seine Aufzeichnung vom 5. 11. 1870 „Situation" – BN NAF 20 629, Bl. 229 ff.
[43] THIERS 101; FAVRE 2, 24 erwähnt dies nicht!
[44] Zum Zusammenhang vgl. unten S. 295 ff.

auf die Friedensbedingungen einging⁴⁵. Wenn er am Schluß seiner Darlegungen davon absah, das Scheitern der Verhandlungen mit Thiers zu konstatieren, sondern den Ausgang als noch nicht definitiv entschieden darstellte, dann sicherlich deshalb, weil er nicht ausschloß, daß es Thiers vielleicht doch gelingen könnte, die provisorische Regierung für einen Waffenstillstand ohne Verproviantierung oder für die Durchführung von Wahlen ohne Waffenstillstand zu gewinnen.

Schon einen Tag später jedoch stand das Scheitern der Verhandlungen zwischen Bismarck und Thiers fest. Um die Mittagsstunde des 6. November kehrte Cochery aus Paris zurück. Er übergab Thiers eine Depesche Favres, in der Thiers aufgefordert wurde, die Verhandlungen sofort abzubrechen und Versailles zu verlassen⁴⁶. Als Thiers Bismarck davon in Kenntnis setzte, sprach dieser sein Bedauern aus und fügte hinzu, er bleibe weiterhin bereit, freie Wahlen ohne Waffenstillstand im besetzten Gebiet zuzulassen. Am Morgen des 7. November brach Thiers nach Tours auf⁴⁷. In den folgenden Tagen präsentierte jede der beiden Seiten ihre Version vom Verlauf der Verhandlungen und von den Ursachen des Scheiterns der Öffentlichkeit⁴⁸.

Weshalb endeten die Waffenstillstandsverhandlungen zwischen Bismarck und Thiers mit einem völligen Fehlschlag, obwohl beide Unterhändler eine rasche Beendigung des Krieges wünschten und sich ernsthaft bemühten, den Weg zu diesem Ziel zu ebnen? War das Scheitern unter den gegebenen Umständen unvermeidlich – oder bestand wenigstens eine kleine Erfolgschance, die indessen zunichte wurde, weil es die eine oder die andere Seite an der unerläßlichen Kompromißbereitschaft fehlen ließ und sich auf die Durchsetzung der eigenen Maximal-

---

⁴⁵ Siehe dazu die Tagebuchnotizen, Briefe und Berichte mehrerer Teilnehmer, u. a. BRAY-STEINBURG 182 ff.; FRIESEN 3, 178; DALWIGK 456 f.; H. BAUMGARTEN/L. JOLLY, Staatsminister Jolly, Tübingen 1897, 190 ff. Besonders gehaltvoll der ausführliche Bericht von Jolly und Freydorf an Großherzog Friedrich I. von Baden, Versailles 6. 11. 1870 – GLAK 48/5165.

⁴⁶ Schreiben Favre an Thiers, Paris 6. 11. 1870 – MAE, Papiers d'agents Favre 2, Bl. 25 ff.; vgl. FAVRE 2, 25 ff.; THIERS 103. In der Kabinettssitzung am 5. November wurde der Abbruch der Verhandlungen nach nur kurzer Debatte beschlossen (PROCES-VERBAUX 282 ff.). Der Vorschlag, Wahlen ohne einen förmlichen Waffenstillstand durchzuführen, kam in dieser Sitzung überhaupt nicht zur Sprache; diese Möglichkeit diskutierte der Ministerrat erst *nach* dem Abbruch der Verhandlungen, am 8., 10., 11., 12. und 13. November, vgl. unten S. 290 f.

⁴⁷ THIERS 103 f. Vor seiner Abreise unternahm Thiers noch eine letzte Anstrengung: da Favres Schreiben keinen Hinweis enthielt, daß in der Kabinettssitzung über Wahlen ohne Waffenstillstand gesprochen worden war (vgl. vorige Anm.), wollte er diesen Punkt durch Cochery aufklären lassen, womit Bismarck einverstanden war. Das militärische Oberkommando ließ Cochery jedoch nicht ein weiteres Mal nach Paris hinein, da zu diesem Zeitpunkt die Schlacht von Coulmiers im Gange war (THIERS 106; BRONSART 166 f., 169).

⁴⁸ Tel. Bismarck an Reuter-London, WTB und AA, Versailles 7. 11. 1870 z. St. 21.30 Uhr – PA I ABc 70 Bd. 67, Bl. 93, auch GW 6b Nr. 1908 Anm. 4; Zirkular vom 8. 11. 1870 (Konzept Abeken von Bismarck stark überarbeitet) – PA I ABc 70 Bd. 67, Bl. 113 ff.; gedruckt u. a.: STAATSARCHIV 19, 266 ff. (nicht GW 6b). Zirkular Thiers, Tours 9. 11. 1870 – u. a. ebd. 268 ff.; FAVRE 2, 29 ff.; Zirkulare Favre, Paris 7. und 21. 11. 1870 – ebd. 435 ff., 56 ff.; STAATSARCHIV 19, 274 ff., 281 ff.; ARCH. DIPL. 1871/72 3, 949 ff., 1019 ff.

forderungen versteifte? Als die Verhandlungen begannen, war ein möglicher Konfliktpunkt, nämlich die Einbeziehung der „Rheinarmee" und der Festung Metz in ein Waffenstillstandsabkommen, durch die Kapitulation Bazaines bereits beseitigt. Aber es blieben vor allem zwei schwierige Probleme zu lösen: die Beteiligung der Bevölkerung in den östlichen Departements an der Wahl einer Konstituante und die Versorgung der belagerten Hauptstadt mit Lebensmitteln während des Waffenstillstands. Die erste Klippe konnte erstaunlich schnell umschifft werden. Bismarck und Thiers einigten sich auf einen Kompromiß: keine Wahlagitation und Wahl in Elsaß und Lothringen, aber Vertretung der Bevölkerung dieser Departements in der Nationalversammlung durch Abgeordnete, die von der Regierung nominiert würden. In der Frage der Verproviantierung von Paris hingegen kam es zu keiner Einigung und zu keiner Annäherung der Standpunkte. An diesem Problem scheiterten die Verhandlungen.

In zahlreichen Zeugnissen der französischen Seite – bei den Mitgliedern der provisorischen Regierung[49], aber auch in Äußerungen von Thiers selbst[50] – begegnet die Auffassung, die Gespräche zwischen Thiers und Bismarck über die Verproviantierung von Paris, das „Ravitaillement", hätten zunächst einen recht vielversprechenden Verlauf genommen, Bismarck habe anfänglich keine grundsätzlichen Einwände gegen ein Ravitaillement vorgebracht – erst unter dem Eindruck der Nachrichten von der Insurrektion in Paris sei bei ihm ein Meinungsumschwung erfolgt. Nunmehr habe er – falls der Waffenstillstand nicht unter Beibehaltung des Status quo abgeschlossen würde – unnachgiebig auf der Forderung bestanden: Lebensmittelzufuhren nach Paris während des Waffenstillstands könnten nur bewilligt werden, wenn die Gegenseite ein militärisches Äquivalent biete. Bei einer derartigen Akzentuierung des Verhandlungsverlaufs fällt ein erhebliches Maß der Schuld oder zumindest Mitschuld am Nichtzustandekommen des Waffenstillstands auf die Insurgenten vom 31. Oktober, die dann im Frühjahr 1871 auch den Commune-Aufstand entfesselten. Verständlicherweise hatten die Mitglieder der provisorischen Regierung durchaus ein Interesse, eine solche Schuldzuweisung vorzunehmen, als nach der Niederwerfung des Commune-Aufstands die Untersuchungskommission der Nationalversammlung die Tätigkeit des „Gouvernement de la Défense Nationale" einer sehr kritischen Prüfung unterzog.

Bei genauerem Zusehen ergibt sich jedoch, daß eine Bewertung, die dem Aufstand vom 31. Oktober eine entscheidende Auswirkung auf die Verhandlungen über das „Ravitaillement" zuschreibt, quellenmäßig nicht solide abgesichert ist. Für eine anfängliche Geneigtheit Bismarcks, die Verproviantierung von Paris ohne Gegenleistung zu konzedieren, gibt es keine Belege. Selbst Thiers eigene Aufzeichnungen, wie sie in seinen „Notes et souvenirs" vorliegen, klingen in diesem Punkt sehr viel gedämpfter als seine nachträglichen Bekundungen[51]. Darüber hinaus las-

---

[49] Siehe u. a. die Aussagen vor der Untersuchungskommission von Trochu (EP Dép. 1, 286, 291, 300 f.) und Ferry (ebd. 408 f.); ferner FAVRE 2, 21 f., 41 ff., 45.
[50] Zirkular Thiers, Tours 9. 11. 1870 – u. a. FAVRE 2, 29 ff., hier: 35 f.; ferner seine Aussage vor der Untersuchungskommission – EP Dép. 1, 24 f.; vgl. auch KÜNTZEL 48 ff.
[51] So mit Recht bereits KÜNTZEL 51 f.

sen diese Aufzeichnungen klar erkennen, daß Thiers Bismarcks Verhandlungstaktik gar nicht durchschaute. Bismarck suchte im ersten Gespräch mit Thiers, den er ja erst bei dieser Gelegenheit als Verhandlungspartner kennenlernte, die Waffenstillstandsbedingungen der Gegenseite in Erfahrung zu bringen; beim Auftakt der Verhandlungsrunde mußte er davon ausgehen, daß es sich dabei um Maximalforderungen handelte. Deshalb hörte er Thiers geduldig zu, als dieser seine Vorstellungen über eine Verproviantierung von Paris entwickelte, stellte Zwischenfragen, erkundigte sich, ob ein militärisches Äquivalent geboten werde, und bat schließlich um eine schriftliche Ausarbeitung über die Menge der geforderten Lebensmittel und über die Vorschläge zur technischen Durchführung der Verproviantierung (Informationen, die im übrigen auch für den preußischen Generalstab von Interesse waren). Wenn Thiers aus diesem Gesprächsablauf folgerte, Bismarck habe das „Ravitaillement" im Prinzip bereits bewilligt, es gehe von jetzt an nur noch um die Quantitäten, dann befand er sich im Irrtum. Immerhin hatte Bismarck ausdrücklich betont, er müsse diese Materie dem König und den Militärs vorlegen. Der Tenor von Thiers' Aufzeichnungen über den Gang der ersten Unterredung bestätigt indirekt Bismarcks herablassendes Urteil hinsichtlich der Qualitäten von Thiers als Unterhändler: Dieser sei „aufrichtiger, als ein Diplomat sein sollte", bemerkte Bismarck am 2. November zu Bronsart; „man kann alles aus ihm herausbekommen"[52].

Daß der Generalstab eine Verproviantierung von Paris ohne militärisches Äquivalent kategorisch ablehnte, war Bismarck schon vor Beginn der Verhandlungen bekannt. Wenige Tage vor Thiers' Ankunft in Versailles hatten Moltke und seine Mitarbeiter ihre Stellungnahme in einer umfänglichen Denkschrift niedergelegt[53]. In dieser Denkschrift wurde nachdrücklich betont, deutscherseits bestehe keinerlei militärisches Interesse am Abschluß eines Waffenstillstands, sondern lediglich das politische Interesse, die Zusammenberufung einer Konstituante zu ermöglichen, sowie ein Interesse der Menschlichkeit. „Die Bedingungen des Waffenstillstands dürfen diesen beiden Gesichtspunkten Rechnung tragen, doch darf unsere günstige militärische Lage nicht kompromittiert werden." Was die Bestimmungen über das „spezielle Verhältnis von Paris" in einem Waffenstillstandsabkommen anging, so präsentierte der Generalstab eine Alternative: wenn keine Verproviantierung von Paris gefordert werde, genüge es, eine Waffenruhe zu vereinbaren und eine Demarkationslinie festzusetzen; sollte jedoch die Verproviantierung von Paris für erforderlich gehalten werden, „so muß uns dafür ein Äquivalent gewährt werden, welches in der Einräumung der Forts Mont Valérien, Issy, Vanves, Montrouge und

---

[52] BRONSART 159. Eine ganz ähnlich lautende Äußerung Bismarcks vom 2. November ist verzeichnet bei BUSCH 1, 345 f.
[53] Denkschrift des Chefs des Generalstabs, Versailles 29. 10. 1870, mit Begleitschreiben von Moltke am 29. 10. Bismarck übersandt, pr. 29. 10. (mit Vermerk von der Hand Abekens: „von H. Thiers die Verhandlungen abgebrochen zdA 7. 11. 70") – PA I ABc 70 Bd. 64, Bl. 49 ff.; auch gedruckt: MOLTKE, Dienstschriften 1870/71, 346 ff. Zur Ausarbeitung der Denkschrift s. BRONSART 149 f., 152. Zu Moltkes Lagebeurteilung siehe auch sein Schreiben an Stiehle vom 1. 11. 1870 – MOLTKE, Dienstschriften 1870/71, 356 ff.

Bicêtre bestehen dürfte"; äußerstenfalls könne auf die Überlassung des Mont Valérien verzichtet werden.

Die Position des Generalstabs war damit klar artikuliert, auf eine Änderung nicht zu rechnen, und Bismarck hat bei den internen Beratungen anscheinend auch gar nicht versucht, die Militärs zu einer Modifizierung ihres Standpunkts zu bewegen[54]. Deshalb muß es eine offene Frage bleiben, wie Bismarcks Stellungnahme hinsichtlich des „Ravitaillement" ausgefallen wäre, wenn er freie Hand gehabt hätte. Immerhin sind Zweifel erlaubt, ob Bismarck in diesem Falle die Verproviantierung von Paris ohne Gegenleistung wirklich hätte konzedieren können. Denn seine Phantasie dürfte ausgereicht haben, sich auszumalen, wie verheerend auf die Stimmung im Heer und in Deutschland der Abschluß eines Waffenstillstands wirken würde, für den es deutscherseits keine militärischen Gründe gab, dessen zeitlich erster Akt aber darin bestand, daß riesige Lebensmittelmassen mit Hunderten von Eisenbahnzügen ins belagerte Paris hineingeschafft wurden. Insofern erscheinen Zeugnisse glaubhaft, wonach Bismarck bereits nach der ersten Unterredung mit Thiers die skeptische Prognose abgab, es werde nicht zu einem Waffenstillstand kommen, da Thiers das „Ravitaillement" von Paris verlange, aber keine militärische Gegenleistung biete[55].

Wenn die Dinge so lagen - warum hat Bismarck dann Thiers nicht sofort reinen Wein eingeschenkt und ihm von vornherein erklärt, daß eine Verproviantierung von Paris ohne militärische Gegenleistung völlig ausgeschlossen sei? Man wird annehmen dürfen, daß Bismarck der Sache wie der Optik wegen davon abgesehen hat, schon in der ersten Unterredung die Unvereinbarkeit der Positionen in der Frage des „Ravitaillements" mit unerbittlicher Schärfe zu artikulieren. Vor allem die Regierungen der neutralen Mächte hätten es zweifellos außerordentlich negativ bewertet, wenn die von ihnen angeregten Waffenstillstandsverhandlungen abgebrochen worden wären, ehe sie richtig begonnen hatten[56]. Die von französischer

---

[54] Der Kronprinz erwähnt in seinen Tagebuchnotizen über die Beratungen im Conseil am 2. November keine entsprechenden Bemühungen Bismarcks, s. FRIEDRICH III. 195 f.
[55] BRONSART 158 f.; vgl. BUSCH 1, 343. Als Bismarck, allerdings erst *nach* dem Abbruch der Verhandlungen mit Thiers, den norddeutschen Vertretern in London, Petersburg und Wien eine Abschrift des von Thiers vorgelegten Konventionsentwurfs (s. Anm. 36) zugehen ließ, kommentierte er diesen mit den Worten: „Die einfache Durchsicht desselben genügt, um zu der Überzeugung zu gelangen, daß diese Basis für uns unannehmbar ist" und gab dann eine ausführliche Begründung für seine Feststellung, siehe Erlaß Bismarck an Bernstorff, Reuß und Schweinitz, Versailles 6. 11. 1870 - PA I ABc 70 Bd. 67, Bl. 20 ff.; auch GW 6b Nr. 1908.
[56] Vor allem den Botschafter in London und den Gesandten in Petersburg hielt Bismarck über den Stand der Verhandlungen auf dem laufenden. Die Informierung diente auch dazu, die diplomatischen Vertreter auf die Ablehnung der von Thiers zunächst gestellten Forderungen vorzubereiten (vgl. BRONSART 161). Besonders wichtig: Tel. an Reuß, Versailles 2. 11. 1870 z. St. 20.25 Uhr - PA I ABc 70 Bd. 65, Bl. 73; auch GW 6b Nr. 1903 (dort nicht nachgewiesen ein von Bismarck zunächst eigenhändig konzipierter, dann wieder gestrichener Passus: „Ob und in welcher Ausdehnung Zulassung von Proviant nach Paris ohne Gefährdung unserer militärischen Position möglich, wird vom Generalstab geprüft. Die Forderungen übersteigen jedes der Frist von 25 Tagen entsprechende Bedürfnis"); Tel. an Reuß und

Seite später geäußerte Vermutung, mit Blick auf die Neutralen habe Bismarck hinhaltend taktiert, er habe in Wirklichkeit gar keine Wahlen zur Konstituante gewollt und daher nur zum Schein verhandelt[57], ist gleichwohl unbegründet. Denn Bismarck lag daran, mit Thiers (von dessen Friedenswilligkeit er überzeugt war) zu einem Übereinkommen zu gelangen, das die Abhaltung von Wahlen möglich machte. Verhandeln verstand Bismarck als einen Prozeß. Die weite Kluft zwischen den bei Verhandlungsbeginn präsentierten Maximalforderungen beider Seiten schloß in seinem Verständnis nicht aus, daß im weiteren Verlauf der Gespräche ein Weg gefunden werden konnte, die Schwierigkeiten zu überwinden; auch hielt es Bismarck für denkbar, daß Thiers noch etwas „in petto" habe. Darin hat er sich auch nicht völlig getäuscht: nachdem es in der Frage des „Ravitaillement" zu keiner Annäherung der Standpunkte gekommen war, erklärte sich Thiers bereit, der provisorischen Regierung den Abschluß eines Waffenstillstands ohne Verproviantierung von Paris bzw. die Durchführung von Wahlen ohne förmlichen Waffenstillstand zu empfehlen. Einen solchen Ausweg aus der Sackgasse hatte Bismarck selbst einige Wochen früher anvisiert[58], wovon Thiers aber wohl nichts wußte. Als die Unterhandlungen diesen Punkt erreicht hatten, waren von Bismarck plötzlich optimistischere Töne zu hören. „Die Aussichten auf Waffenstillstand, wenn nicht auf sofortigen Frieden" gestalteten sich jetzt etwas günstiger, telegraphierte er am 5. November nach London und Petersburg[59], und ähnlich äußerte er sich an diesem Tag im inneren Kreis[60]. Aber schon wenige Stunden später stand fest, daß sich diese Aussichten zerschlagen hatten.

Obwohl Thiers der provisorischen Regierung dringend nahelegte, eine der beiden von Bismarck angebotenen Möglichkeiten zu akzeptieren, lehnten die Pariser Machthaber beide Angebote ab und befahlen Thiers den Abbruch der Verhandlungen. In der Kabinettssitzung am 5. November wurde der Vorschlag eines Waffenstillstands ohne „Ravitaillement" mit Entrüstung zurückgewiesen, die Abhaltung von Wahlen ohne förmlichen Waffenstillstand (aber mit deutscherseits gewährten Erleichterungen) überhaupt nicht diskutiert[61]. Mit diesem Thema beschäftigten sich die Minister erst mehrere Tage später – nachdem sie bereits beschlossen hatten, die Verhandlungen unverzüglich abzubrechen – in den Sitzungen am 8., 10., 11., 12. und 13. November[62]. Neben Picard befürwortete seit dem 10. November

---

Bernstorff, Versailles 3.11.1870 z. St. 11.50 Uhr (en clair!) – PA I ABc 70 Bd. 66, Bl. 20 (Text des Telegramms: GW 6b Nr. 1903 Anm. 2; entgegen der dort gemachten Angabe wurde dieser Text nach London und Petersburg telegraphiert).
[57] So z. B. Ferry in seiner Aussage vor der Untersuchungskommission – EP Dép. 1, 410; FAVRE 2, 45.
[58] Vgl. oben S. 250 f.
[59] Tel. Bismarck an Reuß und Bernstorff, Versailles 5.11.1870 z. St. 20.20 und 20.55 Uhr – PA I ABc 70 Bd. 67, Bl. 13 f.; auch GW 6b Nr. 1907.
[60] FRIESEN 3, 178; FRIEDRICH III. 200; Bericht Berchem an Außenministerium München, Versailles 6.11.1870 – GStAM MA I 655.
[61] Vgl. oben S. 286 mit Anm. 46.
[62] PROCES-VERBAUX 293 f., 301 f., 305 f., 308 ff., 316 ff.

überraschenderweise auch Favre die Durchführung von Wahlen ohne Waffenstillstand auf der Basis des deutschen Angebots (Abstimmung in den okkupierten Landesteilen, Erleichterungen für die Kommunikation), während er sich am 8. November noch ablehnend geäußert hatte. Aber die Mehrheit der Minister war nicht bereit, diesen Weg zu beschreiten.

Nach Kriegsende sahen sich die Mitglieder der provisorischen Regierung stärkster Kritik ausgesetzt, weil sie – gegen den dringenden Rat von Thiers – den Abschluß eines Waffenstillstands ohne Verproviantierung von Paris abgelehnt hatten. Da sie genau wußten, daß die Lebensmittelvorräte in Paris weit über die Dauer des Waffenstillstands hinaus ausreichten, war und ist die Frage berechtigt, weshalb ein Waffenstillstand auf der Basis des status quo so kategorisch abgelehnt wurde. In ihren Aussagen vor der Untersuchungskommission haben die Mitglieder der provisorischen Regierung zu ihrer Rechtfertigung alle möglichen Argumente vorgebracht. Ein Waffenstillstand ohne „Ravitaillement" wäre ohne Beispiel und wider alle völkerrechtliche Praxis gewesen, hieß es[63], oder – so lautete eine andere Äußerung – er hätte eine Demütigung für Paris und Frankreich bedeutet[64]. Ausschlaggebend aber für die Entscheidung der Regierungsmitglieder war zweifellos ihr Wissen darum, daß ein großer, politisch aktiver Teil der Pariser Bevölkerung nicht gewillt war, einen Waffenstillstand ohne Verproviantierung der Stadt hinzunehmen, ja, daß diese Kreise von Wahlen zu einer Nationalversammlung überhaupt nichts wissen wollten, hierin mit dem von Gambetta verfolgten Kurs übereinstimmend. Die Ende Oktober/Anfang November in Paris vorherrschende Stimmung charakterisierte Favre wohl richtig, wenn er meinte: „On ne voulait pas d'une Assemblée, parce que l'Assemblée, c'était la paix, et qu'on voulait se battre"[65]. Aus der Perspektive des Jahres 1871, so Favre in seiner Aussage vor der Untersuchungskommission, müsse man zugeben, daß es um vieles vorteilhafter gewesen wäre, einen Waffenstillstand ohne „Ravitaillement" zu akzeptieren, aber seinerzeit sei dies ganz unmöglich gewesen; wenn damals in Paris der Abschluß eines Waffenstillstands ohne Verproviantierung plakatiert worden wäre, hätte es einen Aufstand, ja einen Bürgerkrieg gegeben[66].

Tatsächlich operierte die provisorische Regierung unter stärkster Einschränkung ihrer Handlungsfähigkeit: sie war abgeschnitten von zuverlässigen Nachrichten

---

[63] EP Dép. 1, 291 (Trochu), 410 (Ferry).
[64] Ebd. 411 (Ferry).
[65] Ebd. 337 (Favre). In der Kabinettsitzung am 12. 11. 1870 erklärte J. Simon: „Les élections, il ne faut pas le dissimuler, c'est la paix" (PROCES-VERBAUX 312). Trochu äußerte am 13. November: „L'armistice, pour lui, était la paix, mais la paix honorable. Les élections sans armistice, c'est la paix á tout prix" (ebd. 316).
[66] EP Dép. 1, 338 (Favre); vgl. FAVRE 2, 25, 86. Gambetta hatte für den Fall, daß das Pariser Gouvernement einen Waffenstillstand ohne Verproviantierung oder Wahlen ohne Waffenstillstand akzeptierte, seine Demission angedroht (ebd. 75 f.).

über die militärische Lage und die Stimmung in der Provinz[67], und sie stand unter permanentem Druck der militanten revolutionären Gruppierungen, die den Staatsumsturz vom 4. September entscheidend mit ins Werk gesetzt hatten, die aber in ihren politischen und sozialen Forderungen weit über das Programm der provisorischen Regierung hinausgingen und die zudem von einem fanatischen Durchhaltewillen erfüllt waren; in Teilen der Nationalgarde besaßen sie auch eine militärische Machtbasis. Innenpolitisch wäre – in Paris jedenfalls – ein Waffenstillstand als erste Stufe der Kriegsbeendigung nur dann durchzusetzen gewesen, wenn er als ein bedeutender französischer „Sieg" über die verhaßten Feinde hätte dargestellt werden können – und das wäre allenfalls bei einem Waffenstillstand mit Verproviantierung möglich gewesen. Die explosive innere Situation in Paris unter Kontrolle zu behalten, sahen die Männer der provisorischen Regierung als ihre Hauptaufgabe an. Demgegenüber war die Wahl einer Konstituante für sie ein nachrangiges Ziel.

Verlauf und Ausgang der – nicht ohne Hoffnungen begonnenen – Waffenstillstandsverhandlungen zwischen Thiers und Bismarck bewiesen überdeutlich: die provisorische Regierung war nach wie vor nicht zu dem Eingeständnis bereit, daß Frankreich besiegt sei und somit dem Sieger nicht die Bedingungen der Kriegsbeendigungsprozedur vorschreiben könne. Seit der Entrevue von Ferrières hatte sich diese Grundeinstellung nicht geändert – trotz weiterer militärischer Erfolge der deutschen Armeen, trotz der Kapitulation der „Rheinarmee". Nach dem Fehlschlag der Gespräche mit Thiers war daher völlig unklar, wann, wie und mit wem Bismarck neue Verhandlungen über die Beendigung des Krieges aufnehmen konnte.

---

[67] Eine einigermaßen regelmäßige und gesicherte Kommunikation zwischen der Provinz und Paris bestand ab Ende September nicht mehr. Zwar verließen insgesamt 65 Ballons mit Postsendungen und Brieftauben die belagerte Hauptstadt. Aber von den 363 Brieftauben, die auf diesem Wege aus Paris hinausgeschafft wurden, kehrten nur 59 (mit fotografisch verkleinerten Mitteilungen) von Tours bzw. Bordeaux nach Paris zurück; die übrigen gingen infolge der schlechten Witterungsbedingungen zugrunde oder sie verfehlten ihr Ziel. Nur sporadisch und oft mit großer Verzögerung gelangten daher Nachrichten in die belagerte Hauptstadt (HOWARD 326; M. KRANZBERG, The Siege of Paris, London 1950, 40 f.). Zum Depeschenverkehr zwischen dem Pariser Gouvernement und der Regierungsdelegation siehe auch die Bemerkungen in EP Dépêches télégraphiques 1, XX ff.

11. Von der Novemberkrise zur Vorbereitung einer „bonapartistischen Option" in der Friedensfrage

Nach der ersten Novemberwoche war der Friede ferner denn je seit den späten Augusttagen. Die Kapitulation Bazaines Ende Oktober hatte den Bemühungen Bismarcks, die „Rheinarmee" als politischen Faktor ins Spiel zu bringen, ein Ende gesetzt. Und der Fehlschlag der Waffenstillstandsverhandlungen mit Thiers signalisierte deutlich, daß die provisorische Regierung sich noch nicht geschlagen gab; sie lehnte es weiterhin ab, zu anderen als den von ihr gestellten Bedingungen einen Waffenstillstand abzuschließen und Wahlen zu einer Konstituante durchzuführen. Wann und auf welche Weise ein neuer Verhandlungsfaden in dieser oder jener Richtung würde geknüpft werden können, blieb vorläufig völlig ungewiß.

Aber wenn die Anbahnung von Friedensverhandlungen nun auch für eine Reihe von Wochen in den Hintergrund trat, so gestalteten sich die Novembertage für Bismarck doch zu einer Zeit stärkster Nervenanspannung und höchster Arbeitsbelastung. Eine unvermutet eintretende gefährliche Komplikation in den internationalen Beziehungen fiel zeitlich zusammen mit der an Peripetien reichen Schlußphase der Verhandlungen mit den süddeutschen Staaten und mit einem Stagnieren der deutschen militärischen Operationen. Nicht zuletzt aufgrund dieser Kumulierung von Problemlagen kam es im deutschen Hauptquartier zu ernsten Meinungsverschiedenheiten, insbesondere zwischen der politischen und der militärischen Führung.

Jene komplexen Entwicklungen und Auseinandersetzungen der Novembertage gilt es kurz zu beleuchten, um die Gesamtsituation vor Augen zu stellen, in der Bismarck sich entschlossen hat, erneut mit Repräsentanten des Kaiserreichs in Verbindung zu treten – mit dem Ziel, durch die behutsame Vorbereitung einer „bonapartistischen Option" ein Maximum an Handlungsfreiheit für den Prozeß der Kriegsbeendigung zu gewinnen. Mit knappen Strichen skizzieren wir daher zuerst das Geschehen auf dem Kriegsschauplatz, dann die Verhandlungen mit den Ministern der süddeutschen Staaten und schließlich die Krise in den internationalen Beziehungen, die durch den russischen Vorstoß in der Pontusfrage ausgelöst wurde.

Die Kapitulation der „Rheinarmee" war keinen Tag zu früh erfolgt[1]. Die dadurch freiwerdenden Kräfte benötigte Moltke nämlich dringend, um sie der französischen Loire-Armee entgegenzuwerfen, die im November zur Aktion überging. Die in fieberhafter Eile aufgestellten Formationen der Loire-Armee wiesen zwar einen schlechten Ausbildungsstand auf, und auch die Disziplin ließ zu wünschen übrig. Doch sie waren den im Raum Orléans operierenden deutschen Einheiten zahlenmäßig so stark überlegen, daß diese in ernste Schwierigkeiten gerieten. General von der Tann, der Orléans am 11. Oktober mit dem bayerischen I. Armee-

---

[1] Für das Folgende vgl. vor allem HOWARD 284 ff. und H. MEIER-WELCKER, Der Kampf mit der Republik, in: v. GROOTE/v. GERSDORFF (Hrsg.) 105–164.

korps besetzt hatte, sah sich genötigt, die Stadt in der Nacht vom 7./8. November wieder zu räumen. Am 9. November stellte er sich mit seinen 20 000 Mann bei Coulmiers, einige Kilometer westlich von Orléans, den rund 70 000 Soldaten der Loire-Armee. Einen Tag lang hielt er stand, dann zog er sich in nördlicher Richtung zurück, während die Franzosen in Orléans einmarschierten. Der erste französische Sieg in diesem Krieg war gewiß kein spektakuläres und folgenreiches Ereignis, aber er war doch geeignet, den Nimbus der Unbesiegbarkeit der deutschen Armeen für kurze Zeit in Frage zu stellen und die Franzosen hoffen zu lassen, das Blatt könne sich vielleicht doch noch wenden.

Dem Erfolg von Coulmiers schloß sich indessen kein weiterer französischer Vormarsch in Richtung Paris an, wie ihn Gambetta von der Führung der Loire-Armee kategorisch forderte. Die französischen Generäle waren – sicher mit guten Gründen – überzeugt, daß die Leistungsfähigkeit ihrer Truppen zu einer kraftvoll vorgetragenen Offensive nicht ausreiche. So gewann der deutsche Generalstab wertvolle Zeit, um zur Entlastung von der Tanns die Armee des Prinzen Friedrich Karl heranzuführen.

Außerordentlich erschwert wurden alle militärischen Operationen in diesen Wochen durch den unerwartet frühen Herbst- und Wintereinbruch. Die Fluren waren aufgeweicht, die Wege oft unpassierbar, manchmal lichtete sich der Nebel den ganzen Tag über nicht. Kälte, Regen, schließlich Schnee setzten den französischen und den deutschen Soldaten hart zu.

Im deutschen Hauptquartier zu Versailles rechnete man nach dem Scheitern der Waffenstillstandsverhandlungen und den französischen Erfolgen bei Orléans fest mit einem unmittelbar bevorstehenden Ausbruchsversuch der in Paris konzentrierten regulären Truppen und Nationalgarden. Ein solcher Ausbruchsversuch war tatsächlich für Mitte November geplant, wurde dann aber wegen noch nicht abgeschlossener Vorbereitungen auf Ende November verschoben, obwohl der Sieg von Coulmiers durch eine Brieftauben-Botschaft in Paris bekanntgeworden war. Als die Aktion schließlich am 30. November erfolgte, erwies sich rasch, daß sie nicht mit vollem Krafteinsatz und äußerster Entschlossenheit unternommen wurde. Der französische Angriff im Marnebogen bei Champigny konnte von den deutschen Truppen abgewehrt werden, das zunächst aufgegebene Terrain wurde zurückgewonnen. Am 4. Dezember zogen sich die französischen Einheiten, die 12 000 Offiziere und Soldaten verloren hatten, hinter die Stadtumwallung zurück.

Zu diesem Zeitpunkt war auch die Entscheidung an der Loire gefallen. Die Armee des Prinzen Friedrich Karl erkämpfte am 28. November bei Beaune-la-Rolande einen Sieg über die Loire-Armee. Nach weiteren Gefechten begann Prinz Friedrich Karl am 3. Dezember mit dem Angriff auf Orléans, am 5. Dezember befand sich die Stadt wieder in deutscher Hand. Wenn es Prinz Friedrich Karl auch nicht gelang, die Loire-Armee völlig zu vernichten, so machten deren eklatante Niederlagen doch fürs erste alle Erwartungen Gambettas zunichte, mit einem großen Massenaufgebot und einer durchgreifenden Mobilisierung der reichen wirtschaftlichen Ressourcen Frankreichs werde es gelingen, die „guerre à outrance" zu einem klaren Erfolg zu führen. In der Konsequenz der Niederlagen an der Loire sah sich die Regierungsdelegation genötigt, ihren Sitz am 10. Dezember von Tours nach Bordeaux zu verlegen.

Die militärische Stagnation der Novembertage konnte somit Anfang Dezember als überwunden gelten. Aber im deutschen Hauptquartier blieb die Stimmung weiterhin aufs äußerste gereizt: noch stand die wichtige Entscheidung aus, wann das Bombardement von Paris beginnen würde. Vor allem der seit Wochen schwelende Streit um Zweckmäßigkeit und Zeitpunkt der Beschießung von Paris war es, der zur Verschärfung der Spannungen zwischen Bismarck und Moltke erheblich beitrug. Darauf wird zurückzukommen sein.

Die Verhandlungen über einen engeren Zusammenschluß zwischen den süddeutschen Staaten und dem Norddeutschen Bund hatten Ende September, mit Delbrücks Besprechungen in München, begonnen[2], sie machten zunächst aber keine raschen Fortschritte. Mitte Oktober entschloß sich Bismarck daher zur Abhaltung von Ministerkonferenzen in Versailles und lud die Regierungen der süddeutschen Staaten zur Entsendung von Bevollmächtigten ein. Mit der Ankunft dieser Delegationen in den letzten Oktobertagen[3] begann die entscheidende Phase des Ringens um die Gestalt des Verfassungsbündnisses, das zum „Deutschen Reich" werden sollte.

Den Gang der Verhandlungen ausführlicher nachzuzeichnen, ist hier nicht der Ort[4]. In unserem Zusammenhang interessiert vor allem die im November bestehende Krisenkonstellation, die erwuchs aus dem zeitlichen Zusammentreffen der bedrohlichen Entwicklungen in der internationalen Politik und auf dem Kriegsschauplatz mit den Schwierigkeiten beim Abschluß eines Verfassungsbündnisses.

Bismarcks Position bei den Verhandlungen mit den süddeutschen Staaten läßt sich so charakterisieren: Trotz großer Konzessionsbereitschaft in Einzelpunkten und bei Formfragen war er nicht bereit, den Anschluß der süddeutschen Staaten an den Norddeutschen Bund durch eine föderative Auflockerung der Bundesverfassung zu erkaufen; auch mit der Herstellung eines „weiteren Bundes" zwischen den süddeutschen Staaten und dem Nordbund wollte und konnte er sich – schon mit Rücksicht auf die hochgespannten Erwartungen in der deutschen Öffentlichkeit – nicht begnügen. Entsprechend diesen Vorgaben erörterte Delbrück mit den süddeutschen Ministern die eigentlichen Verfassungsfragen, während Roon die militärischen Fragen, d. h. den Abschluß von Militärkonventionen, besprach. Bismarck selbst hielt sich anfänglich zurück, er griff erst ein, als die Verhandlungen

---

[2] Vgl. oben S. 205 f.
[3] Die württembergischen Minister Suckow und Mittnacht trafen am 22. Oktober in Versailles ein, die bayerischen Minister Bray, Lutz und Pranckh sowie die badischen Minister Jolly und Freydorf am 23. Oktober, die hessischen Vertreter Dalwigk und Hofmann am 26. Oktober. Am 29. Oktober fand sich auf Bismarcks Wunsch auch der sächsische Minister Friesen in Versailles ein.
[4] Eine detaillierte Darlegung des Verhandlungsverlaufs u. a. bei O. BECKER 718 ff. und HUBER 3, 732 ff.; vgl. auch LUTZ, Österreich-Ungarn 290 ff. sowie die umfänglichen Vorbemerkungen in GW 6b, insbesondere zu Nr. 1905, 1906, 1910, 1914, 1916, 1921, 1932 und 1933.

sich festzulaufen drohten. Eine solche Situation entwickelte sich bereits in der ersten Novemberwoche, in der Bismarck durch die Verhandlungen mit Thiers aufs stärkste beansprucht war. Der bayerische Ministerpräsident Graf Bray notifizierte Bismarck am 2. November, die bayerischen Vertreter seien nur zum Abschluß eines „weiteren Bundes" ermächtigt, für den Eintritt in den bestehenden Bund müßten sie in München neue Vollmachten einholen; unterdessen könnten ja, so Brays Vorschlag, von Bismarck die Verhandlungen mit den übrigen süddeutschen Staaten zum Abschluß gebracht werden[5]. Diese Anregung griff Bismarck sofort auf, denn mit den Vertretern Badens, Württembergs und Hessens war schon eine Einigung in den wesentlichen Punkten erzielt, und Bismarck ging davon aus, daß Bayern nicht lange in der Lage sein würde, den Kurs einer selbstgewählten Isolierung durchzuhalten. Mit dieser Lagebeurteilung sollte er recht behalten.

Am 6. November – an diesem Tag stand das Scheitern der Waffenstillstandsverhandlungen fest – verständigten sich die Vertreter Badens, Württembergs und Hessens mit Delbrück über alle maßgebenden Verfassungsbestimmungen und erklärten schließlich, zur Unterzeichnung der Verfassungsvereinbarungen auch ohne Bayern bereit zu sein. Nun lenkten die bayerischen Minister plötzlich ein. Sie verzichteten auf die geplante Reise nach München, nahmen am 9. November die Verhandlungen wieder auf und gaben den Gedanken eines „weiteren Bundes" endgültig preis. Bismarck konnte nun hoffen, daß es doch noch möglich sein würde, mit allen süddeutschen Staaten gleichzeitig abzuschließen.

Aber an dramatischen Wechselbädern hat es auch in der Schlußphase der Verfassungsberatungen nicht gefehlt. Für ein mißliches Intermezzo sorgte der württembergische König: telegraphisch befahl er den württembergischen Bevollmächtigten am 11. November, den fertig ausgearbeiteten und von ihnen akzeptierten Vertrag nur mit seiner ausdrücklichen Genehmigung zu unterzeichnen. Statt zu der bereits anberaumten Schlußkonferenz begaben sich die württembergischen Minister nach Stuttgart. Am 15. November konnte daher nur der Vertrag zwischen dem Norddeutschen Bund, Baden und Hessen über die Gründung des Deutschen Bundes und die Feststellung der Bundesverfassung unterzeichnet werden. Einen Tag später kam es zu einer erregten Auseinandersetzung zwischen Bismarck und dem preußischen Kronprinzen, dem alles viel zu langsam ging, der deshalb die in seinen Augen übertrieben behutsame Verhandlungsmethode Bismarcks scharf kritisierte und für massive Pressionen gegenüber den süddeutschen Regierungen und Souveränen eintrat[6].

Bismarck ließ sich dadurch jedoch nicht beirren. Nachdem die bayerischen Bevollmächtigten die Forderung eines Doppelbundes hatten fallen lassen, verliefen die Beratungen zügig. Die bayerischen Vertreter boten jetzt den Eintritt Bayerns in den Deutschen Bund an (sofern Bayern einige Reservatrechte zugestanden wür-

---

[5] Schreiben Bray an Bismarck, Versailles 2. 11. 1870 – BRAY 180 f.
[6] FRIEDRICH III. 223 ff.; Großherzog FRIEDRICH I. von Baden und die deutsche Politik von 1854–1871, hrsg. von H. Oncken, 2 Bde, Stuttgart/Berlin/Leipzig 1927, hier: 2, 182 f.; vgl. auch O. BECKER 746 ff.

den) und sagten Bismarck ihre Unterstützung in der Kaiserfrage zu. Bismarck wiederum zeigte bei den noch strittigen Punkten großes Entgegenkommen. Dadurch wurde erreicht, daß die Unterzeichnung des Vertrags mit Bayern am 23. November erfolgen konnte, just einen Tag vor dem Zusammentritt des Norddeutschen Reichstags[7]. Nach dem Unterzeichnungsakt trat Bismarck, erleichtert und hochgestimmt, in den Kreis seiner Mitarbeiter und erklärte: „Die deutsche Einheit ist gemacht, und der Kaiser auch"[8].

Tatsächlich ergriff Bismarck in eben diesen Tagen die entscheidende Initiative in der Kaiserfrage. Am 27. November machte sich Graf Holnstein, Oberststallmeister und Vertrauter des bayerischen Königs, auf den Weg von Versailles nach Hohenschwangau, in seinem Reisegepäck befand sich das von Bismarck entworfene Konzept des „Kaiserbriefes". Die Vorgänge sind zu bekannt, als daß sie hier eingehend referiert werden müßten[9]. Schon am 2. Dezember war Holnstein wieder in Versailles, einen Tag später überreichte der im Hauptquartier weilende Wittelsbacher-Prinz Luitpold König Wilhelm den „Kaiserbrief" Ludwigs II.

Mit dem Abschluß der süddeutschen Verträge und der Inszenierung des „Kaiserbriefs" trat für Bismarck nach dem 27. November eine kurze Atempause in der deutschen Frage ein. Zu diesem Zeitpunkt hatte sich auch auf anderen Feldern die in den Novembertagen zeitweilig kritische Situation etwas entspannt. Dies gilt, wie angedeutet wurde, für den Bereich der militärischen Auseinandersetzungen. Dies gilt auch hinsichtlich des Konflikts zwischen den großen europäischen Mächten, der durch die russische Aktion in der Pontusfrage heraufbeschworen worden war und der Ende November durch die Anberaumung einer Konferenz unter Kontrolle gebracht schien. Daran hatte Bismarck keinen geringen Anteil.

Am 7. November – an diesem Tag verließ Thiers nach dem Scheitern der Waffenstillstandsverhandlungen das deutsche Hauptquartier, die Besprechungen mit den süddeutschen Ministern hatten bis dahin noch keine definitiven Resultate erbracht – traf in Versailles der russische General Annenkov ein. Er überbrachte einige inhaltsschwere Schriftstücke: neben Handschreiben des Zaren an König Wilhelm und Gorčakovs an Bismarck übergab er ein vom 31. Oktober datiertes Rundschreiben Gorčakovs an alle Unterzeichnerstaaten des Pariser Friedens von 1856; darin sagte sich das Petersburger Kabinett durch eine einseitige Erklärung von den sog. Pontus-Klauseln des Pariser Friedens los[10]. In diesen Vertragsbestimmun-

---
[7] Als letzte Regierung vollzog die württembergische ihren Beitritt zum Verfassungsbündnis; die württembergischen Vertreter unterzeichneten den Vertrag am 25. November in Berlin.
[8] BUSCH 1, 427.
[9] Siehe dazu u. a. DOEBERL 159 ff.; O. BECKER 795 ff.; HUBER 3, 740 ff.
[10] Schreiben Zar Alexander an König Wilhelm, Tsarskoje Selo 31. 10. 1870; Schreiben Gorčakov an Bismarck, Tsarskoje Selo 1. 11. 1870 mit Anlage: Zirkular Gorčakovs vom 31. Oktober 1870, pr. Versailles 7. 11. – PA I ABq 69 Bd. 5; auch: Gr.Pol. 2, 4 ff. Diesen im Hauptquartier übergebenen Schreiben waren auch Kopien von Gorčakovs Begleitdepeschen an die russischen diplomatischen Vertreter in London, Wien und Konstantinopel beigefügt. Im Zusammenhang mit der Krise, die durch das russische Zirkular ausgelöst wurde, sind in allen Außenministerien Berge von Akten entstanden; auf die ungedruckten Akten kann im folgenden nur gelegentlich Bezug genommen werden. Die einschlägigen englischen Aktenstücke

gen war – nach der russischen Niederlage im Krimkrieg – die Neutralisierung und Entwaffnung des Schwarzen Meeres festgeschrieben worden. Das hieß konkret: das Zarenreich durfte (wie das Osmanische Reich) im Schwarzen Meer keine Schlachtflotte halten und an den Küsten keine militärischen oder maritimen Arsenale errichten. Eine so gravierende Beschränkung der russischen Souveränität wieder abzustreifen – und damit zugleich das Symbol der russischen Niederlage zu tilgen –, war seit 1856 das vorrangige Ziel der russischen Außenpolitik. Den Bemühungen des Petersburger Kabinetts um eine Revision des Pariser Friedens und insbesondere der Pontusklauseln war bis 1870 jedoch kein Erfolg beschieden.

Um so mehr stand für die Leiter der russischen Außenpolitik seit Kriegsbeginn die Frage im Vordergrund, wie sich die französisch-preußische Konfrontation am besten für die Erreichung des russischen Revisionsziels nutzen ließe. Wenn zunächst der Gedanke propagiert wurde, der Krieg müsse durch einen Kongreß unter Beteiligung auch der neutralen Mächte beendet werden, dann geschah dies mit dem – kaum verhüllten – Hintergedanken, ein solcher Kongreß werde eine günstige Gelegenheit bieten, die russischen Wünsche und Forderungen zu präsentieren. Um sich der Kongreß-Ambitionen Gorčakovs zu erwehren, ließ Bismarck seit August in Petersburg mehrfach signalisieren, das Petersburger Kabinett könne bei seinen Revisionsbestrebungen mit preußischer Unterstützung rechnen[11]. Dabei setzte er allerdings als selbstverständlich voraus, daß eine russische Aktion nur nach vorgängiger Verständigung über Zeitpunkt und Form des Vorgehens erfolgen werde.

Die Revokation der Pontusklauseln durch das Petersburger Kabinett kam für Bismarck ebenso unerwartet wie ungelegen. Unerwartet, weil keinerlei Erörterungen und nicht einmal eine Ankündigung vorausgegangen war[12]; ungelegen, weil

sind zusammengestellt in einer Dokumentensammlung, die im Januar 1871 für den internen Dienstgebrauch gedruckt wurde (PRO FO 64/737). Zu den Auseinandersetzungen im Anschluß an Gorčakovs Zirkular und zur Londoner Pontus-Konferenz vgl. vor allem: H. MERTZ, Die Schwarze Meer-Konferenz von 1871, Diss. iur. Tübingen [1927]; RHEINDORF, Pontusfrage 91 ff.; BORMANN 223 ff.; W. E. MOSSE, Public Opinion and Foreign Policy: The British Public and the War-Scare of November 1870, in: Historical Journal 6 (1963) 38–58; DERS., The Rise and Fall of the Crimean System 1855–1871, London 1963, 161 ff.; BEYRAU 230 ff.; B. JELAVICH, The Ottoman Empire, the Great Powers and the Straits Question, 1870–1887, Bloomington/London 1973, 25 ff.

[11] Siehe oben S. 213 ff.; RHEINDORF, Pontusfrage 83 f.

[12] Wie Prinz Reuß am 6. Oktober nach Versailles berichtete, hatte er Zar Alexander einmal mehr die preußische Bereitschaft angedeutet, Rußlands Bemühungen um eine Revision des Pariser Friedens zu unterstützen, worauf der Zar erwiderte, er sei dafür sehr dankbar und rechne auf die moralische Unterstützung König Wilhelms; wann er diese anrufen werde, „könne er jetzt noch nicht bestimmen, der Moment werde aber kommen..." (PA I ABc 70 Bd. 57, Bl. 76 f.). Tatsächlich hatte man zu diesem Zeitpunkt in Petersburg noch keine Entscheidung getroffen. Als es aber soweit war und der Zar dem norddeutschen Gesandten am 2. November das Zirkular vorlas, nahm er Prinz Reuß das Versprechen ab, Bismarck nicht telegraphisch zu benachrichtigen, weil er wünsche, daß König Wilhelm „zuerst durch seinen Brief von diesem wichtigen Ereignis Kenntnis haben solle" (PA I ABq 69 Bd. 5; auch RHEINDORF, Pontusfrage 151 ff.). Entgegen manchen Vermutungen und Behauptungen erhielt Bismarck erst am 7. November durch die Sendung Annenkov Kenntnis von der Re-

11. Von der Novemberkrise zur „bonapartistischen Option"

Bismarck zu diesem Zeitpunkt an einer gefährlichen Komplizierung der internationalen Situation nicht im geringsten interessiert sein konnte. Daß das spektakuläre Vorgehen des Petersburger Kabinetts eine schwere Krise auslösen mußte, war indessen keinen Augenblick lang zweifelhaft, denn ein zwischen England, Frankreich und Österreich-Ungarn am 15. 4. 1856 abgeschlossener Vertrag verpflichtete diese Staaten, jede Verletzung des Pariser Friedens als Kriegsfall zu betrachten – und die offen proklamierte Annullierung der Artikel 11, 13 und 14 des Pariser Friedens konnte schwerlich anders denn als eine Verletzung des Vertrags bewertet werden.

Wie kam der Entschluß der Petersburger Führung zustande, welches politische Kalkül lag ihm zugrunde? Beschlossen wurde die Aufkündigung der Pontusklauseln auf einer Sitzung am 27. Oktober, zu der Zar Alexander seine wichtigsten Berater eingeladen hatte[13]. Daß sich das Petersburger Kabinett gerade jetzt zum Handeln entschloß, war wohl auf die unmittelbar bevorstehenden Waffenstillstandsverhandlungen zwischen Bismarck und Thiers zurückzuführen. Der Zar und Gorčakov rechneten Ende Oktober mit einem erfolgreichen Verhandlungsverlauf[14], ein rasches Ende des Krieges schien somit in den Bereich der Möglichkeiten zu rücken. Für einen russischen Alleingang in der Pontusfrage wäre es dann vermutlich zu spät gewesen, die Petersburger Diplomatie hätte den „richtigen" Zeitpunkt verpaßt – wie bereits 1866. Denn trotz der preußischen Zusicherungen, die russischen Revisionsbemühungen unterstützen zu wollen, waren sich der Zar und Gorčakov nicht so sicher, ob Bismarck nach dem Friedensschluß wirklich zu einer uneingeschränkten Hilfestellung bereit sein würde. In Petersburger Sicht war also Eile geboten, wollte man eine vermeintlich einzigartige Chance nicht ungenutzt lassen. Noch konzentrierte sich die Aufmerksamkeit der Kabinette ganz auf die französisch-deutsche Konfrontation, die Energien zumindest Frankreichs und Deutschlands wurden völlig durch das Kriegsgeschehen absorbiert. Eine vehemente Reaktion war nur von seiten Großbritanniens zu gewärtigen, das an der Neutralisierung des Schwarzen Meeres das stärkste Interesse hatte. Daß es zu einer kriegerischen Verwicklung kommen könne, hat man in Petersburg aber offensichtlich nicht angenommen; es wurden in Rußland keinerlei vorbereitende Maßnahmen für den Fall eines bewaffneten Konflikts getroffen.

Bismarck sah sich seit dem 7. November vor eine schwierige Doppelaufgabe gestellt: einerseits die russische Führung nicht im Stich zu lassen, andererseits Mittel und Wege zur Dämpfung der heraufziehenden Krise zu finden. Zunächst muß-

---

vokation der Pontusklauseln durch das Petersburger Kabinett. Aufschlußreich ist auch ein Marginal König Wilhelms vom 15. 11. 1870 (zu einem an diesem Tag im Hauptquartier vorliegenden Bericht des Prinzen Reuß vom 9. November): „Ich habe aber immer diese Frage als vor einen Kongreß gehörig nach *unserem* Frieden mit Frankreich betrachtet. Jedenfalls habe ich nie daran gedacht, daß eine *Kündigung* ohne vorhergegangene *Verständigung* mit den Unterzeichnern möglich sei" (I ABq 69 Bd. 5; vgl. RHEINDORF, Pontusfrage 153 f.).

[13] RHEINDORF, Pontusfrage 91 f.; BEYRAU 231 ff.

[14] Tel. Reuß an Bismarck, Petersburg 26. 10. 1870 – PA I ABc 70 Bd. 63, Bl. 40; Privatbrief Reuß an Thile, Petersburg 1. 11. 1870 (Auszug pr. 6. 11.) – ebd. Bd. 67, Bl. 41. Vgl. BEYRAU 231.

te gegenüber Petersburg zu dem angekündigten Schritt Stellung genommen werden. Noch am 7. November wurde Prinz Reuß telegraphisch zu einer vorläufigen Mitteilung an Gorčakov autorisiert: für Bismarck bestehe „kein Zweifel, daß der König den in dem kaiserlichen Briefe ausgesprochenen Erwartungen entsprechen wird"[15]. Am nächsten Tag jedoch wollte Bismarck wissen, ob es wirklich unwiderruflich sei, daß die Aufkündigung der Pontusklauseln schon „in diesem Augenblikke" geschehe: „Einige Wochen später würde unsere Rußland günstige Stellung zur Sache voraussichtlich bei den übrigen Neutralen stärker ins Gewicht fallen." Sollte ein Aufschub jedoch „untunlich" sein, fügte Bismarck hinzu, „so ändert das die diesseitige Auffassung nicht"[16], und wiederholte am 9. November: „Auch wenn Aufschub nicht mehr möglich, wird unsere Stellung zur Sache den Wünschen des Kaisers entsprechen"[17]. An diesem Tag übergaben die diplomatischen Vertreter des Zarenreichs den Außenministern in London, Wien und Florenz das Zirkular Gorčakovs[18].

Welche Dimensionen der nun unvermeidliche Konflikt annehmen würde, hing in erster Linie von der Haltung Englands ab. Mit Befriedigung konnte das Petersburger Kabinett, aber auch Bismarck registrieren, daß die britische Regierung relativ maßvoll reagierte und nicht sofort alle Brücken abbrach: London begnügte sich mit einem scharfen Protest und beschwerte sich mehr über die Form des russischen Vorgehens als über das angestrebte Ziel einer Aufhebung der Pontusklauseln[19]. Daß die britische Regierung eine Eskalation der Krise zu vermeiden wünschte, wurde vollends am 11. November deutlich. An diesem Tag ließ Außenminister Granville durch Bernstorff bei Bismarck anfragen, ob dieser bereit sei, den Unterstaatssekretär Odo Russell im Hauptquartier zu empfangen; Russell könne Bismarck die „vollständigste Information" über die Ansicht des Londoner Kabinetts geben[20]. Postwendend erfolgte Bismarcks Antwort: „Herr Russell wird willkommen sein und Durchlaß finden"[21].

---

[15] Tel. Bismarck an Reuß, Versailles 7. 11. 1870 z. St. 21.05 Uhr (eigenhänd. Konzept) – PA I ABq 69 Bd. 5; auch GW 6b Nr. 1919 Vorbem.
[16] Tel. Bismarck an Reuß, Versailles 8. 11. 1870 z. St. 13.00 Uhr (eigenhänd. Konzept) – ebd.
[17] Tel. Bismarck an Reuß, Versailles 9. 11. 1870 z. St. 23.00 Uhr (eigenhänd. Konzept) – PA I ABq 69 Bd. 5 (nicht GW 6b). In den ersten Tagen nach dem 7. November wahrte Bismarck strengste Diskretion hinsichtlich der russischen Aktion, selbst gegenüber Mitarbeitern: Busch erfuhr erst am 14. November gerüchteweise von der Aufkündigung der Pontusklauseln, einen Tag später der Kronprinz und der Großherzog von Baden; am 16. November wurde der Kronprinz von Bismarck schriftlich informiert (BUSCH 1, 395; FRIEDRICH III. 220 f.; Großherzog FRIEDRICH I. von Baden 2, 177 f.).
[18] RHEINDORF, Pontusfrage 94. In Konstantinopel wurde das Zirkular erst am 15. November überreicht.
[19] RHEINDORF, Pontusfrage 101 f.; BEYRAU 235 ff.; MOSSE, Rise and Fall 165 ff.; die einschlägigen Aktenstücke finden sich in der in Anm. 10 angeführten Dokumentensammlung des Foreign Office.
[20] Tel. Bernstorff an Bismarck, London 11. 11. 1870, 16.40 Uhr, Versailles an: 21.40 Uhr – PA I ABq 69 Bd. 5.
[21] Tel. Bismarck an Bernstorff, Versailles 11. 11. 1870 z. St. 23.10 Uhr – ebd.

11. Von der Novemberkrise zur „bonapartistischen Option"

Der Weg zu einer Verhandlungslösung blieb somit offen, trotz der zeitweiligen Kriegspsychose, die sich in England seit Mitte November entwickelte, nachdem die Aufkündigung der Pontusklauseln in der Öffentlichkeit bekanntgeworden war und die britische Presse kräftig das Feuer schürte[22].
In den Unterredungen, die Bismarck vom 21. November an mit Odo Russell führte, ging es darum, einen Modus zu finden, der eine friedliche Revision des Pariser Friedens ermöglichte, ohne daß eine der betroffenen Parteien dabei das Gesicht verlor. Das ist schließlich gelungen[23]. Zwar führte Russell anfänglich eine schärfere Sprache, als sie ihm seine Instruktionen vorschrieben, aber nach einigem Hin und Her fand man Ende November im Dreieck Versailles–London–Petersburg zu einer Verständigung: man kam überein, in London eine Botschafterkonferenz aller Unterzeichnerstaaten des Pariser Friedens abzuhalten. Ermöglicht wurde diese Einigung durch Zugeständnisse beider Seiten. Großbritannien akzeptierte unter der Bedingung, daß das Ergebnis der Konferenz nicht präjudiziert sei, und Rußland erhielt die Zusicherung, der „Fond" seiner Forderungen werde auf der Konferenz nicht in Frage gestellt. Nachdem am 2. Dezember schließlich auch die österreichische Regierung die englische Formulierung des Konferenzvorschlages angenommen hatte[24], konnte Bismarck die gesammelten Zustimmungserklärungen (mit Ausnahme derjenigen Frankreichs) nach London übermitteln. Daß die „Londoner Konferenz" zustande kommen würde, stand nunmehr fest[25].
Die akute Phase der durch Gorčakovs Zirkular ausgelösten Krise durfte Ende November als überstanden gelten. Damit waren jedoch noch nicht alle Gefahren gebannt, die für Deutschland aus dieser Konfliktsituation erwachsen konnten. Zwar hatte Bismarck größtes Interesse an einem Zustandekommen der Konferenz, weil sich so die internationale Krise friedlich beilegen ließ, aber andererseits mußte er befürchten, daß die übrigen Mächte großes Entgegenkommen gegenüber Frankreich an den Tag legen würden, um rasch den erwünschten Beitritt auch der Großmacht Frankreich zu den geplanten vertraglichen Vereinbarungen zu erreichen. Bei den weiteren Konferenzvorbereitungen hielt Bismarck deshalb höchste Wachsamkeit für geboten. Die vorläufig noch offen gebliebene Frage, ob und wie Frank-

---

[22] RHEINDORF, England 108 ff., 185; WENTZ 1, 96 ff.; RAYMOND 243 ff.; MOSSE, Public Opinion and Foreign Policy 38 ff.; die Londoner Berichterstattung Graf Bernstorffs aus diesen Tagen teilweise abgedruckt Gr.Pol. 2, 9 ff.
[23] Zu den Verhandlungen zwischen Odo Russell und Bismarck siehe u. a. RHEINDORF, Pontusfrage 109 ff.; MOSSE, Rise and Fall 170 ff. Der Schriftwechsel zwischen Russell und Granville (PRO FO 64/737) ist großenteils abgedruckt in der Dokumentensammlung des Foreign Office (ebd.), zum Teil bei P. KNAPLUND (Hrsg.), Letters from the Berlin Embassy, 1871–74, 1880–1885, Washington 1944, 23 ff. Die auf deutscher Seite entstandenen Aktenstücke finden sich vor allem PA I ABq 69 Bd. 6–8; das wichtigste gedruckt Gr.Pol. 2, 13 ff.; GW 6b Nr. 1928.
[24] Zum Taktieren Beusts, auf das hier nicht eingegangen werden kann, vgl. RHEINDORF, Pontusfrage 103 f., 112 f.; BEYRAU 238 ff.; LUTZ, Österreich-Ungarn 352 ff., 361 ff.
[25] Am 23. Dezember lud Außenminister Granville nach einer Serie vorbereitender Gespräche die in London beglaubigten Vertreter der Signatarmächte auf den 3. Januar ins Foreign Office ein. Die Eröffnungssitzung der Konferenz wurde dann aber auf den 17. Januar verschoben.

reich sich an der Konferenz beteiligen werde, barg in Bismarcks Sicht gewisse Risiken für Deutschland in zweierlei Richtung. Zum einen mußte davon ausgegangen werden, daß die provisorische Regierung versuchen würde, den französisch-deutschen Krieg auf der Konferenz anzusprechen. Zum anderen involvierte die Entscheidung, wer zur Vertretung Frankreichs berechtigt sei, das Problem der formellen internationalen Anerkennung der provisorischen Regierung und hatte daher Rückwirkungen auf Bismarcks Manövrierraum bei der Friedensanbahnung.

Bismarck verlor keine Zeit, den anderen Kabinetten seine Position unmißverständlich zu verdeutlichen. Schon am 28. November – als mit dem Zustandekommen der Konferenz gerechnet werden konnte[26] – ging eine Instruktion an Bernstorff ab, in der es hieß: „Unser erstes Bedürfnis ist, zu verhüten, daß die Konferenz über ihre eigentliche Aufgabe hinausgreife und sich mit anderen europäischen Fragen, also mit unserem Konflikt mit Frankreich, beschäftige"[27]. Als in den folgenden Tagen erkennbar wurde, daß die französische Diplomatie darauf hinarbeitete, auch die Friedensfrage zum Konferenzthema zu machen, sah sich Bismarck zu einer kategorischen Stellungnahme veranlaßt: er erteilte Graf Bernstorff am 3. Dezember die Weisung, die Konferenz sofort zu verlassen, wenn der „gegenwärtige Zustand Frankreichs" in die Besprechungen einbezogen werden sollte[28]. Das Risiko, die Konferenz platzen zu lassen, ehe sie überhaupt begonnen hatte, wollte man weder in London noch in Petersburg eingehen. Bismarck erhielt daher die Zusicherung, die Konferenz werde sich strikt auf die Lösung der Pontusfrage beschränken.

Gegen die Zulassung eines Vertreters des „Gouvernement de la Défense Nationale" zur Konferenz machte Bismarck von vornherein erhebliche Vorbehalte geltend: dies wäre „nicht unbedenklich", heißt es in einem Telegramm an Bernstorff vom 2. Dezember, denn keine der anderen Mächte habe die provisorische Regie-

---

[26] Am 26. November legte Bismarck dem König einen aus einem einzigen Satz bestehenden Immediatbericht vor: „Eurer Majestät melde ich ehrfurchtsvoll nach einer soeben beendeten Conferenz mit Russell, daß England und Rußland die Conferenz in London angenommen haben" (PA I ABq 69 Bd. 7; nicht GW 6b).
[27] Erlaß Bismarck an Bernstorff, Versailles 28. 11. 1870 – PA I ABq 69 Bd. 7; auch GW 6b Nr. 1934 und Gr.Pol. 2, 18 f. In diesem wichtigen Erlaß wurde die Marschroute für Bernstorff festgelegt. Eine von Bismarck eigenhändig eingefügte Passage lautet: „Auf keinen Fall darf die Conferenz mit ihren Verhandlungen uns mit Rußland verstimmen oder gar entzweien ... weil die Entfremdung zwischen uns und Rußland mit Sicherheit die diplomatische Einigung der Neutralen gegen uns und für Frankreich zur Folge haben würde. Die ganze orientalische Frage, selbst wenn sie zum Kriege führte, ist im Vergleich zur französischen für uns unwichtig. Nur die Gefahr eines russisch-französischen Bündnisses könnte die Lösung unsrer Freundschaft mit Rußland rechtfertigen. Ich glaube nicht an Krieg im Osten, aber um Ew.p.p. meine Ansicht vollständig zu entwickeln, füge ich hinzu, daß eine Kriegserklärung Englands und Oestreichs gegen Rußland, mit der Gefahr, daß wir in diesen Krieg hineingezogen würden, mir für *unsre* Interessen augenblicklich weniger gefährlich erscheinen würde als der Beginn einer Coalition der Neutralen, Rußland eingeschlossen, gegen uns."
[28] Tel. Bismarck an Bernstorff, Versailles 3. 12. 1870 – PA I ABq 69 Bd. 8; nicht GW 6b. In diesem Sinne wurde am gleichen Tag auch Prinz Reuß verständigt: Tel. Bismarck an AA für Prinz Reuß, Versailles 3. 12. 1870 – ebd.; auch GW 6b Nr. 1941.

11. Von der Novemberkrise zur „bonapartistischen Option"   303

rung anerkannt. Bernstorff wurde aufgetragen, entsprechende Anträge ad referendum zu nehmen und darüber nach Versailles zu berichten; „ohne Widerspruch zu erheben, berufen Sie sich auf Mangel an Instruktion"[29]. Einen Tag später ließ Bismarck die Empfehlung folgen, „in akademischer Form" die Erwägung vorzutragen, „ob nicht die kaiserliche Regierung, an welche die unerloschenen Creditive der noch jetzt in Tours befindlichen Botschafter gerichtet sind, eher Anspruch auf Vertretung hätte als die ephemere von Trochu-Gambetta"[30].

Und welche Haltung nahm die provisorische französische Regierung zu all diesen Vorgängen ein? Gorčakovs Rundschreiben löste zunächst die Hoffnung aus, die sich anbahnende Krise werde sich auf irgendeine Weise zugunsten Frankreichs nutzen lassen. Bestimmend für die Haltung der Regierungsdelegation[31] war daher die Absicht, mit Hilfe der Pontusfrage zu einer „Internationalisierung" der Kriegsbeendigung (auf der Grundlage der französischen Friedensbedingungen) zu gelangen. Unter diesem Gesichtspunkt konnte man dem Plan einer Konferenz einiges abgewinnen, wünschte aber eine – wenigstens vage – Zusicherung Großbritanniens, Österreichs und Rußlands, daß auf der Konferenz auch der französisch-deutsche Konflikt zur Sprache gebracht werden könne. Der österreichische Botschafter in Tours berichtete am 2. Dezember nach Wien, Chaudordy habe zu ihm und zum englischen Botschafter geäußert, die Annahme des Konferenzvorschlags wäre für Frankreich einfacher, wenn durch eine vertrauliche Verständigung mit Österreich und Großbritannien Frankreich sich schmeicheln könnte, „de voir également poser à la conférence la question qui la préoccupait bien plus que la dépêche du Prince Gortchakow, c'est à dire celle de l'intégrité territoriale"[32]. Als eine derartige Zusicherung ausblieb und in Tours außerdem bekannt wurde, daß der Konferenzvorschlag von Bismarck stammte, war sich die Regierungsdelegation tagelang unschlüssig, ob sie die Konferenz beschicken solle oder nicht – in der ersten Dezem-

---

[29] Tel. Bismarck an Bernstorff, Versailles 2. 12. 1870 – PA I ABq 69 Bd. 8; nicht GW 6b. Vgl. BUSCH 1, 459.
[30] Tel. Bismarck an Bernstorff, Versailles 3. 12. 1870 – PA I ABq 69 Bd. 8. Eine ähnliche Formulierung im Telegramm an Prinz Reuß vom 3. 12. 1870 (GW 6b Nr. 1941). Nach Bismarcks Wunschvorstellung sollte auf der Konferenz ohne französischen Vertreter verhandelt und das Protokoll für den späteren Beitritt Frankreichs offengehalten werden (so ist es dann tatsächlich gekommen).
[31] Es blieb weitgehend der Regierungsdelegation, insbesondere Chaudordy, überlassen, die Auffassung der provisorischen Regierung zu artikulieren, weil Mitteilungen zwischen Regierungsdelegation und Pariser Gouvernement nur unregelmäßig und mit großem Zeitverlust ausgetauscht werden konnten. Zum Schwanken Favres wegen der einzunehmenden Haltung und zu seinen zunächst ganz illusionären Erwartungen siehe FAVRE 2, 242 ff.
[32] Bericht Metternich an Beust, Tours 2. 12. 1870 – HHStA PA IX 96, Bl. 516 ff. Zahlreiche ähnliche Bekundungen finden sich in der Berichterstattung des britischen Botschafters (s. die in Anm. 10 angeführte Dokumentensammlung). Aus Petersburg telegraphierte Prinz Reuß am 2. Dezember: „Regierung von Tours hat das Kaiserliche Kabinett wissen lassen, daß sie die Konferenz annehme, wenn sie sicher wäre, daß darin der gegenwärtige Zustand Frankreichs in Betracht gezogen werde" (PA I ABc 70 Bd. 73, Bl. 47). Nicht zuletzt diese Mitteilung veranlaßte Bismarck zu der Weisung an Bernstorff, bei einer Erörterung des französisch-deutschen Konflikts sofort die Konferenz zu verlassen.

berhälfte stand sie ohnehin ganz unter dem Eindruck der schweren militärischen Rückschläge. Erst am 19. Dezember erklärte sich die – inzwischen in Bordeaux residierende – Regierungsdelegation bereit, die Einladung zur Konferenz anzunehmen. Als französischer Bevollmächtigter wurde Außenminister Favre benannt, der indessen nur mit deutscher Zustimmung die zernierte Hauptstadt verlassen konnte. Auf die weitreichenden politischen Implikationen einer Teilnahme Favres an der Londoner Konferenz und auf das Tauziehen um die Gewährung eines Passierscheins für Favre wird zurückzukommen sein[33].

Um das Tableau der für Bismarck besonders belastungsreichen und aufreibenden Novembertage weiter zu vervollständigen, muß noch mit einigen Bemerkungen auf die sich verschärfenden Spannungen zwischen Bismarck und Moltke eingegangen werden[34]. Einige Reibereien hatte es schon in den Wochen nach Sedan gegeben. Sie bewegten sich aber durchaus im Rahmen des „Normalmaßes" an Meinungsverschiedenheiten und unterschiedlichen Lagebeurteilungen, auch persönlichen Animositäten zwischen politischen und militärischen Führern, die gezwungen waren, in einer Extremsituation zu handeln und Entscheidungen zu treffen. Selbst die erste gravierende Auseinandersetzung Bismarcks mit dem Generalstab anläßlich der Verhandlungen mit Bazaine fiel noch nicht völlig aus diesem Rahmen heraus, zeigte allerdings bereits, daß zwischen militärischer und politischer Führung erhebliche Divergenzen hinsichtlich der obersten Priorität bestanden[35].

Wenn sich die Gegensätze im November/Dezember dramatisch – und bis an den Rand eines offenen Konflikts – zuspitzten, so handelte es sich dabei nicht um einen *abstrakten* Grundsatzkonflikt zwischen Kriegführung und Politik, sondern die Konfrontation entwickelte sich aufgrund der *konkreten*, unterschiedlich akzentuierten und bewerteten Probleme und Aufgaben, die sich seit Anfang November im militärischen und im politischen Sektor stellten.

---

[33] Siehe unten S. 317. – Wenigstens erwähnt werden muß eine Aktion Bismarcks, die im Dezember bei den Kabinetten und in der internationalen Öffentlichkeit einige Besorgnis auslöste. In einer Note an die Regierung des Großherzogtums Luxemburg erhob Bismarck schwere Vorwürfe gegen die luxemburgische Regierung, weil sie auf ihrem Territorium neutralitätsverletzende Tätigkeiten französischer Funktionäre zulasse (konkret handelte es sich darum, daß nach Luxemburg geflüchtete französische Kriegsgefangene dort nicht interniert wurden, sondern vom französischen Vizekonsul – mit Duldung der luxemburgischen Regierung – für die „Nordarmee" rekrutiert werden konnten). Daher erklärte Bismarck, „daß die Königliche Regierung ihrerseits in den militärischen Operationen der deutschen Heere sich durch keine Rücksicht auf die Neutralität des Großherzogtums mehr gebunden erachtet" (HIRTH/GOSEN 3, Sp. 3665 ff.). Diese Note vom 3. Dezember ging auch allen Signatarmächten des Vertrags vom 11. Mai 1867 zu und wurde teilweise als Auftakt einer beabsichtigten Annexion Luxemburgs gewertet. Tatsächlich ging es Bismarck aber wohl eher darum, luxemburgisches „Wohlverhalten" zu erzwingen und den übermächtigen Einfluß zurückzudämmen, den die in französischer Hand befindliche Ostbahn-Gesellschaft in Luxemburg ausübte, weil ihr das wichtigste luxemburgische Eisenbahnlinie gehörte. Zum ganzen Vorgang erschöpfend (aber im Urteil zu Übertreibungen neigend) CH. CALMES, Le Luxembourg dans la guerre de 1870, Luxemburg 1970.
[34] Vgl. dazu insgesamt auch KOLB, Kriegführung und Politik 111 ff.; HOWARD 348 ff.
[35] Vgl. oben S. 260 f.

Angesichts wachsender Schwierigkeiten auf dem Feld der Mächtebeziehungen mußten nach Bismarcks Auffassung alle Anstrengungen noch stärker als bisher auf die schleunige Beendigung des Krieges konzentriert werden – um so mehr, als sich die Voraussetzungen für eine rasche Kriegsbeendigung im Lauf des November eher verschlechterten. Trotz zunehmender Kriegsmüdigkeit in weiten Teilen der französischen Bevölkerung zeigte die provisorische Regierung keine Bereitschaft, sich auf der Grundlage einer realistischen Lageeinschätzung um eine Liquidierung des Krieges zu bemühen. Nach dem Fehlschlag der Gespräche mit Thiers war Bismarck überzeugt, daß Verhandlungen mit der provisorischen Regierung, die Aussicht auf Erfolg versprachen, vorläufig unmöglich seien und bestenfalls beim Fall von Paris aufgenommen werden könnten. Eben deshalb sprachen aus seiner Sicht nicht nur militärische, sondern vor allem politische Gründe dafür, die Kapitulation von Paris durch Einsatz aller verfügbaren Mittel rasch zu erzwingen. In dieselbe Richtung zielten Bismarcks Vorschläge für eine strengere Behandlung der Bevölkerung in den besetzten Landesteilen: das „Volk im Lande" sollte genötigt werden, „den Frieden mit so dringender Energie zu begehren, daß die Regierung dadurch gedrängt wird, den Frieden auf die Bedingungen anzunehmen, die ihr gemacht werden"[36].

In der Prioritätenskala Moltkes und seiner Mitarbeiter im Generalstab rangierte die rasche Kriegsbeendigung nicht wie bei Bismarck an oberster Stelle. Für Moltke „hatte es keine Eile. Denn daß der Krieg entschieden sei, stand ihm fest"[37]. Ihm ging es darum, die militärische Auseinandersetzung in aller Ruhe und mit aller Konsequenz zu Ende zu führen. Er faßte den deutsch-französischen Krieg als einen „einsamen Zweikampf der beiden ineinander verbissenen Nationen" auf, dieser Krieg war für ihn „herausgelöst aus der Verflechtung der Großmachtinteressen"[38]. Für Bismarcks Sorgen wegen der internationalen Implikationen einer langen Kriegsdauer hatte er deshalb wenig Verständnis, und Bismarcks Drängen auf rasche Herbeiführung einer militärischen Entscheidung erschien ihm als unbefugte Einmischung des „Zivilisten" in die Planungen der Militärs, die nach seiner Ansicht ausschließlich durch strategische Erwägungen bestimmt werden durften.

Angesichts so unterschiedlicher Perspektiven war unter den konkreten Bedingungen der Herbst- und Winterwochen ein Konflikt nahezu unvermeidlich. Der Streit entzündete sich vor allem an zwei praktischen Fragen – der Bombardierung von Paris und der Informierung des Kanzlers über die militärischen Operationen –, aber seine Dynamik und Schärfe erhielt er durch jene tieferliegende Mei-

---

[36] Immediatbericht, Versailles 14. 12. 1870 – PA I ABc 70 Bd. 76, Bl. 27 ff.; auch GW 6b Nr. 1975. Als völkerrechtlich zulässige Maßnahmen schlug Bismarck u. a. vor: Auferlegung von Kontributionen, Beschlagnahme beweglichen Eigentums, Wegführung von Geiseln, schärferes Vorgehen gegen Franktireurs (deren Aktionen gefährdeten vor allem die verletzlichen deutschen Nachschublinien in den nur mit schwachen Truppenkontingenten besetzten Etappengebieten).
[37] STADELMANN 221.
[38] Ebd. 235.

nungsverschiedenheit über Notwendigkeit oder Überflüssigkeit schneller Friedensanbahnung.

Bei der im November/Dezember im Vordergrund stehenden Frage der Bombardierung von Paris[39] lagen die Dinge so, daß Moltke – kein grundsätzlicher Gegner der Beschießung – mit dem Bombardement erst beginnen wollte, wenn die (zögerlich in Angriff genommenen) artilleristischen Vorbereitungen vollständig abgeschlossen waren und dadurch Aussicht bestand, ein optimales militärisches Ergebnis zu erzielen. Bismarck hingegen drängte mit Vehemenz auf einen Beginn des Bombardements. Ihm lag weniger an perfekten militärischen Resultaten als vor allem an der psychologischen Wirkung einer solchen Aktion sowohl in Paris selbst wie auch im übrigen Frankreich und in den anderen Staaten; der Eindruck der Stagnation sollte überwunden, die friedenswilligen Kräfte sollten zu einem aktiveren Auftreten animiert werden[40].

Daß er – in einer Konstellation voller Unwägbarkeiten – über die militärischen Operationen und Planungen nur unzureichend oder gar nicht informiert wurde, erregte Bismarcks steigenden Unwillen. Mitte November zog er sogar in Erwägung, eine Intervention des Königs herbeizuführen. In einem am 18. November konzipierten, dann aber doch nicht abgeschickten Immediatbericht wurde der König gebeten, er möge dem Generalstab befehlen, „daß derselbe mich [Bismarck] von den wesentlichen Zügen der militärischen Pläne und Entwicklung in fortlaufender Kenntnis erhalten und die Fragen, die ich ihm in Bezug darauf zu stellen haben würde, willfährig und eingehend beantworte. Ich bedarf dessen jetzt namentlich im Hinblick auf die Eventualitäten, welche durch die mögliche direkte oder indirekte Beteiligung neutraler Mächte am Kriege eintreten können, und bei welchen die genaue Bekanntschaft unserer militärischen Kräfte und Absichten unentbehrlich ist, um den richtigen Ton in den Verhandlungen mit England, Rußland und Östreich zu bemessen"[41].

Bismarcks Bemühungen um frühzeitige und ausreichende Informationen über

---

[39] Einzelheiten bei KLEIN-WUTTIG 128 ff.; HOWARD 352 ff.; vgl. auch W. DUNKEL, Die Verzögerung der Beschießung von Paris 1870/71 und ihre Literatur, in: Zeitschrift für Heereskunde 30 (1976) 113–119.

[40] Diese Auffassung entwickelte Bismarck mit großer Eindringlichkeit in seinem Immediatbericht vom 28.11.1870 – PA I ABc 70 Bd. 72, Bl. 27 ff.; auch GW 6b Nr. 1933. Dieser Immediatbericht wurde am gleichen Tag abgefaßt wie jener Erlaß, der Bernstorff seine Marschroute auf der bevorstehenden Londoner Konferenz vorschrieb (vgl. oben S. 302). Wie aus der Instruktion an Bernstorff hervorgeht, hielt es Bismarck zu diesem Zeitpunkt nicht für ausgeschlossen, daß auf der Konferenz versucht werden könnte, die Erörterungen auf den französisch-deutschen Konflikt auszudehnen. Für Bismarcks Besorgnisse vgl. die in Anm. 27 zitierten Formulierungen. Zum Fortgang der Auseinandersetzung um das Bombardement von Paris siehe auch die Vorbemerkung zu GW 6b Nr. 1975.

[41] Immediatbericht, Versailles 18.11.1870 (mit Vermerk: „cessat") – PA I ABc 70 Bd. 74, Bl. 22 ff.; auch GW 6b Nr. 1920. Vgl. insgesamt KLEIN-WUTTIG 130 ff. Bismarcks Verärgerung über die ausbleibende Unterstützung des Königs im Konflikt mit der militärischen Führung erreichte Ende November einen solchen Grad, daß er eine Rücktrittsdrohung erwog, siehe Tel. an Delbrück, Versailles 29.11.1870 („Ich bitte selbst zu dechiffrieren") – Bismarck-Archiv Friedrichsruh B 34.17; vgl. auch BUSCH 1, 451.

die militärischen Planungen und Aktionen war kein Erfolg beschieden. Moltke war in diesem Punkt zu keinen Konzessionen bereit, er beharrte – darin von seinen Mitarbeitern nachhaltig unterstützt – auf einer scharfen Trennungslinie zwischen Kriegführung und Politik. In einer Atmosphäre gegenseitiger Gereiztheit unternahm Moltke dann Anfang Dezember einen Schritt, den nun Bismarck seinerseits als einen Übergriff des Militärs auf das Gebiet der Politik betrachtete: er richtete am 5. Dezember ein Schreiben an General Trochu, den Gouverneur von Paris, in dem er diesen einlud, sich durch Entsendung eines seiner Offiziere von der Niederlage der Loire-Armee zu überzeugen[42]. Da aber Trochu nicht nur Gouverneur von Paris, sondern gleichzeitig Präsident der provisorischen Regierung war, hatte diese Korrespondenz auch eine politische Seite – Moltkes Angebot konnte als Aufforderung zu Verhandlungen verstanden werden und wurde übrigens in Paris auch so aufgefaßt[43]; Trochu antwortete allerdings ablehnend.

Bismarck reagierte auf Moltkes Schritt mit einer massiven Beschwerde bei König Wilhelm, in der er diese „Initiative zu Unterhandlungen mit dem Feinde" kritisierte, „weil jede deutsche Initiative für Verhandlungen in Paris falsch verstanden und gemißbraucht wird". Darüber hinaus beantragte er – nach dem schließlich doch unterbliebenen Anlauf im November jetzt in aller Form –, „nach Bedürfnis" an den Generalstab diejenigen Fragen über die militärische Situation richten zu dürfen, über welche er in seiner Eigenschaft als Außenminister oder als Präsident des Staatsministeriums einer Information zu bedürfen glaube[44].

Diese Auseinandersetzung um die Korrespondenz mit Trochu beleuchtet schlaglichtartig, wie sehr sich im deutschen Hauptquartier die Fronten verhärtet hatten. Die Entscheidung König Wilhelms, der Bismarcks Forderungen als begründet anerkannte[45], konnte daher keine Entspannung bewirken. Moltke war über Bismarcks Vorgehen im höchsten Grade aufgebracht. Trotz der Anordnung des Königs unterließ es der Generalstab auch in der Folgezeit, Bismarck über die militärischen Planungen zu unterrichten[46]. Bismarck wiederum kritisierte nun unverhohlen die gesamte Anlage des Feldzugs seit Sedan[47]. Um die Jahreswende, als schließlich die Beschießung von Paris begann, waren die persönlichen Beziehungen zwischen Bismarck und Moltke auf einem absoluten Tiefpunkt angelangt[48].

[42] MOLTKE, Dienstschriften 1870/71, 424; zum Vorgang s. BRONSART 208 ff.; KLEIN-WUTTIG 135 ff.
[43] PROCES-VERBAUX 379 ff.; HOWARD 357 f.
[44] Immediatbericht, Versailles 5. 12. 1870 – PA I ABc 70 Bd. 74, Bl. 29 ff.; auch GW 6b Nr. 1950.
[45] GW 6b Nr. 1950 Anm. 5.
[46] BRONSART 233 ff.; Großherzog FRIEDRICH I. von Baden 2, 272, 294, 301.
[47] Immediatbericht, Versailles 28. 12. 1870 (abgesandt 8. 1. 1871) – PA I ABc 70 Bd. 79, Bl. 48 ff.; auch GW 6b Nr. 1990.
[48] Siehe etwa BRONSART 266; Großherzog FRIEDRICH I. von Baden 2, 272, 293 ff., 301; A. v. STOSCH, Denkwürdigkeiten, Stuttgart/Leipzig 1904, 217 ff. Vgl. die Formulierung bei HOWARD 349: „Towards the end of the year therefore all the German military and civil leaders were in a state of explosive irritation."

An dieser Stelle brechen wir unsere tour d'horizon ab, die unternommen wurde, um zu zeigen, welche Fülle schwieriger Probleme Bismarck im November und Dezember zu meistern hatte und welch strapaziösen Konfliktsituationen er standhalten mußte. Doch die enorme Belastung durch akute Aufgaben und Sorgen hielt ihn nicht davon ab, auch in diesen Wochen ständig Ausschau zu halten nach Wegen, die aus dem Krieg herausführen konnten. Diesem Fragenkreis wenden wir uns nun zu.

Wie bereits angedeutet wurde, hatten sich die Aussichten, einen gangbaren Weg zum Frieden zu finden, seit Anfang November drastisch verschlechtert. Die „Rheinarmee" – von Bismarck als Instrument einer Friedensanbahnung ins Auge gefaßt – hatte Ende Oktober kapituliert. Nach dem Fehlschlag der Verhandlungen mit Thiers in den ersten Novembertagen bestand auch mit der provisorischen Regierung kein Kontakt mehr – und dabei sollte es bleiben bis in die letzten Januartage. Zwar gelangten aus den Hauptstädten der neutralen Staaten immer wieder Meldungen nach Versailles, die Regierungsdelegation sei unter bestimmten Bedingungen zur Wiederaufnahme von Waffenstillstandsverhandlungen bereit. Aber diese Bedingungen – wie unterschiedlich sie lauten mochten[49] – waren aus deutscher Sicht durchweg indiskutabel. Noch in der zweiten Dezemberhälfte ließ die Regierungsdelegation den britischen Außenminister wissen, sie verlange „entweder Waffenstillstand mit Verproviantierung von Paris oder Frieden ohne Gebietsabtretung oder einen europäischen Kongreß, dem Frankreich Konzessionen machen könne, zu denen es sich, wenn es mit Preußen allein unterhandle, nie entschließen würde"[50]. Als Indizien ernsthafter Verhandlungsbereitschaft konnte Bismarck derartige Verlautbarungen nicht werten[51].

Die provisorische Regierung ließ sich auch durch die zunehmende Kriegsmüdigkeit in weiten Kreisen der französischen Bevölkerung nicht beeindrucken. Gewiß sehnten viele Franzosen ein Ende des Krieges herbei. Aber sie formierten sich nicht zu einer aktionsfähigen Gruppierung, die in der Lage gewesen wäre, wirklichen Druck auf die Regierungsdelegation und insbesondere auf Gambetta auszuüben. Das Odium einer Behinderung der nationalen Verteidigungsanstrengungen wollten auch die friedenswilligen Franzosen nicht auf sich nehmen. Solange desaströse französische Niederlagen ausblieben, wagten sie es nicht, offen hervorzutreten und der provisorischen Regierung klare Forderungen zu stellen[52].

---

[49] Waffenstillstandsvermittlung der Neutralen; beschränkte Gegenleistung bei einer Verproviantierung von Paris; kürzere Waffenstillstandsdauer und Verproviantierung von Paris.
[50] Tel. Bernstorff an Bismarck, London 17. 12. 1870 – PA I ABc 70 Bd. 77, Bl. 33.
[51] Siehe das Antworttelegramm Bismarcks vom 18. 12. 1870 – ebd.; auch GW 6b Nr. 1983.
[52] Das zeigte sich deutlich in den Weihnachtstagen beim „Lausanner Friedensfühler": in der Schweiz nahmen zwei – mit anderen Gesinnungsfreunden in Verbindung stehende – französische Politiker, Abgeordnete des Corps Législatif, mit Bamberger Kontakt auf; aus den Gesprächen ergab sich jedoch, daß die Gruppe nicht zu einem entschlossenen Handeln bereit war. Siehe BAMBERGER, Tagebücher 284 ff.; ebd. 487 ff. sind die im Politischen Archiv des Auswärtigen Amts befindlichen Aktenstücke abgedruckt.

Ein wirksames Mittel, die provisorische Regierung zum Einlenken zu zwingen, stand Bismarck nicht zu Gebote. So konnte er nur abwarten – und hoffen, daß es ihm auf irgendeine Weise gelingen würde, die Kapitulation von Paris als Hebel zu benutzen, um die Tür zum Frieden aufzusprengen und dem ausufernden Krieg ein Ende zu machen. Doch mehr als eine Hoffnung war das nicht. Denn es ließ sich nicht voraussehen, unter welchen Umständen und in welchen Formen Paris kapitulierte. Und es ließ sich ebensowenig voraussehen, wie sich die von Gambetta geführte Regierungsdelegation nach dem Fall von Paris verhalten werde: würde der leidenschaftliche Durchhaltewillen dann tatsächlich gebrochen sein – oder würden Gambetta und seine Anhänger entschlossen und in der Lage bleiben, die „guerre à outrance" fortzusetzen?

Angesichts solcher Perspektiven der Ungewißheit wollte es Bismarck unter allen Umständen vermeiden, beim Prozeß der Kriegsbeendigung ausschließlich der Verhandlungswilligkeit und Friedensbereitschaft der provisorischen Regierung ausgeliefert zu sein. Dies ist der eigentliche Grund, weshalb seit Anfang Dezember die Verbindungen zu Repräsentanten des Kaiserreichs wieder aufgenommen bzw. intensiviert wurden. Absicht und Ziel der aufwendigen Bemühungen Bismarcks war es, eine „bonapartistische Option" in der Friedensfrage vorzubereiten. Mit dieser Formulierung ist sehr genau bezeichnet, worum es ging. Die Option mußte in mühsamen Operationen vorbereitet und aufgebaut werden, weil sie zunächst nicht als eine real verfügbare Alternative existierte. Und es blieb bei einer „Option", einem Offenhalten verschiedener Möglichkeiten bis zu jenem Augenblick, in dem die Entscheidung zu treffen war. Darum ging es – um nicht mehr, aber auch nicht weniger. Das heißt: Die Verhandlungen, die geführt wurden, können nicht als „Scheinverhandlungen" qualifiziert werden[53]. Andererseits darf aus der Tatsache, *daß* sie geführt wurden, nicht gefolgert werden, Bismarck habe sich jetzt „grundsätzlich" für den Bonapartismus entschieden[54]. Das politische Kalkül, das ihn bei den Fühlungnahmen mit Repräsentanten des Kaiserreichs leitete, hat Bismarck sehr klar artikuliert in einem Telegramm an den norddeutschen Gesandten in Petersburg. Als dieser am 5. Dezember meldete, unberufene Korrespondenten aus Brüssel bestätigten Times-Nachrichten von Friedensunterhandlungen mit Napoleon, antwortete Bismarck noch am gleichen Tag: „Bisher schweben keine Verhandlungen mit Napoleon. Als pis aller können wir aber nicht auf die Möglichkeit verzichten, die Pandorabüchse auch mit diesem Deckel zu schließen, wenn kein anderer zu haben ist oder wir mit Einmischung bedroht werden"[55].

In den Dezember- und Januarwochen verwandte Bismarck viel Zeit und Kraft darauf, einen solchen „Deckel" der Pandorabüchse zu fabrizieren. Obwohl er in

---

[53] So GEUSS 306 mit Recht gegen KÜHN, THIMME u. a.
[54] Diese Auffassung von GEUSS 307 halte ich für verfehlt.
[55] Tel. Reuß an Bismarck, Petersburg 5. 12. 1870 – PA I ABc 70 Nr. 6 Bd. 3, Bl. 4; Bismarcks Antworttelegramm vom 5. Dezember ebd.; auch GW 6b Nr. 1951.

diesen Wochen mit Geschäften überbürdet war[56], tagelang auch an einem Beinleiden laborierte, hat er die Unterhandlungen mit Repräsentanten des Kaiserreichs bis in die kleinsten Einzelheiten hinein selbst gesteuert: er brachte zahlreiche Telegramme eigenhändig zu Papier, redigierte penibel sämtliche Erlaßkonzepte und hielt den König ständig über die einzelnen Schritte auf dem laufenden. Schon allein diese Tatsachen verbieten es, die Sondierungen mit den Bonapartisten als eine halb müßige, halb spleenige Beschäftigung abzutun. Sie verdienen zweifellos eine genauere Beleuchtung, eine Beleuchtung allerdings im Kontext jener bereits skizzierten Bismarckschen Strategie der Kriegsbeendigung[57].

Die Kapitulation der „Rheinarmee" liquidierte die Möglichkeit (die ja nie mehr war als eine vage Möglichkeit), das Kaiserreich mit Hilfe der Armee Bazaines zu restaurieren, also durch französische Waffenmacht unter deutscher Duldung oder Förderung. Wollte man auf die bonapartistische Option nicht ganz verzichten, dann mußte jetzt eine andere als die militärische Basis gesucht werden. In Frage kam eigentlich nur, die Institutionen des Kaiserreichs als „legal" weiterbestehend zu betrachten, denn noch hatten die wichtigsten der neutralen Mächte sowie Preußen mit den verbündeten süddeutschen Staaten die provisorische Regierung nicht als de iure-Regierung Frankreichs anerkannt. Tatsächlich beruhten auf dieser Grundlage alle Pläne, die im Dezember und Januar entwickelt und erörtert wurden. Wenn es sich um mehrere und unterschiedliche Pläne handelte, so war dies auf die tiefe Zerstrittenheit im bonapartistischen Lager zurückzuführen. Der recht

---

[56] Um nur das Wichtigste zu nennen: Überwachung der parlamentarischen Verhandlungen über die Novemberverträge und Vorbereitung der Kaiserproklamation; „Kontrollierung" der internationalen Beziehungen und der Londoner Konferenz; Auseinandersetzung mit dem Generalstab.

[57] Den folgenden Darlegungen liegt die systematische Auswertung aller einschlägigen Akten des Auswärtigen Amtes zugrunde (insbesondere PA I ABc 70 Nr. 6 Bd. 2-5). KÜHN und FREESE, denen diese Akten noch nicht zur Verfügung standen, waren auf verstreute Hinweise in den Quellen angewiesen und konnten daher nur ein vages, in Teilen fehlerhaftes Bild zeichnen; GEUSS 295 ff. stützt sich lediglich auf die wenigen in GW 6b abgedruckten Dokumente. Die Quellenlage für die bonapartistische Seite ist unbefriedigend. Abgesehen von den Schriftstücken, die in die deutschen Akten gelangten, scheinen kaum Originaldokumente zu existieren oder zumindest zugänglich zu sein. Persignys „Mémoires" (Paris 1896) reichen nur bis 1869. Duvernois hinterließ überhaupt keine Erinnerungen; auch vor der Untersuchungskommission äußerte er kein Wort über die Verhandlungen mit Bismarck, er wurde allerdings auch nicht darüber befragt (EP Dép. 1, 216-228). Was der französische Gesandte in Brüssel, Tachard, über „bonapartistische Umtriebe" an die Regierungsdelegation berichtete, wurde noch nie einer genaueren Analyse unterzogen (Tachards Berichterstattung: MAE Belgique 60; vgl. auch A. v. W., Aus dem Winter 1870/71). Der ganze Komplex bonapartistischer Aktivitäten zwischen Sedan und Friedensschluß wird in der Sekundärliteratur stiefmütterlich behandelt. Die Arbeit, von der man sich aufgrund ihres Titels am ehesten Aufschluß erwartet, erweist sich als herbe Enttäuschung: J. ROTHNEY, Bonapartism after Sedan, Cornell UP 1969, bringt praktisch nichts über den Zeitraum von September 1870 bis Januar 1871, er setzt erst mit der Wahl zur Nationalversammlung ein. Was die internen Auseinandersetzungen im bonapartistischen Lager angeht, bleibt daher manches im Dunkeln. Eine „Binnengeschichte" des Bonapartismus während der Kriegsmonate zu schreiben, ist hier nicht der Ort.

begrenzte Personenkreis – Politiker, höhere Beamte, Angehörige der Hofgesellschaft, die sich nach der Flucht aus Frankreich vor allem in England, Belgien und der Schweiz aufhielten – vermochte es nicht, sich auf ein verbindliches politisches Programm zu verständigen und zu gemeinsamem Auftreten zusammenzufinden. Die führenden Repräsentanten des Zweiten Kaiserreichs intrigierten gegeneinander, entwarfen konkurrierende Projekte, ihre an Bismarck herangetragenen Vorschläge überkreuzten sich und standen nicht miteinander in Einklang. Das erschwerte nicht nur die Verhandlungen, sondern minderte auch die – ohnehin geringen – Erfolgsaussichten.

All dies soll nun ausführlicher entfaltet werden, um sichtbar zu machen, wie dramatisch die Suche nach einem Weg zum Frieden in den Winterwochen verlaufen ist. Nicht von ungefähr intensivierte Bismarck die Kontakte mit Repräsentanten des Kaiserreichs seit Anfang Dezember. Zu diesem Zeitpunkt waren die Novemberverträge unterzeichnet (die parlamentarischen Hürden hatten sie allerdings noch vor sich), die akute internationale Krise wegen der Revokation der Pontusklauseln konnte als überstanden gelten, nachdem man sich auf die Abhaltung einer Konferenz geeinigt hatte, neue deutsche Siege beendeten die Phase militärischer Stagnation, und die Kapitulation der belagerten französischen Hauptstadt schien nunmehr bevorzustehen. Gerade auf dieses Ereignis wollte Bismarck nach jeder Richtung hin vorbereitet sein. Zu den Vorbereitungen gehörten auch die Bemühungen, eine „bonapartistische Option" in der Friedensfrage aufzubauen.

Am 6. Dezember nahm Bismarck Stellung zu einem Memorandum Napoleons, das bereits am 27. November in Versailles eingegangen war[58].

In seinem Memorandum beschäftigte sich Napoleon mit der Frage, wie man zu einem Friedensschluß gelangen könne. Nur eine Versammlung von großer Autorität werde in der Lage sein, dem Land die Friedensbedingungen aufzuerlegen, konstatierte er. Doch wie sollte eine solche Versammlung zustande kommen? Die Wiedereinberufung von Corps Législatif und Senat lehnte Napoleon ebenso entschieden ab wie die Wahl einer Konstituante. Statt dessen empfahl er die Einberufung einer aus Delegierten der „Conseils Généraux" gebildeten Versammlung. Die Conseils Généraux, die Generalräte, waren Vertretungskörperschaften der Departements und zuständig für die Verwaltungsangelegenheiten des jeweiligen Departements. In den Generalräten dominierte eindeutig das konservativ-besitzbürgerliche Element; daran hatte auch die kurz vor Kriegsbeginn erfolgte Drittelerneuerung der Generalräte in den 89 Departements nichts geändert[59]. Binnen einer Woche, so Napoleon, könnten in allen Departements die Generalräte zusammengerufen werden, um je vier Mitglieder für eine nationale Versammlung zu ernen-

---

[58] Schreiben Napoleon III. an Bismarck, Wilhelmshöhe 23. 11. 1870 mit Anlage, pr. Versailles 27. 11. – PA I ABc 70 Nr. 6 Bd. 2, Bl. 87–90; vgl. GW 6b Nr. 1952 Vorbem. Dazu die Tagebuchnotiz Castelnaus vom 20. 11. 1870 (GIRARD 265).
[59] Die Wahlen fanden am 11./12. 6. 1870 statt, siehe dazu: L. GIRARD/A. PROST/R. GOSSEZ, Les conseillers généraux en 1870, Paris 1967, 16 ff., 133 ff., 171 ff. Leider gehen die Autoren nicht auf die Bestrebungen ein, die Generalräte im Winter 1870/71 in den Prozeß der Kriegsbeendigung einzuschalten.

nen. Dieses aus 356 Abgeordneten bestehende Gremium, das die Meinung des Landes getreu widerspiegle, habe nur die Aufgabe, die Friedensbedingungen zu diskutieren und zu akzeptieren sowie die Frage der zukünftigen Regierungsform dem französischen Volk zu unterbreiten[60]. Was die Einberufung der Generalräte und der durch sie zu beschickenden Versammlung anging, machte Napoleon allerdings einen ebenso merkwürdigen wie bezeichnenden Vorschlag: sofort nach der Kapitulation von Paris solle der preußische König durch einen Aufruf an das französische Volk eine solche aus den Generalräten rekrutierte Versammlung einberufen. Im Klartext hieß das: dem gestürzten Kaiser und der Regentin würde es auf diese Weise erspart bleiben, eine Initiative zu ergreifen; diese sollte die deutsche Siegermacht übernehmen.

Während Bismarck in seiner Stellungnahme vom 6. Dezember den Gedanken einer aus Delegierten der Generalräte gebildeten Versammlung ausdrücklich begrüßte, verhehlte er nicht, daß der von Napoleon vorgeschlagene Modus der Einberufung ihm problematisch erscheine. Listig fügte er dann hinzu: es wäre nützlich, wenn ihm bei den bevorstehenden Entscheidungen ein französischer Staatsmann zur Hand wäre, der aufgrund seiner Erfahrungen Ratschläge über Personen und rechtliche Prozeduren geben könnte[61]. Dies war ein deutlicher Wink. Aber eine Antwort aus Wilhelmshöhe ließ auf sich warten – nach wie vor wollte Napoleon das unangenehme Geschäft des Friedenschließens anderen überlassen und erst danach selbst hervortreten[62]. Am 26. Dezember ging schließlich in Versailles ein ziemlich nichtssagendes Schreiben von Napoleons Generaladjutant Castelnau

---

[60] Offensichtlich lag der Gedanke, die Generalräte für die Friedensfrage zu mobilisieren, damals in der Luft. Entsprechende Überlegungen stellte – unabhängig von Napoleon – im November auch Kaiserin Eugenie an, wie aus Napoleons Brief an Eugenie vom 19.11.1870 hervorgeht (Revue des Deux Mondes, 100. Jg., 7. Pér. Bd. 59 (1930) 19); vgl. ferner BUSCH 1, 396 f. Anfang Dezember unterbreitete der Erzbischof von Rouen, Kardinal Bonnechose, ohne von Napoleons Vorschlag zu wissen, dem General Manteuffel ähnliche Überlegungen, die Manteuffel sofort Bismarck mitteilte. Im Einvernehmen mit Bismarck setzte General Manteuffel in den folgenden Wochen den Gedankenaustausch mit dem Kardinal fort. Am 23. Dezember regte Bismarck sogar an, der Kardinal möge zu Besprechungen nach Versailles kommen; dazu konnte sich Bonnechose dann aber doch nicht entschließen. Dazu die Akten: PA I ABc 70 Nr. 6 Bd. 3, Bl. 35 ff., 39, 63 f.; Bd. 4, Bl. 2 ff., 6, 13, 27 ff., 31.
[61] Schreiben Bismarck an Napoleon III., Versailles 6.12.1870 – PA I ABc 70 Nr. 6 Bd. 3, Bl. 3 ff.; auch GW 6b Nr. 1952; dazu auch Schreiben Bismarck an Monts, Versailles 8.12.1870 – PA I ABc 70 Nr. 6 Bd. 3, Bl. 20. Vgl. auch die Tagebuchnotiz Castelnaus vom 10.12.1870 (GIRARD 267). Im Zusammenhang mit dem Antwortschreiben an Napoleon stellte Bismarck in einem Immediatbericht vom 6. Dezember die Überlegung an, ob man nicht zweckmäßigerweise vorerst die in Deutschland kriegsgefangenen Franzosen („diese nahezu 300 000 Mann bilden den Kern des ländlichen Frankreich") zu Äußerungen über die zukünftige Regierungsform Frankreichs veranlassen sollte (PA I ABc 70 Nr. 6 Bd. 3, Bl. 15 f.).
[62] Aus diesem Grund mißbilligte Napoleon entschieden die von Kaiserin Eugenie in der zweiten Dezemberhälfte ergriffene Initiative (dazu unten S. 316), siehe sein Schreiben an Eugenie vom 21.12.1870, Revue des Deux Mondes, 100. Jg., 7. Pér. Bd. 59 (1930) 20 ff. Vgl. insgesamt auch oben S. 224, 262 ff.

ein: der Kaiser habe Bismarcks Stellungnahme erhalten, er suche nach einer geeigneten Persönlichkeit, die aber schwer zu finden sei[63].

Ungeachtet der zögerlichen Haltung Napoleons bemühte sich Bismarck im Rahmen seiner Möglichkeiten um eine Aktivierung der Generalräte. Mitte Dezember entschloß er sich, in dem von deutschen Truppen okkupierten Gebiet eine Art Probelauf der Einberufung von Generalräten zu starten: die Generalgouverneure in Reims, Nancy und Straßburg wurden angewiesen, die (deutschen) Präfekten ihrer Departements zur Einberufung der Generalräte zu veranlassen. „Ostensibler Zweck würde sein: Mitwirkung bei Verteilung der Kriegslasten und Kontributionen; als politisches Ergebnis würden vielleicht Kundgebungen zugunsten des Friedens hervortreten. Nach diesseitiger Auffassung entspricht es der gegenwärtigen Lage, die von der letzten Revolution unberührt gebliebenen politischen Körperschaften zur Erscheinung zu bringen und ihnen zu einer politischen Aktion Gelegenheit zu geben." Zunächst sollten die Präfekten Listen der Mitglieder anfordern und dann erkunden, ob die Mehrzahl der Mitglieder einer Berufung freiwillig oder bei Anwendung von Zwangsmitteln Folge leisten werde. „Letztere würden sich eventuell auch in Gestalt von täglichen Kontributionen bis zum Zusammentritt des Generalrates gegen die Gesamtheit der Departements richten"[64].

Die Aussichten, eine Zusammenkunft der Generalräte zustande zu bringen und die Mitglieder zu politischen Kundgebungen im gewünschten Sinn bewegen zu können, wurden von den Präfekten überwiegend skeptisch beurteilt[65]; überdies erklärte die Regierungsdelegation Ende Dezember durch ein Dekret alle Generalräte in Frankreich für aufgelöst[66]. Trotzdem hielt Bismarck weiterhin an seiner Absicht fest, die Generalräte zumindest im besetzten Gebiet zu aktivieren. Mitte Januar wurde den Präfekten nahegelegt, angesichts der geäußerten Bedenken die Sache in „freierer, formloserer Weise" zu behandeln und bei der Einladung besonders zu betonen, „daß man mit den Eingeladenen an erster Stelle als mit den hervorragendsten Notabeln und Vertrauensmännern des Departements zu verhandeln wünsche"; deshalb solle einstweilen von Exekutionsmaßregeln und deren Androhung abgesehen werden. „Zunächst wird es eben darauf ankommen, mit den be-

---

[63] Schreiben Castelnau an Bismarck, Wilhelmshöhe 23. 12. 1870, pr. Versailles 26. 12. – PA I ABc 70 Nr. 6 Bd. 4, Bl. 12. Bismarck antwortete am 29. Dezember, er hoffe, daß Napoleon bald einen geeigneten Unterhändler finde (ebd. Bl. 32). Die Suche verlief zunächst ergebnislos, der schließlich am 10. Januar entsandte junge Graf Clary erwies sich als gänzlich ungeeignet für die ihm übertragene Mission (ebd. Bl. 43 f., 55, 75; MONTS 142 f.).
[64] Erlaß Bismarck an Generalgouverneure Reims, Nancy, Straßburg – Versailles 16. 12. 1870 – DZAP AA 50267 Bl. 2.
[65] Den Berichten der Generalgouverneure Reims (6. 1. 1871), Nancy (4. 1. 1871) und Straßburg (15. 1. 1871) sind die Äußerungen der Präfekten beigefügt – ebd. Bl. 3–40, Bl. 43–71, Bl. 74–93.
[66] EP Dépêches télégraphiques 2, 373 f., 377, 381, 389, 392, 399, 407. Der Verabschiedung des Dekrets in der Sitzung am 24. 12. 1870 ging eine stürmische Debatte voraus.

treffenden Personen persönliche Fühlung zu gewinnen, um diese alsdann für weitere Zwecke nutzbar zu machen."[67].

Bismarcks Anstrengungen, den Kriegsbeendigungsprozeß durch Aktivierung der Generalräte voranzutreiben, waren vergeblich. Doch dies war nicht der einzige Plan, der an ihn herangetragen und von ihm aufgenommen wurde. Noch größere Bedeutung kam zwei anderen Initiativen zu, über die jetzt zu berichten ist. Am 6. Dezember, an jenem Tag also, an dem Bismarcks Antwortschreiben auf Napoleons Vorschlag einer Aktivierung der Generalräte konzipiert wurde, ging in Versailles ein Telegramm des norddeutschen Botschafters in London ein, das die Übersendung einer Denkschrift des Duc de Persigny ankündigte und den Inhalt dieser Denkschrift kurz zusammenfaßte[68]. Persigny, der schon seit Ende September mit Bernstorff in Verbindung stand[69], war eine der profiliertesten Persönlichkeiten des bonapartistischen Lagers, zudem ein Mann, den Bismarck als Verhandlungspartner ernst nahm, dem er auch die nötige Entschlossenheit zutraute, ein riskantes Unternehmen durchzuführen. Persigny, Bonapartist der ersten Stunde, hatte sich 1836 und 1840 aktiv an den Putschversuchen des damaligen Louis Bonaparte beteiligt, war mit diesem nach dem gescheiterten Putsch von Boulogne zu einer Gefängnisstrafe verurteilt worden und erst durch die Februarrevolution wieder freigekommen. In den Revolutionsmonaten und beim Präsidentschaftswahlkampf betätigte er sich als enger Mitarbeiter Louis Bonapartes, beim Staatsstreich von 1851 stand er in vorderster Linie und bekleidete in den folgenden Jahren hohe Staatsämter (1852-1854 Innenminister, 1855-1860 Botschafter in London, 1860-1863 wieder Innenminister). 1863 allerdings endete die eigentliche politische Karriere des engagierten Verfechters einer autoritären Herrschaftspraxis, Persigny gehörte aber weiterhin dem Senat und dem Staatsrat an, er wurde von Napoleon in dessen Testament vom Oktober 1869 auch als Mitglied des achtköpfigen Regentschaftsrats benannt. Die Beziehungen Persignys zu Kaiserin Eugenie waren seit langem höchst gespannt, nach Sedan eskalierten sie zum tiefen Zerwürfnis, weil Persigny die Inaktivität der Regentin und deren Verhalten bei den Verhandlungen um das Schicksal der „Rheinarmee" aufs schärfste kritisierte.

In seiner Denkschrift von Anfang Dezember begründete Persigny den Vorschlag, sofort nach dem Fall von Paris solle der letzte „legitime" Ministerpräsident Palikao - ohne Beteiligung des Kaisers oder der Regentin - den noch rechtlich bestehenden „Gesetzgebenden Körper" zusammenrufen. Dieser habe die am 4.

---

[67] Erlaß Bismarck an Generalgouverneur Reims, Versailles 11. 1. 1871 - DZAP AA 50267 Bl. 41; ähnliche Formulierungen in den Erlassen vom 15., 17. und 23. Januar an die anderen Generalgouverneure - ebd. Bl. 72, 73, 94 f.
[68] Tel. Bernstorff an Bismarck, London 5. 12. 1870 z. St. 20.41 Uhr, Versailles an: 6.12., 3.35 Uhr, vSM 6/12 - PA I ABc 70 Nr. 6 Bd. 3, Bl. 2 f.; vgl. auch GW 6b Nr. 1956 Vorbem.
[69] Bernstorff berichtete mehrfach über Unterredungen mit Persigny, siehe vor allem die Telegramme vom 28. 9., 29. 9., 10. 10. und 21. 10. 1870 - PA I ABc 70 Nr. 6 Bd. 1, Bl. 25 f., 27, 54; Bd. 2, Bl. 1 f. Vgl. auch oben S. 270 mit Anm. 61

September 1870 „unterbrochenen" Beratungen wieder aufzunehmen, eine provisorische Regierung zu ernennen, die Friedenspräliminarien zu unterzeichnen und das Land über die Regierungsform zu befragen[70]. Wie Persigny dem Botschafter Bernstorff mitteilte, würde Palikao, der sich in Ostende aufhalte, „auf den ersten geheimen Wink" hin nach London kommen[71].

Der von Persigny unterbreitete Vorschlag wurde in den folgenden Tagen zwischen Versailles und London intensiv erörtert. Dabei ging es nicht nur darum, welche französische Stadt am ehesten als Tagungsort des „Corps Législatif" in Frage käme – Rouen, Lille, Orléans standen zur Diskussion –, sondern Bismarck wollte auch wissen, wie Persigny den Plan einer durch die Generalräte zu beschickenden nationalen Versammlung beurteilte, einen Plan, dem Bismarck zunächst offenkundig den Vorzug gab[72]. Persigny indessen hielt diesen Plan für undurchführbar: die Generalräte besäßen keine politischen Rechte, sondern hätten nur die Interessen des jeweiligen Departements zu vertreten, außerdem müßten sie durch den Präfekt des Departements berufen werden, „wozu die republikanische Regierung nicht die Hand bieten würde". Nachdrücklich strich Persigny die Vorzüge seines eigenen Projekts heraus: da der Gesetzgebende Körper „das einzige legal bestehende, gewählte politische Organ des Landes" sei, habe er allein das Recht, eine legale Regierung einzusetzen, „welche Friedenspräliminarien unterzeichnen und demnächst eine allgemeine Versammlung zur Bestätigung der Regierung berufen könnte"; außerdem – so Persigny – sei Palikao der einzige Franzose, der die nötigen Eigenschaften habe, eine solche Initiative zu ergreifen[73].

Die Argumente und wohl ebensosehr die Energie Persignys ließen Bismarck nicht unbeeindruckt; er schwenkte jetzt auf diese Linie ein. Am 14. Dezember telegraphierte er nach London: „Im Prinzip mit den von Persigny und Palikao beabsichtigten Schritten einverstanden. Wenn letzterer als Konseilpräsident sich in der angedeuteten Weise an uns wendet, um Freiheit zur Berufung des Corps Législatif zu erhalten, so würden wir dieselbe um so weniger verweigern, wie wir sogar Favre die Berufung der Konstituante hatten gewähren wollen. Auch wir halten den Augenblick für günstig und rasches Handeln, ohne Kapitulation von Paris abzuwarten, für zweckmäßig, um den Eindruck der Besetzung von Blois und des

---

[70] Denkschrift Persigny (ohne Unterschrift), 2. 12. 1870, pr. Versailles 9. 12. vSM 10/12 – PA I ABc 70 Nr. 6 Bd. 3, Bl. 21 f.
[71] Wie Anm. 68.
[72] Tel. Bismarck an Bernstorff, Versailles 7. 12. 1870 z. St. 14.20 Uhr – PA I ABc 70 Nr. 6 Bd. 3, Bl. 19; auch GW 6b Nr. 1956.
[73] Telegramme Bernstorff an Bismarck, London 9. und 13. 12. 1870, pr. Versailles 10. und 14. 12., Berichte Bernstorff an Bismarck, London 9. und 15. 12. 1870, pr. Versailles 14. und 20. 12. – PA I ABc 70 Nr. 6 Bd. 3, Bl. 26, 45 f., 47 ff., 83 ff. Am 13. Dezember erhielt Bernstorff von Persigny den Text eines Schreibens, das dieser an Palikao schicken wollte; es enthielt Formulierungen, mit denen Palikao bei Bismarck um die Neutralisierung von Orléans zur Versammlung des Corps Législatif nachsuchen sollte (Inhalt im Telegramm Bernstorff vom 13. 12. 1870; das Schreiben selbst lag am 17. Dezember in Versailles vor – ebd. Bl. 65 f., 68).

Rückzugs der Loire-Armee zu benutzen. Wahl des Ortes für uns an sich gleichgültig ..."[74].

Just zu diesem Zeitpunkt betrat ein weiterer Vertreter der bonapartistischen Sache die Szene. Im Auftrag der Kaiserin Eugenie erschien Clément Duvernois bei Graf Bernstorff, um einen Vorschlag der Regentin vorzutragen. Duvernois gehörte zur jüngeren Führungsreserve des Kaiserreichs. Der 34jährige Journalist hatte zunächst im Lager der Opposition gestanden, sich dann seit 1868 aber mit dem Regime arrangiert; 1869 wurde er ins Corps Législatif gewählt. Bei der Vorbereitung des „Januarministeriums" fungierte er bereits als Mittelsmann zwischen Napoleon und Ollivier; das ihm angebotene Handelsministerium schlug er jedoch aus. Handelsminister wurde Duvernois dann im Kabinett Palikao, nachdem er am 9. August 1870 den Sturz des Kabinetts Ollivier mitinszeniert hatte. Als Handelsminister organisierte er mit ebensoviel Energie wie Geschick die Verproviantierung von Paris, und diese Leistung nötigte selbst innenpolitischen Gegnern Respekt ab. Im Londoner Exil gehörte er zu denen, die Kaiserin Eugenie zu stärkerer politischer Aktivität zu bewegen suchten.

Wie Duvernois Mitte Dezember Bernstorff darlegte, hatte diese Gruppe schließlich erreicht, daß Eugenie jetzt zur Unterzeichnung eines Friedens bereit sei, der Frankreich eine Gebietsabtretung auferlege („etwa so viel, wie das Kaiserreich durch Savoyen und Nizza gewonnen habe"). Der von der Regentin und ihren Ministern zu unterzeichnende Friedensvertrag solle durch ein Plebiszit ratifiziert werden, und in diesem könne auch die Frage nach dem Fortbestand der Dynastie dem Volk vorgelegt werden[75].

Bismarck nahm diese Mitteilungen sehr reserviert auf. Er hatte – wie er Bernstorff sofort wissen ließ – kein Vertrauen zur Zuverlässigkeit und Befähigung der Kaiserin; diesen Eindruck sah er durch die Wahl von Duvernois als Mittelsmann und den unpraktischen Inhalt seiner Eröffnungen bestätigt. Dem Plan Persigny/Palikao gab Bismarck eindeutig den Vorzug, und er sprach unumwunden aus, wenn Persigny und die Kaiserin nicht im Einvernehmen miteinander operierten, könne mit Eugenie und Duvernois nicht ohne Persignys Wissen verhandelt werden[76].

---

[74] Tel. Bismarck an Bernstorff, Versailles 14. 12. 1870 z. St. 21.00 Uhr – PA I ABc 70 Nr. 6 Bd. 3, Bl. 56; auch GW 6b Nr. 1976. Bismarck fügte hinzu: „Unabhängig von dieser politischen Frage wollen wir versuchen, die Generalräte behufs unserer wirtschaftlichen Verwaltung der Departements zusammenzurufen" – das geschah dann ja tatsächlich am 16. Dezember, siehe oben S. 313
[75] Tel. Bernstorff an Bismarck, London 14. 12. 1870, Versailles an: 15. 12., 8.00 Uhr – PA I ABc 70 Nr. 6 Bd. 3, Bl. 59; vgl. GW 6b Nr. 1989 Vorbem.
[76] Tel. Bismarck an Bernstorff, Versailles 15. 12. 1870 z. St. 16.20 Uhr – PA I ABc 70 Nr. 6 Bd. 3, Bl. 59. Nachdem Bismarck am 20. Dezember die ausführlichen Berichte Bernstorffs über die Unterredungen mit Duvernois zugegangen waren (ebd. Bl. 69 ff., 88 ff.), artikulierte er seine massiven Vorbehalte gegen den Plan Duvernois noch eindringlicher in seinem Erlaß an Bernstorff vom 25. Dezember (ebd. Bd. 4, Bl. 7 f.; auch GW 6b Nr. 1989).

Neben dem mangelnden Zutrauen in die politische Intelligenz und Entschlußkraft der Kaiserin und den vielen Unsicherheiten, mit denen der von Duvernois präsentierte Plan behaftet war, dürfte aus Bismarcks Sicht zugunsten des Planes Persigny sicherlich auch gesprochen haben, daß die Einberufung des Corps Législatif nicht in gleichem Maße wie das Projekt Duvernois das Gepräge einer von oben und von außen oktroyierten bonapartistischen Restauration „pure et simple" besaß, daß eine derartige Lösung daher in der europäischen Politik auf etwas weniger Widerstand stoßen mochte.

Bis zu diesem Punkt waren die Dinge gediehen, als die Frage einer Beteiligung Frankreichs an der Londoner Konferenz in ihr akutes Stadium trat[77]. Am 20./21. Dezember wurde Bismarck aus London und Petersburg gemeldet, die französische Regierung habe sich zur Teilnahme an der Konferenz bereit erklärt und das britische bzw. russische Kabinett gebeten, bei Bismarck vermittelnd tätig zu werden, damit der französische Bevollmächtigte einen Geleitschein zum Verlassen von Paris erhalte[78]. Mußte es schon generell eine erhebliche internationale Aufwertung der provisorischen Regierung bedeuten, wenn ihr Repräsentant gleichberechtigt mit den Vertretern der anderen Mächte am Konferenztisch Platz nahm, so warf für Bismarck die gewünschte offizielle Übermittlung eines Geleitscheins zusätzliche Probleme auf. Erfolgte durch eine derartige Maßnahme nicht eine so weitgehende Anerkennung der provisorischen Regierung, daß der Unterschied zu einer förmlichen de iure-Anerkennung nur noch mit dem Mikroskop faßbar war? Konnte unter diesen Umständen überhaupt noch glaubwürdig die Position aufrechterhalten werden, die provisorische Regierung sei bisher weder von den anderen Mächten noch von den deutschen Regierungen anerkannt, es könne deshalb auch mit Abgesandten der Regentschaft als Repräsentanten der „legalen" Regierung Frankreichs über den Frieden unterhandelt werden? Die Teilnahme eines Vertreters der provisorischen Regierung an der Londoner Konferenz beeinträchtigte somit das Spektrum von Bismarcks Optionen in der Friedensfrage. Andererseits konnte und wollte Bismarck Eröffnung und Ablauf der mühsam genug zustande gebrachten Konferenz nicht dadurch gefährden, daß die Beteiligung eines französischen Vertreters zum Streitpunkt gemacht wurde. Er war deshalb gezwungen, in dieser delikaten Angelegenheit äußerst vorsichtig zu operieren.

Auf sein Telegramm vom 21. Dezember erhielt Prinz Reuß umgehend die Weisung, Gorčakov dafür zu danken, daß er eine russische Vermittlung wegen des Geleitscheins abgelehnt und den französischen Geschäftsträger an das Londoner Kabinett verwiesen habe. Der Geleitschein werde erteilt, fügte Bismarck hinzu, „sobald er im Hauptquartier der Belagerungsarmee nachgesucht und die betreffende Person bezeichnet wird. Eine andere als militärische Behandlung der Geleitschein-

---

[77] Zum Vorgang siehe oben S. 301 ff.
[78] Tel. Bernstorff an Bismarck, London 20. 12. 1870 z. St. 21.14 Uhr, Versailles an: 21. 12. 8.00 Uhr – PA I ABq 69 Bd. 9; Tel. Reuß an Bismarck, Petersburg 21. 12. 1870 z. St. 22.10 Uhr, Versailles an: 22. 12. 7.55 Uhr – PA I ABc 70 Bd. 78, Bl. 17.

frage würde Anerkennung der Gambettaschen Regierung andeuten".[79] An dieser Linie hielt Bismarck auch fest, als bekannt wurde, daß es kein geringerer als Außenminister Favre war, den die Regierungsdelegation zur Londoner Konferenz entsenden wollte[80]. Da Gorčakov die Besorgnis äußerte, die Wahl Favres könnte im deutschen Hauptquartier Anstoß erregen, vielleicht sogar die Konferenz scheitern lassen[81], telegraphierte Bismarck am 24. Dezember nach Petersburg: „Die Wahl von Jules Favre erregt keinen Anstoß; die *Person* des französischen Bevollmächtigten ist uns überhaupt gleichgültig; und wir werden auch in der Sache keine Schwierigkeiten bereiten, vorausgesetzt, daß Formen gefunden werden, aus welchen kein diesseitiges Anerkenntnis der jetzigen Regierung gefolgert werden kann. Die Haltung derselben läßt keine Aussicht darauf, daß der Friede mit ihr erreichbar sei. Sie fordert noch heut die Leidenschaften zum Kampf mit jedem völkerrechtswidrigen Mittel auf, anstatt auf Notwendigkeit des Friedens vorzubereiten"[82].

Den Londoner Botschafter wies Bismarck am 26. Dezember an, Außenminister Granville mitzuteilen, Favre werde einen Geleitschein erhalten, sobald er ihn „durch Parlamentär beim Oberkommando des Belagerungsheeres nachsucht"[83]. Gleichzeitig bat Bismarck den – immer noch in Paris residierenden – amerikanischen Gesandten Washburne, er möge Favre benachrichtigen, daß das Oberkommando der Belagerungsarmee einen Passierschein für ihn bereithalte[84]. Doch Favre – über die Gesamtlage und über die Absichten der Regierungsdelegation nur unzureichend informiert[85] – wollte Paris zu diesem Zeitpunkt nicht verlassen. Die

---

[79] Tel. Bismarck an Reuß, Versailles 22. 12. 1870 z. St. 13.00 Uhr – PA I ABc 70 Bd. 78, Bl. 17; auch GW 6b Nr. 1987.
[80] Da – außer Großbritannien – die an der Konferenz teilnehmenden Mächte durch ihre Londoner Botschafter vertreten wurden und auch die provisorische Regierung in London einen Geschäftsträger besaß, war es an sich keine Selbstverständlichkeit, daß Frankreich durch den Außenminister der provisorischen Regierung vertreten wurde. Die Regierungsdelegation hoffte, daß es bei einer Teilnahme Favres vielleicht doch gelingen könnte, den französisch-deutschen Krieg auf der Konferenz zur Sprache zu bringen.
[81] Tel. Reuß an Bismarck, Petersburg 23. 12. 1870 z. St. 13.00 Uhr, Versailles an: 22.00 Uhr, vSM 23/12 – PA I ABq 69 Bd. 9.
[82] Tel. Bismarck an Reuß, Versailles 24. 12. 1870 z. St. 13.50 Uhr (mit Vermerk „v. SM genehmigt"; letzter Satz eigenhändiger Zusatz Bismarcks) – ebd.
[83] Tel. Bismarck an Bernstorff, Versailles 26. 12. 1870 z. St. 20.45 Uhr – ebd.
[84] Tel. Bismarck an Bernstorff, Versailles 29. 12. 1870 z. St. 22.15 Uhr – ebd.; ferner Tel. Bismarck an AA für Reuß, Versailles 30. 12. 1870 – ebd. Dem Oberkommando der III. Armee wurde durch Schreiben vom 27. 12. 1870 (ebd.) eingeschärft, die Angelegenheit „rein militärisch" zu behandeln. Bismarck betonte in diesem Schreiben jedoch ausdrücklich, eine Verzögerung in der Sache selbst sei nicht beabsichtigt; deshalb sei es durchaus erwünscht, wenn das Oberkommando – sofern sich Gelegenheit dazu biete – in Paris wissen lasse, daß Favre auf Anforderung einen Passierschein erhalten werde.
[85] Chaudordys Depeschen vom 21., 26. und 31. Dezember, in denen Favre gedrängt wurde, als französischer Bevollmächtigter an der Konferenz teilzunehmen, trafen erst am 9. Januar in Paris ein, siehe FAVRE 2, 270, 275; vgl. insgesamt ebd. 262 ff.

entsprechende Mitteilung Washburnes, sie erfolgte am 2. Januar[86], dürfte Bismarck mit Befriedigung und Erleichterung zur Kenntnis genommen haben.

Denn er stand während dieser Tage über Botschafter Bernstorff in ständigem Kontakt mit den bonapartistischen Unterhändlern. Konkrete Verhandlungsergebnisse zeichneten sich allerdings noch nicht ab. Im Gegenteil: es wurde allmählich zweifelhaft, ob General Palikao, Schlüsselfigur in Persignys Plan, tatsächlich zu raschem Handeln entschlossen war, wie Persigny fest behauptet hatte. Am 15. Dezember fand Bernstorff Persigny „etwas niedergeschlagen" und führte das darauf zurück, daß Palikao Schwierigkeiten mache und den Zeitpunkt nicht günstig finde, „so lange das französische Volk noch auf einen erfolgreichen Ausfall aus Paris rechnet"[87]. Einige Tage später meldete Bernstorff, Palikao sei zwar mit Persignys Plan einverstanden, er halte es aber für unerläßlich, „einen Augenblick moralischer Depression in Frankreich abzuwarten"[88].

Mit so vagen Ankündigungen war Bismarck nicht gedient. Eine „bonapartistische Option" besaß für ihn nur dann einen strategischen Wert, wenn sie bald zur Verfügung stand, möglichst vor, zumindest aber bei der Kapitulation von Paris, die nach allgemeiner Einschätzung in absehbarer Zeit erfolgen mußte. Warnend wies Bismarck deshalb am 25. Dezember darauf hin, wenn die Gegenseite den Zeitpunkt zum Handeln noch nicht für gekommen halte, sondern glaube, einen Augenblick noch größerer moralischer Depression in Frankreich abwarten zu sollen, „so muß ich zwar das Urteil darüber den Herren überlassen, bemerke aber, daß wir unter veränderten Umständen uns nicht für gebunden erachten würden, auf das Unternehmen einzugehen, sondern die Entschließung darüber ganz unserer eigenen Beurteilung vorbehalten. Wir haben uns in der gegenwärtigen Sachlage bereit erklärt, den Wünschen Persignys entgegenzukommen und ihm die Berufung des Corps Législatif und den Appell an das Land in der von ihm vorgeschlagenen Form möglich zu machen; wenn durch weitere Siege oder den Fall von Paris die Sachlage so verändert würde, daß *uns* die Intervention der verfassungsmäßigen Körperschaften von keinem Nutzen mehr wäre, so behalten wir uns vor, auf jeden anderen Weg einzugehen, der uns die Erreichung unsrer Ziele am leichtesten erscheinen läßt"[89]. Da Bernstorff jedoch auch in den folgenden Tagen keine sofortige Handlungsbereitschaft Palikaos signalisieren konnte, trat der von Bis-

---

[86] Tel. Bismarck an Bernstorff, Versailles 3. 1. 1871 – PA I ABq 69 Bd. 10; Tel. Bismarck an AA, Versailles 12. 1. 1871 – ebd.
[87] Tel. Bernstorff an Bismarck, London 15. 12. 1870, pr. Versailles 15. 12. – PA I ABc 70 Nr. 6 Bd. 3, Bl. 62.
[88] Tel. Bernstorff an Bismarck, London 21. 12. 1870, pr. Versailles 21. 12. – ebd. Bl. 92.
[89] Erlaß Bismarck an Bernstorff, Versailles 25. 12. 1870 – ebd. Bd. 4, Bl. 7 f.; auch GW 6b Nr. 1989

marck zunächst favorisierte „Plan Persigny" seit der Jahreswende in den Hintergrund[90].

Hingegen gestalteten sich die Unterhandlungen zwischen Bernstorff und Duvernois jetzt – wider Erwarten – aussichtsreicher. Am 9. Januar kündigte Bernstorff telegraphisch an, der Kurier bringe „Friedens-Eröffnungen von Kaiserin Eugenie"[91]. Zwei Tage später lag Bismarck Bernstorffs ausführlicher Bericht über zwei längere Unterredungen mit Duvernois (am 5. und 7. Januar) vor. Duvernois hatte Bernstorff dezidiert erklärt, daß Kaiserin Eugenie „jetzt anderen Sinnes geworden und bereit sei, einen Frieden mit Gebietsabtretung zu unterzeichnen und den nächstens zu erwartenden Fall von Paris für den geeigneten Augenblick des sofortigen Handelns halte". Bernstorff hatte den Eindruck, Duvernois werde sich bereit finden, zu Verhandlungen nach Versailles zu kommen[92]. Noch am gleichen Tag – und mit Zustimmung des Königs – antwortete Bismarck: „Ich halte für das Beste, wenn Cl. Duvernois herkommt, um die Sache, ihre möglichen Formen und Wege und die Örtlichkeit mündlich zu erwägen. Wir glauben nach manchen Symptomen an baldige Unterhandlung von Paris, und es wäre nützlich, schon bei der Beantwortung der ersten Eröffnung klar über die Richtung zu sein, die man den Verhandlungen geben will. Geben Sie Duvernois, wenn er es wünscht, Reisepapiere unter seinem oder anderem Namen"[93].

Welches Gewicht Bismarck den Angeboten von Duvernois beimaß, ist daraus ersichtlich, daß er diesem Telegramm wenige Stunden später zwei weitere Telegramme folgen ließ. In einem bat er um Bernstorffs Ansicht, wie Persigny und Palikao sich zur Initiative Duvernois' stellen würden: „Ich möchte nicht das eine Projekt durch das andere beeinträchtigen. Welches Projekt die meisten Aussichten bietet, läßt sich im Laufe der Entwicklung beurteilen; darum wünsche ich Clément Duvernois selbst zu hören"[94]. Das andere Telegramm lautete: „Wenn die Verhandlungen mit der Kaiserin rechtzeitig zu einem Ergebnis führen sollten, so wäre es möglich, die Anerkennung des letzteren bei der Kapitulation von Paris zur Bedingung unsres Eingehens auf letztre zu machen. Gelingt es, so wäre für beide Teile eine nicht zu unterschätzende Bürgschaft gewonnen"[95].

[90] Daß auf ein sofortiges entschiedenes Hervortreten Palikaos wohl kaum zu rechnen sein würde, wurde vollends deutlich, als Persigny Anfang Januar den Prinzen Napoleon ins Spiel zu bringen suchte; dieser werde „auf den ersten Wink nach Versailles kommen" (Tel. Bernstorff an Bismarck, London 3. 1. 1871, pr. Versailles 4. 1. – PA I ABc 70 Nr. 6 Bd. 4, Bl. 34; ausführlicher dazu Bericht Bernstorff an Bismarck, London 4. 1. 1871 pr. Versailles 9. 1. – ebd. Bl. 45 ff.). Bismarck lehnte den Vorschlag ebenso eindeutig wie höflich ab: die Unpopularität des Prinzen Napoleon würde „die Pläne von vornherein sehr erschweren" (Tel. Bismarck an Bernstorff, Versailles 4. 1. 1871 z. St. 20.00 Uhr – ebd. Bl. 42; auch GW 6b Nr. 1995).
[91] Tel. Bernstorff an Bismarck, London 9. 1. 1871 z. St. 22.50 Uhr, Versailles an: 10. 1., 8.00 Uhr, vSM 10/1 – PA I ABc 70 Nr. 6 Bd. 4, Bl. 51.
[92] Bericht Bernstorff an Bismarck, London 7. 1. 1871, pr. Versailles 11. 1., vSM 11/1 – ebd. Bl. 56 ff.
[93] Tel. Bismarck an Bernstorff, Versailles 11. 1. 1871 z. St. 17.45 Uhr – ebd. Bl. 64 f.
[94] Tel. Bismarck an Bernstorff, Versailles 12. 1. 1871 z. St. 11.45 Uhr – ebd. Bl. 66.
[95] Tel. Bismarck an Bernstorff, Versailles 12. 1. 1871 z. St. 13.20 Uhr – ebd. Bl. 67 f.

Diese Sätze sind außerordentlich wichtig. Sie schließen aus, daß es sich bei der Vorbereitung einer „bonapartistischen Option" lediglich um „Spielmaterial" handelte; sollten die Umstände ihm keine andere Wahl lassen, wäre Bismarck offensichtlich bereit gewesen, einen solchen Weg tatsächlich zu beschreiten. Ferner ist in diesen Sätzen angedeutet, wie man gegebenenfalls versuchen konnte, das zunächst ganz unrealistisch erscheinende Vorhaben – der entmachteten und machtlosen Regentin wieder zur Herrschaft zu verhelfen – vielleicht doch der Verwirklichung näher zu bringen: wenn die Pariser Machthaber in verzweifelter Lage zur Kapitulation gezwungen wären, könnte das Eingehen auf ein Kapitulationsangebot von der Annahme ganz bestimmter Bedingungen abhängig gemacht werden. Am Vormittag des 13. Januar lag Bismarck und dem König Bernstorffs Antwort vor: „Duvernois reist morgen Abend mit Vollmacht der Kaiserin Eugenie über Wilhelmshöhe, wo er sich nur einige Stunden aufhalten will, um auch Vollmacht des Kaisers zu holen, und über Frankfurt nach Versailles ab unter dem Namen Charles Duparc ... Herzog von Persigny ist einverstanden mit dieser Reise ..."[96]. Nun wartete man in Versailles gespannt auf die Ankunft des Unterhändlers Duvernois.

Nur vor dem Hintergrund dieser Konstellation und der in ihr enthaltenen Perspektiven kann Bismarcks große Denkschrift „über den eventuellen Friedensschluß" vom 14. Januar richtig verstanden werden[97]. Bismarck hielt es wohl aus einem doppelten Grund für notwendig, dem König zu diesem Zeitpunkt seine Vorstellungen in der Friedensfrage eindringlich darzulegen. Zum einen schien der Fall von Paris nunmehr in Reichweite, insofern bestand Handlungsbedarf, denn Bismarck war fest entschlossen, „sich den Frieden als Frucht der Kapitulation von Paris nicht entschlüpfen zu lassen"[98]. Zum anderen schälte sich immer deutlicher heraus, daß die militärische Führung Bismarcks Auffassungen auch in dieser Frage nicht teilte und daher eine Entscheidung des Königs herbeigeführt werden mußte[99]. Im Generalstab tendierte man nämlich dazu, die Einnahme der französischen Hauptstadt lediglich als eine Station auf dem Weg zu weiteren Operationen zu betrachten. Moltke plante, nach der Kapitulation von Paris, die er sich offensichtlich als rein militärische Kapitulation dachte, den Krieg fortzusetzen und mit den freigewordenen Kräften besonders nach Süden vorzustoßen, um die dortigen Hilfsquellen des Feindes in die Hand zu bekommen; wenn die Kräfte des Gegners völlig erschöpft seien, meinte er, könne dann der Friede diktiert werden. Durch die Darlegungen im Immediatbericht vom 14. Januar wollte Bismarck den König für seinen eigenen Standpunkt gewinnen, daß der Fall von Paris die schlechthin entscheidende Wendemarke des Krieges bedeute und unter allen Umständen zur Anknüpfung von Friedensverhandlungen benutzt werden müsse.

[96] Tel. Bernstorff an Bismarck, London 12. 1. 1871 z. St. 16.00 Uhr, Versailles an: 13. 1., 9.45 Uhr, vSM 13/1 – ebd. Bl. 72.
[97] Immediatbericht, Versailles 14. 1. 1870 – PA I ABc 70 Bd. 82, Bl. 35 ff.; auch GW 6b Nr. 2005.
[98] So die treffende Formulierung von H. ONCKEN, Politik und Kriegführung, München 1928, 18.
[99] Zum Zusammenhang siehe KOLB, Kriegführung und Politik 114 ff.

Die Denkschrift beginnt mit dem programmatischen Satz: „Von den Wegen, die zu einem Frieden führen können, den kürzesten und leichtesten einzuschlagen, ist angesichts der Opfer des Krieges und der möglichen Dauer desselben eine Pflicht gegen Deutschland." Bismarck ließ dann alle denkbaren französischen Verhandlungspartner Revue passieren. Die Thronprätendenten aus den Häusern Bourbon und Orléans waren rasch abgetan. Die Republik hingegen hatte in Bismarcks Sicht den Vorzug, „daß sie vorhanden ist". Unsicher sei jedoch, ob die gegenwärtigen Machthaber einen Friedensvertrag mit Gebietsabtretungen unterzeichnen würden. Infolgedessen ließ Bismarck eine deutliche Präferenz für einen Abschluß mit der Regentschaft erkennen. Doch aus dem Plädoyer zugunsten der Regentin als Verhandlungspartner darf nicht gefolgert werden, Bismarck sei ausschließlich auf diese Lösung fixiert gewesen. Auf das Projekt eines Abschlusses mit der Regentin konnte ohne Skrupel verzichtet werden, wenn sich herausstellte, daß dies nicht der „kürzeste und leichteste" Weg zum Frieden sein würde, sondern daß es noch einen kürzeren Weg gab. Das sollte sich schon wenige Tage später zeigen.

Doch zunächst verwickelten sich die Dinge in geradezu dramatischer Weise; die bewegliche Phantasie eines Romanciers hätte Mühe, dergleichen zu erfinden. Die erste Komplikation ergab sich bereits an dem Tag, an dem Bismarck seinen Immediatbericht über die Friedensfrage zu Papier brachte[100]. Im Lauf des 14. Januar gingen im Hauptquartier zwei Schreiben ein, die der amerikanische Gesandte aus Paris herausexpedieren ließ. Das eine Schriftstück war ein zur Weiterbeförderung an den britischen Außenminister bestimmtes Schreiben von Jules Favre, in dem dieser nun doch ankündigte, er werde als französischer Bevollmächtigter an der Pontuskonferenz teilnehmen und zu diesem Zweck nach London kommen, sobald er einen Geleitschein in Händen habe und die Situation in Paris ihm das Verlassen der Stadt erlaube[101]. Das zweite Schreiben war an Bismarck gerichtet und enthielt das Ersuchen um Übermittlung eines Geleitscheins zum Passieren der deutschen Linien[102].

In einer ersten Reaktion auf Favres Ersuchen hielt Bismarck an der Position fest, die er Ende Dezember mehrfach artikuliert hatte: Gewährung eines Passierscheins, sofern dieser unmittelbar beim Oberkommando der Belagerungsarmee beantragt wurde[103]. Am späten Abend des 14. Januar wurde Bernstorff telegraphisch informiert, das Armeeoberkommando sei angewiesen, Herrn Favre mitzuteilen, „daß er jederzeit passieren kann"[104]. Zur gleichen Zeit erhielt das Armeeoberkom-

---

[100] Das Folgende in Anlehnung an KOLB, Der schwierige Weg zum Frieden 70 ff.
[101] Text u. a. ARCH. DIPL. 1871/72 4,1328; FAVRE 2, 295 ff. (mit Datierung 10. 1. 1871). Der Ministerrat hatte erst nach erregten Debatten in den Sitzungen vom 9. und 11. Januar sich schließlich bereit gefunden, Favre unter den genannten Bedingungen die Teilnahme an der Konferenz zu erlauben (PROCES-VERBAUX 499 ff., 509 ff., 516; FAVRE 2, 292 ff.; RECLUS 399 ff.).
[102] Schreiben Favre an Bismarck, Paris 13. 1. 1871 – PA I ABq 69 Bd. 10; auch: FAVRE 2, 298; ARCH.DIPL. 1871/72 4,1338.
[103] Siehe oben S. 317 ff.
[104] Tel. Bismarck an Bernstorff, Versailles 14. 1. 1871 z. St. 23.10 Uhr – PA I ABq Bd. 10.

mando – „nach eingeholter Genehmigung S. M. des Königs" – ein Schreiben an Favre nebst Sauf-Conduit zugestellt mit der Weisung, „1) das Schreiben bei der nächsten Parlamentärgelegenheit an die französischen Vorposten abzugeben, 2) wenn Herr Favre und seine oben aufgeführten Begleiter, legitimiert durch einen Paß des amerikanischen Gesandten Washburne, sich melden, ihm den Sauf-Conduit einzuhändigen"[105].

In einer schlaflosen Nacht muß Bismarck dann jedoch zu der Auffassung gelangt sein, daß bei einer Teilnahme Favres an der Londoner Konferenz nicht nur die bevorstehenden Verhandlungen mit Duvernois erschwert würden, sondern ein eventueller Abschluß mit der Regentschaft vielleicht überhaupt unmöglich sein könnte, zumal Favre in einer Proklamation vom 12. Januar seine Teilnahme an der Pontuskonferenz zu einem Akt der internationalen Anerkennung der provisorischen Regierung stilisiert hatte[106]. Jedenfalls ließ Bismarck mitten in der Nacht einen Kanzleibeamten wecken[107] und umgehend nach London telegraphieren, das Telegramm vom 14. Januar abends sei als „non avenu" zu betrachten: „Warten Sie vor jeder Mitteilung über den Inhalt auf weitere Information"[108].

Diese „weitere Information" ging am 15. Januar kurz nach 13 Uhr zur Chiffrierstation: Bernstorff wurde nochmals aufgetragen, das Telegramm vom Abend des 14. Januar als „nicht vorhanden" zu betrachten; es müsse „allerhöchste Entscheidung nach Abhaltung eines milit. Conseil" abgewartet werden, „ob wir nach Lage der Dinge Herrn Favre noch gestatten können, Paris zu verlassen und sich der Verantwortung zu entziehen. Ist Clément Duvernois unterwegs? Während wir hier mit ihm und seinen Machtgebern unterhandeln, und vollends wenn wir mit ihm zu einem Ergebnis kommen sollten, scheint es nicht möglich, Favre eine Stellung einnehmen zu lassen, worin eine gewisse Anerkennung der Berechtigung des jetzigen Gouvernements, für Frankreich zu handeln, liegen würde"[109].

Die Beratung zwischen Bismarck, dem König und dem Generalstabschef muß im Laufe des Nachmittags stattgefunden haben, denn am Abend wurde das Oberkommando der III. Armee – „bei veränderter Sachlage und mit Genehmigung seiner Majestät des Königs" – angewiesen, Favre einstweilen keinen Geleitschein zu gewähren[110].

Das in der Konsequenz dieser veränderten Beurteilung der Sachlage abgefaßte Antwortschreiben Bismarcks an Favre vom 16. Januar war außerordentlich sorgfäl-

---

[105] Schreiben Bismarck an Oberkommando der III. Armee, Versailles [14]. 1. 1871 – ebd.
[106] Zirkular Favres vom 12. 1. 1871 – ARCH.DIPL. 1871/72 4,1332.
[107] BUSCH 2, 46; ABEKEN 494.
[108] Tel. Bismarck an Bernstorff, Versailles 15. 1. 1871 z. St. 3.45 Uhr – PA I ABq 69 Bd. 10. Ein nach Bismarcks Weisungen vom Abend des 14. Januar entworfener, vom 15. Januar datierter Erlaß an Bernstorff in dieser Sache erhielt den Vermerk „cessat" (ebd.).
[109] Tel. Bismarck an Bernstorff, Versailles 15. 1. 1871 z. St. 13.05 Uhr – ebd.
[110] Schreiben Bismarck an Oberkommando III. Armee, Versailles 15. 1. 1871 (abgesandt 20.30 Uhr) – ebd.

tig stilisiert[111]. Er hätte, so betonte Bismarck, „auf eine amtliche Verhandlung" nicht eingehen können, „welcher die Voraussetzung zum Grunde läge, daß die Regierung der Nationalen Verteidigung völkerrechtlich in der Lage sei, im Namen Frankreichs zu handeln, solange sie nicht mindestens von der französischen Nation selbst anerkannt ist". Zwar würde der Befehlshaber der deutschen Vorposten Favre wohl die deutschen Linien haben passieren lassen, wenn dieser beim Kommando des Belagerungsheeres darum nachgesucht hätte, denn der Militärbefehlshaber brauche den Zweck der Reise nicht zu berücksichtigen. Diesen Weg jedoch habe Favre abgeschnitten, weil er an Bismarck „unter amtlicher Angabe des Zwekkes der Reise" ein „amtliches Gesuch um einen Geleitschein behufs Vertretung Frankreichs auf der Konferenz" gerichtet habe. Es folgte der eher floskelhafte als hilfreiche Satz: „Indem ich Ihnen dies mitteile, kann ich Ihnen nunmehr nur überlassen, für sich und Ihre Regierung zu erwägen, ob sich ein anderer Weg finden läßt, auf welchem die angeführten Bedenken beseitigt und jedes aus Ihrer Anwesenheit in London fließende Präjudiz vermieden werden kann". Im Schlußpassus des Schreibens wies Bismarck den französischen Außenminister dann nachdrücklich darauf hin, welch schwere Verantwortung bei den bevorstehenden Ereignissen gerade auf ihm laste: Er, Bismarck, könne kaum annehmen, daß Favre „in der kritischen Lage, an deren Herbeiführung Sie einen so wesentlichen Anteil hatten, sich der Möglichkeit werden berauben wollen, zu einer Lösung mitzuwirken, wofür die Verantwortlichkeit auch Sie trifft". Favre blieb in Paris[112].

Die Tatsache, daß Bismarck in Tagen höchster innerer Anspannung – Mitte Januar erreichte der Konflikt mit Moltke seinen Höhepunkt, die Kaiserproklamation war vorzubereiten, und letzte Vereinbarungen über die Konstituierung des Deutschen Kaiserreichs mußten getroffen werden – sich so intensiv mit der Frage beschäftigte, ob Favres Teilnahme an der Londoner Konferenz ermöglicht oder verhindert werden sollte, belegt eindringlich, welche Bedeutung er diesem Vorgang und seinen möglichen Folgen beimaß. Bismarck sah sich offensichtlich an einem

[111] Schreiben Bismarck an Favre, Versailles 16. 1. 1871 – ebd.; auch GW 6b Nr. 2006; französischer Text u. a. bei FAVRE 2, 304 ff. Abeken nannte die Abfassung dieses Schreibens „eine rechte Schwergeburt"; „Der erste Entwurf wurde schon im Deutschen mehrmals umgearbeitet und dann im Französischen nochmals sehr verändert, ist aber nun auch recht solide und in allen Zeilen und Worten wohl durchdacht und wohl gefügt worden. Wir haben sonst die Regel, nur deutsch an die Franzosen zu schreiben; hier kam es aber auf jedes Wort an und darauf, daß auch andere es lesen sollten, und daß nicht durch eine in Paris gemachte Übersetzung der Sinn abgeschwächt oder entstellt würde; darum wurde sie hier französisch zurechtgemacht" (ABEKEN 504). Vgl. insgesamt auch die ausführlichen Darlegungen Bismarcks in seinem Erlaß an Bernstorff vom 17. 1. 1871 (PA I ABq 69 Bd. 10).

[112] Am 18. Januar telegraphierte Bismarck kurz und bündig nach London: „Wir können Favre nach der Bedeutung, die er unserer Zustimmung zu seiner Reise in amtlichen Veröffentlichungen beigelegt hat, kein Dokument mehr ausstellen, um behufs dieser Reise unsere Linien zu passieren" (ebd.). In diesem Sinne informierte Bismarck am 19. Januar auch Odo Russell, der immer noch im deutschen Hauptquartier weilte (Aufzeichnung Bucher vom 19. 1. 1871 – ebd.). Wie Bismarck am 23. Januar von Russell erfuhr, hatte dieser „soeben" von Favre die Mitteilung erhalten, daß er Paris nicht verlassen könne. „Dadurch wird dieser Punkt faktisch erledigt sein", heißt es in einem Telegramm an Bernstorff vom 23. 1. 1871 (ebd. Bd. 11).

Scheideweg in der Friedensfrage angelangt. Gewiß: er hatte eine definitive Entscheidung zugunsten von Friedensverhandlungen mit Repräsentanten des Kaiserreichs zu diesem Zeitpunkt noch nicht getroffen. Wohl aber ging es ihm darum, unter allen Umständen eine solche Option wenigstens offenzuhalten. Denn es ließ sich überhaupt nicht voraussehen, in welcher Form sich die Kapitulation von Paris abspielen würde: ob die provisorische Regierung diesen Akt zur Einleitung von politischen Verhandlungen benutzen oder derartige Verhandlungen strikt ablehnen werde.

Doch Duvernois, der Abgesandte Kaiserin Eugenies, ließ auf sich warten – dies war die nächste Komplikation. Am 12. Januar hatte Bernstorff angekündigt, Duvernois werde „morgen Abend" abreisen[113]. Aber die Abreise verzögerte sich um mehrere Tage. Am 15. Januar telegraphierte Bernstorff nach Versailles: „Duvernois reist erst morgen früh ab, weil er nicht eher mit Kaiserin Eugenie fertig geworden ist"; er versichere aber, der Entschluß der Regentin sei unwiderruflich, er habe von ihr alle Vollmachten, welche er sich nun auch in Wilhelmshöhe holen wolle[114]. Einen Tag später konnte Bernstorff dann endlich melden, Duvernois sei aus London abgereist[115].

Danach wartete Bismarck ungeduldig und zunehmend irritiert auf die Ankunft des Unterhändlers. Von diesem war jedoch tagelang nichts zu hören und nichts zu sehen. Zahlreiche Telegramme, alle von Bismarck paraphiert oder eigenhändig konzipiert, gingen nach London, Kassel, Frankfurt, Brüssel; sie beinhalteten Anfragen über den Verbleib Duvernois' und Anweisungen, für dessen möglichst schnelle Beförderung Sorge zu tragen[116]. Duvernois' Reiseroute und die Gründe seines langen Ausbleibens sind nicht im einzelnen bekannt[117]. Fest steht nur, daß Duvernois am 18. Januar abends in Schloß Wilhelmshöhe eintraf, wo er sogleich eine lange Unterredung mit Kaiser Napoleon, General Fleury und Polizeipräfekt Piétri hatte[118], und daß er sich am 23. Januar in Brüssel befand[119]. Vermutlich hat Napoleon – nach wie vor entschieden gegen Verhandlungen der Regentin mit Bismarck, zumal vor dem Fall von Paris – Schwierigkeiten gemacht und eine bewußte Verzögerungstaktik betrieben. Als General Monts im Auftrag Napoleons am 20. Januar nach Versailles telegraphierte, Duvernois könne sich unmöglich vor sechs

---

[113] Siehe oben S. 321.
[114] Tel. Bernstorff an Bismarck, London 15. 1. 1871 z. St. 22.30 Uhr, Versailles an: 16. 1., 9.55 Uhr – PA I ABc 70 Nr. 6 Bd. 4, Bl. 77.
[115] Tel. Bernstorff an Bismarck, London 16. 1. 1871, Versailles an: 15.40 Uhr pr. 16. 1. (mit Vermerk Bismarcks „gesehn") – ebd. Bl. 79.
[116] Die Telegramme ebd. Bd. 4, Bl. 80, 81, 82; Bd. 5, Bl. 9, 10, 11, 15, 17, 19, 25, 26. Der norddeutsche Gesandte in Brüssel wurde noch am 18. Januar angewiesen: „Mit Bezug auf Akkreditierung von Rothan bemerken Sie vertraulich, daß wir im Frieden die jetzige Regierung nicht anerkennen würden, und geben Sie vorsichtig zu verstehen, daß wir nach andern Seiten hin in Verhandlungen über die Zukunft Frankreichs stehen, welche Aussichten auf Erfolg bieten" (PA I ABc 70 Bd. 83, Bl. 42).
[117] Vgl. Anm. 57.
[118] Tagebuchnotiz Castelnaus vom 18. 1. 1871 (GIRARD 269 f.).
[119] Tel. Bernstorff an Bismarck, London 26. 1. 1871 z. St. 23.55 Uhr, Versailles an: 27. 1., 12.05 Uhr – PA I ABc 70 Nr. 6 Bd. 5, Bl. 17.

bis sieben Tagen dort einfinden[120], ließ Bismarck sofort antworten, „daß wir danach uns als berechtigt ansehen, anderweite Verhandlungen ... in Angriff zu nehmen"[121]. Gegenüber Botschafter Bernstorff, den er über diesen Stand der Dinge unterrichtete, verhehlte Bismarck nicht seine Enttäuschung und Unzufriedenheit: „Ich sehe daraus mit Bedauern, daß dieselbe Unentschlossenheit wie seit Monaten noch jetzt herrscht, und behalte mir vollständig freie Hand, falls die beabsichtigten Verhandlungen von den Ereignissen überholt werden ... Die Anerkennung des Kaisers hat für uns so viel Schwierigkeit gegenüber England, Rußland und in Deutschland, daß sie nur dann sich rechtfertigt, wenn sie der kürzeste Weg zum Frieden ist. Finden wir bei Gelegenheit der Kapitulation von Paris einen kürzern, so werden wir ohne Rücksicht auf dynastische und monarchische Fragen unsere Entschlüsse nur nach eigenem Interesse fassen"[122].

Am Ende der dritten Januarwoche mußte sich Bismarck eingestehen, daß es trotz eines immensen Kraft- und Zeitaufwands (noch) nicht gelungen war, die „bonapartistische Option" so zu präparieren, daß sie tatsächlich in einer ausgearbeiteten, operabel einsetzbaren Form (und nicht nur als bloße Drohung) zur Verfügung stand. Aber sie war nun plötzlich auch nicht mehr nötig. Wider alle Annahmen und Erwartungen Bismarcks zeigte sich nämlich die provisorische Regierung jetzt zu politischen Verhandlungen bereit, und damit eröffnete sich ein Weg zum Frieden, der wesentlich „kürzer" und sicherer war als die risikoreiche Prozedur mit Repräsentanten des Kaiserreichs: am 23. Januar bat Jules Favre den Kanzler um eine Unterredung[123], die dann zum Auftakt der Waffenstillstandsverhandlungen werden sollte.

Als Duvernois sich am 28. Januar schließlich in Versailles einfand und unter seinem Alias-Namen „Duparc" Bismarck schriftlich seine Ankunft anzeigte, vermerkte dieser auf dem Billet lapidar: „Clément Duvernois. 20 Minuten zu spät"[124] – denn unmittelbar zuvor hatte er das mit Jules Favre ausgehandelte Waffenstillstandsabkommen unterzeichnet und damit die provisorische Regierung als verhandlungsfähige Regierung Frankreichs anerkannt.

---

[120] Tel. Oberpräsident Moeller (von Monts) an Bismarck, Kassel 20. 1. 1871 z. St. 15.24 Uhr, Versailles an: 19.25 Uhr vSM 21/1 – ebd. Bl. 5.

[121] Tel. Bismarck an Moeller (für Monts), Versailles 20. 1. 1871 z. St. 22.00 Uhr – ebd.

[122] Tel. Bismarck an Bernstorff, Versailles 20. 1. 1871 z. St. 23.56 Uhr – ebd. Bl. 6; auch GW 6b Nr. 2010.

[123] Schreiben Favre an Bismarck, Paris 23. 1. 1871 pr. Versailles 23. 1. – PA I ABc 70 Bd. 84, Bl. 41; vgl. GW 6b Nr. 2012 Vorbem.

[124] Schreiben Charles Duparc (= Clément Duvernois) an Bismarck, Versailles 29. 1. 1871 (statt richtig: 28. 1. 1871) – Bismarck-Archiv Friedrichsruh B 37.18 (Duparc); vgl. auch Bismarck-Jahrbuch 4 (1897) 205 f. (mit falscher Datierung). Daß Duvernois tatsächlich am 28. 1. 1871 in Versailles eintraf, sofort schriftlich seine Ankunft anzeigte und noch am Abend des 28. Januar von Bismarck empfangen wurde, ergibt sich aus BUSCH 2, 102 und Tel. Bismarck an Bernstorff, Versailles 1. 2. 1871 – PA I ABc 70 Nr. 6 Bd. 3, Bl. 47. Auf das falsche Tagesdatum im Billet Duvernois' hat schon KÜHN 228 aufmerksam gemacht. Zwei weitere kurze Schreiben von „Duparc" an Bismarck (Bismarck-Archiv Friedrichsruh B 37.18) belegen, daß in den folgenden Tagen noch wenigstens zwei Unterredungen zwischen Duvernois und Bismarck stattgefunden haben.

12. Der Abschluß des Waffenstillstands als entscheidender Schritt zur Liquidierung des Krieges

Der Fall von Paris beendete den Krieg. Handelte es sich bei diesem realen Geschehensablauf um einen Kausalzusammenhang, der mit geradezu zwingender Notwendigkeit aus den im Januar 1871 gegebenen Umständen erwuchs? Die meisten Zeitgenossen – und ihnen folgend dann die Historiker – waren dieser Meinung. Betrachtet man die Dinge indessen aus der Nähe, ergibt sich ein etwas anderes Bild. Daß die Kapitulation von Paris sich im Rahmen eines Waffenstillstands vollzog und Wahlen zu einer Konstituante anberaumt wurden, bei denen sich die friedenswilligen Bevölkerungskreise Geltung verschaffen konnten, war keineswegs die einzig mögliche, von vornherein auf der Hand liegende Lösung der Probleme, die sich beim Fall der französischen Hauptstadt stellten. Andere Optionen lagen im Bereich des Möglichen und hatten engagierte Verfechter auf französischer wie auf deutscher Seite. Gambetta und seine Anhänger wollten auch nach dem Fall von Paris die „guerre à outrance" in der Provinz weiterführen, und eben diese Intention dominierte auch im preußischen Generalstab: Frankreich sollte so vollständig niedergeworfen werden, daß die deutsche Siegermacht den Frieden schlicht und einfach diktieren konnte.

Es war im wesentlichen die Leistung zweier Männer, daß sich derartige Tendenzen schließlich nicht durchzusetzen vermochten. In harten und zähen Verhandlungen fanden Bismarck und Jules Favre jenen Weg, der dann zur raschen Liquidierung des Krieges führte. Gegen starke Widerstände auch im eigenen Lager bewegten sie sich auf dem schmalen Grat einer mittleren Linie, die unter den gegebenen Umständen für jede der beiden Seiten gerade noch akzeptabel war. Mit viel Mühe konnte Bismarck den König und die Militärs für diese Verhandlungslösung gewinnen, und Favre setzte sie unter Aufbietung aller Kraft – und unter Aufopferung seiner zukünftigen politischen Existenz – zuerst innerhalb des Pariser Gouvernements und dann gegenüber der Pariser Bevölkerung und der Regierungsdelegation in Bordeaux durch.

Wie hätten sich die Dinge entwickelt, wenn Favre und Bismarck nicht so unbeirrt auf eine Verhandlungslösung zugesteuert wären und mit dem Abschluß des Waffenstillstands die entscheidende Voraussetzung zur Beendigung des Krieges geschaffen hätten? Gewiß: auf eine solche Frage sind nur hypothetische Antworten möglich. Gleichwohl ist es angezeigt, wenigstens einige in diese Richtung zielende Überlegungen anzustellen, denn nur im Horizont derartiger Erwägungen lassen sich Verdienst und Leistung Favres und Bismarcks voll ermessen.

Über einen Sachverhalt allerdings kann es keine Diskussion geben: wie immer sich die Pariser Machthaber auch verhalten mochten, an der Aufgabe des Widerstands der französischen Hauptstadt führte Ende Januar kein Weg vorbei; die Lebensmittel gingen zur Neige, die Bevölkerung der Zweimillionenstadt drohte zu verhungern, wenn nicht binnen Tagen Lebensmittelzufuhren erfolgten. Aber in welcher Form und unter welchen Begleitumständen die unvermeidbare „Kapitulation" sich vollziehen würde, das stand keineswegs von vornherein fest. Militärs und Vertreter der Munizipalität, aber auch die Mitglieder der Regierung weigerten sich, den Kanossagang nach Versailles anzutreten – nur Favre brachte den Mut dazu auf. Und wenn auch er sich verweigert hätte? Am meisten spricht für die Annahme, daß es dann zu dem gekommen wäre, was nicht nur Gambetta forderte, sondern auch ein Teil der Regierenden in Paris wünschte: Einstellung der Kampfhandlungen unter Verzicht auf förmliche militärische oder politische Abmachungen, die im deutschen Hauptquartier auszuhandeln waren; die deutsche Belagerungsarmee sollte dann sehen, wie sie mit der Situation fertig würde.

Wie in diesem Fall die „Übergabe" von Paris verlaufen wäre – darüber sind nur Spekulationen möglich. Hätte die deutsche militärische Führung sofort starke Truppenverbände ins Stadtinnere vorrücken lassen oder sich zunächst mit einer Besetzung der Forts und des Stadtwalls begnügt, um die Pariser vorläufig sich selbst zu überlassen[1]? Hätten im Stadtinneren möglicherweise noch in letzter Stunde bürgerkriegsartige bewaffnete Auseinandersetzungen stattgefunden?

Aber selbst wenn man annimmt, bei fortgesetzter Weigerung von Regierung und Munizipalität, Verhandlungen im deutschen Hauptquartier aufzunehmen, wäre der Pariser „commandant en chef" schließlich doch bereit gewesen, eine militärische Kapitulation in den üblichen Formen, d. h. aufgrund einer schriftlich fixierten Vereinbarung, zu vollziehen – auch in diesem Fall hätten beide Seiten vor schier unüberwindlichen Schwierigkeiten gestanden. Denn wenn über den mutmaßlichen konkreten Verlauf einer derartigen „Übergabe" von Paris auch nur spekulative Aussagen möglich sind, so ist eines doch sicher: die Bevölkerung einer europäischen Metropole verhungern zu lassen, das konnten die Deutschen vor der Weltöffentlichkeit nicht auf sich nehmen, auch wenn für die desolate Lage in erster Linie diejenigen verantwortlich waren, die die Übergabe der Stadt viel zu lange hinausgezögert hatten. Bei jedem denkbaren Ablauf, ob nun das Stadtinnere sofort besetzt wurde oder nicht, wäre die deutsche Heeresführung daher gezwungen gewesen, Lebensmittelzufuhren nach Paris in großem Maßstab zuzulassen, womöglich die Versorgung der Pariser Bevölkerung selbst zu organisieren. Ob, wie und wann unter diesen Umständen Bismarck seine „bonapartistische Option" realisieren konnte, muß eine offene Frage bleiben.

Bringt man diese durchaus realitätsnahen hypothetischen Überlegungen auf einen Nenner, dann gelangt man zu folgender Feststellung: bei jedem anderen Geschehensablauf als dem durch die Verhandlungen zwischen Favre und Bismarck

---

[1] Der Generalstab hatte im Januar einen sehr präzisen Entwurf der Kapitulationsbedingungen ausgearbeitet, den Moltke am 14. 1. 1871 dem König vorlegte (abgedruckt bei A. O. MEYER, Bismarck und Moltke vor dem Fall von Paris und beim Friedensschluß, in: K. v. RAUMER/Th. SCHIEDER (Hrsg.), Stufen und Wandlungen der deutschen Einheit, Stuttgart/Berlin 1943, 329–341, hier: 338 ff.). Dieser Entwurf beruht jedoch auf der Voraussetzung, daß – wie bei der Kapitulation von Sedan und Metz – die Kapitulationsbedingungen zwischen den beiderseitigen militärischen Oberbefehlshabern festgestellt würden, und enthält deshalb keine Hinweise auf das Verfahren, das beabsichtigt war, falls es gar nicht zu förmlichen Verhandlungen käme.

12. Der Abschluß des Waffenstillstands

ermöglichten war eine katastrophenträchtige Entwicklung zu gewärtigen. Chaotische Zustände bei der Übergabe von Paris, Fortdauer des Krieges – sei es auch nur um Tage oder Wochen –, weitere Blutopfer auf beiden Seiten, vor allem aber bei den Franzosen, weitere Belastungen der französischen Zivilbevölkerung, eine Beeinträchtigung des deutschen Ansehens in aller Welt – dies ist kein imaginäres Horror-Szenario, sondern damit sind diejenigen Konsequenzen bezeichnet, die mit größter Wahrscheinlichkeit eintreten mußten, sofern Verhandlungen über die Kapitulation von Paris entweder gar nicht aufgenommen wurden oder nach ihrer Aufnahme scheiterten. Diesen Möglichkeitshorizont sollte man vor Augen haben, wenn man sich mit dem letzten Akt im französisch-deutschen Krieg beschäftigt, mit der Kapitulation von Paris. Nichts ist unzutreffender als die gängige Vorstellung, die Kriegsbeendigung habe sich im Anschluß an den Fall von Paris gewissermaßen im Selbstlauf eingestellt. Gerade aus diesem Grund verdienen die Auseinandersetzungen um Abschluß und Durchführung des Waffenstillstands eine eingehende Untersuchung.

Vor der Kommission der französischen Nationalversammlung, die die Tätigkeit des „Gouvernement de la Défense Nationale" untersuchte, erklärte Jules Favre am 1. 6. 1872 – die inzwischen vielfach geübte Kritik an den von ihm geführten Waffenstillstandsverhandlungen zurückweisend – : „Die Verhandlungen ... fanden statt in einem Augenblick, in dem wir restlos am Ende waren. Wir befanden uns völlig in der Hand des Siegers. Diesen äußersten Fall hätte jeder voraussehen können, aber – diejenigen meiner Parlamentskollegen, die damals in Paris weilten und die Belagerung mit durchgemacht haben, wissen dies sehr genau – von allen wurde eine derartige Perspektive ausgeblendet. Ich sage das mit absoluter Sicherheit. Eine Erklärung für dieses Verhalten will ich hier nicht zu geben versuchen. Für diejenigen, die diese Zeit nicht in Paris durchlebt haben, ist es schwer zu verstehen. Doch diejenigen, die in Paris waren, werden meiner Behauptung, wie ich glaube, zustimmen."[2]

Mit diesen Feststellungen traf Favre den Nagel auf den Kopf. Für Regierung und Bevölkerung im belagerten Paris kam eine Kapitulation nicht in Frage; deshalb wurde die Möglichkeit einer solchen äußersten Eventualität schlichtweg ignoriert. Aushalten und auf ein Wunder warten – nach diesem Rezept verfuhr seit dem Spätherbst der Pariser Gouverneur und Oberkommandierende, General Trochu, zugleich Präsident der provisorischen Regierung, und mit ihm die anderen Kabinettsmitglieder. Über den Stand der Lebensmittelvorräte ließ man die Bevölkerung im unklaren, erweckte aber den Eindruck, daß die Versorgung mit Nahrungsmitteln noch auf lange Zeit gesichert sei. Die nach Paris gelangenden Nachrichten über Aktionen der französischen Provinzarmeen – ohnehin in überoptimistischen Tönen abgefaßt – wurden in zusätzlich geschönter Version verbreitet und schürten immer wieder die Hoffnung auf eine baldige Deblockierung von Paris. Auf die Stunde der Wahrheit, die im Januar unaufhaltsam näherrückte, war man

---

[2] EP Dép. 1, 354; vgl. Favres Formulierungen in seinen Memoiren: FAVRE 2, 366.

daher in Paris psychologisch und politisch nicht vorbereitet, weder im Schoße der Regierung und bei der militärischen Führung, noch in der Bevölkerung.

Gambetta hielt noch lange nach dem Fall von Orléans (Anfang Dezember) an der Absicht fest, mit starken Kräften Paris zu entsetzen. Um die Jahreswende standen ihm drei große Armeen zur Verfügung: die Nordarmee unter General Faidherbe, die aus der Loirearmee hervorgegangene, im Raum von Le Mans operierende Armee des fähigen Generals Chanzy und die ebenfalls aus Teilen der Loirearmee und aus anderen Einheiten im Dezember formierte Ostarmee, die General Bourbaki befehligte. Alle drei Armeen suchten Ende Dezember/Anfang Januar zur Offensive überzugehen, aber im Lauf des Januar erlitten sie schwere Niederlagen: Chanzy am 11./12. Januar in der Schlacht von Le Mans, Faidherbe am 18./19. Januar bei St. Quentin, Bourbaki in der Schlacht an der Lisaine (nahe Belfort) vom 15. bis 17. Januar. An allen Fronten mußten die Franzosen den Rückzug antreten, und die kommandierenden Generale erklärten Gambetta mit aller Bestimmtheit, daß angesichts des Zustands, in dem sich die Truppen befanden, weitere Offensivaktionen für die nächste Zeit völlig ausgeschlossen seien. Von einem Marsch auf Paris konnte keine Rede mehr sein, das sah jetzt selbst Gambetta ein. Die Nachricht von Chanzys schwerer Niederlage gelangte am späten Abend des 19. Januar nach Paris[3], fast in der gleichen Stunde, in der auch feststand, daß der letzte Ausfallversuch aus Paris mit einem Debakel geendet hatte. Auf Hilfe von außen war nun nicht mehr zu rechnen. Das hinderte aber einige der Verantwortlichen in Paris nicht daran, sich noch an der Hoffnung festzuklammern, Bourbakis Offensive in Richtung Belfort (die zu diesem Zeitpunkt bereits völlig gescheitert war) werde vielleicht doch erfolgreich verlaufen und die deutsche Belagerungsarmee vor Paris zum Abmarsch veranlassen (!). Mit derartigen realitätsfernen Wunschträumen jagten sie einer Chimäre nach.

Für die Pariser Zivilbevölkerung wurde die Situation im Lauf des Januar immer unerträglicher. Mehr noch als unter dem Bombardement (seit Beginn der zweiten Januarwoche erreichten die deutschen Granaten auch das Stadtinnere) litten die Pariser im Januar unter Entbehrungen vielfacher Art. Allen gleichzeitig und später kolportierten Anekdoten über das Verzehren von Ratten, Katzen und Zootieren zum Trotz funktionierte die Versorgung mit den wichtigsten Nahrungsmitteln vorläufig immerhin noch so weit, daß für alle Teile der Bevölkerung das Existenzminimum einigermaßen gesichert blieb und die Bessersituierten sich sogar recht auskömmlich verpflegen konnten. Fast schlimmer als die Lebensmittelknappheit war – im ungewöhnlich strengen Winter 1870/71 – der Mangel an Heizmaterial, sowie der Mangel an Milch für Säuglinge und Kleinkinder. Zudem fehlte es in den überfüllten Krankenhäusern an Medikamenten. Die Zahl der Todesfälle nahm im belagerten Paris sprunghaft zu. Sie stieg von rund 5000 im August über 8238 im November und 11 885 im Dezember auf 19 233 im Januar (das Bombardement forderte „nur" 107 Tote und 289 Verwundete). Besonders alte Menschen, Säuglin-

---

[3] Ebd. 334.

12. Der Abschluß des Waffenstillstands

ge und Kinder starben zu Tausenden, zunehmend forderten aber auch Seuchen (Typhus, Pocken) eine große Zahl von Opfern[4].

Aber so groß die Not auch war und so sehr sie in den Winterwochen zunahm – der Widerstandswille der Pariser blieb ungebrochen, zumindest bei jenen, die das Meinungsklima in der belagerten Metropole bestimmten. Aus den Clubs, aus den Bataillonen der Nationalgarde (vor allem denen der östlichen Stadtbezirke), aus zahlreichen Gazetten ertönte lautstark der Ruf nach Kampf bis zum äußersten, nach einem mit massenhaften Kräften unternommenen Ausbruchsversuch. Diejenigen, die anderer Auffassung waren, wagten sich mit ihrer Meinung in der Öffentlichkeit nicht hervor. General Trochu sah sich seit Dezember wachsender Kritik der radikalen Gruppen ausgesetzt, weil man annahm, daß er nicht gewillt sei, die verlangte „sortie en masse" zu riskieren. In der Regierung bestand Einigkeit: auch wenn einer derartigen Aktion kaum eine Erfolgschance einzuräumen war – Paris konnte den Kampf nicht aufgeben, ohne daß vorher ein großangelegter Ausbruchsversuch unternommen wurde, bei dem auch die Bataillone der Nationalgarde ins Feuer kamen.

Dieses Unternehmen fand am 19. Januar an der Pariser Westfront, mit Stoßrichtung Versailles, statt. Aber schon nach wenigen Stunden endete die Schlacht von Buzenval mit einem eklatanten Mißerfolg. Die zahlenmäßig starken französischen Verbände liefen sich nach geringem Raumgewinn an den deutschen Linien fest und wurden dann von den deutschen Truppen zurückgeworfen; in desolatem Zustand traten sie den Rückzug an. Dieses Debakel läutete den letzten Akt des Kampfes um Paris ein. Noch in der Nacht vom 19./20. Januar begaben sich mehrere Minister hinaus zum Fort Mont-Valérien, von dem aus Trochu die Schlacht geleitet hatte. Um 4 Uhr früh übermittelten sie der Ministerrunde Trochus Lagebeurteilung: die Niederlage sei vollständig, angesichts des Mangels an Lebensmitteln müsse der Widerstand jetzt eingestellt werden[5].

In den nächsten 48 Stunden überstürzten sich die Ereignisse. In der Kabinettsitzung vom 20. Januar herrschten Ratlosigkeit und Uneinigkeit, wie die jetzt allgemein als unvermeidlich betrachtete „Übergabe" von Paris bewirkt werden könne[6]. Die einen wollten sofort mit dem deutschen Hauptquartier verhandeln, die anderen sprachen sich dafür aus, vorher noch ein „letztes Gefecht" zu liefern; die einen hielten nur die Vertreter der Pariser Bevölkerung für berechtigt, Übergabeverhandlungen zu führen, andere plädierten dafür, ein Mitglied oder mehrere Mitglieder der Regierung zu entsenden. Einig war man sich lediglich in der Forderung nach Demission Trochus.

---

[4] Ebd. 314, 331, 364; BUSCH 2, 21; KRANZBERG 122 ff.; M. DU CAMP, Souvenirs d'un Demi-Siècle, 2 Bde, Paris 1949, hier: 2, 218; W. CAHN, Pariser Gedenkblätter, 2 Bde, Berlin 1898, hier: 2, 227.
[5] PROCES-VERBAUX 544; RECLUS 414.
[6] PROCES-VERBAUX 547 ff. Gravierende Meinungsverschiedenheiten waren schon in der Sitzung vom 17. 1. 1871 zutage getreten, als sich das Kabinett erstmals eingehender mit der Frage der Kapitulation beschäftigte, die im Falle eines Fehlschlags des bevorstehenden Ausbruchsversuchs unvermeidlich erschien (ebd. 530 ff.).

Im Anschluß an diese Kabinettsitzung wurden die (gewählten) Bürgermeister der zwanzig Pariser Stadtbezirke, der Arrondissements, über die Situation informiert[7]. Sie erfuhren aus dem Munde Favres und Trochus, daß die Lebensmittel nur noch bis zum 1. Februar reichten und die bewaffneten Streitkräfte zu weiteren Offensivaktionen nicht mehr in der Lage seien; die Vertreter der Munizipalität müßten deshalb unverzüglich Verhandlungen mit dem Feind aufnehmen. Entrüstet wiesen die Bürgermeister ein derartiges Ansinnen zurück: Keine Kapitulation, sondern eine neue militärische Kraftanstrengung, lautete ihre Forderung. Sie erhielten schließlich die Zusage, es werde sofort ein „Kriegsrat" einberufen, der sich über die Möglichkeit weiterer Offensivaktionen äußern solle; die Bürgermeister hingegen versprachen, sie würden die Bevölkerung über den ganzen Ernst der Versorgungslage unterrichten.

Daß der am 21. Januar abgehaltene Kriegsrat einmütig jede Offensivaktion für absolut unmöglich erklärte[8], vermochte die Bürgermeister jedoch nicht zu beeindrucken. Sie bestanden jetzt auf einer Befragung auch niedrigerer militärischer Chargen und forderten vehement den Rücktritt Trochus, dem sie Unfähigkeit und Verrat vorwarfen[9]. Nach erbitterten Wortgefechten fand sich Trochu schließlich bereit, das Amt des Oberkommandierenden an General Vinoy abzutreten; daß er weiterhin Präsident des „Gouvernement de la Défense Nationale" blieb, damit waren die Bürgermeister einverstanden.

Noch ehe diese nächtlichen Verhandlungen ganz zum Abschluß gekommen waren, wurden die Minister durch Nachrichten über Zusammenrottungen in den Straßen von Paris aufgeschreckt. Am Morgen des 22. Januar brach dann eine Emeute aus, die allerdings nicht die Dimensionen derjenigen vom 31. Oktober annahm[10]. Vor dem Hôtel de Ville versammelten sich große Massen, Deputationen suchten ins Rathaus einzudringen, man errichtete Barrikaden und lieferte sich Feuergefechte. Zwar konnte die Garde républicaine die Aufständischen bald in die Flucht schlagen, aber immerhin gab es einige Tote und zahlreiche Verwundete. Am Abend, als die Ordnung wiederhergestellt war, trat das Kabinett zusammen, um Maßnahmen gegen die Aufrührer zu beschließen und über die Einleitung von Kapitulationsverhandlungen zu beraten[11]. Denn allen war jetzt klar, daß die Zeit drängte und eine Kontaktaufnahme mit dem Gegner nicht länger aufgeschoben werden konnte. Aber über das „Wie" bestanden nach wie vor große Meinungsverschiedenheiten. Völlig zerstritten und ohne klares Ergebnis ging man auseinander.

Nach dieser Sitzung entschloß sich Favre zu eigenverantwortlichem Handeln. In den Nachtstunden brachte er ein kurzes Schreiben an Bismarck zu Papier: „im

---

[7] FAVRE 2, 334, 339 ff.
[8] Ebd. 343.
[9] Ebd. 349 ff.; PROCES-VERBAUX 558 ff.
[10] Zur Emeute vom 22. 1. 1871 siehe u. a. FAVRE 2, 355 ff.; EDWARDS 108 ff.; SERMAN 167 ff.; BERGMANN 472 ff.
[11] PROCES-VERBAUX 562 ff.

Interesse der beiden Länder" bat er den Kanzler um eine Unterredung[12]. Der Brief wurde am 23. Januar um 7 Uhr an der Sèvres-Brücke den deutschen Vorposten übergeben. Am frühen Nachmittag dieses Tages, mit Ungeduld der Antwort aus Versailles entgegensehend, entwickelte Favre im Ministerrat sein Verhandlungsprogramm[13]. Zwei Bedingungen waren nach Favres Auffassung absolut unannehmbar: der Abschluß eines Präliminarfriedens durch die provisorische Regierung und die Besetzung von Paris durch deutsche Truppen. Sollten die Deutschen auf derartigen Forderungen bestehen, dann dürfe sich Paris nur auf Gnade oder Ungnade ergeben „et laisser le vainqueur maître de disposer de notre sort"[14]. Besonderes Gewicht wollte Favre darauf legen, daß die Wahl einer Konstituante und die sofortige Verproviantierung von Paris zugestanden würden, was aber wohl nur bei Einstellung der Kampfhandlungen zu erlangen sein werde. Die Diskussion über Favres Ausführungen verlief wieder recht kontrovers. Einige Minister hatten nach wie vor erhebliche Vorbehalte gegen die geplante Demarche, die Mehrheit jedoch unterstützte Favres Vorhaben mit großer Entschiedenheit. Die meisten betonten allerdings, Hauptzweck von Favres Mission müsse es sein, zunächst einmal die deutschen Bedingungen zu erkunden; eine definitive Bindung dürfe nicht eingegangen werden, zumal nicht für ganz Frankreich; deshalb solle auch der Waffenstillstand tunlichst auf Paris beschränkt werden. Es fehlte nicht an Mahnungen zur Festigkeit und zur Vorsicht gegenüber Bismarck, „l'homme le plus faux, le plus fourbe"[15]. Ohne förmliche Beschlußfassung stimmte das Kabinett schließlich einem Resümee Trochus zu, das im wesentlichen mit Favres Vorstellungen übereinstimmte. Tatsächlich hat Favre, wie er später mehrfach bekundete, nur recht allgemein gehaltene Vollmachten erhalten[16].

Nach Stunden sorgenvollen Wartens wurde Favre gegen 17 Uhr Bismarcks Antwortschreiben überreicht. Bismarck teilte mit, er sei „zu der gewünschten Unterredung jederzeit bereit. Ein Wagen wird an der Brücke von Sèvres zu Eurer Exzellenz Verfügung stehen"[17]. Unverzüglich brach Favre auf und traf gegen 20 Uhr in Versailles ein[18], wo ihn Bismarck sofort zu einem ersten Gespräch empfing, dem sich in den folgenden Tagen eine Serie weiterer Unterredungen anschloß.

---

[12] Schreiben Favre an Bismarck, Paris 23. 1. 1871 – PA I ABc 70 Bd. 84, Bl. 41. Zu Favres Überlegungen bei diesem Entschluß vgl. FAVRE 2, 370 f.
[13] PROCES-VERBAUX 571 ff. Gerade was Favres Darlegungen angeht, ist der Protokolltext äußerst lapidar. Es sind deshalb Favres Ausführungen in seinen Memoiren (FAVRE 2, 371 ff.) einzubeziehen, die übrigens nicht im Widerspruch zu den knappen Protokollnotizen stehen.
[14] FAVRE 2, 377.
[15] PROCES-VERBAUX 575 f. (Trochu).
[16] FAVRE 2, 378 (mit falschem Datum; richtig: 23. 1. 1871); Aussage Favres vor der Untersuchungskommission: EP Dép. 1, 358.
[17] Schreiben Bismarck an Favre, Versailles 23. 1. 1871 – PA I ABc 70 Bd. 84, Bl. 42; auch GW 6b Nr. 2012; Faksimile des eigenhändigen Schreibens bei RECLUS nach S. 416. In seinem eigenhändig verfaßten Konzept hatte Bismarck zuerst adressiert „An den Herrn Minister Favre", dann aber selbst korrigiert: „Sr. Exzellenz dem Herrn Minister Favre".
[18] Zu der Fahrt von Paris nach Versailles vgl. FAVRE 2, 379 ff.; RECLUS 417 ff., D'HERISSON 325 ff. (d'Hérisson begleitete Favre bis Sèvres).

Die entscheidenden Gespräche zwischen Bismarck und Favre bei den Waffenstillstandsverhandlungen Ende Januar 1871 fanden – wie seinerzeit die Diskussionen mit Favre in Ferrières und mit Thiers Anfang November – unter vier Augen statt; bei Bismarcks meisterhafter Beherrschung der französischen Sprache war ein Dolmetscher überflüssig. Aber abgesehen davon bevorzugte Bismarck diese Methode der Unterhandlung auch im Interesse des angestrebten Verhandlungserfolgs: im Zwiegespräch konnte direkter und rückhaltloser formuliert, aber auch „ungeschützter" argumentiert werden, ließ sich besser ausloten, bis zu welchem Punkt die Konzessionsbereitschaft der Gegenseite reichte, war es eher möglich, sich schrittweise an Problemlösungen heranzutasten, als in Anwesenheit weiterer Teilnehmer oder Ohrenzeugen. Bei einer solchen Form der Unterhandlung konnte – wenn beide Seiten es wollten – eine Gesprächsatmosphäre entstehen, die die Suche nach einem tragfähigen Kompromiß erleichterte.

Dieser – für den Erfolg in der Sache höchst effiziente – Verhandlungsstil Bismarcks bringt für den Historiker freilich den Nachteil mit sich, daß keine Wortprotokolle existieren, die den Gesprächsverlauf und die beiderseitigen Argumentationen exakt festhalten. Zumindest in seinen wesentlichen Momenten läßt sich der Gang der Verhandlungen jedoch anhand der zur Verfügung stehenden Quellenzeugnisse rekonstruieren. Am ergiebigsten sind dabei die Dokumente französischer Provenienz. Da Favre in den einzelnen Stadien des Ringens um eine Waffenstillstandskonvention seine Ministerkollegen konsultieren mußte, berichtete er – teilweise anhand sofort angefertigter Notizen oder Aufzeichnungen – in mehreren Kabinettssitzungen, die protokolliert wurden; ferner arbeitete er schriftliche Propositionen aus, die uns vorliegen; und schließlich schilderte er – unter starkem Rechtfertigungszwang stehend – in seinen bereits 1871/72 publizierten Memoiren sehr ausführlich die Verhandlungen mit Bismarck. Er mußte sich dabei um eine möglichst korrekte Darstellung schon deshalb bemühen, weil er zu gewärtigen hatte, daß Bismarck gegen einen verfälschenden Bericht sofort öffentlich Verwahrung einlegen würde. Seine eigene Version der Unterhandlungen mit Favre hat Bismarck weder gleichzeitig noch nachträglich in zusammenhängender Form schriftlich fixiert. Doch mit Hilfe seiner Gesprächsäußerungen, die uns überliefert sind, seiner Marginalien zu Favres Propositionen und diverser schriftlicher Notizen ist es immerhin möglich, die Aussagen Favres zu kontrollieren. Diese erweisen sich dabei als im wesentlichen zuverlässig[19].

Erheblich schlechter bestellt ist es mit der Überlieferung hinsichtlich der Beratungen zwischen Bismarck, dem König und den führenden Militärs. Da einschlägige Zeugnisse fast völlig fehlen, können die Diskussionen in den „Conseil"-Sitzungen nicht detailliert nachgezeichnet werden. Aber wenn man Bismarcks umfängliche diplomatische Korrespondenz aus diesen Tagen und Wochen kennt, auch seine Immediatberichte und Denkschriften, dann vermag man sich in Ver-

---

[19] Bei minutiöser Auswertung dieser Quellen ließe sich die Genesis der einzelnen Artikel des Waffenstillstandsabkommens daher recht genau aufhellen. Nicht so sehr darum geht es jedoch in den folgenden Darlegungen, sondern um die Konturierung der Auseinandersetzungen um Abschluß und Durchführung der Konvention vom 28. 1. 1871.

12. Der Abschluß des Waffenstillstands

bindung mit den spärlichen Hinweisen über die Erörterungen im „Conseil" durchaus ein Bild davon zu machen, wie Bismarck argumentierte, um Widerstände gegen politische Verhandlungen mit dem Pariser Gouvernement zu überwinden und die Zustimmung des Königs und der Militärs zu seinem Kurs zu erlangen: Er wird mit großem Nachdruck empfohlen haben, mit Rücksicht auf die undurchsichtige, gefahrenträchtige internationale Konstellation auf Favres Angebot einzugehen, die Kapitulation von Paris mit dem Abschluß eines Waffenstillstands und der Abhaltung von Wahlen zu koppeln und dadurch den Weg zum Frieden zu planen, zumal die deutschen Minimalforderungen von französischer Seite schließlich akzeptiert wurden. Sicherlich hat er auch betont, wie wichtig es sei, dem Pariser Gouvernement nicht zu viel zuzumuten, um die offensichtlich verhandlungswillige französische Regierung vor dem Sturz zu bewahren. Des weiteren dürfte Bismarck eindringlich darauf aufmerksam gemacht haben, welche – für Preußen-Deutschland keineswegs vorteilhaften – Konsequenzen eine Ablehnung des französischen Angebots, die Kapitulation von Paris mit einer politischen Abmachung zu kombinieren, oder ein Scheitern der Verhandlungen wegen zweitrangiger Divergenzpunkte haben würde.

Es ist keine Übertreibung, wenn man behauptet, daß Verlauf und Ausgang der Verhandlungen in hohem Maße bereits durch den Verhandlungsauftakt am 23. Januar präjudiziert worden sind. Und zwar in zweifacher Hinsicht. Zum einen: Nicht ein französischer General erschien im deutschen Hauptquartier, um mit dem Oberkommandierenden der Belagerungsarmee oder dem Chef des Generalstabs die Kapitulationsbedingungen auszuhandeln, sondern der Außenminister der provisorischen Regierung, zugleich stellvertretender Vorsitzender des Ministerrats, suchte bei Bismarck um eine Besprechung nach – eine derartige Demarche hatte Bismarck noch wenige Tage oder sogar Stunden zuvor für ganz unwahrscheinlich gehalten. Favres Initiative bot Bismarck eine Handhabe, in politische Gespräche einzutreten, die politischen Gesichtspunkte ganz in den Vordergrund zu rücken, die Männer des Generalstabs auch bei der Formulierung der militärischen Bedingungen weitgehend zu überspielen und so im noch schwebenden Konflikt mit Moltke und dessen Mitarbeitern mit größter Entschlossenheit den Primat der Politik durchzusetzen. Diese Chance hat Bismarck sofort erkannt und – um der Sache willen – rücksichtslos genutzt[20]. Zum anderen: Was Favre am Abend des 23. Januar vortrug und am Ende der Unterredung auf Bismarcks ausdrückliches Ersuchen zu Papier brachte, war – weit stärker, als Favre wissen oder ahnen konnte – in Bismarcks Sicht eine durchaus akzeptable Grundlage für ernsthafte Erörterungen über die Kapitulation von Paris und den Abschluß eines politischen Übereinkommens. Deshalb entschied sich bereits in dieser ersten Unterredung, daß Bismarck von nun an alles in seiner Macht Stehende tun würde, um die Verhandlungen zu einem Erfolg zu führen – auch gegen zu erwartende Reserven oder gar offene Widerstände im eigenen Lager.

[20] Siehe dazu die eindringliche und zutreffende Analyse bei KLEIN-WUTTIG 150 ff. Aus der Sicht eines engen Mitarbeiters von Moltke: BRONSART 308 ff. Vgl. auch STOSCH 227 f.

Worin bestand der substantielle Gehalt der Eröffnungen Favres am Abend des 23. Januar? Folgt man Favres Bericht über die Unterredung[21], dann leitete er die Aussprache mit der Bemerkung ein, er wolle die Unterhaltung dort wieder aufnehmen, wo sie in Ferrières abgebrochen worden sei; zwar habe sich inzwischen die Lage verändert, es bleibe jedoch die Verpflichtung, dem Krieg ein Ende zu machen. Allerdings sei die Pariser Bevölkerung nach wie vor zu einer „résistance à outrance" entschlossen – Beweis dafür: der Rücktritt Trochus, der weitere offensive Aktionen für schwierig gehalten habe –, aber er wolle doch in Erfahrung bringen, welche Bedingungen von deutscher Seite gewährt würden, wenn Paris die Waffen niederlege. Falls diese Bedingungen akzeptabel seien, wäre ein Verzweiflungskampf vermeidbar. Daß es die desolate Versorgungslage in Paris war, die ihn zum Gang nach Versailles veranlaßt hatte, verschwieg Favre[22].

Auf Favres Äußerungen reagierte Bismarck zunächst mit dem trockenen Hinweis, Favre komme zu spät. Um den Krieg möglichst rasch zu beenden, suche er „le moyen le plus direct et le plus sûr"[23], und da angesichts der von Gambetta ausgeübten Diktatur gegenwärtig in Frankreich keine echten Wahlen möglich seien, habe er Verhandlungen mit Repräsentanten des Kaiserreichs aufgenommen. Ein endgültiger Entschluß sei noch nicht getroffen, vielmehr würden verschiedene Kombinationen erwogen (Napoleon III., Regentschaft, Prinz Napoleon), auch an die Wiedereinberufung des Corps Législatif werde gedacht.

Gegen derartige Intentionen und Insinuationen protestierte Favre vehement und nannte die sofortige Wahl einer Konstituante den einzig erfolgversprechenden Weg zur Beendigung des Blutvergießens.

Im weiteren Verlauf des Gesprächs[24] kristallisierte sich dann heraus, welche Bedingungen für die Kapitulation von Paris Favre als akzeptabel erachtete und wie Bismarck diese Konditionen beurteilte. Die von Favre entwickelte Verhandlungsbasis sah folgendermaßen aus: die Pariser Garnison würde die Waffen niederlegen, aber kriegsgefangen in Paris verbleiben, die Nationalgarde hingegen ihre Waffen behalten; deutsche Truppen sollten nicht ins Stadtinnere einmarschieren, sondern sich auf die Besetzung der vorher desarmierten Forts beschränken; die Stadt Paris würde eine Kriegskontribution zahlen und sofort mit Lebensmitteln versorgt werden. Die Kapitulation von Paris sollte sich im Rahmen eines Waffenstillstands

---

[21] Über das Gespräch am 23. 1. 1871 fertigte Favre am folgenden Vormittag eine ausführliche Aufzeichnung an, die er dann am Abend dieses Tages im Ministerrat verlas. Die Notizen im Kabinettsprotokoll sind zwar knapp gehalten (PROCES-VERBAUX 581 f.), es ergeben sich jedoch keine Widersprüche zwischen den dort festgehaltenen Formulierungen und dem von Favre in seinen Memoiren veröffentlichten Text der Aufzeichnung (FAVRE 2, 381–389), so daß dieser als authentisch betrachtet werden darf.
[22] In den folgenden Tagen gab Favre Bismarck gegenüber vor, Paris sei noch für sechs Wochen mit Lebensmitteln versorgt (FAVRE 2, 377, 403; EP Dép. 1, 358). Erst nach der Unterzeichnung des Waffenstillstandsabkommens, am 29. Januar, entschloß er sich, Bismarck die verzweifelte Situation offen darzulegen und um beschleunigte großangelegte Maßnahmen zur Verproviantierung von Paris zu bitten (FAVRE 2, 410 f.; STOSCH 228).
[23] FAVRE 2, 383.
[24] Ebd. 386 ff.

vollziehen, während dessen Dauer eine Konstituante gewählt wurde. Dieser blieb die Entscheidung über Krieg oder Frieden sowie über die Regierungsform vorbehalten.

Abschluß eines Waffenstillstands und Wahl einer Konstituante – dieser Vorschlag entsprach durchaus Bismarcks eigenen Vorstellungen, die er häufig genug artikuliert hatte. Schwieriger war es für ihn, zu den militärischen Bedingungen Stellung zu nehmen, obwohl Favres Forderungen keineswegs in diametralem Gegensatz zu seinen eigenen Überlegungen standen. Bismarck hielt es nämlich selbst für wünschenswert, daß die regulären französischen Truppenverbände kriegsgefangen in Paris blieben und nicht nach Deutschland abtransportiert wurden, und er betrachtete eine sofortige Besetzung des Stadtinnern als keineswegs erforderlich. Diese Auffassung hatte er in den Tagen zuvor mehrfach in Tischgesprächen zum Ausdruck gebracht[25], sogar noch bei der Mittagstafel am 23. Januar[26]. Deshalb erklärte er Favre ganz offen, er selbst lege keinen gesteigerten Wert auf einen deutschen Truppeneinmarsch in Paris, fügte aber hinzu, beim König und bei der „Militärpartei" werde eine derartige Bedingung, wie auch der Verzicht auf die Entwaffnung der Nationalgarde, kaum durchzusetzen sein.

Am Schluß der Unterredung bat Bismarck Favre um eine schriftliche Fixierung seiner „Ideen", damit er auf dieser Basis dem König Vortrag halten könne. Zögernd fand sich Favre bereit, seine Propositionen niederzuschreiben[27]. Der Text dieses inhaltsschweren Schriftstücks – es wurde faktisch zum Schlüssel, der das Tor zum Frieden öffnete – lautet[28] – ins Deutsche übersetzt –: „Paris beendet seinen Widerstand und legt die Waffen nieder. Die deutsche Armee wird ein oder mehrere Forts besetzen, die ihr durch die Chefs der französischen Korps übergeben werden. Eine Kriegskontribution wird zwischen dem Kommandanten der deutschen Armee[29] und der Munizipalität von Paris ausgehandelt. Die Garnison

---

[25] Am 17. 1. 1871 verzeichnete Busch die Äußerung: „Ich denke mir, wenn wir Paris mit Gottes Hilfe haben, da besetzen wir es nicht mit unsern Truppen. Den Dienst mag die Nationalgarde darin versehen. Auch ein französischer Kommandant. Wir besetzen bloß die Forts und die Enceinte. Hinein wird jeder gelassen, aber niemand heraus. Ein großes Gefängnis also, bis sie wegen des Friedens klein beigeben" (BUSCH 2, 57). Eine ähnlich lautende Formulierung Bismarcks hielt Busch am 21. Januar fest (ebd. 68).
[26] FRANKENBERG 334 f.
[27] FAVRE 2, 388 f.; PROCES-VERBAUX 582. Bismarck sagte zu, Favres eigenhändige Aufzeichnung nicht zu den amtlichen Akten zu geben, und hielt Wort: das Dokument befindet sich im Bismarck-Archiv Friedrichsruh. Da es dort bei der Korrespondenz mit „Duparc" (= Duvernois) abgelegt wurde, hielt H. KOHL Duvernois für den Verfasser, als er das Dokument im Bismarck-Jahrbuch 4 (Leipzig 1897) 206 veröffentlichte. Favres Text schrieb Bismarck eigenhändig ab und gab diese seine Abschrift in die Kanzlei, wo eine weitere Abschrift angefertigt wurde (PA I ABc 70 Bd. 85, Bl. 30 f.; auch GW 6b Nr. 2014 Vorbem.).
[28] Eigenhändige Aufzeichnung Favres o.D. – Bismarck-Archiv Friedrichsruh B37 (Duparc). Bismarcks Abschrift: PA I ABc 70 Bd. 85, Bl. 30; auch gedruckt GW 6b Nr. 2014 Vorbem.
[29] Favres Formulierung „le commandant de l'armée allemande" änderte Bismarck in seiner Abschrift um in: „les autorités allemandes". Dies ist, abgesehen von zwei belanglosen Schreibfehlern, Bismarcks einziger Eingriff in Favres Text.

von Paris – Linienarmee und Mobilgarde – wird die Waffen niederlegen. Sie bleibt kriegsgefangen auf Ehrenwort in Paris bis zum Friedensschluß. Die Nationalgarde behält ihre Waffen. Die deutsche Armee wird in den Forts bleiben, ohne ins Stadtinnere einzumarschieren. Ein Waffenstillstand wird unverzüglich abgeschlossen, und Paris wird verproviantiert. Eine (konstituierende) Versammlung wird innerhalb von zwei Wochen gewählt[30], sie tritt in Bordeaux zusammen, sie entscheidet über Frieden oder Krieg sowie über die Frankreich zu gebende Regierungsform."

Sofort nach Beendigung der Unterredung mit Favre begab sich Bismarck – gegen Mitternacht – zum König, um ihn kurz über Favres Eröffnungen zu informieren[31]. In eine Erörterung der Materie wurde jedoch erst am folgenden Vormittag im „Conseil" eingetreten. Teilnehmer waren außer dem König und Bismarck nur der Kronprinz, Moltke und Roon; die Beratungsgrundlage bildeten Favres schriftliche Propositionen[32]. Wenn in dieser Sitzung von militärischer Seite tatsächlich die Meinung vertreten worden sein sollte, mit Leuten wie Favre dürfe man gar nicht verhandeln, sondern Paris müsse sich auf Gnade oder Ungnade ergeben[33], dann ist es Bismarck doch rasch gelungen, sich mit seiner Auffassung durchzusetzen, die von Favre skizzierte Verhandlungsbasis könne grundsätzlich angenommen werden. Denn die Beratungen über Favres Vorschläge gingen durchaus ins Detail, bei verschiedenen Punkten wurden bereits Präzisierungen oder auch Fragen formuliert sowie Gegenpropositionen ins Auge gefaßt[34]. Schließlich erhielt Bismarck die Ermächtigung, mit Favre in offizielle Verhandlungen einzutreten.

Unterdessen wartete Favre gespannt, was ihm Bismarck in der auf 13 Uhr anberaumten zweiten Unterredung mitteilen würde. Aus dem Verlauf des Gesprächs

---

[30] In Favres Text „nommée"; aufgrund der Darlegungen Favres gegenüber Bismarck besteht kein Zweifel, daß „gewählt" gemeint ist.
[31] Während Bismarck über den Inhalt des Gesprächs mit Favre vorläufig auch gegenüber seinen engsten Mitarbeitern strenges Stillschweigen bewahrte, pfiff er nach der Audienz beim König im Zimmer der Flügeladjutanten und dann bei der Rückkehr in die Villa Jessé im Kreis der Mitarbeiter den Halali-Pfiff des Jägers – den Anwesenden war klar, was dies zu bedeuten hatte. BUSCH 2, 71 f.; ABEKEN 502, 516; FRIEDRICH III. 353; Großherzog FRIEDRICH I. von Baden 2, 339; FRANKENBERG 336.
[32] BRONSART 307.
[33] Großherzog FRIEDRICH I. von Baden 2, 338 f.; GW 6b Nr. 2014 Vorbem. Nur sehr wortkarg äußert sich der Kronprinz über diese Conseil-Sitzung (FRIEDRICH III. 352 f.). Vgl. auch BUSCH 2, 73 f. (verärgerte Bemerkung Bismarcks nach Schluß der Sitzung über den Stil der Beratung).
[34] Dies geht hervor aus Bismarcks Marginalien auf der Kanzleiabschrift von Favres Propositionen (PA I ABc 70 Bd. 85, Bl. 31; vgl. Anm. 27). So notierte Bismarck – um das Wichtigste anzuführen –: „prisonniers de guerre à l'exception d'une division, les autres cantonnés avec leurs officiers" (dazu gehören an anderer Stelle des Blattes vermerkten Worte: „St. Maur, Gennevilliers; Offiziere St. Denis, Vincennes"); „3000 gendarmeries et garde républicaine". Zu Favres Formulierung „un ou plusieurs des forts" vermerkte Bismarck schlicht „alle" sowie „Forts in Zustand wie sie sind mit Geschützen, Wälle desarmieren". Beim Satz „L'armée allemande restera dans les forts sans entrer dans la ville de Paris" ist eingefügt „durant l'armistice", bei „armistice" „3 Wochen ganz Frankreich". Am Ende von Favres Text finden sich die Worte „Minen? Bahnen?"

12. Der Abschluß des Waffenstillstands 339

am Abend des 23. Januar hatte er die Hoffnung geschöpft, es könne vielleicht tatsächlich gelingen, auf der Grundlage der von ihm für unabdingbar gehaltenen Bedingungen ein Abkommen zustande zu bringen. Aber seine Erleichterung war doch groß, als ihm Bismarck das Ergebnis der Beratungen im Conseil unterbreitete[35]: der König habe ihn zu offiziellen Verhandlungen autorisiert, einem Waffenstillstand von dreiwöchiger Dauer mit Wahlen und Übergabe von Paris werde zugestimmt; die Armee dürfe in Paris bleiben, die Soldaten würden in zwei Lagern außerhalb der Enceinte kantoniert, die Offiziere in St. Denis interniert; die Nationalgarde könne ihre Waffen behalten. Was die Besetzung von Paris anging, spannte Bismarck Favre zunächst etwas auf die Folter, erklärte aber schließlich, daß Paris während des dreiwöchigen Waffenstillstands nicht besetzt werde; aber alle Forts müßten übergeben und der Stadtwall desarmiert werden, außerdem sei eine Kriegskontribution zu leisten. Allerdings richtete Bismarck an Favre auch eine Frage, deren Berechtigung sich dann sogleich nach der Unterzeichnung der Waffenstillstandskonvention erweisen sollte: ob Favre sich sicher sei, daß man in der Provinz den Weisungen des Pariser Gouvernements nachkommen werde? Favre antwortete wahrheitsgemäß mit „Nein", fügte aber hinzu, er sei bereit, selbst in die Provinz zu gehen und die Beendigung der Feindseligkeiten zu verlangen. Insgesamt konnte Favre mit Bismarcks Stellungnahme sehr zufrieden sein. In den wichtigsten Punkten waren die von ihm gestellten Bedingungen für ein Kapitulations- und Waffenstillstandsabkommen akzeptiert worden. Doch der Teufel steckte im Detail, und daher mußte durchaus damit gerechnet werden, daß sich bei der genauen Festlegung und Ausformulierung der einzelnen Bestimmungen eines Abkommens noch eine Fülle von Schwierigkeiten ergeben konnte.

Sofort nach der Unterredung am Nachmittag des 24. Januar trat Favre die Rückreise nach Paris an. Noch am späten Abend fand eine Kabinettsitzung statt, in der Favre ausführlich über seine Verhandlungen berichtete[36]. Staunend nahmen die Minister zur Kenntnis, wie weitgehend die von Favre präsentierten Vorschläge akzeptiert worden waren; unerwartet, unverhofft seien diese Bedingungen, „inespérées" lautete das Wort, das in der Diskussion am häufigsten gebraucht wurde. Der Waffenstillstand decke die Kapitulation; daß die Nationalgarde ihre Waffen behalte, rette die Ehre, erklärte Picard[37], und in ähnlichem Sinne äußerten sich auch die meisten anderen Kabinettsmitglieder. Mit großer Mehrheit beschloß der Ministerrat, die Bedingungen anzunehmen. Hingegen verfiel Favres Antrag, zur

---
[35] Das Folgende nach FAVRE 2, 390 ff. und PROCES-VERBAUX 583 ff. Hinsichtlich der Verhandlungen, die ab 24. Januar stattfanden, konnte sich Favre bei der Abfassung seiner Memoiren nicht auf sofort angefertigte Aufzeichnungen stützen (wie bezüglich der Unterredung am 23. Januar) und berichtet deshalb über diese Tage mehr summarisch zusammenfassend. Zur inhaltlichen und chronologischen Kontrollierung der Angaben Favres sind die Kabinettsprotokolle heranzuziehen (vgl. zutreffend KLEIN-WUTTIG 147).
[36] PROCES-VERBAUX 580 ff. Die Sitzung dauerte von 22 Uhr bis 2 Uhr nachts.
[37] Ebd. 585.

nächsten Verhandlungsrunde in Versailles sollten ihn ein Militär- und ein Finanzsachverständiger begleiten, der Ablehnung[38].

Am frühen Nachmittag des 25. Januar trat der Ministerrat erneut zusammen[39]. Zuerst ging es um die Höhe der Kriegskontribution[40], danach verlas Favre den „Vertragsentwurf", den er am Vormittag ausgearbeitet hatte[41]. Eingehender besprochen wurden vor allem die Artikel, die sich mit dem Tagungsort der zu wählenden Konstituante[42], mit der Übergabe der Forts und mit der Desarmierung der Enceinte befaßten. Um die Ordnung in Paris aufrechtzuerhalten, sollte Favre – nach dem Willen der Kabinettsmitglieder – zu erreichen versuchen, daß drei Divisionen mit jeweils 10 000 Mann ihre Waffen behalten durften. Würde dies abgelehnt, sollte die Betrauung der bewaffneten Gendarmerie und „ähnlicher Truppen" mit der Aufrechterhaltung der inneren Ordnung beantragt werden. Gegen Ende der Sitzung kam es dann noch zu einer kontroversen Diskussion über die Frage, ob eine Ratifizierung des Abkommens durch „Paris", d. h. durch die Pariser Bevölkerung, erforderlich sei, wie Garnier-Pagès und Arago meinten; sie konnten sich mit ihrer Auffassung aber nicht durchsetzen. Schließlich wurde die Verhandlungsvollmacht für Favre redigiert und von allen Mitgliedern des engeren Kabinetts unterzeichnet[43]. Gegen 17 Uhr machte sich Favre wieder auf den Weg nach Versailles, auch diesmal nur von seinem Schwiegersohn und einem Ordonnanzoffizier begleitet[44].

---

[38] Ebd. 591. Auch als Favre in der Kabinettsitzung am folgenden Tag nochmals darum ersuchte, Trochu und Picard sollten ihn nach Versailles begleiten, wurde dieser Bitte nicht entsprochen (ebd. 593).
[39] Ebd. 592 ff. Die Sitzung dauerte von 13.30 Uhr bis kurz nach 17 Uhr.
[40] Wie Favre berichtete, hatte Bismarck eine Summe von 1 Milliarde (Francs) genannt. Finanzminister Picard meinte, auch ein Betrag von 400 Millionen wäre schon eine „beträchtliche Summe". In Artikel XI der Konvention vom 28. 1. 1871 wurde die Kontribution dann auf 200 Millionen festgesetzt.
[41] Die Textfassung dieses ersten Favreschen Konventionsentwurfs ist wohl nicht überliefert, befindet sich jedenfalls nicht im Nachlaß Favre. Der Entwurf, den Favre am 26. Januar Bismarck übergab (s. Anm. 46), berücksichtigt bereits die Ergebnisse der Kabinettsberatungen vom 25. Januar.
[42] Trochu konnte sich mit seinen Einwänden gegen Bordeaux als einer „zu unruhigen" Stadt nicht durchsetzen.
[43] Das Originaldokument, datiert Paris 25. 1. 1871, unterschrieben von Trochu, Picard, Ferry, Simon, Pelletan, Em. Arago, Garnier-Pagès, befindet sich: PA I ABc 70 Bd. 85, Bl. 16 (pr. Versailles 26. 1.).
[44] Bismarck mag es gar nicht so unlieb gewesen sein, daß Favre auch zur zweiten Verhandlungsrunde keinen Militärfachmann mitbrachte, denn es war ihm dadurch möglich, mit Favre auch militärische Aspekte zu besprechen und dann im Conseil eine mit dem französischen Unterhändler bereits erzielte „Einigung" über bestimmte Punkte zu präsentieren. Als Favre am 24. Januar Bismarck entschuldigend darauf hinwies, daß er für militärische Fragen nicht kompetent sei, soll dieser erwidert haben: „Nous sommes tous les deux dans une situation telle que notre signature suffit ...; je crois que nous pouvons tout faire à nous deux" (EP Dép. 1, 362).

Noch in den Abendstunden hatte Favre eine mehrstündige Unterredung mit Bismarck. Über die Themen, die besprochen wurden, sind wir nur unzureichend informiert[45]. Aber zweifellos hat Favre Bismarck die förmliche Verhandlungsvollmacht ausgehändigt und ihm mitgeteilt, das Pariser Gouvernement sei prinzipiell bereit, auf der festgestellten Verhandlungsbasis ein allgemeines Waffenstillstandsabkommen abzuschließen und die Kapitulation von Paris zu vollziehen. Es dürften dann auch jene Punkte zur Sprache gekommen sein, bei denen französischerseits noch Verbesserungen und Erleichterungen gewünscht wurden. Ob Favre seinen präzise ausgearbeiteten Vertragsentwurf bereits am Abend des 25. Januar oder erst am Vormittag des 26. Januar überreicht hat, ist unklar; das Begleitschreiben zum Entwurfstext jedenfalls ist vom 26. Januar datiert[46].

Das entscheidende Faktum war, daß Favres Mitteilung letzte Zweifel Bismarcks beseitigte, ob die provisorische Regierung sich wirklich zum Abschluß eines politischen Übereinkommens bereit finden werde, das diejenigen Bestimmungen enthielt, die nach Bismarcks Auffassung deutsche „essentials" waren. Dies festigte seine Entschlossenheit, das Zustandekommen einer Konvention nicht mehr scheitern zu lassen, auch nicht an Divergenzen über militärische Detailbestimmungen.

Eine solche Entschlossenheit war durchaus vonnöten. Denn bei der Beratung von Favres Konventionsentwurf in der Conseil-Sitzung am 26. Januar[47] traten die Gegensätze zwischen Bismarck und Moltke erneut zutage „und es entstand eine lange und peinliche Diskussion in Gegenwart des Kaisers"[48]. Von diesem erfuhr Großherzog Friedrich von Baden, der Schwiegersohn Wilhelms I., nach der Sitzung, es sei sehr schwer gewesen, „alle Köpfe unter einen Hut zu bringen", „da die politischen Interessen von militärischer Seite nicht verstanden werden wollten und den militärischen Interessen von politischer Seite die rechte Würdigung versagt wurde. Besonders das letztere war der Stein des Anstoßes, wobei Graf Bismarck auch teils vom Kaiser bekämpft wurde"[49]. Tatsächlich war Wilhelm I. ganz und gar nicht einverstanden mit der Bestimmung, daß die deutschen Truppen nicht sofort in Paris einmarschieren sollten[50] – obwohl Bismarck bereits am 24. Januar, kaum völlig eigenmächtig, Favre konzediert hatte, daß während der Dauer

---

[45] Die Memoiren Favres lassen uns hier im Stich. Aufgrund der Bemerkungen, die Bismarck nach der Unterredung im Mitarbeiterkreise machte, ist anzunehmen, daß u. a. Details der militärischen Bestimmungen erörtert wurden, die Besprechung dann aber in eine Unterhaltung allgemeineren Charakters überging (BUSCH 2, 82 ff.).
[46] Schreiben Favre an Bismarck, Versailles 26. 1. 1871 (pr. 26. 1.) mit Anlage „projet" – PA I ABc 70 Bd. 85, Bl. 32 ff. Auf diesen Blättern zahlreiche Marginalien Bismarcks, die vermutlich während der Conseil-Sitzung am 26. Januar angebracht wurden. Der Text von Favres „projet" ist im Anhang abgedruckt, siehe unten S. 370 ff.
[47] Die Sitzung, an der neben Wilhelm I. und Bismarck wieder der Kronprinz, Moltke und Roon teilnahmen, dauerte von zehn bis einhalb zwei Uhr. Siehe dazu vor allem FRIEDRICH III. 354 f.
[48] Großherzog FRIEDRICH I. von Baden 2, 341.
[49] Ebd.
[50] FRIEDRICH III. 354.

des Waffenstillstands das Stadtinnere nicht besetzt würde[51]. Schließlich einigte man sich aber doch auf die Grundzüge eines Abkommens.

In seiner Tagebuchnotiz vom 26. Januar hielt der Kronprinz u. a. folgendes fest: „Waffenruhe zu Land und Wasser bis zum 19. Februar. Eine Demarkationslinie trennt die kriegführenden Teile auf zehn Kilometer Entfernung voneinander, mit dem Tage, an welchem dieser Vertrag jeweils bei den Truppen eintrifft. Nur in dem Côte d'Or-, Doubs- und Jura-Departement dauert der Krieg ebenso wie die Belagerung von Belfort weiter fort, bis genaue Nachrichten über die Kriegslage von dort eingetroffen sind ... Eine sofort auszuschreibende, aus freier Wahl hervorgehende Konstituante wird in Bordeaux zusammentreten und beschließt über Fortsetzung des Krieges oder die Friedensbedingungen ... Die Pariser Forts, mit Ausschluß dessen von Vincennes ... werden nebst allem Kriegsmaterial uns übergeben. Vor Ablauf des Waffenstillstands gehen die Deutschen nicht hinein [ins Stadtinnere] ... Die Enceinte wird desarmiert, die Geschützlafetten werden sofort entfernt, die Kanonenrohre aber bleiben, da sie nicht transportierbar sind. Linie, Mobilgarde und Marinetruppen strecken die Waffen, nur eine 12 000 Mann starke Division bleibt unter den Waffen behufs Aufrechterhaltung der Sicherheit; niemand darf Paris verlassen. Sobald der Waffenstillstand ohne Friedensschluß abläuft, ist alles kriegsgefangen, doch behalten die Offiziere ihre Degen. Allein die Nationalgarde und einige Gendarme, Douaniers usw. bleiben bewaffnet behufs Leistung des Sicherheitsdienstes in Paris. Dagegen werden sämtliche Franktireurs sofort aufgelöst ... Paris zahlt 200 Millionen Frank Kriegskontribution innerhalb der nächsten vierzehn Tage ..."[52].

Am Nachmittag des 26. Januar wurde Favre von Bismarck über die Beratungsergebnisse in Kenntnis gesetzt, und Bismarck glaubte sich einer Einigung jetzt bereits so nah, daß er eine „Allerhöchste Entscheidung" erwirkte, Favre die Einstellung des Geschützfeuers von beiden Seiten um Mitternacht vorzuschlagen. Favre ging höchst erfreut auf diesen Vorschlag ein[53]. Erst danach informierte Bismarck den Generalstabschef Moltke über die Verabredung[54] – verbittert fügten sich die Militärs diesem neuen Übergriff des „Zivilisten" in ihr Ressort[55].

Am Abend nach Paris zurückgekehrt, berichtete Favre in einer gegen 22 Uhr beginnenden Kabinettssitzung über den Stand der Verhandlungen[56]. Er begann sei-

---

[51] Vgl. oben S. 339.
[52] FRIEDRICH III. 354 f. Auf der Grundlage dieser Beratungsergebnisse wurde von Bismarck und Hatzfeldt ein „contre-projet" ausgearbeitet, das im Aufbau und in zahlreichen Formulierungen mit Favres „projet" übereinstimmte, aber Favres Text auch in vielen Punkten modifizierte und erheblich erweiterte: „Projet de convention" – PA I ABc 70 Bd. 85, Bl. 81 ff.; der Text ist abgedruckt im Anhang, siehe unten S. 370 ff.
[53] FAVRE 2, 403 f.
[54] Schreiben Bismarck an Moltke, Versailles 26. 1. 1871 – PA I ABc 70 Bd. 85, Bl. 21; auch GW 6b Nr. 2014.
[55] BRONSART 312; STOSCH 227.
[56] PROCES-VERBAUX 602 ff.

ne Darlegungen mit der Bemerkung: die Verhandlungen hätten heute beendet werden können, wenn er einen General bei sich gehabt hätte. Bei einigen Regelungen seien allerdings noch Schwierigkeiten zu überwinden, etwa bei der Festlegung der neutralen Zone und bei der Einbeziehung von Belfort und der Armee Bourbakis in den Waffenstillstand (auf letzteres Problem wird gleich ausführlicher zurückzukommen sein). Immerhin seien in mehreren Punkten wesentliche Verbesserungen erreicht worden; Favre nannte den Verzicht auf eine Kantonierung der kriegsgefangenen Armee und auf eine Trennung von Offizieren und Mannschaften, die sofortige Einleitung von Vorbereitungsmaßnahmen zur Verproviantierung von Paris, die Reduzierung der Kriegskontribution auf 200 Millionen. Es war klar, daß Favre die abschließenden Verhandlungen über die noch offenstehenden militärischen Regelungen nur mit Unterstützung eines sachkundigen Militärs führen konnte. Aber das Kabinett tat sich außerordentlich schwer, einen geeigneten Offizier zu finden, der bereit war, diese Aufgabe zu übernehmen. Schließlich wurde der General de Beaufort bestimmt, der Favre höchst widerwillig am 27. Januar ins deutsche Hauptquartier begleitete, sich dann aber weigerte, ein weiteres Mal mit nach Versailles zu gehen. Daher trat an seine Stelle am 28. Januar, dem letzten Verhandlungstag, General Valdan, Stabschef von General Vinoy, der in der Nachfolge von Trochu am 22. Januar zum Pariser Oberkommandierenden ernannt worden war.

Am 27. und 28. Januar saßen sich am Verhandlungstisch Moltke, General von Podbielski und Bismarck auf der einen Seite, der französische General, sein Ordonnanzoffizier und Favre auf der anderen Seite gegenüber, um die militärischen Detailbestimmungen der Konvention zu vereinbaren[57]. Es ging vor allem um die Festlegung einer Demarkationslinie zwischen den deutschen und französischen Armeen sowie um die Regelungen für die Übergabe von Paris (u. a. Übergabe der Forts, Auslieferung von Waffen und Kriegsmaterial, Festlegung einer neutralen Zone zwischen den Forts und der Enceinte). Dies braucht hier nicht im einzelnen verfolgt zu werden, nur ein Problem bedarf der genaueren Erörterung: in der Konvention vom 28. Januar wurde die Demarkationslinie nur bis zu dem Punkt im östlichen Frankreich fixiert, an dem die Departements Côte d'Or, Nièvre und

---

[57] Zu den Verhandlungen am 27. Januar siehe vor allem den ausführlichen Bericht von Beauforts Ordonnanzoffizier Calvel (EP Dép. 3, 168 ff.); ferner die Aussage von General Beaufort vor der Untersuchungskommission (EP Dép. 3, 164 ff.) und Favres Berichterstattung in der Kabinettsitzung am späten Abend des 27. Januar (PROCES-VERBAUX 609 ff.). Für die Verhandlungen über die militärischen Spezialbestimmungen hatte Moltke eine umfangreiche Vorlage ausgearbeitet, die er Bismarck zuleitete (PA I ABc 70 Bd. 85, Bl. 62 ff.; auch gedruckt bei MOLTKE, Dienstschriften 1870/71, 541 ff.; vgl. dazu auch das zessierende Schreiben Hatzfeldts an Moltke vom 27. 1. 1871 - PA I ABc 70 Bd. 85, Bl. 66 ff.). Am frühen Vormittag des 27. Januar, noch vor Beginn der Beratungen mit den französischen Unterhändlern, hatten Moltke und Bismarck ein längeres Gespräch unter vier Augen, das anscheinend die Differenzen im wesentlichen beilegten (ABEKEN 504; BUSCH 2, 94; BRONSART 312 f.; KLEIN-WUTTIG 154). - Über die Verhandlungen am 28. Januar äußerte sich General Valdan vor der Untersuchungskommission (EP Dép. 3, 177 ff.). Zum Verlauf der Beratungen am 27. und 28. Januar vgl. insgesamt auch FAVRE 2, 400 ff. und EP Dép. 1, 363 ff. (Favre).

Yonne zusammenstießen. Die Festlegung der Linie von diesem Punkte ab wurde einem Übereinkommen vorbehalten, „welches stattfinden wird, sobald die kontrahierenden Teile über den gegenwärtigen Stand der militärischen Operationen in den Departements Côte d'Or, Doubs und Jura unterrichtet sein werden". Bis zum Augenblick einer Einigung konnten die militärischen Aktionen in diesen drei Departements sowie die Belagerung der Festung Belfort „unabhängig vom Waffenstillstand" fortgesetzt werden[58]. Das bedeutete: der Operationsraum der französischen Ostarmee wurde nicht sofort und automatisch in den Waffenstillstand einbezogen. Ob es diese Bestimmung gewesen ist, die zum „Verlust" der französischen Ostarmee geführt hat – darüber hat man in Frankreich nach dem Krieg erbittert gestritten. Vor allem Favre wurde zur Zielscheibe einer gehässigen Kritik. War und ist diese Kritik berechtigt?

Ende Dezember, wir erwähnten dies bereits[59], hatte die rund 100 000 Mann starke französische Ostarmee unter General Bourbaki eine Offensive begonnen mit dem Ziel, die belagerte Festung Belfort zu entsetzen und womöglich die Rheinlinie zu bedrohen. Doch in der Schlacht an der Lisaine (10.–13. Januar) behaupteten sich die deutschen Truppen unter General von Werder gegen die zahlenmäßig weit überlegenen französischen Streitkräfte, während in Eilmärschen die Armee Manteuffel heranrückte, um Werder zu entlasten und der Ostarmee die Rückzugslinie nach Süden abzuschneiden. Als Manteuffel am 21. Januar das Städtchen Dôle südwestlich von Besançon erreichte, wurde die Lage für die völlig demoralisierte, dem Verhungern nahe Ostarmee höchst kritisch; ihr Rückzug geriet nun zur regelrechten Flucht. Am 24. Januar beschloß ein Kriegsrat, den Fluchtweg durch den französischen Jura zu wählen; es sollte versucht werden, von Pontarlier aus auf einer schmalen, tiefverschneiten, kaum passierbaren Gebirgsstraße entlang der Schweizer Grenze doch noch nach Süden zu entkommen. Aber in den letzten Januartagen zeichnete sich immer deutlicher ab, daß das Schicksal der Armee besiegelt war. Am 26. Januar unternahm Bourbaki einen Selbstmordversuch. An seine Stelle trat General Clinchant, der am 31. Januar mit dem Schweizer General Herzog eine Konvention abschloß: rund 80 000 französische Soldaten überschritten am 1. Februar einige Kilometer östlich von Pontarlier die Grenze und wurden in der Schweiz interniert. Wäre das Ausscheiden einer kompletten Armee aus dem Krieg – der dritten nach den Kapitulationen von Sedan und Metz – bei geschickterer französischer Verhandlungsführung vermeidbar gewesen? Die gegen Favre erhobenen Vorwürfe konzentrierten sich auf zwei Punkte[60]. Erstens: Er habe zuerst nicht insistiert, daß auch die Armee Bourbaki von vornherein in den Waffenstillstand einbezogen wurde. Zweitens: Danach habe er es dann sträflicherweise unterlassen, in einem Telegramm, das er unmittelbar nach der Unterzeichnung

---

[58] Artikel 1 der Konvention vom 28. 1. 1871, abgedruckt im Anhang, siehe unten S. 370 ff.
[59] Siehe oben S. 330; für das folgende vgl. u. a. HOWARD 411 ff.; Colonel SECRETAN, L'armée de l'Est, Paris 1894; E. BAUER, Le calvaire de l'armée de l'Est, in: Musée Neuchâtelois 1971, 27–54.
[60] Vgl. dazu insgesamt RECLUS 434 ff.

der Konvention von Versailles nach Bordeaux schickte, ausdrücklich darauf hinzuweisen, daß der Waffenstillstand nicht für die Ostarmee gelte.

Was den ersten Punkt angeht, so liegen die Dinge klar. Als das Pariser Gouvernement am 23. Januar die Aufnahme von Verhandlungen beschloß, waren die Minister über die Situation der Armee Bourbaki schlecht informiert: sie kannten nur die ersten optimistischen Meldungen Gambettas über einen Vormarsch Bourbakis in Richtung Belfort und Rhein und hofften noch auf einen Erfolg des Unternehmens. Deshalb wurde Favre angewiesen, im Fall des Abschlusses eines Waffenstillstands darauf zu bestehen, daß dieser nicht auf die Ostarmee ausgedehnt werde, damit Bourbakis Aktionen nicht behindert würden[61]. Im Verlauf der Versailler Verhandlungen erfuhr Favre dann von Bismarck, Bourbaki befinde sich in einer kritischen Lage; diese Äußerungen Bismarcks hat er seinen Ministerkollegen in den Kabinettsitzungen mitgeteilt[62]. Aber weder die Kabinettsmitglieder noch die in den Sitzungen anwesenden Militärs haben daraufhin gefordert, Favre solle bei den weiteren Verhandlungen ultimativ auf einer Einbeziehung der Ostarmee in den Waffenstillstand bestehen, und die Formulierungen in Artikel 1 der Konvention vom 28. Januar, in denen die Demarkationslinie fixiert und die vorläufige Fortdauer der Kampfhandlungen in Ostfrankreich vereinbart wurde, haben die Generäle Beaufort und Valdan akzeptiert. Für diese Klauseln ist somit nicht Favre allein, sondern das ganze Kabinett, sind insbesondere auch die Militärs verantwortlich[63].

Dieser Feststellung ist eine weitere hinzuzufügen. Von Anfang an bestand ein enger Zusammenhang zwischen den Bestimmungen über die Armee Bourbaki und der Frage Belfort. Die Deutschen wollten bis zum Beginn von Friedensverhandlungen unbedingt in den Besitz der Festung Belfort gelangen, die im Departement Haut-Rhin, also im Elsaß lag, dessen Annexion beabsichtigt war. Eine Ausdehnung des Waffenstillstands auf Belfort kam daher für den deutschen Generalstab und für Bismarck zu keinem Zeitpunkt in Frage. Daraus ergab sich nahezu zwangsläufig, daß auch die militärischen Operationen im Bereich der Departements Doubs und Jura vorläufig weiterzuführen waren. Für die deutsche Seite bildeten die Re-

---

[61] PROCES-VERBAUX 576.
[62] Ebd. 581 (24. 1.), 603 (26. 1.), 609 (27. 1.). Wenn gleichzeitig von deutscher Seite behauptet wurde, ihr lägen über die Situation in Ostfrankreich keine genauen Informationen vor, so war diese Behauptung zumindest in der Anfangsphase der Verhandlungen nicht völlig unzutreffend: Moltke telegraphierte am 26. Januar an Werder, er habe von Manteuffel seit 48 Stunden keine Nachricht, die direkte Verbindung sei unterbrochen, das letzte Telegramm stamme vom Morgen des 23. Januar (MOLTKE, Dienstschriften 1870/71, 357). Allerdings wußte man in den letzten Januartagen im deutschen Hauptquartier, daß sich Bourbaki bereits in großer Bedrängnis befand.
[63] Diesen Sachverhalt hat Favre – angesichts der fortgesetzt gegen ihn erhobenen Beschuldigungen einmal aus der sonst gewahrten Zurückhaltung hinsichtlich des wenig achtbaren Verhaltens der Militärs heraustretend – mit wünschenswerter Deutlichkeit herausgestellt in seinem Schreiben an den Vorsitzenden der Untersuchungskommission vom 17. 6. 1872 (EP Dép. 1, 370 ff.).

gelungen für Belfort und die Ostarmee ein Junktim[64]. Nur durch die Übergabe von Belfort hätte ein Waffenstillstand im Juradepartement erkauft werden können[65]. Vor diese Wahl gestellt, blieb Favre und dem Pariser Gouvernement kaum etwas anderes übrig, als die deutsche Bedingung einer vorläufigen Nichteinbeziehung der Ostarmee in den Waffenstillstand zu akzeptieren. Doch selbst wenn die Armee Bourbaki sofort in den Waffenstillstand einbezogen worden wäre, hätte dies am Geschehensablauf schwerlich etwas geändert: in den Tagen bis zum Inkrafttreten des Waffenstillstands hätten die deutschen Truppen ihre Aktion gegen die in völliger Deroute befindliche Ostarmee zu Ende führen können[66].

Und wie verhält es sich mit Favres Telegramm an Gambetta vom 28. Januar? Hatte es so verheerende Konsequenzen, wie in einer vehement geführten Kampagne und im Bericht der Untersuchungskommission behauptet wurde? Zunächst der Sachverhalt: Nach der Unterzeichnung der Waffenstillstandskonvention sandte Favre ein – in Gegenwart Bismarcks abgefaßtes – Telegramm an Gambetta, das in Bordeaux am späten Vormittag des 29. Januar einging. Es bestand aus nur wenigen Zeilen: Favre teilte mit, ein Waffenstillstand von 21 Tagen sei abgeschlossen, eine Konstituante werde zum 15. Februar nach Bordeaux einberufen, die Wahlen sollten am 8. Februar erfolgen, ein Mitglied der Regierung reise sofort nach Bordeaux ab[67]. Tatsächlich wurde in diesem Telegramm nicht gesagt, daß der Waffenstillstand nicht für die Ostarmee gelte, aber auch sonst enthielt es keinerlei Einzelheiten, weder über die Demarkationslinie noch über die Kapitulation von Paris. Vermutlich ging Favre, als er das Telegramm abfaßte, davon aus, der Text des Abkommens werde in Kürze in Bordeaux vorliegen, überbracht durch das Regierungsmitglied, dessen sofortige Abreise angekündigt wurde (diese verzögerte sich dann jedoch).

Am Abend des 29. Januar erhielt General Clinchant, wie die übrigen Armeeführer und die Präfekten, eine Depesche Gambettas mit dem Text von Favres Mitteilung. Daraufhin suchte sich Clinchant mit dem Chef der gegnerischen Truppen in Verbindung zu setzen, wurde von Manteuffel aber brieflich informiert, daß der Waffenstillstand nicht für die Departements Côte d'Or, Doubs und Jura gelte. Am Nachmittag des 31. Januar wurde diese Auskunft durch eine Depesche aus Bor-

---

[64] Auf Favres „projet" vom 26. 1. 1871 (s. Anm. 46) notierte Bismarck, wohl während der Conseil-Sitzung am 26. Januar: „Belfort et Bourbaki réservés" „Belfort ausg[enommen] Bourbaki fehlt Nachricht". Es liegen zahlreiche weitere Quellenzeugnisse vor, die den Sachverhalt eines Junktims belegen. Auch die Öffentlichkeit ließ Bismarck nach Unterzeichnung der Konvention in diesem Sinne informieren (Tel. an Reuter-London und Kölnische Zeitung, Versailles 2. 2. 1871 - PA I ABc 70 Bd. 80, Bl. 11; Tel. an Reuter-London, WTB-Berlin und Kölnische Zeitung, Versailles 13. 2. 1871 - ebd. Bd. 92, Bl. 103).
[65] Dies anerkannte sogar der Berichterstatter der Untersuchungskommission, der Favre ansonsten vehement kritisierte: EP Rapp. 6, 100, 106 f. (Rainneville).
[66] So mit Recht BAUER 46.
[67] Tel. Favre an Gambetta, Versailles 28. 1. 1871 z. St. 23.15 Uhr - EP Dépêches télégraphiques 2, 484. Die Ankunftszeit des Telegramms in Bordeaux ist Gambettas Telegramm an Favre vom 30. 1. 1871 zu entnehmen (ebd. 487).

deaux bestätigt[68]. Die für kurze Zeit bestehende Unklarheit der Informationslage avancierte zum Schlüsselargument in der Exkulpationsstrategie der Ostarmee-Generäle, als diese vor der Untersuchungskommission aussagen mußten, und ihre Argumentation machte sich die Kommission dann zu eigen: die für eine Reihe von Stunden bestehende Unsicherheit über den Geltungsbereich des Waffenstillstandsabkommens sollte schuld daran gewesen sein, daß der Rückzug der Ostarmee nicht forciert wurde und die einzige benutzbare Straße verlorenging. Diese Version der Abläufe gedieh bis zu der Behauptung, bei korrekter Informierung durch Favre hätten 80 000 Mann mit Waffen und Material Lyon erreicht, und diese Armee hätte dann bei den Friedensverhandlungen ein erhebliches Gewicht dargestellt[69].

Prüft man, was die Untersuchungskommission auf Hunderten von Seiten – Zeugenaussagen und Berichten – zusammengetragen hat, dann erweist sich eine derartige Vision als reine Phantasmagorie. Zwischen Clinchants Schlußfolgerungen und seinen eigenen Darlegungen über die Lage der Ostarmee sowie über den Zustand der Truppen, aber auch den schriftlichen Unterlagen, besteht eine auffällige Diskrepanz. Nur das Wichtigste sei angeführt. Erstens: Die Armee befand sich in einem so desolaten Zustand, daß eine schwierige Rückzugsoperation nicht durchführbar war, auch fand Clinchant in Pontarlier keine Lebensmittel zur Verproviantierung seiner Truppen vor[70]. Zweitens: Clinchants „Ordre de Mouvement" für den 31. 1. 1871 enthält kein Wort über einen bevorstehenden Waffenstillstand; die Truppenbewegungen werden darin festgelegt, ohne daß von einem Stillhalten infolge des Waffenstillstands die Rede ist[71]. Drittens: Die letzte einigermaßen passierbare Straße (die nach Mouthe) war – wie Clinchant wußte – bereits am 29. Januar verlorengegangen, da sie an einer Stelle von einer deutschen Truppeneinheit besetzt und gesperrt wurde. Über den einzigen danach noch zur Verfügung stehenden Weg sagt Clinchant selbst: stellenweise mehr ein Pfad als eine Straße, von hohem Schnee bedeckt[72]. Es gehört viel Phantasie dazu, sich vorzustellen, wie unter solchen Bedingungen 80 000 völlig erschöpfte, halbverhungerte Soldaten der feindlichen Umklammerung hätten entkommen können.

Nimmt man alles dies zusammen, wird man dem Urteil des Schweizer Militärhistorikers Secretan beipflichten müssen, der schon 1894 konstatierte: „Am Abend des 29. Januar war die Ostarmee unwiderruflich verloren. An die Grenze gedrängt, von allen Seiten umzingelt, mußte sie unter allen Umständen entweder die Waffen

---

[68] Bericht Clinchant, Bern 15. 3. 1871 – EP Dép. 3, 314–322, hier: 318 f.; ferner EP Rapp. 3, 790 f. (Perrot). Vgl. auch GENERALSTABSWERK 5, *666 f.
[69] EP Rapp. 6, 94 f. (Rainneville).
[70] Siehe die eindringlichen Darlegungen in Clinchants Bericht vom 15. 3. 1871 (s. Anm. 68), hier: 315 ff.
[71] Ordre de Mouvement pour le 31 janvier, Pontarlier 30. 1. 1871 (Anlage zum Bericht vom 15. 3. 1871) – EP Dép. 3, 331.
[72] Bericht Clinchant vom 15. 3. 1871 (s. Anm. 68), hier: 320. Vgl. ferner die Meldungen des Generals Commagny aus Mouthe vom 30. und 31. 1. 1871 (Anlagen zum Bericht vom 15. 3. 1871) – EP Dép. 3, 329 f., 334.

niederlegen oder in die Schweiz übertreten"[73]. Favre mag eine Unterlassungssünde begangen haben, indem er versäumte, in seinem Telegramm an Gambetta ausdrücklich zu erwähnen, daß der Waffenstillstand sich nicht auf das Operationsgebiet der Ostarmee erstrecke; den „Verlust" der Ostarmee hat er durch diese Unterlassung aber gewiß nicht verschuldet. Aufschlußreich ist die heftige Auseinandersetzung um die Ostarmee und die versuchte Legendenbildung jedoch insofern, als sie in exemplarischer Weise verdeutlicht, wie schwer sich die Franzosen nach 1871 getan haben, die Kriegsniederlage zu „bewältigen".

Nach diesen Erörterungen über das „Schicksal der Ostarmee" kehren wir zur Schlußphase der Versailler Verhandlungen zurück. In den Nachmittagsstunden des 28. Januar waren die Artikel festgestellt, so daß Bismarck seinen Sekretären den Text des Abkommens in zwei Exemplaren diktieren konnte[74]. Kurz nach 19 Uhr setzten Bismarck und Favre ihre Unterschrift unter die Konvention[75]. Nur die beiden Außenminister unterschrieben – damit wurde in eindeutiger Weise dokumentiert, daß die Waffenstillstands- und Kapitulationskonvention ein *politisches* Abkommen darstellte[76]. Gerade darin bestand die eigentliche Bedeutung dieses Abschlusses, den ein gewiß unverdächtiger Zeuge, der immer noch im Hauptquartier weilende englische Diplomat Odo Russell, ein „Meisterstück politischer Geschicklichkeit" genannt hat[77]. Den Unmut im Offizierskorps der Belagerungsarmee und bei den Abteilungschefs im Generalstab über die – nach Meinung der Militärs – viel zu weitgehenden deutschen Konzessionen[78] konnte Bismarck in Kauf nehmen, zumal Moltke sich jetzt entschieden auf seine Seite stellte. Bismarcks Argumentation aufgreifend, beschwichtigte Moltke seine aufgebrachten Abteilungs-

---

[73] SECRETAN 460. Zu einem ähnlichen Urteil gelangt auch BAUER 46 ff.
[74] BUSCH 2, 100.
[75] Immediatbericht, Versailles 28. 1. 1871 – PA I ABc 70 Bd. 85, Bl. 110; auch GW 6b Nr. 2016. Die Ausfertigungen des Annexes zur Konvention mit Spezialbestimmungen für die Übergabe von Paris – Demarkationslinie vor Paris, Übergabe der Forts und Redouten, Übergabe der Kriegsausrüstungsgegenstände und des Materials – konnten von Bismarck und Favre erst am 29. Januar unterzeichnet werden (Text: PA I ABc 70 Bd. 86, Bl. 3 f.; gedruckt u. a. bei MOLTKE, Dienstschriften 1870/71, 552 f.). Im letzten Moment kam es dabei noch zu Unstimmigkeiten zwischen dem deutschen Generalstab und den französischen Unterhändlern, ob auch die französischen Fahnen auszuliefern seien. Bismarck setzte jedoch durch, daß der französischen Forderung entsprochen wurde, auf eine entsprechende Klausel zu verzichten (PA I ABc 70 Bd. 86, Bl. 2, 5 f., 73; vgl. GW 6b Nr. 2017).
[76] Die wesentlichen Bestimmungen der Konvention sind bereits eingehend erörtert worden und brauchen deshalb hier nicht nochmals aufgeführt zu werden. Der Text des Abkommens ist im Anhang abgedruckt, siehe unten S. 370 ff.
[77] Am 30. 1. 1871 gegenüber dem badischen Großherzog: Großherzog FRIEDRICH I. von Baden 2, 346.
[78] Dieser Unmut ist vielfach bezeugt. Siehe u. a. BRONSART 314 ff.; A. v. BLUMENTHAL, Tagebücher 244; HASSEL 2, 466 f.; STOSCH 227 f.; Großherzog FRIEDRICH I. von Baden 2, 362; Prinz Kraft zu HOHENLOHE-INGELFINGEN 4, 452 f.; Bericht Berchem an Außenmin. München, Versailles 29. 1. 1871 – GStAM MA I 655; Schreiben Verdy du Vernois an Waldersee, Versailles 31. 1. 1871 – DZAM Rep. 92 Waldersee B I 53.

chefs, indem er hervorhob, „daß es vor allem darauf ankomme, das jetzige Gouvernement zu erhalten und vor der Gefahr einer Emeute sorgsam zu behüten"[79].

Bismarck und Favre waren gewillt, auf der Grundlage der abgeschlossenen Konvention die weiteren Schritte zur Herbeiführung des Friedens zu tun. Ob ihnen dabei Erfolg beschieden sein würde, war allerdings in der Stunde der Vertragsunterzeichnung und auch in den folgenden Tagen noch durchaus offen. Nicht zuletzt deshalb empfing Bismarck am Abend des 28. Januar, kurz nach dem Unterzeichnungsakt, den Abgesandten Kaiserin Eugenies, Clément Duvernois, sehr höflich[80] und ließ auch in der Folgezeit den Faden zu den Bonapartisten nicht völlig abreißen[81].

Die entscheidende Frage war nämlich, ob das Pariser Gouvernement über genügend Autorität und Durchsetzungsfähigkeit verfügte, um den eingegangenen vertraglichen Verpflichtungen auch im übrigen Frankreich Geltung zu verschaffen: das große Unsicherheitsmoment bildete die Reaktion der Regierungsdelegation und insbesondere Gambettas auf den vom Pariser Gouvernement im Alleingang abgeschlossenen Vertrag. Tatsächlich war Gambetta zunächst keineswegs bereit, das Versailler Verhandlungsergebnis ohne weiteres zu akzeptieren. Für Stunden und Tage standen die Dinge auf des Messers Schneide. Aber weil das Pariser Kabinett sich in der dramatischen Konfrontation mit der Regierungsdelegation schließlich unter Aufgebot aller Kräfte durchsetzen konnte, wurden die wirklichen Dimensionen dieser Auseinandersetzung von den meisten Zeitgenossen nicht wahrgenommen; der Konflikt blieb eine rasch in Vergessenheit geratende Episode. Gleichwohl kann deren Bedeutung kaum überschätzt werden. Denn erst der Ausgang dieser Auseinandersetzung machte den Weg frei für jene Wahlen, die eine friedenswillige Mehrheit erbrachten.

Gambetta war auch noch Ende Januar fest entschlossen, den Krieg weiterzuführen, selbst nach dem zu erwartenden Fall von Paris. Nach seiner Auffassung konnte Frankreich in einem sich hinziehenden Abnutzungskrieg den Widerstand so lange fortsetzen, bis schließlich entweder die neutralen Mächte eingreifen oder die

---

[79] BRONSART 314 (27. 1. 1871); vgl. ebd. 317 (28. 1. 1871). Dem Oberkommandierenden der Maasarmee, Kronprinz Albert von Sachsen, ließ Moltke erläutern: „Seine Kgl. Hoheit werde, wie die Armee überhaupt, durch diese Konvention wohl nicht befriedigt sein. Dieselbe sei aber durch überwiegende politische Gesichtspunkte motiviert und geboten. Die provisorische Regierung in Paris würde sich die extremsten Bedingungen des Siegers zwar haben gefallen lassen müssen, und Jules Favre habe dies selbst anerkannt. Wolle diese Regierung aber sich aufrechterhalten, so könne sie nicht weitergehen. Der Krater Paris brenne auf diese Weise zunächst in sich aus, und die provisorische Regierung hoffe, die gegenwärtigen Bedingungen durchführen und dabei sich möglich erhalten zu können. Dieselbe habe die aufrichtige Absicht, den Frieden herbeizuführen, und folglich wir ein eminentes Interesse, sie in der Gewalt zu erhalten" (E. E. v. KRAUSE 140).
[80] Vgl. oben S. 326. Nach dieser Unterredung hielt sich Duvernois mit Bismarcks Erlaubnis noch mehrere Tage in Versailles auf.
[81] Dazu neben den Akten (PA I ABc 70 Nr. 6 Bd. 5 und 6) FREESE 130 ff.; KÜHN 229 ff.; GEUSS 309 ff.

Deutschen von sich aus ihren Versuch, Frankreich völlig niederzuwerfen, aufgeben würden[82]. Gegen einen Waffenstillstand allerdings hatte Gambetta nichts einzuwenden. Dabei durfte es sich nach seinen Vorstellungen aber nur um eine Waffenruhe handeln, die dazu dienen sollte, den schwer angeschlagenen französischen Armeen eine Atempause zu verschaffen und neue Truppen auszuheben, damit nach Ablauf des Waffenstillstands der Krieg mit verstärkter Kraft weitergeführt werden konnte. Da Wahlen zu einer Konstituante tendenziell die Kriegswilligkeit schwächten, waren sie ihm ein Dorn im Auge. Er wollte Wahlen deshalb nur dann zulassen, wenn die Bestimmungen so gestaltet würden, daß die Anhänger der „guerre à outrance" sich Chancen ausrechnen konnten, eine Mehrheit zu gewinnen. Wann immer seit September 1870 die Abhaltung von Wahlen zur Debatte stand, verlangte er, bestimmte Kategorien von Funktionsträgern und Anhängern des Zweiten Kaiserreichs von der Wählbarkeit auszuschließen. Diese seine Position war den Pariser Kabinettsmitgliedern genau bekannt[83].

Nachdem Gambetta die Nachricht vom Abschluß des Waffenstillstands erhalten hatte, ließ er die Präfekten und Unterpräfekten wissen, an der von ihm bisher praktizierten Politik ändere sich dadurch nichts, die Parole laute weiterhin „guerre à outrance, résistance jusqu'à complet épuisement". Die Präfekten sollten mit aller Energie die Moral der Bevölkerung aufrechterhalten und die Zeit des Waffenstillstands zur Verstärkung der drei Armeen – an Menschen, Waffen und Proviant – nutzen. Was Frankreich brauche, sei eine „Versammlung, die den Krieg will und zu jeder Anstrengung entschlossen ist, um ihn zu führen"[84].

Daß Gambetta Ende Januar/Anfang Februar in einen veritablen Machtkampf mit dem Pariser Gouvernement eintreten konnte, wurde ihm erleichtert durch eine geradezu unbegreifliche Säumigkeit der Pariser Machthaber bei der Instruierung der Regierungsdelegation zu Bordeaux. Statt diese so rasch wie möglich über die Bestimmungen der abgeschlossenen Konvention zu informieren und sofort geeignete Maßnahmen zu treffen, daß den Weisungen des Pariser Kabinetts, auch hinsichtlich der Wahlen, in Bordeaux Folge geleistet wurde, ließ der Pariser Ministerrat mehrere Tage verstreichen. Dadurch wurde es Gambetta möglich, seine Offensivposition aufzubauen.

Das bereits erwähnte Telegramm, das Favre unmittelbar nach der Unterzeichnung der Waffenstillstandskonvention von Versailles aus an die Regierungsdelegation sandte, enthielt nur die lapidare Nachricht: ein Waffenstillstand sei abgeschlossen, eine Konstituante werde einberufen, Wahltermin sei der 8. Februar, ein Mitglied der Regierung reise sofort nach Bordeaux ab[85]. Das blieb für mehrere

---

[82] Eine definitive Untersuchung über Gambettas Vorstellungen und seine Tätigkeit als Innen- und Kriegsminister während der Kriegsmonate liegt bisher nicht vor. Siehe einstweilen J. P. T. BURY, Gambetta and the National Defense, London 1936; G. WORMSER, Gambetta dans les tempêtes 1870–1877, Paris 1964.
[83] Dies bezeugte Jules Simon vor der Untersuchungskommission: EP Dép. 1, 505.
[84] Tel. Gambetta an die Präfekten und Unterpräfekten, Bordeaux 31. 1. 1871, 0.35 Uhr – EP Dépêches télégraphiques 2, 490.
[85] Siehe oben S. 346.

Tage die einzige Information aus Paris, über die man in Bordeaux verfügte. Weshalb weder der Text des abgeschlossenen Vertrags noch das in der Nacht vom 28./29. Januar verabschiedete Wahldekret[86] unverzüglich nach Bordeaux überbracht worden ist, bleibt unklar. Klar ist nur, daß die Verantwortung für die zögerliche Kontaktaufnahme mit der Regierungsdelegation ausschließlich beim Pariser Ministerrat liegt, denn von deutscher Seite wurde seit dem 28. Januar nichts unternommen, um den Austausch von Mitteilungen zwischen dem Pariser Kabinett und der Regierungsdelegation zu erschweren oder gar zu verhindern.

Hält man sich an die Kabinettsprotokolle, dann läßt sich folgendes konstatieren. Über die Entsendung eines oder mehrerer Regierungsmitglieder nach Bordeaux diskutierte man im Pariser Ministerrat gleich nach Favres Rückkehr aus Versailles in der Nacht vom 28./29. Januar[87]. Favres Anregung, zwei Minister auf die Reise zu schicken, wurde nicht sofort aufgegriffen, die Erörterungen konzentrierten sich zunächst auf die Wahlvorbereitungen. Erst ganz am Ende der Sitzung, gegen zwei Uhr nachts, schlug Trochu vor, Favre solle sich in die Provinz begeben, „pour dominer M. Gambetta dans le cas où il voudrait insurger".

Dagegen erklärte Ferry, Gambetta werde nichts anderes übrigbleiben, als zu demissionieren. Arago wollte gleich mehrere Regierungsmitglieder nach Bordeaux entsenden, allerdings mit dem Auftrag, „restaurative Intrigen" zu bekämpfen. Das wiederum lehnte Trochu ab und meinte, wenn Favre die Mission nicht übernehmen könne, seien alle Regierungsmitglieder verpflichtet, in Paris zu bleiben. Das Protokoll enthält keine Angabe, auf welche Weise man die Regierungsdelegation zu informieren und zu instruieren gedachte. Ein Beschluß wurde in dieser Nacht offensichtlich nicht gefaßt.

Erst in der Kabinettssitzung am späten Abend des 29. Januar, als Favre das Thema erneut zur Sprache brachte, votierte eine knappe Mehrheit dafür, daß Jules Simon sich allein nach Bordeaux begeben solle[88]. Aber bis zu dessen Abreise verging weitere wertvolle Zeit. Denn in der folgenden Kabinettssitzung legte Simon zunächst einmal dar, wie er seine Mission auffaßte[89]. Aus seinen Ausführungen ging deutlich hervor, daß er damit rechnete, in Bordeaux einen harten Kampf ausfechten zu müssen: Sollte Gambetta nicht zur Unterwerfung bereit sein oder die Regierung behandeln, wie er Bazaine behandelt habe (nämlich als Verräter), und würde er dabei von den übrigen Delegierten unterstützt, dann wollte Simon namens der Regierung alle Delegationsmitglieder ihrer Ämter entheben und allein die Macht übernehmen. Falls Gambetta sich jedoch darauf beschränke, die Regierung zu kritisieren, und nur einzelne Kategorien von der Wählbarkeit ausschließen wolle (wie er bereits früher angekündigt habe), wollte Simon derartigen Anweisun-

---

[86] PROCES-VERBAUX 619. Das Dekret entsprach „mit geringfügigen Modifikationen" dem Gesetzentwurf, der bereits im Herbst 1870 ausgearbeitet worden war. Eine Ausschließung bestimmter Personengruppen von der Wählbarkeit war darin *nicht* enthalten.
[87] PROCES-VERBAUX 619 ff.
[88] Ebd. 623 f.
[89] Ebd. 628 f.

gen energisch widersprechen. Allerdings könne es sein, meinte Simon, daß ein Teil der Präfekten ihm nicht gehorche. Dies wäre eine schwierige Situation; vielleicht müsse er dann in einigen Nebenpunkten (etwa Termin der Wahlen und des Zusammentritts der Versammlung) nachgeben. Simons Programm wurde vom Kabinett ohne längere Diskussion gebilligt. Dann fixierte man schriftlich Simons Vollmachten. Am 31. Januar konnte sich der Pariser Emissär schließlich auf den Weg machen. Am 1. Februar traf er in Bordeaux ein, fast volle vier Tage nach der Unterzeichnung der Waffenstillstandskonvention.

Warum hat sich das Pariser Gouvernement so viel Zeit gelassen, die Auseinandersetzung mit der Regierungsdelegation aufzunehmen und den von seiten Gambettas erwarteten Widerstand schon im Ansatz zu paralysieren – zumal das Waffenstillstandsabkommen extrem kurze Fristen für Wahl und Zusammentritt der Nationalversammlung festlegte? Wir können nur Mutmaßungen anstellen. Da General Trochu in der Funktion eines Präsidenten der Regierung sich als Totalausfall erwies, aber auch die meisten übrigen Kabinettsmitglieder ihrer Aufgabe kaum gewachsen waren, lag die Verantwortung in diesen Tagen fast ausschließlich auf den Schultern Jules Favres. Dieser hatte eine strapaziöse Verhandlungswoche hinter sich: tagsüber und teilweise bis in den Abend hinein die Konferenzen mit Bismarck, nachts die Beratungen im Kabinett und dazwischen die mühsamen Fahrten zwischen Paris und Versailles – schon rein physisch war dies eine respektable Leistung für einen über Sechzigjährigen. Nachdem in Gestalt der Konvention vom 28. Januar ein akzeptables Verhandlungsresultat vorlag, wurden Favres Kräfte ganz durch die Versorgungsfrage absorbiert; nun ging es ihm vor allem darum, so rasch und effektiv wie irgend möglich die Verproviantierung von Paris zu organisieren, damit der Bevölkerung eine Hungersnot erspart bliebe; aber auch zahlreiche Spezialfragen der Durchführung des Waffenstillstands hat Favre in den Tagen, die der Unterzeichnung der Konvention folgten, bei seinen fast täglichen Besuchen in Versailles mit Bismarck besprochen[90], darunter viele Angelegenheiten minderer Bedeutung, die eigentlich in die Zuständigkeit der militärischen Instanzen fielen[91]. Vielleicht war es diese Fixierung auf die Pariser Perspektive, die Favre den Blick dafür verstellte, daß die unausweichliche und unaufschiebbare Auseinandersetzung mit Gambetta so schnell wie möglich durchgekämpft werden mußte, wenn der Waffenstillstand und die Wahl der Konstituante nicht gefährdet werden sollten. Gewiß: noch kritischer zu bewerten ist das Verhalten der übrigen Kabinettsmitglieder, denn sie waren in diesen Tagen nicht in so extremer Weise strapaziert wie Favre und haben es gleichwohl unterlassen, ein rasches und entschiedenes Vorgehen gegenüber der Regierungsdelegation an die Spitze der Tagesordnung zu setzen. Aber durch das Versagen der anderen wird das Versäumnis Favres nur teilweise entschuldigt. Ein gravierender politischer Fehler war es zweifellos, daß

---

[90] Bei den Akten befinden sich mehrere handschriftliche Aufzeichnungen Favres, in denen die Besprechungsmaterien umrissen werden: PA I ABc 70 Bd. 86, Bl. 53 f., 129 f.; Bd. 88, Bl. 42 f.
[91] Mit Recht konnte sich Favre in der Kabinettssitzung vom 31. Januar darüber beklagen, daß er von den Militärs völlig im Stich gelassen werde (PROCES-VERBAUX 635).

sich das Pariser Kabinett bei der Informierung und Instruierung der Regierungsdelegation viel zu viel Zeit ließ, und beinahe hätte dieser Fehler zu einer ernsthaften Gefährdung des – mit dem Abschluß des Waffenstillstands eingeleiteten – Kriegsbeendigungsprozesses geführt.

Als Jules Simon in Bordeaux ankam, war die Stellungnahme der Regierungsdelegation zum Waffenstillstand und zu den Wahlen bereits festgelegt. Stunde um Stunde hatten die Mitglieder der Delegation seit dem 29. Januar vergeblich auf den angekündigten Pariser Emissär gewartet[92]; am 31. Januar beschlossen sie dann drei Wahldekrete. Die Zustimmung der Delegierten Crémieux, Glais-Bizoin und Fourichon zum wichtigsten dieser Dekrete konnte Gambetta allerdings nur durch eine Demissionsdrohung erzwingen[93]: von der Wählbarkeit zur Nationalversammlung wurde ausgeschlossen, wer seit dem 2. Dezember 1851, dem Tag des Staatsstreichs, das Amt eines Ministers, Senators, Staatsrats, Präfekten bekleidet oder bei den Wahlen zum Corps Législatif als „offizieller" Kandidat fungiert hatte[94]. Diese Bestimmung betraf eine beträchtliche Zahl potentieller Kandidaten für die Wahl zur Nationalversammlung und stand damit im Widerspruch zur Stipulation im Waffenstillstandsabkommen, daß über Krieg oder Frieden eine „freigewählte Versammlung" zu befinden habe.

Noch am 31. Januar ließ Gambetta die drei Wahldekrete sowie eine Proklamation allen Präfekten zugehen mit der Weisung, die Dokumente durch Presse und Maueranschläge unverzüglich der Bevölkerung bekanntzumachen. Gambettas Proklamation – vehement in Duktus und Sprache, von „deutschen Horden" und den „Händen der Barbaren" war die Rede – stellte einen unverhüllten Aufruf zur Weiterführung des Krieges dar: die drei Wochen des Waffenstillstands sollten genutzt werden, um mit größerem Eifer als je zuvor die Organisierung der Verteidigung vorzubereiten; anstelle der reaktionären und feigen Versammlung, von der der Feind träume, solle sich eine wahrhaft nationale, republikanische Vertretung konstituieren, die den Frieden wolle, wenn ein ehrenvoller Friede angeboten werde, der Rang und Integrität Frankreichs sichere, die aber auch fähig sei, den Krieg zu wollen und lieber alles riskiere, als daß sie Beihilfe zum „Meuchelmord an Frankreich" leiste. Es werde sich kein Franzose finden, der einen ehrlosen Frieden unterzeichne. Die Proklamation endete – eine ungewöhnliche Schlußformel für die Ankündigung eines Waffenstillstands – mit dem Ruf: „Aux armes! Aux armes!"[95].

[92] Am Nachmittag des 30. Januar erkundigte sich Gambetta telegraphisch bei Favre/Versailles nach den Details der Waffenstillstandskonvention. Da sich Favre bei Eingang dieses Telegramms nicht mehr in Versailles aufhielt, teilte Bismarck Gambetta den wesentlichen Inhalt der Konvention mit – somit erfuhr man in Bordeaux die Einzelheiten des Abkommens zuerst durch Bismarck! (Tel. Gambetta an Favre, Bordeaux 30. 1. 1871, pr. Versailles 30. 1. und Tel. Bismarck an Gambetta, Versailles 30. 1. 1871 z. St. 23.35 Uhr – PA I ABc 70 Bd. 86, Bl. 74, 76; auch EP Dépêches télégraphiques 2, 487 f.)
[93] A. GLAIS-BIZOIN, Dictature de cinq mois, Paris 1873, 209 f.; vgl. insgesamt auch F. H. BRABANT, The Beginning of the Third Republic in France, London 1940, 31 ff.
[94] Text u. a. EP Dépêches télégraphiques 2, 489.
[95] Ebd. 493 f.

Diese Situation fand Simon bei seinem Eintreffen in Bordeaux vor. Als er die Beschlüsse des Pariser Kabinetts vortrug, stieß er auf einhellige Ablehnung; er bekam auch zu hören, eine „kriegsgefangene Regierung" könne der Delegation keine Vorschriften mehr machen. Jules Simon befand sich in völliger Isolierung und wurde fast wie ein Gefangener behandelt: die Machthaber in Bordeaux verhinderten die Publizierung des Pariser Wahldekrets und ließen nicht zu, daß Simon mit dem Pariser Kabinett telegraphisch oder brieflich Kontakt aufnahm[96]. Unter diesen Umständen hielt es Simon für sinnlos, einen Versuch zu unternehmen, von seinen unbeschränkten Vollmachten Gebrauch zu machen; jeder derartige Versuch wäre von vornherein zum Scheitern verurteilt gewesen und hätte bestenfalls bürgerkriegsartige Zustände herbeiführen können. In einer Serie von Telegrammen befahl Gambetta am 2., 3., 4. und 5. Februar den Präfekten, sich bei der Durchführung der Wahl strikt an die Dekrete vom 31. Januar zu halten[97]. Es stand somit zu erwarten, daß im größten Teil Frankreichs die Nationalversammlung aufgrund von Bestimmungen gewählt wurde, die man auf deutscher Seite als eine flagrante Verletzung der vertraglich vereinbarten „freien Wahl" bewertete. Ein schwerer Konflikt schien unvermeidlich.

Der große Paukenschlag erfolgte am 3. Februar. An diesem Tag erfuhr man im deutschen Hauptquartier durch Telegramme des Londoner Nachrichtenbüros Reuter den Text des Wahldekrets und der Proklamation Gambettas[98]. Bismarck war wütend, aber auch in höchstem Grade besorgt. Denn nun drohte tatsächlich einzutreten, was er bei den Verhandlungen mit Favre immerhin nicht völlig ausgeschlossen hatte: daß das Pariser Gouvernement nicht in der Lage sein werde, sich gegen Gambetta und dessen „guerre à outrance"-Politik durchzusetzen. Dieses Risiko war Bismarck bewußt eingegangen, entschlossen, mit dem Abschluß des Waffenstillstands den entscheidenden Schritt zur Liquidierung des Krieges zu tun. Nun aber sah es so aus, als würden alle diejenigen nachträglich recht behalten, die Bismarck wegen seiner vermeintlich viel zu weitgehenden Konzessionsbereitschaft gegenüber dem französischen Unterhändler kritisiert hatten[99]. Durch Gambettas Aktion geriet Bismarck daher auch persönlich in eine recht prekäre Lage. Mit um so größerer Entschiedenheit nahm er sofort den Kampf auf.

[96] Aussage Simons vor der Untersuchungskommission: EP Dép. 1, 505 f.; vgl. auch FAVRE 3, 17 ff. Simon konnte – wohl durch Brieftaube – einen Lagebericht nach Paris gelangen lassen, der dort am 2. Februar angekommen sein soll (EP Dépêches télégraphiques 2, 495). Ein von Simon entsandter Bote traf am 4. Februar in Paris ein (PROCES-VERBAUX 657 f.).
[97] EP Dépêches télégraphiques 2, 501 ff. Noch am Nachmittag des 5. Februar erklärte Gambetta in einem Telegramm an den Präfekten in Lille, er dürfe nur *eine* Politik anerkennen und praktizieren: „celle de la délégation de Bordeaux qui s'est trouvée, par le fait de circonstances, investie de la plénitude du pouvoir, le Gouvernement de Paris depuis la capitulation étant hors d'état de légiférer pour la France" (ebd. 510).
[98] Reuter-Telegramme, London 1. und 2. 2. 1871, pr. Versailles 3. 2. – PA I ABc 70 Bd. 88, Bl. 9 ff., 55 f.
[99] Beispielsweise hatte Bronsart, ein besonders vehementer Kritiker Bismarcks, bereits am 27. Januar seinem Tagebuch anvertraut: „Meine Hoffnung in bezug auf den Waffenstillstand setze ich noch auf Gambetta; vielleicht nimmt er ihn nicht an, und dann sind wir frei; das weitere findet sich von selbst" (BRONSART 315).

12. Der Abschluß des Waffenstillstands

Gleich am 3. Februar, kurz nach 17 Uhr, wurden die Generalgouverneure zu Reims, Nancy und Straßburg telegraphisch angewiesen, die Verbreitung des Wahldekrets der Regierungsdelegation in den okkupierten Gebieten zu verhindern, weil es nicht im Einklang mit der Waffenstillstandskonvention stehe; „Wahlen, welche unter dem Drucke dieses Verbotes erzwungen werden", würden deutscherseits „nicht als ausreichend zur Verleihung der den Abgeordneten zugesagten Berechtigungen" anerkannt[100]. Zur gleichen Uhrzeit ging ein Telegramm an das Nachrichtenbüro Reuter in London und an die Kölnische Zeitung ab: nur frei gewählte Abgeordnete der Nationalversammlung würden anerkannt[101]. Um 18 Uhr protestierte Bismarck dann telegraphisch bei Gambetta selbst gegen dessen Dekret und stellte fest: „Des élections faites sous un régime d'oppression arbitraire ne pourront pas conférer les droits que la convention d'armistice reconnaît aux députés librement élus"[102].

Unterdessen war in der Kanzlei ein umfängliches Protestschreiben an Favre konzipiert, ins Französische übersetzt und von Bismarck korrigiert worden[103]. Ob Favre den von der Regierungsdelegation dekretierten Ausschluß bestimmter Personengruppen von der Wählbarkeit für vereinbar mit den Formulierungen der Waffenstillstandskonvention halte, wollte Bismarck von Favre wissen und erinnerte diesen an die Gespräche bei den Waffenstillstandsverhandlungen: er habe damals die Befürchtung geäußert, ob gegenwärtig in Frankreich überhaupt freie Wahlen durchführbar seien, ob es nicht zweckmäßiger wäre, das nach allgemeinem Stimmrecht gewählte Corps Législatif einzuberufen – aber Favre habe dies abgelehnt und ausdrücklich versichert, die Wähler könnten völlig frei entscheiden. Schließlich appellierte Bismarck an Favres Loyalität: das Gouvernement de la Défense Nationale möge Gambettas Dekret sofort zurückziehen und die notwendigen Maßnahmen ergreifen, um die in der Konvention stipulierten freien Wahlen zu sichern.

Die Ausfertigung dieses Schreibens ließ Bismarck um 18 Uhr auf schleunigstem Wege nach Paris expedieren, und sie lag Favre vor, als der Ministerrat um 22 Uhr zusammentrat[104]. Es wurde eine stürmische Sitzung, in der sich die Erbitterung über Gambettas Verhalten unverhohlen Luft machte. Die Regierungsmitglieder begriffen, daß der Waffenstillstand – und damit auch die Verproviantierung von

---

[100] Tel. Bismarck an Generalgouverneure Reims, Nancy, Straßburg; Versailles 3. 2. 1871 z. St. 17.10 Uhr – PA I ABc 70 Bd. 88, Bl. 58; auch GW 6b Nr. 2025.
[101] Tel. Bismarck an Reuter-London und Kölnische Zeitung, Versailles 3. 2. 1871 z. St. 17.10 Uhr – PA I ABc 70 Bd. 88, Bl. 57.
[102] Tel. Bismarck an Gambetta, Versailles 3. 2. 1871 z. St. 18 Uhr – ebd. Bl. 59 (Bl. 60 eigenhänd. Konzept hierzu); dieses Telegramm ging wenige Stunden später in Bordeaux ein und wurde von Gambetta sofort – als Beweis einer unerträglichen Einmischung Bismarcks in innerfranzösische Angelegenheiten – allen Präfekten mitgeteilt, siehe EP Dépêches télégraphiques 2, 505 (mit falschem Datum 2.2., statt richtig 3.2.).
[103] Schreiben Bismarck an Favre, Versailles 3. 2. 1871 (Konzept Abeken, französische Übersetzung Hatzfeldts mit Korrekturen Bismarcks) – PA I ABc 70 Bd. 88, Bl. 72 ff.; nicht GW 6b. Text des Schreibens auch bei FAVRE 3, 21 ff.
[104] PROCES-VERBAUX 650 ff.

Paris[105] – ernsthaft in Gefahr war, und rafften sich jetzt endlich dazu auf, die Kraftprobe mit Gambetta zu wagen. Picard verlangte in immer neuen Anläufen impulsiv die sofortige Absetzung Gambettas, Favre bestand energisch auf der unverzüglichen Annullierung des Wahldekrets der Regierungsdelegation und kündigte für den Fall der Nichtannahme dieses Antrags seinen Rücktritt an. Schließlich verständigte man sich darauf, das Wahldekret der Regierungsdelegation für null und nichtig zu erklären und Gambetta seiner Funktionen zu entheben, falls er den Anordnungen des Pariser Gouvernements nicht Folge leiste.

Nach Mitternacht, als die Sitzung beendet war, brachte Favre ein Schreiben an Bismarck zu Papier: er erkannte an, daß Bismarcks Vorwürfe berechtigt seien, wenn tatsächlich ein derartiges Dekret existiere; sobald er sich von der Existenz des Dekrets überzeugt habe, werde er für dessen unverzügliche Aufhebung Sorge tragen[106]. Dieser Ankündigung verschaffte Bismarck sofort größtmögliche Publizität[107].

Am 4. Februar tagte das Pariser Kabinett in Permanenz, um einen Ausweg aus der gefährlichen Krise zu suchen[108]. Nachdem inzwischen auch genauere Nachrichten über die explosive Situation in Bordeaux vorlagen, faßte der Ministerrat am Vormittag den Beschluß, drei weitere Regierungsmitglieder (Garnier-Pagès, Arago, Pelletan) nach Bordeaux zu entsenden; sie sollten Simon unterstützen, durch ihre Anwesenheit in Bordeaux veränderten sich aber auch die Mehrheitsverhältnisse innerhalb der Delegation. Lange diskutierte man, ob der Regierungssitz von Bordeaux (und Paris) in eine ruhigere Stadt, etwa nach Bourges, verlegt werden sollte; zu einem Beschluß kam es aber nicht. Hingegen verabschiedete der Ministerrat schließlich ein Dekret, das die von der Delegation verfügte Ausschließung einzelner Personengruppen von der Wählbarkeit in aller Form für unwirksam erklärte[109]. Die drei Regierungsmitglieder, die sich nach Bordeaux begaben, wurden beauftragt, diesem Dekret unter Einsatz aller Mittel Geltung zu verschaffen[110].

---

[105] Nachdem zunächst die deutsche Militärverwaltung aus ihren Beständen Lebensmittel in begrenztem Maß zur Verfügung gestellt hatte, waren die Vorbereitungen zur Verproviantierung inzwischen so weit gediehen, daß am 4. Februar der erste Eisenbahnzug mit Lebensmitteln im Nordbahnhof einlaufen konnte (FAVRE 2, 411).
[106] Schreiben Favre an Bismarck, Paris 4. 2. 1871 „une heure du matin", pr. Versailles 4. 2. – PA I ABc 70 Bd. 88, Bl. 114. Text auch bei FAVRE 3, 23 f.
[107] Tel. Bismarck an WTB-Berlin und Kölnische Zeitung, Versailles 4. 2. 1871 z. St. 11.35 Uhr – I ABc 70 Bd. 88, Bl. 86; Tel. Bismarck an Generalgouverneure Reims und Nancy, Versailles 4. 2. 1871 z. St. 11.35 Uhr – ebd. Bl. 115. Auch der Kaiser wurde umgehend durch Immediatschreiben verständigt (ebd. Bl. 116 f.).
[108] PROCES-VERBAUX 657 ff.
[109] Text u.a. EP Dépêches télégraphiques 2, 513. Schon um 10.20 Uhr hatte das Pariser Innenministerium an alle Präfekten telegraphiert: „Les décrets du 29 janvier sur l'éligibilité sont maintenus dans leur intégrité. Le décret de Bordeaux du 31 janvier est rapporté" (ebd. 506) Insgesamt auch FAVRE 3, 27 ff.
[110] In einem Telegramm vom Vormittag des 4. Februar (EP Dépêches télégraphiques 2, 505) beschwor Favre Gambetta eindringlich, das Dekret vom 31. Januar zurückzuziehen. Gambetta war jedoch noch nicht zum Nachgeben bereit; dies beweisen seine Telegramme vom 4. und 5. Februar sowie die Entsendung von Crémieux nach Paris (siehe das folgende).

Garnier-Pagès, Arago und Pelletan reisten in der Nacht oder am frühen Morgen des 5. Februar nach Bordeaux ab. Unterwegs, auf der Bahnstation in Vierzon an der Loire, begegneten sie Crémieux, der auf dem Weg nach Paris war. Gambetta hatte das Delegationsmitglied, das ihm noch am nächsten stand, mit der Mission beauftragt, in Paris die „Authentizität" der Vollmachten Simons zu verifizieren; vermutlich ging es Gambetta aber vor allem um Zeitgewinn, denn bis zur Rückkehr Crémieuxs wären die Wahlen vorüber gewesen[111]. Die drei Pariser Regierungsmitglieder konnten Crémieux dazu bewegen, seine Reise abzubrechen und sich mit ihnen nach Bordeaux zu begeben[112]. Als sie dort am Vormittag des 6. Februar ihre Vollmachten und das Dekret des Pariser Gouvernements vorlegten, kapitulierte Gambetta. Er erkannte, daß er – gegen den Widerstand in großen Teilen der Bevölkerung und nun auch gegen den festen Willen der Pariser Regierung – seinen politischen Kurs nicht würde durchhalten können. Seit Tagen auch gesundheitlich schwer angeschlagen, gab er am Nachmittag seinen Rücktritt bekannt[113]. Damit war die Entscheidung im Machtkampf zwischen Paris und Bordeaux gefallen, der Zenit der Krise überschritten[114]. Jetzt erst konnte man einigermaßen sicher sein, daß der Waffenstillstand in *allen* seinen Bestimmungen korrekt durchgeführt werden würde. Durch die Niederlage und Kapitulation Gambettas war aber zugleich auch der Weg zum Frieden frei geworden, wie sich in den folgenden Tagen rasch erweisen sollte.

---

[111] So die – wohl das richtige treffende – Vermutung Simons (EP Dép. 1, 506).
[112] Arago telegraphierte aus Vierzon (über Versailles) an Favre: „Rencontré à Vierzon Crémieux se rendant à Paris. Nécessité de l'emmener avec nous à Bordeaux". Favre antwortete umgehend: „Pas une minute à perdre. Que Crémieux retourne avec vous à Bordeaux. Faîtes exécuter les ordres du gouvernement avec une entière fermeté" (EP Dépêches télégraphiques 2, 511 f.).
[113] Tel. Gambetta an Präfekten und Unterpräfekten, Bordeaux 6. 2. 1871, 15 Uhr – ebd. 513; vgl. auch Gambetta und Spuller an Gent, Bordeaux 6. 2. 1871, 22 Uhr – ebd. 514. Simon brachte das Pariser Dekret vom 4. Februar allen Präfekten zur Kenntnis (ebd. 513). Arago, der interimistisch das Amt des Innenministers übernahm, wies die Präfekten an, die Wahlen seien „sans aucune exclusion ni catégorie" durchzuführen (ebd. 514).
[114] Bismarck ließ es sich angelegen sein, dem Faktum von Gambettas Rücktritt sogleich größtmögliche Publizität zu verschaffen: Tel. Bismarck an Reuter-London, WTB-Berlin und Kölnische Zeitung, Versailles 7. 2. 1871 z. St. 12.10 Uhr – PA I ABc 70 Bd. 90, Bl. 39.

Ausblick: Vom Waffenstillstand zum Frieden

Die Wahlen zur französischen Nationalversammlung, durchgeführt nach dem Listenwahlsystem, fanden am 8. Februar statt[1]. Sie verliefen – angesichts der heftigen Turbulenzen im Vorfeld wird man sagen dürfen: erstaunlicherweise – ruhig und ohne Störungen, in den Gebieten, in denen die provisorische Regierung die Macht ausübte ebenso wie in den okkupierten Landesteilen. Auch im Generalgouvernement Elsaß wurde gewählt. Die Frage der Wahlen im Elsaß – bei Favres Gesprächen mit Bismarck in Ferrières ein Streitpunkt – war bei den Waffenstillstandsverhandlungen Ende Januar nicht mehr thematisiert, sondern in stillschweigendem gegenseitigen Einvernehmen beiseite gelassen worden. Bismarck beschränkte sich auf die mündliche Zusicherung, daß von deutscher Seite gegen Elsässer, die „in der französischen Nationalversammlung erscheinen und behaupten würden, im Elsaß gewählt zu sein, sowie gegen ihre angeblichen Wähler und Mandanten" kein Verfahren eingeleitet würde[2]. Der Generalgouverneur in Straßburg wurde dann angewiesen, er solle „in dem amtlichen Verhalten unserer Behörden die rechtliche Fiktion festzuhalten suchen, daß die Wahlen für uns nicht existieren, von Versuchen zu wählen also keine Notiz nehmen und gegen die Beteiligten nicht einschreiten, aber auch jede aktive oder passive Erleichterung oder Mitwirkung und jede dahin zielende Ausnahme von unseren bestehenden Anordnungen vermeiden"[3]. Diese Direktiven erlaubten den Elsässern, sich an der Wahl zu beteiligen, und tatsächlich haben alle Wahlkreise des Generalgouvernements Vertreter in die französische Nationalversammlung entsandt[4].

Nach dem 8. Februar vergingen allerdings noch einige Tage, bis Genaueres über den Wahlausgang bekannt wurde, von dem ja die Friedenschancen abhingen. Wie Bismarck dann am 15. Februar von Favre erfuhr, setzte sich die Nationalversammlung ungefähr folgendermaßen zusammen: 50 „rote" Republikaner, 100 „blaue", d. h. gemäßigte Republikaner, etwas über 500 Monarchisten, „von denen zwei Dritteile Orléanisten, ein Drittel Legitimisten und nur 10 Bonapartisten sind"[5].

---

[1] Die wichtigste Untersuchung über Vorbereitung, Durchführung und Ergebnis der Wahlen zur Nationalversammlung: J. GOUAULT, Comment la France est devenue républicaine, Paris 1954. Vgl. ferner: BRABANT 61 ff.; R. R. LOCKE, A New Look at Conservative Preparations for the French Elections of 1871, in: French Historical Studies 5 (1968) 351–358; DERS., French Legitimists and the Politics of Moral Order in the Early Third Republic, Princeton N. J. 1974; zum Forschungsstand: R. HUDEMANN, Fraktionsbildung im französischen Parlament, München 1979, 23 ff.
[2] So Bismarck in einem Erlaß an den Generalgouverneur in Straßburg, Versailles 2. 2. 1871 – PA I ABc 70 Bd. 87, Bl. 108 f.; auch GW 6b Nr. 2023.
[3] Tel. Bismarck an Generalgouverneur Straßburg, Versailles 7. 2. 1871 z. St. 12.00 Uhr – PA I ABc 70 Bd. 90, Bl. 40 (eigenhänd. Konzept).
[4] Zum Wahlergebnis im Generalgouvernement Elsaß zuletzt HIERY 64 f.
[5] Großherzog FRIEDRICH I. von Baden 2, 377 (aufgrund einer Mitteilung Bismarcks). Zu ähnlichen Befunden über die Zusammensetzung der Nationalversammlung ist auch die neuere Forschung gelangt; GOUAULT 72 ff. beziffert die Stärke der verschiedenen politi-

Das extrem schlechte Abschneiden sowohl der Bonapartisten als auch der Befürworter einer „guerre à outrance" wurde innerhalb und außerhalb Frankreichs geradezu als eine Sensation empfunden. Eindeutiger Wahlsieger waren die Konservativen aller Schattierungen. Es ist jedoch nachdrücklich zu betonen, daß die französischen Wähler im Februar 1871 nicht primär eine Entscheidung zwischen Republik und Monarchie zu treffen wünschten. Die Februarwahlen waren zunächst und vor allem Friedenswahlen: mehrheitliche Zustimmung fanden jene Persönlichkeiten und Gruppierungen, von denen bekannt war oder angenommen werden durfte, daß sie für die schnellstmögliche Beendigung des Krieges – auch unter Inkaufnahme der deutscherseits angedeuteten Friedensbedingungen – eintraten, und das waren im Februar 1871 eben die Konservativen. Daß die Franzosen mit ihrem Votum am 8. Februar nicht der Republik eine definitive Absage hatten erteilen wollen, zeigte sich bereits bei den Nachwahlen am 2. Juli 1871: von den 114 neu zu besetzenden Sitzen fielen nicht weniger als 99 an Republikaner von der extremen Linken bis zum linken Zentrum[6]. Man kann also sagen, daß Gambetta durch seine perspektivelose Durchhaltepolitik, die die Friedenswilligen zur Wahl konservativ-monarchistischer Kandidaten veranlaßte, beinahe die Zukunft der Republik verspielt hätte.

Nach dem Abschluß des Waffenstillstands und der Niederlage Gambettas im Konflikt mit dem Pariser Gouvernement war der Wahlausgang die dritte wichtige Station auf dem Weg zur Liquidierung des Krieges. Schlag auf Schlag erfolgte nach dem Wahltag die Etablierung einer neuen französischen Regierungsgewalt. Am 12. Februar konstituierte sich die Nationalversammlung (obwohl noch nicht alle Abgeordneten in Bordeaux eingetroffen waren), am folgenden Tag legte Jules Favre namens des „Gouvernement de la Défense nationale" die Macht in die Hände der Versammlung[7], am 17. Februar wählte die Nationalversammlung fast einstimmig Thiers zum „Chef du pouvoir exécutif de la République française" mit dem Recht, sich seine Minister zu wählen; am 19. Februar stellte Thiers sein Kabinett der Konstituante vor[8], und diese wählte eine Kommission von 15 Mitgliedern, die den französischen Friedensunterhändlern zur Seite stehen sollte.

Zur Beschleunigung der Abläufe hat die Befristung des Waffenstillstands erheblich beigetragen. Dieser endete ja am 21. Februar, und den Männern, die jetzt die politischen Geschicke Frankreichs zu lenken hatten, war bewußt, daß ohne kon-

---

schen Richtungen in der Nationalversammlung folgendermaßen: 40 extreme Linke, 112 gemäßigte Republikaner, 78 Centre gauche, 214 orléanistisches rechtes Zentrum, 15 zwischen den beiden Zentren schwankende Abgeordnete, 182 legitimistische Rechte, ca. 20 Bonapartisten.
[6] Ebd. 105 ff.; HUDEMANN 39.
[7] FAVRE 2, 517 ff.; 3, 59 f.; RECLUS 455 f.
[8] Dem Kabinett gehörten vier Mitglieder an, die schon in der provisorischen Regierung ein Ministeramt innegehabt hatten; alle vier zählten zu den gemäßigten Republikanern und hatten Ende Januar/Anfang Februar die Hauptlast der Auseinandersetzung mit den Verfechtern der „guerre à outrance" getragen: Favre behielt das Außen-, Simon das Unterrichts- und Le Flô das Kriegsministerium, Picard wurde Innenminister.

krete Fortschritte beim Prozeß der Kriegsbeendigung eine Verlängerung des Waffenstillstands nicht zu erreichen sein würde. Der Generalstab unter Moltke hat tatsächlich umfassende Vorbereitungen getroffen, um nach Ablauf des Waffenstillstands die Kampfhandlungen sofort wieder aufnehmen zu können[9]. Bismarck selbst aber scheint seit Bekanntwerden der Wahlresultate sehr zuversichtlich gewesen zu sein – nach seiner Lagebeurteilung stand einer raschen Kriegsbeendigung jetzt kein unüberwindliches Hindernis mehr im Wege. Deshalb erwirkte er am 14. Februar bei Wilhelm I., daß der Waffenstillstand – unter Ablehnung der vom Generalstab gewünschten schärferen Bedingungen[10] – zunächst bis zum 24. Februar verlängert wurde[11], und am 15. Februar unterzeichneten er und Favre eine in den vorausgehenden Tagen ausgehandelte Zusatzkonvention zum Waffenstillstandsabkommen, durch die die Waffenruhe auch auf das östliche Frankreich ausgedehnt wurde: die Festung Belfort kapitulierte unter ehrenvollen Bedingungen (freier Abzug der Garnison mit Kriegsmaterial), die für die Departements Côte d'Or, Doubs und Jura festgelegte Demarkationslinie überließ den Franzosen den südlichen Teil des Departements Jura[12].

Nach den Entscheidungen auf französischer Seite Mitte Februar befand sich der Friede in Reichweite. Es schwiegen nicht nur die Waffen, sondern die bei den Unterhändlern beider Seiten vorhandenen Dispositionen boten eine weitgehende Gewähr dafür, daß die förmliche Liquidierung des Krieges durch einen Friedensvertrag nicht mehr an den Bedingungen des Friedens scheitern würde – mit der unvermeidlichen Konsequenz einer Wiederaufnahme der Kampfhandlungen. Spätestens nach der Wahl von Thiers zum Chef der Exekutive mußte jedem Franzosen klar sein, daß bei den bevorstehenden Verhandlungen ein Friede abgeschlossen werden würde, der Frankreich eine Gebietsabtretung an das inzwischen konstituierte Deutsche Reich auferlegte; gestützt auf eine breite Mehrheit in der Nationalversammlung sah sich Thiers jetzt in der Lage, die zentrale deutsche Bedingung einer französischen Gebietsabtretung zu bewilligen. Bismarck wiederum war entschlossen, der Gegenseite nicht mehr zuzumuten, als sie äußerstenfalls verkraften konnte. Damit bestanden relativ günstige Voraussetzungen für den raschen Abschluß eines Präliminarfriedens, der – darauf hatten sich Bismarck und Favre bereits geeinigt[13] – in einigen wenigen Artikeln nur die wichtigsten Friedensbedingungen fixieren sollte.

---

[9] Siehe dazu MOLTKE, Dienstschriften 1870/71, 573 ff.
[10] Schreiben Moltke an Bismarck, Versailles 13. 2. 1871 – ebd. 578 ff.
[11] Immediatbericht Bismarcks, Versailles 15. 2. 1871 – PA I ABc 70 Bd. 93, Bl. 69 ff.; auch GW 6b Nr. 2039. Thiers erwirkte dann beim Auftakt der Friedensverhandlungen eine Verlängerung des Waffenstillstands bis zum 26. Februar (GW 6b Nr. 2049). Am 26. Februar wurde im Zusammenhang mit der Unterzeichnung der Friedenspräliminarien der Waffenstillstand erneut verlängert, bis 12. März, damit die Nationalversammlung Zeit zur Ratifizierung des Präliminarfriedens hatte.
[12] Text u. a. bei MOLTKE, Dienstschriften 1870/71, 588 ff.; vgl. auch FAVRE 3, 40 ff.
[13] Ebd. 95.

Die Verhandlungen zwischen Bismarck einerseits, Thiers und zeitweilig Favre andererseits wurden in Versailles am 21. Februar aufgenommen und – nach heftigen Wortgefechten vor allem über den Umfang der Gebietsabtretung sowie über Höhe und Zahlungsmodalitäten der Kriegsentschädigung[14] – am 25. Februar abgeschlossen. Am 26. Februar fand die Unterzeichnung des Präliminarfriedens statt[15].

Binnen weniger Tage erfolgte die Ratifikation der Friedenspräliminarien. Die französische Seite hatte ein vitales Interesse, den Ratifikationsvorgang aufs äußerste zu beschleunigen. Bismarck hatte nämlich für den deutschen Verzicht auf die Erwerbung der im Departement Haut-Rhin (und damit im Generalgouvernement Elsaß) gelegenen Stadt und Festung Belfort das französische Zugeständnis eingehandelt, daß deutsche Truppen in Stärke von 30 000 Mann einige Bezirke der Pariser Innenstadt besetzen durften[16]. Sie mußten allerdings wieder abziehen (und auch die Forts auf dem linken Seine-Ufer räumen), sobald der Friedensvertrag ratifiziert war. Die französische Regierung hoffte deshalb, durch eine sofortige Ratifikation einen deutschen Truppeneinzug in Paris womöglich ganz vereiteln zu können. Wenn dies auch nicht vollständig gelang, so gedieh der deutsche Einmarsch doch zu einem eher symbolischen Akt. Am 1. März nahm Wilhelm I. auf der Rennbahn im Bois de Boulogne eine Parade ab, anschließend marschierten deutsche Truppen in die südwestlichen Stadtviertel von Paris ein und biwakierten auf dem Marsfeld und verschiedenen anderen Plätzen. Schon wenige Stunden später aber verließen sie wieder die französische Hauptstadt, denn die Nationalver-

---

[14] Die Verhandlungen, die unter vier bzw. sechs Augen stattfanden, sind vergleichsweise schlecht dokumentiert. Die nachträglich verfaßten Schilderungen der französischen Unterhändler (THIERS 109–127; FAVRE 3, 89–119) sind stark auf Dramatisierung abgestellt. Von Bismarck liegt kein authentischer Bericht über den Gang der Verhandlungen vor; überliefert sind verschiedene Bemerkungen, die Bismarck in diesen Tagen zu Personen seiner Umgebung machte (FRIEDRICH III., 389 ff.; BUSCH 2, 168 ff.; Großherzog FRIEDRICH I. von Baden 2, 388 ff.); bei diesen Bemerkungen ist jedoch das taktische Moment zu berücksichtigen. In der ausführlichen Vorbemerkung zu GW 6b Nr. 2049 ist der Verhandlungsverlauf nach meiner Auffassung in zutreffender Weise charakterisiert. Offensichtlich kam es doch relativ rasch zu einer weitgehenden Annäherung in den Hauptpunkten, denn bereits am frühen Nachmittag des 24. Februar entsandte Bismarck seinen Mitarbeiter Abeken zum König, um diesem zu melden, er sei mit Thiers „einig über die Hauptsachen: Elsaß mit Metz, aber ohne Belfort; fünf Milliarden"; sofern der König dies genehmige, könnten die Friedenspräliminarien am nächsten Tag unterzeichnet werden (ABEKEN 520 f.).

[15] Text des Versailler Präliminarfriedens vom 26. 2. 1871: u. a. Gr.Pol. 1, 3 ff.; GENERALSTABSWERK 5, Anlage 183; H. GOLDSCHMIDT, Bismarck und die Friedensunterhändler 1871, Berlin/Leipzig 1929, 12 ff.

[16] Artikel II der Konvention zum Präliminarfrieden vom 26. 2. 1871 – GENERALSTABSWERK 5, Anlage 183; MOLTKE, Dienstschriften 1870/71, 611 f.; FAVRE 3, 107. Auf die Ermöglichung eines deutschen Truppeneinmarsches in Paris hatten die deutschen Militärs, aber auch der König selbst den allergrößten Wert gelegt. Alle Äußerungen aus dem deutschen Hauptquartier lassen erkennen, daß im Februar die Frage: deutscher Einmarsch oder nicht? die Gemüter heftig bewegte und offensichtlich derjenige Punkt der Verhandlungen war, der bei den deutschen Militärs und wohl auch beim König im Vordergrund des Interesses stand.

sammlung hatte am Abend des 1. März die Friedenspräliminarien ratifiziert[17]. Favre begab sich eilends nach Versailles, am Nachmittag des 2. März tauschten er und Bismarck die Ratifikationsurkunden aus[18]. Die Bestimmungen des Präliminarfriedens traten damit in Kraft.

Noch geraume Zeit bestand indessen eine erhebliche Unsicherheit, wann und in welcher Weise der definitive Friede zustande kommen würde[19]. Die Verhandlungen, sie wurden in Brüssel geführt, gestalteten sich außerordentlich schwierig – aus einem doppelten Grund. Zum einen bemühten sich die französischen Unterhändler weisungsgemäß und mit großem Krafteinsatz, im Definitivfrieden eine wesentliche Abmilderung der Stipulationen des Vorfriedens durchzusetzen und stießen mit diesem Vorhaben bei der deutschen Verhandlungsdelegation auf Widerstand. Zum anderen stellte der am 18. März beginnende Commune-Aufstand in Paris die Autorität der Regierung Thiers nachhaltig in Frage; die politische Gesamtsituation erfuhr dadurch eine extreme Komplizierung. Nur unter Aufbietung eines hohen Maßes an zielorientierter Entschlossenheit und mit Hilfe ausgeklügelter politischer Manöver gelang es Bismarck, die französische Regierung schließlich zum Einlenken zu veranlassen. Am 10. Mai 1871 wurde in Frankfurt der definitive Friede zwischen Frankreich und dem Deutschen Reich unterzeichnet[20].

Die Schwierigkeiten, die auf dem Weg von Versailles nach Frankfurt zu meistern waren, dürfen also keineswegs bagatellisiert werden[21]. Trotzdem läßt sich, im Rückblick jedenfalls, die klare Feststellung treffen, daß der Waffenstillstandsabschluß die eigentliche Zäsur darstellt. Indem der Waffenstillstand nicht nur die Einstellung der Kampfhandlungen bewirkte, sondern auch die Wahl einer französischen Nationalversammlung vorschrieb und ermöglichte, schuf er die entscheidenden Voraussetzungen für den Durchbruch zum Frieden und leitete die Beendigung des Krieges gemäß dem im 19. Jahrhundert üblichen „Normalmodell" des Friedenschließens – Waffenstillstand, Präliminarfrieden, Definitivfrieden – ein.

Diese schließlich zur Geltung kommende „Normalität" darf jedoch nicht den Blick dafür verstellen, daß in dem bewaffneten Konflikt zwischen zwei der großen

---

[17] BRABANT 122 ff. Für das Ratifikationsgesetz stimmten 546 Abgeordnete, dagegen 107, 23 enthielten sich der Stimme. Durch einen in derselben Sitzung nahezu einstimmig angenommenen Antrag wurde die Absetzung Napoleons III. bestätigt; dieser sei „responsable de la ruine, de l'invasion et du démembrement de la France".
[18] Mit Telegramm vom 2. März (Paris ab: 10.40 Uhr, Versailles an: 11.12 Uhr) teilte Favre Bismarck mit, das Protokoll des Ratifikationsbeschlusses der Nationalversammlung befinde sich jetzt in seinen Händen, er werde sich unverzüglich nach Versailles begeben (PA I ABc 70 Bd. 99, Bl. 41). Bismarck bestand gegenüber Favre darauf, daß die bei der Ratifikation eines völkerrechtlichen Vertrags üblichen formalen Prozeduren penibel eingehalten wurden (und gewann damit wenigstens einige Stunden Zeit). Vgl. GW 6b Nr. 2054; FAVRE 3, 155 f.; RECLUS 464 f.
[19] Siehe dazu meine Studie: KOLB, Der Pariser Commune-Aufstand und die Beendigung des deutsch-französischen Krieges.
[20] Text des Frankfurter Friedensvertrags vom 10. 5. 1871: u. a. Gr.Pol. 1, 38 ff.; GENERALSTABSWERK 5, Anlage 186; GOLDSCHMIDT 129 ff.
[21] Darauf vor allem hebe ich in der Anm. 19 angeführten Studie ab.

europäischen Nationen ein neues Gesicht des Krieges in Erscheinung getreten war. In seiner Anfangsphase wurde dieser Krieg zwar noch weitgehend in den traditionellen Formen ausgetragen, insofern die bewaffnete Auseinandersetzung auf die kämpfenden Armeen beschränkt blieb und bei der Behandlung der Zivilbevölkerung eine gröbliche Verletzung der damals geltenden völkerrechtlichen Bestimmungen nur in Ausnahmefällen vorkam. Aber im Verlauf des erbitterten Ringens wuchs der Krieg zunehmend in eine neue Dimension hinein. Mit der von französischer Seite in Gang gebrachten „guerre à outrance" und den dadurch ausgelösten deutschen Gegenmaßnahmen entwickelte sich eine Tendenz zur Totalisierung des Krieges, wie sie bei den vorausgehenden und selbst bei den noch folgenden europäischen Kriegen in der zweiten Jahrhunderthälfte nicht begegnet (vom amerikanischen Sezessionskrieg sei hier abgesehen). Im Zeichen aufgeputschter nationalistischer Leidenschaften, einer umfassenden Mobilisierung aller wirtschaftlichen und menschlichen Ressourcen und eines in Krisensituationen sich immer massiver manifestierenden Einflusses der öffentlichen Meinung auf den außenpolitischen Entscheidungsprozeß reduzierten sich die Handlungsspielräume der Staatsmänner – auch die Handlungsspielräume für eine kühl kalkulierende „Politik im Krieg". Es zeigte sich, daß nicht eine Armee, sondern das Land besiegt werden mußte, ehe es zum Frieden kommen konnte. Im Ersten Weltkrieg sollte diese Totalisierung dann zur prägenden Signatur des modernen Krieges werden.

Versuchen wir abschließend, unsere Beobachtungen und Feststellungen zu einem Resümee zu verdichten[22]. Obwohl im Krieg von 1870 der militärische Sieger schon ziemlich bald feststand, erwies es sich lange als unmöglich, den Krieg zu beenden; über Monate hin bestand Unsicherheit, wie, mit wem und wann ein Friedensschluß zustande gebracht werden konnte. Es war keineswegs völlig ausgeschlossen, daß der Krieg zu einem „Exterminationskrieg" eskalieren würde, wie ihn Moltke hier, Gambetta dort befürwortete[23]. Wenn sich Ende Januar 1871 dann doch die Möglichkeit eröffnete, den Krieg rasch und in den traditionellen Formen zu Ende zu bringen, so war das eine eher überraschende als eine in dieser Eindeutigkeit voraussehbare Wendung, und vor allem das Tempo, in dem zwischen Ende Januar und Mitte Mai 1871 die „normalen" Kriegsbeendigungsstufen durchlaufen wurden, war nach den vorausgehenden Wirrnissen alles andere als eine Selbstverständlichkeit.

Daß so der Friede zustande kam, ist sicherlich zu einem guten Teil das persönliche Verdienst Bismarcks, der seit Sedan intensiv auf eine rasche Kriegsbeendigung hinarbeitete und entschlossen war, jede sich bietende Friedenschance zu ergreifen, der in der Auseinandersetzung mit den Militärs energisch den Primat der Politik auch im Krieg verfocht und durchsetzte, der schließlich – soweit die eigene

---

[22] Ich nehme im folgenden die Formulierungen auf, mit denen ich an anderer Stelle meine Befunde resümiert habe: KOLB, Der schwierige Weg zum Frieden 77 ff.
[23] Moltke beabsichtigte, einen „Exterminationskrieg" zu führen (FRIEDRICH III. 325), bei Gambetta begegnet die Formulierung: „Nous prolongerons la lutte jusqu'à l'extermination" (FAVRE 2, 277).

Interessenlage es irgend zuließ – alles tat, um den friedensbereiten französischen Unterhändlern ihre schwierige Arbeit zu erleichtern. Zum Friedenschließen gehören jedoch immer zwei, mindestens zwei. Und daß der Friede zustande kam, ist daher ebensosehr das Verdienst derjenigen französischen Politiker, die die unpopuläre und undankbare Aufgabe übernahmen, einen verlorenen Krieg zu liquidieren.

Das ganze Ausmaß der Schwierigkeiten, einen Weg aus dem Krieg zu finden, ließ sich 1870/71 für den durchschnittlichen Zeitgenossen nicht überblicken. Aber immerhin war auch für diesen sichtbar: Dieser Krieg war anders als jene europäischen Kriege, die ihm vorausgegangen waren. Deshalb ist es erstaunlich, daß das schwierige, zeitweilig fast unlösbar erscheinende Problem der Kriegsbeendigung in der zeitgenössischen politischen Reflexion so gut wie gar keinen Niederschlag gefunden hat: War der Krieg noch ein probates Mittel des Konfliktaustrags zwischen europäischen Großmächten, wenn ein einmal begonnener Nationalkrieg selbst bei militärisch eindeutigem Ausgang kaum noch zu einem der europäischen Tradition entsprechenden Abschluß gebracht werden konnte?

Einer zumindest scheint Lehren aus der Erfahrung des nicht enden wollenden Krieges von 1870 gezogen zu haben, nämlich Bismarck. Zwar ist keine Äußerung Bismarcks überliefert, in der klipp und klar artikuliert würde, daß nationale Kriege in Europa schon deshalb um nahezu jeden Preis vermieden werden müßten, weil sie nicht mehr in rational kalkulierbarer Weise beendet werden könnten. Aber Bismarck wußte ganz genau: Deutschland führte den Krieg von 1870 unter optimalen Bedingungen, wie sie so ein zweites Mal wohl kaum anzutreffen sein würden: eine Kriegseröffnung, die Frankreich als eindeutigen Aggressor erscheinen ließ; starker Rückenwind der internationalen öffentlichen Meinung für die deutsche Seite zumindest in der Anfangsphase des Krieges; ein höchst erfolgreicher militärischer Verlauf; Begrenzung des bewaffneten Konflikts auf einen Zweikampf zwischen Frankreich und den deutschen Staaten; Ausschaltung neutraler Einmischung in den Kriegsbeendigungsprozeß. Und trotzdem erwies es sich monatelang als unmöglich, einen Weg zum Frieden zu finden. Wer sich durch die Berge von Akten gearbeitet hat, deren zentrales Thema ab September 1870 die Frage ist, wie man aus dem Krieg herauskommen und zu einem für Deutschland günstigen Frieden gelangen könne, für den ist schwer vorstellbar, daß dieser Aspekt des Kriegserlebnisses von 1870 sich einem Mann mit dem politischen Sensorium Bismarcks nicht tief ins Bewußtsein eingegraben haben sollte: In einem nationalen Krieg zwischen den europäischen Großmächten war es selbst bei militärisch eindeutigem Verlauf nahezu unmöglich geworden, auch den Frieden zu gewinnen[24]. Daher dürfte die Schlußfolgerung berechtigt sein: die von Bismarck in den 70er und 80er Jahren konsequent betriebene europäische Friedenspolitik erwuchs nicht zuletzt gerade auch aus den Erfahrungen und Einsichten, die Bismarck beim Prozeß der Kriegsbeendigung und des Friedenschließens 1870/71 gewonnen hatte.

[24] Nach dieser Richtung hin muß wohl Jeismanns eindringliche Analyse von Bismarcks Einstellung zum Präventivkrieg nach 1871 ergänzt werden (JEISMANN 85 ff., 100 ff., 109 ff., 152 ff.).

Anhang

Danksagung

Die Arbeit an der vorliegenden Untersuchung hat mich über eine ganze Reihe von Jahren begleitet. Daß ich – nach längerer Unterbrechung durch andere Vorhaben und Aufgaben – meine Studien über die politische Geschichte des Krieges von 1870 wieder aufnehmen und das Buch zu Ende schreiben konnte, verdanke ich einem Stipendium der „Stiftung Historisches Kolleg" (München). Es ist mir deshalb ein Bedürfnis, an dieser Stelle den Mitgliedern des Kuratoriums der Stiftung – und insbesondere dem Kuratoriumsvorsitzenden Prof. Dr. Horst Fuhrmann – meinen herzlichen Dank auszusprechen, in den ich auch den im Oktober 1984 verstorbenen ersten Vorsitzenden des Kuratoriums, Prof. Dr. Theodor Schieder, einbeziehe.

Zu danken habe ich des weiteren den Mitarbeitern der zahlreichen von mir besuchten Archive. Ihre Zuvorkommenheit und Hilfsbereitschaft hat es mir ermöglicht, in oft knapp bemessener Zeit umfängliche Aktenbestände durchzuarbeiten.

Bei der Beschäftigung mit dem Thema habe ich Ermutigung und Ermunterung erfahren, für die ich meinen Dank bekunde. An erster Stelle nenne ich Prof. Dr. Richard Nürnberger; sein nie nachlassendes Interesse am Gegenstand, aber auch an meiner Methode, ihn zu behandeln, bildete all die Jahre hindurch einen starken Ansporn für mich. Zuspruch, der mir viel bedeutet hat und bedeutet, erhielt ich von meinen Kollegen Andreas Hillgruber, Lothar Gall und Dieter Langewiesche, die einzelne Teile des Manuskripts gelesen haben.

In der letzten Arbeitsphase haben mich meine Mitarbeiter Dr. Christiane Kling-Mathey und Dr. Wolfram Pyta sehr unterstützt. Ihnen gilt mein Dank ebenso wie Frau Renate Kolwert, die in vielfach bewährter Zuverlässigkeit das Manuskript ins Reine geschrieben und die Korrekturen mit gelesen hat. Wertvolle Hilfe beim Korrekturlesen und bei der Erstellung des Registers leisteten Jörg Fischer, Andreas Nielen und Ludwig Richter.

Last not least danke ich Herrn Christian Kreuzer, M. A., vom Oldenbourg Verlag, der mit Umsicht und Engagement die Drucklegung betreute.

Köln, im Dezember 1988   Eberhard Kolb

Zeittafel zum Krieg von 1870/71

1870

3. 7.	„Platzen der spanischen Bombe": In Paris wird bekannt, daß der Erbprinz Leopold von Hohenzollern-Sigmaringen für den spanischen Thron kandidiert
6. 7.	Drohende Kammererklärung der französischen Regierung: Im Corps législatif spricht Außenminister Gramont von Krieg für den Fall, daß die Hohenzollernkandidatur aufrechterhalten wird
9.–13. 7.	Unterredungen zwischen König Wilhelm von Preußen und dem französischen Botschafter Benedetti in Bad Ems
12. 7.	Verzichterklärung des Fürsten Karl Anton von Hohenzollern namens seines Sohnes auf die spanische Thronkandidatur
13./14. 7.	Benedetti fordert von König Wilhelm im Namen der französischen Regierung eine Garantieerklärung dafür, daß auch in Zukunft eine neue Hohenzollernkandidatur nicht genehmigt werde, was der preußische König ablehnt
	Bismarck macht die Ablehnung der französischen Garantieforderung durch die sog. „Emser Depesche" publik
14. 7.	Mobilmachungsbeschluß der französischen Regierung
15. 7.	Bewilligung der Kriegskredite durch französische Abgeordnetenkammer und Senat
	Mobilmachungsbeginn des Norddeutschen Bundes
Mitte Juli bis Anfang August	Bemühungen der französischen Regierung um eine Kriegskoalition: Erfolglose Bündnisverhandlungen mit Österreich-Ungarn, Italien und Dänemark
19. 7.	Überreichung der „förmlichen" französischen Kriegserklärung in Berlin. Die süddeutschen Staaten stellen sich sofort an die Seite des Norddeutschen Bundes
4./6. 8.	Deutsche Siege in den Grenzschlachten von Weißenburg (Unterelsaß), Wörth (sw. von Weißenburg) und am Spicherer Berg (bei Saarbrücken). Die französische Armee tritt den Rückzug an
9. 8.	In Paris wird das Kabinett Émile Ollivier gestürzt; ihm folgt das ausgeprägt bonapartistische Ministerium Palikao
14./18. 8.	Schlachten um Metz; nach deutschen Erfolgen bei Vionville und Mars-la-Tour bzw. Gravelotte und Saint-Privat zieht sich die Armee Bazaine in die Festung Metz zurück
19. 8.	England und Italien verpflichten sich gegenseitig, nicht ohne vorhergehenden Austausch von Erklärungen aus der Neutralität herauszutreten. Rußland und Österreich treten dem Übereinkommen bei („Neutralenliga")
30. 8.	Teile der französischen Armee werden bei Beaumont überraschend geschlagen
1. 9.	Französische Niederlage in der Schlacht bei Sedan
2. 9.	Kapitulation der in Sedan eingeschlossenen Armee des Marschalls Mac Mahon (100 000 Mann); Gefangennahme Kaiser Napoleons III., der Schloß Wilhelmshöhe bei Kassel als Aufenthaltsort zugewiesen erhält

4. 9.	Unruhen in Paris: Sturz des Zweiten Kaiserreichs, Flucht der Kaiserin (und Regentin) Eugenie nach England; Konstituierung eines „Gouvernement de la Défense Nationale" aus Abgeordneten der bisherigen Kammeropposition
13. 9.	Ein Teil des Pariser Gouvernements siedelt als „Regierungsdelegation" nach Tours über
18. 9.	Beginn der Belagerung von Paris
19./20. 9.	„Entrevue von Ferrières": Erste Unterhandlungen zwischen Bismarck und Favre über einen Waffenstillstand scheitern, da die Pariser Regierung die von deutscher Seite gestellten Bedingungen ablehnt
5. 10.	Etablierung des deutschen Hauptquartiers in Versailles
9. 10.	Gambetta verläßt Paris im Ballon, um den Widerstand in der Provinz zu organisieren
11. 10.	Besetzung von Orléans durch deutsche Truppen
25. 10.	Eröffnung der Verhandlungen über die Kapitulation von Metz
27. 10.	Kapitulation der „Rheinarmee" unter Marschall Bazaine zu Metz. Übergabe der Festung, Kriegsgefangenschaft von 150 000 Soldaten und Offizieren
31. 10.	Aufstandsversuch revolutionärer Gruppen in Paris mit dem Ziel, das „Gouvernement de la Défense Nationale" zu stürzen. Die Aufständischen bringen die Regierungsmitglieder in Bedrängnis, die Emeute scheitert aber nach wenigen Stunden
	Zirkular des russischen Außenministers Gorčakov an alle Unterzeichnerstaaten des Pariser Friedens von 1856 („Gorčakov-Zirkular"): Durch einseitige Erklärung sagt sich Rußland von den „Pontus-Klauseln" des Pariser Friedens los, in denen die dauernde Neutralisierung des Schwarzen Meeres festgeschrieben ist. Sturm der Entrüstung vor allem in England und Österreich. Akute internationale Krise
Okt./Nov.	Verhandlungen Bismarcks in Versailles mit den Vertretern Bayerns, Württembergs, Badens und Hessens über den Zusammenschluß der süddeutschen Staaten mit dem Norddeutschen Bund zum Deutschen Reich
1.–7. 11.	Waffenstillstandsverhandlungen zwischen Bismarck und Thiers scheitern
9. 11.	Sieg der französischen Loirearmee in der Schlacht bei Coulmiers; Räumung von Orléans durch die deutschen Truppen
16. 11.	Das Parlament in Madrid wählt den Sohn des italienischen Königs (Amadeus, Herzog von Aosta) zum spanischen König
27. 11.	General Manteuffel schlägt die französische Nordarmee unter Faidherbe bei Moreuil
28. 11.	Prinz Friedrich Karl schlägt die französische Loirearmee unter General Chanzy bei Baune-la-Rolande
30. 11.–4. 12.	Erfolgloser Ausbruchversuch der in Paris zernierten Truppen und der Nationalgarde
2. 12.	Erneute Niederlage der Loirearmee bei Loigny; Orléans wieder von deutschen Truppen besetzt
10. 12.	Die französische Regierungsdelegation verlegt ihren Sitz von Tours nach Bordeaux

31. 12.	Deutsche Artilleriegeschütze eröffnen das Bombardement auf Paris. Lebensmittelversorgung in Paris tritt in ein kritisches Stadium
1871	
11./12. 1.	Ende des Loirefeldzuges: Das französische Westheer (unter General Chanzy) wird in der Schlacht von Le Mans an der Sarthe von der Armee des Prinzen Friedrich Karl entscheidend geschlagen
16.–18. 1.	Der von der französischen Ostarmee unternommene Versuch, die Festung Belfort zu entsetzen, scheitert in der Schlacht an der Lisaine (nahe Belfort); Rückzug der Ostarmee nach Süden
17. 1.	Eröffnung der Londoner Konferenz zur Beilegung der durch Gorčakovs Zirkular ausgelösten internationalen Krise („Pontuskonferenz")
18. 1.	Im Spiegelsaal von Versailles wird Wilhelm I. zum Deutschen Kaiser ausgerufen
19. 1.	Schlacht bei St. Quentin: Die französische Nordarmee unter General Faidherbe wird geschlagen
20. 1.	Letzter Ausbruchsversuch der in Paris eingeschlossenen Truppen endet mit völligem Fehlschlag (Schlacht von Buzenval)
22. 1.	Revolutionäre Unruhen in Paris fordern Tote und Verletzte
23.–28. 1.	Waffenstillstandsverhandlungen in Versailles zwischen Otto v. Bismarck und Jules Favre, die mit der Unterzeichnung der Waffenstillstandskonvention enden (ausgenommen die französische Ostarmee)
29. 1.	Pariser Regierung setzt Wahlen für die in Bordeaux zu eröffnende Nationalversammlung auf den 8. 2. an
31. 1.	Regierungsdelegation in Bordeaux unter Gambetta akzeptiert zwar den Waffenstillstand, erklärt sich aber für Fortsetzung des Krieges und verabschiedet ein Wahldekret, das Funktionsträger des Zweiten Kaiserreichs von Wahl und Wählbarkeit ausschließt
1. 2.	Übertritt der gesamten französischen Ostarmee in die Schweiz. Ende des nationalen französischen Widerstands
2.–6. 2.	Schwerer Konflikt zwischen dem Pariser Gouvernement und der Regierungsdelegation zu Bordeaux wegen Gambettas Wahldekret endet mit Gambettas Rücktritt
8. 2.	Wahlen in ganz Frankreich zur Nationalversammlung erbringen eine große Mehrheit für die friedenswilligen Kräfte
13. 2.	Eröffnung der Nationalversammlung in Bordeaux
16. 2.	Wahl von A. Thiers zum „Chef der Exekutive"
26. 2.	Unterzeichnung des Präliminarfriedens von Versailles: Abtretung von Elsaß und Teilen Lothringens an Deutschland und Zahlung einer Kriegsentschädigung von 5 Mrd. Francs
1. 3.	Besetzung der westlichen Stadtteile von Paris durch deutsche Truppen (für die Dauer eines Tages)
13. 3.	Kaiser Wilhelm I. und Bismarck verlassen mit dem großen Hauptquartier Versailles
	Schlußsitzung der Londoner Konferenz
18. 3.–28. 5.	Commune-Aufstand in Paris
21. 3.	Feierliche Eröffnung des ersten deutschen Reichstags in Berlin
10. 5.	Unterzeichnung des Definitivfriedens in Frankfurt am Main

Die Waffenstillstandskonvention vom 28.1.1871: Entwürfe und endgültige Fassung

(A) „Projet" Favres 26.1.1871

Entre Son Excellence M. le comte de Bismarck chancelier de la confédération du nord, stipulant au nom du commandant en chef des armées allemandes d'une part, et M. Jules Favre, ministre des affaires étrangères du gouvernement de la défense nationale, muni de pouvoirs réguliers de son gouvernement, d'autre part ont été arrêtées les conventions suivantes:

Art. I

Un armistice général, sur toute la ligne des opérations militaires en cours d'exécution entre les armées allemandes et les armées françaises, commencera pour Paris aujourd'hui même, pour les départements à partir du jour où les présentes auront été notifiées aux commandants des armées et se prolongera pendant une durée de trois semaines.

Cette durée pourra être renouvelée. Les armées belligérantes conserveront leurs positions respectives, suivant les lignes déterminées par une convention annexe à la présente et qui indiquera aussi la zone laissée entre elles.

(B) „projet de convention" (Bismarcks) 26./27.1.1871

Entre le comte de Bismarck, Chancelier de la Confédération Germanique, stipulant au nom de Sa Majesté l'Empereur d'Allemagne Roi de Prusse, et M. Jules Favre, Ministre des affaires étrangères du Gouvernement de la Défense nationale, muni de pouvoirs réguliers de son Gouvernement, d'autre part, on été arrêtées les conventions suivantes:

Art. I

Un armistice général sur toute la ligne des opérations militaires en cours d'exécution entre les armées allemandes et les armées françaises commencera pour Paris aujourd'hui même, pour les départements à partir du jour où la conclusion de cet armistice aura été notifiée aux commandants des armées. La durée de l'armistice sera de vingt et un jours à dater d'aujourd'hui de manière que, sauf le cas où elle serait renouvelée, l'armistice se terminerait partout le ... à midi.

Les armées belligérantes conserveront leurs positions respectives qui seront séparées par une ligne de démarcation. Cette ligne partira de Pont l'Evêque sur les côtes du département de Calvados, se dirigera sur Lignières dans le nord-est du département de la Mayenne en passant

(C) Waffenstillstandskonvention vom 28.1.1871

Entre M. le comte de Bismarck, chancelier de la Confédération germanique, stipulant au nom de S. M. l'Empereur d'Allemagne, Roi de Prusse, et M. Jules Favre, ministre des affaires étrangères du Gouvernement de la Défense nationale, munis de pouvoirs réguliers, ont été arrêtées les conventions suivantes:

Art. I

Un armistice général sur toute la ligne des opérations militaires en cours d'exécution entre les armées allemandes et les armées françaises, commencera pour Paris aujourd'hui même, pour les départements dans un délai de trois jours; la durée de l'armistice sera de vingt et un jours à dater d'aujourd'hui, de manière que sauf le cas où elle serait renouvelée, l'armistice se terminera partout le dix-neuf février à midi.

Les armées belligérantes conserveront leurs positions respectives qui seront séparées par une ligne de démarcation. Cette ligne partira de Pont l'Evêque sur les côtes du département de Calvados, se dirigera sur Lignières dans le Nord-Est du département de la Mayenne en touchant entre Briouze et Fromentel; en touchant au département de la Mayenne en Li-

entre Briouze et Fromentel; en touchant le département de la Mayenne à Lignières, elle suivra la limite qui sépare ce département de celui de l'Orne et de la Sarthe jusqu'au nord de Morannes et sera continuée de manière à laisser à l'occupation allemande les départements de la Sarthe, de l'Indre et Loire, de Loir et Cher, du Loiret, de l'Yonne, jusqu'au point où à l'Est de Quaré les Tombes se touchent les départements de la Côte d'Or, de la Nièvre et de l'Yonne. A partir de ce point le tracement de la ligne sera réservé à une entente qui aura lieu aussitôt que les parties contractantes seront renseignées sur la situation actuelle des opérations militaires en exécution dans les départements de la Côte d'Or, du Doubs et du Jura. Dans tous les cas elle traversera le territoire composé de ces trois départements, en laissant à l'occupation allemande les départements situés au nord, à l'armée française ceux situés au midi de ce territoire. Les départements du Nord et du Pas de Calais, les forteresses de Givet et de Langres avec le terrain qui les entoure à une distance de dix kilomètres et la péninsule du Hâvre jusqu'à une ligne à tirer d'Etretat dans la direction de Saint Romain resteront en dehors de l'occupation allemande. Les deux armées belligérantes et leurs avant-postes de part et d'autre se tiendront à une distance de dix kilomètres au moins des lignes tracées pour séparer leurs positions.

Chacune des deux armées se réserve le droit de maintenir son autorité dans le territoire

gnières, elle suivra la limite qui sépare ce département de celui de l'Orne et de la Sarthe jusqu'au Nord de Morannes, et sera continuée de manière à laisser à l'occupation allemande les départements de la Sarthe, Indre et Loire, Loir et Cher, du Loiret, de l'Yonne, jusqu'au point où à l'Est de Quarré les Tombes se touchent les départements de la Côte d'Or, de la Nièvre et de l'Yonne. A partir de ce point, le tracé de la ligne sera réservé à une entente qui aura lieu aussitôt que les parties contractantes seront renseignées sur la situation actuelle des opérations militaires en exécution dans les départements de la Côte d'Or, du Doubs et du Jura. Dans tous les cas elle traversera le territoire composé de ces trois départements, en laissant à l'occupation allemande les départements situés au Nord, à l'armée française ceux situés au Midi de ce territoire.

Les départements du Nord et du Pas de Calais, les forteresses de Givet et de Langres, avec le terrain qui les entoure à une distance de dix kilomètres, et la péninsule du Hâvre jusqu'à une ligne à tirer d'Etretat dans la direction de St. Romain resteront en dehors de l'occupation allemande.

Les deux armées belligérantes et leurs avant-postes de part et d'autre se tiendront à une distance de dix kilomètres au moins des lignes tracées pour séparer leurs positions.

Chacune des deux armées se réserve le droit de maintenir son autorité dans le territoire qu'elle occupe, et d'employer les moyens que qu'elle occupe et d'employer les moyens que ses commandants jugeront nécessaires pour arriver à ce but.

L'armistice s'applique également aux forces navales des deux pays en adoptant le méridien de Dunkerque comme ligne de démarcation à l'Ouest de laquelle se tiendra la flotte française. Les captures qui seraient faites après la conclusion et avant la notification de l'armistice seront restituées, de même que les prisonniers qui pourraient être faits de part et d'autre dans des engagements qui auraient eu lieu dans l'intervalle indiqué.

Les opérations militaires sur le terrain des départements du Doubs, du Jura et de la Côte d'Or, ainsi que le siège de Belfort se continueront indépendamment de l'armistice jusqu'au moment où on se sera mis d'accord sur la ligne de démarcation dont le tracé à travers les trois départements mentionnés a été réservé à une entente ultérieure.

Art. II

L'armistice ainsi convenu a pour but de permettre au gouvernement de la défense nationale de convoquer une assemblée librement élue qui se prononcera sur la question de savoir si la guerre doit être continuée ou à quelles conditions la paix doit être faite.

L'assemblée se réunira dans la ville de Bordeaux.

ses commandants jugeront nécessaires pour arriver à ce but.

L'armistice s'applique également aux forces navales des deux pays en adoptant le méridien de Dunkerque comme ligne de démarcation à l'Ouest de laquelle se tiendra la flotte française, et à l'Est de laquelle se retireront, aussitôt qu'ils pourront être avertis, les bâtiments de guerre allemands qui se trouvent dans les eaux occidentales. Les captures qui seraient faites après la conclusion et avant la notification de l'armistice, seront restituées de même que les prisonniers qui pourraient être faits de part et d'autre dans des engagements qui auraient eu lieu dans l'intervalle indiqué.

Les opérations militaires sur le terrain des départements du Doubs, du Jura et de la Côte d'Or, ainsi que le siège de Belfort se continueront indépendamment de l'armistice jusqu'au moment où on se sera mis d'accord sur la ligne de démarcation dont le tracé à travers les trois départements mentionnés a été réservé à une entente ultérieure.

Art. II

L'armistice ainsi convenu a pour but de permettre au Gouvernement de la Défense nationale de convoquer une assemblée librement élue, qui se prononcera sur la question de savoir si la guerre doit être continuée ou à quelles conditions la paix doit être faite.

L'assemblée se réunira dans la ville de Bordeaux.

Toutes facilités seront données par les commandants des armées allemandes pour l'élection et la réunion des députés qui la composeront.

Art. III

Il sera fait immédiatement remise à l'armée allemande par l'autorité militaire française de tous les forts formant le périmètre de la défense extérieure, ainsi que de leur matériel de guerre.

Art. IV

Pendant la durée de l'armistice l'armée allemande n'entrera pas dans la ville de Paris.

Art. V

L'enceinte sera désarmée de ses canons qui seront descendus dans le fossé extérieur du rempart.

Toutes facilités seront données par les commandants des armées allemandes pour l'élection et la réunion des députés qui la composeront.

Art. III

Il sera fait immédiatement remise à l'armée allemande par l'autorité militaire française de tous les forts formant le périmètre de la défense extérieure de Paris, ainsi que de leur matériel de guerre.

Les communes et les maisons situées en dehors de ce périmètre ou entre les forts pourront être occupées par les troupes allemandes jusqu'à une ligne à tracer par des commissaires militaires, et qui suivra le cours de la Seine depuis Bas-Meudon jusqu'à St. Ouen. Le terrain restant entre cette ligne et l'enceinte fortifiée de la ville de Paris sera interdit aux militaires et aux gardes nationaux français.

Art. IV

Pendant la durée de l'armistice l'armée allemande n'entrera pas dans la ville de Paris.

Art. V

L'enceinte sera désarmée de ses canons dont les affûts seront transportés dans un des forts à désigner par un commissaire de l'armée allemande.

Toutes facilités seront données par les commandants des armées allemandes pour l'élection et la réunion des députés qui la composeront.

Art. III

Il sera fait immédiatement remise à l'armée allemande par l'autorité militaire française de tous les forts formant le périmètre de la défense extérieure de Paris, ainsi que de leur matériel de guerre. Les communes et les maisons situées en dehors de ce périmètre ou entre les forts, pourront être occupées par les troupes allemandes jusqu'à une ligne à tracer par des commissaires militaires. Le terrain restant entre cette ligne et l'enceinte fortifiée de la ville de Paris, sera interdit aux forces armées des deux parties. La manière de rendre les forts et le tracé de la ligne mentionnée formeront l'objet d'un protocole à annexer à la présente convention.

Art. IV

Pendant la durée de l'armistice, l'armée allemande n'entrera pas dans la ville de Paris.

Art. V

L'enceinte sera désarmée de ses canons dont les affûts seront transportés dans les forts à désigner par un commissaire de l'armée allemande.

Art. VI

Les garnisons des forts et celle de Paris seront prisonnières de guerre, sauf deux divisions que l'autorité militaire conservera pour le service intérieur.

Les troupes prisonnières de guerre déposeront leurs armes qui seront réunies dans des lieux désignés et suivant règlement par commissaires suivant l'usage. Elles seront ensuite cantonnées sous Paris dans les emplacements fixés par les autorités militaires allemandes et françaises et y resteront sous le commandement de leurs officiers.

Les officiers conserveront leurs armes et seront prisonniers sur parole.

Art. VI

Les garnisons (armée de ligne, garde mobile et marins) des forts et de Paris seront prisonnières de guerre, sauf une division de douze mille hommes que l'autorité militaire dans Paris conservera pour le service intérieur.

Les troupes prisonnières de guerre déposeront leurs armes qui seront réunies dans les lieux désignés et livrées suivant règlement par commissaires suivant l'usage; ces troupes resteront dans l'intérieur de la ville dont elles ne pourront pas franchir l'enceinte pendant l'armistice. Les autorités françaises s'engagent à veiller à ce que tout individu appartenant à l'armée et à la garde mobile reste consigné dans l'intérieur de la ville. Les officiers des troupes prisonnières seront consignés dans une liste à remettre aux autorités allemandes. A l'expiration de l'armistice tous les militaires appartenants à l'armée consignée dans Paris auront à se constituer prisonniers de guerre de l'armée allemande si la paix n'est pas conclue jusque là. Tous les officiers donneront par écrit leur parole de se conformer à cette disposition et aux autres consignées ci-dessus. Les documents contenant cet engagement seront remis aux autorités allemandes.

Les officiers prisonniers conserveront leurs armes.

Art. VI

Les garnisons (armée de ligne, garde mobile et marins) des forts et de Paris seront prisonnières de guerre, sauf une division de douze mille hommes que l'autorité militaire dans Paris conservera pour le service intérieur.

Les troupes prisonnières de guerre déposeront leurs armes qui seront réunies dans les lieux désignés et livrées suivant règlement par commissaires suivant l'usage; ces troupes resteront dans l'intérieur de la ville dont elles ne pourront pas franchir l'enceinte pendant l'armistice. Les autorités françaises s'engagent à veiller à ce que tout individu appartenant à l'armée et à la garde mobile, reste consigné dans l'intérieur de la ville. Les officiers des troupes prisonnières seront désignés par une liste à remettre aux autorités allemandes.

A l'expiration de l'armistice tous les militaires appartenant à l'armée consignée dans Paris, auront à se constituer prisonniers de guerre de l'armée allemande si la paix n'est pas conclue jusque là.

Les officiers prisonniers conserveront leurs armes.

La garde nationale conservera son organisation et ses armes. Elle sera chargée de la garde de Paris et du maintien de l'ordre.

Il en sera de même de la gendarmerie et des troupes assimilées employées à un service municipal, telle que garde républicaine, douaniers et forestiers.

Art. VIII

Aussitôt après la signature des présentes et avant la prise de possession des forts le commandant en chef des armées allemandes donnera toutes facilités aux commissaires que le gouvernement français enverra tant dans les départements qu'à l'étranger pour préparer le ravitaillement et faire approcher de la ville les marchandises qui y sont destinées.

Art. IX

Après la remise des forts ce ravitaillement s'opérera librement par la circulation sur les voies ordinaires ferrées et fluviales.

La garde nationale conservera ses armes, elle sera chargée de la garde de Paris et du maintien de l'ordre. Il en sera de même de la gendarmerie et des troupes assimilées, employées à un service municipal, telle que garde républicaine, douaniers et pompiers; la totalité de cette catégorie n'excédera pas trois mille cinq cents hommes.

Tous les corps de franc-tireurs seront dissous par une ordonnance du Gouvernement français.

Art. VIII

Aussitôt après la signature des présentes et avant la prise de possession des forts, le commandant en chef des armées allemandes donnera toutes facilités aux commissaires que le gouvernement français enverra tant dans les départements qu'à l'étranger pour préparer le ravitaillement et faire approcher de la ville les marchandises qui y sont destinées.

Art. IX

Après la remise des forts et après le désarmement de l'enceinte et de la garnison stipulé dans les articles V et VI, le ravitaillement de Paris s'opérera librement par la circulation sur les voies ferrées et fluviales. Les provisions destinées à ce ravitaillement ne pourront être puisées dans les terrains occupés par les troupes allemandes, et le Gouvernement français s'engage à en faire l'acquisition en dehors de la ligne de démarcation qui entoure les positions des armées allemandes.

La garde nationale conservera ses armes, elle sera chargée de la garde de Paris et du maintien de l'ordre. Il en sera de même de la gendarmerie et des troupes assimilées, employées dans le service municipal, telles que garde républicaine, douaniers et pompiers; la totalité de cette catégorie n'excédera pas trois mille cinq cents hommes.

Tous les corps de franctireurs seront dissous par une ordonnance du Gouvernement français.

Art. VIII

Aussitôt après la signature des présentes et avant la prise de possession des forts, le commandant en chef des armées allemandes donnera toutes facilités aux commissaires que le Gouvernement français enverra tant dans les départements qu'à l'étranger pour préparer le ravitaillement et faire approcher de la ville les marchandises qui y sont destinées.

Art. IX

Après la remise des forts et après le désarmement de l'enceinte et de la garnison stipulés dans les articles 5 et 6, le ravitaillement de Paris s'opérera librement par la circulation sur les voies ferrées et fluviales. Les provisions destinées à ce ravitaillement ne pourront être puisées dans le terrain occupé par les troupes allemandes, et le Gouvernement français s'engage à en faire l'acquisition en dehors de la ligne de démarcation qui entoure les positions des armées allemandes, à moins d'autorisation contraire donnée par les commandants de ces dernières.

Art. X

Toute personne qui voudra quitter la ville de Paris devra être munie des permis réguliers délivrés par l'autorité militaire française et soumis au visa des avantpostes allemands.

Ces permis et visas seront accordés de droit aux candidats à la députation en provinces et aux députés à l'assemblée.

Art. XI

La ville de Paris paiera une contribution municipale de guerre de la somme de ….

Le mode de paiement sera déterminé par une commission mixte allemande et française.

Pendant la durée de l'armistice, il ne sera rien distrait des valeurs publiques pouvant servir des gages au recouvrement des contributions de guerre.

Art. X

Toute personne qui voudra quitter la ville de Paris devra être munie de permis réguliers délivrés par l'autorité militaire française et soumis au visa des avant-postes allemands. Ces permis et visas seront accordés de droit aux candidats à la députation en province et aux députés à l'assemblée.

La circulation des personnes qui auront obtenu l'autorisation indiquée ne sera admise qu'entre dix heures du matin et dix heures du soir.

Art. XI

La ville de Paris paiera une contribution municipale de guerre de la somme de deux cents millions de francs. Le paiement devra être effectué avant le quinzième jour de l'armistice. Le mode de paiement sera déterminé par une commission mixte allemande et française.

Art. XII

Pendant la durée de l'armistice il ne sera rien distrait des valeurs publiques pouvant servir de gage au recouvrement des contributions de guerre.

Art. XIII

L'importation dans Paris d'armes, de munitions ou de matières servant à leur fabrication, sera interdite pendant la durée de l'armistice.

Art. X

Toute personne qui voudra quitter la ville de Paris, devra être munie de permis réguliers, délivrés par l'autorité militaire française et soumis au visa des avant-postes allemands. Ces permis et visas seront accordés de droit aux candidats à la députation en province et aux députés à l'assemblée.

La circulation des personnes qui auront obtenu l'autorisation indiquée ne sera admise qu'entre six heures du matin et six heures du soir.

Art. XI

La ville de Paris payera une contribution municipale de guerre de la somme de deux cents millions de francs. Ce paiement devra être effectué avant le quinzième jour de l'armistice. Le mode de paiement sera déterminé par une commission mixte allemande et française.

Art. XII

Pendant la durée de l'armistice il ne sera rien distrait des valeurs publiques pouvant servir de gage au recouvrement des contributions de guerre.

Art. XIII

L'importation dans Paris d'armes, de munitions ou de matières servant à leur fabrication, sera interdite pendant la durée de l'armistice.

Art. XIV

Il sera procédé immédiatement à l'échange de tous les prisonniers de guerre qui ont été faits par l'armée française depuis le commencement de la guerre.

Dans ce but les autorités françaises remettront dans le plus bref délai des listes nominatives des prisonniers de guerre allemands aux autorités militaires allemandes à Amiens, au Mans, à Orléans et à Vesoul. La mise en liberté des prisonniers de guerre allemands s'effectuera sur les points les plus rapprochés de la frontière. Les autorités allemandes remettront en échange sur les mêmes points et dans le plus bref délai possible un nombre pareil de prisonniers français, de grades correspondants, aux autorités militaires françaises.

L'échange s'étendra aux prisonniers de condition bourgeoise, tels que les capitaines de navires de la marine marchande allemande et les prisonniers français civils qui ont été internés en Allemagne.

Art. XV

Un service postal pour des lettres non cachetées sera organisé entre Paris et les départements par l'intermédiaire du quartier général à Versailles.

En foi de quoi les soussignés ont revêtu les présentes conventions de leurs signatures et de leurs sceaux.

Fait à Versailles le 28 janvier 1871.
(L.S.) signé: Favre   (L.S.) signé: v. Bismarck.

Nachweis der Fundstellen:
A) PA I ABc 70 Bd. 85, Bl. 32 ff.
(Schreiben Favre an Bismarck, Versailles 26.1.1871, pr. 26.1. mit Anlage „projet", beides eigenhändig)
B) PA I ABc 70 Bd. 85, Bl. 81 ff.
(„projet de convention" von der Hand Hatzfeldts; ebd. Bl. 86 ff. Abschrift von Kanzlistenhand mit Annotationen Bismarcks, die in die endgültige Fassung eingegangen sind)
C) PA I ABc 70 Bd. 85, Bl. 94 ff.; gedruckt u.a. GENERALSTABSWERK 4 Anlage 156

Abkürzungen und Siglen

Bei ungedruckten Quellen (Archivalien)

AVPR = Archiv Vnešnej Politiki Rossii [Archiv für Außenpolitik Rußlands] Moskau
BN = Bibliothèque Nationale Paris
DZAM = Deutsches Zentralarchiv Merseburg
DZAP = Deutsches Zentralarchiv Potsdam
GLAK = Generallandesarchiv Karlsruhe
GStAM = Geheimes Staatsarchiv München
HHStA = Haus-, Hof- und Staatsarchiv Wien
HStASt = Hauptstaatsarchiv Stuttgart
LBSt = Landesbibliothek Stuttgart
MAE = Ministère des Affaires Etrangères (Archives) Paris
PA = Politisches Archiv des Auswärtigen Amtes Bonn
PRO = Public Record Office London

AA = Auswärtiges Amt (Berlin)
Bd. = (Akten) Band
Bl. = Blatt
HQ = Hauptquartier
o. D. = ohne Datum
pr. = praesentatum (Eingangsvermerk mit Zeitangabe)
Tel. = Telegramm
vSM = Vortrag (bzw. Vorlage) bei Seiner Majestät
z. St. = zur (Telegraphen-)Station (Vermerk des Abgangszeitpunkts auf dem Konzept von telegraphischen Depeschen)

Bei gedruckten Quellen und Literatur

AHR = American Historical Review
AKTSTYKKER = FRIIS, Aage/Povl BAGGE: Europa, Danmark og Nordslesvig
ARCH.DIPL. = ARCHIVES DIPLOMATIQUES
BLUEBOOK = CORRESPONDENCE Respecting the Negotiations preliminary to the War between France and Prussia
DDI = DOCUMENTI DIPLOMATICI Italiani
EHR = English Historical Review
EP = ENQUÊTE PARLEMENTAIRE sur les actes du Gouvernement de la Défense Nationale
Dép. = Dépositions
Rapp. = Rapports
GENERALSTABSWERK = [GENERALSTABSWERK] Der deutsch-französische Krieg 1870/71, red. von der kriegsgeschichtlichen Abteilung des Großen Generalstabes
Gr.Pol. = LEPSIUS, Johannes/Albrecht MENDELSSOHN BARTHOLDY/Friedrich THIMME (Hrsg.): Die Große Politik der Europäischen Kabinette 1871–1914
GW = BISMARCK, Otto von: Die gesammelten Werke
HZ = Historische Zeitschrift
Jb./Jbb. = Jahrbuch/Jahrbücher
MGM = Militärgeschichtliche Mitteilungen
OD = Les ORIGINES DIPLOMATIQUES de la guerre de 1870/71
PROCÈS-VERBAUX = Des HOUX, Henri (Hrsg.): Gouvernement de la Défense Nationale 1870/71. Procès-verbaux des séances du Conseil
SPØRGSMAAL = FRIIS, Aage: Det nordslesvigske Spørgsmaal 1864–1879
VSWG = Vierteljahrsschrift für Sozial- und Wirtschaftsgeschichte
WTB = Wolffsches Telegraphen-Büro
ZBLG = Zeitschrift für Bayerische Landesgeschichte
ZGORh = Zeitschrift für die Geschichte des Oberrheins
Zs. = Zeitschrift

Die sonstigen Abkürzungen und Kurztitel verweisen ohne weiteres auf das alphabetische Verzeichnis der gedruckten Quellen und Literatur.

Quellen und Literatur*

A. Quellen

1. Ungedruckte Akten sowie Nachlässe

Die einschlägigen AKTENBESTÄNDE folgender Archive wurden durchgesehen und ausgewertet:

Politisches Archiv des Auswärtigen Amtes Bonn (PA)
Deutsches Zentralarchiv Potsdam (DZAP)
Deutsches Zentralarchiv Merseburg (DZAM)
Geheimes Staatsarchiv München (GStAM)
Generallandesarchiv Karlsruhe (GLAK)
Hauptstaatsarchiv Stuttgart (HStASt)
Bismarck-Archiv Friedrichsruh

Haus-, Hof- und Staatsarchiv Wien (HHStA)
Ministère des Affaires Étrangères (Archives) Paris (MAE)
Public Record Office London (PRO)
Archiv Vnešnej Politiki Rossii [Archiv für Außenpolitik Rußlands] Moskau (AVPR)

NACHLÄSSE:

Bibliothèque Nationale Paris (BN): Thiers
Deutsches Zentralarchiv Merseburg: Balan, M. Busch, Delbrück, M. Duncker, Hauchecorne, Keudell, E. und O. Manteuffel, Sybel, Waldersee, Wehrenpfennig, Werthern, Zitelmann
Deutsches Zentralarchiv Potsdam: Bamberger, Baumgarten, F. Duncker, Elben, Hohenlohe-Schillingsfürst, Schweinitz, Stieber, Tiedemann
Generallandesarchiv Karlsruhe: Freydorf, Jolly, Lamey
Landesbibliothek Stuttgart (LBSt): Hölder, Lang, Moser-Mohl, Reyscher

2. Zeitungen und Zeitschriften

Durchgesehen wurden insbesondere die Nummern aus den Monaten Juli bis September 1870:

(Augsburger) Allgemeine Zeitung
Badische Landeszeitung (Karlsruhe)
Der Beobachter (Stuttgart)
Berliner Nachrichten (Spenersche Zeitung)
Karlsruher Zeitung
Kölnische Zeitung

---

* Für die bis etwa 1970 erschienene Literatur sowie die gedruckten Quellen vgl. auch: Widolf WEDLICH, Der deutsch-französische Krieg 1870/71, in: Jahresbibliographie 1970. Bibliothek für Zeitgeschichte, Frankfurt 1971, 396–458

Nationalzeitung (Berlin)
Neue Preußische Zeitung (Kreuzzeitung) (Berlin)
Norddeutsche Allgemeine Zeitung (Berlin)
Preußischer Staatsanzeiger (Berlin)
Provinzialkorrespondenz (Berlin)
Schwäbischer Merkur (Stuttgart)
Schwäbische Volkszeitung (Stuttgart)
Der Volksstaat (Leipzig)
Vossische Zeitung (Berlin)
Das Ausland (hrsg. v. O. Peschel)
Bremer Handelsblatt (hrsg. v. A. Lammers)
Ergänzungsblätter zur Kenntnis der Gegenwart (hrsg. v. H. J. Meyer)
Die Grenzboten (hrsg. v. G. Freytag)
Historisch-politische Blätter für das katholische Deutschland (red. v. J. E. Jörg und F. Binder)
Monatsblätter für innere Zeitgeschichte (hrsg. v. H. Gelzer)
Preußische Jahrbücher (hrsg. v. H. v. Treitschke)
Der Volksfreund (hrsg. v. L. Parisius)
Der Vorbote (red. v. J. Ph. Becker)
Wochenblatt der Bayerischen Patrioten (red. v. C. Zander)
Wochenschrift der Fortschrittspartei in Bayern (red. v. E. Th. Jacob)

3. Gedruckte Quellen: Quellenpublikationen, zeitgenössisches Schrifttum, Tagebücher, Briefe, Memoiren

ABEKEN, Heinrich: Ein schlichtes Leben in bewegter Zeit, Berlin ³1904

[ABEL, Karl]: Letters on International Relations before and during the War of 1870. By the ‚Times' Correspondent at Berlin, 2 Bde, London 1871

ANRICH, Gustav [Hrsg.]: Eine Denkschrift Julius Weizsäckers über Elsaß-Lothringen vom August 1870, in: Els.-Lothr. Jb. 8 (1929) 285–296

ARAGO, Etienne: L'Hôtel de Ville de Paris au 4 septembre et pendant le siège, Paris 1874

ARCHIVES DIPLOMATIQUES [hrsg. v. F. Amyot] 1871/72, 4 Bde, Paris o. J.; 1873, 4 Bde Paris o. J.

ASKEW, William C.: Russian Military Strength on the Eve of the Franco-Prussian War, in: Slav. and East European Review 30 (1951/52) 185–205

AUERBACH, Berthold: Wieder unser, Stuttgart 1871

DERS.: Briefe an seinen Freund Jakob Auerbach, 2 Bde, Frankfurt 1884

BAMBERGER, Ludwig: Vor fünfundzwanzig Jahren, in: Ders.: Gesammelte Schriften Bd. 1, Berlin 1898, 417–452

DERS.: Erinnerungen, hrsg. v. P. Nathan, Berlin 1899

DERS.: Bismarcks großes Spiel. Die geheimen Tagebücher, hrsg. und eingel. von E. Feder, Frankfurt 1933 (zit.: Tagebücher)

BAZAINE, François-Achille: L'armée du Rhin depuis le 12 août jusqu'au 29 octobre 1870, Paris 1872

DERS.: Épisodes de la guerre de 1870 et le blocus de Metz, Madrid 1883

BAZAINE: Le procès du Maréchal Bazaine. Premier Conseil de Guerre, 3 Bde, Paris 1873
BEBEL, August: Aus meinem Leben, 3 Bde, Stuttgart 1910/1914
BENEDETTI, Vincent Comte: Ma mission en Prusse, Paris 1871
BERNER, Ernst (Hrsg.): Kaiser Wilhelms des Großen Briefe, Reden und Schriften, Bd. 2, Berlin 1906
BERNHARDI, Theodor v.: Aus dem Leben Theodor v. Bernhardis, Bd. 9, Leipzig 1906
BEUST, Friedrich Ferdinand Graf v.: Aus drei Vierteljahrhunderten, 2 Bde, Stuttgart 1887
BEYENS, Baron Eugène: Le Second Empire vu par un diplomate belge, 2 Bde, Paris 1924/26
BISMARCK, Otto v.: Die gesammelten Werke (Friedrichsruher Ausgabe), 15 Bde und 4 Erg. Bde, Berlin 1924–1935
BLUEBOOK s. CORRESPONDENCE
BLUMENTHAL, Albrecht Graf v. (Hrsg.): Tagebücher des Generalfeldmarschalls Grafen von Blumenthal aus den Jahren 1866 und 1870/71, Stuttgart/Berlin 1902
BLUNTSCHLI, Johann Caspar: Das moderne Völkerrecht der civilisierten Staaten als Rechtsbuch dargestellt, Nördlingen 1868
DERS.: Völkerrechtliche Betrachtungen über den französisch-deutschen Krieg 1870/71 (Kriegsursache, Kriegsführung, Verfahren gegen Feinde), in: Jb f. Gesetzgebung, Verwaltung und Rechtspflege 1 (1871) 270–342
BOECKH, Richard: Der Deutschen Volkszahl und Sprachgebiet in den europäischen Staaten. Eine statistische Untersuchung, Berlin 1870
BONNIN, Georges [Hrsg.]: Bismarck and the Hohenzollern Candidature for the Spanish Throne. The Documents in the German Diplomatic Archives, London 1957
BOUCHER, Auguste: Récits de l'invasion. Journal d'un bourgeois d'Orléans pendant l'occupation prussienne, Orléans 1871
BRANDENBURG, Erich (Hrsg.): Briefe Kaiser Wilhelms I. Nebst Denkschriften u. a. Aufzeichnungen, Leipzig 1911
BRAY-STEINBURG, Graf Otto v.: Denkwürdigkeiten aus seinem Leben, Leipzig 1901
BROGLIE, Albert Duc de: Mémoires, in: Revue des Deux Mondes, 99. Jg., 7 Pér. Bd. 49 (1929), 281–310, 543–567
BRONNER, Fritz (Hrsg.): Tagebuch eines Franzosen über die Belagerung von Straßburg (August–September 1870), Frankfurt 1926
BRONSART v. SCHELLENDORF, Paul: Geheimes Kriegstagebuch 1870/71, hrsg. v. P. Rassow, Bonn 1954
BUCKLE s. VICTORIA
BURCKHARDT, Jacob: Briefe an seinen Freund Friedrich von Preen 1864–1893, Stuttgart/Berlin 1922
BUSCH, Moritz: Tagebuchblätter, 3 Bde, Leipzig 1899

CAHN, Wilhelm: Pariser Gedenkblätter, 2 Bde, Berlin 1898
CHAUDORDY, Comte Jean-Baptiste: La France à la suite de la guerre de 1870/71, Paris 1887
CLERCQ, Alexandre de: Recueil des traités de la France, Bd. 10, Paris 1880
CORRESPONDENCE Respecting the Negotiations preliminary to the War between France and Prussia: 1870, London 1870 (zit.: BLUEBOOK 1)
Franco-Prussian War No. 2 (1870). Further Correspondence Respecting the War between France and Prussia: 1870, London 1870 (Zit.: BLUEBOOK 2)
Franco-Prussian War No. 3 (1870). Further Correspondence Respecting the War between France and Prussia: 1870, London 1870 (zit.: BLUEBOOK 3)

Franco-German War No. 1 (1871). Further Correspondence Respecting the War between France and Germany 1870–71 (in Continuation of Correspondence presented to Parliament, July 29, 1870), London 1871 (zit.: BLUEBOOK 4)

Franco-German War No. 2 (1871). Correspondence with Lord Lyons Respecting His Departure from Paris and Provision made for the Withdrawal of British Subjects, London 1871 (zit.: BLUEBOOK 5)

Franco-German War No. 3 (1871). Correspondence Respecting the Pecuniary Demands of Prussia on France, London 1871 (zit.: BLUEBOOK 6)

CRESSON, Ernest: Les premiers jours de l'armistice en 1871. Trois voyages à Versailles, in: Revue des Deux Mondes, 51. Jg., 3 Pér. Bd. 44 (1881) 515–535

CRISPI, Francesco: Memoiren. Erinnerungen und Dokumente, hrsg. v. T. Palamenghi-Crispi, Berlin 1912

DALWIGK s. SCHÜSSLER

DAUTRY, Jean/Lucien SCHELER: Le comité central républicain des vingt arrondissements de Paris (septembre 1870 – mai 1871), d'après les papiers inédits de Constant Martin et les sources imprimées, Paris 1960

DAVID, Baron Jérôme: Actualités et souvenirs politiques, Paris 1874

DELBRÜCK, Rudolf v.: Lebenserinnerungen 1817–1867, 2 Bde, Leipzig 1905

DÉLEROT, E.: Versailles pendant l'occupation. Recueil de documents pour servir à l'histoire de l'invasion allemande, Paris 1873

DEMOULIN, Robert: Documents inédits sur la crise internationale de 1870, in: Bulletin de la Commission Royale d'Histoire 122 (1957) 127–238

DOCUMENTI DIPLOMATICI: Ministero degli Affari Esteri, I Documenti Diplomatici Italiani, prima serie (1861–1870) Bd. 13 (5. 7.–20. 9. 1870), Rom 1963

DRÉOLLE, Ernest: La journée du 4 septembre au Corps Législatif, Paris 1871

DROYSEN, Johann Gustav: Briefwechsel, hrsg. v. R. Hübner, Bd. 2, Berlin/Leipzig 1929

DUCROT, Auguste-Alexandre: La journée de Sedan, Paris 1871

DUNCKER, Max: Politischer Briefwechsel, aus seinem Nachlaß hrsg. v. J. Schultze, Stuttgart 1923

EBEL, Gerhard (Hrsg.): Botschafter Paul Graf von Hatzfeldt. Nachgelassene Papiere 1838–1901, 2 Bde, Boppard 1976

ECKARDT, Julius v.: Lebenserinnerungen, 2 Bde, Leipzig 1910

ECKERT, Georg [Hrsg.]: Aus der Korrespondenz des Braunschweiger Ausschusses der sozialdemokratischen Arbeiterpartei, in: Braunschweig. Jb. 45 (1964) 107–149

ELBEN, Otto: Lebenserinnerungen, 1823–1899, Stuttgart 1931

ENGELS s. MARX/ENGELS

ENQUÊTE PARLEMENTAIRE sur les actes du Gouvernement de la Défense Nationale, 17 Bde, Paris 1872–75 (5 Bde Dépositions, 10 Bde Rapports, 2 Bde Dépêches télégraphiques officielles)

ERAS, W. H.: Handelspolitische Aufgaben nach dem Kriege und bei der Annexion des „Generalgouvernement Elsaß", Berlin 1871

ERNST II., Herzog von Sachsen-Coburg-Gotha: Aus meinem Leben und aus meiner Zeit, Bd. 3, Berlin 1889

ERNSTHAUSEN, Ernst v.: Erinnerungen eines preußischen Beamten, Bielefeld/Leipzig 1894

FABER, Karl-Georg: Die nationalpolitische Publizistik Deutschlands von 1866 bis 1871. Eine kritische Bibliographie, 2 Bde, Düsseldorf 1963
FAVRE, Jules: Gouvernement de la Défense Nationale, 3 Bde, Paris 1871/1875
FERRY, Jules: Lettres à Gambetta, in: Revue de Paris Jg. 1904, Bd. 6, 469–479
FESTER, Richard (Hrsg.): Briefe, Aktenstücke und Regesten zur Geschichte der Hohenzollernschen Thronkandidatur in Spanien, 2 Bde, Leipzig/Berlin 1913
FILON, Augustin: Souvenirs sur l'Impératrice Eugénie. Préface de Ernest Lavisse, Paris 1920
FLEURY, [Emile Félix] Comte (Hrsg.): La France et la Russie en 1870, d'après les papiers du Général Comte Fleury, Paris 1902
FOERSTER, Wolfgang: Prinz Friedrich Karl von Preußen. Denkwürdigkeiten aus seinem Leben, Bd. 2 (1866–1885), Stuttgart/Leipzig 1910
FONER, Philip S. (Hrsg.): Wilhelm Liebknecht. Letters to the Chicago „Workingman's Advocate", November 26, 1870 – December 2, 1871, New York/London 1983
FONTANE, Theodor: Der Krieg gegen Frankreich 1870–1871, 2 Bde, Berlin 1873/76, Neuaufl. 4 Bde, Zürich 1985
FORBES, Archibald: My Experiences of the War between France and Germany, 2 Bde, London 1871
FRANKENBERG, Fred Graf: Kriegstagebücher von 1866 und 1870/71, hrsg. v. H. v. Poschinger, Stuttgart/Leipzig 1896
Großherzog FRIEDRICH I. von Baden und die deutsche Politik von 1854–1871. Briefwechsel, Denkschriften, Tagebücher, hrsg. v. H. Oncken, 2 Bde, Stuttgart/Berlin/Leipzig 1927
Kaiser FRIEDRICH III., Das Kriegstagebuch von 1870/71, hrsg. v. H. O. Meisner, Berlin/Leipzig 1926
FRIESEN, Richard Frhr. v.: Erinnerungen aus meinem Leben, Bd. 3, Dresden 1910
FRIIS, Aage: Det nordslesvigske Spørgsmaal 1864–1879. Aktstykker og Breve til Belysning af den danske Regerings Politik, 6 Bde, Kopenhagen 1921–1938 (zit.: Spørgsmaal)
DERS./Povl BAGGE: Europa, Danmark og Nordslesvig. Aktstykker og Breve fra udenlandske Arkiver ... 1864–1879, 4 Bde, Kopenhagen 1939–1959 (zit.: Aktstykker)
FRÖBEL, Julius: Ein Lebenslauf. Aufzeichnungen, Erinnerungen und Bekenntnisse, 2 Bde, Stuttgart 1890/91

GABRIAC, Joseph Jules de: Souvenirs diplomatiques de Russie et d'Allemagne, 1870–1872, Paris 1896
GAMBETTA, Léon: Lettres de Gambetta 1868–1882, hrsg. v. D. Halévy und E. Pillias, Paris 1938
GARIBALDI, Giuseppe: Memorie, Turin 1907
GAUTIER, Théophile fils: Ein Besuch beim Grafen Bismarck, in: Velhagen und Klasings Monatshefte 1912/13, Bd. 2, 523–528, Bd. 3, 65–70
GAVARD, Charles: Un diplomate à Londres, 1871–1877, Paris 1895
GIEHNE, Friedrich: Skizzen und Studien, Würzburg 1871
GIRARD, Georges [Hrsg.]: La vie et les souvenirs du Général Castelnau 1814–1890, Paris 1930
GIRAUDEAU, Fernand: La vérité sur la campagne de 1870, Paris 1871
DERS.: Napoléon III intime, Paris 1895
GLADSTONE, William Ewart: Gleanings of Past Years, 1843–1879, Bd. 4, New York 1879
GLAIS-BIZOIN, Alexandre: Dictature de cinq mois, Paris 1873
GOBINEAU, Arthur de: Ce qui est arrivé à la France en 1870, Paris 1970

GOLDSCHMIDT, Hans: Bismarck und die Friedensunterhändler 1871. Die deutsch-französischen Friedensverhandlungen zu Brüssel und Frankfurt März–Dezember 1871, Berlin/Leipzig 1929

GOVONE, Giuseppe: Mémoires (1848–1870), Paris 1905

GRAMONT, Antoine Agénor Duc de: La France et la Prusse avant la guerre, Paris 1872

GRANIER, Herman [Hrsg.]: König Wilhelm in Ems und vor Sedan. Eigenhändige Aufzeichnungen des Königs, in: Festschrift der Kaiser-Wilhelm-Gesellschaft 1921, 271–282

HANSEN, Jules: Les coulisses de la diplomatie. Quinze ans à l'étranger (1864–1879), Paris 1880

HATZFELDT, Graf Paul: Briefe an seine Frau, geschrieben vom Hauptquartier König Wilhelms 1870/71, Leipzig 1907

D'HAUSSONVILLE, Comte: Mon journal pendant la guerre (1870–71), Paris 1905

D'HAUTERIVE, Ernest (Hrsg.), Napoléon III et le prince Napoléon, Paris 1925

DERS. (Hrsg.): Correspondance du Prince Napoléon et d'Emile Ollivier, in: Revue des Deux Mondes 100. Jg., 7 Pér. Bd. 59 (1930) 787–818; Bd. 60 (1930) 345–371, 591–615

HAYM, Rudolf: Ausgewählter Briefwechsel, hrsg. v. H. Rosenberg, Stuttgart 1930

D'HÉRISSON, Maurice Comte: Journal d'un officier d'ordonnance. Juillet 1870 – février 1871, Paris 1885

HEYDERHOFF, Julius (Hrsg.): Deutscher Liberalismus im Zeitalter Bismarcks. Bd. 1: Die Sturmjahre der preußisch-deutschen Einigung 1859–1870, Bonn/Leipzig 1925

DERS. [Hrsg.]: Aus der Werkstatt eines guten Europäers. Ausgewählte Briefe Karl Hillebrands, in: Preuß. Jbb. 226 (1931) 39–50

DERS. [Hrsg.]: Franz von Roggenbach und Julius Jolly. Politischer Briefwechsel 1848–1882, in: ZGORh 86 (1934) 77–116; 87 (1935) 189–244

HILLEBRAND, Karl: Frankreich und die Franzosen in der 2. Hälfte des 19. Jahrhunderts, Berlin 1874

HIRTH, Friedrich [Hrsg.]: Ungedruckte Berichte von Adolphe Thiers aus dem Jahre 1870, in: Preuß. Jbb. 183 (1921) 159–186

HIRTH, Georg/Julius v. GOSEN: Tagebuch des deutsch-französischen Krieges 1870–71, 3 Bde, Leipzig 1871–1874

HOHENLOHE-INGELFINGEN, Prinz Kraft zu: Aus meinem Leben, Bd. 4, Berlin 1908

HOLSTEIN, Friedrich v.: Die geheimen Papiere, hrsg. v. N. Rich und M. H. Fisher, deutsche Ausgabe von W. Frauendienst, 4 Bde, Göttingen 1956–1963

DES HOUX, Henri (Hrsg.): Gouvernement de la Défense Nationale 1870/71. Procès-verbaux des séances du Conseil, publiés d'après les manuscrits de M. A. Dréo, Paris 1905 (zit.: Procès-Verbaux)

JANSSEN, Johannes: Frankreichs Rheingelüste und deutschfeindliche Politik in früheren Jahrhunderten, Freiburg 1861

DERS.: Briefe, hrsg. v. L. v. Pastor, 2 Bde, Freiburg 1920

JARRAS (Général): Souvenirs, Paris 1892

JELAVICH, Barbara: Rußland 1852–1871: Aus den Berichten der Bayerischen Gesandtschaft in St. Petersburg, Wiesbaden 1963

JHERING, Rudolf v.: Rudolf von Jhering in Briefen an seine Freunde, Leipzig 1913

Aus dem Leben König KARLs von Rumänien. Aufzeichnungen eines Augenzeugen, 4 Bde, Stuttgart 1894–1900

KERN, Johann Konrad: Politische Erinnerungen 1833–1883, Frauenfeld 1887
KEUDELL, Robert v.: Fürst und Fürstin Bismarck. Erinnerungen aus den Jahren 1846–1872, Berlin/Stuttgart 1901
KIEPERT, H.: Der Gebietsaustausch zwischen Deutschland und Frankreich in Folge des Frankfurter Friedens, in: Zs. der Gesellsch. f. Erdkunde zu Berlin 6 (1871) 273–288
KNAPLUND, Paul [Hrsg.]: Letters from the Berlin Embassy, 1871–1874, 1880–1885, Washington 1944
KRAUSE, Ernst Eduard v.: Ein deutsches Soldatenleben, Berlin 1901
KRIEGER, Andreas Frederik: Dagbøger 1848–1880, 7 Bde, Kopenhagen 1922

LASKER, Eduard: Aus Eduard Laskers Nachlaß. Sein Briefwechsel aus den Jahren 1870/71, in: Deutsche Revue 17. Jg. (1892) Bd. 2, 46–64, 166–186, 296–317
LAUSSEDAT, Aimé: La délimitation de la frontière franco-allemande. Souvenirs et impressions, Paris 1901
LEPSIUS, Johannes/Albrecht MENDELSSOHN BARTHOLDY/Friedrich THIMME (Hrsg.): Die Große Politik der Europäischen Kabinette 1871–1914, Bd. 1 und 2, Berlin 1922 (zit.: Gr. Pol.)
LÖHER, Franz v.: Abrechnung mit Frankreich, Hildburghausen 1870
DERS.: Aus Natur und Geschichte von Elsaß-Lothringen, Leipzig 1871
LOFTUS, Lord Augustus: Diplomatic Reminiscenses, 1862–1879, 2nd series, 2 Bde, London 1894
LORD, Robert Howard: The Origins of the War of 1870. New Documents from the German Archives, Cambridge 1924

MARX, Karl/Friedrich ENGELS: Werke, insbes. Bd. 17 (Berlin 1962) und Bd. 33 (Berlin 1966)
MEDING, Oskar: Memoiren zur Zeitgeschichte, 3 Bde, Leipzig 1881/84
MELS, August: Wilhelmshoehe. Souvenirs de la captivité de Napoléon III, Paris 1880
MENZEL, Wolfgang: Unsere Grenzen, Stuttgart/Leipzig 1868
DERS.: Elsaß und Lothringen sind und bleiben unser, Stuttgart 1870
MIKO, Norbert: Das Ende des Kirchenstaates, 4 Bde, Wien/München 1962–1970
MITTNACHT, Hermann Frhr. v.: Rückblicke, Stuttgart/Berlin 1909
MOHL, Robert v.: Lebenserinnerungen, 2 Bde, Stuttgart 1902
MOLTKE, Helmuth v.: Militärische Werke, hrsg. v. Gr. Generalstab. Militärische Korrespondenz, 3. Teil: Aus den Dienstschriften des Krieges 1870/71 (zit.: Dienstschriften 1870/71)
MOMMSEN, Theodor: Agli Italiani, Berlin 1870
DERS.: Reden und Aufsätze, Berlin 1905
MONOD, Gabriel: Allemands et Français: Souvenirs de campagne. Metz – Sedan – La Loire, Paris 1872
MONTS, Graf Carl v.: Napoleon III. auf Wilhelmshöhe 1870/71, Berlin 1909
MORIER, Sir Robert: Memoirs and Letters of the Right Hon. Sir Robert Morier, by his Daughter Mrs. R. Weymss, 2 Bde, London 1911
MOTLEY, John L.: John L. Motley and his Family, further Letters and Records, London/New York 1910
MÜLLER, Karl Alexander v.: Bismarck und Ludwig II. im September 1870, in: Forschungen zur brandenburgischen und preußischen Geschichte 27 (1914) 572–592

NAPOLÉON III: Lettres à l'Impératrice Eugénie (1870/71), in: Revue des Deux Mondes, 100. Jg., 7 Pér., Bd. 59 (1930) 1–30

NAPOLÉON III et le prince Napoléon s. D'HAUTERIVE

NAPOLÉON, Jérôme Bonaparte Prince: La vérité à mes calomniateurs, Dentu 1871

DERS.: Les alliances de l'Empire en 1869 et 1870, in: Revue des Deux Mondes, 48. Jg., 3 Pér., Bd. 26 (1878) 489–500

NERRLICH, Paul (Hrsg.): Arnold Ruges Briefwechsel und Tagebuchblätter aus den Jahren 1825 bis 1880, 2 Bde, Berlin 1886

OCCUPATION et libération du territoire, 1871–73. Correspondances, 2 Bde, Paris 1903

OLLIVIER, Émile: L'empire libéral. Études, recits, souvenirs, 18 Bde, Paris 1895–1918

ONCKEN, Hermann: Die Rheinpolitik Kaiser Napoleons III. 1863–1870 und der Ursprung des Krieges von 1870/71, 3 Bde, Stuttgart 1926 (zit.: Oncken 1, 2, 3)

OPZOOMER, C. W.: Das Unrecht Frankreichs im Kriege von 1870, Berlin 1871

Les ORIGINES DIPLOMATIQUES de la guerre de 1870/71, 28 Bde, Paris 1910–1931 (zit.: OD)

PADELETTI, Guido: L'Alsace et la Lorraine et le droit des gens, in: Revue de droit international 3 (1871) 464–495

PERSIGNY, Jean Gilbert Victor Fialin, Duc de: Mémoires, Paris 1896

PIETSCH, Ludwig: Von Berlin bis Paris. Kriegsbilder (1870–1871), Berlin 1871

PLATZHOFF, Walter/Kurt RHEINDORF/J. TIEDJE (Hrsg.): Bismarck und die Nordschleswigsche Frage 1864–1879. Die diplomatischen Akten des Auswärtigen Amtes zur Geschichte des Artikels V des Prager Friedens, Berlin 1925

PLENER, Ernst Frhr. v.: Erinnerungen, 3 Bde, Stuttgart/Leipzig 1911

POSCHINGER, Heinrich v.: Neue Tischgespräche und Interviews, Berlin ²1895

PROCES s. BAZAINE

PROCES-VERBAUX s. Des HOUX

PRZIBRAM, Ludwig Ritter v.: Erinnerungen eines alten Österreichers, 2 Bde, [Stuttgart/Leipzig 1910/13]

RADOWITZ, Joseph Maria v.: Aufzeichnungen und Erinnerungen, hrsg. v. H. Holborn, 2 Bde, Berlin/Leipzig 1925

RAMM, Agatha [Hrsg.]: The Political Correspondance of Mr. Gladstone and Lord Granville 1868–1876, 2 Bde, London 1952

RANKE, Leopold v.: Tagebücher, hrsg. v. W. P. Fuchs, München/Wien 1964

RAUCH, Fedor v.: Briefe aus dem Großen Hauptquartier der Feldzüge 1866 und 1870/71, Berlin 1911

RECUEIL des traités, conventions, lois, décrets et autres actes relatif à la paix avec l'Allemagne (hrsg. v. Villefort), 5 Bde, Paris 1872–1879

[REGNIER]: Wer sind Sie denn eigentlich, Herr N. oder M.?, Berlin 1871. Quel est votre nom? N. ou M. Une étrange histoire devoilée, Brüssel 1870

REINACH, Joseph (Hrsg.): Dépêches, circulaires, décrets, proclamations et discours de Léon Gambetta (1870–71), 2 Bde, Paris 1891

REITLINGER, Frédéric: Une mission diplomatique en Octobre 1870. De Paris à Vienne et à Londres, Paris 1899

RENAN, Ernest: Correspondance, Bd. 1 (1846–1871), Paris 1926

RINGHOFFER, Karl: Im Kampf für Preußens Ehre. Aus dem Nachlaß des Grafen A. v. Bernstorff, Berlin 1906

ROBOLSKY, Hermann: Paris während der Belagerung 1870–1871, Berlin 1871

ROLIN-JAEQUEMYNS, Gustave: La guerre actuelle dans ses rapports avec le droit international, in: Revue de droit international 2 (1870) 643–718; 3 (1871) 288–384

ROON, Albrecht Graf v.: Denkwürdigkeiten aus dem Leben des General-Feldmarschalls Kriegsministers Grafen von Roon, 3 Bde, Breslau ^{4}1897

ROSENBERG, Hans: Die nationalpolitische Publizistik Deutschlands vom Eintritt der neuen Ära in Preußen bis zum Ausbruch des Deutschen Krieges. Eine kritische Bibliographie, 2 Bde, München/Berlin 1935

ROTHAN, Gustave: Souvenirs diplomatiques. L'Allemagne et l'Italie 1870–71, 2 Bde, Paris 1884–85

RUSSELL, William H.: My Diary during the last Great War, London 1874

SAINT-VALLIER, Charles Raymond de: La guerre de 1870. La rupture avec le Württemberg, Laon 1871

SCHMEIDLER, W. F. Carl: Europa und der deutsch-französische Krieg 1870 und 1871, 2 Bde, Leipzig 1871

SCHMIDT, Julian: Bilder aus dem geistigen Leben unserer Zeit. Neue Folge, Leipzig 1871

SCHNEEGANS, August: Memoiren. Ein Beitrag zur Geschichte des Elsasses in der Übergangszeit. Aus dem Nachlaß hrsg. v. H. Schneegans, Berlin 1904

SCHNEIDER, Louis: Aus dem Leben Kaiser Wilhelms 1849–1873, 3 Bde, Berlin 1888

SCHÜSSLER, Wilhelm (Hrsg.): Die Tagebücher des Freiherrn Richard v. Dalwigk zu Lichtenfels aus den Jahren 1860–1871, Stuttgart 1920

SCHWEINITZ, Hans Lothar v.: Denkwürdigkeiten, 2 Bde, Berlin 1927

DERS.: Briefwechsel, Berlin 1928

SHERIDAN, Philip Henry: Personal Memoirs, 2 Bde, London 1888

SIMON, Jules: Souvenirs du 4 septembre, 2 Bde, Paris 1876

Das STAATSARCHIV, hrsg. v. L. K. Aegidi und A. Klauhold. Sammlung der öffentlichen Aktenstücke zur Geschichte der Gegenwart, Bd. 18–21, Hamburg 1870/71

STENOGRAPHISCHE BERICHTE über die Verhandlungen des Reichstags des Norddeutschen Bundes. I. Legislaturperiode, 2. außerordentliche Session 1870, Berlin 1870

STERN, Alfred [Hrsg.]: Aus den Gesandtschaftsberichten von Johann Konrad Kern, Paris 1870/71, in: Schweiz. Monatshefte f. Politik u. Kultur 5 (1925) 274–285, 360–369

STIEBER, Wilhelm: Denkwürdigkeiten. Aus seinen hinterlassenen Papieren, bearb. v. L. Auerbach, Berlin 1884

STOLZE, Wilhelm: Zur Geschichte der Reichsgründung im Jahre 1870, in: Preuß. Jbb. 197 (1924) 1–12

STOSCH, Albrecht v.: Denkwürdigkeiten des Generals und Admirals Albrecht v. Stosch, hrsg. v. U. v. Stosch, Stuttgart/Leipzig 1904

STRAUSS, David Friedrich: Krieg und Friede. Zwei Briefe an Ernest Renan nebst dessen Antwort auf den ersten, Leipzig 1870

SUCKOW, Albert v.: Rückschau, hrsg. v. W. Busch, Tübingen 1909

SYBEL, Heinrich v.: Kleine Historische Schriften, Bd. 3, Stuttgart 1881

TAINE, Hippolyte: Studien zur Kritik und Geschichte, Paris/Leipzig/München 1898

TELLKAMPF, Adolf: Die Franzosen in Deutschland, Hannover 1860, ^{3}1864

TEMPELTEY, Eduard (Hrsg.): Gustav Freytag und Herzog Ernst von Coburg im Briefwechsel 1853 bis 1893, Leipzig 1904
THIERS, Adolphe: Notes et souvenirs 1870–1873, Paris 1903 (zit.: Thiers)
DERS.: Discours parlementaires, 15 Bde, Paris 1879–1883
DERS.: La correspondance de M. Thiers pendant la guerre de 1870/71. Lettres inédites de Thiers, Mignet, Duc de Broglie, Duvergier de Hauranne etc., in: Revue de Deux Mondes, 86. Jg., 6 Pér., Bd. 33 (1916) 758–781; Bd. 34 (1916) 51–78
TREITSCHKE, Heinrich v.: Briefe, hrsg. v. M. Cornicelius, 3 Bde, Leipzig ²1918
TRENDELENBURG, Adolf: Lücken im Völkerrecht. Betrachtungen und Vorschläge aus dem Jahr 1870, Leipzig 1870
TROCHU, Louis J.: Œuvres posthumes, 2 Bde, Tours 1896

UNRUH, Hans Viktor v.: Erinnerungen, hrsg. v. H. v. Poschinger, Stuttgart 1895

VALFREY, Jules: Histoire de la diplomatie du gouvernement de la Défense nationale, 3 Bde, Paris 1871–72
DERS.: Histoire du Traité de Francfort et de la libération du territoire français, 2 Bde, Paris 1874/75
VERDY DU VERNOIS, Julius v.: Im Großen Hauptquartier 1870/71, Berlin 1895
VICTORIA: The Letters of Queen Victoria, 2nd series 1861–1885, hrsg. v. G. Buckle, London 1926
DIES.: Darling Child. Private Correspondence of Queen Victoria and the Crown Princess of Prussia, 1871–1878. Hrsg. v. R. Fulford, London 1976
VINOY, Joseph: L'armistice et la Commune, Paris 1872
VOGT, Carl: Carl Vogts politische Briefe an Friedrich Kolb, Biel 1870

W., A. v.: Aus dem Winter 1870/71. [Berichte des französischen Gesandten in Brüssel, Tachard], in: Deutsche Revue Jg. 30 (1905) Bd. 2, 312–323; Bd. 3, 54–68, 158–173, 344–354; Bd. 4, 191–200, 325–333
WAGNER, Adolph: Elsaß und Lothringen und ihre Wiedergewinnung für Deutschland, Leipzig 1870
DERS.: Briefe, Dokumente, Augenzeugenberichte. 1851–1917. Ausgew. und hrsg. v. H. Rubner, Berlin 1978
WALDER, Ernst: Die Emser Depesche, Bern 1959
WALDERSEE, Alfred Graf v.: Denkwürdigkeiten des Generalfeldmarschalls Alfred Grafen v. Waldersee, hrsg. v. H. O. Meisner, 3 Bde, Stuttgart 1922/23
WASHBURNE, E. B.: Recollections of a Minister to France, 1869–1877, 2 Bde, London 1887
WEHRENPFENNIG, Wilhelm: Die deutschen Forderungen von 1815, in: Preuß. Jbb. 26 (1870) 344–366
WERDER, Wolfgang v.: Aus Jahrzehnten deutsch-russischer Freundschaft. Immediatberichte des deutschen Militärbevollmächtigten in Petersburg Gen. d. Inf. B. v. Werder, in: Berliner Monatshefte 17 (1939) 759–779
WIMPFFEN, Félix Graf: Sedan, Paris 1871
ZELLER, Eduard: Das Recht der Nationalität und die freie Selbstbestimmung der Völker, in: Preuß. Jbb. 26 (1870) 627–650

B. LITERATUR

ALBERTINI, Rudolf v.: Frankreichs Stellungnahme zur deutschen Einigung während des Zweiten Kaiserreichs, in: Schweiz. Zs. f. Geschichte 5 (1955) 305–368
ALFF, Wilhelm: Materialien zum Kontinuitätsproblem der deutschen Geschichte, Frankfurt 1976
D'ANTIOCHE, Comte: Changarnier, Paris 1891
ARMENGAUD, André: L'opinion publique en France et la crise nationale allemande en 1866, Dijon 1962
ARON, Raymond: Frieden und Krieg. Eine Theorie der Staatenwelt, Frankfurt 1963
ARONSON, Theo: The Fall of the Third Napoleon, London 1970

BANDMANN, Otto: Die deutsche Presse und die Entwicklung der deutschen Frage 1864–66, Leipzig 1910
BAPST, Edmond: Le siège de Metz en 1870, d'après les notes manuscrites laissés par Germain Bapst, Paris 1926
BAPST, Germain: Die ersten Unterhandlungsversuche des Marschalls Bazaine in Metz, in: Deutsche Revue 39. Jg. (1914) Bd. 1, 3–14, 233–235, 337–347; Bd. 2, 32–40
DERS.: Die Affäre Regnier, in: Deutsche Revue 39. Jg. (1914) Bd. 2, 135–150, 259–273; Bd. 3, 15–28, 134–145, 266–274
BARKER, Nancy Nichols: Distaff Diplomacy. The Empress Eugénie and the Foreign Policy of the Second Empire, London/Austin 1967
DIES.: Napoleon III and the Hohenzollern Candidacy for the Spanish Throne, in: The Historian 29 (1967) 431–450
BARTLETT, Christopher John: Clarendon, the Foreign Office and the Hohenzollern Candidature, 1868–1870, in: EHR 75 (1960) 276–284
BASTGEN, Hubert: Die römische Frage, 3 Bde, Freiburg 1917–1919
BAUER, E.: Le calvaire de l'armée de l'Est, in: Musée Neuchâtelois 1971, 27–54
BAUMGART, Winfried: Der Friede von Paris 1856. Studien zum Verhältnis von Kriegführung, Politik und Friedensbewahrung, München/Wien 1972
BAUMGARTEN, Hermann/Ludwig JOLLY: Staatsminister Jolly, Tübingen 1897
BAUMONT, Maurice: L'échiquier de Metz. Empire ou République 1870, Paris 1971
DERS.: Bazaine. Les secrets d'un maréchal (1811–1888), Paris 1978
BECKER, Josef: Baden, Bismarck und die Annexion von Elsaß und Lothringen, in: ZGORh 115 (1967) 167–204. Erweiterte Fassung in: Oberrheinische Studien 2, Karlsruhe 1973, 133–173 (zit.: Baden 2)
DERS.: Zum Problem der Bismarckschen Politik in der spanischen Thronfrage 1870, in: HZ 212 (1971) 529–607
DERS.: Bismarck, Prim, die Sigmaringer Hohenzollern und die Spanische Thronfrage, in: Francia 9 (1981) 435–472
BECKER, Otto: Bismarcks Ringen um Deutschlands Gestaltung, hrsg. und ergänzt von A. Scharff, Heidelberg 1958
BENJAMIN, Hazel C.: Official Propaganda and the French Press during the Franco-Prussian War, in: Journal of Modern History 4 (1932) 214–230
BERGMANN, Karl Hans: Blanqui, Frankfurt/New York 1986
BERTIN, Pierre: La Guérilla sur les communications allemandes dans l'est de la France, in: Revue historique de l'armée 27 (1971) No. 1, 187–202

BEST, Geoffrey: Humanity in Warfare. The Modern History of the International Law of Armed Conflicts, London 1980

BEYRAU, Dietrich: Russische Orientpolitik und die Entstehung des deutschen Kaiserreiches 1866–1870/71, Wiesbaden 1974

BIHLER, Otto: Die Beschießung von Paris 1870/71 und die Ursachen ihrer Verzögerung, Diss. phil. Tübingen 1932

BIRKE, Ernst: Frankreich und Ostmitteleuropa im 19. Jahrhundert. Beiträge zur Politik und Geistesgeschichte, Köln/Graz 1960

BISSING, Wilhelm Moritz Frhr. v.: Die Finanzierung der Kriege von 1864, 1866 und 1870/71 mit Hilfe der Seehandlung, in: Jb. für brandenburgische Landesgeschichte 21 (1970) 151–168

BLAKISTON, Noel: The Roman Question, London 1962

BLUME, Wilhelm v.: Politik und Strategie. Bismarck und Moltke 1866 und 1870/71, in: Preuß. Jbb. 111 (1903) 223–254

BLUMENTHAL, Henry: A Reappraisal of Franco-American Relations, 1830–1871, Chapel Hill 1959

BÖHMER, Bert: Frankreich zwischen Republik und Monarchie in der Bismarck-Zeit. Bismarcks Antilegitimismus in französischer Sicht (1870–1877), Kallmünz 1966

BONFILS, Henry: Lehrbuch des Völkerrechts, Berlin ³1904

BONJOUR, Edgar: Geschichte der schweizerischen Neutralität. Drei Jahrhunderte eidgenössischer Außenpolitik, Basel 1946; 2. Aufl. 2 Bde, Basel 1965

BORMANN, Claus: Bismarck und Südosteuropa vom Krimkrieg bis zur Pontuskonferenz (Die politische und wirtschaftliche Bedeutung der „Orientalischen Frage" von 1853/54 bis 1871 für die Politik Bismarcks), Diss. phil. Hamburg 1967

BOURGEOIS, Emile/E. CLERMONT: Rome et Napoléon III, 1849–1870, Paris 1907

BRABANT, Frank Herbert: The Beginning of the Third Republic in France. A History of the National Assembly (February–September 1871), London 1940

BRAKELMANN, Günter: Der Krieg 1870/71 und die Reichsgründung im Urteil des Protestantismus, in: W. Huber/J. Schwerdtfeger (Hrsg.), Kirche zwischen Krieg und Frieden, Stuttgart 1976, 293–320

BRASE, Siegfried: Emile Olliviers Memoiren und die Entstehung des Krieges von 1870, Berlin 1912

BRENET, Amadée: La France et l'Allemagne devant le droit international pendant les opérations militaires de la guerre de 1870–1871, Paris 1902

BRONNER, Fritz: 1870/71 – Elsaß Lothringen. Zeitgenössische Stimmen für und wider die Eingliederung in das Deutsche Reich, 2 Halbbde, Frankfurt 1970

BROWN JR., L. Marvin: The Comte de Chambord, the Third Republic's Uncompromising King, Durham N.C. 1967

BRUNET-MORET, Jean: Le Général Trochu 1815–1896, Paris 1955

BUCHNER, Rudolf: Die deutsch-französische Tragödie, 1848–1864. Politische Beziehungen und psychologisches Verhältnis, Würzburg 1965

DERS.: Die elsässische Frage und das deutsch-französische Verhältnis im 19. Jahrhundert, in: Noack-Festschrift (Ein Leben aus freier Mitte), Göttingen 1961, 57–109

DERS.: Die deutsche patriotische Dichtung vom Kriegsbeginn 1870 über Frankreich und die elsässische Frage, in: HZ 206 (1968) 327–336

BURY, John Bagnell: History of Papacy, 1864–1878, London 1930

BURY, John Patrick Tuer: Gambetta and the National Defense, London 1936, Reprint 1971

DERS.: Napoleon III and the Second Empire, London 1964

DERS./R. P. TOMBS: Thiers 1797-1877, London 1986
BURY, Patrick: L'opinion britannique et les affaires françaises de 1870, in: Revue d'histoire diplomatique 84 (1970) 337-351
BUSCH, Frieda: Tribute und ihre Wirkungen, untersucht am Beispiel der französischen Zahlungen nach dem Kriege 1870/71, Diss. phil. Basel 1936
BUSCH, Wilhelm: Das deutsche Große Hauptquartier und die Bekämpfung von Paris im Feldzuge 1870/71, Tübingen 1905
BUSSMANN, Walter: Treitschke. Sein Welt- und Geschichtsbild, Göttingen 1952

CALMES, Christian: Le Luxembourg dans la guerre de 1870, Luxemburg 1970
DERS.: 1867. L'affaire du Luxembourg, Luxemburg 1967
CARDINAL v. Widdern, Georg: Der Krieg an den rückwärtigen Verbindungen der deutschen Heere und der Etappendienst, 5 Bde, Berlin 1893-1899
CARROLL, E. Malcolm: French Public Opinion on the War with Prussia in 1870, in: AHR 31 (1926) 679-700
CASE, Lynn M.: French Opinion on War and Diplomacy during the Second Empire, Philadelphia 1954
CASTRIES, Duc de: Monsieur Thiers, Paris 1983
CHABANIER, Jean: La Garde Nationale Mobile en 1870-1871, in: Revue historique de l'armée 27 (1971) No. 1, 43-61
CHABOD, Federico: Storia della politica estera italiana dal 1870 al 1896, Bd. 1, Bari 1951, ²1962
CLARK, Chester W.: Bismarck, Russia, and the Origins of the War of 1870, in: Journal of Modern History 14 (1942) 195-208
CONZE, Werner/Dieter GROH: Die Arbeiterbewegung in der nationalen Bewegung. Die deutsche Sozialdemokratie vor, während und nach der Reichsgründung, Stuttgart 1966
CORKERY, Máire: Ireland and the Franco-Prussian War, in: Etudes irlandaises 7 (1982) 127-144
CRAIG, Gordon A.: Great Britain and the Belgian Railways Dispute of 1869, in: AHR 50 (1945) 738-761
DERS.: Deutsche Geschichte 1866-1945, München ³1981

DANIELS, Emil: Roon und Moltke vor Paris, in: Preuß. Jbb. 121 (1905) 1-25, 220-241
DERS.: Die Behandlung der französischen Kriegsgefangenen von 1870, in: Preuß. Jbb. 120 (1905) 34-78
DANSETTE, Adrien: Du 2 décembre au 4 septembre. Le Second Empire, Paris 1972
DARIMON, Alfred: Beiträge zur Geschichte des Krieges von 1870, Hannover ²1888
DERS.: Histoire d'un jour. La journée du 12 juillet 1870, Paris 1888
DASENT, Arthur Irwin: John Thadeus Delane, Editor of „the Times", 2 Bde, London 1908
DECSY, János: Prime Minister Gyula Andrássy's Influence on Habsburg Foreign Policy during the Franco-German War of 1870-1871, New York 1979
DELABROUSSE, Lucien: Joseph Magnin et son temps, 1824-1910, Paris 1915
DELAHACHE, Georges: La carte au liséré vert, Paris o. J. [1910]
DELBRÜCK, Hans: Geschichte der Kriegskunst im Rahmen der politischen Geschichte, 6 Bde, Bd. 5 und 6 bearb. von E. Daniels, Berlin 1920-1932
DENQUIN, Jean-Marie: Referendum et plebiscite. Essai de théorie générale, Paris 1976
DESMAREST, Jacques: La défense nationale, 1870-71, Paris 1949

DERS.: Evolution de la France contemporaine. La France de 1870, Paris 1970

DETHAN, Georges: Napoléon III et l'opinion française devant la question romaine (1860–1870), in: Revue d'histoire diplomatique 72 (1958) 118–134

DIGEON, Claude: La crise allemande de la pensée française (1871–1914), Paris 1959

DIÓSZEGI, István: Österreich-Ungarn und der französisch-preußische Krieg 1870/71, Budapest 1974

DITTRICH, Jochen: Bismarck, Frankreich und die spanische Thronkandidatur der Hohenzollern, München 1962

DOEBERL, Michael: Bayern und die Bismarckische Reichsgründung, München/Berlin 1925

DOMINICK III, Raymond H.: Wilhelm Liebknecht and the Founding of the German Social Democratic Party, Chapel Hill 1982

DORPALEN, Andreas: Heinrich von Treitschke, New Haven 1957

DRINGENBERG, Willibert: Die Wandlung des französischen Deutschlandbildes im deutsch-französischen Krieg 1870/71, Würzburg 1940

DUCKSTEIN, Renate: Die Welfenlegion. Die Politik des Königs Georg von Hannover in den Jahren 1866–70 im Zusammenhang mit der großen europäischen Politik, Diss. phil. Göttingen 1924

DUNKEL, Werner: Die Verzögerung der Beschießung von Paris 1870/71 und ihre Literatur, in: Zs. für Heereskunde 30 (1976) 113–119

DUPUY, Aimé: 1870–71. La guerre, la Commune et la presse, Paris 1959

EBEL, Walter: Bismarck und Rußland vom Prager Frieden bis zum Ausbruch des Krieges von 1870, Diss. phil. Frankfurt 1936

ECHARD, William E.: Napoleon III and the Concert of Europe, Baton Rouge/London 1983

EDWARDS, Stewart: The Paris Commune 1871, London 1971

EMERIT, Marcel: L'opinion de Napoléon III sur la question du trône d'Espagne en 1869, in: Revue d'histoire moderne et contemporaine 16 (1969) 431–438

ENGEL-JANOSI, Friedrich: Austria in the Summer of 1870, in: Journ. of Central European Affairs 5 (1945/46) 335–353

ENGERAND, Fernand: L'Allemagne et le fer. Les frontières Lorraines et la force allemande, Paris 1916

ERICHSEN, Ernst: Die deutsche Politik des Grafen Beust im Jahre 1870, Waldenburg 1927

ESSLINGER, Elisabeth: Der politische Einfluß der Kaiserin Eugenie auf die Regierung Napoleons III., Stuttgart 1932

FARAT, Honoré: Persigny, un ministre de Napoléon III, 1808–1872, Paris 1957

FENSKE, Hans: Eine westliche Grenzfrage? Das Rheinland, Elsaß und Lothringen in der deutschen öffentlichen Meinung 1851 bis 1866, in: R. Poidevin/H.-O. Sieburg (Hrsg.), Aspects des relations franco-allemandes à l'époque du Second Empire 1851–1866, Metz 1982, 137–160

DERS.: Das Elsaß in der deutschen öffentlichen Meinung von 1820 bis 1866, in: ZGORh 119 (1971) 233–280

FISCH, Jörg: Krieg und Frieden im Friedensvertrag. Eine universalgeschichtliche Studie über Grundlagen und Formelemente des Friedensschlusses, Stuttgart 1979

FISCHER-FRAUENDIENST, Irene: Bismarcks Pressepolitik, Münster 1963

FITZMAURICE, Lord Edmond: The Life of Lord Granville 1815–1891, 2 Bde, London 1906

FLETCHER, Willard Allen: The Mission of Vincent Benedetti to Berlin 1864–1870, Haag 1965

FOERSTER, Wolfgang: Prinz Friedrich Karl von Preußen. Denkwürdigkeiten aus seinem Leben, 2 Bde, Stuttgart/Leipzig 1910
FREESE, Werner: Die Friedensverhandlungen zwischen Bismarck und dem französischen Kaisertum, Diss. phil. Jena 1920
FRIIS, Aage: Danmark ved Krigsudbrudet Juli–August 1870. En Historisk Fremstilling af den danske Regerings Politik, Kopenhagen 1923

GALL, Lothar: Zur Frage der Annexion von Elsaß und Lothringen 1870, in: HZ 206 (1968) 265–326
DERS.: Das Problem Elsaß-Lothringen, in: Th. Schieder/E. Deuerlein (Hrsg.), Reichsgründung 1870/71, Stuttgart 1970, 366–385
DERS.: Bismarck, Der weiße Revolutionär, Frankfurt/Berlin/Wien 1980
GAWRONSKI, Erich: Bismarcks Formen des außenpolitischen Handelns bis zur Reichsgründung, Diss. phil. Kiel 1930
GAZLEY, John Gerow: American Opinion of German Unification, 1848–1871, New York 1926
GEISBERG, Wulf Dietrich: Bismarck und das Kriegsvölkerrecht, Diss. jur. Bonn 1913
[GENERALSTABSWERK] Der deutsch-französische Krieg 1870/71, red. von der kriegsgeschichtlichen Abteilung des Großen Generalstabes. 5 Bde und 4 Kartenbde, Berlin 1874 ff. (zit.: Generalstabswerk)
GERARDOT, A.: Die Optionsfrage in Elsaß-Lothringen. Eine völkerrechtliche Studie, Straßburg 1913
GEUSS, Herbert: Bismarck und Napoleon III. Ein Beitrag zur Geschichte der preußisch-französischen Beziehungen 1851–1871, Köln/Graz 1959
GIESBERG, Robert I.: The Treaty of Frankfort. A Study in Diplomatic History September 1870–September 1873, Philadelphia 1966
GIRARD, Louis/Antoine PROST/Remi GOSSEZ: Les conseillers généraux en 1870, Paris 1967
GIRAUDEAU, Fernand: Napoléon III intime, Paris 1895
GLAISE-HORSTENAU, Edmund v.: Franz Josephs Weggefährte. Das Leben des Generalstabschefs Grafen Beck, Wien 1930
GÖDDE-BAUMANNS, Beate: Deutsche Geschichte in französischer Sicht. Die französische Historiographie von 1871 bis 1918 über die Geschichte Deutschlands und die deutsch-französischen Beziehungen in der Neuzeit, Wiesbaden 1971
GORIAINOFF, Serge: Le Bosphore et les Dardanelles, Paris 1910
GORKOM, Lodewijk Johannes C. van: De Beteekenis van den Fransch-duitschen Oorlog 1870–1871. De strijd om de natuurlijke grensen, Nijmwegen/Utrecht 1927
GOUAULT, Jacques: Comment la France est devenue républicaine. Les élections générales et partielles à l'Assemblée nationale 1870–1875, Paris 1954
GROB, Ernst: Beusts Kampf gegen Bismarck, Zürich/Tubenthal 1930
GROOTE, Wolfgang v./Ursula v. GERSDORFF (Hrsg.), Entscheidung 1870. Der deutschfranzösische Krieg, Stuttgart 1970
GRÜTZNER, Friedhelm: Die Politik Bismarcks 1862 bis 1871 in der deutschen Geschichtsschreibung. Eine kritische historiographische Betrachtung, Frankfurt/Bern/New York 1986
GRUNER, Wolf D.: Bayern, Preußen und die Süddeutschen Staaten 1866–1870, in: ZBLG 37 (1974) 799–827
GUEDALLA, Philip: The Queen and Mr. Gladstone, London 1933

GUERIOT, Paul: La captivité de Napoléon III en Allemagne (septembre 1870–mars 1871), Paris 1926

GUICCIOLI, Alessandro: Quintino Sella, 2 Bde, Rovigo 1887/88

GUILLEMIN, Henri: Les origines de la Commune. L'héroique défense de Paris (1870–1871), Paris 1959

GULLBERG, Erik: Tyskland i svensk opinion, 1856–1871, Lund 1952

GUYON, Edouard-Félix: Gobineau et Renan, témoins de 1870, in: Revue d'histoire diplomatique 87 (1973) 211–231

HACHENBERGER, Herbert: Bismarck und Elsaß-Lothringen, Diss. phil. Jena 1932

HALEVY, Daniel: Le courrier de M. Thiers, Paris 1920

HALLER, Johannes: Bismarcks Friedensschlüsse, München ²1917

HALPERIN, S. William: Diplomat under Stress: Visconti-Venosta and the Crisis of July 1870, Chicago 1963

DERS.: Bismarck and the Italian Envoy in Berlin on the Eve of the Franco-Prussian War, in: Journal of Modern History 33 (1961) 33–39

DERS.: Italy and the Vatican at War. A Study of their Relations from the Outbreak of the Franco-Prussian War to the Death of Pius IX, Chicago 1939

DERS.: The Origins of the Franco-Prussian War revisited: Bismarck and the Hohenzollern Candidacy for the Spanish Throne, in: Journal of Modern History 45 (1973) 83–91

HARISTOY, Just: Les opérations financières de la France pendant la guerre de 1870–71, in: Revue de science et de législation financière, Paris 1914, 389–434

HARTSHORNE, Richard: The Franco-German Boundary of 1871, in: World Politics 2 (1949/50) 209–250

HASSEL, Paul: Aus dem Leben des Königs Albert von Sachsen, 2 Bde, Berlin 1898/1900

HAUSMANN, Paulus Andreas: Friedenspräliminarien in der Völkerrechtsgeschichte, in: Zs. für ausländisches öffentliches Recht und Völkerrecht 25 (1965) 657–692

HAUSRATH, Adolf: Zur Erinnerung an Julius Jolly, Leipzig 1899

HEIDE, Helene: Die französischen Kriegsgefangenen in Deutschland während des Krieges 1870/71, Rinteln 1960

HEINZE, Gerhard: Bismarck und Rußland bis zur Reichsgründung, Diss. phil. Hamburg 1939

HELLWIG, Fritz: Der Kampf um die Saar 1860–1870, Leipzig 1934

HELMERT, Heinz: Der preußische Generalstab in der Vorbereitung des Krieges gegen Frankreich zwischen 1866 und 1870, in: H. Bartel/E. Engelberg (Hrsg.), Die großpreußisch-militaristische Reichsgründung, Bd. 1, Berlin 1971, 157–201

HERZFELD, Hans: Deutschland und das geschlagene Frankreich 1871–73. Friedensschluß – Kriegsentschädigung – Besatzungszeit, Berlin 1924

DERS.: Johannes von Miquel, 2 Bde, Detmold 1937

HEUSS, Alfred: Theodor Mommsen und das 19. Jahrhundert, Kiel 1956

HIERY, Hermann: Reichstagswahlen im Reichsland. Ein Beitrag zur Landesgeschichte von Elsaß-Lothringen und zur Wahlgeschichte des Deutschen Reiches 1871–1918, Düsseldorf 1986

HILDEBRAND, Klaus: Großbritannien und die deutsche Reichsgründung, in: E. Kolb (Hrsg.), Europa und die Reichsgründung. Preußen-Deutschland in der Sicht der großen europäischen Mächte 1860–1880, München 1980

HILLGRUBER, Andreas: Bismarcks Außenpolitik, Freiburg 1972

HOFF (contrôleur général): Le ministère de la guerre à Tours et à Bordeaux en 1870–1871, in: Revue historique des armées 1979 No. 2, 70–85
HOLLYDAY, Frederic B. M.: Bismarck's Rival. A Political Biography of General and Admiral Albrecht von Stosch, Durham 1960
HOUSTON, Douglas W.: Emile Ollivier and the Hohenzollern Candidacy, in: French Historical Studies 4, No. 2 (1965) 125–149
HOWARD, Michael: The Franco-Prussian War. The German Invasion of France 1870–1871, London 1961
HUBER, Ernst Rudolf: Bismarck und die nationalrevolutionäre Insurrektion in Österreich 1866, in: Ders., Nationalstaat und Verfassungsstaat, Stuttgart 1965, 168–187
DERS.: Deutsche Verfassungsgeschichte seit 1789, Bd. 3: Bismarck und das Reich, Stuttgart 1963 (zit.: Huber 3)
HUDEMANN, Rainer: Fraktionsbildung im französischen Parlament. Zur Entstehung des Parteiensystems in der frühen Dritten Republik (1871–1875), München 1979

IGERSHEIM, François: L'Alsace des Notables 1870–1914, Straßburg 1981

JACOB, Karl: Bismarck und die Erwerbung Elsaß-Lothringens 1870/71, Straßburg 1905
JAFFÉ, Fritz: Zwischen Deutschland und Frankreich. Zur elsässischen Entwicklung, Stuttgart 1931
JEISMANN, Karl-Ernst: Das Problem des Präventivkrieges im europäischen Staatensystem mit besonderem Blick auf die Bismarckzeit, Freiburg/München 1957
JELAVICH, Barbara: The Ottoman Empire, the Great Powers and the Straits Question, 1870–1887, Bloomington/London 1973
DIES.: Russia and the Formation of the Romanian National State 1821–1878, Cambridge u. a. 1984
JELOUBOVSKAIA, E. A.: Les événements révolutionnaires du 7 au 9 août 1870, in: Questions d'histoire 2, Paris 1954, 170–195

KAITSCHIK, Hermann: Regierung und öffentliche Meinung Englands in ihrem Verhältnis zu Frankreich und Preußen-Deutschland im Zeitalter der deutschen Einigungskriege, Diss. phil. Hamburg 1935
KATZENBACH, Edward L.: Liberals at War: The Economic Policy of the Government of National Defense, 1870–1871, in: AHR 56 (1950/51) 803–823
KÉGL, Magdolna M.: Die Beurteilung der deutschen Frage in der ungarischen Presse 1866–1871, Diss. phil. Heidelberg 1934
KENNEDY, Paul M.: The Rise of the Anglo-German Antagonism 1860–1914, London 1980
KESSEL, Eberhard: Moltke, Stuttgart 1957
DERS.: Bismarck und die „Halbgötter": Zu dem Tagebuch von Paul Bronsart von Schellendorf, in: HZ 181 (1956) 249–286
KEYSERLINGK, Robert H.: Media Manipulation. The Press and Bismarck in Imperial Germany, Montreal 1977
KLEIN-WUTTIG, Anneliese: Politik und Kriegführung in den deutschen Einigungskriegen 1864, 1866 und 1870/71, Berlin 1934
KLEINE, Georg H.: Der württembergische Ministerpräsident Frhr. Hermann von Mittnacht (1825–1909), Stuttgart 1969
KNAPLUND, Paul: Gladstone's Foreign Policy, New York 1935
KOBER, Heinz: Studien zur Rechtsanschauung Bismarcks, Tübingen 1961

KOCH, Ursula E.: Berliner Presse und europäisches Geschehen 1871, Berlin 1978
KÖRNER, Gustav: Die norddeutsche Publizistik und die Reichsgründung im Jahre 1870, Hannover 1908
KOLB, Eberhard: Bismarck und das Aufkommen der Annexionsforderung 1870, in: HZ 209 (1969) 318-356
DERS.: Der Kriegsausbruch 1870. Politische Entscheidungsprozesse und Verantwortlichkeiten in der Julikrise 1870, Göttingen 1970
DERS.: Kriegführung und Politik 1870/71, in: Th. Schieder/E. Deuerlein (Hrsg.), Reichsgründung 1870/71, Stuttgart 1970, 95-118
DERS.: Der Kriegsrat zu Herny am 14. August 1870, in: MGM 1971/1, 5-13
DERS.: Der Pariser Commune-Aufstand und die Beendigung des deutsch-französischen Krieges, in: HZ 215 (1972) 265-298
DERS.: Ökonomische Interessen und politischer Entscheidungsprozeß. Zur Aktivität deutscher Wirtschaftskreise und zur Rolle wirtschaftlicher Erwägungen in der Frage von Annexion und Grenzziehung 1870/71, in: VSWG 60 (1973) 343-385
DERS. (Hrsg.): Europa und die Reichsgründung. Preußen-Deutschland in der Sicht der großen europäischen Mächte 1860-1880, München 1980 (HZ Beiheft 6 NF)
DERS.: Der schwierige Weg zum Frieden. Das Problem der Kriegsbeendigung 1870/71, in: HZ 241 (1985) 51-79
DERS. (Hrsg.): Europa vor dem Krieg von 1870. Mächtekonstellation – Konfliktfelder – Kriegsausbruch, München 1987
KONETZKE, Richard: Spanien, die Vorgeschichte des Krieges von 1870 und die deutsche Reichsgründung, in: HZ 214 (1972) 580-613
KÓNYI, Em.: Graf Beust und Graf Andrassy 1870-1871, in: Deutsche Revue 15. Jg. (1890) Bd. 2, 1-28, 147-165
KRANZBERG, Melvin: The Siege of Paris 1870/71. A Political and Social History, London 1950
KREBS, Barbara: Die westeuropäische Pressepolitik der Ära Beust (1865-1871), Göppingen 1970
KREKER, Hans Justus: Die französischen Festungen 1870/71, in: Wehrwissenschaftliche Rundschau 20 (1970) 505-517
KROEGER, Gert: J. Eckardts Artikelreihe „Für und wider das Elsaß-Projekt", in: Zs. f. Ostforschung 10 (1961) 201-225
KÜHN, Joachim, Bismarck und der Bonapartismus im Winter 1870/71, in: Ders., Historische und polemische Aufsätze zur französischen Politik, Berlin 1920, 185-237
KÜNTZEL, Georg: Thiers und Bismarck, Bonn 1905
KUTSCH, Ruth: Queen Victoria und die deutsche Einigung, Diss. phil. Berlin 1937

LADEMACHER, Horst: Die belgische Neutralität als Problem der europäischen Politik 1830-1914, Bonn 1971
LA GORCE, Pierre de: Histoire de Second Empire, 7 Bde, Paris 1894-1905
LAGRANGE, François: Vie de Mgr. Dupanloup, évêque d'Orléans, 3 Bde, Paris 1894
LAMBERTI, Anton: Die Bündnisverhandlungen Napoleons III. gegen Preußen in den Jahren vor 1870, Diss. phil. Münster 1938
LANGER, William L.: Explorations in Crisis. Papers on International History, ed. by C. E. Schorske and E. Schorske, Cambridge (Mass.) 1969
LAURENTIE, François: Le Comte de Chambord, Guillaume Ier et Bismarck en octobre 1870, Paris 1912

LEHMANN, Gustav: Die Mobilmachung von 1870/71, Berlin 1904

LENZ, Rudolf: Kosten und Finanzierung des Deutsch-Französischen Krieges 1870–1871. Dargestellt am Beispiel Württembergs, Badens und Bayerns, Boppard 1970

L'HUILLIER, Fernand: La crise franco-allemande de 1859–1860, in: Bulletin de la Faculté des Lettres de Strasbourg 33 (1954/55) 191–207, 223–242, 264–284

DERS. (Hrsg.): L'Alsace en 1870–1871, Straßburg 1971

LILL, Rudolf: Aus den italienisch-deutschen Beziehungen 1869–76, in: Quellen und Forschungen aus italienischen Archiven und Bibliotheken 46 (1966) 395–450

DERS.: Geschichte Italiens vom 16. Jahrhundert bis zu den Anfängen des Faschismus, Darmstadt 1980

LIPGENS, Walter: Bismarck, die öffentliche Meinung und die Annexion von Elsaß und Lothringen 1870, in: HZ 199 (1964) 31–112

DERS.: Bismarck und die Frage der Annexion 1870. Eine Erwiderung, in: HZ 206 (1968) 586–617

LOCKE, Robert R.: French Legitimists and the Politics of Moral Order in the early Third Republic, Princeton N.J. 1974

DERS.: A New Look at Conservative Preparations for the French Elections of 1871, in: French Historical Studies 5 (1967/1968) 351–358

LOENING, Edgar: Die Verwaltung des General-Gouvernements im Elsaß, Straßburg 1874

LORY, Jacques: Panorama de la presse belge en 1870–71, Paris/Louvain 1963

LUTZ, Heinrich: Österreich-Ungarn und die Gründung des Deutschen Reiches, Frankfurt/Berlin/Wien 1979

DERS.: Außenpolitische Tendenzen der Habsburgermonarchie von 1866 bis 1870: „Wiedereintritt in Deutschland" und Konsolidierung als europäische Macht, in: E. Kolb (Hrsg.), Europa vor dem Krieg von 1870, München 1987, 1–16

MAATZ, Helmut: Bismarck und Hannover 1866–1898, Hildesheim 1970

MALO, Henri: Thiers 1797–1877, Paris 1932

MANFRED, Albert Zacharovič: Obrazovanie russko-francuszkogo sojuza [Die Entstehung der russisch-französischen Allianz], Moskau 1975

MARCKS, Erich/Karl Alexander v. MÜLLER: Erinnerungen an Bismarck, Stuttgart 1924

MARTINET, Henri: Wie das republikanische Frankreich aus dem Krieg von 1870/71 herauskam, Berlin 1917

MAY, Gaston: Le Traité de Francfort, Paris 1909

MAYER, Eduard Wilhelm: Aus der Geschichte der nationalliberalen Partei in den Jahren 1868–1871, in: Meinecke-Festschrift (Deutscher Staat und deutsche Parteien), München/Berlin 1922, 135–154

MERTZ, Heinrich: Die Schwarze Meer-Konferenz von 1871, Diss. iur. Tübingen [1927]

MEYER, Arnold O.: Bismarck und Moltke vor dem Fall von Paris und beim Friedensschluß, in: K. v. Raumer/Th. Schieder (Hrsg.), Stufen und Wandlungen der deutschen Einheit, Stuttgart/Berlin 1943, 329–341

DERS.: Bismarck, Leipzig 1944/Stuttgart 1949

MICHAEL, Horst: Bismarck, England und Europa (vorwiegend von 1866–1870), München 1930

MILLMAN, Richard: British Foreign Policy and the Coming of the Franco-Prussian War, Oxford 1965

MITCHELL, Allan: The German Influence in France after 1870: The Formation of the French Republic, Chapel Hill 1979

MONROE, Arthur E.: The French Indemnity of 1871 and its Effects, in: The Review of Economic Statistics and Supplements 1 (1919) 269-281

MORI, Renato: Il tramonto del potere temporale (1866-1870), Rom 1967

MORLEY, John: The Life of William Ewart Gladstone, 2 Bde, London 1903

MOSSE, Werner Eugen: The European Powers and the German Question, 1848-1871, with Special Reference to England and Russia, Cambridge 1958

DERS.: The Rise and Fall of the Crimean System 1855-1871, London 1963

DERS.: Public Opinion and Foreign Policy: The British Public and the War-Scare of November 1870, in: Historical Journal 6 (1963) 38-58

MÜLLER, Karl Alexander v.: Bismarck und Ludwig II. im September 1870, in: HZ 111 (1913) 89-132

MURET, Pierre: Emile Ollivier et le Duc de Gramont le 12 et 13 juillet 1870, in: Revue d'histoire moderne et contemporaine 13 (1909/10) 305-328; 14 (1910) 178-213

NAUJOKS, Eberhard: Bismarck und die Organisation der Regierungspresse, in: HZ 205 (1967) 46-80

DERS.: Bismarcks auswärtige Pressepolitik und die Reichsgründung (1865-1871), Wiesbaden 1968

DERS.: Ein Jahrzehnt Forschung über Bismarcks Pressepolitik, in: Francia 7 (1979) 508-526

DERS.: Die Elsaß-Lothringer als „preußische Minderheit" (1870-1914), in: P. Baumgart (Hrsg.), Expansion und Integration. Zur Eingliederung neugewonnener Gebiete in den preußischen Staat, Köln/Wien 1984, 449-473

NEUMANN, Ilse: Die Geschichte der deutschen Reichsgründung nach den Memoiren von Sir Robert Morier, Berlin 1919

NEWTON, Thomas Lord: Lord Lyons, 2 Bde, London 1913

OBOLENSKAJA, S. V.: Franko-prusskaja vojna i obščestvennoe mnenie Germanii i Rossii [Der französisch-preußische Krieg und die öffentliche Meinung in Deutschland und Rußland], Moskau 1977

OEHLMANN, Klaus: Die deutsche Politik Bismarcks 1862-1871 im Urteil der belgischen Diplomatie, Diss. phil. Göttingen 1955

ONCKEN, Hermann: Rudolf von Bennigsen, 2 Bde, Stuttgart/Leipzig 1910

DERS.: Politik und Kriegführung, München 1928

ONCKEN, Wilhelm: Unser Heldenkaiser, Berlin 1897

PALÉOLOGUE, Maurice: Vertrauliche Gespräche mit der Kaiserin Eugenie, Dresden 1928

PETERSEN, Jens: Garibaldi und Deutschland 1870/71, in: Risorgimento 3 (1982) 233-249

PETROVICH, Michael Boro: The Emergence of Russian Panslavism (1856-70), New York 1956

PFLANZE, Otto: Bismarck and the Development of Germany. The Period of Unification, 1815-1871, Princeton 1963

DERS.: Toward a Psychoanalytic Interpretation of Bismarck, in: AHR 77 (1972) 419-444

PFLUGK-HARTTUNG, Julius v. (Hrsg.): Krieg und Sieg 1870-71, Berlin [1895]

PHILIPPI, Hans: Zur Geschichte des Welfenfonds, in: Niedersächsisches Jb. für Landesgeschichte 31 (1959) 190-254

DERS.: König Ludwig II. von Bayern und der Welfenfonds, in: ZBLG 23 (1960) 66-111

PICARD, Edith Anita: Die deutsche Einigung im Lichte der Schweizer Öffentlichkeit, 1866-1871, Diss. phil. Zürich 1940

PIECHOWSKI, Paul: Die Kriegspredigt von 1870/71, Diss. theol. Königsberg 1917
PLATZHOFF, Walter: Die Anfänge des Dreikaiserbundes (1867-1871), in: Preuß. Jbb. 188 (1922) 283-306
DERS.: Bismarck und die Annexion Elsaß-Lothringens, in: Els.-Lothr. Jb. 3 (1924) 1-9
DERS.: Zum Frankfurter Frieden, in: Schulte-Festschrift (Historische Aufsätze, Aloys Schulte zum 70. Geburtstag gewidmet), Düsseldorf 1927, 301-313
POHL, Heinz-Alfred: Bismarcks „Einflußnahme" auf die Staatsform in Frankreich 1871-1877, Frankfurt/Bern/New York 1984
POIDEVIN, Raymond/Jacques BARIÉTY: Frankreich und Deutschland. Die Geschichte ihrer Beziehungen 1815-1975, München 1982
PONSONBY, Arthur: Wars and Treaties 1815 to 1914, London 1918
POTTHOFF, Heinrich: Die deutsche Politik Beusts von seiner Berufung zum österreichischen Außenminister Oktober 1866 bis zum Ausbruch des deutsch-französischen Krieges 1870/71, Bonn 1968
POTTINGER, E. Ann: Napoleon III and the German Crisis 1865-1866, Cambridge (Mass.) 1966
PSICHARI, Henriette: Renan et la guerre de 70, Paris 1947

RADEWAHN, Wilfried: Die Pariser Presse und die deutsche Frage unter Berücksichtigung der französischen Pressepolitik im Zeitalter der Bismarckschen Reichsgründung (1866-1870/71), Frankfurt/Bern/Las Vegas 1977
RALL, Hans: Bismarcks Reichsgründung und die Geldwünsche aus Bayern, in: ZBLG 22 (1959) 396-497
DERS.: König Ludwig II. und Bismarcks Ringen um Bayern 1870/71, München 1973
RANDLE, Robert F.: The Origins of Peace. A Study of Peacemaking and the Structure of Peace Settlements, New York/London 1973
RAPP, Adolf: Die Württemberger und die nationale Frage 1863-1871, Stuttgart 1910
RAU, Hermann: Die Entwicklung der deutschen Frage im Spiegel der Münchener Neuesten Nachrichten 1848-1871, Diss. phil. München 1925
RAUCHBAUER, Ursula: Die Außenpolitik Österreich-Ungarns 1870-71 im Spiegel der amerikanischen Gesandtschaftsberichte John Jays, in: Mitteilungen des Österreichischen Staatsarchivs 21 (1968) 331-387
RAYMOND, Dora Neill: British Policy and Opinion during the Franco-Prussian War, New York 1921
RECLUS, Maurice: Jules Favre, 1809-1880, Paris 1912
Das REICHSLAND Elsaß-Lothringen 1871-1918, hrsg. v. Wissenschaftl. Institut der Elsaß-Lothringer im Reich an der Universität Frankfurt a. M., 4 Bde, Frankfurt 1931/1934/1936-1937
RENOUVIN, Pierre: Histoire des relations internationales, Bd. 5/1 (1815-1871), Paris 1954
RENTSCH, Hans Ulrich: Bismarck im Urteil der schweizerischen Presse 1862-1898, Basel 1945
RHEINDORF, Kurt: England und der deutsch-französische Krieg 1870/71, Bonn/Leipzig 1923 (zit.: Rheindorf, England)
DERS.: Der belgisch-französische Eisenbahnkonflikt und die großen Mächte 1868/69. Ein Beitrag zur Vorgeschichte des Krieges von 1870/71, in: Deutsche Rundschau 195 (1923) 113-136
DERS.: Die Schwarze-Meer-(Pontus-)Frage vom Pariser Frieden von 1856 bis zum Abschluß der Londoner Konferenz von 1871, Berlin 1925 (zit.: Rheindorf, Pontusfrage)

RICH, Norman: Friedrich von Holstein. Politics and Diplomacy in the Era of Bismarck and Wilhelm II, 2 Bde, Cambridge 1965

RICHERT, Fritz: Reichsgründung und Friedensschluß (Staatsaufbau, Friedensverhandlungen, Besatzungsmethode) 1871–1873, Diss. phil. Erlangen 1948

RIDLEY, Jasper: Napoleon III and Eugenie, London 1979

RITTER, Gerhard: Die Politik Napoleons III. und das System der Mainlinie, in: Korrespondenzblatt des Gesamtvereins der deutschen Geschichts- und Altertumsvereine Jg. 80 (1932) Sp. 178 ff.

DERS.: Bismarck und die Rheinpolitik Napoleons III., in: Rheinische Vierteljahrsblätter 15/16 (1950/51) 339–370

ROCOLLE, Pierre Paul François Marie: Anatomie d'une mobilisation, in: Revue historique des armées 1979, No. 2, 35–68

ROSE, J. Holland: The Mission of M. Thiers to the Neutral Powers in 1870, in: Transactions of the Royal Historical Society III ser., Bd. 11 (1917) 35–60

ROTH, François: La Lorraine annexée. Etude sur la présidence de Lorraine dans l'Empire allemand (1870–1918), Lille 1976

ROTHFELS, Hans: Bismarck und Jacoby, in: Königsberger Beiträge, Königsberg 1929, 316–325

DERS.: Bismarck, der Osten und das Reich, Darmstadt 1960

ROTHNEY, John: Bonapartism after Sedan, Ithaca N.J. 1969

ROUSSET, Léonce: L'armistice de 1871, Paris 1927

RUBY, Edmond/Jean REGNAULT: Bazaine – coupable ou victime?, Paris 1960

SAINT-MARC, Pierre: Émile Ollivier (1825–1913), Paris 1950

SALOMON, Henry: Une expérience politique en 1870 et ses conséquences, in: Revue de synthèse historique 32 (1921) 15–91

DERS.: L'ambassade de Richard de Metternich à Paris, Paris 1931

SASS, Johann: Hermann von Thile und Bismarck, in: Preuß. Jbb. 217 (1929) 257–279

SCHIEBER, Clara Eve: The Transformation of American Sentiment toward Germany, 1870–1914, Boston/New York 1923, Reprint New York 1973

SCHIEDER, Theodor: Die kleindeutsche Partei in Bayern in den Kämpfen um die nationale Einheit 1863–1871, München 1936

DERS./Ernst DEUERLEIN (Hrsg.): Reichsgründung 1870/71. Tatsachen – Kontroversen – Interpretationen, Stuttgart 1970

SCHLOTT, Gerhart: Nationales und internationales Denken der deutschen und französischen Sozialisten, Diss. phil. Frankfurt 1960

SCHMITT, Hans A.: Count Beust and Germany, 1866–1870: Reconquest, Realignment, or Resignation?, in: Central European History 1 (1968) 20–34

SCHNEIDER, Erich: Die Rheinpfalz bei Kriegsausbruch 1870, in: Mitteilungen des Historischen Vereins der Pfalz 82 (1984) 279–327

SCHNEIDER, Hans: Geschichte des Schweizerischen Bundesstaates 1848 bis 1918, Stuttgart 1931

SCHNERB, Robert: Rouher et le Second Empire, Paris 1949

SCHOEPS, Luise: Graf Vincent Benedetti, Halle 1915

SCHOOP, Albert W.: Minister Kern und Bismarck, in: Schweiz. Zs. f. Geschichte 3 (1953) 190–240

DERS.: Johann Konrad Kern. Jurist, Politiker, Staatsmann, Frauenfeld 1968

SCHULZ, Eduard: Bismarcks Einfluß auf die deutsche Presse (Juli 1870), Diss. phil. Halle 1911

SCHULZE-HINRICHS, Alfred: Der Seekrieg 1870/71, in: MOV-Nachrichten 1970, 127-128

SCHWEITZER, Carl Christoph: Die Kritik der westlich-liberalen Oppositionsgruppen an der Außenpolitik Bismarcks von 1863 bis 1890, Diss. phil. Freiburg 1950

SECRETAN, Edouard: L'armée de l'est, Paris 1894

SEGUIN, Jean: Les emprunts contractés par la France à l'occasion de la guerre de 1870, Paris 1914

SEIER, Hellmut: Die Staatsidee Heinrich von Sybels in den Wandlungen der Reichsgründungszeit 1862-1871, Lübeck/Hamburg 1961

SERMAN, William: La Commune de Paris (1871), Paris 1986

SHEEHAN, James J.: Der deutsche Liberalismus. Von den Anfängen im 18. Jahrhundert bis zum Ersten Weltkrieg 1770-1914, München 1983

SILVERMAN, Dan P.: Reluctant Union. Alsace-Lorraine and Imperial Germany 1871-1918, London 1972

SITTNER, Gernot: Politik und Literatur 1870/71. Die Spiegelung des politischen Geschehens zur Zeit des deutsch-französischen Krieges in der zeitgenössischen Literatur, Diss. phil. München 1966

SMOKE, Richard: War. Controlling Escalation, Cambridge (Mass.)/London 1977

ŠNEERSON, Lev Michajlovic: Die russische Reaktion auf den Ausbruch des französisch-preußischen Krieges von 1870, in: Wissenschaftliche Zeitschrift der Universität Jena (Gesellschafts- und sprachwissenschaftliche Reihe) 19 (1970) 365-374

DERS.: Franko-prusskaja vojna i Rossija. Iz istorii russko-prusskich i russko-francuzskich otonošenij v 1867-1871 gg [Der französisch-preußische Krieg und Rußland. Aus der Geschichte der russisch-preußischen und der russisch-französischen Beziehungen 1867-1871], Minsk 1976

SOREL, Albert: Histoire diplomatique de la guerre franco-allemande 1870-1871, 2 Bde, Paris 1875

SRBIK, Heinrich Ritter v.: Aus Österreichs Vergangenheit, Salzburg 1949

STACHE, Christa: Bürgerlicher Liberalismus und katholischer Konservatismus in Bayern 1867-1871. Kulturkämpferische Auseinandersetzungen vor dem Hintergrund nationaler Einigung und wirtschaftlich-sozialem Wandel, Frankfurt/Bern 1981

STADELMANN, Rudolf: Moltke und der Staat, Krefeld 1951

STEEFEL, Lawrence D.: Bismarck and Bucher: The ‚Letter of Instructions' of June 1870, in: Gooch-Festschrift (Studies in Diplomatic History and Historiography, hrsg. v. A. O. Sarkissian), London 1961, 217-224

DERS.: Bismarck, the Hohenzollern Candidacy, and the Origins of the Franco-German War of 1870, Cambridge (Mass.) 1962

STEHLIN, Stewart A.: Guelph Plans for the Franco-Prussian War, in: Historical Journal 13 (1970) 789-798

DERS.: Bismarck and the Guelph Problem 1866-1890, Den Haag 1973

STEINBERG, Hans-Josef: Sozialismus, Internationalismus und Reichsgründung, in: Th. Schieder/E. Deuerlein (Hrsg.), Reichsgründung 1870/71, Stuttgart 1970, 319-344

STENGERS, Jean: Aux origines de la guerre de 1870: Gouvernement et opinion publique, in: Revue belge de philologie et d'histoire 34 (1956) 701-747

STERN, Alfred: Die ‚Emser Depesche' in Bern, in: Zs. f. Schweizerische Geschichte 3 (1923) 204-209

DERS.: Geschichte Europas seit den Verträgen von 1815 bis zum Frankfurter Frieden von 1871, Bd. 10. München/Berlin 1924

DERS.: Bismarck und Garibaldi während des deutsch-französischen Krieges 1870/71, in: Deutsche Rundschau 238 (1934) 89–95

STERN, Fritz: Gold und Eisen. Bismarck und sein Bankier Bleichröder, Frankfurt/Berlin 1978

STOECKICHT, Otto: Bismarck und das Elsaß, in: Studien der Erwin von Steinbach-Stiftung 2 (1968) 59–132

STOLBERG-WERNIGERODE, Otto Graf zu: Deutschland und die Vereinigten Staaten von Amerika im Zeitalter Bismarcks, Berlin/Leipzig 1933

STOLL, Karl: Die politische Stellung der Frankfurter Zeitung in den Jahren 1859–1871, Diss. phil. Frankfurt 1932

STOLLSTEIMER, Albert: Die Stellungnahme der Frankfurter Zeitung zur Elsaß-Lothringischen Verfassungsfrage 1870–1879, Diss.phil. Tübingen 1930

STOLZE, Wilhelm: Leopold von Ranke und Adolphe Thiers in Wien im Oktober 1870, in: Deutsche Rundschau 193 (1922) 290–293

SUCHANEK, Wolfgang: Das Deutschlandbild in der italienischen Presse 1870/71, Bonn 1975

SUMNER, Benedict Humphrey: Ignatyev at Constantinople, 1864–1874, in: Slav. and East European Review 11 (1933) 341–353, 556–571

TAPIÉ, Victor-L.: Autor d'une tentative d'alliance entre la France et l'Autriche 1867–1870, Wien 1971

TAYLOR, A. J. P.: The Struggle for Mastery in Europe 1848–1918, Oxford 1954

DERS.: Bismarck. Mensch und Staatsmann, München 1962

TEMPERLEY, Harold: Three Despatches of Prince Metternich on the Origins of the War of 1870, in: EHR 38 (1923) 90–94

THOMAS, Daniel H.: English Investors and the Franco-Belgium Railway Crisis of 1869, in: The Historian 26 (1964) 228–243

DERS.: The European Press on the Belgian Railway Affair of 1869, in: N. N. Barker/M. L. Brown (Hrsg.), Diplomacy in an Age of Nationalism [Festschrift für L. M. Case], Den Haag 1971, 161–175

TRUBETZKOI, Grigorij N.: Les préliminaires de la conférence de Londres, in: Revue d'histoire diplomatique 23 (1909) 108–138, 271–290, 359–396

VAGTS, Alfred: Defense and Diplomacy. The Soldier and the Conduct of Foreign Relations, New York 1956

VALENTIN, Veit: Bismarcks Reichsgründung im Urteil englischer Diplomaten, Amsterdam 1937

VANDENBOSCH, Amry: Dutch Foreign Policy since 1815. A Study in Small Power Politics, Den Haag 1959

VISCHER, Eduard: Die deutsche Reichsgründung von 1871 im Urteil schweizerischer Zeitgenossen, in: Schweiz. Zs. f. Geschichte 1 (1951) 452–484

VIVARELLI, Roberto: 1870 in European History and Historiography, in: Journal of Modern History 53 (1981) 167–188

VOGEL, Walter: Die Tagebücher des Frhr. Reinhard von Dalwigk zu Lichtenfels als Geschichtsquelle, Berlin 1933

VOGT, Ernst: Hessische Politik in der Zeit der Reichsgründung (1863–1871), München/Berlin 1914

WAHL, Alfred: Les courants annexionistes en Allemagne et l'Alsace-Lorraine, in: F. L'Huillier (Hrsg.), L'Alsace en 1870–1871, Straßburg 1971, 185–210
DERS.: L'option et l'émigration des Alsaciens-Lorrains (1871–1872), Paris 1974
WEHLER, Hans-Ulrich: Unfähigkeit zur Verfassungsreform: Das „Reichsland" Elsaß-Lothringen von 1870–1918, in: Ders., Krisenherde des Kaiserreichs 1871–1918, Göttingen ²1979, 23–69
WEIS, Eberhard: Vom Kriegsausbruch zur Reichsgründung. Zur Politik des bayerischen Außenministers Graf Bray-Steinburg im Jahr 1870, in: ZBLG 33 (1970) 787–810
WELSCHINGER, Henri: La guerre de 1870. Causes et responsabilités, 2 Bde, Paris 1910
WENGER, Klaus Rudolf: Preußen in der öffentlichen Meinung Frankreichs 1815–1870. Politische Aspekte des französischen Deutschlandbildes. Ein Beitrag zur historischen Analyse nationaler Urteilsklischees, Göttingen 1979
WENTZ, Elisabeth: Die Behandlung des deutsch-französischen Krieges in der englischen Presse, Diss. phil. München 1939; 2 Bde, Würzburg 1940
WENZEL, Marleen: Die Politik Napoleons III. an den süddeutschen Höfen 1866–1870, Diss. phil. Freiburg 1950
WERTHEIMER, Eduard v.: Graf Julius Andrassy. Sein Leben und seine Zeit, 3 Bde, Stuttgart 1910–1913
DERS.: Bismarck im politischen Kampf, Berlin 1930
WILHELM, Rolf: Das Verhältnis der süddeutschen Staaten zum Norddeutschen Bund (1867–1870), Husum 1978
WILLIAMS, Roger L.: The French Revolution of 1870–71, London 1969
DERS.: The Mortal Napoleon III, Princeton N.J. 1971
WINCKLER, Martin: Die Rolle der Presse bei der Vorbereitung des deutsch-französischen Krieges 1870/71, in: Presse und Geschichte. Beiträge zur historischen Kommunikationsforschung, Bremen 1977, 171–194
WINKLER, Heinrich August: Preußischer Liberalismus und deutscher Nationalstaat. Studien zur Geschichte der deutschen Fortschrittspartei 1861–1866, Tübingen 1964
WINTERHALTER, Bertram: Die Behandlung der französischen Zivilbevölkerung durch die deutschen Truppen im Kriege 1870/71, unter besonderer Berücksichtigung der Stellungnahme Bismarcks und des Generalstabs, Diss. phil. Freiburg 1952
WOLTER, Heinz: Die Anfänge des Dreikaiserverhältnisses. Reichsgründung, Pariser Kommune und die internationale Mächtekonstellation 1870–1873, in: H. Bartel/E. Engelberg (Hrsg.), Die großpreußisch-militaristische Reichsgründung 1871, Bd. 2, Berlin 1971, 235–305
WORMSER, Georges: Gambetta dans les tempêtes 1870–1877, Paris 1964
WRIGHT, Quincy: The Causes of War and the Conditions of Peace, London/New York/Toronto 1935
DERS.: A Study of War, 2 Bde, Chicago 1942, ³1971

ZELDIN, Theodore: Emile Ollivier and the Liberal Empire of Napoleon III, Oxford 1963
ZIMMER, Hasko: Auf dem Altar des Vaterlands. Religion und Patriotismus in der deutschen Kriegslyrik des 19. Jahrhunderts, Frankfurt 1971

Personenregister

Ins Register aufgenommen sind alle im Text vorkommenden Personennamen – mit Ausnahme des Namens Graf Otto von Bismarck, der auf den meisten Seiten des Buches erwähnt ist. In den Anmerkungen vorkommende Namen sind nur berücksichtigt, wenn sie *nicht* bei der Anführung von Aktenstücken oder in Literaturnachweisen erscheinen.

Abeken, Heinrich 36, 101, 106 f., 156, 159 f., 183, 210, 218, 252, 286, 288, 324, 355, 361
Albert, Kronprinz von Sachsen 152, 204, 349
Albrecht, Erzherzog von Österreich 7, 53, 59, 210
Alexander II., Zar (Kaiser) von Rußland 4, 17 ff., 25, 38, 77, 84 f., 89, 93 ff., 97 ff., 104 f., 108 f., 146, 150, 152 f., 160, 182 f., 213 f., 217, 228, 234, 236, 274 ff., 298 f.
Amadeo, Herzog von Aosta 368
Andrássy, Graf Julius 59, 95, 274
Angeli, Angelo di 43 f.
Annenkov, Michail 297 f.
Apponyi, Rudolf Graf von 5, 64, 90 ff.
Arago, Emanuel 202, 243, 280, 340, 351, 356 f.
Arago, Etienne 280
Aron, Raymond 247
Artom, Isacco 57, 69
Auerbach, Berthold 114, 125
Auerbach, Jakob 114
August, Prinz von Württemberg 213
Aumale, Henri d'Orléans, Herzog von 103, 255

Balan, Hermann Ludwig von 35
Bamberg, Eugen 12
Bamberger, Ludwig 101, 131, 135, 140, 147 f., 154, 193, 223, 259, 308
Bancroft, George 9
Baumgarten, Hermann 139
Baumont, Maurice 255
Bazaine, François-Achille 199, 203, 222 f., 233 f., 253 f., 259 ff., 264 ff., 269 f., 279, 287, 293, 304, 310, 351, 367 f.
Beaufort d'Hautpoul, de (General) 343, 345
Bebel, August 117
Becker, Johann Philipp 136
Becker, Josef XI
Benedetti, Vincent Graf 32 ff., 36 ff., 49, 367
Berchem, Maximilian Graf von 152, 174, 196, 205 f., 208, 222, 348
Bernstorff, Albrecht Graf von 11, 27, 29 f., 32, 34, 103, 153 f., 156, 159, 161, 184,
187 f., 201, 208, 222, 232, 241, 269 f., 272, 279, 300 ff., 306, 314 ff., 319 ff., 325 f.
Betzold, Wilhelm 179
Beust, Friedrich Ferdinand Graf von 2 ff., 9, 20, 22, 45, 52 f., 58 ff., 62 ff., 66 ff., 70 f., 81, 90 ff., 95 ff., 99, 101, 106, 109, 170, 181, 183, 208 ff., 228, 230, 236, 274, 301
Bismarck-Bohlen, Karl Graf von 101, 150 f.
Blanqui, Auguste 281, 284
Bleichröder, Gerson 225
Blumenthal, Leonhard Graf von 249
Bluntschli, Johann Caspar 122 f.
Bonaparte, Louis s. Napoleon III.
Bonfils, Henry 171
Bonin, Adolf von 151
Bonnechose, Henri Marie Gaston de 312
Bourbaki, Charles Denis Sauter 260 f., 264, 330, 343 ff.
Boyen, Hermann von 241
Boyer, Baron Napoléon 266 ff.
Brassier de Saint-Simon, Maria Anton Josef Graf 41, 180, 278
Bray-Steinburg, Otto Graf von 133, 180 f., 205 f., 222, 295 f.
Bronsart von Schellendorf, Paul 196, 283, 354
Brunnow, Philipp Graf von 24 ff., 83 ff., 89, 235 f.
Buchanan, Sir Andrew 20, 25, 84 f., 89, 213
Bucher, Lothar 13, 101, 164, 324
Bülow, Oskar von 114
Burckhardt, Jacob 162
Burnside, Ambrose E. 248 ff., 264
Busch, Moritz 30, 35, 152, 154, 198, 222 f., 240, 251, 337

Cadore, Camille-Louis-Marie Champagny, Herzog von 78 ff., 83
Cadorna, Carlo 87
Calvel (Leutnant) 343
Canrobert, François Certain 260
Carlyle, Thomas 188
Castelnau, Henri-Pierre-Abdon 161, 197 ff., 256, 262, 264, 311 f., 325
Chambord, Henri Graf von 201

Changarnier, Théodule 104
Chanzy, Antoine Eugène Alfred 330, 368 f.
Chartres, Robert Herzog von 103
Chaudordy, Jean Baptiste Graf von 276 f., 279, 303, 318
Chotek, Bohuslav Graf von 20, 64, 93 ff., 96 ff., 99 ff., 106, 109, 209, 213, 228
Christian IX., König von Dänemark 77
Clary, Graf von 313
Clinchant, Justin 344, 346 f.
Clotilde, Prinzessin von Savoyen 41
Cochery, Louis 284 ff.
Commagny (General) 347
Conti, Charles-Etienne 224
Cousin-Montauban, Charles, Graf von Palikao 47, 91, 202, 314 ff., 319 f., 367
Crémieux, Isaac Adolphe 202, 353, 356 f.
Crispi, Francesco 44 f.
Cucchi, Francesco 45
Curtopassi, Francesco 90

Dalwigk zu Lichtenfels, Reinhard Freiherr von 132 f., 295
Déak von Kehida, Franz 49
Delane, John Thadeus 187
Delbrück, Rudolf von 204 ff., 295 f.
Delescluze, Charles 281, 284
Diószegi, István 59
Disraeli, Benjamin, Earl of Beaconsfield 184
Dönhoff, Carl Graf von 49
Dönniges, Wilhelm von 180
Dorian, Pierre 280
Dove, Alfred 130
Droysen, Johann Gustav 114, 168
Ducrot, Auguste Alexandre 285
Duncker, Max 114, 127, 139
Dupanloup, Félix 278
Duparc, Charles s. Duvernois, Clément
Duvernois, Clément alias Duparc, Charles 280, 310, 316 f., 320 f., 323, 325 f., 337, 349

Eckardt, Julius von 137, 192
Engels, Friedrich 117, 136, 173, 229
Erzberger, Matthias VII
Eugenie, Kaiserin der Franzosen 71, 255 ff., 262 ff., 269, 312, 314, 316, 320 f., 325, 349, 368
Eulenburg, Friedrich Albrecht Graf zu 164

Fabrizi (General) 44
Faidherbe, Louis Léon 330, 368 f.
Favre, Jules 154, 170, 188, 202, 225 ff., 230 ff., 235 ff., 240 ff., 245 ff., 250 ff., 256 ff., 274 f., 277, 279 f., 285 f., 291, 303 f., 318, 322 ff.,

326 ff., 332 ff., 337 ff., 342 ff., 347 ff., 352 ff., 357 ff., 368 ff., 377
Ferry, Jules 202, 243, 280, 287, 340, 351
Filon, Augustin 257
Fish, Hamilton 29
Fleury, Émile Félix Graf von 20 f., 85, 325
Flourens, Gustave 281
Forbes, Archibald 249 ff.
Fourichon, Martin 353
Frankenberg, Fred Graf 278
Franz I., Kaiser von Österreich 211
Franz Joseph I., Kaiser von Österreich 2, 59, 63 ff., 68, 97, 182, 210 f., 274
Freydorf, Rudolf von 120, 286, 295
Freytag, Gustav 116
Friedrich I., Großherzog von Baden 286, 341
Friedrich Karl, Prinz von Preußen 199, 254, 256, 259 ff., 266 f., 270, 294, 368 f.
Friedrich Wilhelm, Kronprinz von Preußen 145, 243
Friesen, Richard Freiherr von 295
Frijs-Frijsenborg, Juel Vind Graf von 79
Frommel, Emil 173

Gabriac, Joseph Jules Graf von 235 f.
Gall, Lothar 132, 145, 178
Gambetta, Léon 202, 225 f., 249, 274, 277 ff., 291, 294, 303, 308 f., 318, 327 f., 330, 336, 345 f., 348 ff., 353 ff., 359, 363, 368 f.
Garibaldi, Giuseppe 4, 43 ff.
Garnier-Pagès, Louis-Antoine 202, 340, 356 f.
Gautier, Théophile 265 f.
Gent, Alphonse 357
Georg V., König von Hannover 12
Gerolt, Fr. Freiherr von 105
Gladstone, William Ewart 25, 27, 34, 39, 46, 88, 92, 172, 229, 252, 274
Glais-Bizoin, Alexandre Olivier 353
Gorčakov, Alexander Michailowitsch Fürst 19 ff., 25, 77, 84 f., 86, 89, 94 ff., 98 ff., 105 ff., 108 ff., 146, 158, 182, 208, 212 ff., 229, 236, 247, 274, 276, 297 ff., 303, 317 f., 368 f.
Gordon of Ellon, George John Robert 133
Govone, Giuseppe 69
Gramont, Antoine Alfred Agénor Herzog von 12, 28, 35, 38, 51 ff., 58, 61, 66 ff., 72, 75 ff., 78 f., 81, 118, 140, 146 ff., 152, 367
Granville, George Leveson-Gower, Earl of 24 ff., 28 ff., 34, 38, 46, 84 f., 87 ff., 92, 228, 231 f., 235, 252, 274, 279, 300 f., 318
Guastalla (Dr.) 44

Hansen, Jules 225 f.
Hatzfeldt-Wildenburg, Paul Graf von 101, 183, 222, 239, 258, 262, 264, 267, 342 f., 355, 377
Haug, Ernst 43, 46
Haym, Rudolf 114
Helene Paulowna, Großfürstin von Rußland 213
Hellwitz, B. H. 224 f., 263
Henckel, Guido Graf, Fürst von Donnersmarck 150
Hendlé, Ernest 237
Herbig (Kaufmann) 171 f.
Hérisson, Maurice Comte d'Irrison d' 249, 333
Herzog, Hans 344
Hillebrand, Karl 141, 175
Hofmann, Karl von 295
Hohenlohe-Ingelfingen, Kraft Prinz zu 201
Holle (Hauptmann) 12 f.
Holnstein aus Bayern, Maximilian Graf von 297
Holstein, Friedrich von 41, 44 f.
Hompesch-Bollheim, Ferdinand Graf von 143, 188

Ignatiev, Nikolaus 213
Ihering, Rudolf von 114

Jacoby, Johann 171 f.
Jannasch, Robert 157
Janssen, Johannes 134
Jeismann, Karl-Ernst 364
Jörg, Joseph Edmund 134, 141
Jolly, Julius 286, 295

Karl Anton, Fürst von Hohenzollern-Sigmaringen 367
Kératry, Émile Graf von 277
Kern, Johann Konrad 47
Keudell, Robert von 101, 157, 179
Kinkel, Gottfried 166
Klaczko, Julian 19 f.
Krause, Ernst Eduard von 32, 34, 197
Kruse, Heinrich 116
Kübeck von Kuban, Baron Aloys Karl 45
Kuhn von Kuhnenfeld, Franz Freiherr 59
Kusserow, Heinrich von 179

Lamey, August 142
Lanza, Giovanni 56, 62
Lasker, Eduard 141
La Tour d'Auvergne-Lauragnais, Henri Fürst von 63, 66, 91, 95, 183, 229

Launay, Edoardo Graf von 107
La Valette, Charles Marquis de 78
Le Bœuf, Edmond 7, 51
Lebrun, Barthélemy 53
Le Flô, Adolphe Charles Emmanuel 237, 280, 359
Lehndorff, Heinrich August Graf von 150
Leopold II., König der Belgier 34, 179, 184
Leopold, Erbprinz von Hohenzollern-Sigmaringen XII, 367
Liebknecht, Wilhelm 117
Lipgens, Walter 128, 162
Löwe-Calbe, Wilhelm 135, 141
Loftus, Lord Augustus 28 ff., 32 f., 36, 172
Lónyay von Nagy-Lónya, Meinhard Graf 59, 95
Ludwig II., König von Bayern 180, 204, 206, 297
Luitpold, Prinz von Bayern 196, 204, 210, 297
Lutz, Johann Ritter von 295
Lutz, Heinrich 2
Lyons, Richard Lord 47, 227 f., 232, 236 f.

Mac Mahon, Patrice Maurice Marquis de 367
Magnin, Pierre 280
Malaret, Joseph Baron von 53 f., 73 f.
Malet, Sir Edward 232 ff., 237, 256
Mannhardt (Dr.) 46
Manteuffel, Edwin Freiherr von 312, 344 ff., 368
Martin, Henri 166
Marx, Karl 117, 136, 173, 192
Meding, Oskar 12 f.
Mendel, Alexander 225 f.
Menzel, Wolfgang 127 f.
Metternich, Richard Fürst von 52 f., 58, 63 ff., 66 f., 75, 179, 228, 230, 236
Millière, Jean-Baptiste 281
Minghetti, Marco 86 ff.
Mittnacht, Hermann Freiherr von 295
Mohl, Julius 141, 191
Mohl, Robert von 141, 181, 191
Mohrenheim, Arthur Baron von 77 ff.
Moltke, Helmuth Graf von 7, 9, 119, 145, 197 ff., 241, 267, 279, 288, 293, 295, 304 ff., 321, 324, 328, 335, 338, 341 ff., 345, 348 f., 360, 363
Moltke-Hvitfeldt, Gebhard Graf von 76
Mommsen, Theodor 141 f., 175
Monod, Gabriel 141
Monts, Graf Carl von 224, 325
Morier, Sir Robert 20, 117 f., 121 f., 174
Mosbourg, L. Graf von 162

Münch-Bellinghausen, Joachim Freiherr von 9

Napoleon III., Kaiser der Franzosen XII, 2 ff., 5 ff., 24, 31, 33 f., 36 ff., 41 f., 52, 54 ff., 58 f., 61, 63 ff., 68, 71 ff., 75, 81, 86, 92, 103 ff., 117, 126 f., 135, 143, 158 f., 169, 171, 179, 187, 196, 198 ff., 203, 212 f., 217, 221 ff., 229, 231, 233, 255 ff., 262 ff., 271 ff., 309, 311 ff., 314, 325, 336, 362, 367
Napoleon, Jérôme Prinz 19, 41, 73 f., 82, 320, 336
Nigra, Constantino Graf 61, 72, 236
Normann, Maximilian von 116
Nostitz, Graf (Rittmeister) 197
Nothomb, Jean Baptiste 33
Novicow, Eugen von 100 f.

Okunev, Gregorij Nikolajewitsch 146 f., 152, 236
Ollivier, Émile 47, 51, 61, 65, 140, 316, 367
Oncken, Hermann 123
Oppenheim, Heinrich Bernhard 125, 135
Orcet, d' (Hauptmann) 197 f.
Otway, Arthur John 143
Oubril, Paul Graf 17 f., 33, 36

Paget, Sir Augustus Berkeley 25
Palikao, Graf von s. Cousin-Montauban
Parisius, Ludolf 120, 135, 175 f.
Pelletan, Eugène 280, 340, 356 f.
Perglas, Maximilian Joseph Freiherr Pergler von 10
Persigny, Jean Gilbert Victor Fialin, Herzog von 270, 310, 314 ff., 319 ff.
Peschel, Oskar 136 f.
Pfuel, von (Legationsrat) 18
Picard, Ernest 202, 228 f., 243, 252, 279 f., 290, 339 f., 356, 359
Piétri, Franceschini 325
Podbielski, Theophil von 259, 343
Potocki-Pilawa, Alfred Graf 59, 274
Pranckh, Sigmund Freiherr von 295
Putbus, Fürst zu 196
Pyat, Félix 281, 284

Raaslöff, Waldemar Rudolf von 76
Ranke, Leopold von 277
Rasch, Gustav 43
Redern, Wilhelm Graf von 150
Regnier, Edouard 257 ff., 262 f.
Reille, André Chr. Victor Graf 196
Reitlinger, Frédéric 170
Renan, Ernest 113, 141 f., 184

Reuß, Heinrich VII. Prinz 19, 21, 38, 84, 104 ff., 109 f., 146, 150, 152, 158 f., 161, 164, 210 ff., 228, 234, 276, 282, 298 ff., 302 f., 317
Rigault de Genouilly, Charles 11
Rolin-Jaequemyns, G. 179
Roon, Albrecht Graf von 145, 241, 267, 295, 338, 341
Rosenørn-Lehn, Otto Diltev Baron von 78
Rothan, Gustave 51, 229, 325
Rothschild 179
Rouher, Eugène 266
Rousse, Edmond 245
Russell, Lord John 184
Russell, Odo 300 ff., 324, 348

Saint-Ferriol, Louis Emmanuel Vicomte de 78 f.
Scharff, Alexander 206
Schmidt, Julian 113, 115, 118
Schwabach, Julius 225
Schweinitz, Hans Lothar von 22 f., 109, 208 ff., 228
Secretan (Colonel) 347
Sella, Quintino 56, 62, 69
Senard, Antoine Marie Jules 277
Sepp, Johann Nepomuk 133
Sigel, Franz 115 f.
Simon, Jules 202, 280, 291, 340, 350 ff., 356 f., 359
Sorel, Albert 223
Spitzemberg, Carl Freiherr Hugo von 9
Spuller, Eugène 357
Stadelmann, Rudolf 198
Stanley, Edward Henry Lord 184
Steiner, Kilian 135
Stieber, Wilhelm J. C. E. 150
Stiehle, Gustav von 261, 288
Strauß, David Friedrich 113, 141 f., 184
Studemund, Wilhelm 46
Suckow, Albert von 295
Sybel, Heinrich von 140, 174, 176, 184

Tachard (Gesandter) 310
Taine, Hippolyte 184 f.
Tann-Rathsamhausen, Ludwig Freiherr von der 293 f.
Tauffkirchen zu Guttenburg, Karl Graf von 205 f.
Thiers, Adolphe 179, 229, 235, 247, 272 ff., 277 ff., 282 ff., 287 ff., 292 f., 296 f., 299, 305, 308, 334, 359 ff., 368 f.
Thile, Hermann von 102, 151, 164, 212, 222
Tissot, Charles Joseph 235

Treitschke, Heinrich von 124
Tresckow, Hermann von 241
Trochu, Louis Jules 202, 229, 237, 244, 249, 251 f., 279 f., 285, 287, 291, 303, 307, 329, 331 ff., 336, 340, 343, 351 f.
Truchseß-Wetzhausen, Friedrich Freiherr von 17
Tümpling, Wilhelm von 237
Twesten, Karl 175

Üxküll-Gyllenband, Alexander Graf 71

Valdan, de (General) 343, 345
Varnbüler von und zu Hemmingen, Friedrich Gottlob Karl Freiherr 132 f.
Vedel, Peter 78 f.
Verdy du Vernois, Julius von 348
Victoria, Königin von Großbritannien und Irland 30, 38
Viktor Emanuel II., König von Italien 2 f., 40 ff., 45, 54 ff., 62, 65, 67 f., 71 ff., 88, 107, 274
Vimercati, Ottaviano Graf 54 f., 61 ff., 67 f., 71 ff., 88
Vinoy, Joseph 332, 343
Vischer, Friedrich Theodor 176
Visconti-Venosta, Emilio Marchese 24 f., 41, 43, 49, 53 f., 56 f., 60 ff., 68 ff., 83, 86 ff., 107, 180

Vitzthum von Eckstädt, Carl Friedrich Graf 2, 43, 59 f., 68 ff.
Vogel von Falckenstein, Ernst Friedrich Eduard 77, 171 f.

Wagner, Adolph 119, 124 f., 141, 174, 176
Waldersee, Alfred Graf von 6, 8, 199, 348
Washburne, Elihu Benjamin 250, 318 f., 323
Wehrenpfennig, Wilhelm 113
Weizsäcker, Julius 127 f.
Wentzel, Otto von 132
Werder, August von 344 f.
Werder, Bernhard von 18
Werner, Anton von 196
Werthern, Georg Freiherr von 201
Wesdehlen, Ludwig Graf von 44
Westmann, Baron Wladimir Ilitsch 19, 25, 77, 84
Wilhelm I., König von Preußen 4, 8, 13 f., 17 ff., 21, 30, 109, 115, 119, 127, 136, 150 f., 153, 160, 182 f., 195 ff., 199 ff., 211, 214, 262, 266, 276, 279, 297 ff., 307, 341, 360 f., 367, 369
Wimpffen, Felix Graf von 97
Wimpffen, Félix de 160, 197 ff.
Winckler, Martin 36
Winter (Landeskommissär) 121

Zeller, Eduard 140, 175

www.ingramcontent.com/pod-product-compliance
Lightning Source LLC
Chambersburg PA
CBHW051203300426
44116CB00006B/424